JN069314

増補百年版

関東大震災朝鮮人虐殺の記録

東京地区別1100の証言

西崎雅夫

現代書館

はじめに——証言集を作るまで

西崎雅夫

遺骨の発掘を試みる

１９２３年９月１日午前11時58分、関東地方に大地震が発生した。この地震により東京だけでも死者６万人以上をだした。15時過ぎには「社会主義者及び鮮人の放火多し」との流言が出回り、夜半からは墨田区旧四ツ木橋などで朝鮮人の虐殺が始まった。

関東大震災時の朝鮮人・中国人虐殺事件の多くは政府により隠ぺいされ続けてきたので、今日でも真相がわからないことが多い。

１９８２年７月、「関東大震災時に虐殺された朝鮮人の遺骨を発掘し慰霊する会・準備会」が発足し、９月に荒川河川敷で遺骨の試掘を行なったとき、私は大学４年生だった。会の事務局員として、炎天下の河川敷をひたすら雑用に走り回っていた記憶は今も鮮明に残っている。

この試掘では、３日間で河川敷３カ所の発掘を行ったが、「その日のうちに埋め戻す」という厳しい条件もあり、結局遺骨を見つけることはできなかった。そこから会の長い道のりが始まった。

会の結成を呼びかけたのは、故・絹田幸恵(きぬたゆきえ)だった。足立区伊興(いこう)小学校の教員だった絹田は、授業で荒川放水路の歴史を教えたとき、「先生、あんなに大きな川が人の手で掘られたなんて、信じられないよ」と生徒に言われてしまった。自分の教え方が不充分だと感じた絹田は、自身で荒川放水路開削工事の研究を始めた。さまざまな工事関連の文献にあたり、また当時を知る流域の古老に話を聞いて歩く〝聞き書き〟も行った。1970年代後半のことだ。「夏休みになると、いつも日焼けで真っ黒になりながら毎日出かけていたのを覚えています。母は自分から語る人ではなかったので、あるとき私が『毎日何をしているの？』と聞いたら、『荒川放水路の話を聞いて歩いているのよ』と言っていました」という話を娘さんから聞いたことがある。

ある日絹田は、北区岩淵から東京湾まで続く荒川放水路のほぼ真ん中、墨田区八広のあたりで、朝鮮人虐殺の目撃証言を聞いた。多くの朝鮮人が殺され、その遺骨が今も河川敷に埋められたままになっているという話だった。とてもそのまま放っておくことはできないと考えた絹田は、広く市民に呼びかけた。

1982年の「関東大震災時に虐殺された朝鮮人の遺骨を発掘し慰霊する会」（のち「追悼する会」に改称）の結成以降、私たちは多くの人々の聞き書きを集めたり、韓国で調査を行ったりするとともに、毎年9月に河川敷で追悼式を行ってきた。

1992年に刊行した『風よ　鳳仙花の歌をはこべ』（教育史料出版会）で、それまでに集めた多くの証言（のべ150人）や文献史料をまとめた。その中で、「墨田区北部で関東大震災時に何が起こったのか」は一定程度解明できたと思う。また当時の新聞から、河川敷に埋められた朝鮮人の遺体が、警察によって密かに発掘・移送されていたこともわかった。しかも2度にわたってである（1923年11月12日と同14日）。ここから会の目標の一つである「遺骨の発掘」を断念し、その代わりに「現場に追悼碑を建てる」ことが新たな目標となった。

なお、この警察による遺骨発掘は日本政府の方針によって行われた。朝鮮総督府警務局の文書「震災当時に於ける不逞鮮人の行動及被殺鮮人の数之に対する処置」にその方針が記されている。「起訴せられたる事件にして鮮人に被害あるものは、速やかにその遺骨を不明の程度に始末すること」。この日本政府の方針によって、荒川河川敷の朝鮮人の遺骨も「不明の程度に始末」されてしまったのだ（琴秉洞『関東大震災朝鮮人虐殺問題関連史料・朝鮮人虐殺に関する植民地の反応』緑陰書房、1996年に所収）。

荒川河川敷に追悼の碑を

虐殺事件現場である土手や河川敷は国有地なので、当時の建設省と追悼碑建立に関する交渉を何度も行った。だが国有地に追悼碑を建立する許可は下りなかった。地元の墨田区が協力してくれれば可能性が生じるかと思って、区議会に追悼碑建立に協力するよう陳情を出したのは２０００年だ。一度は「継続審議」となったが、翌２００１年に不採択となった。

公的な場所に追悼碑を建立する道が閉ざされてしまったので、その後は私有地建立を目ざすことになった。でも、現場に近い適当な私有地が売りに出されることはなかった。こうして数年が過ぎた。

私たちは毎年、河川敷で追悼式を行った後、土手下の居酒屋で打ち上げをしていた。他にどうしようもなくて、その居酒屋のご主人に相談した。ご主人は「土地を見つけるのはむずかしいだろう。俺ももう歳だから、店をたたんでこの土地をあんたらに売ってやるから、ここに追悼碑を建てたらいいよ」と言ってくれた。

２００８年、居酒屋を買い取って改装し、私はそこに住み始めた。いきなり追悼碑を建ててもめても困るので、あらかじめ近所の了解をとっておくためだ。翌２００９年９月「関東大震災時韓国・朝鮮人殉難者追悼之碑」が建った。

碑ができてすぐに訪れた葛飾区四つ木の人の言葉が忘れられない。「私の母方の祖父が関東大震災のときに朝鮮人を殺した話を何度も聞かされた」「5、6人は殺した。村の者数人で（朝鮮人の）後ろから鉄の棒で叩いて、気を失ったのを返事しないからと、何度も叩いたと得意気だった。そして、だまってろよって言うんだ。じいさんは、自慢話のように、語っていたよ」。こうした話をいくつか聞くうちに、追悼碑が事件をオープンに語る場を提供しているように思えてきた。２０１５年に私は追悼碑の隣から引っ越し、空き家は今「ほうせんかの家」という名前でミニ資料館・会議室として機能している。

「ほうせんかの家」の隣に建つ追悼碑
（写真：松井康一郎）

証言が伝える事件の皮膚感覚

追悼碑建立の前後から、私は関東大震災のときに東京で何が起きていたのかを知りたくなった。これまでの会の取り組みで墨田区北部で起きたことは把握できたのだが、東京全体ではどうだったのか？　私の生まれ育った足立区では？　高校時代を過ごした浅草や上野では？　一度考え始めると、止まらなくなった。でも震災時の朝鮮人虐殺事件は、当時の日本政府によって徹底的に隠ぺいされたので、詳細はほとんどわかっていない。しかも事件から90年も経った今では、当時を語れる証言者はもういなくなった。それでも、出版された本や雑誌からならば、素人の私でも証言を集めることができるのではないか。そう気づいたときから4、5年かけて、東京都内の公立図書館（主に23区内）を片っ端から訪れて、自伝・日記・郷土資料などから関東大震災時の朝鮮人虐殺に関する証言を集めた。そして集めた証言を地域別にまとめ、3冊の手作り証言集を作り、関心を持ってくれる方たちに頒布してきた。『関東大震災時朝鮮人虐殺事件東京下町フィールドワーク資料』『関東大震災時朝鮮人虐殺事件東京フィールドワーク資料（下町以外編）』『関東大震災時朝鮮人関連「流言蜚語」東京証言集』がそれである（2011～12年に作成）。

証言を集めてみると、東京のあらゆる場所で「朝鮮人暴動」の流言が飛び、朝鮮人が住んでいた地域では必ずといっていいほど虐待・虐殺事件が起こっていたことにあらためて気づいた。そして何よりも、証言には、体験した本人にしか語れない〝具体性〟があった。こうした証言からのみ、朝鮮人虐殺の実態が皮膚感覚として伝わってくるように思う。

このたび、現代書館の協力を得て3冊の証言集をひとつにまとめ、大幅に増補して出版することになった。本書をまとめるにあたって、各地域ごとに地図を付し、事件のあった場所を歩いてフィールドワークをすることができるようにした。ここには、あのとき東京において虐殺を目撃した、あるいは流言蜚語を聞いたという直接的な証言のうち、場所を特定できるもの、できごとの具体性が明らかなものを主に収録している。収録の詳しい基準などについては、6ページの凡例をご参照いただきたい。

加害の歴史を直視する

なお、当時の証言の多くは検閲により伏字にするなどの制約を受けているが、文章表現自体の改ざんが行われた例もある。具体的例示として、「関東大震災朝鮮人関連証言の改ざん例――『子供の震災記』をめぐって」という論文を付録として掲載した。震災直後に子どもたちが書いた作文を、朝鮮人に関する部分だけ〝改ざん〟した例を考察したものだ。こうした伏字や改ざんは、真実が隠されてきたことの証左である。

朝鮮人虐殺事件の多くは当時の政府によって隠ぺいされたので、いまだに真相がわからない。殺された場所・名前・人数・遺骨の行方など、大切なことがほとんどわかっていないのだ。2013年に韓国の市民団体に招かれ、韓国・ソウルの国会議員会館で荒川での虐殺事件の話をしたとき、終わってから一人の遺族に「祖父の遺骨を探してほしい」と言われたことがある。その人の祖父は関東大震災時に東京で留学していて、もう結婚していたのだが、祖母は妊娠していたので韓国に留まっていた。そこへ関東大震災が起こり、祖父は行方不明になってしまう。祖母はずっと祖父の帰りを待ったが、結局亡くなるまで祖父は行方不明のままだった。亡くなるとき祖母は「おじいさんの遺骨を探し出して、私と一緒のお墓に入れておくれ」と遺言を残した。それ以降その人はずっと祖父の遺骨を探し続けているが、いまだに何の手がかりもない。「何とか協力してほしい」と言われ、日本に帰ってから私なりに探してみたのだが見つからなかった。申し訳ないと思った。遺族は90年以上たった今でも遺骨を探し続けている、遺族にとって関東大震災はまだ終わっていない、私たちも決して終わらせてはならないと肝に銘じた出来事だった。

加害の歴史を直視することは決して容易ではない。でも、そこからしか未来は見えてこない。私は、「殺さない」そして「殺させない」日本人として生きたいと願い、「追悼する会」に携わり続けてきた。この証言集が歴史を見つめる視点の一つを提供できたらと願っている。

凡例

●証言や引用文献には、今日の人権意識からみれば差別的表現として、不適切と思われる用語・表現もみられますが、本書の内容と時代背景を考慮して修正せずそのまま掲載しました。

●明らかな誤字誤植は訂正いたしました。

●証言は、虐殺や流言蜚語が起きた場所が特定できるもの、出来事の具体性が明らかな一次証言を中心に収録し、一部、体験や取材に基づく作品も収録しました。

●証言は現在の東京23区ごとに分け、区名の50音順に並べ、証言数が多い地区は、さらにその中で地域別に分けました。それ以外の地域を「その他」、場所が特定できない証言でも内容が貴重なものは「場所不明」として収録しました。

●証言は、区・地域の中で個人・団体・報道の順に並べ、証言者・団体は50音順に、報道は発表日時の順に並べました。中国人名・朝鮮人名については、原音に近い発音でルビを付けましたが、一部当時の発音とは違うものもあります。また、原文の時点で人名が不正確である例も多いことをお断りしておきます。

●証言本文は読みやすさを考慮し、原文の意を損なわない範囲で漢字を現行のものに直し、現代仮名遣いに改め、適宜ルビを補いました。また、日時や人数などは算用数字としました。

●証言本文中、（ ）内は証言原文にある補足であり、〔 〕は編者による補足や注、省略、要約を表します。また本文中（ママ）は原文通り、ルビの（ママ）は編集部で適宜加えました。

●発表当時に検閲により伏字となった箇所は××、〇〇、＊＊など掲載時の通りとしました。

●出典については、引用部の末尾に明記しました。

●証言者名の後の〔 〕内には、当時の年齢や在住地、職業、被災した場所、避難経路などを示しました。ただし著名人の当時の年齢など調べやすいものは省略しました。

足立区

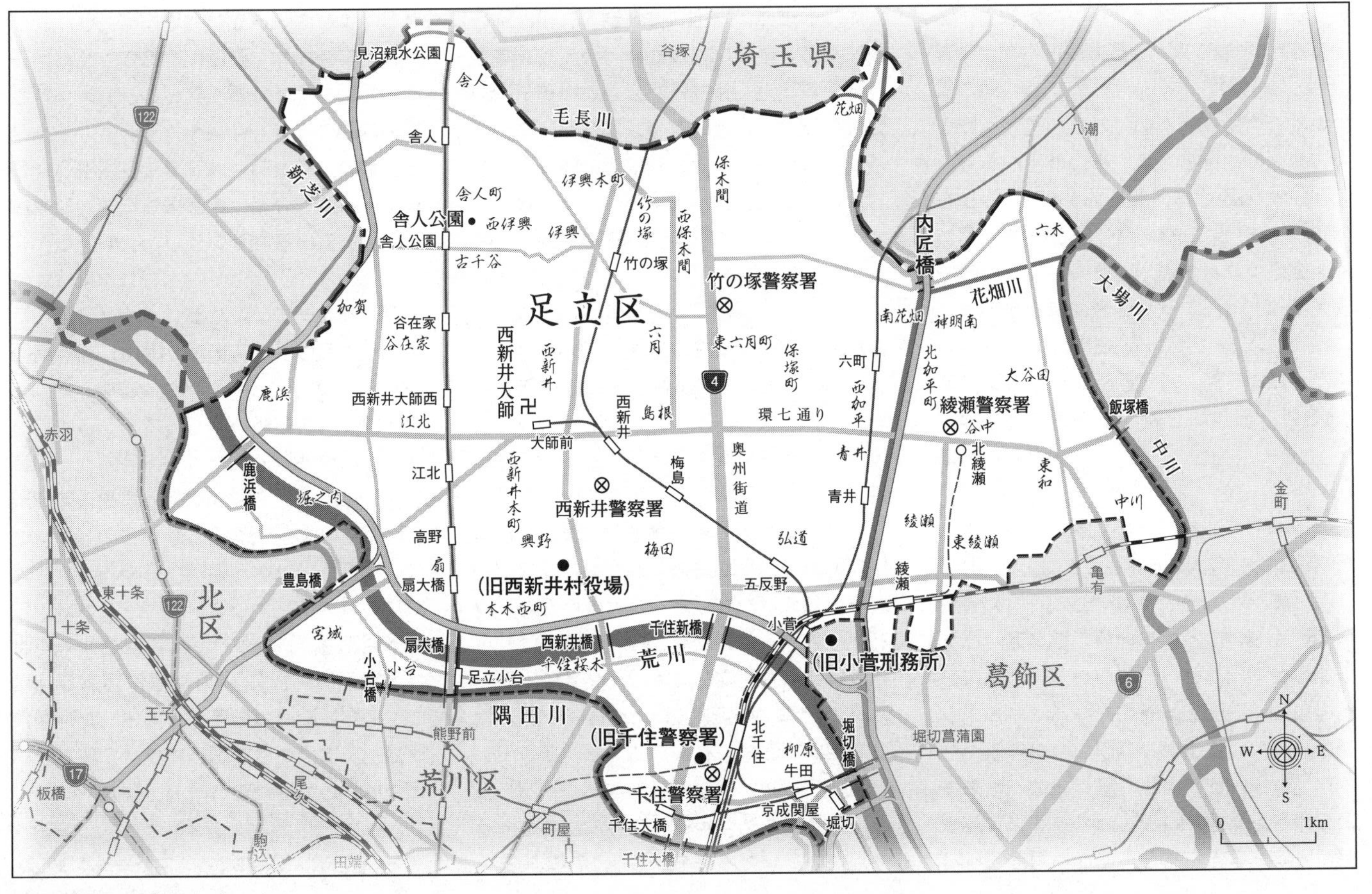

埼玉県
足立区
北区
荒川区
葛飾区
毛長川
新芝川
花畑川
大場川
中川
荒川
隅田川
見沼親水公園
舎人
舎人町
舎人公園
西伊興
伊興
伊興本町
古千谷
谷在家
西新井大師西
江北
高野
扇大橋
扇
足立小台
小台
宮城
本木西町
興野
西新井本町
大師前
西新井大師卍
西新井
島根
梅島
梅田
五反野
小菅
竹の塚
六月
東六月町
保塚町
保木間
西保木間
環七通り
奥州街道
弘道
六町
西加平
青井
南花畑
神明南
北加平町
大谷田
六木
谷中
北綾瀬
東和
綾瀬
東綾瀬
中川
亀有
金町
八潮
谷塚
花畑
鹿浜
鹿浜橋
堀之内
豊島橋
扇大橋
小台橋
西新井橋
千住新橋
千住桜木
千住大橋
内匠橋
飯塚橋
堀切橋
竹の塚警察署
西新井警察署
綾瀬警察署
千住警察署
(旧西新井村役場)
(旧小菅刑務所)
(旧千住警察署)
北千住
柳原
牛田
京成関屋
堀切
堀切菖蒲園
熊野前
町屋
田端
駒込
尾久
王子
東十条
十条
赤羽
板橋
N
W
E
S
0
1km

A〔**当時東京在住、その後韓国へ帰国。ソウル在住**〕

Aさんは都内下町の皮なめしの小さな町工場に働いていた。震災から2日後、親方に頼まれ、千住に家財道具を運ぶ途中、自警団の検問につかまり、「おまえ朝鮮人だろう。君が代を歌ってみろ！　10円50銭といってみろ！」とこづかれ、そこにいた警官からも、背中を警棒でしたたか殴りつけられた。そのあと、針金で後ろ手に縛られ、荒川放水路まで連行された。〔略〕「この野郎、悪魔！　朝鮮人！」と、割烹着を着た主婦が持っていた竹槍でAさんの右足を刺したという。身動きがとれないでいるところを、今度は鳶口を持った男に背中を切りつけられ、別のステテコ男からも日本刀で肩口をきりつけられた。

そのとき、どこからか死体を積んで運んできた大八車が脱輪し、首なし死体や身重の女の裸死体が数体ずり落ちた。自警団の数人が今しも倒れそうな大八車を起こすために、Aさんのそばを離れた。さいわい日本刀で切りつけられた際、針金がはずれていたため、這いつくばって岸辺のヨシのなかに逃げ込み、誰もいなくなった深夜、水でふやけた足をひきずりながら、やっとの思いで工場に帰りついた。

そのあと憲兵隊によって習志野に連行されたが、そこでもむごい拷問をうけたという。

〔略〕突然壇上のAさんは制止を振りきって上着を脱ぎ、上半身裸になり会場のみんなに背中を見せた。おびただしい鞭の傷跡や焼けただれたような皮膚、肩から腰にかけての刀傷、この傷を60年間背負ってきていたのかと思うと、撮影を許されていた成田氏は、どうしてもシャッターを切ることができなかった。

（関東大震災記念集会」セジョン文化会館、1982年→『東葛流山研究』第22号、崙書房出版、2003年）

B〔**当時柳原在住。八百屋**〕

この辺りでは、今の公団住宅のある所に長屋のような飯場があって、そこに親方が15〜16人の朝鮮人を住まわせていたね。放水路工事をしていたんだが、親方はデマで朝鮮人が危なくなったことを知って、土手のすぐそばの清亮寺に朝鮮人を集めたそうです。当時、その寺の槍掛松の下は少し空き地になっていた。そこに朝鮮人の若い聚を集めて親方は縄で縛り「おまえら、ここから逃げるな。逃げたらあぶないぞ」と言い、集まってきた日本人が罵声を浴びせるのに対して「ここにいるのは、うちの若い者だ。何も悪いことはしていないから手を出すな」と言って守ったそうですよ。

（関東大震災時に虐殺された朝鮮人の遺骨を発掘し追悼する会『会報』第27号、1985年）

青木〔**仮名**〕

私の家は荒川の町屋の方にあったので、両親や家のことが心配で、次の日だったか（4日）夜に、荒川土手を北へ歩いていった。千住の旧日光街道を南へ出て、千住大橋を渡るとすぐなので、震災で灯りの消えた真暗な荒川の土手を、荒川駅〔現・八広駅〕のあたりから一人で歩きはじめました。すると間もなく、3人の人と道づれになった。心細いので、みんなと話しながら一緒に歩いた。

少し行くと自警団の人につかまった。「お前ら朝鮮人だろう」と言われて、いろいろなことを言わされた。

私は「日本人だ」と言ったが、昂奮していて、きいてくれない。たしかに一緒に歩いていた他の人は、ことばで朝鮮人だとわかったが、私の言いわけも全く受けつけない。

千住の名倉医院の南のあたりだった。警察が来あわせて、私のことばに「お前は日本人だ」と言ってくれた。

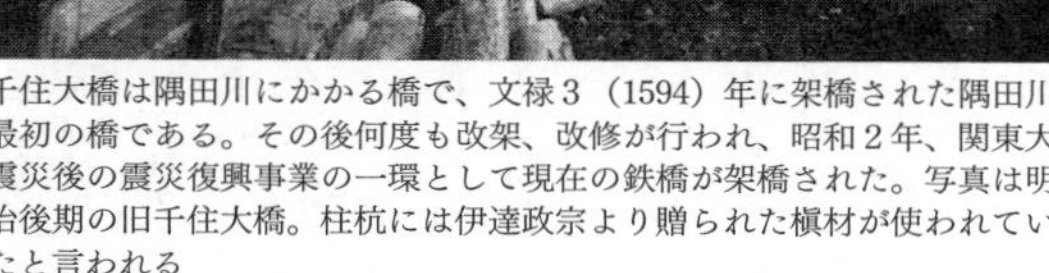

千住大橋は隅田川にかかる橋で、文禄3（1594）年に架橋された隅田川最初の橋である。その後何度も改架、改修が行われ、昭和2年、関東大震災後の震災復興事業の一環として現在の鉄橋が架橋された。写真は明治後期の旧千住大橋。柱杭には伊達政宗より贈られた槇材が使われていたと言われる

私は助かったが、他の人はやられてしまった。ピストルでやられたようだった。

（きぬた・ゆきえ「今も遺骨は河川敷に」『統一評論』1981年10月号、統一評論社）

岩尾研

〔1日、竹ノ塚に〕向島から歩いて帰ってきたんです。帰ってきた時はもう朝鮮人さわぎで、1日から5日間、毎晩、毎晩、朝鮮人さわぎでもって、猟銃を打つ、石油缶をガンガンたたいてみんなをねむらせないようにね。とにかくみんなでたたいて村中で警戒した。とにかく寝かせないんですよ、全然。寝かすと殺されたり、いろいろと悪いことをされるからということだったんです。

（日朝協会豊島支部編『民族の棘――関東大震災と朝鮮人虐殺の記録』日朝協会豊島支部、1973年）

小船清〔**当時深川区深川尋常小学校4年生**〕

〔2日〕千住では○○○が火をつけて廻ると言うので夜もねずの番をして、在郷軍人、青年団が刀を持つて歩いて、数度声をかけても返事をしないと、切りころすと言うので大さわぎだ。

（「大震災」東京市役所『東京市立小学校児童震災記念文集・尋常四年の巻』培風館、1924年）

小宮昌隆〔**当時府立第三中学校生徒。北千住で被災**〕

〔2日夜〕その夜近所の人達が集まって自警団を組織しようという事になり隣組の中に今でいう暴力団の家があって自警団はおまかせ下さいといってきたので任せる事にしました。

（『関東大震災記――東京府立第三中学校第24回卒業生の思い出』府立三中「虹会」、1993年）

定村青萍（せいひょう）〔**童謡詩人、小学校教員**〕

〔2日夜〕荒川堤上より南方の帝都を顧ると、火勢はなお炎々として燃え上っている。山の手は今は盛んに延焼しつつあるのであろう。時々ドーン、ドーンと大音響の聞えるは家屋の倒潰する音であろう。今更なが

ら、地獄を脱出した思いをしながら西新井橋を渡った。橋の袖には自警団の張番があって一々通行人を調べている。親切丁寧なる在郷軍人は一々方向を教えてくれる。あまり遠くへ行くのは危険ですから今夜は大師堂へ行って宿りなさいと教えられた。痛んだ足を引きずりながら大師堂へ着いたのは夜の12時、浅草脱出よりまさに3時間を費やしている。

西新井辺の村落の騒しさはまた一段である。いわく、「小菅刑務所の囚人脱出の報がある。今夜は大警戒を要する」。またいわく、「この付近の堤防工事に従事していた鮮人中不逞の者がいて、田舎家に火をつけるので危険でならない。井戸水に毒物を投下する者がある」と一村総出の警戒ぶりである。在郷軍人団、青年会員各自に必死の守備に任じている。寺の鐘はゴーン、ゴーンと鳴り響く。非常ラッパは吹かれる。自転車は八方に飛ぶ。通行人は一々誰何する。その物々しき様は宛然戒厳令下に等しい。

ある青年に向って「この辺の鮮人が果して暴挙に出ずるや否や、あるいはあまりに騒ぎ過ぎはせぬか」と質問すると、言下に「平素は別に大した暴挙もせぬが、今回の震災を機会ににわかに頭首らしきが入り込んで指揮をしているので、夜になると農家に火をかける、盗賊を働く、全く手がつけられない」

なるほどこれでは村民の騒ぐのも無理はない。節制なき彼等のこの天災に際して、無警察の状態にあるを奇貨としてかかる行動に出たのであろう。一刻も速に一同を捕えて保護を加え、この際軽挙妄動せぬようにしたいものである。

西新井大師堂には百余人の避難者が保護を受けている。いずれも東京脱出組らしい。口々に恐ろしかった遭難談にふけっている。この夜の避難者の多数は女である。今夜の外の騒を気にしながら雑談にふけっている折柄、伝令が来て、今囚人らしきが2、3人入込んだから皆さんは堂の中へ入って男だけ外で守ってください、といい終わらぬ中に自転車で走り去った。さあ大変、婦人連は顔色土のようになって歯のねの合わぬ有様、急いで堂の中へ引込む。人々は息を殺して1時間あまり経過した。またそろそろ話し声が聞える。1人出で、2人出で安心したものか、またもとの玄関に集って一しきり雑談が交される。かくして、数回の警報にかくれたり、出たりして、一夜を明かした。

〔略。3日〕何村であったか名は忘れたが、一村落へ着いた。街道はまるで百姓一揆か、戦いのような騒ぎである。壮者はいずれも手に竹槍、鉄棒、刀剣、長槍を持っている。「何事です、」と尋ねると、「不逞の徒がたくさん入り込んだ。」「少し先の村のはずれで婦人が暴行された、どうもこまる、」といっているかと思うと、「今松戸方面から不逞人が300名各々爆弾携帯でこの村へ押しよせる。」と上を下への大混乱である。何の恨みもないのにこの村落を襲撃するものがあるものかとは思うが、この際うっかり鮮人の肩でも持てば、こちらが殺されそうである。その中にヂャン、ヂャンと鐘が鳴る。ラッパが響く。歩くさえも余程の困難である。

(定村青萍『夢の都──大正十二年九月一日大震大火災遭難実記』多田屋書店、1923年)

関戸惣一郎〔当時15歳。東高橋で被災、2日には千住に〕

〔4日から5日頃〕朝鮮人が上野の方から押しかけてくるっていうんです。それで、15歳以上の者は全部出ろっていう村のおふれがあったんですよ。笹をそいで火にあぶって菜種油をつけると。みんな集まれって。私は15だから一番若いんだよな。

写真は、現在の西新井橋より80メートル上流に架橋されていた旧西新井橋。架橋されたのは震災の前年の大正11年3月。全長435メートル、幅6.3メートルで、旧橋のたもとには「お化け煙突」で知られた千住火力発電所があった

それで千住の柳原というところに朝鮮人がいて、もうそのときは死体になってましたがね。殺されちゃったんです。記憶では3体か4体ありましたね。めった打ちにされてましたですよ、鉄棒かなんかで。

その朝鮮人騒ぎがおさまったのは5日頃かなあ。最初は、上野の松坂屋の方からこっちへ攻めてくる、1500人くらい来るなんていってたんだね。相当殺気立って、来たらやられるということで、みんな竹槍を支給されたんですよ。そんなデマがどこから来たかはわかんないけどね。

（『江戸東京博物館調査報告書第10巻・関東大震災と安政江戸地震』江戸東京博物館、2000年）

田中松蔵〔当時千住在住〕

まあ荒川のことを話すとね、大正の震災の時、朝鮮人が暴動を起こしたと言う話を聞いたんですよ。小学校6年の時です、私が。おじさん連中が刀を腰にぶち込んだり、竹やりを持ったりして、鉄橋や橋の所に野営で警戒してね、朝鮮人が食い物が無いんで暴動を起こすんじゃねぇか、と言うんでね。そんなこともありましたよ。

（岡崎柾男編著『古老が語る明治43年の下町の大水害』下町タイムス社、1995年）

仁口関之亟〔当時西新井村東京紡績株式会社勤務〕

〔勤め先がぺちゃんこになり〕次に来たのが「流言蜚語」で、1日夕方頃からだれ言うともなく「在留外国人が、日本に対する反感から東京中の井戸の中に毒を入れて、日本人を皆殺しにする」という噂が広がり、私らも従業員として、にわか作りの竹槍を持って、夕方から朝まで徹夜で工場内、及びその周辺を見回りしたが、別に異常はなかった。私は9月3日の朝頃、東京市中がどうなっているかと思い、一人で社宅を出て、徒歩で西新井橋の北詰めまで来たところ、警戒中の数人の日本人に呼び止められた。〔略。質問に答えて無事通過した〕

（足立区環境部防災課編『関東大震災体験記』足立区、1975年）

根本秋一〔**下谷竜泉寺町で被災。1日夜、北千住荒川堤で流言を聞く**〕

流言飛語が乱れとぶ――津波がくる？　反乱が起きた！　自衛のために武装しろ。井戸に毒を入れられたから水は飲むな等々――

〔略。3日〕焼け跡に行って見る。父も姉も元気でバラックを建てていた。姉は白鉢巻に竹槍を持って立っていた。

（品川区環境開発防災課『大地震に生きる――関東大震災体験記集』品川区、1978年）

堀切一郎〔**当時三郷在住**〕

〔中川の改修工事で働く朝鮮人労務者たちは幸房組と矢口組の2カ所で働いていた。〕幸房組の4人の女の朝鮮人は、八潮から潮止橋を渡り左へ行った花畑村〔現・足立区新明町〕の綾瀬川の所で殺されたと後で聞いた。矢口組にいた12～13人は越谷警察署へ向った。

（「東京の水元や花畑で殺された」関東大震災五十周年朝鮮人犠牲者調査・追悼事業実行委員会編『かくされていた歴史――関東大震災と埼玉の朝鮮人虐殺事件』関東大震災五十周年朝鮮人犠牲者調査・追悼事業実行委員会、1974年）

堀口登志〔**父親が荒川放水路工事の現場監督**〕

震災のあった時父たちは、本木の西のはずれ、今の寺田病院のそばの空き家を内務省が借りてくれて、そこに住んでいたそうです。あのあたりは昔はまだ家も少なく、吉祥院から寺田病院にかけては大きな竹やぶがいくつもありました。〔略〕3日ごろか、父の顔見知りの数人の朝鮮人がきて、「追われている」と言う。本木にはかなりの数の朝鮮人がいたのです。父はそこをはなれられないので、その朝鮮人たちは友達や仲間を集めに走りました。たちまち50人ほどの人が集まったそうです。

すると青年団や消防団の人たちが竹やりをもって集まり、この人たちをとり囲んだそうです。そこへ梅田で紙スキをしていて「おかしら」と呼ばれていた叔父の深井も来てくれました。父の〔菅原〕徳次が「この者たちは悪いことはしない。内務省の仕事をしているんだから。私は内務省の役人だから、この者たちのことに責任を持つ。もしやるなら俺の命と引きかえにしろ」とどなったところ、誰も手出しをしなかったと聞きました。〔略〕結局最後は警察に渡したのではなく、「それならいい」と了解して終わったそうで、この人たちの中からは一人の事故者も出さなかったそうです。だからこの人たちはなつかしがって、この後もよくお盆などにきてくれました。

（関東大震災時に虐殺された朝鮮人の遺骨を発掘し追悼する会『会報』第62号、1992年）

氏名不詳

残念ながら荒川放水路の周辺でも朝鮮人に対する虐殺が数多く行なわれた。〔略〕柳原で「放水路の人夫が1軒借りているところをみんなで取り囲んだ。そのうち中のローソクが消え、出て来たところを寄ってたかって切り、用水路に突んのめったところをメッタ切りにしちゃったのを見た。10人ぐらい殺された死骸を見た」という。

（田嶋昌治『地域の歴史発見――歩き聞き調べる』崙書房出版、2005年）

千住警察署

9月2日午後7時頃流言あり「不逞鮮人約300余名、既に南千住を襲い、勢力に乗じて将に管内を侵さんとす」と。即ち署員をして千住大橋及び千住駅構内火薬積載貨車を警戒せしめたりしが、遂にその事なし、しかれども民衆の興奮甚しくして、自警団の鮮人に対する迫害起り、殺気管内に漲りて、9月3日には千住町において鮮人1名及びこれを保護せる内地人に重傷を負わしめ、西新井村字興野においては殺人事件あり、南綾瀬村字柳原なる鮮人の住宅を襲撃して7名を殺害し、千住町においてもまたその1名に瀕死の重傷を負わしめしのみならず、江北村鹿沼においては鮮人と誤認して1名の老婆を殴打死に至らしめたり。かくて同4日に至りては「鮮人の婦女等毒薬等を携帯して各所の井戸にこれを撒布せり」との流言行われ、人心益々動揺し、又南綾瀬村字柳原において1名の鮮人を殺害せるものあり。自警団の暴行既にかくの如くほとんど底止する所を知らざる。

（『大正大震火災誌』警視庁、1925年）

千住署においても、実に多くの朝鮮人が収容されていたのがわかる。写真は1923年9月10日に撮影されたもの

『報知新聞』（1923年10月20日）

〔3日〕李順風は府下南綾瀬村字柳原の自宅で同居隣人6名と共に千住町自警団友野済蔵（47）山崎濱吉（20）田口清三（22）中山金治（36）村松治（21）等の為めに日本刀で虐殺され更に同家から逃走した李興順（31）は翌朝同地付近の田圃で伊藤金次（26）吉野市五郎（41）等に殺害された。

『報知新聞』（1923年10月20日）

李熙玄は9月3日夜10時頃避難の途中西新井村役場前で同村在郷軍人内田傳蔵（30）吉沢亀太郎（38）手塚分会長の3名に猟銃で射殺された。

『報知新聞』（1923年10月20日）

〔4日〕午後2時頃埼玉県から関東戒厳司令部に護送中の鮮人孫奉元外4名を花畑村字久右衛門新田自警団金杉熊五郎（40）同人倅□一郎（18）外8名が同地綾瀬川タクミ橋上で殺害し死体を川中に投げ込んだ。

『報知新聞』（1923年10月20日）

千住中組自警団花井惣之助（28）外数名が同地遊郭で鮮人1名を、千住三宿自警団森川一栄（26）は同地2丁目先で30歳位の鮮人1名をそれぞれ惨殺した。

『国民新聞』（1923年10月21日）

9月3日午後5時頃府下千住町2ノ881番地にて鮮人韓龍祈（29）を撲殺した犯人同町中組605鳶職高橋義興（24）同町

松井榮之助（27）の所為(せい)と判明収監さる。

『読売新聞』（1923年11月27日）

「鮮人殺しは懲役1年半」

府下千住町4の491森川一栄（26）が9月2日夜10時頃夜警中同町2丁目1888番地先で、多数の夜警連中が鮮人崔圭錫(チェギュソク)（33）を包囲し居るのを見て直に不平鮮人と誤信し、日本刀で背部に斬り付け重傷を負わした殺人未遂事件は、東京地方裁判所刑事3部橋本裁判長棚町検事の係りで審理中であったが26日午後1時半被告を懲役1年6カ月に処する旨の判決言い渡があった。

『法律新聞』（1924年1月30日）

「鮮人殺し自警団員の判決」

昨年9月3日の夜府下西新井村與野通りで鮮人1名を猟銃で射殺した自警団員同村内田傳之助（30）及び製紙業吉澤亀太郎（27）に係る殺人事件の判決言渡は、去月30日午前11時東京地方裁判所刑事3部宮城裁判長帯金検事係で開廷され被告両名に対し懲役2年但し3年間執行猶予の判決言渡しがあった。

『東京日日新聞』（1924年2月14日夕刊）

「鮮人殺し判決　両名に懲役1年」

府下南千住中組（西崎注：千住中組の間違い）605鳶職高橋義興（24）松田榮之助（27）の両名が昨年9月2日鮮人弁龍斬(ピョンヨンチャム)（29）を不逞者と誤り殺害した事件は東京地方裁判所山崎裁判長の係で審理中14日午前11時半両名とも懲役1年の判決があった。

『法律新聞』（1924年3月18日）

「鮮人殺の10人乍ら　執行猶予」

昨年9月4日府下南足立郡花畑村字久左衛門新田337金杉熊五郎外9名が同村内匠橋付近で通行中の鮮人韓鳳九(ハンボング)、朴仁道(パクインド)、金思鳳(キムサボン)、李元錫(イウォンソク)、李健在(イゴンジェ)の5名を惨殺した事件は東京地方裁判所宮城裁判長、北条検事の係りで審理中の処10日左の判決言渡があった。

懲役2年：金杉熊五郎、三角三治

同1年6カ月：片瀬良吉、金杉與市、北島権蔵、原田留五郎、寺島治平、星野千之助、金杉仁一郎

同1年：星野金松　以上10名共3年間刑の執行猶予。

『東京朝日新聞』（1924年5月4日）

「8人の鮮人殺し　判決言渡　実刑は1人」

震災当時府下南葛飾郡南綾瀬村の自警団員伊藤金次郎等11名が暴徒と誤認して鮮人8名を殺害した事件は東京地方裁判所刑事3部山崎裁判長係りで審理中であったが3日午前11時半左の如く判決があった。

懲役3年執行猶予2年間：伊藤金次郎、吉野市五郎、田口精造、中山健治、山崎辰吉、友野清三、林松次

懲役3年6カ月執行猶予3年間：岡田太郎、山田竹三郎、藤井浅次郎

懲役6カ月：荒木間重喜。

荒川区

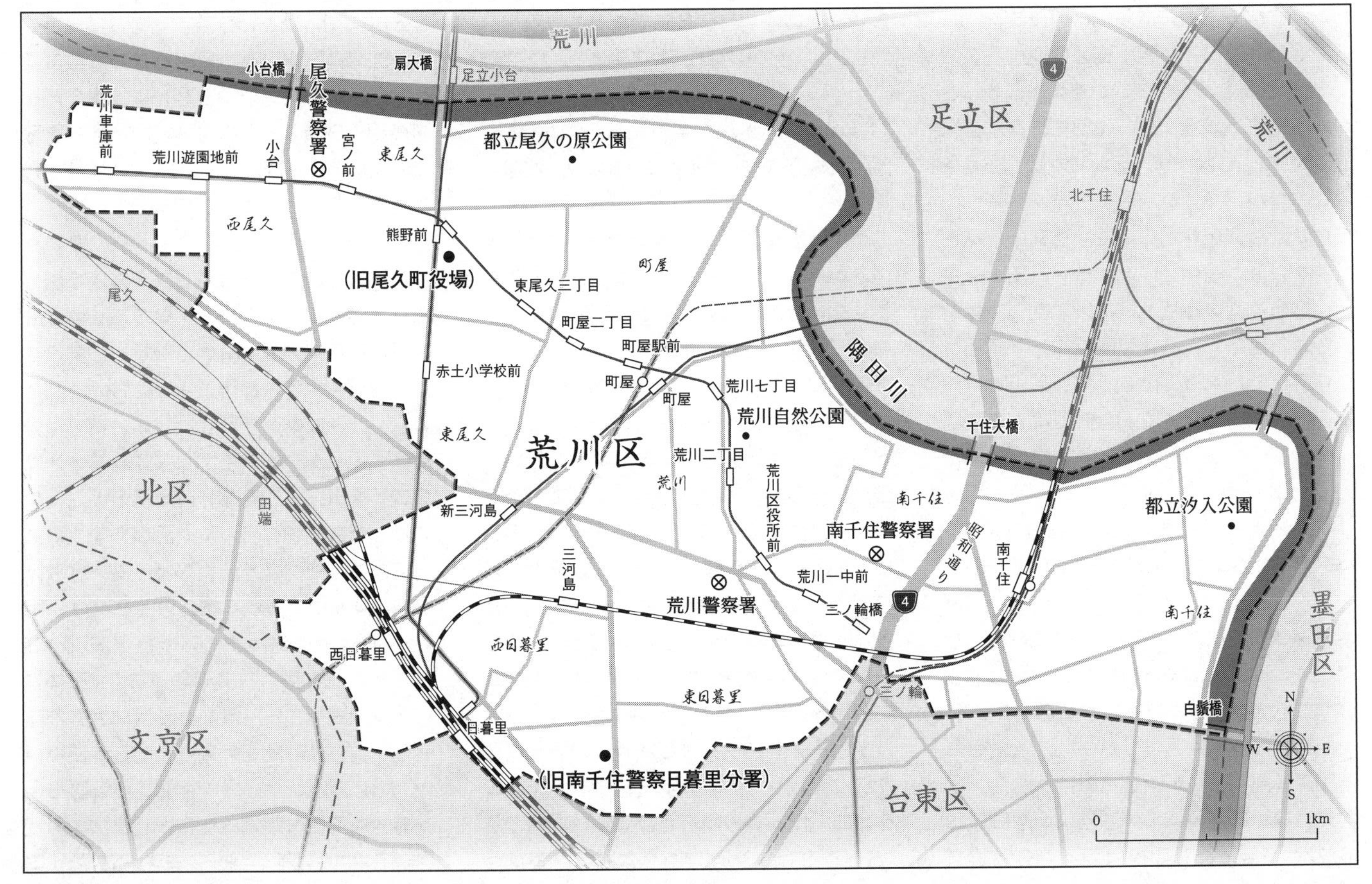

荒川
小台橋
尾久警察署
扇大橋
足立小台
足立区
荒川
荒川車庫前
荒川遊園地前
小台
宮ノ前
東尾久
都立尾久の原公園
北千住
西尾久
熊野前
(旧尾久町役場)
町屋
尾久
東尾久三丁目
町屋二丁目
町屋駅前
隅田川
赤土小学校前
町屋
荒川七丁目
町屋
荒川自然公園
東尾久
千住大橋
荒川区
荒川二丁目
荒川
北区
田端
荒川区役所前
南千住
都立汐入公園
新三河島
南千住警察署
昭和通り
南千住
三河島
荒川一中前
荒川警察署
三ノ輪橋
4
南千住
墨田区
西日暮里
西日暮里
東日暮里
三ノ輪
白鬚橋
N
W
E
S
日暮里
文京区
(旧南千住警察日暮里分署)
台東区
0
1km

H〔当時12歳、済州島生まれ。渡日2日目に被災〕

3日目に、とにかく警察と軍隊が朝鮮人と中国人を皆殺せと言ったもんだから、そこを出るの皆いやになったんです。その学校には40日間おったですよ。荒川区立第二はけ田〔峡田〕小学校に。表に出なかったので震災のことはぜんぜんわかりません。〔略〕ここの学校に着いてみたらほうぼうの人が40人位いたけれども言葉が通じないですよ。今は韓国もみな同じ言葉になったけれど、その時分は「陸地」〔本土の意〕にいた人の言葉は絶対わからないですよ。〔略〕米だって3日位たってからきたんだ。ごはん炊く所にもちゃんとおまわりと軍隊が立って番しているでしょう。入り口にも二人ずつ立っているし。表には竹槍を持ったやつがいっぱい立ってて飛び込んで来るんだからね。

ケガした人はいなかったね。皆、平和になってからバラバラに表に出てきた。〔略〕隣村の人も皆、オフクロの村だの、顔を知っている人は大勢いたから、その人らと一緒に帰ったんですよ。その人達は皆別々に他の学校に持ってかれたんだ。〔略〕そのおじさんと一緒にいられなかったのかって、ついて行こうったってだめなんだ。自分の付き合っている人間だけ隠していたんだ。防空壕みたいなものを床下に掘って、そこでやっぱり40日位過ごしたんだもの。隣近所の人達は、そこに朝鮮人を使っていたということを知っているから、皆見張ってるから、出て来れないですよ。一所懸命働いたから匿われたんじゃないですかね。〔略〕三河島で中国人2人を殺すのを見たな。今の常磐線が下を通ってた頃、その上に夜泊っていたから。近くに中国人が3人か4人住んでいたんですよ。その人かどうか知らないけれど殺された。すごい声で泣いているの聞えたよ。鉄道の上でやられているらしくて。軍隊とおまわりに皆連れて行かれたんですよ。縄でつながって行ってるのを後ろからぶち殺された人も随分いたらしいですよ。

（関東大震災時に虐殺された朝鮮人の遺骨を発掘し追悼する会『会報』第28号、1985年）

荒井なつ〔当時日暮里で奉公〕

あの当時の日暮里の里は、今日のように繁華ではなくわりと静かな土地でしたが、日暮里から三河島という方面にかけては外国人が多く住んでおりまして、流言蜚語と申しますか、不てい外国人のことが伝えられて、大勢の外人が自警団に捕らえられ、小学校へ集められたのを目撃いたしましたが、別段、殺されるようなことはありませんでした。

（羽田地区町会連合会編『羽田町民の体験記集・関東大震災』羽田町会連合会、1978年）

岩尾研

浅草に行ったところが、浅草はまるやけ。そこで三河島にいった所が、こんどはこっちが朝鮮人に間違われて、自警団にひっぱられた。朝鮮人にまちがえられたのは、九州から出てきてから2、3年しかならないんでことばが九州弁で、ことばがおかしいということでまちがえられた。それに服装が、学生服でわらじばきでしょう。だいたい、三河島は馬車引きとか、朝鮮人の多いところでね。それから台東の下町の方もね。

ほんとうは大道を通った方がよかったのに、近道をして、小さな路地を通ったものだから、つかまっちゃった。足早でにげていくではないか、ことばもおかしいということで、まちがえられた。そん時は5日だったから良かったけれど、もうちょっと早かったら、完全に朝鮮人だってんでたたき殺されるところだった。

（「朝鮮人とまちがわれたわたし」日朝協会豊島支部編『民族の棘——関東大震災と朝鮮人虐殺の記録』日朝協会豊島支部、1973年）

荒川区域は、町工場や商店街、住居がひしめき合う混合型密集地域で、三河島には震災前から多くの朝鮮人が居住していたといわれる。写真は三河島の倒壊家屋の惨状

内田良平〔**政治活動家**〕

3日朝尾久町大字上尾久に於て2名の怪しき鮮人あるを認め〔略〕一人を撲殺し、一人は半殺しのまま同町佐藤病院に入院せしめたり。

（内田良平『震災善後の経綸に就て』1923年→姜徳相（カンドクサン）・琴秉洞（クムビョンドン）編『現代史資料6・関東大震災と朝鮮人』みすず書房、1963年）

江崎清三〔**三河島で被災**〕

そうこうしているうちにデマの話が流れてきました。〔略〕朝鮮人がせめてくるという。その当時は三河島に沢山いたんです。〔略〕その翌日〔日時不明〕、今度はその朝鮮人を虐殺した。すごかったですよ。見たけれどかわいそうでしたねえ。これはいまでもね、大震災の経験者でもこういうことはあまり言わねえですが、事実です。それで自警団をこしらえて、その当時刀剣類は自由に所持してまして、いまみたいにやかましくない。それで、まっこうから斬ったかというとそうじゃない。後ろからです。人間というものはそういうもんです。人間はやっぱり慈悲というものがありますから。思ってみりゃ関係のない人を斬るわけですから。戦争じゃねえんですから。ただ憎しみをもっていてね。あのデマはどこからどういうふうに広がったのか。

〔略〕その時分はまだ封建時代からぬけ出したばかりだから、どの家にも刀の1本や2本はあったんです。ピストルはあんまりもってない。刀剣類は先祖の宝としてそなえてある。だからその伝家の宝刀で朝鮮人やなんかを殺してしまった。でも一人じゃないんです。付和雷同ってやつで大勢で殺した。

それ、朝鮮人が来たというんで近所の人がみな出てくる。私のところではそんな手荒いことはしなかったけど、血気盛んな人は試し斬りだなんてやった。上野の山で人の目にふれないように棺おけに入れて手当して赤十字に返したんです。〔略〕当時おまわりさんに朝鮮人を渡したものは5厘になった。

（「デマは国民を奈落へ落とす」日朝協会豊島支部編『民族の棘——関東大震災と朝鮮人虐殺の記録』日朝協会豊島支部、1973年）

加太こうじ〔評論家〕

私が住んでいた尾久でも、「アイゴー、アイゴー」と泣き叫ぶ朝鮮人数人を自警団が縛りあげて、町役場の前で竹槍や刀で惨殺した。

（加太こうじ『浅草物語』時事通信社、1988年）

神村志知郎〔深川猿江裏町で被災〕

〔鴻の台街道まで逃げ小松川へ。4日に田舎へ行くため〕日暮里に来た。姉の背の子が火がついたように泣く。と、通りかかった大学生が気の毒そうに近寄って、「これを少しあげて見たらどうです?」と言って、少しばかりの白砂糖をくれた。スルト又通りすがった人が、「貴方方はこの学生さんとお知り合いですか?」と問う。不思議な問かなと思って「否」と答えると、「知らぬ人に食物など貰ってはいけませんよ。現に○○が内地人の風をして、子供に毒の入った牛乳をやっているのを私は見て来たのです」と説明する。大学生は憤然として、「そんなら僕が食べます!」と言って美事食べてしまって、「サアどんなもんだ」という顔をする。我々は学生にも何やら気の毒になって、「どなたも有難うございます」とのみ礼を述べた。

（中央商業学校校友会編『九月一日：罹災者手記』三光社、1924年）

櫛原周一郎

〔9月2日夜、日暮里で〕半鐘がなりだした。津波か……文平は表に飛び出していった。間もなく2、3人の憲兵が、馬で黄昏の畑道をやってきた。村の青年団員らしい人たちがあとから続いてくる。「朝鮮人が井戸に毒を投げ込んだらしい。朝鮮人に気をつけろ」「朝鮮人を見つけたら、すぐ青年団に知らせよ」憲兵は交々（こもごも）命令口調で、朝鮮人や社会主義者が放火の下手人で、暴動を企てていると、一軒一軒丹念に布令していく……。呼びこの笛が走り、半鐘が時々なった。

（櫛原周一郎『新樹』古梅洞、1977年）

桜井鯛吉〔新潟県小出町より調査のため上京〕

9月5日〔略〕日暮里駅長の報告によればその筋の警告として〔上野〕山中に毒薬入麪包及饅頭及爆弾携帯の鮮人潜伏すこぶる危険となし警戒厳なりと。

（桜井鯛吉『復刻・関東震災救護上京概況——大正十二年九月壱日：小出町救護班』小出町教育委員会、1998年）

下田将美〔ジャーナリスト、随筆家。日暮里で被災〕

実際、あのときの朝鮮人のウワサほど、またたく間に全市に広がったデマはなかった。誰がどこでいい出したのか知らないが大挙して襲撃してくるのだという物騒なウワサが尾ひれをつけて朝に夕にひどくなった。しまいに荒川の放水路の辺から何千人かが銃を持って進撃して来つつあるなどとまるで戦争みたいな馬鹿げた事が口から口へ伝わって来さえしたものである。スパイのようなものが侵入して家々の井戸に毒を投げ込んでいるというウワサも立って、その目印には塀に白墨で丸が書いてあるから書かれたら気をつけろという話になっていた。私の家は書かれなかったが朝起きて外へ出て見たら回りの塀に白墨で丸が書いてあった。ウワサに便乗して悪戯をする奴がいたに違いないが〔略〕たちまち各町会で自警団が組織された。まだ余震も火事も続いていたので、その警戒のための自警団だったはずなのが、いつの間にか朝鮮人に対する防衛団みたいなものになってしまった。〔略〕避難の通行人が通るたびに、怪しそうなのを尋問するのである。バビブベボといいえなどとテストするのである。

（下田将美『今なら話せる――新聞人の財界回顧』毎日新聞社、1956年）

染川藍泉〔当時十五銀行本店庶務課長〕

〔2日、日暮里で〕どこから伝わるか知らぬが、現場のことが手に取るように人々の口から伝わって来る。遂には朝鮮人が爆弾を投ずるのだという、不安な噂が伝わって来る。併しどうも風声鶴唳らしいと私は言っていた。

いかに多数の鮮人がいるにしても、彼等に爆弾の用意があるべき筈がない。この不意に起った災害を、鮮人が予知することが何で出来るものか、と私は言って聞かせた。倦み疲れて神経過敏になっている人達には、深く考える余裕がなくなってしまっている。一犬虚に吠えて万犬実を伝えて来る。伝えてくる位はよいが、自分は現に爆弾を投げ入れたのを見たようなことを話してる愚な人さえある。現に火事場の爆音を聞いた私は、それが包装した樽や缶の破裂する音であるという確信を持っていたが、それを知らぬ人達は、家の焼けると共に凄じい爆音が轟くのを聞いて、これはいよいよ鮮人の仕業に違いないと確定してしまった。何も知らぬ鮮人こそよい面の皮であった。

〔略〕その深夜に、青年団の人達が2、3人、上野の方から何か報告して歩いて来た。寂然とはしているが軌道には幾万の避難民達が横たわっているのである。青年達は「井戸の中に劇薬が入れてあるというから、諸君気をつけろよう」と、こう長く引いて呼んで来る。青年の声は夜陰に響いて、何かしら不安な心持ちが込み上げてきた。私は弾かれたように眠りから醒めた。そして考えた。これは路傍の無智な人達の噂ではない。いやしくも青年団で、皆に知らせる必要があるという証左を得たからであらねばならぬ。さすれば私の宅の井戸も実に危険千万である、と彼等は鬼神の如き働きがあるように恐れた。〔略〕

〔3日夜〕日暮里の墓地に入ると、いよいよ警戒は厳しくなった。墓地通りの中程に警備員達が5、6人、皆提灯を手に手に持って物々しく堅めている。近づいて見ると悉く抜刀しているのであった。〔略〕何程未曾有の混雑でも、抜刀を咎める警官もおらず、戒厳令が布かれたというのに警戒の兵もおらず、抜刀した無智な青年達のするがままに任してあるというのは、実に言語道断なことだと思った。（1924年記）

（染川藍泉『震災日誌』日本評論社、1981年）

高原たま

〔1日〕家は3時頃には焼けてしまいました。千住大橋近くの神社の境内に避難したのです。幸いなことに、常磐線線路を境に鎮火したので、その夜三河島の親戚へ落ち着いたのですが、今夜は○○人が襲ってくる、男は皆棒のようなものを持って表へ出るようにといわれ、又相つぐ余震に夜眠ることも出来ず、町会役員の方もこの際田舎のある人はそこへ行くようにとの指示に、父の郷里前橋へ行くことになり、3日早朝に出発しました。

（足立区環境部防災課編『関東大震災体験記』足立区、1975年）

曹高煥（チョゴファン）

〔2日〕浅草の海水浴場まで行きました。夕方だと思いますが、往来で服に血のついた人と多数出会いました。当時私は日本語をほとんど解せなかったので、人々の話の意味がよくわかりません。服に血のついたのも、火事騒ぎで負傷したとばかり思っていました。

そのうち、友人2人が血相を変えて、帰ろうといい私の手をひき、急いで上野公園の主人〔入谷の時事新報配送所店主〕のところに帰りました。後からわかったことですが、私が往来で見た服の血は、朝鮮同胞を虐殺したときの血であることを知りました。

公園で2日の夜を過ごしました。その間、主人があちこち連絡した結果、私達は焼け残った日暮里分局に移ることにしました。3日、私達は分局まで何回も往復して荷物を運びました。

3回目の荷物を運んだとき、急に店の主人が私を呼び寄せ、今日暮里で朝鮮人を盛んに捕らえており、軍隊が盛んに銃殺しているから、分局から一歩も外に出ないようにとの注意を受けました。そうこうするうちに、日暮里でも自警団が組織され、朝鮮人狩りを始めました。

当時、日暮里分局には、各地から集まった時事新報関係者が１００人ばかりいました。その人達は主人の指示で玄関に立って、自警団が家の中に入らないように警戒してくれました〔他に2人の朝鮮人がいた〕。

〔略〕10日まで分局にこもっていました。10日になって、本社の分局長から呼び出しがあったので部屋に行ってみると「ここでは危ないし、警察で保護することになっているから行ってもらいたい。あとで安全になったら迎えに行くから、心配しないで行ってくれ」とのことでした。

夕方5時頃、巡査がやってきました。店の日本人の友人は、不安がって、15人程私達のまわりを固めて日暮里分署まで送ってくれました。途中、何事もおこらず無事につきました。分署の中には中国人が60人程収容されていました。間もなく特高主任が来て調べ、一晩は留置場で寝て、翌日から飯炊きをさせられました。

当時日暮里警察署が焼けたので、警官はみな分署に来ていて、３００人ばかりいました。私はここにひと月ほどいました。

（朝鮮大学校編『関東大震災における朝鮮人虐殺の真相と実態』朝鮮大学校、１９６３年）

中村翫右衛門（かんえもん）〔歌舞伎俳優〕

〔3日、日暮里へ向かう〕私たちはのどがかわいて、水をもらいたいと思ってももらえなかった。その家ののむ水だけでもいっぱいなのだ。井戸に張札がして、不逞鮮人が毒を投げこんであるから、のんではいけないと記してある。

私たちはわけはわからないが、不逞鮮人を憎いと思った。こんな苦しいときに、こういう惨虐なことをやる、ちくしょう！　どうしてやるか見ろ！　こういう怒りが、時が時、自分が苦しんでいるときだけに、いっそう強くこみあげてくるのだった。私は後にこのときの真相を知ったとき、身ぶるいした。

〔略〕歩いて行く道々も、自警団があって、竹槍を持っている人、日本刀を腰にさしている人、朝鮮人とみれば惨殺するし、歩く人々の中から、ちょっとでももつれた変なことばがあれば、朝鮮人として引きずってゆく。どのくらい罪もない朝鮮人民が虐殺され、日本人民が、朝鮮人民とまちがえられて殺されたかしれない。

（中村翫右衛門『人生の半分――中村翫右衛門自伝』筑摩書房、1959年）

萩原忠次〔当時第二岩淵尋常小学校児童〕

それから火もだんだん消えましたので、又大橋を渡り横丁をまがって日暮里にゆきました。その途中の道のわるいことともて難儀をしました。朝鮮人は見つかるとすぐに殺されてしまいました。それから田端王子と歩いてきました。

（「大地震と大火事」「第二岩淵小学校児童作文集・震災号」1924年2月〔冨田駿策氏所蔵〕→北区史編纂調査会編『北区史〈資料編〉現代I』北区、1995年）

萩原文彦〔当時府立第三中学校生徒。南千住町千住南1220で被災〕

朝鮮人に対するデマは今思えば全くナンセンスである。正確な情報が得られぬ場合、人間はいい加減な事に動かされてしまう。家の近くの魚屋のおやじさんから、「日本刀を貸して下さい」と言われ、父は断り切れずに伝家の宝刀2本を貸した。

（『関東大震災記――東京府立第三中学校第24回卒業生の思い出』府立三中「虹会」、1993年）

原田勝見〔当時中学1年生。南千住在住〕

南千住警察署の裏庭に朝鮮人が後手にしばられて30人程おりました。私は恐る恐る板塀の穴からのぞき見をしました。何人かの朝鮮人が目かくしをされて立たされ次々と銃で打ち殺されたのを見ました。大きなわめき声を今でも憶えております。

（「関東大震災の思い出」震災記念日に集まる会編『関東大震災体験記』震災記念日に集まる会、1972年）

潘瑞発（パンルイファ）

地震から3日目に3人で電車に乗って三河島へ出かけた。駅へついて一人が降りかかるといきなり鳶口（とびぐち）でたたき殺された。われわれは降りないで逃げ帰った。

（仁木ふみ子『関東大震災中国人大虐殺』（岩波ブックレットNo.217）岩波書店、1991年）

古矢カマ子

〔2日、三河島で〕その夜は同地の線路を枕に道で拾った1枚の茣蓙（ござ）を褥（しとね）に一家3名身を横へられました。途中ある工場で恵まれた小さな握飯一つは、到底3人の空腹を医するに足らなかったのでありますが、そのうち例の鮮人騒ぎで真夜中に谷中の墓地まで転々するのやむなきに至ったのであります。

（大日本看護婦協会編『産婆看護婦関東震災殉難記』関東震災殉難記刊行会、1930年）

本多幸子〔当時牛久在住〕

父を探し求める祖父が三河島を過ぎ、北千住から南千住、日暮里あたりまで来ますと、戒厳令がしかれていて、朝鮮人と見ると、どんどん殺されていて、その人数はわからないが、実に無惨なものだったということです。

「おまえはどこの者か、名前は何か」と問われて即答できない者は朝鮮人とみなされ、又顔が似ているとこれ又朝鮮人とされ殺されました。その話が伝わると東京へ肉親を探しに行く者は練習をして瞬時に答えられるようにしなければと話し合ったものです。

（川越市総務部庶務課編『関東大震災体験記』川越市、1983年）

松本一郎

〔1日、日暮里で〕その夜は又朝鮮人が暴動を起したと言う流言で、生きた心地なく避難する有様。通行人の誰かが、今どこその警戒地域は朝鮮人によって破られたと言う様な事を言って通る為、朝鮮人なら片端からスパイ扱いにして目をおおう残酷な方法で、目前で殺されて行く何人かを見た。暑い時で白いワイシャツは赤く血に染まり手をがんじにしばられて尚惨劇はくり返し、道路のあちこちにその人達の死体が横たわっていた。当時ラジオがあったならば此の様な惨状にはならなかっただろうが、朝鮮人には誠に相済まない気持が深く、一日本人として罪を謝したい。

（震災記念日に集まる会編『関東大震災体験記』震災記念日に集まる会、1972年）

吉村藤舟〔郷土史家〕

〔日時不明〕今日の鮮人騒ぎは流言蜚語のみで、まったくの嘘り（いつわり）であると、けれども鮮人の騒は事実益々（ますます）拡大するばかりです。今日も南千住の方で○○が捕えられたといって黒山のように人が群れていました。そして口々に、打ち殺せ、彼奴のためだ、と、罵詈していました。中にはこうもいう人があります。最初強震と同時に鮮人は鮮人倶楽部を自分で焼いた。それで彼等の決死の意気込みが判るではないかと、これは信ずる程の者はないと思いますが、その話は一般に流布されています。中には鮮人が日本人の子供を捕えて火に投じたとも伝えられている。私はその夜も帰りましてから、12時頃まで夜警の手伝をしました。

（吉村藤舟『幻滅──関東震災記』泰山書房仮事務所、1923年）

林献忠（リンシエンチョン）

〔2日〕前夜三河島で火事があったと聞いて、王公和宿舎の荷物が心配で三河島へ帰った。宿舎に着いて2分もたたないうちに、駅の方で悲鳴が聞こえて多くの中国人が殺されはじめた。

しばらくして警察と土方の親分が王公和宿舎に来て、われわれに出て行けという。宿舎の女主人は、この人たちはおとなしい法律をまもる人だから、私が保証するから連れて行かないでと頼んでくれた。その結果、警察とボスはわれわれの人数を数え、27人、宿舎の外へ一歩も出るな、一人ふえても、一人へってもいけないといった。食物もなく握り飯二つ食べた。1日たってヤクバに行って握り飯をもらった。

（仁木ふみ子『関東大震災中国人大虐殺』（岩波ブックレットNo.217）岩波書店、1991年）

和田本次郎

〔群馬県太田市から救護団として3日夕方日暮里に着くと、先輩の福長省三に注意された〕「君は白の詰襟で黒ズボン、おまけにつばの広い黒の帽子、そのうえ背がヒョロ高い。どう見ても君は朝鮮人と見られるぞ。朝鮮人はこの大地震に乗じてますます火災を大きくひろげ、手当りしだい日本人を虐殺して歩くので、われわれは朝鮮人と見たら助けちゃおけない。先方を殺さなけりゃこっちが殺されるからだ。君は朝鮮人と間違えられたら大変だ」

（和田本次郎『かまきりの足跡——和田本次郎自伝』養神書院、1966年）

氏名不詳

〔2日夕暮れ、日ぐらし公園近くの自宅で〕そのあたりにうろうろしている3人の青年があった。新聞配達かと見える、白シャツに白ズボンを穿いて、足袋はだしでいた。手には7、8寸木片をさげて、どぎまぎしながらどこかへ行ってしまった。〔近所の奥さんが〕「今ね、〇〇〇〇が放火をして歩くんですって。昨日からボンボンいうのは、みな爆弾を投げる音ですって。今も動坂の丸三へ火をつけたそうで……何でも短い木切れの先にアルコールをひたした綿をつけて、それに火をつけて放りこむんだそうです」〔それを聞いて〕一も二もなくさっきの青年を〇〇人にした、そして手に持った木切れをてっきりそれだと思った〔自分も近所の人に怒られて横丁の角で夜警に立つことにした〕。〔3日朝〕近所の女の子が「これを横丁の入口へ貼って置いて下さいって」と、蒟蒻板で赤い字を印刷した藁半紙を1枚手渡した。見ると「不逞〇〇の放火に注意すべし」と2行に書いてある。

F君は「不逞？ 何だ、けしからん不逞とは？ 不逞なんて言葉があるか！」と、ぴりぴり唇をふるわしながら、道端の泥を手につまんで「不逞」の2字になすりつけて消してしまった。「こんな字も癪だ！」と、その下に書いてあった「〇〇」の2字も抹殺しようとした。私もこれには不同意ではなかったので、笑って見ていた。〔そこへ在郷軍人が来て〕「なぜそんなことをしますか！」「不逞なんて、けしからんから消したまでだ」「何？ 〝不逞〟がけしからん？ 〇〇が不逞じゃないというのか？ 貴様、社会主義者か？」〔別の在郷軍人が双方を引き分けた〕。〔間もなく〕「日ぐらし会で夜警の相談がありますから、午後1時までに某氏邸前へ集まってください」〔40～50人が集まった。そこで騎兵の大尉が馬に乗って立って言った〕「何しろ〇〇〇〇〇行為は驚くべき〇〇なもので、警戒は厳重な上にも厳重にしていただかないといけません。彼等は屋根を伝ったり、甚だしきは溝の中をくぐって侵入します。（まるで野鼠のようだと思って私はきいていた）そして彼等は〇〇や〇〇のみでなく、〇〇というものを使用します。これはわれわれ陸軍でも使用しますが、つまり〇〇です。これの巧妙なのを用いているのを、現に私は見ました。（おやおやいつのまにか不逞〇〇は我が最新の戦術を盗みおったわいと、私は思った）とにかくこの際徹底的に〇〇をやっつけないといけません。場合によっては彼等を〇してもかまいません。それから彼等の背後には〇〇〇者がいるのですから、これに対しても同様に〇〇〇〇〇〇……」

午後になると昨日私どもと同じく避難していた、しかし石の上に腰を下して、極度の不安と恐怖との中にいた3人の〇〇、一人はおやじで、一人はその妻で、一人はその息子らしい、労働者の一家族、——多分それは浅草あたりから火に追われて来たのだろう。——それが今朝、青年団の人たちに〇〇しにされた上、何処かへさらって行かれたという噂が伝えられた。そして、そこでもここでも〇〇が迫害されている。〇されている。中には〇〇と誤られて〇〇〇が〇〇されたのも少なくないなどと伝えられてくる。私はいよいよもってこれはただ事ではないと思った。

〔夜、地震もあり仕事にも行かないので〕ふだんなら女事務員、呉服屋の売子といったような少女までが、巴板額（ともえはんがく）を気取って両端に襷（たすき）がけで構えこむという騒ぎ。小学校へ上ったばかりの子供たちまでが、木刀をねじこんだり、竹杖をふりまわしたりして、警戒おさおさ怠りない。――いったい何をどうしようとするのだろうか？　○○を見たら一も二もなく突き○○ためだろうか？　○○を毒蛇か猛獣と間違えている。

形勢は刻々不穏になって行く。私設警邏が、代用○○か、急造○○か、何か知らないが、物凄い青龍刀や、秋水のしたたるような日本刀の抜身をひっさげて、酒屋の小僧やそば屋の出前持ちが、強そうに肩をいからして通る。鋭くきっ先を削った竹槍をついて、3人ばかり揃って鉢巻でやって来るものもある。

伝令がやって来る。「今道玄坂へ30人の○○が現れたから警戒しろとのことです」と言う。この伝令は駅伝式で〔10分経たないうちに反対側の警戒線から〕「只今動坂へ3千人の○○が○を持って襲って来た」と報告する。人々はすぐにこれを無条件に受け入れた。私はさっきからの警戒の叫びの反復される系統といいこの伝令の報告の、前者と後者との関係といい、何だか変なので、これは秩序のない警戒線の網が循環して、流れ戻るのだと直覚した。そして、道玄坂で30人の○○が、10分経たぬ間に動坂で3千人で、○を持つという驚くべき拡大をして反響的（ママ）の報告となったのを、実に恐るべきことだと思った。そして何だか今朝からのいろんな噂が、どれだけの事実に基づく流言だかわからなくなった。○○の不逞行為という、そのことすらが、果してどの程度の根柢に立っているのか、大尉の訓示もどこに根柢があるのかと、疑えば疑われぬでもなかった。

〔警戒線に町内の青年団に連れられた30名ほどの集団が来た〕「でも日本人たる証拠がない」「戒厳司令部からの許可書がなくては通さない」「いや、そういうものがあったとしても、絶対に今夜はここを通すことはならん」「一度ここを通すと、われわれの責任になりますからな」

〔わずか6、7丁の間で十数回の検問、1時間以上かかってここへ来た。ここでも30分ばかり待たされた。この集団が〕小1里ある飛鳥山の目的地につくのは何時のことであろうか？　でも途中で○されないだけが仕合せとでもいうのだろう。

「今、道灌山から2人の○○人の女学生を追い降すので、何処の横町を降りて来るか分らないから警戒をしろとのことです」〔何も来ない〕。「素っ裸で抜身の刀をもって来るのが怪しそうですから」〔略〕片肌ぬぎになって抜身をひっさげてやって来た。血走った四十格好の男だ。一人ではない、2人の巡査さんが両手をとらえている。狂人なのだ。危険千万な狂人なのだ。あとで聞けば、ついそこの脳病院から脱走したので、すわ一大事と、病院の職員やら警官やらが追い回して、やっととらえたのだそうな、無論、ひっさげている抜き身は玩具のサーベル。

「只今あすこの公園で、○○2名と憲兵とが大格闘をやっています」。〔確かめに行ったN氏が〕「人を馬鹿にするにも程がある。殊にこういう人心の動揺しているところへ、怪しからぬ流言蜚語を放つ奴は、それこそ非国民じゃ不逞人じゃ。さっきから黙って聞いていると、あまり奇怪な流言ばかりやって来るから、今度こそはと思って公園へ行って見ると安の定、公園は静まりかえっている。格闘も憲兵もあったものではない。今交番へも寄って、巡査によく話して置いて来たが、一体ここの警戒本部を第一に取締って貰わなくては困る。無智で不秩序な民衆に流言を放つとは、放火や爆弾以上に危険なことじゃ。Iさん、すみませんが、僕と一緒に自警団本部へ行って下さい、一つその幹部という奴をとっつめてやりましょう。――どうせここいらには僕等の話の解る者もいないでしょうが……」憎まれ口をたたきながら、N氏は立った。私も当然だと思ってそのあとからついて行った。

（「自警団夜話」荒野耕平編『震災ロマンス――惨話と美談の巻』誠信堂、1923年）

司法省「鮮人を殺傷したる事犯」

4日午後4時、尾久町上尾久熊319国民銀行空地で、宮杉益五郎が金祥年に短刀を突きつけたが他人に阻止された。

（姜徳相・琴秉洞編『現代史資料6・関東大震災と朝鮮人』みすず書房、1963年）

南千住警察署

9月2日鮮人暴行の流言伝わるや、自警団その他の、鮮人に対する迫害漸く盛にして、午後9時30分に至りては鮮人を本署に拉致するもの少なからず、中には負傷者をも出すの有様なりしかば、堅くその軽挙を戒め、民衆の反省を促すに努めしが容易に肯かず、更に3日午前1時頃に及びて「鮮人約200名は本所向島方面より大日本紡績会社及び隅田川駅を襲撃せり」との流言あり、即ちその万一に備えんが為に署員を同方面に急派したれども何等の事なかりき。然れども蜚語は益々拡大して鮮人の毒薬撒布・海嘯の襲来・大地震の再襲等人心を刺戟・惑乱するの報道頻りに伝わりて騒擾を極めしが、本署の保護・検束せる鮮人の如きも、演武場に67名・交隣園に117名・第二峡田小学校に250名合計434名の多数に上れり。

しかるに翌4日午前、鮮人労働者相愛会幹事等2名は帰宅を懇望して已まざるを以て、途中保護の為に正服巡査2名・兵士2名を付せんとしたれども、その準備を整うるを待たずして切に開放を要請せるが故に、遂にこれを許し、内鮮係巡査1名をして保護尾行せしめ、三ノ輪王子電車軌道踏切にさしかかれる折しも、たちまち群集の包囲・乱打する所となり、尾行巡査また重傷を負えり。これにおいて署員10名を急駛してこれを鎮撫し、その鮮人1名及び尾行巡査には応急手当を為して漸くその生命を救いたれども、他の1名は遂に行方不明と為れり。

〔略〕本署の保護せる鮮人の全部はその後

現在の南千住署

これを日本橋区蠣殻町日鮮起業会社内相愛会事務所に引渡し、支那人87名は証明書を交付して帰国の途に就かしめたり。

（『大正大震火災誌』警視庁、1925年）

南千住警察署日暮里分署

9月2日午後8時頃地震の再襲、鮮人の暴行等云える流言行われしが、就中鮮人に対する杞憂は自警団の過激なる行動を促し、戎・兇器を執りて通行人を誰何・審問せるのみならず鮮人迫害の余波は良民を苦むるの暴行をも生じたりしが、是日本署において保護・検束したる鮮人は70余名に及び、署内狭隘を告ぐるに至れるを以て、これを第四日暮里小学校に収容せり。然るに午後2時頃裸体に赤帯を締め、帯刀して町内に示威行列を為せる15名・壮漢ありしかば、これを検束して戎・兇器を押収したるに、尋て同4日正午頃収容の鮮人1名逃走を企つるや、民衆は警察の監視怠慢を罵り、遂に数百名の集団を為して当署及収容所に迫りて、形勢険悪なりしが、漸くこれを鎮撫するを得たれども、なお万一の変を慮り、軍隊と交渉して兵員2名の派遣を求め、その援助の下に警戒を厳にせり。かくて管内の騒擾は同5日まで継続せし。

（『大正大震火災誌』警視庁、1925年）

『河北新報』（1923年9月4日）

「米を略奪せんとして検束」

日暮里の米穀倉庫を鮮人が襲撃し米を掠奪せんとして300名検束された或は虐殺されたとも言われている。

『下野新聞』（1923年9月4日）

「三河島上面より不逞鮮人が200名押寄す報」

3日朝3時頃三河島方面より下谷に向け不逞鮮人約200名集団を為し押寄すとの報に接し軍隊青年団消防等共同して極力この方面に向って警戒しつつあったが、集団して来らず三々五々やって来る。

『満州日日新聞』（1923年9月29日）

「都の灰燼　東京視察記④　宮城支局菊田生　帝都に入る迄」

〔2日〕千住の大橋近くで舟から上り三河島の方を迂回して田端に出ようとすると、今度は不逞○○が押し寄せて来るという騒ぎで時々銃声や吶声が聞えるから一歩も前進する事が出来ず、再び舟に舞い戻って2日の夜を明かし、今朝未明田端に出て漸く汽車に乗る事を得ました。

『東京日日新聞』（1923年11月2日）

「暴行自警団の取調べひとまず打切り　南千住の鮮人殺し8名の収監を最後に」

9月4日午前11時南千住新町通りで南千住署巡査飯塚清一の保護する南千住駅前相愛会人事課長鮮人金英一（30）、裵東珠（32）の両人に暴行を加え金を殺害し飯塚巡査及び裵に重傷を負わせた同町自警団左記8名は、30日いよいよ起訴収監された。なお暴行自警団の取調べはこれを最後に打ち切ることになった。

千住町345杉本寅吉（39）、通新町61葬儀屋秋本弥七（38）、三ノ輪389吉澤方人夫宇佐実伊平（63）、同18菓子職小島辰造（20）、同44蓄音器商宇田川方雇人林忠雄（31）、同三ノ輪新開地286職工吉田清次郎（21）、同下駄商山田熊吉（40）、同高溝民太郎（21）。

板橋区

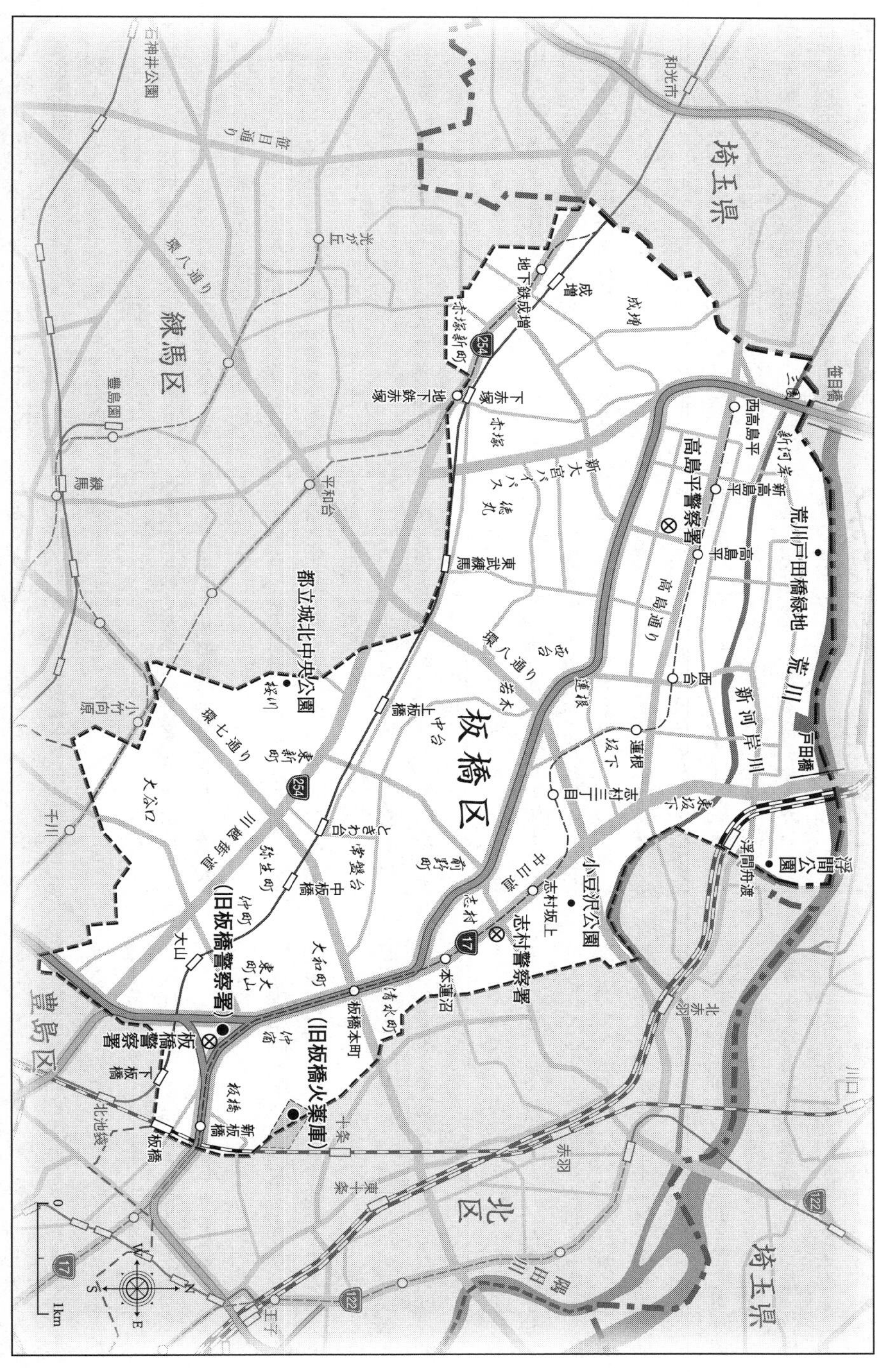

埼玉県
練馬区
板橋区
北区
豊島区
荒川戸田橋緑地
荒川
新河岸川
隅田川
高島平警察署
志村警察署
板橋警察署
(旧板橋警察署)
(旧板橋火薬庫)
都立城北中央公園
小豆沢公園
浮間公園
環八通り
環七通り
川越街道
笹目通り
高島通り
和光市
地下鉄成増
成増
下赤塚
地下鉄赤塚
西高島平
新高島平
高島平
西台
蓮根
志村三丁目
志村坂上
本蓮沼
板橋本町
新板橋
板橋
下板橋
北池袋
大山
中板橋
ときわ台
上板橋
東武練馬
浮間舟渡
北赤羽
赤羽
十条
東十条
王子
光が丘
平和台
練馬
豊島園
小竹向原
千川
石神井公園
戸田橋
笹目橋
川口
0
1km

T・M〔**1899年生まれ。当時三軒茶屋の機械化隊所属**〕

朝鮮人護送が始まると、私たちも志村警備本部、板橋警備本部連絡に回された。その頃はもう、朝鮮人が井戸へドクをほうり込んだの話ばかしで、町中が騒然としていた。〔略〕警備本部周辺の住民は、やたらに張切って、自警団の組み方も軍隊を見習って、「ヤッチマエ、ヤッチマエ」の声を、勝鬨のようにあげて、一晩中走り廻っていた。

（三原令『聞き書き』→在日韓人歴史資料館所蔵）

田中武雄〔**当時中丸在住**〕

地震から幾日か経過してから、みんな〝朝鮮人が井戸へ毒を投げ入れる〟などというので、井戸にきちんと蓋をして、大きい石を上に置くなどして、中へ毒を投げ入れないようにした方がいい、と言っていました。このあたりでは帝銀事件の平沢〔貞通〕さんが、先頭に立って自警団を組織して、夜には皆で巡回していました。それこそ日本刀や何かを差してね。でもこの辺では、朝鮮人騒動は一切なかったです。

（板橋区史編さん調査会編『板橋区史下巻』板橋区、一九九九年）

崔承萬〔**独立運動家、教育家、済州島知事（1951～53）。当時東京朝鮮基督教青年会館総務**〕

〔長崎村に震災前日引っ越したばかり。1日〕目白大学を過ぎると、そこから異様な気がした。竹棒・金棒・色々並べて不思議と自分たちの一行を見る。長崎の家へ着くともう真っ暗で、提灯だけが往来するのが見える。何十人という自警団がいて「止まれ！」と言い、並べておいて番号を言わせた。家に入ることもできなかった。妻と娘もいっしょに自警団に連れられて板橋警察署に行った。

4日夜頃、府立一中にあった臨時警察（警視庁）に、自分と学生団体の代表と相愛会総務金を呼びつけて、シャツ1枚の赤池が「すまない」とだけ言った。「流言蜚語でいろんな事件が起こった」と。「すまない」の意味は、自分が流言を流したのだが、自分の思わぬほどの事実が現れたということではないか。つまり「嘘」をついたのであるが、自分がやったとは言えない。だから「すまない」とだけ言った。夜9～10時頃「泊まるなら泊めるが、どうするか」と聞かれ、警視庁の車で警察ひとりつけて送ってくれ、と言ったら「よろしい」というので乗って行った。

途中何回も調べられた。100メートル間隔で提灯を持った自警団が、車のヘッドライトを見て「止まれ」という。軍人は正直だ。半蔵門あたりで捕まったが、警察ということですぐ通した。しかし自警団はいろんな事を聞く。大塚仲町までは行ったが、そこで数万人の自警団が竹棒・金棒を持ち「引っ張り出せ、殺せ」とドアを開けて引きずり出そうとした。刑事が押えながら「警視庁です」と言う。20分位もみあった。運転手が気を利かせてサイレンを鳴らして逃げた。

板橋警察所前30メートルにも2、3千人いて、同じように「朝鮮人を出せ」と引っ張り出そうとした。演武場に入った。竹棒を持った青年3人が門を開けて入り「この人達は拘留ですか」と聞いた。警官が「仮拘留です」と言うと、3人は変な表情をして「あっ、そうですか」と帰った。「保護」と言ったら殺されていたにちがいない。板橋警察署には55人ほど朝鮮人がいた。約1カ月そこにいた。運がよかった。

（関東大震災時に虐殺された朝鮮人の遺骨を発掘し追悼する会『韓国での聞き書き』1983年）

写真は昭和8年に撮影された板橋警察署。中央に見えるのが警察署の建物で、右手に伸びるのが中山道、左手は川越街道である

板橋警察署

管内に流言の行われしは、9月2日の午後なりしが、就中鮮人暴行の蜚語最も盛んにして民心これが為に攪乱せられ、自警団の勃興を促すに及び、本署は鮮人に対して外出の中止を慫慂し、以てその危険を予防せしも、民衆の感情は次第に興奮し、遂に鮮人の住宅を襲撃するに至りしかば、専ら保護・検束の手段を採り、是日10余名を本署に収容せり。かくて同3日に及び、千葉歩兵学校より派遣せられたる一部隊は管内警備の任に当る事となりたれば、相協力して自警団の取締に従い、かつ警視庁の指示に基き、民衆の携帯せる戎・兇器の押収・領置に着手せしが、同4日署長自らを管内巡視の際自警団員はこれを途に要して訊問を試むる等、行動漸く常規を逸するものあり、更に翌5日に至りては流言・蜚語益々喧伝せられ、自衛団体のこれに対する警戒彌々峻烈を加うるに及び同6日本署は陸軍中隊本部に交渉して兵員の派出を促し、署員と共に貨物自動車を駆りて、志村・赤塚・練馬・上板橋の各村を巡察してその非違を戒めたり。

（『大正大震火災誌』警視庁、1925年）

江戸川区

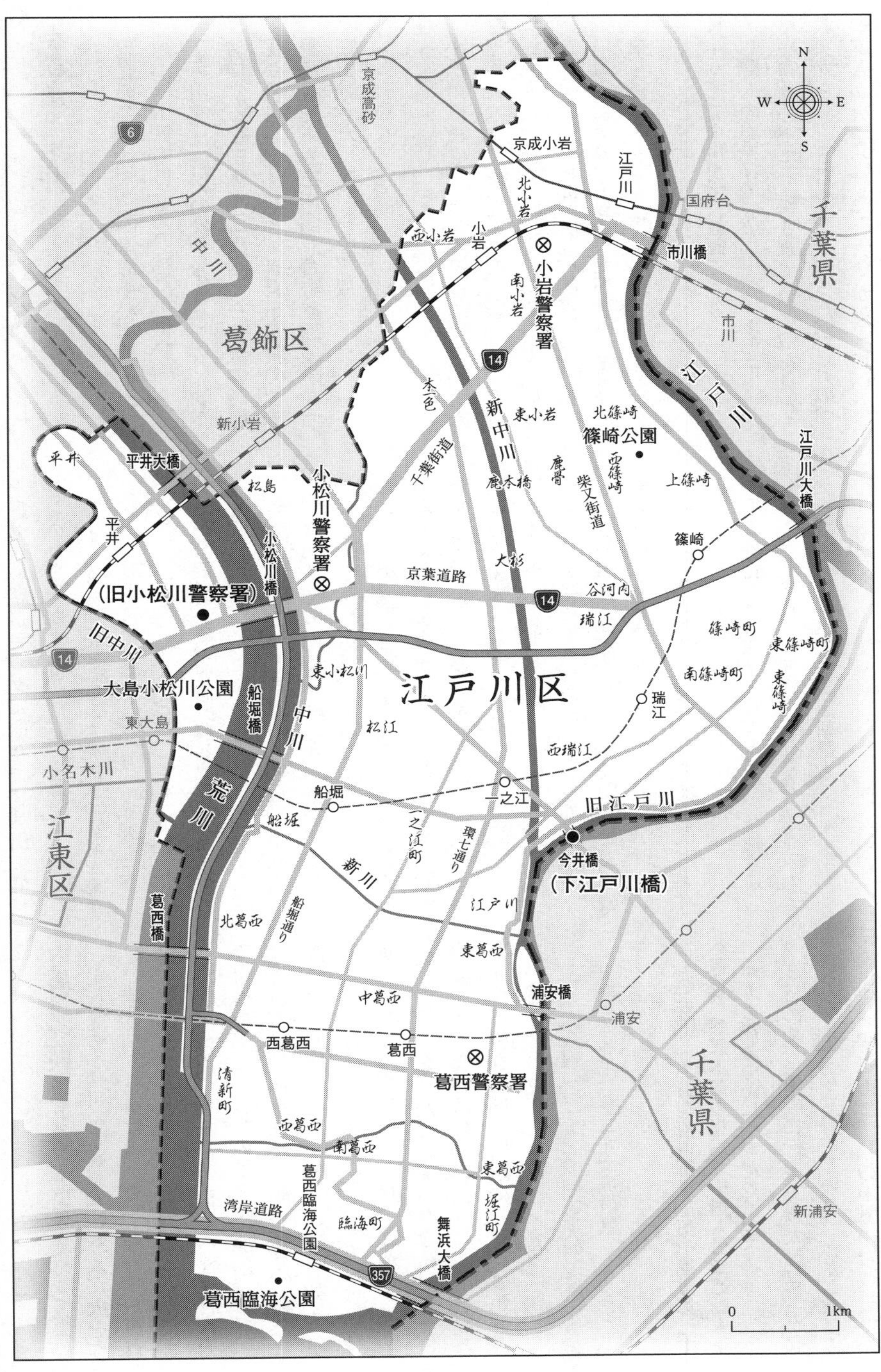

N
W
E
S
京成高砂
京成小岩
江戸川
国府台
千葉県
北小岩
西小岩
小岩
市川橋
小岩警察署
南小岩
市川
中川
葛飾区
14
江戸川
新小岩
本一色
新中川
東小岩
北篠崎
篠崎公園
平井
平井大橋
松島
小松川警察署
千葉街道
鹿本橋
鹿骨
柴又街道
西篠崎
上篠崎
江戸川大橋
平井
小松川橋
篠崎
京葉道路
大杉
谷河内
(旧小松川警察署)
瑞江
篠崎町
東篠崎町
旧中川
東小松川
江戸川区
南篠崎町
東篠崎
大島小松川公園
船堀橋
瑞江
東大島
中川
松江
西瑞江
小名木川
荒川
船堀
一之江
旧江戸川
船堀
一之江町
環七通り
江東区
今井橋
(下江戸川橋)
新川
葛西橋
北葛西
船堀通り
江戸川
東葛西
中葛西
浦安橋
西葛西
葛西
浦安
葛西警察署
清新町
千葉県
西葛西
南葛西
東葛西
葛西臨海公園
湾岸道路
臨海町
舞浜大橋
堀江町
新浦安
357
葛西臨海公園
0
1km

小松川・平井

現在の荒川放水路西岸の小松川橋・総武線小松川鉄橋付近での証言が多い。江戸川区は震災の被害がほとんどなく、隣接する墨田区・江東区から多数の避難民が流入し混乱した。また千葉県の習志野騎兵連隊や市川国府台野重砲連隊が治安出動した地域でもあった。

I・S

小松川橋にも、ヨシの陰に逃げた朝鮮人を空気銃などで撃っていた。殺っていたのは民間人だった。〔略〕小松川橋の上には鉄砲を持った人（民間人）が随分いた。

（関東大震災時に虐殺された朝鮮人の遺骨を発掘し追悼する会『会報』第30号、1985年）

K・Y〔**元中川小学校教師**〕

朝鮮人の男女18人が荒川の、小松川橋の亀戸寄りの土手で殺されていたのを見た。震災から4、5日たってからだが、その頃朝鮮人が火をつけたと大体が思っていた。上野の松坂屋がモルタル造りで9割出来ていたのに爆発が大きかったからね。

（関東大震災時に虐殺された朝鮮人の遺骨を発掘し追悼する会『会報』第30号、1985年）

会沢泰〔**当時25歳。習志野騎兵連隊第一四連隊本部書記**〕

ちょうど、たまたまそのころに、小松川というあそこの橋で朝鮮人が暴動を起こしたっていう連絡があったんですねえ。それでこっちの（習志野）収容所へ入れてあるのもみんな、調査をはじめたわけです。調査をして、おかしいのをひっぱり出した。たくさん来とったんですけども。

小松川なんかあれですよ。向うから、朝鮮と思われるようなのをまとめて追い出し、こっちから機関銃ならべて撃ったんですよ。橋の上で、もうみんな、それが川の中へバタバタおっこっちゃったわけですねえ。

（千葉県における関東大震災と朝鮮人犠牲者追悼・調査実行委員会編『いわれなく殺された人びと——関東大震災と朝鮮人』青木書店、1983年）

内馬場一郎〔**当時8歳。本所南二葉町3で被災**〕

〔寄留先の小松川で〕巷に「朝鮮人が火をつけた」「井戸に毒を入れた」との噂が流れ出し、街の人々の間に、自警団という集まりが出来、提灯片手に竹槍こん棒、日本刀等を持ち出し、寝ずの番で交代警備に当り、日暮時、誰彼の差別なく問いかけ、言葉に詰まったり発音のハッキリしない者を「朝鮮人だ」と捕え、或いはこん棒で殴られた。捕った者は後ろ手に縛られ、目かくしをさせ、川の端を歩かせ、突然突き落とし、竹槍で突き、或いは銃で射殺され、川を流れた死体は引き上げて川端に並べ、菰かトタンか覆ってある。

（一二九会編『一二九会・関東大震災被服廠跡生存者体験記』一二九会事務所、1982年）

遠藤三郎〔**当時国府台野重砲第一連隊第三中隊長。参謀本部の指示で中国人労働運動家王希天の虐殺隠蔽にもかかわった**〕

3日の朝、連隊に行ったら大騒ぎ。みな〔流言を〕本当だと思っている。私が〔郷里の山形から〕帰る前に、私の中隊の岩波〔清貞〕

って少尉がね、部下20数名をつれて連隊から派遣されているんです。ところが私が留守だから、中隊長の許可も受けずにだいぶ殺しているんです。戦（いくさ）にいって敵を殺すのと同じように、朝鮮人、支那人を殺せば手柄になると思って。200名殺したか、何名か知りませんがね。

岩波は〔小松川の〕警備に派遣されたんです。連隊長の命令でね。どういう命令か直接には知らんけれども、とにかく朝鮮人が日本人を惨殺するって風評があったらしいんです。それで日本人を守るために派遣されたらしいんです。ところが岩波は士官学校出じゃないんです、兵隊出身の単純な男なんです。それが朝鮮人が日本人を殺すんだって、早合点しちゃって朝鮮人征伐やったんです。

だいたい連隊は大騒ぎ、「朝鮮人が暴動やっているから征伐せにゃならん」って、連隊長が血まなこになって出動させようとしている。私の部下は武装させませんでした。そうしたら連隊長にえらい叱られてね。「そんな状態じゃない。みんな武装して出ていっている。朝鮮人をやっつけなきゃならん」。金子〔直〕旅団長もみんな、キチガイになっているんだな。恐ろしいもんだな。

（関東大震災時に虐殺された朝鮮人の遺骨を発掘し追悼する会『風よ鳳仙花の歌をはこべ――関東大震災・朝鮮人虐殺から70年』教育史料出版会、1992年）

荒川と中川をまたぐように架かる大架橋の小松川橋は、現在は鉄橋だが、震災時は写真のように木製だった（上）。震災の前年、大正11年に架橋された。朝鮮人虐殺の証言は小松川橋付近のものが多い

岡村金三郎〔当時青年団役員〕

〔ガラス屋にかくまわれた朝鮮人を亀戸警察に通告し、警察のトラックに同乗して連行する〕それから3、4日たって〔ガラス屋の〕社長に聞いたら、じつはあの朝鮮人たちは小松川の荒川土手に連れて行かれて軍隊が機関銃で撃ったらしいと言う。それで小松川の土

手に埋めたということを私は知っているんです。

（関東大震災時に虐殺された朝鮮人の遺骨を発掘し追悼する会『風よ鳳仙花の歌をはこべ——関東大震災・朝鮮人虐殺から70年』教育史料出版会、1992年）

小堀（おびつ）政男

〔浅草から被服廠へ行き、火傷で亀戸第一小学校に運ばれる。手当てもされず、「行け」と言われ小松川のおじさんの家を目指して電車道を行き、おじさん宅に着く〕夜になりますとみんな普通の住まいのところは寝ないんです。朝鮮人が暴れて来るというんでね。それでお前は火傷をして大変なんだからって、小松川の土手へ行って蚊帳（かや）を張って。その中へ寝かせてくれたんです。

そうすると表でドヤドヤと歩く音がするんですよ。何だと思ったら、朝鮮人を検査しているんですね。歩いている人に「これ読め」って朝日とかバットとか敷島とかのタバコを出して。それで日本人でもずいぶんやられたと思うんですけど、バットってことを朝鮮人は言えないんですね。ハットとかなっちゃう。そうすると「コノヤロウ」と言ってダーッと切るんですよ、日本刀ですよ。切り付けてそのまま行っちゃうんです。みんな自警団ですね。私なんか土手にいてその現場を見ていたんですから。恐いしね。寝ているどころじゃあないですよ。

〔略〕朝鮮人の話は、おじさんの家に行ったときですね。9月4日頃じゃあないのでしょうか。私は包帯巻きですから「お前は何だ」「朝鮮人だろう」なんて言われました。伯父さんやなんかがよくかばってくれたんです。ちょうど小松川の土手へ行く手前のところですけど。

（『江戸東京博物館調査報告書第10巻・関東大震災と安政江戸地震』江戸東京博物館、2000年）

久保野茂次〔当時国府台野重砲第一連隊兵士〕

9月29日　晴　望月上等兵と岩波〔清貞〕少尉は震災地に警備の任をもってゆき、小松川にて無抵抗の温順に服してくる鮮人労働者200名も兵を指揮し惨ぎゃくした。婦人は足を引張りまたを裂き、あるいは針金を首に縛り池に投込み、苦しめて殺したり、数限りのぎゃく殺したことについて、あまり非常識すぎやしまいかと、他の者の公評も悪い。

（関東大震災五十周年朝鮮人犠牲者追悼実行委員会編『関東大震災と朝鮮人虐殺——歴史の真実』現代史出版会、1975年）

桜井豊〔当時本所病院勤務で伝染病患者担当〕

〔2日、小松川病院をめざすが、設備不十分で入れず、夜は小松川堤防付近の砂原で露宿〕その中雨が降って来る、××暴動の報が伝わる。どうして寝るどころの騒ぎではありません。午前2時頃になって、数名の在郷軍人が警戒を厳重にするようにと注意してまいりました。

（震災共同基金会編『十一時五十八分——懸賞震災実話集』東京朝日新聞社、1930年）

沢崎清治〔当時府立第三中学校生徒。大島小倉石油社宅で被災、小松川に避難〕

いろいろ不穏な情報が入って来るので2、3日その家に泊めて貰うことになった。〔略。2日、自宅が無事か確かめに行って小松川に〕帰る途中の広場で朝鮮人が捕って人垣が出来ていた。のぞいて見たが恐ろしくなって逃げ出した。

（『関東大震災記——東京府立第三中学校第24回卒業生の思い出』府立三中「虹会」、1993年）

鄭然圭〔**作家。1922年に来日。朝鮮語・日本語で創作活動を行う**〕

同胞の遺骨が「小松川橋大河のすぐ鉄橋の下」にあると聞き、その葦原に住む老婆に案内を頼むと、すぐ前から荒川の土堤を降りて河岸まで連れて行く。そこには石油缶や荒縄がちらばり「これ見えるでしょう。これが皆骨です」「この中（枯葉）にはまだ沢山の死体がありますよ。一昨日もあすこの中に一人転がっていたといっていましたよ……それにきのうなどは洗濯にここへ来ると、両手と両足を針金でしばりつけられた、腐って顔形の分別もつかないムクムクした朝鮮人の死骸が転がっているじゃありませんか……へえ、ほとんど毎日一人か二人かずつは引き潮の時になるとどこかに転がっています」と教えてくれ、朝鮮人の死体を焼く当時の様子について語った。

「別に車に乗っけて来るようなことはありませんでした。そこにもあるその荒縄で首を括って、何処からでもどんなに遠くからでも、犬やなにかのように引きずって来て……勿論針金などで首を括りつけてあの土手の上まで引っぱって来ては、そこからは足で蹴転がし落として、石油をぶっかけて二日二晩も続け様に焼きましたから、それはもう臭いも臭くないも、とても御飯なぞたべることとなんか出来やしませんでしたよ。

〔略〕大勢の旦那たち（巡査のこと）が来て焼きましたが、それは全くあれでも人間かと思われるほどでしたよ。鳶口やなんかで突っかけては火の中に抛り込みましたからね……それに人間の肉というものは中々焼けないものでしてね」〔略〕

私はまた一面のその枯れ葦の河原を見渡して、持って来たトバ〔卒塔婆〕を立てようと、穴を少し棒切れで掘り下げるとゴロゴロと泡が立ちあがって、ムクムクした赤い人の肉が——ちょうど鯨の缶詰の肉が切れて出るように——赤く切れぎれに裂き切れて出て、悪臭が鼻を酷くついた。けれどもわたしはそれを厭わずに、手で押しこんで土をもりあげてトバを立てた。

それから他の1カ所は、トバを立てに行くと、一面の土が焼き焦げて真黒になって油がどろどろして、その中には着物の焼け残りやら、黒く焼けた骨やらがごっちゃまぜになって、眼もあてられない有様であった。それにそのまわりには幾つもの錆ついた石油缶が投げ棄てられてあり、荒縄や針金の腐ったのや紐などが到る所に散らばっていて、そこへ行っただけで全身はぞっとぞっと寒気がするほどであった。

（連載「同胞の遺骨を訪ねて」『報知新聞』1923年11月28日〜12月15日）

長倉康裕〔**当時29歳**〕

流言蜚語の問題——深川清澄庭園に避難中の事柄、2日目に立ち寄りし一在郷軍人の話によれば、小松川方面よりの途すがら鮮人十数人を殺傷してきたといいながら外被を開ければ、返り血を浴びて凄くそのときの無残な様子が思われた。

（「“鮮人”十数名を殺した在郷軍人」日朝協会豊島支部編『民族の棘——関東大震災と朝鮮

人虐殺の記録』日朝協会豊島支部、1973年）

中村重郷〔**当時19歳。東京中央商業学校生徒**〕

「鮮人部落砂村　地震騒ぎと同時に1200人　一時に繰り出しての兇暴」

近来東京及近郊には約3千人の鮮人が在り、その内1200は砂村に1800は市中に散在種々の労働に従事していたのだが、1日の震災と共にいずれも急に兇暴となり砂村にありし1200名は〔略〕小松川に侵入し〔略〕同村では警鐘を乱打し在郷軍人青年団出動し防禦のため撲殺し小松川に投入されたる者50余名であるが、なお続々逮捕され軍隊と鮮人との衝突で大混乱を来している。逮捕した一人〔略〕直に怒れる青年のために棍棒で撲殺された。

（『いはらき新聞』1923年9月4日）

尾藤〔**仮名**〕

できたばかりの小松川の〔橋の〕上を震災の時は、100人も200人も朝鮮人が手をゆわかれてぞろぞろ、ぞろぞろ引っぱられていった。「ああ、どうしてあんなことするのか」と思った。そして夜になると、その辺の野蛮的な人間が、朝鮮人じゃなくても、日本人でも殺しちゃうんですね。そしてあの新しい放水路に放り込むんですよ。

（きぬた・ゆきえ「今も遺骨は河川敷に」『統一評論』1981年10月号、統一評論社）

藤木

土木工事には朝鮮人がよく働いていたね。総武線の鉄橋を架けたりしたときも働いていたね。この辺りにはかなり朝鮮人が住んでいました。平井小学校の近くにも20人ぐらい泊っている所があったね。震災の時は、朝鮮人をたくさん殺したんですよ。私も見ました。「鉄橋（総武線）を落とすかもしれない」というんで、軍隊が出動して幾晩も警備してね。

（きぬた・ゆきえ「今も遺骨は河川敷に」『統一評論』1981年10月号、統一評論社）

湊七良〔**労働運動家**〕

〔2日夜、平井駅で夜を明かしていると〕その夜半だ。俄かに半鐘が鳴る。火事かな、もう沢山だと思っていたら、津波だという声がある。津波ではない朝鮮人の襲撃だ、という。私のまわりには朝鮮服の男女が大勢いた。つづいて、ご丁寧にも東京襲撃しつつある朝鮮人は、横浜刑務所を脱獄して、社会主義者と合流し、東京を荒らしまわっているというわけで、かような想定の下に流言蜚語を流したわけだった。

（「その日の江東地区」『労働運動史研究』1963年7月号、労働旬報社）

写真は総武線の荒川鉄橋。証言の中で語られる小松川の鉄橋は、この鉄橋を指し、橋の架橋や土木工事に多くの朝鮮人が従事した

山口豊専

関東大震災の起った時、東京府下、下平井といった新川土手を中心に、土木工事、堤防工事等の労役に従事していた朝鮮人労働者が沢山入り込んで多くのバラック住いをしていた。板囲い、ムシロトタン板は、雨露をしのぐだけの寝床にすぎず貧しさに耐えた食事で、トロッコを押す重労働を続けていた。

そこへ9月1日の大震災が起こった。一瞬にして東京は人心動転した。鮮人が火をつけた……。鮮人が井戸に毒薬を投げ込んだ……。と、街々の路地裏までフレを廻してきた。鮮人を見たら用心しろ……。殺せとも騒いだ。こんなデマが、まことしやかに広がって、ついに鮮人を殺せといいふらして、朝鮮人部落は人影もなく、姿が消えていった。

そのとき私は平井土手を歩いていたが、ギョッとして足を止めた。荒川土手には当時沢山の芦が両岸に繁茂していた。その流れの止まっている芦の根元は色々なゴミがつかえていた。その中に交って、まだ血だらけの無残な肉体が投げ込まれている。さだめし何人かが投げ込まれたと思うが川の中程へ投げ込まれたものは、海へと流されるが、芦の根元の死体は、ゴミと共に水面に浮いていた。日本人としてむごたらしいことをしたと、私の頭からは何十年も消えたことがない。

（千葉県における追悼・調査実行委員会会報『いしぶみ』第9号、1980年）

吉本三代治

今日古老にきくと小松川から堅川番所跡で多数の朝鮮人が生きながら埋め殺された跡地を指摘する。

（九・一関東大震災虐殺事件を考える会編『抗はぬ朝鮮人に打ち落ろす鳶口の血に夕陽照りにき――九・一関東大震災朝鮮人虐殺事件六〇周年に際して』九・一関東大震災虐殺事件を考える会、1983年）

小見川役場報

〔2日夜?〕市川橋上の避難者は陸続として殺到し見るも悲惨の極み、加うるに軍隊の戒厳物々しく騎馬の馳せ交いただならず、人々は鮮人の暴挙を叫びて喧喧囂囂たるの状態である。

されどこのままにては救済の途も覚束ないので、何とかして前進の策をとまず市川警察署で状況を尋ねたが、依然として不明なりとのこと、通信機関はと言えば電話も電信も不通だとのこと、止むを得ず更に軍隊の屯所で問合せると途中の危険は保証しかねるが、小松川ならば警備も稍ゝ整っているからとのことに活路を得て直に出発して荒川放水路に停船した。

しかしここもまた向うの葦の中、この方の橋の上等死人夥しく鮮血は付近を染めて戦慄せざるを得なかった。

（『大正大震災の回顧と其の復興』千葉県罹災救護会、1933年）

小松川警察署

鮮人暴行の流言管内に伝わりしは9月1日午後8時にして、これと同時に鮮人に対する迫害もまた開始せられ、本署に同行し来るもの多数に上りしを以て、翌2日軍隊の援助を求めて警戒及び鎮撫の事に従いしが、同3日に及びては本署に収容せる鮮人

400名を算せり、これに於て郡・村長、村会議員、青年団長等と共にその善後策を協議せる結果、同5日鮮人全部を軍隊に引渡し、軍隊にてはこれを習志野に護送せり。

(『大正大震火災誌』警視庁、1925年)

今井橋・浦安の渡し

旧江戸川にあり、江戸川区と行徳・浦安を結んだ。

この付近は震災の被害がほとんどなく、東京東部から多数の避難民が流入した。その際に流言蜚語も伝わり、多くの事件が発生した。また千葉の習志野騎兵連隊が治安出動し虐殺事件を起こした地域でもあった。

飯田長之助

その後、江戸川をこえて、いまの浦安橋のたもとへ米をとりに行った。浦安の渡し場(当時はポンポン蒸気が唯一の交通機関で、もちろん橋もなかった)では、サシコを着込んだ消防団の連中が主になって自警団をつくり、そいつらがポンポン蒸気からおりてくるヤツにあやしい人間がいないか調べまわっていた。

そこへたまたま、日本人の奥さんをもった実直な商人でとおっている近隣の朝鮮人がおりてきた。すると皆で「朝鮮人だ」とワッと寄っていった。男は

「私の妻は日本人だ。ぼくは何も悪いことはしない。頼むから、助けてくれ」と必死の形相で哀願している。団の責任者も「この人はだいじょうぶだ。やめろ」ととめていたが、なんせ気が立っている連中のこと、聞く耳がない。責任者のことばが終らねェうちに、鳶口(とびぐち)が3、4つ男の頭の上にふり落ちる。次の瞬間には、長い竹ヤリが、腹をブスッとつらぬく。

男は、ものすごい顔で苦しみもだえながら、なんとか逃れようとしていたが、左右前後からヤリで突かれ、あげくは川の中へドブンと放り込まれてしまいましたよ。

〔略〕その後も夜の渡し船で、朝鮮人が50人くらい襲ってくるというウワサが出て、渡しが着いたとたん、4、5人に切りつけ、川の中に落としてしまった。もちろん、朝鮮人なんか乗ってなくて、殺されたのは日本人ばかり。ひどいウワサがあったものだ。

江戸川を毎日、3、4人の死体が針金の8番線〔8本で1インチ(2・5ミリ)になる太さ〕でじゅずつなぎになって流れてきた。みな朝鮮人が殺されたんだ。(談)

(「女房は日本人だ」『潮』1971年6月号、潮出版社)

遠藤三郎〔当時国府台野重砲第一連隊第三中隊長。参謀本部の指示で中国人労働運動家王希天(ワンシィティエン)の虐殺隠蔽にもかかわった〕

現に、私といっしょに陸軍大学を卒業した石本寅三――(最優秀で卒業した男、お父さんは陸軍大臣までやった人なんだ)――それがね、習志野の騎兵隊におり、私は国府台の連隊の方で、この地震のとき、やつがやってきましてね。そういう優秀な陸軍大学を卒業して、しかも軍刀をもらった人ですよ。私より士官学校、3年も古い。それだけのそういう人物が「遠藤君、はさみうちにするから君の方も協力してくれ」という。騎兵隊だけでは逃がすから、私の方で退路を遮断しておいて、騎兵隊で江東方面の朝鮮の人たちを皆殺しにしようとい

うわけだ。とにかく殺せば勲章でももらえるように思っているんだから。「とんでもない。そんなバカなことするんじゃない」といって、私は反対したんだけどもね。「しかし、どうも空気はそうだぞ。殺してやらんと住民が承知せんぞ」というんですね。軍隊ってそういう程度だったんですね。

（九・一関東大震災虐殺事件を考える会編『抗はぬ朝鮮人に打ち落ろす鳶口の血に夕陽照りにき――九・一関東大震災朝鮮人虐殺事件六〇周年に際して』九・一関東大震災虐殺事件を考える会、１９８３年）

神道寛次〔弁護士〕

〔習志野〕騎兵の上等兵が、亀戸から江戸川方面でずいぶん朝鮮人を殺したという自慢話をするんですよ。東京は地震でたいへんだというので習志野を出発するときに、旅団長が営庭に兵隊をあつめて、実弾をもたせて「旅団は敵を殲滅する目的をもって、江戸川の線に進出すべし」といったというのです。演習のときは空砲をもたせて仮想敵を想定するがそのときはちがう。そして習志野を出て、途中で江戸川の芦の中なんか機関銃で掃射してたくさん殺したというんです。実戦の気分できてますからね。

（自由法曹団編『自由法曹団物語・戦前編』日本評論社、１９７６年）

須賀福太郎〔当時18歳。し尿運搬船の仕事〕

今井橋には習志野の騎兵連隊が戒厳令で来ていた。当時、富士製紙には今の平田組と同じようにパルプを運んだりまきとりをしたりする木下組という運送の下請があって、その飯場に朝鮮人も働いていた。9月4日頃だったか、3人ばかりがひっぱられ軍隊に引渡され、夕方暗くなってから鉄砲で殺されるのを見た。後ろ手にゆわえられたまま川の中に飛びこむのを見た。このときはじめて、鉄砲の威力の恐ろしさをまのあたり知った。

（関東大震災五十周年朝鮮人犠牲者追悼実行委員会編『関東大震災と朝鮮人虐殺――歴史の真実』現代史出版会、１９７５年）

高梨輝憲〔深川区猿江裏町30番地（現・猿江2丁目2番地）で被災〕

〔2日〕この日大島町から行徳まで来る間に、どこからともなく妙な噂が人びとの口から口へと伝えられた。それは朝鮮人暴動説である。その説によると、在日朝鮮人がこの大震災を好機とし、集団をもって日本の各所を襲撃しているというのである。昨夜、夜中に聞えたあの爆発音は、朝鮮人が爆弾を投じたものであると、まことしやかに伝えられた。しかし、人びとはこの話に対し、それを否定する材料がないので、なるほどそうかなと、その話しを信ずる者もいた。私も実は半信半疑でこれを聞いた。

〔略〕その夜何時頃のことであったか、兎に角真夜中のことである。行徳町の人びとによって次のような情報が伝えられた。それは「今、朝鮮人が大勢、今井の橋まで押し寄せて来たので、在郷軍人が防戦のために出動して交戦中である」というのであった。折角ここまでのがれてきた人びとも、この情報には驚いた。しかし、在郷軍人が出動しているというのでそれほどの動揺もなく、案外落ちついていた。朝になってから、夜中の朝鮮人来襲説はまったく虚報であったということがわかった。

（高梨輝憲『関東大震災体験記』私家版、１９

74年。都立公文書館所蔵）

田中考二〔**当時12歳**〕

〔御船蔵前町で被災、ダルマ船（ゴミ回収船）で助けられる。4日か5日に今井橋近くの瑞江尋常小学校に転校〕大きな声では言えないですが、当時朝鮮人のことで村なんかピリピリしていました。へんな者が入ったと半鐘を鳴らしたり、恐かったですよ。わたしなんか〔学校の〕帰りに橋を渡るとき、橋の上で捕まえたのを結わえて刺しているのを見てしまったんです。かわいそうに橋の真ん中で2、3人くらい。それは〔震災から〕1カ月くらいの間です。

（『江戸東京博物館調査報告書第10巻・関東大震災と安政江戸地震』江戸東京博物館、2000年）

渡辺良雄〔**当時船橋警察巡査部長**〕

駐在所の報告で聞いた話だが、行徳から東京へ行く橋で、3人は殺されているという。あの橋で軍隊から訊問されると、みんな川へ飛び込む。すると、橋でバン、バンと殺してしまう。駐在がみただけで3人はいた。

（千葉県における関東大震災と朝鮮人犠牲者追悼・調査実行委員会編『いわれなく殺された人びと――関東大震災と朝鮮人』青木書店、1983年）

氏名不詳〔**証言当時90歳・女性**〕

大震災の時は火事を逃れて利根川（江戸川のこと）に舟で出た。あくる日、上流から人間の死体がいっぱい流れてくるんです。みんな朝鮮人で、日本人が殺したというんです。

（「古老が語る下町の歴史」『読売新聞江東版』1984年9月28日）

陸軍「震災警備の為兵器を使用せる事件調査表」

①9月2日午後11時半頃、南行徳村下江戸川橋際で朝鮮人1名を射殺。
②9月4日午後4時頃、南行徳村下江戸川橋北詰で朝鮮人2名を射殺。
③9月4日午後5時頃、②と同所で朝鮮人5名を射殺。〔なお殺害者はすべて習志野騎兵一五連隊の兵士である〕

（松尾章一監修『関東大震災政府陸海軍関係資料第II巻・陸軍関係史料』日本経済評論社、1997年）

大田区

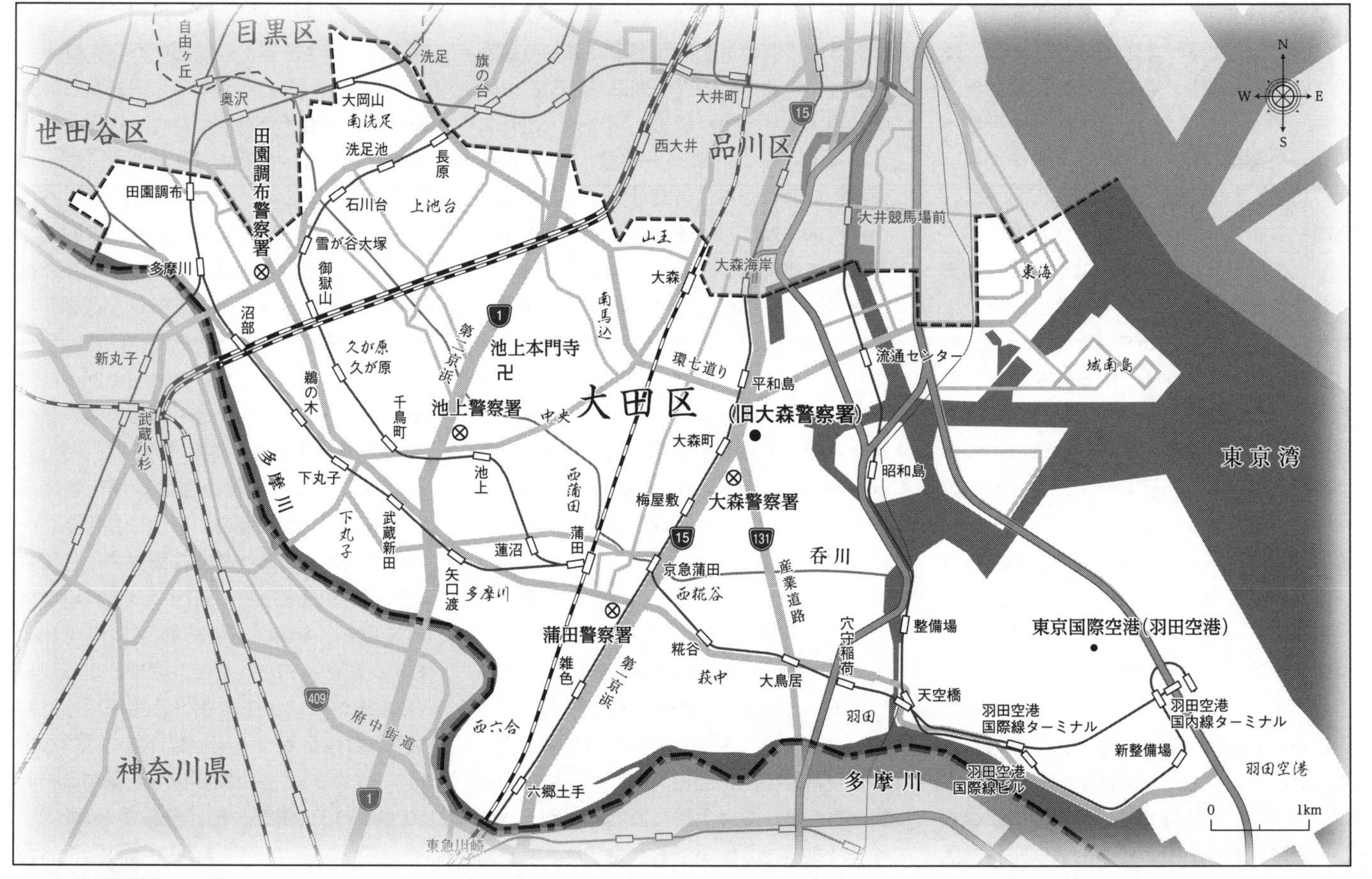

大田区
目黒区
世田谷区
品川区
神奈川県
東京湾
多摩川
池上本門寺
池上警察署
蒲田警察署
大森警察署
(旧大森警察署)
田園調布警察署
東京国際空港(羽田空港)
自由ヶ丘
奥沢
洗足
旗の台
大岡山
南洗足
洗足池
長原
田園調布
石川台
上池台
雪が谷大塚
御嶽山
多摩川
沼部
新丸子
武蔵小杉
鵜の木
久が原
千鳥町
池上
下丸子
武蔵新田
蓮沼
蒲田
西蒲田
矢口渡
第二京浜
中央
南馬込
山王
大森
大井町
西大井
大井競馬場前
大森海岸
東海
流通センター
城南島
環七道り
平和島
大森町
昭和島
梅屋敷
京急蒲田
西糀谷
呑川
産業道路
穴守稲荷
整備場
糀谷
萩中
大鳥居
雑色
第一京浜
天空橋
羽田
羽田空港国際線ターミナル
羽田空港国内線ターミナル
新整備場
羽田空港国際線ビル
羽田空港
西六合
六郷土手
府中街道
東急川崎
0
1km
N
S
E
W

御手洗辰雄〔評論家〕

〔2日夕方〕途中で池上街道に出てみると、陸軍の兵隊が逓伝連絡をやっているのにであった。一列に数十メートルおきに兵隊が並んで、川崎の方から送ってくる情報を、東京の方の兵隊にどなって伝えている。数分おき位に、「異常なーし、今、先頭はどこそこにおる」と次々にやっている。私が兵隊に一体諸君は何をしているんだときくと、戒厳司令部からの連絡兵だという。この情報が東京の司令部まで行くのでしょう。兵隊の一人に「朝鮮人の暴動説があるが、そのような情報があったか」ときくと、「今までそんな情報はない」と断言する。私も大いに安心した。その最前線は矢口ノ渡までいっているという。そこで「暴動説があるかたしかめてくれ」とたのむと、前の方の兵隊に「朝鮮人暴動はあるかー」と伝えてくれました。しばらく待つと「その事実なーし」とかえってきた。このときは軍隊という所は大したものだなと感心したのを憶えています。

そこへ行くと警察はいけません。知り合いの警察官なども、朝鮮人が襲ってくると青くなっている。誰からきいた情報かときいても同僚の警察官がみないっていると真相を確かめもせず、民間人と一緒になって右往左往しているだけです。

（「関東大震災が新聞記者に教えたこと」『諸君!』１９７３年10月号、文藝春秋）

大森

K・S〔当時国鉄職員〕

〔1日午後3時過ぎ、大井モーターカー作業所から〕大森へ着いたら「横浜刑務所で朝鮮人を解放したのが、東神奈川で井戸に毒を入れた。東京方面へ押寄せて来る」ということで引き返した。

家は大森にあったが、地震では大丈夫であって、家族は一かたまりになって、近所中の人々も1カ所に集っていた。夜になると男たちは全員で警戒に出なければならなくなった。「朝鮮人を見たら殺っちまえ。」日本刀、カシ棒、戸締りのシンバリ棒などを手に持って空家を物色して歩いた。ある空家で40歳位の朝鮮人が「助けてくれ」と出て来た。丁重な人だったが、5、6人で囲んで交番に突き出した。みな、日本人の事しか考えないで、有無を言わせず集団で行動をした。人間は、生か死だったら、何事も考えないで出来るという感じであった。

〔略〕その夜〔2日夜〕、私の家から３００～４００メートル先の下宿屋で、長崎県五島列島から来た東京外語大学の学生が殺された話を聞いた。言葉がおかしいというので、いくら下宿のおばさんが説明しても、殺気立った自警団は聞かずに殺されたのだという。翌朝、大森の鉄道線路のギワで、竹槍をのどにつき刺されて殺されている朝鮮人の死体をみました。当時の大森駅は、鉄道草といわれている丈の高い雑草におおわれた土手状の線路で、夏草におおわれた淋しい駅でした。

社会主義者と朝鮮人ということは、普通の日本人の家庭には、親兄弟や知人にも、共産党というものについての知識がまったくなかったから、火つけ人、強盗、謀反人として国家の仇位にしか思っていなかった。誰もが社会主義者を嫌がっていたし、社会主義者には、常時、2人以上の警察官がついていた。物を買うにも金はなく、震災後の見通しも立たない時期に、社会主義者と朝鮮人は何をするか解らないから殺してしまえ、間違えばこちらがやられるの風潮が出来上っていた。普通の日本人の家庭では、普段は朝鮮人も社会主義者もまったく知らなかった。

〔略〕私の知っている朝鮮人事件は、横浜刑務所の囚人解放に始まって、スガモ監獄の囚人とか、小菅監獄の囚人とか、ひっきりなしの噂話になったように覚えています。

（三原令『聞き書き』→在日韓人歴史資料館所蔵）

大森駅の開業は明治9（1876）年。写真は駅南側に広がる旧大森銀座の賑わい

阿部〔当時成蹊小学校3年生〕

9月2日の晩に大森でははんしょうがずいぶんひどくなりだしました。どうしてこんなになっているかわからないので、金原銀行の人がうちにきているからどうしてなっているかこうばんにきくようにといいました。そして帰ってくると、今朝鮮人があばれてくるといった。すると皆んなびっくりして門をしめてからうちのテニスコートのとこに来ました。そうするとお父様の知っている坂田さんがかきねのとこで阿部さんこっちにいらっしゃいといいましたからいきました。坂田さんは鮮人の来ることをしらないのでわけを話すと、だいじょうぶ、木のかげにかくれていればだいじょうぶですといいました。

（成蹊小学校編『大震大火おもひでの記』成蹊小学校、1924年）

有馬秀子〔銀座「ギルビーA」マダム。当時21歳。大森で被災〕

〔日時不明〕しばらくすると、根も葉もないデマが随所で飛び交いはじめました。しまいには、ナスに毒が注射してあるから食べるな、なんてこともまことしやかにささやかれていました。「どこの世界に、いちいちナスに毒を注射して歩くバカがいるのか」と、主人と一緒に思わず笑ってしまいました。

（有馬秀子『今宵も、ひたすら一生けんめい』ソニー・マガジンズ、2002年）

池部良〔俳優。当時5歳。大田区新井宿4丁目1044番地在住〕

お祖母さんがいなくなった翌々日だったと思う。おやじがおふくろと僕達兄弟を壁土の落ちた6畳の居間に集め、「今、東京市の真ん中で暴動が起きて、そいつらが大森にも雪崩を打ってやって来るって噂が入って来た」

暴動という言葉の意味は、見当もつかなかったから、ただただ興奮しているおやじの口を見つめていた。「来れば、お前、女、子供は叩っ殺されるってことだ。俺は男だから、いくらでも相手になって滅多に殺されるなんてことはねえが、さて、お前達をどうするか、だ。俺は夫ではあるし親でもあるから、独りで逃げるってえわけにはいかねえよ。お前達の生命を守ってやるのが、俺の務めだ。俺は死んでも、お前達だけには生きていてもらいたい。男ってものはそういうものだ。俺の絵も明日を限りに、この世から無くなるかも知らんが、俺は、それでもいいと思う」

　この演説も、おふくろが後々になって、「変な、お父さんね」と笑いながら話してくれたのを大まかに覚えているに過ぎない。

　いずれにしても、その時のおやじの目を据えて興奮している雰囲気は、よく頭の中に残っている。おやじは仏壇の下から黄色い木綿の風呂敷にくるんだ日本刀を取り出し、浴衣の兵児（へこおび）帯に手挟んだ。「あなた、そんなもの振り回して怪我しないでよ」とおふくろが、金切り声を挙げたような気がする。「この刀は、俺の先祖に、尾張の船頭、つまり軍艦の艦長をしたのがいて、そのひとから代々伝わって来たもんだ。備前の長船というものだ。鑑定してもらったら準国宝級だそうだ」と言っていた気がする。〔略〕おやじは、そう、しゃべった後、「お前達は、ここから動くな」と言い、我が家の門前に仁王立ちになり、辺（あた）りに大きな目をぎょろつかせた。

「先生」と襷（たすき）がけして竹槍を抱えた床屋のおじさんが走って来て、「先生、そんなとこに突っ立ってねえで、手伝って下さいよ。町内を守るんで、臼田坂の下にバリケードってえの作るんで、先生の家の椅子でも額縁でも何でもいいですから持って来て積んでくださいな」と言った。おやじは「え？」と絶句して家の中に入った。

（池部良『風吹き鴉』毎日新聞社、1997年）

石井光次郎〔政治家。当時『朝日新聞』勤務。宮城前に避難〕

〔2日夕方、大森の〕家に着くと、「朝鮮人が、六郷川〔六郷橋付近の多摩川下流部〕のほうに集結していて、今晩中に押しよせて来るから、みんな小学校に集まれ」ということだった。〔略。朝日新聞社の〕下村〔海南〕さんの話を聞いていたから、そんなことはありえないとは思っていたが、とにかくみんなを連れて、小学校に行った。

　小学校は、いっぱいの人であった。日が暮れてから、演説を始めた者がいた。「自分は陸軍中佐であります。戦いは、守るより攻めるほうが勝ちです。敵は六郷川に集まっているというから、われわれは義勇隊を組織して、突撃する体制をとりましょう」と叫んでいる。〔略〕そのうち、「井戸に毒を投げ込む朝鮮人がいる。そういう井戸には印がしてある」などという流言が入ってきた。あとで考えると、ウソッパチばかりだった。

　私は、趣旨としては下村さんのいうとおりだと思うけれど、警視庁もそういっているし、騎虎の勢いで、どうなるかわからないと懸念していた。夜明けまで小学校にいたが、何事もなく、ときどき、いじめられた朝鮮人が引きずられて行くだけだった。

（石井光次郎『回想八十八年』カルチャー出版、1976年）

石屋愛〔大森で被災〕

　9月2日の午後になった。何やら大人たちがさわぎはじめた。ただごとではない様子だった。道路を走ってゆく者もいた。犬が吠え、子供の泣き声もきこえた。また大きな地震がくるのではないか——。町の火の見やぐらの半鐘がけたたましく鳴りはじめた。〝スリバン〟とよばれる火急の出来ごとを告げるたたき方で、ふつうはごく近所に火事がおこったときにこういうたたき方をした。三点打して、半鐘の内がわをするようにガラガラとかきまわす。それをせわしく連続させるのだ。

「朝鮮人が暴動をおこしてこっちへやってくるから、すぐに安全な場所へにげろ」という連絡がきた。地震に加えて大へんなことがおこったものだ。みんな浮き足立って、騒然となった。わたしの家から1軒おいた家に、おみねちゃんという子がいたが、その子はお菓子の缶をかかえて、泣きながら道路へ走り出てきた。そして家の方をふりかえり、「早く池上本門寺の方へにげようよォ」と泣きさけんでいた。

この日までこの町の人たちが朝鮮人と接触したことがあるのかといえば、ほとんど無いに等しかったろう。それなのに突如として「朝鮮人がくる」というだけであわてふためいたり、「にげろ」と言われればにげたりするのは一体どういうことなのだろう。地震の不安におびえながらも辛うじて持ちこたえていた大人たちの気持ちも、その次の「何々が来るぞ！」というひと突きになだれをうって崩れた。大人がにげるので子供たちもにげた。

わたしは父や母、近所の人たちと一緒に、近くの大きなお屋敷の庭の築山のかげにひそんだ。ひとかたまりの大人や子供が築山のくぼみに肌を寄せ合って息を殺していたのだが、もしほんとうにウワサのように朝鮮人があばれまわってやってくるとしたら、こんなかくれ方をしていて助かるわけがない。子供心にも頼りなくてあたりを見まわすと、もう築山のあちこちに芒が穂をのぞかせて風にゆらいでいた。

築山をめぐる道に人の足音がした。とつぜん5、6人の男があらわれ、おどろくわたしたちと向い合う形で立った。抜き身の青竜刀を手にした男が、わたしたちと一番近い場所に立っていた。わたしは殺されるのかと思い、父にひっついて小さくなっていた。七三に分けた髪を片側にばらっと垂らした白シャツ姿のその男は、「ああ、これは味方だな」と言うと、白い歯をみせ、うしろの男たちをうながしてたち去っていった。〝味方だな〟というからには、男たちは日本人だったのだ。それなら、もしかれらが、わたしたちを〝敵〟だとみとめたなら何をしただろうか――。こわい、ほんとうにこわかった。一緒にわたしたちとひそんでいたよそのおじさんが、「あの刀を持った男は新聞記者だ」と言った。当時はどういうものか「新聞記者」というのは、このあたりの町の人からは、知的レベルは高いがあまりよろしくない考えやおこないをする部類の人間のように思われていた。別のおじさんが、「ヤツは社会主義者だよ」と、したり顔に声をひそめて言った。

（石屋愛『お母さんの思い出――大正・昭和を生きて』光和堂、1981年）

倉田百三〔作家。大森新井宿美奈見で被災〕

〔2日夕〕すると突然、大工が顔色を変えて飛んできて、「今朝鮮人と支那人とが300人ばかり刃物を抜いてやって来たから早く逃げなさい」と云って来た。その大工の様子では直ぐそこまで押しかけて来ているような口ぶりであった。急に警鐘が鳴り出し、外の方が騒がしくなった。自分等は嘘

とは思えなかった。ありそうな事に思えるので随分面喰らった。

〔略〕自分達はちょっとした松林のかげになった丘の上に息せき登ったが、もとよりそこも適当な避難所でなく、それに病人〔母〕と子供を連れているので手早くは出来ない。〔略〕松林の直ぐ下ではピストルの音が聞え、人の騒ぐ声、子供の泣き声が、絶えず乱打される警鐘の音にまじって聞えている。自分の頭の中をあのフン人の侵略の時の光景が掠めて過ぎた。実際その異様な叫び声は野蛮人、それも東洋人らしい、変な、しつこい酷いことをやりそうな、恐ろしいものを連想せしめた。〔やがてその叫び声は犬の吠え声だとわかる〕

〔略。夜〕電燈が点らず、真暗だから大丈夫だろうと云って家に帰った。しかしまた幾度も朝鮮人が来たといってはくらやみの中に隠れねばならなかった。その夜は夜通し警鐘の音が聞えていた。町では朝鮮人が横浜方面から入り、×××××××××捕えられたりしたそうであるが、自警隊の組織が出来、地震も漸く収まって、今は取り乱れた状態の中にもやや落ち着き〔略〕

（「震災所感」『超克』改造社、1924年）

鈴木あさ〔**大森不入斗で被災**〕

〔2日〕まもなくまた大きな地震があるかも知れないから鉄道線路に逃げるようにとの触れがあったので、支度して清子をおんぶしてオシメやミルクや子供の着替えなどカバンに入れてようやく線路に落ち着き、やれやれと思ったのに、夕方近くそこもあぶなくなったからとまた家に帰された（色々の流言のうち最大の流言は朝鮮人が攻めてくるということだった）。

（鈴木あさ『私の足あと』町田ジャーナル社、1992年）

西河春海〔**当時『東京朝日新聞』記者**〕

これは7日に、大森で聞いた話しである。大森に住んでいる俺の同僚とその妹とが、その夜一晩泊めて貰った時に、かわるがわる話したのだ。話しは極めて短かい、こうである。「3日でしたか、4日でしたか、海岸で自警団の人達が、7、8人団を為して来た朝鮮人を生捕ってしまったのです。7、8人とかたまっていたので抵抗もしたでしょう。そのために只でさえ狂気のようになっている人達は、余計に昂奮したと見えて、全部を針金で舟へしばりつけて、それへ石油をかけて、火をつけて沖へ離したのですって、……どんなでしたでしょう」というのだ。

（横浜市役所市史編纂室編『横浜震災誌・第5冊』横浜市役所、1927年）

早川種三〔**実業家、企業再建家**〕

〔3日、上野から大森めざして歩く〕大森の駅のそばまで来ると、「川崎の朝鮮人労務者が暴れ出し、押し寄せてきた。駅前で闘っているが、わが軍利あらず」といった貼紙が出ていた。一瞬、私は緊張したが、これは結局、悪質なデマだった。さらに「朝鮮人が井戸に毒薬を投げ込んだので、水を飲むな」といったデマも流れた。

（早川種三『青春八十年――私の履歴書』日本経済新聞社、1981年）

秀吉魁〔**1881年生まれ。銀座で被災し、芝公園で夜を明かす。2日大森へ**〕

〔2日〕辻々には樫棒や竹槍を持った物々しいいでたちの人達が構えている。なんで

も、朝鮮人の暴動が襲いつつあると伝えられたので、このように自警団がつくられたのだという。流言飛語は乱れ飛び、人々は怯え自警団の人達は殺気立っている。

（『秀吉口伝』出版社不明、１９６５年）

宮本百合子〔**作家。震災当日は福井におり、4日に上京**〕

8日、基ちゃんと、青山にかえる途中、乃木坂行電車の近くで、大森の基ちゃんの友人に会い、実際鮮人が、短銃抜刀で、私人の家に乱入した事実を、自分の経験上はなされた。

つかまった鮮人のケンギの者にイロハニを云わせて見るのだそうだ。そして発音があやしいと忽ちやられる。

（宮本百合子「大正十二年九月一日よりの東京・横浜間大震火災についての記録」『宮本百合子全集第二十巻』新日本出版社、２００２年）

森亀雄〔**判事**〕

〔2日、大森山王の森で〕午後5時頃各所の梵鐘一斉に鳴る、伝うらく、不逞鮮人の一隊主義者の一味を加えて約50名ばかり、手に爆弾、銃を携え線路伝いに横浜方面より来るため、只今在郷軍人の狩出し中なりと、その噂の間もなく、付近の避難場なる射的場に鮮人3名現われ婦人に向かいて発砲したりとて、山王の森の避難者は蜘蛛の子を散らすが如く走り出せり。

取り残されし余等の一家族、噂の真偽は判明せざれども、万一を懸念し逃げんとせしもその自由を得ず、漸く付近の住宅に頼み入れて家族をここに移す。かくして夜に入り、梵鐘は絶えず乱打され、銃声頻りに起る。

（「震災手記」横浜地方裁判所編『横浜地方裁判所震災略記』横浜地方裁判所、１９３５年）

山川菊栄〔**評論家**〕

〔2日〕午後3時すぎでしたろう、軍服、軍帽で、帯剣もせず、銃も持たぬ一見在郷軍人風の男が、はだか馬に乗ってポカポカやって来て、何やら大声でわめいていきます。私の家の前へも来て、「朝鮮人が2千人、鶴見から川崎へ出ていま六郷川〔六郷橋付近の多摩川下流部〕へ迫っている。もうじきここへ来る。危ないからすぐ小学校へ避難しろ」とふれていきました。

〔略〕3日になり、東京の火事はしずまったのに、朝鮮人と社会主義者はみつけ次第殺してもかまわないそうだというわさがきこえ、「鮮人」狩り、「主義者」狩りで市内は日ましに殺気だって来、つかまったり、斬られたり、血だらけで逃げ惑う姿を見た話も伝わってきました。大森警察の留置場も朝鮮人や台湾人でいっぱいだとか、ケガをしている者もあるとかいう話。

（山川菊栄『おんな二代の記』平凡社、１９７２年）

山川菊栄〔**評論家**〕

〔大森で〕２日午後3時、ハダカ馬に乗った在郷軍人がのりつけ、「武装した鮮人２千名、横浜方面から多摩川を渡って池上街道を東京へ向かっている、即刻小学校へ避難せよ」と伝えて歩きました。〔略〕20〜30分してまたおなじような騎馬の在郷軍人がおなじことをいい、道ばたに立ってせかしてるので、やむをえず家を出、少し先の田の中にかくれて様子をみていると、朝鮮人のおそってくる様子もなく、近所の女子供が、にぎやかに笑いさざめきながら帰ってきます。そこへまたどこからともなく伝令がとんで、朝鮮人が井戸に毒を入れて歩いているから気をつけろという。その夜から、朝鮮人と社会主義者は見つけしだい殺せというさわぎです。

警察は避難民、罹災者の世話で手がいっぱい。とても守りきれないからどこへでも

推定マグニチュード7.9の揺れに襲われた東京。湾岸部の干拓地や埋め立て地では地盤の液状化が起き、地割れや亀裂が生じた。写真は六郷川付近で起きた地割れの様子

いってほしいと、再三危険をつげにくる。〔略〕数日後、汽車の開通を待って東京の私の実家に親子3人身をよせました。

（外崎光広・岡部正子編『山川菊栄の航跡――「私の運動史」と著作目録』ドメス出版、1979年）

警視庁「災害時下殺傷事犯調査表」

2日午後5時頃、池上村路上で、5人が不逞鮮人と誤信し3人を棍棒で傷害。2日午後6時頃、池上村路上で、一人が不逞鮮人と誤信し8人を棍棒で傷害。

（『大正大震火災誌』警視庁、1925年）

大森警察署

9月2日午後4時流言あり「鮮人数百名横浜方面より東京に向うの途上、神奈川県鶴見方面において暴行を極め、或は毒物を井戸に撒布し、或は放火掠奪を為せり」と。民衆これを聞きて激昂し、午後5時頃に至りて各戎器を携えて本署に来り、互に協力して警戒に従わんことを説くもの少なからず。これにおいて署員を川崎警察署に派遣してこれを質し、更に遠く矢口・調布等に赴きて形勢を探らしめしが、遂にその事実を認めず。然れどもなお万一の変を慮り、警備隊2隊を編成して東海道及び六郷川〔六郷橋付近の多摩川下流部〕なる京浜電車鉄橋並に鉄道省線の各鉄橋その他矢口の渡しを守らしめたり。

この時にあたり民衆は堅く流言を信じて自衛の策を講ずると共に、鮮人に対して迫害を加え、又これを本署に同行するもの多く、同日の夜には既に80余名の収容者を見るに至りしが、翌3日に至りては流言更に甚しきものあるを以て、自衛団体・在郷軍人団、青年団等の幹部に対して軽挙を戒むる所ありしが、形勢は益々不穏にして池上村大字雪ヶ谷の民衆と馬込村千束土木請負人等との間に争闘を開かんとしてわずかにこれを鎮撫せるあり。更に鮮人は、民衆の手に依りて本署に拉致せらるるもの頗る多く、重傷2名・軽傷18名の被害者を出したるのみならず、入新井町不入斗の一住民はその住所付近において鮮人と誤認せられて銃殺せられたり。

（『大正大震火災誌』警視庁、1925年）

蒲田

市村光雄

〔蒲田の争議団で地震直後の3時に〕近所のご婦人連がどやどやと入ってきて、朝鮮人が油を持って六郷のふもとまで押しよせてきたというのです。〔略。何事もないまま解散〕また夕方になると同じようなことをいって来るのです。

（「純労・南葛労働会および亀戸事件旧友会聞き取り（4）」『労働運動史研究』1963年5月号、労働旬報社）

斎藤寅次郎〔映画監督〕

〔2日、蒲田で〕やはり流言蜚語は東京よりも大仕掛けで、横浜方面から朝鮮人の一団が東京方面に向かった等あり、私の先輩の清水宏君が警防団長になって指揮していた。

（斎藤寅次郎『日本の喜劇王――斎藤寅次郎自伝』清流出版、2005年）

津田光造〔作家、評論家。蒲田で被災〕

一頃〇〇の暴動が来るという流説が伝えられて、蒲田の辺でも大した騒ぎだった。〔略〕青年団や自警団は抜き身の日本刀や軍刀やら竹槍を携えて警戒するという殺伐たる無警察の社会状態が出現した。ただ頼むものは自分の持っている暴力腕力（全くこの時ほど腕力の必要が身に沁みた事はない）。皆が生を賭して死と面接するような実に愉快な（全く愉快だった――僕は近頃こんなに愉快な経験をした事がなかった！）実に活発な生活現象だった。僕は人間の道徳がこれ位に厳粛になる社会が来る事を夢想して、退屈な日を過した事はあったが、いまだかつてそれを現実に見た事がなかった！　僕も日本刀があれば持って出る所だったが、生憎持ち合わせなかったので、近所で鉄の棍棒を借りてきて自警団の一人に加わった。暴動、もしそういうものが押し寄せて来るにしても、こんな貧民窟の裏長屋へ来るとは思えなかったが、全く考えてみれば滑稽で仕方がなかったが、そんな知識階級面をした自分が何となく恥られて、何でもかんでも盲ら滅法に祖先伝来の隣保団結の精神で結束して起ったものだ。そこには〇〇〇対日本人という変な国民的対立があって、それだけはどこも面白くなかったが、それも歴史的因果関係の存在する事実について考えると、この場合四の五のと理屈を並べ立てている暇がなかった。そんな事をいっている暇に、そこへ手負になった〇〇〇の暴徒がアバレ込んで来そうな気合いだった。近所近辺到る所の警鐘が、けたたましく乱打された。

4、5日というもの、自警団はほとんど寝ずの番だった。しかし、暴動らしい何ものも来なかったので、いささか張合抜けがした。と同時に疲れが出てきた。睡眠不足で頭が変になった。体の組織までも変わってきたかと思われた。戒厳令が布かれて、軍隊の手が回る頃には、もう全く出る勇気がなくなっていた。しかし、何でもない〇〇で殺された者には、全く気の毒でならなかった。うっかり〇〇〇の肩を持って目茶目茶に撲られた日本人もあった。僕も実は弱い〇〇のために弁護しなくてはならなかったが、自然に皆の中からそういう隣愍の情が沸き立つまで、息をころして待たなければならなかった。

（「大震と芸術――震災の感銘と印象」『我観』

1923年10月15日号、我観社）

羽田

荒井力雄〔**当時高輪中学校1年生**〕

〔1日の〕夜になると、外国人騒ぎが始まりました。翌日〔略〕東海道を行って学校裏から馬込村のほうへ入ると、自警団の人たちから「コラコラ！」と呼びとめられました。「お前たち、鉢巻きをしなくちゃだめだ！」というので、私は持っていた手ぬぐいで、ねじり鉢巻をしました。ところが、蝶次の弟は後ろで結ぶ鉢巻きをしたので、「それでは間違えられるよ」と教えてやりました。当時、鉢巻のしかたが日本人と外国人とでは違っていたのです。〔略〕しばらくの間、夜は地震と外国人騒ぎを恐れて、戸外に雨戸を敷いてかやを吊り、野宿をしました。

（羽田地区町会連合会編『羽田町民の体験記集・関東大震災』羽田町会連合会、1978年）

石井朝吉〔**鈴木病院（現・羽田3丁目六間堀辺）で被災**〕

当時、在郷軍人会の理事をしていたが、〔略〕外国人反乱デマが流れた。地元にあまり面識がない人が、他地区で震災にあい、やっと帰ってきたところ、外国人とまちがえて、あやうく殺すところであった。

（羽田地区町会連合会編『羽田町民の体験記集・関東大震災』羽田町会連合会、1978年）

金子寿〔**穴守稲荷社務所で被災**〕

〔日時不明〕夜暗くなると、デマが飛び外国人騒ぎが起こりました。父は、日本刀を背負って出かけ、女や子どもは、竹しびを運ぶ舟に避難しました。しかし、たくさんの人が集まり過ぎて、舟は底につき動きません。そこへ、外国人が泳いでくるというデマが飛び、きたら棒で突けばよいと思いながら、目を皿のようにして、水面をにらんでいました。しかし、何事も起こりませんでした。

（羽田地区町会連合会編『羽田町民の体験記集・関東大震災』羽田町会連合会、1978年）

島田愛子〔**当時多摩川の支流、弁天橋と稲荷橋の中間の川のふちに在住**〕

そのころ、羽田では多摩川の上流の水を買って飲料水にしていました。ところが、だれ言うとなく、多摩川の上流に朝鮮人が毒を入れたから水は飲まないようにとのこと。今にして思えばずいぶんひどいデマです。そのために、朝鮮人は何の罪もなくして、殺されました。夜になると男の人は竹槍を持って寝ずの番です。

（関東大震災を記録する会編『手記・関東大震災』新評論、1975年）

平林梅吉〔**羽田町鈴木新田一番地で被災**〕

〔日時不明〕やがて誰いうとなく、大人の人が、多摩川の川上から流れてくるゴミのかたまりの下に外国人がもぐっているから気をつけろなどと大声で騒いでいるかと思うと、夕方になって、大人の人が「今夜また大地震がくるから気をつけろ」とどなり歩いているので、舟に乗って避難している人もまた驚きましたが、やがておまわりさん（警官）が来て、その騒いだ人を連れて行きました。その人は、西の方の何某といっておりましたが、地震騒ぎで気違いになった人だと聞きました。

外国人騒ぎも少し下火になったころ、私の家の隣に外国人の若い夫婦者が住んでおり、奥さんはなかなかの美人で、2人ともおとなしい外国の人でしたが、ただ外国人ということで大騒ぎとなり、町の血気にはやる大人が20～30名手に手に木刀などをもって、「やっちまえ」と物すごいけんまくとなりました。小さな家でしたので、裏口より2人をうまく連れ出して、私の家へ入れてやって無事に過ごしましたが、少し日にちがたって、いつの間にかいなくなりました。

（羽田地区町会連合会編『羽田町民の体験記集・関東大震災』羽田町会連合会、1978年）

吉沢己之助

天災で住民が動揺しているときには、いろいろなデマが飛ぶものである。最初は東京からはじまり、外国人が井戸に毒薬を入れて、日本人を皆殺しにするとデマが飛んだ。羽田でも、外国人が2人でビールびんを持って線路を歩いているのを見つけ、羽田住民はたいへんな騒ぎで、その2人をつかまえようとして大勢で追いかけ、その2人もびっくりして逃げまわり、つかまえてみれば、羽田セメント瓦工場に働いている人で、なんら関係ないことがわかった。

（羽田地区町会連合会編『羽田町民の体験記集・関東大震災』羽田町会連合会、1978年）

馬込

宇野千代〔作家。当時、尾崎士郎とともに馬込在住〕

私は大森駅の近くにある郵便局で、田舎に送る為替を組み、町に出た瞬間であった。眼の前のコンクリートの道がかっと裂け、その裂けた穴の上を跨いで馬込まで駆け抜けたときの恐ろしさは、いまでも忘れることが出来ない。坂の上から見る東京方面は、火の海であった。朝鮮人が襲撃して来ると言う噂があって、すぐに逃げろ、と言う隣り組からの通達があった。

どの方面から襲撃して来るのか、どの方角へ逃げたら、逃げることになるのか、それは分からなかった。「ど、どっちへ逃げろと言うんだ。どっちから襲撃して来ると言うんだ」「分かんないわ」。私たちは畑の中で戸惑っていた。

〔略〕「ねえ、私たちはどこへも逃げないのよ。この家の天井裏へ隠れるのよ」と私は言った。どこから襲撃して来るのかも分からない。どこへ逃げたら好いのかも分からない。そんなら、どこへも逃げないで、この家の中へ隠れるのが、一番好いのではないか。私たちは下の家の土間の柱からよじ上って、厚い藁屋根と天井裏の間へ這い上がった。垂木の間から、僅かな陽がさした。私たちは息を殺していた。周囲の家の人たちはどこへ逃げたのか、物音ひとつ聞こえなかった。暑い夏の午後であった。

尾崎士郎が身じろぎをした。「こ、ここで小、小便しても好いかな」と言ったとき、あれは、何と言うおかしな思い違いであったことか、その小便が家の下まで伝わり落ちたら、この天井裏に人が隠れていることが分かる。咄嗟の間に、私はそう思ったものであった。「ここへして、この中へして」。私は自分の着ていた浴衣の袂を広げた。勢いよく、その袂の中から水が流れた。これがこのとき私たちのとった最善の処置であったとは。「はははは」とふいに尾崎が大声を上げて笑い出した。

（宇野千代『生きて行く私』角川文庫、1996年）

中谷サワ〔当時大森第二小学校教員〕

翌2日誰言うともなく朝鮮人が来襲する、井戸には蓋、女や子供は逃げろとの知らせで自分も近所の人々と地主の土蔵にかくれた。蔵の前には2人の男が刀を持って見張りをしてくれたが幸い何事もなく夕方帰宅した。夜は小雨となったがその中に半鐘の乱打、朝鮮人が来たとの事続いてピストルの音2、3発、然しこれは本物でなかった。

（「関東大震災」大田区史編さん委員会編『大田区史下巻』大田区、一九九六年）

服部一馬〔経済史学者。当時5歳〕

〔自宅で被災、父母とともに近くの源蔵が原と呼ばれていた空き地で一夜を明かす〕2日の朝は、共同の炊出しで、皆が握り飯をほうばった。朝鮮人暴動のデマが広まったのはその直後であったと思う。横浜の刑務所から脱走した朝鮮人の集団が暴動をおこし、東京方面へ押し寄せて既に六郷川〔六郷橋付近の多摩川下流部〕あたりに達したとか、どこそこの井戸に毒が投げこまれたとかいうような知らせが、まことしやかに伝えられ、緊急避難の必要が叫ばれた。誰が誘導したのか、わたしたちが初めに避難したさきは、現在の品川区西大井にある伊藤公墓地内であった。

（「関東大震災の思い出」大田区史編さん委員会編『大田区史下巻』大田区、一九九六年）

六郷橋

賀川豊彦〔社会運動家〕

「貧民窟の聖者賀川氏　東京横浜震災実地視察談　風説による朝鮮人の汚名を機会あるごとに弁明しようと決意」

〔日時不明〕私が東京への途中、六郷橋の付近で、6名の朝鮮労働者が破壊された道路に押しやられているのを見た。この上、言うべきこともない。私が東京から神戸に向おうとした時には、2万余名の朝鮮労働者が店舗を襲撃中だとか、まだ、そんなことを言っていた。このように風説が盛んな時、一般人の心理がもっとも大きくなり、狂ったようになった所に際会した朝鮮人諸氏の困難は、真に想像外だ。その中で一番酷かったのが横浜であり、東京は二番目だが、中でも向島方面、一般学生諸氏は大多数が安全であったと信じたい。

（『朝鮮日報』1923年9月13日）

里見弴（とん）〔作家〕

〔主人公が4日に逗子をめざす途中、六郷の橋袂（たもと）で〕道中の困難はふえる一方だった。暴徒騒ぎで気の立っている自警団も、その一つに数えられないでもなかった。純日本人であるという印に、行く先々で、白いのや赤いのや、いろいろの布を渡し、やれ腕へ捲けだの、後鉢巻にしろのと、言うことがまちまちで、そのたんびに、乗り物（人力車）からおろされ、わるくすると、抜刃を提（さ）げたりした血の気の多そうな若者の前で、しつこい訊問をうけなければならなかった。自転車の連中が、面倒臭がって、突ッ走ってぬけようとでもしようものなら、素早くギヤの間に竹槍をさし込み、転落の憂目をみせずにはおかなかった。

　神奈川のはいり口あたりに、3、4人の鮮人の死骸が、薪ざっぽうよりも無造作に積み重ねてあった。烈しい日射の下に、暗紫色の水袋のように腫れあがり、羽音だけでもすさまじい銀蠅、青蠅だった。——見詰めるいとまもなく、昌造は瞑目合掌し、口のうちに念仏を唱えていた。

「およしなさい、旦那!」

あとから空車を引いて来た小柄なほうの車夫が、いきなり耳もとに、圧し低めた叱声を響かせ、自分は素早くあたりを見回しながら、ぐいと昌造の腕を引ッ張った。

……その意味はすぐのみ込めた。気がつけば、われながら、いかにも危険きわまる所行だった。慌てて解こうとする手首に、いつ衣嚢から取り出したものか、ちゃんと数珠がかかっていた。……埃ッぽく、白々と延びた街道に、とは言え仕合せなことには、近い人影もなかった〔略〕昌造はなお、3、4個の無縁仏の冥福を祈りつづけた。

(里見弴「安城家の兄弟」『里見弴全集・第六巻』筑摩書房、1977年)

東京の玄関口に当たり、多摩川に架かる橋の中では最南に位置する六郷橋は「横浜から大挙して不逞鮮人が押し寄せる」と言われた流言蜚語の舞台となった。写真上は木製の旧六郷橋。写真下は現在の六郷橋

葛飾区

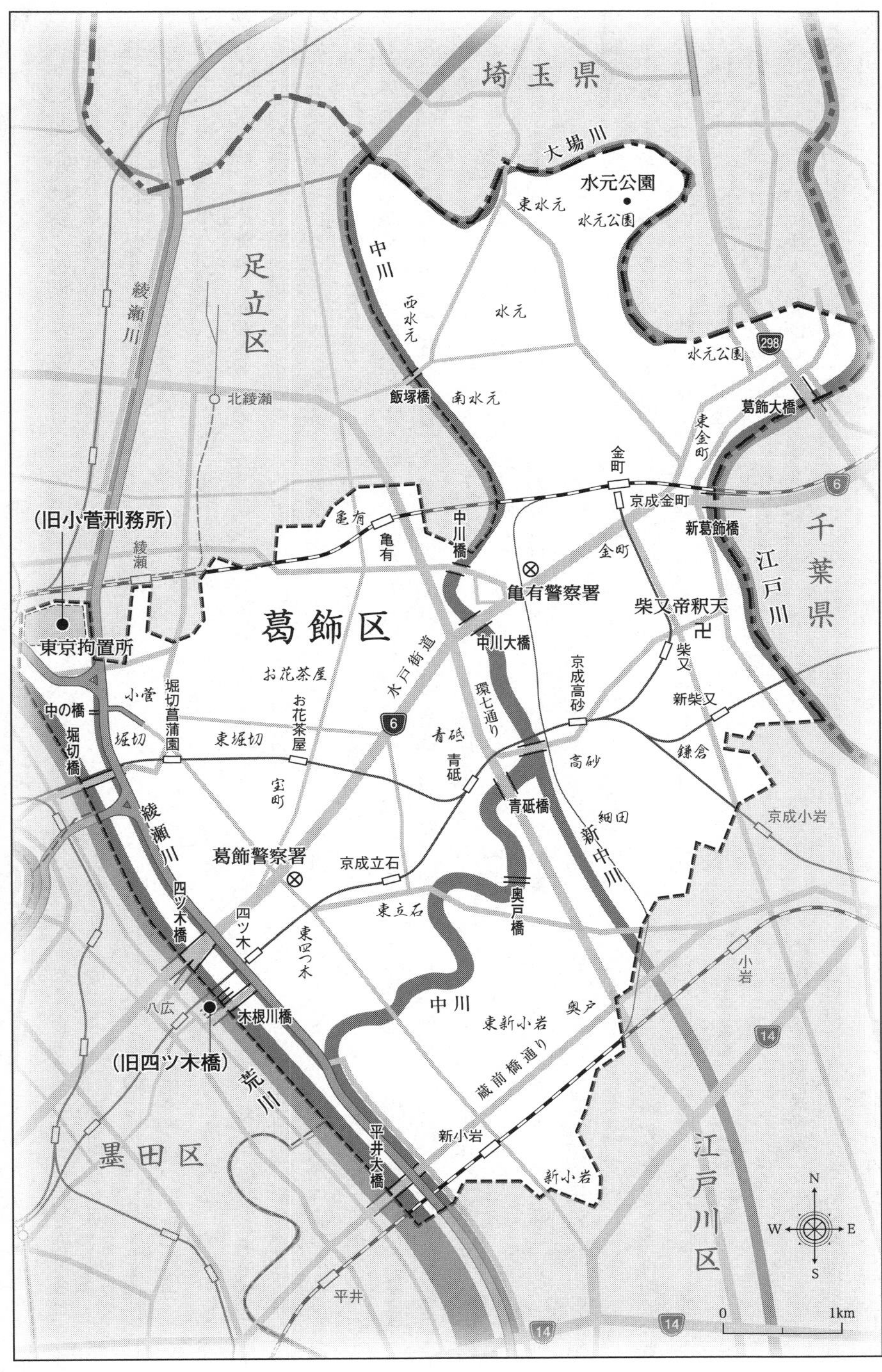
埼玉県
大場川
水元公園
東水元
水元公園
中川
足立区
綾瀬川
西水元
水元
水元公園
298
北綾瀬
飯塚橋
南水元
葛飾大橋
東金町
金町
6
京成金町
新葛飾橋
(旧小菅刑務所)
亀有
亀有
中川橋
千葉県
江戸川
綾瀬
金町
亀有警察署
柴又帝釈天
東京拘置所
葛飾区
中川大橋
水戸街道
お花茶屋
京成高砂
柴又
小菅
中の橋
堀切菖蒲園
お花茶屋
環七通り
新柴又
堀切橋
堀切
東堀切
青砥
青砥
高砂
鎌倉
宝町
青砥橋
細田
京成小岩
綾瀬川
葛飾警察署
京成立石
新中川
奥戸橋
四ツ木橋
四ツ木
東立石
東四つ木
小岩
八広
木根川橋
中川
東新小岩
奥戸
14
(旧四ツ木橋)
荒川
蔵前橋通り
新小岩
墨田区
平井大橋
新小岩
江戸川区
N
W
E
S
平井
0
1km
14
14

M

〔堀切の荒川の中で〕ヨシの間を泳いで逃げる朝鮮人を在郷軍人が舟を出して竹槍で刺し殺した。川の両側には軍人が立っていた。見物人が「竹槍で刺しちゃった。いやだなあ」。その頃、在郷軍人が通る人通る人を調べていた。四ツ木で朝鮮人が殺されたのだという話を農民から聞いた。〔略〕小菅の監獄に兵隊が詰めていた。テンカツ（菖蒲園近く、相撲取りの別荘）にも兵隊がいて、夕方ピストルの音が聞えた（朝鮮人が殺されたという話だった）。3日頃から3、4日は続いた。

（関東大震災時に虐殺された朝鮮人の遺骨を発掘し追悼する会『聞き書き班まとめ』）

浅岡重蔵

本田村〔現・東四ツ木〕の村のなかでも切りつけられて死んでいました。映画で見るのと同じですよ。「助けてくれ」と言って逃げるのに、追いかけて刀で切りつけたのを見ました。その人が両手で後頭部を押えているのに切りつけたので、指が切れて血が吹き出しました。

（関東大震災時に虐殺された朝鮮人の遺骨を発掘し追悼する会『風よ鳳仙花の歌をはこべ――関東大震災・朝鮮人虐殺から70年』教育史料出版会、１９９２年）

池田〔仮名〕

朝鮮人が殺されていた場所は、上平井橋の下といまの木根川橋の近くだった。上平井橋の下が2、3人でいまの木根川橋近くでは10人ぐらいだった。朝鮮人が殺されはじめたのは9月2日ぐらいからだった。そのときは「朝鮮人が井戸に毒を投げた」「婦女暴行をしている」という流言がとんだが、人心が右往左往しているときでデッチ上げかもしれないが……、わからない。気の毒なことをした。善良な朝鮮人も殺されて。その人は「何もしていない」と泣いて嘆願していた。

（関東大震災時に虐殺された朝鮮人の遺骨を発掘し追悼する会『風よ鳳仙花の歌をはこべ――関東大震災・朝鮮人虐殺から70年』教育史料出版会、１９９２年）

上村セキ

あくる晩〔2日〕から立石で朝鮮さわぎなんですよ。まっくらだし「朝鮮人だ！　朝鮮人だ」と大騒ぎしているんです。それで各家庭で竹槍を作れってんで竹槍をつくり、朝鮮人をみたら、みんなやっつけちゃったらしいですね。相言葉があって「山」といったらすぐ「川」とでないと朝鮮人だといって日本人も何人かはまちがえられたということをききました。竹槍をつくるように言ってきたのは町会からだったです。

〔略〕兄がいうのには四ツ木橋のところにたくさん朝鮮人を連れてきて並べ、中にはこの立石の地の朝鮮の人もいたそうですが、その「アイゴ！　アイゴ！」と泣き叫んでいる人たちを竹槍で突いて荒川の土手へつきおとしたそうですよ。

（「四ツ木橋畔の虐殺事件のこと」日朝協会豊島支部編『民族の棘――関東大震災と朝鮮人虐殺の記録』日朝協会豊島支部、１９７３年）

内田良平〔政治活動家〕

2日夜京成電車四ツ木駅に於て17、8名の鮮人〔略〕軍隊及び在郷軍人と衝突し銃殺せられたり。相撲年寄春日野の別荘にはその際に於ける2個の弾痕残り居れり。

（内田良平『震災善後の経綸に就て』1923年→姜徳相（カンドクサン）・琴秉洞（クムビョンドン）編『現代史資料6・関東大震災と朝鮮人』みすず書房、1963年）

亀井〔仮名〕

〔本田村の〕このあたりには2組の朝鮮人がいましたけど、1組は両親とも殺されました。子供はどうしましたか……。

（きぬた・ゆきえ「今も遺骨は河川敷に」『統一評論』1981年10月号、統一評論社）

証言に出てくる（旧）四ツ木橋は震災の前年の大正11年6月に架橋された木製の橋。現在の位置よりも約500メートル下流に架橋されていた

川島一郎〔当時第二岩淵尋常小学校5年生〕

僕はこの大震大火について、お父さんに聞いて見ると鮮人が爆弾を投げたのもうそだそうだ、四ツ木に避難した時も、鮮人が来たといってどんどん音がして驚かすそんな時、僕はお父さんの刀をぬこうとした事も少なくなかった。土手へ上って見ると鮮人が兵隊さんに追いつめられて、うんうん悲鳴を上げているのも聞こえた、僕が大きくなったら兵隊になってあのにくらしいざんこくな朝鮮人を皆殺にしてやろうと思っているが、あの声をあげているのを見ているとなんとなくかわいくなってくる。

（「これから」「第二岩淵小学校児童作文集・震災号」1924年2月〔冨田駿策氏所蔵〕→北区史編纂調査会編『北区史〈資料編〉現代I』北区、1995年）

島川精

2日目に四ツ木橋を越え、本田村（今の葛飾区）の庭先をかりてみんなで野宿したわけです。ちょうど2日目の晩に「津波ダァー」という声がしたのでみんな線路に上がって枕木に帯で体をつないだりしましたが、津波なんかいっこうにこないので帯をほどきました。ところが8、9時頃、「朝鮮人が攻めてきたぁ」という声が流されて、みんな殺気だっちゃった。「竹をだせ！」「槍を出せ！」、棒きれもってる奴はナイフで先をとがらせて、集まった人たちだけで臨時自警団をつくり、周囲をかためた。その頃は芋が盛りで芋の葉っぱが人の顔にみえたりしてそれをつついたりしました。そしたら土手の方からバンバンバンと鉄砲をうつような音がきこえてきました。

あくる朝、放水路のところを歩いていったら、――当時荒川放水路は工事中で朝鮮人は安い労働力として使われた、日本人の賃金にくらべれば2分の1位でした。――そこに行ってみると無惨な屍臭がして、土手に、5人、6人と死んでいました。傷跡は明らかに刀で切られたり、竹でつかれたりした死骸でした。からだに日本刀で斬られた断面がありました。人相が朝鮮人でした。

〔略〕この荒川土手のところでは一軒の農家があったのですが、昼過ぎ7、8人の朝鮮人が農家のまわりに逃げてきて自警団やそこいらにいた人につかまり、有無をいわず袋だたきにあい、5分間ももたないうちにめった打ちにして殺されてしまったのをみました。当時あそこは工事をしていたので玉石はいっぱいあって、土手の上からみんな玉石を投げて加勢して殺したんですよ。

明治44年に始まった荒川放水路の開削工事。昭和5年の完成まで延べ320万人が働いたといわれる大工事において、安い労働力として開削を進めたのが朝鮮人であった

（「荒川土手での白昼の惨事」日朝協会豊島支部編『民族の棘——関東大震災と朝鮮人虐殺の記録』日朝協会豊島支部、1973年）

関川あい〔**押上で被災**〕

〔京成線路をたどり、荒川放水路辺の寺島の線路の上で野宿、翌日四つ木へ〕この辺は蓮田が多かったんです。だから、今日も殺されたよなんて子供同士で見に行ったことがあります。そしたら、竹槍か何かで突かれるんですけど、殺された人には何かかけてありましたけども、水面に血が浮いていたり油が流れたりして、とても恐かったですね。夜、しばらくすると「朝鮮人が来たぞー」「井戸に毒を入れられるぞー」で、不寝番を置きまして〔略〕。

（『江戸東京博物館調査報告書第10巻・関東大震災と安政江戸地震』江戸東京博物館、2000年）

添田知道〔**演歌師、作家。「復興節」等の作者**〕

下谷で焼け出された筆者らの遭遇を、綴っている場ではないのだが、この目で見たことの省述をゆるされたい。——千葉県我孫子（あびこ）在の叔父の旧友をたよって行く途次、サスマタなどいう古い捕物道具の一式でとり囲まれたこと、帝釈天の宿舎で白刃をつきつけられたことなど、わが身にふりかかる危険もあったが、それよりも鮮明に刻みつけられた情景がある。

避難民の列にまじって線路を行く、金町に近いあたり、田圃（たんぼ）の中の一筋道の彼方から、馬蹄の音がしてきた。見ると、2人の騎乗兵が左右から、縄尻をとった男を中にひきずってくる。男は血まみれ。それを一組として、つぎつぎ十余組がやってくるのだ。近づくにつれ、地上をひかれるのが朝鮮人とわかったが、どれも血だらけの、中には股間を夥（おびただ）しく染め、すでに蒼白の面に、歯をくいしばり、胸を張ってくるのもいた。が、馬を早めると、徒歩の血をたらす人は縄の長さだけ後方から、吊られてゆく形となる。人間が人間に、こういうことができるものだろうか。目をそむけ、つむってみても、灼きついた映像ははなれない。

（「演歌の明治大正史」『添田啞蟬坊・添田知道著作集Ⅳ』刀水書房、1982年）

崔然在（チェヨンジェ）〔当時22歳。当時本所区向島小梅町178番地大野儀一方の鉛筆工場に勤務。本籍地は朝鮮成南北青郡下車書面上新兵里〕

〔2日夜、立石尋常小学校前で青年団につかまり連行された〕「貴様は何所か」「朝鮮です」「四ツ木で乱暴して来たろう」「貴様も殺してやる」崔君の全身は血みどろに染った。

「何故殺すんです。その理由を聞かせてください」「貴様は理由は知っているはずだ。だまれ」「早く殺せ」「やっつけろ」と集まるもの、60~70人、日本刀ピストル竹槍など手にした人、崔君は溝の岸に伴われた。君は遁（のが）れる由もなく、溝岸に立たせられ、頭を前に屈げさせられた。君の身命は風前の燈となった。

〔略〕一刀がキラリとひらめいた。この時生命かぎりに、主人儀一の名を呼んだ。間髪を入れぬその時、天佑か主人の名を知る者があって一度調べてやれと、交番に伴われた。時は午後11時頃であった。

彼は7、8人と共に寺島警察署に送られた。11日には千葉習志野へ、10月24日青山へ、11月26日本所区二葉バラックへ転じて来た。

（東京市編『大正震災美談』大日本学術協会、1924年）

二方芳松

〔金町で〕2、3日過ぎると、消防組、在郷軍人団、青年会等が連合して夜警が始まった。私もその人々と夜警に任じた。鮮人の暴動云々の噂が、しきりに広がる。すると自警団の人々から、私の貸作にいる伊衡三と言う一人の鮮人を引き渡せと迫って来た。同じ貸作の人々からもそう言って来る。困ったことだと思いながら、「彼は1日の震災当日以来一歩も外出はしないで、謹慎している。決して暴行などをする人ではない。万一左様なことがあるとせば責任は僕が引受ける」と百万弁解して断じて引渡すことをしなかった。一方鮮人の彼にもよく言いきかして置いた。

その後度々引渡を要求し来ったが、私はどこまでも彼を保護したので、私の妻までが、余りあの人をかばっては同類と見られると言って心配をし始めたが、その内に警察から鮮人を習志野へ送って保護するというので彼を迎えに来た。彼は結局は殺されるものと疑ってシオシオとして習志野へ行ったのである。〔1カ月程で無事に帰って来た〕

又一方村人が、風呂敷包を背負うて行く一支那人を見付け、捕えて見ると付近の馬小屋の馬力で、外に8人程おった。ところが流言に途迷うた在郷軍人の服を着けた小柄の男が、極力これを殺害することを主張した。私はこれに対して、とんでもないことだ。私刑は如何なる場合といえども国家の法を乱すものであると言って止める。けれども彼は容易に私の諫言（かんげん）を容れようとはしないで、頑として責任は俺が負うと言う。私は更に諭した。外国人を殺害せば、国交問題を惹起し、君一個の責任では済まぬ。その責任のかかるところは日本政府になる。〔略〕一同は解散した。

〔略〕ただしこの騒ぎの内に前記支那人の一人が45円入りの財布を竊取（せっしゅ）されたという事件が持ち上がった。私はその話を聞いて、如何に非常時の行動と言いながら、それは強盗である。早く調べて返せ、もし取った奴がどうしても返さぬと言うならば、他人を検問し身体を調べた一同の共同責任であるから、皆してこれを弁償せよと或は諭し或は叱った。かくてこの事件は兎も角もスッタモンダの上漸く返却して無事に落着した。

（「やむにやまれぬあの日の行動」東京市役所・『萬朝報』社共編『震災記念――十一時五十八分』萬朝報社出版部、1924年）

堀切一郎〔当時三郷在住〕

〔中川の改修工事で〕朝鮮人労務者たちは朝6時から夜遅くまで働き、1日50銭だった。近くの人たちも同じ賃金で改修工事にたずさわっていた。朝鮮人は幸房組と矢口組の2カ所で働いていた。震災が起ると、東京で朝鮮人が放火している、という流言飛語が伝えられ、幸房組にいた8人は内務省の役人の命令で縛られて連れて行かれた。〔略〕見に行った所、東京は水元村猿町の大場川で縛られたまま日本刀などで殺されたのを目撃した。

（「東京の水元や花畑で殺された」関東大震災五十周年朝鮮人犠牲者調査・追悼事業実行委員会編『かくされていた歴史――関東大震災と埼玉の朝鮮人虐殺事件』関東大震災五十周年朝鮮人犠牲者調査・追悼事業実行委員会、1974年）

横田〔仮名〕

四ツ木駅のそばで、逃げる朝鮮人に鳶口を打ちこむのを見た。〔略〕軍隊が殺したけど、言っていいのかどうか……。綾瀬川の河原でね、12、3人ぐらいの朝鮮人を後ろ手に縛って数珠つなぎにし、川のほうに向かせて立たせて、こちらの土手の上から機関銃で射ちましたね。まだ死なない人には興奮した兵隊が刀で切りかかったんですよ。それを止めた兵隊もいました。死なない人はピストルでも射っていました。〔略〕軍隊が先にたって殺しておいて、その後10日もたったころ、「だれが殺したか」って調べにきましたけど、だれがやったのかわからなくなっていたんだね。

（関東大震災時に虐殺された朝鮮人の遺骨を発掘し追悼する会『風よ鳳仙花の歌をはこべ――関東大震災・朝鮮人虐殺から70年』教育史料出版会、1992年）

和智正孝

朝鮮人については友人から以下のようなことをきいている。四ツ木橋の近く、自警団や野次馬が口々に「こいつが毒を投げたんだ」と叫びながら、身体をぐるぐるに縛られた中年の朝鮮の女が、手足おさえて、あおむけにして、トラックで轢いた。まだ手や足がピクピク動いていると、「おい、まだピクピク動いている、もう一度」といってトラックで轢殺したということである。

（日朝協会豊島支部編『民族の棘――関東大震災と朝鮮人虐殺の記録』日朝協会豊島支部、1973年）

氏名不詳

小菅付近では「南の方から朝鮮人が来るというので中の橋のそばで10人ぐらい殺して綾瀬川に投げ込んだ。引き潮になると下り、満ち潮になると水戸橋まで流れて来て、何日か上ったり下ったりしていて、そのうち見えなくなった」という。

（田嶋昌治『地域の歴史発見――歩き聞き調べ

る』崙書房出版、２００５年）

氏名不詳

「奥戸橋で5、6人つかまえて橋の番小屋の所へつなつけて入れといたんだよ。青年会役人で朝鮮人をつかまえてみんな入れてしまう。〔略〕朝になって戒厳令がしかれたら、朝鮮人を橋の上で殺してしまう。剣付きでね。誰が殺すかというと国府台の兵隊さん。まあ新兵だな。上等兵がいっしょに来て、やりで橋の上からみんなつき落として。ヘイヘイヘエー、ズブリズブリね。それもまあ、見てた。」（証言）

「川に落ちた体は血をふき出し、その流れ出した血は川の中を尾を引いて流れていきました。50メートルも行くと死体はしずんで行くのでした。」（証言）

写真上は昭和15年当時の旧奥戸橋。下は現在の奥戸橋。震災時、この橋で行なわれた凄惨な虐殺を目撃したという証言を記録に残したのは奥戸中学校郷土クラブの生徒たちだった

〔略〕2日「戒厳令」がしかれると馬に乗った兵隊を先頭に水元の方から、手をしばられた多くの朝鮮人が〔中川〕土手を通って浦安の方へ連れて行かれる光景もありました。こうして連れて行かれる朝鮮人はとてもおとなしく「悪い事はしません。悪い事はしません。」と言っていました。15、6の少年や少女は泣いていました。

〔略。中川奥戸橋で〕血まみれになりながらも、川の中ににげた人さえも、やっとの思いで岸にたどり着いた時には兵隊に、とどめをさされるのでした。それから2、3日してからも、川には死体がうかんでいました。それを見た村の子供達は、気味悪がって、竹の棒などでつついていました。

（奥戸中学校1978年度文化祭参加作品『ドキュメント　地震と人間——奥戸編』奥戸中学校郷土クラブによる聞き書き）

『いはらき新聞』（1923年9月4日）

「怒りに怒れる民衆　鮮人殴り殺さる　汽車の中で兇暴の行為」

昨夜8時水戸着の列車は避難民を満載し

列車の屋根にまで乗れるほどなるが、同車には亀有より4人の不逞らしき鮮人乗込み、1名は乗車場にて民衆のため殴り殺され、残りの鮮人は車内にまぎれ込み荒川沖まで暴行をなしつつ来れる報に土浦にて取調1名を下車せしめたるも無抵抗なりしと。他は見当らなかった。

『いはらき新聞』（1923年9月5日）

（3日午後10時20分亀有にて）亀有駅付近は3日午後7時頃より消防組、青年団、在郷軍人はいずれも日本刀、手槍、猟銃等を携え武装して街路々々を警戒し、また佐倉歩兵第五七連隊の一部は、出動して夜暗に全く戦時同様の歩哨線を張って警戒している。この如き想像も及ばぬ状態は全く不逞鮮人の一団と社会主義者の一味が協力して火事泥棒を働く結果で、〔略〕金町付近に出没した鮮人は井戸に毒を入れ、また火を放たんとするので、遂に7名ほどが惨殺したとのことであるが、三河島辺にも鮮人の死屍が所々に横わっていて、この嘘のような事実が現実に首肯されているとのことである。

『東京日日新聞』（1923年10月28日）

「大震災当時に挙げた県民の善行美事（3）進んで鮮人を保護した二合半領の自警団鎮静後鮮人が謝意を表しに来た　只遺憾だったのは府下自警団の暴行」

早稲田村では9月2日夜鮮人保護を決議し村長斉藤重三郎・軍人分会長加藤武次郎・青年団長中村義男の諸氏が同村の中川改修工事に来ている鮮人18名を大字幸房に纏め他へ難を避けさせる準備中、9月3日未明に対岸の東京府下水元村から自警団が殺到し鮮人保護に任じていた大字書房区長松□繁蔵氏を殴打し右18名を奪い取って水元村大字猿ヶ俣で全部惨殺したとの事で、前記彦成と早稲田との鮮人を殺害した東京府下の自警団員十数名は目下東京地方裁判所に検挙取調べ中であるけれども、二合半領の各村は何れも鮮人保護の挙に出たのだから1名も検挙されたものはない。ただ隣郡南埼玉の潮止村煉瓦職工三角三次1名が対岸の東京府下に出かけて右暴威を振るった自警団に与したため検挙されただけの事で、無論これは二合半領各村の自警団には関係がないのである。

北区

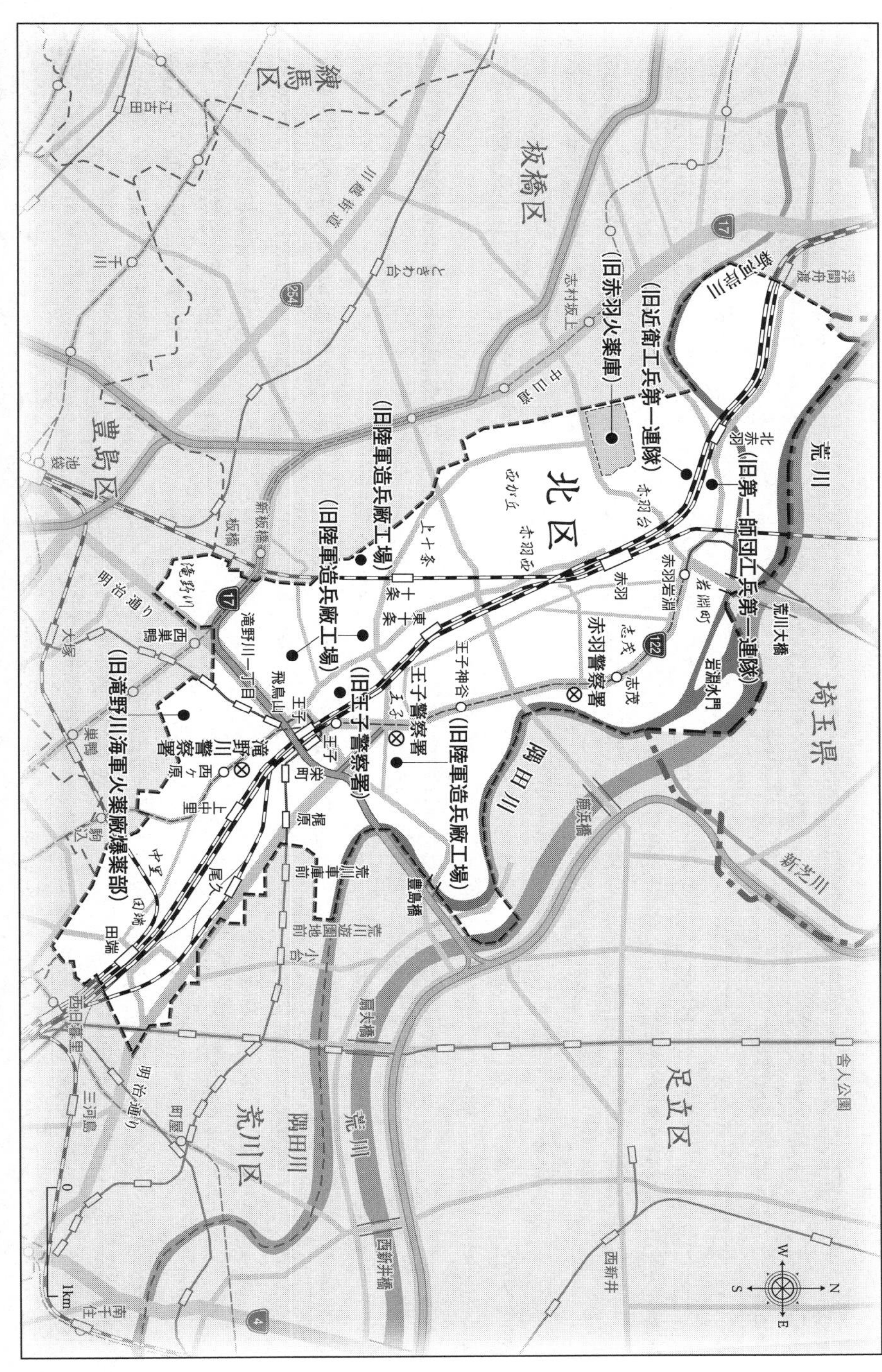

練馬区
板橋区
豊島区
北区
荒川区
足立区
埼玉県
荒川
隅田川
新芝川
(旧近衛工兵第一連隊)
(旧赤羽火薬庫)
(旧第一師団工兵第一連隊)
(旧陸軍造兵廠工場)
(旧陸軍造兵廠工場)
(旧陸軍造兵廠工場)
(旧陸軍造兵廠工場)
(旧王子警察署)
赤羽警察署
王子警察署
滝野川警察署
(旧滝野川海軍火薬廠爆薬部)
滝野川
赤羽
北赤羽
王子
田端
西日暮里
板橋
新板橋
岩淵水門
豊島橋
扇大橋
西新井橋
荒川大橋
鹿浜橋
川越街道
明治通り
0
1km

赤羽・岩淵

東北本線・京浜東北線の赤羽鉄橋付近や赤羽駅での目撃証言が多数ある。

震災時、東北本線の赤羽鉄橋は通行不能となり、赤羽工兵隊は舟橋を架設して人びとが渡れるようにした。また鉄橋付近には荒川放水路改修工事の岩淵工場があった。

青山士（あきら）〔土木技術指導者、荒川放水路建設を指導〕

青山は不眠不休で〔震災の片付けの〕現場監督にあたり、何日かのちに現場からえんえん歩いて田端の自宅に帰った。彼は事務所〔岩淵の荒川工事事務所〕にかくまっていた5人の朝鮮人男性労働者を連れて来た。5人は額や頬に赤黒いあざがあり、蒼ざめた顔はおびえていた。このうち2人がキリスト教徒だった。

「彼らを奥の離れの部屋にかくまって、手当てをしてやってくれ。誰にも口外してはならぬ」

青山は妻むつに命じた。朝鮮人労働者はかたことの日本語しか話せなかった。彼らは暴動が収まるまで離れで過した。

（高崎哲郎『評伝　技師・青山士』鹿島出版会、2008年）

江口渙〔作家〕

〔5日〕汽車が荒川の鉄橋を渡っているときだった。100メートルぐらい上流の川口町の岸に近く、何か白い細長いものが流れてくるのが眼に入った。岸の上では竹鎗やとび口をもった一団が、その白いものを追いかけながら、やたらに石をぶつけている。石がとぶごとに水しぶきが白いもののまわりで上る。雨もよいの夕暮どきのよどんだ空気と、うすくにごった川水のせいで、その白いものがはじめは何だかわからなかった。よく見ると死人である。白いのは服の色で血が赤くにじんでいるようにさえも見える。

「あれ、朝鮮人でしょうか」

私の言葉にそばの男がすぐ答えた。

「そうですよ。それとも主義者かな。殺されて川へほうりこまれたんですね」

殺しておいて荒川に捨てただけでは満足せず、さらにあとを追いかけて、みんな石をぶつけるのだ。ぶつける石の一つ一つが「チクショウ」「チクショウ」と叫んでいるようである。

「やあ。鮮人だ、鮮人だ」

「何だ。鮮人だって。どこに」

「あれ見ろ。川の中を流れてらあ」

こんな叫が一どに湧き上った。と、思うと車内はたちまち総立ちになった。そして、誰も彼もが窓からやたらに首を出して川の上の屍骸をながめた。

（「関東大震災回想記」『群像』1954年9月→琴秉洞（クムビョンドン）『朝鮮人虐殺に関する知識人の反応2』緑蔭書房、1996年）

小野東邦〔当時22歳。米国大使館勤務〕

「不逞鮮人を金棒で撲殺す　日本人を脅迫したのでやッつけたと函館で語る」

〔日時不明〕赤羽を出る時私の乗っていた車の中に朝鮮人が隠れていたのが発見され、引摺（ひきず）り出したが反抗したので、青年団や在郷軍人が取巻いて付近に在った電柱の針金を以て手を縛して、ホームへ放ってほとんど息が絶える位蹴っていました。

（『北海タイムス』1923年9月7日）

木村東介〔美術収集家〕

〔3日〕汽車が徐行のまま赤羽駅を過ぎて荒川土手にさしかかった頃、異様な人込みを見てしまった。それは、14、5歳の朝鮮少年を高手小手にいましめて、土手に引っぱってゆくいきり立つ400～500人の日本人の群集である。たかがたった一人の少年ではないか？　それを400～500人の群集が、大捕物でもしたように土手に引きずって行く群集心理。もしこの中に少年を助けようとする勇者がいたとしたら、その人はその場で裏切り者として滅多斬りにされるほど人々の心は興奮し、殺気に燃え立っている。

（木村東介『上野界隈』大西書店、1979年）

島村米蔵

何分、自警団と称する者ども自体が逆上しているのですから手がつけられずこんな騒ぎは随所に突発していて、その後〔8日以降〕、幾分秩序が回復した時ですら、客車の下から朝鮮の人がひきずり出され、衆人のリンチ寸前に、警官に保護されるのを赤羽駅で目撃したこともあります。

（島村米蔵『春愁秋思』私家版、1973年）

曽田政治

〔2日〕日暮里から飛鳥山の下を通り、赤羽の工兵大隊の前に来たときは、もう夕暮れどきであった。途中、大きな余震に肝をひやしたこともあったが、ここまで来ればもう安心と、一同営内の大きな欅の下に荷物をおろして野宿の支度をした。もちろん営庭には、先着の避難者があちこちに陣どっていた。朝鮮人暴動の噂を聞いたのはちょうどこの夜のことであった。かれらは井戸へ毒を投げこんだというデマがしきりにとんでいた。

ようやく逃げのびたと思ったらこの騒ぎなので、この先いったいどうなることかと、その夜はおちおち眠れなかった。

（曽田政治『香料とともに六十年』曽田香料、1967年）

田中幸助

〔2日夜、赤羽駅付近で〕私等は蚊を追いながら少しウトウトとしますと、突然起されました。聞けば鮮人らしいのが火薬庫（赤羽の）付近を徘徊したとかで、巡察将校（抜剣）や衛兵3名（付剣）外に在郷軍人の一隊で大騒ぎです。遠くの方では「ピストル」の音も聞えます。夜中数回駈回ったようでした。

（「大正大地震・罹災記」『社会事業史研究・第41号』2013年3月号、社会事業史研究会）

第二岩淵尋常小学校児童作文編者

〔2日〕この夜朝鮮人市内140余カ所に放火し、本町にも入り込みたりなど流言あり、すでに某家を襲いたりとて騒擾し町内総出警戒、学校に逃れたりとて終夜安からず。3日戒厳令を施かる、東京神奈川、千葉、埼玉の一部（これは戦時と同様に軍隊出動して警戒するの意）、余震尚止まず人心恟々（きょうきょう）〔略〕。

（「第二岩淵小学校児童作文集・震災号」1924年2月〔冨田駿策氏所蔵〕→北区史編纂調査会編『北区史〈資料編〉現代Ⅰ』北区、

1995年)

鶴巻三郎〔当時芝浦製作所勤務〕

「不逞鮮人射殺さる　荒川堤で200名」

鮮人との争闘は烈しく行われ、荒川堤では200人からの鮮人が射殺されました。ただ私は4日に東京を出ましたが、その頃は大部分の鮮人は郡部の方に逃げていました。

(『北海タイムス』1923年9月7日)

中村梅吉〔当時第二岩淵尋常小学校児童〕

すると在郷軍人が地震のゆる10分前に「どん」を打つといってふれて歩きました。私は「どん」のなるのは今か今かと待っていましたが、なりませんでした。後でそれを聞くと朝鮮人の仕業と云っていました。そして又明日になると朝鮮人が爆弾をはなすといって、大騒ぎになりました。私は朝鮮人がこんな悪い事をして日本の国民を苦しめるのだと思うと、朝鮮人がにくくてにくくてたまりませんでした。

(「大地震」「第二岩淵小学校児童作文集・震災号」1924年2月〔冨田駿策氏所蔵〕↓北区史編纂調査会編『北区史〈資料編〉現代Ⅰ』北区、1995年)

中村晃一郎

9月3日に東京へ見に行った。赤羽から十条あたり一面の田圃(たんぼ)の畦道の彼方を40～50名の一隊が歩いていた。同乗していた制服の警官が語っているのを聞いた。〝あれは朝鮮人を連行している警官の一隊で、赤羽工兵隊へ連行して処刑するらしい。東京、横浜一帯では、井戸へ毒を投込んだから、日本人は皆殺しになるそうだ。だから朝鮮人は皆殺してしまうんだ〟。

又、荒川の船橋(渡し)のあたり、赤羽寄りに20～30名の死体が浮いているのを目撃した。朝鮮人の死体だと言われたのを覚えている。また、上野駅でトラック一杯の血まみれになった朝鮮人を見た。

(関東大震災五十周年朝鮮人犠牲者調査・追悼事業実行委員会編『かくされていた歴史――関東大震災と埼玉の朝鮮人虐殺事件』関東大震災五十周年朝鮮人犠牲者調査・追悼事業実行委員会、1974年)

中村重郷〔当時19歳。東京中央商業学校生徒〕

「不逞鮮人跳梁　震災地を縦横に放火掠奪　此方の取締りが今や重大」

赤羽川口付近では第一師団と鮮人と衝突し鮮人多数に銃殺(ママ)された。そのため哨兵は夜間の通行を禁じ従わぬために日本人でも射殺された者もある。

(『いはらき新聞』1923年9月4日)

藤沼栄四郎〔社会運動家、南葛労働会創設者〕

私の妻の妹は赤羽で朝鮮人の夫婦者2家族を同居させており、その人たちは何処にも行かず家にいたが、3日ごろ憲兵と制服の巡査が来て連れ出したので、後を見送っていると、赤羽の土堤の上に4人を立たせ、憲兵がドスで4人の首を切り落し川の中へ突き落した。

(『労働運動史研究』1963年7月「震災40周年号」、労働旬報社)

松崎濱子〔婦人運動家。当時10歳。根岸で被災〕

〔日時不明〕私たち母と子はしばらく秩父の田舎へいくことになり、着物の重ね着をし手回り品をカバンにつめてあるきだしました。

赤羽ぐらいまでいけば汽車に乗れるだろうと線路にそって歩きましたが、荒川にかかる鉄橋が真ん中で落ち、通れません。赤羽には軍の工兵隊があってそこの兵隊が、立ち往生している人びとに「明日はなんとか渡れるようにするから今夜は軍の工兵隊に泊れ」というのです。みんなぞろぞろ土手を兵舎に向かってあるきだしました。

と、うすぐらい土手の桜並木に朝鮮の人が1本の桜の木に一人ずつ縛りつけられているではありませんか。そのまわりを兵隊がサーベルをガチャつかせながら、「今夜こいつらをぶった切るんだ」といきまいていました。私は恐ろしくてみないようにして通りましたが、その人たちはもう声も出ず、時どき足をバタバタさせるぐらいです。むごいことです。恐ろしいことです。

私は家を離れる前「朝鮮人がそっちにいったぞ、井戸に毒を入れるぞ」と叫んで走り回る自警団をみていました。試験管に井戸水を入れ、振りながら怪しいと首を傾ける白衣の薬局のおじさんもいました。

私はその井戸の水を飲んでいましたが、なんでもありません。〔略〕私の父も顔つきが悪かったのか、耳が遠くて返事が遅かったのか、あちらこちらで呼びとめられ脅かされたそうです。私はこの時いらい軍隊に疑問をもち、兵隊が嫌いになりました。

（松崎濱子『すそ野をゆく――オルグ活動六十年』学習の友社、1991年）

かつて「荒ぶる川」と呼ばれたほど荒川は氾濫を繰り返し、洪水から下流域を守る要として建設されたのが写真の旧岩淵水門（赤水門）。大正5年から8年間の歳月を費やして建設。昭和30年代に赤い色に塗り替えられたが、さらに下流に新たな岩淵水門（青水門）が建設されたため、赤水門は水門としての役目を終えている

三室生

前夜〔4日夜、赤羽〕停車場構内で捕えられた2人はあれから工兵隊に引渡され、同夜12時頃に又々暴人が出没するというので駅内客車の床下を隈なく捜索してみると、果して1名の暴人がボギー車の床下に逃げ

込み、そこの機械等にしがみついて危険を冒しながらも列車と共に身を逃れんとしている所を突きとめられ、自警団の為に惨々殴られ、遂には荒縄を首にくくりつけて引摺回し寺の前でとうとう撲殺したというのである。

今朝まだ死体がそのままになっているというから記者も現場までいって見ると、そこは交番のすぐわきで成る程寺の門前で死体には菰がかけられてあるのでよくも判らぬが、見物の誰やらが菰をつまみ上げているのを一寸盗み見ると5尺豊の痩男で、だぶだぶのズボンに半袖の夏シャツを纏い頬骨の高い如何にも暴人若しくは不逞人に相違い、右頬は泥にまみれその他は蠟細工の様に色が変り、幾分青味を持ちつめたくなり、投げ出されている左手は虚空をつかみ、右手には赤い護謨靴を手拭に結びつけて放さずにいる。水落しから下腹部がぺっこり凹んで、両足は2本共伸びている。付近にはどす黒い血が土ににじんでいるし太い荒縄が首に結びつけたままになっている……。（注：暴人・不逞人は朝鮮人をさす——編者）

（山口好恵編『地震と内閣』共友社、1924年→朝鮮大学校編『関東大震災における朝鮮人虐殺の真相と実態』朝鮮大学校、1963年）

宮本武之輔〔土木技術者〕

〔大震災の報を聞き出張先の京都から戻った〕

9月5日〔略〕荷物を持ちて暑さにあえぎながら荒川の洪水敷を辿り、やっとの思いにて荒川改修の岩淵工場につきし頃は卒倒せんばかりの苦しさなり。冷き麦湯を3、4杯立て続けに飲み褌体になりて川水に漬る。荒川には殺戮せられし鮮人死体川に流れつつあり。軍人は銃剣を翳して露営に任ず。

（「東京地方大震災の記」宮本武之輔『宮本武之輔日記——大正九年～十二年』電気通信協会東海支部、1971年）

村田富二郎〔工学者。当時7歳〕

〔4日、赤羽で鉄舟の仮橋を渡る時〕ここで初めて屍体を見た。〔略〕だれから聞いたのか忘れたが、荒川の死体は朝鮮人として殺された人だと言われた。「として」に注目していただきたい。実際に、朝鮮人だったか否かは不明で、混乱の中で、朝鮮人と誤られて、多くの日本人が殺された。もちろん、「朝鮮人なら殺されてよい」という意味ではない。〔略〕朝鮮人暴動のデマは、早くも2日に流布され、関東一円で10日程度も続く根強いものであった。暴動の警戒に、日暮里の寺では、中学4年の兄までがかり出されたし、「朝鮮人の女は、妊娠をよそおって、腹に爆弾をかくしているから気をつけろ」などの、微に入った指令までが伝達された。〔略〕日本人と朝鮮人の識別に、10まで数えさせ、つかえると朝鮮人にされてしまった。これで殺してしまうのだからむちゃな話であるが、そのむちゃが通る混乱期だったのである。

（『技術と人間』1977年3月号、技術と人間）

室生犀星〔詩人、作家〕

〔赤羽で〕時々、銃声が起り、夜警の人達が誰かを追いかける靴音が起った。この赤羽に火薬庫があるので、鮮人が這入りこんだとか言って、騒ぎは終夜続いたが、甘ったれた4人はそのまま夜明けを知らなかった。

〔略〕日が暮れると夜警群の声が、町の通りをほとばしり今夜も銃声と靴音と、喚く声と、呼びあう人びとが入り乱れて聴えた。そのたびに、昨夜とはちがって4人とも起き直り、外の物音に警戒しはじめた。後で聞いた話だが、鮮人騒ぎが赤羽で行き詰まって一等惨酷に、行われていた。

（「杏っ子」『室生犀星全集』第10巻、新潮社）

吉見勝子〔当時第二岩淵尋常小学校児童〕

ばんになってさむくってたまらないから、私はふとんをかぶってねました、するとちょうせん人が、火をつけると言って人はわいわいさわぎますから、お父さんはおとなりの人とよばんをしました、私のうちはこはれませんでした。

（「ぢしん」「第二岩淵小学校児童作文集・震災号」1924年2月〔冨田駿策氏所蔵〕→北区史編纂調査会編『北区史〈資料編〉現代Ｉ』北区、1995年）

氏名不詳〔5日函館に入港した羅災早大学生〕

「大昔の姿　荒川の曝し首」

川口でも機関車の下に密んでいた鮮人が発覚した事もあった。また荒川堤にさらし首がしてあり、不逞鮮人の首が竹槍の先に高く見えていました。死体の臭気、血痕などで凄惨を極めている。

（『函館新聞』1923年9月6日）

『いはらき新聞』（1923年9月7日）

「赤羽根火薬庫を狙いし怪鮮人の死体……」

火薬庫付近は付け剣の兵士多数で固めているが、その20間ばかり先には一鮮人が何者かに斬られて呻吟し居るも誰一人構う人がない。

王子

高木助一郎〔王子村上十条（現・中十条1丁目）で被災〕

9月2日　本日午後より不逞鮮人この際或る行動を起せりという流言甚だし。〔略〕夜半（午前2時頃）不逞鮮人約300余人、尾久町方面より王子町に侵入、堀の内方面にては既に町民と鮮人との間に争闘開かれたりとの報あり。皆な棍棒或いは日本刀等を持ちて警戒す。榎町堀の内方面に於て警鐘を乱打して警戒する等物凄きこと限りなし。〔略〕自警団に於て鮮人を捕え来るもの多し。鮮血全身にかかれるもの頭部を負傷せるものなどありて物凄し。

9月3日　警戒の為め軍隊二箇小隊来る。夜、各町内軍人会、青年団等にて厳重に警戒をなし、要所要所に縄などを引き通行人は一々誰何したる上にて交通を許すなど物々しく誠に無警察の状態ともいうべきか。予、役場より帰途稲荷坂を上り岩槻街道より王子道を経て家に至る間誰何を受くること4回、警戒線（縄）にかかること2回、以てその厳重さを知るべし。

9月4日　夜、鮮人が井戸に毒を投げ入れ、又は放火をなすなどという流言甚しく、為めに夜警益々厳重なり〔略。以下に毒・爆弾投下・放火・掠奪等の記号の説明〕。

9月5日　本日より本町方面警備の為め2箇中隊の出動あり。民心悪るし。

本日より各町内その他自警団は警察の許可を要することとなりたり。それが為め警察と一般民衆との間に度々衝突あり。警察の門前にて悪口雑言し、中には某警部は社

現在も北区王子にある「国立印刷局」は震災当時「抄紙局」と呼ばれ、震災により王子工場は倒壊、本局庁舎とともに甚大な被害を受けた

会主義者なれば打殺せなどと騒ぎたり。板橋火薬庫を鮮人の襲う計画ありとの噂高し。避難者の交通戦場の如く夜を徹して通る。

（高木助一郎著、本間健彦編『一市井人が日誌で綴った近代日本自分史――1908～1947』街から舎、2000年）

戸沢仁三郎〔**社会運動家、生協運動家**〕

〔王子の友人が〕2日に〔流言を〕聞いた。メガホンで夜大きな声で「朝鮮人が井戸に毒を投げている」「朝鮮人が集合してこっちへおしよせてくる」「小松川大橋でどうとかこうとか」。〔自分が流言を聞いたのは3日〕。

（『朝鮮研究月報』1963年10月号、日本朝鮮研究所）

長井修吉〔**飛鳥山近くに在住**〕

2日夜9時頃。「刑務所を脱出した300名の囚徒が、凶器を提げて小台の渡しから、飛鳥山方面に向わんとしている」と伝えてきたものがあった。同じく2日夜の10時頃、「今夜12時に昨日よりもモットひどい大地震があるから気をつけろ」と触れて来た者があった。

各所の板塀に○、△、◎等の記号を書いて回るものがある。○は放火、△は掠奪、◎は凌辱を意味する暗号だから、見付け次第警察に届け、各自十分の警戒を要する、ということがどこからともなく伝えられてきた。

（長井修吉編『大正震災記』大正震災記録編纂会、1923年）

波木井皓三〔**演劇評論家**〕

〔3日未明〕突然、人々が騒然と〔飛鳥〕山の頂上の方へバラバラと駆け登って行く足音に目を覚まされた。人心騒然としている時だけに、私も何事かと人々の後について、山の頂上の方へ駆け登った。「ああ、あれは三河島だ……」と言う人の声に、遥か田端や三河島方面の夜空が真っ赤に炎で映えて、遠くに半鐘の声にまじって騒然たる異常な叫び声が風に乗って伝わってくるのだ。「あれは不逞鮮人が焼き打ちしているんだ。今にこっちの方へも押しかけてくるから、気をつけろよ」と、群衆の中から叫ぶ人がいる。「なに、鮮人か。ひどいことをしやあがる」と、怒気を含んだ声が反射的に聞こえてきた。群集はこの無気味な警告に騒然としだした。「ここも無事ではないのか」

何か遥か遠方の火事が、次第に飛鳥山へまで飛び火してくるような不安に包まれた。私はすぐ心配顔の父母たちの所へ戻って、「三河島で、朝鮮人が焼き打ちを起こしたって言うんですよ。ここまでは遠いから、来やしませんよ」と言ったものの、今にも不逞の朝鮮人が襲って来たら、どんな惨事が起こるか分らず、そんな不安の状態でいる間に、そろそろ夜明け近くなった。

（波木井皓三『大正・吉原私記』青蛙房、1978年）

滝野川

鈴木忠五〔裁判官、弁護士。滝野川の姉の家で被災〕

〔1日〕夕暮れ近くなった頃、どこからともなく、また誰いうともなく、朝鮮人が復讐を企てて、諸方の井戸に毒薬を投げ入れたり、集団で強盗をはたらいたりしている、というような噂が伝ってきた。これは地震や火事以上に怖ろしいことである。そんなことはデマにちがいないと考えながらも、人々は半信半疑で大きな不安につつまれていった。近所の人たちがよりより話しあって、自警団をつくることになり、2、3人ずつで付近の警戒にあたるもの、井戸を監視するものなど、それぞれ役割をきめてさっそく実行しはじめた。

（鈴木忠五『青春回想記』谷沢書房、1980年）

氏名不詳

〔1日〕やがて上野駅付近から下町全体は猛火に包まれ、火と津波におびえる数十万の避難者が日暮里・田端の高台を目ざして押し寄せて来た。〔略〕夜になっても電灯はつかず、もちろんラジオもなかったので不安はつのるばかり、そこへだれいうとなく西ヶ原の火薬庫に火をつける者がいたとか、井戸の中に毒を投げ入れる者が現われたとかたいへんなデマが飛んで、みんな恐ろしさにふるえた。町では自警団を作ったり、在郷軍人会や青年会や町内有志で自発的に見回ったりして自衛につとめたが、女や子どもはまったく生きた心地がなかった。

（「北区立滝野川第一小学校創立六十周年記念誌」→近藤富枝『田端文士村』講談社、1983年）

海軍「火薬廠爆薬部震災事項に関する報告書」（1923年9月）

①大正12年9月3日

海軍火薬廠爆薬部　海軍省副官殿

本日赤羽、川口方面の鮮人約400名当部方面に襲来の情報に接したるため、別紙の通り陸軍省高級副官宛警戒援助を依頼すると同時に、工場員を二分し昼夜内部より警戒に努め居り候　右報告す　（了）

大正12年9月3日

海軍火薬廠爆薬部　陸軍省高級副官殿

警戒援助之件

本日赤羽、川口方面の鮮人約400名当部方面に襲来の情報に接したるため、別紙の通り赤羽工兵隊に援助を依頼すると同時に、中山騎兵大尉に依頼の上、滝野川町在郷軍人並(ならび)に青年団の応援を受けつつあるも、尚応分の御援助方御配慮相煩度

右依頼す　（終）

大正12年9月3日

爆薬部　赤羽工兵隊御中

鮮人約400名板橋、赤羽、川口方面より当部方面に向って襲撃せんとする情報に接し候処、当部に於ても全力を尽して警戒防に努め居り候も、如何(いかん)せん当部に於ては全員200余名に過ぎざるのみならず、防力微弱且(か)つ防具の設備もなく困難致居り候に付、特に応援方御配慮を煩わされ度右御

依頼す（終）

②大正12年9月3日

海軍火薬廠爆薬部　海軍高級副官殿

報告第二報（大正12年9月3日午後2時）

巣鴨町在郷軍人会よりの情報

鮮人約数名自動車にて横浜を出発したり目的は滝野川海軍火薬廠爆破部を爆発せんとするにあり（了）

③大正12年9月3日

海軍火薬廠爆薬部　海軍省副官殿

第三報　第一信　朝鮮婦人約60名日本婦人の服装をなし飲料井水戸に毒薬を投ずるの企てあるを聞く

第二信　今朝8時陸軍火薬製造所に於て爆発を企てたるを聞きたり

第三信　滝野川商工学校裏に於て鮮人が放火の企てたるを発見し未然に消火したるを聞きたり

第四信　本日午後3時近衛歩兵第一連隊32名的野大尉引率当部に到着〔略〕

第五信　赤羽工兵隊将校以下21名只今到着、当部警戒配備任に付けり

第六信　本日午後3時鮮人約2名染井墓地付近に現われ、手榴弾を携帯し居るを発見したるもその後行方不明

第七信　平塚より帰来せる商人西浦長太夫よりの報告によれば、平塚海軍火薬廠はほとんど全滅、但しその死傷の程度不明也

④大正12年9月3日

海軍火薬廠爆薬部　海軍省副官御中

第四報　第一信　本日午後7時巣鴨警察署より巣鴨付近にて爆弾発見の旨当爆薬部へ通報有之、直に調査の結果左の通り　一、外貌暗灰色　有径85糎（センチ）　重量488瓦（グラム）　容積178cc　比重2・74（塩剤2・33過塩剤2・54）

第二信　一、8時45分鮮人1〜2名滝の川学園庭内に入込み捜索を依頼し来る

第三信　9時15分飛鳥山方面より斥候らしきもの当方に向いたる旨通報あり

第四信　9時20分駒込橋約100名の鮮人通過、飛鳥山に2名の鮮人入りたるの報あり

第五信　今夜当爆薬部の警戒配備左の如し　当爆薬部職工約60名、赤羽工兵隊より応援の将校以下21名を以て廠内を警戒、青年団並に在郷軍人団を以て外部の警戒配備に任ぜり

第六信　防配備の実力は頗（すこぶ）る僅少にして薄弱の感あり、一層の応援隊を希望す（終）

⑤大正12年9月3日

海軍火薬庫爆薬部　海軍省副官

第五報　第一信　当部の現在防備の任にある幹部員　濱野主計大尉　美川造兵中尉　石中特務中尉　外に　陸軍士官学校教官騎兵大尉　中山保留　赤羽工兵大尉　工藤達一

第二信　9時50分赤羽工兵隊の兵士5名到着、残一個小隊当部に向け徒歩にて来つつあるを聞く

第三信　白米　約拾俵（4石）　右警戒員糧食配給のため支給を要す（終）

⑥号外4号　大正12年9月4日

海軍火薬廠爆薬部　海軍省副官御中

第六報　第一信　滝の川学園方面にある警戒者の報告によれば鮮人若干名当部を襲わんとする形勢ありと

第二信　午前1時爆薬部付近にある人家に鮮人漸次集合しその数11名に達せり、取調べたる所性質共温順にして同家に於て新聞配達を職業とせるものの由なるも、その数漸次増加するにより将来の危険を慮（おもんぱか）り、

気の毒ながら1時45分自動車により王子警察署に護送し保護を依頼せり

第三信　1時45分本郷方面に火災あるを発見せり

第四信　昨夜8時5分赤羽工兵隊へ通信並に海軍省、陸軍省への報告書類送達、鮮人の護送等を全（よ）からしめ得たるは、本自動車の能く有効に且（か）つ敏活に作動し得たるによることと信ず　該自動車所有者　群馬県高崎市赤阪町75満島惣吉氏　運転手　鮮人朴済元（パクジェウォン）（運転手素行）性温順、主家に奉公すること約4年、実直にして表裏なく良く勤務し主人の敬愛を受く、妻は日本人を嫁（めと）り、今回の鮮人に対する様の懸念なきものと認む

写真は王子火薬製造所。前身は板橋火薬製造所製薬場の「王子分工場」で、黒色火薬に替わる無煙薬やダイナマイトを専門に製造。朝鮮人襲来という流言蜚語に対して、警戒のため神経をピリピリさせていることが当時の海軍報告書からうかがえる

第五信　昨夜来只今までに於ける情報（午前3時）大略前報告にあるごとき色々なる流言蜚語多く、これに対し相当の警戒に努めつつあるも、何等その挙に出でたることなし、然（しか）りといえども当分その変に応ずるの準備をなし置くは必要あることと認む

第六信　目下当部職工昼夜交替二直配置勤務に服せつつあるも、陸軍の応援隊完備の暁には工場を閉塞し、職工出業を停止する予定　9月4日午前3時〆（終）

⑦号外5号　大正12年9月4日午前8時

海軍火薬廠爆薬部　海軍省副官殿

第七報　夜明と共に在郷軍人団及青年会の応援警戒を解く　日出後は人心平静にして異状なし、職工は昼番27名、夜直約50名なり　本日陸軍部隊一中隊増援の筈（はず）なるも、現状にて応急防備の配置差支なし

⑧第八報　第一信　午前9時左の事項を告示せり　海軍火薬廠爆薬部告示　向原在住民の姓名及財産に対する危害防止並に海軍用爆薬庫間接警備のため、左記各項に基き国民警察を組織すべし　一、各戸16歳以上の男子1名宛を派出すべし　二、民警部は爆薬部警戒員と常に気脈を通すべし　三、右各員は本日午後1時爆薬部西方エビス亭前広場に集合すべし　（異筆）「警戒は充分なりと」

第二信　当部警戒のため東京市内を通過して午後3時30分到着せられたる陸軍歩兵学校教導連隊付重信中尉の談によれば、井戸或は火薬庫等の所在地に色々の符牒を用いてその所在地を暗示したる形跡あり、又井水に毒薬を投じ或は民家に放火する等、秩序ある行動の下に画策を講じつつあるものの如し

第三信　陸軍歩兵教導隊51名午後5時30分到着し、昨日来警備中の赤羽工兵隊30名と交代す、目下の所歩兵隊51名にて当部の警護は充分なりと認めらる〔略〕

⑨号外7号　大正12年9月4日　記入開始

7時、終10時20分
海軍火薬廠爆薬部　海軍省副官御中
第九報　第一信　午後3時半鮮人用のものらしき刃渡1尺2寸位青竜刀一口当部前武蔵野女学校門に接し隠閉しあるを発見押収したり
第二信　午後7時折戸養育院前に2カ所放火あり直に消止む（庚睦会員の実地検聞報告）（終）
⑩号外第八号　大正12年9月5日　記入開始午前2時　終同9時
海軍火薬廠爆薬部　海軍省副官御中
第一〇夜（ママ）　第一信　午前2時15分染井第三睦会よりの報告　上駒込714番地路道角に於て発見几白墨文字にて地上約2尺位の下見板に記載　4日午後11時　発見者理事　立川通雄　（右記号は直に抹消せしむ）　第二信　関東戒厳司令官命令〔自警団の届出、誰何（すいか）禁止、武器禁止……以下第三〜五信省略〕
⑪号外第九号　大正12年9月5日
海軍火薬廠爆薬部　海軍省副官御中
第一〇報　（第六〜七信省略）……第八信　午後9時海軍火薬廠爆薬部守備隊長歩兵大尉石黒貞蔵氏の名に於て、左の如き「自警団許可之証」を火薬廠付近の各民衆自警団へ交付せり《自警団可之証　（場所　会又は団体名）　右は盗難火災予防の為自治区域内の巡邏（じゅんら）を許可し、且（かつ）所要の棍類を所持することを許可す　注意　一、通行人の検問を許さず、不審の行動あるものを発見せば直に最寄軍隊憲兵又は警察に通報すること　二、本許可証の有効期限は関東戒厳令施行期間とす　大正12年9月5日　板橋地区警備隊　海軍火薬庫守備隊長歩兵大尉石黒貞蔵》〔略〕（終）
（防衛研究所所蔵→北区史編纂調査会編『北区史〈資料編〉現代Ⅰ』北区、1995年より抜粋）

田端

内田良平〔政治活動家〕

2日の晩田端駅の上に騎兵の手に鮮人男3名女2名捕へられたるを実見したる者あり。

（内田良平『震災善後の経綸に就て』1923年→姜徳相（カンドクサン）・琴秉洞編『現代史資料6・関東大震災と朝鮮人』みすず書房、1963年）

荻野フミ〔当時浅草区精華尋常小学校3年生〕

〔2日、田端で〕おにぎりをたべて休んでいると〇〇人が来たというのでたばたから少しはなれた広いはらっぱへにげました。すると〇〇人のてっぽうの音がどんどんときこえて来ます。私はこわくてたまりません。それからまだたったばかりのお湯屋へ行きました。夜が明けると、〇〇人が又来たと言うのではんしょうが鳴りだしました。すると男の人たちが大ぜい手に手にぼうをもって〇〇人をおって行きます。

（「9月1日の記」東京市役所『東京市立小学校児童震災記念文集・尋常三年の巻』培風館、1924年）

鹿島龍蔵〔実業家、鹿島組理事。当時田端在住〕

9月1日〔略〕夜火事場に当って盛んに爆音を聞く。鮮人（ママ）の爆弾なりとの説翌日伝わる。しかれども手榴弾としては音が強過ぎる。

9月2日〔略〕とかくの騒擾裡に日が傾いて来た。一寸野辺地の宅を見舞う。彼のいうには、不逞鮮人（ママ）がこの機に乗じて暴動を起した。火事がかくの如く大きくなりしもその為めなり。猶今現に動坂に於て焼討を行いつつあり、要心を要す。との事であった。そこで僕は極力そのあり得べからざる事を話し、猶地震のゆり返しが、学術上、又古来の記録から見て、決して初めの物より以上大きくない事等を語って、家に帰る。〔略。日が暮れて〕高台組合の青年団は起って、警戒の部署を相談している。折も折り、約一大隊の騎兵は、馬上いそがしく相呼応して、門前の道路を蹄鉄の音高く、通過するに会う。物情騒然。今にも戦争が始まりそうなり。〔略。赤羽工兵隊の消火活動により〕火事はこれで終ったが、不逞鮮人(ママ)騒ぎはその後愈々猛烈となり、流言蜚語紛々として停止する所を知らず。訛伝は訛伝を生むので、人心増々不安となる。午前3時頃に至り、遂に尾久を追われたる徒300、一大集団となって襲来する、という警報至り、高台組合200幾軒の男子、総出動これが防禦に備うるという所までになり、警鐘を乱打せば、その地点に集合して、一白兵戦を為さんとまで、意気込みしも4時を過ぎて、漸く東天白みかけしも終に何の事もなく終った。

田端は震災による被害が比較的小さく、東北方面へ向かう被災民は田端駅、日暮里駅から信越線、東北線へと乗り継いで郷里へと向かった

9月3日〔略〕菊池氏はとも角一度焼け跡を見様という。我は不逞鮮人（ママ）騒がはげしいから家にいてほしいとの家人の頼みもあるので在宅する事にし、菊池と箱崎と両君同道、深川方面に行って貰う事にする。〔略〕漸次夕暮となる。不逞鮮人（ママ）の流言昨日より、より多く甚だしくなり、何となく不安の気濃厚となる。〔略〕夜警は厳重を極む。それでも猶不安の人心の虚に乗じて訛伝盛んに伝わる。その最も甚だしきは、昨夜この地を通った騎兵の中、約30名は尾久にて不逞鮮人（ママ）の為めに殺害さるる。曰く付近の井戸に毒薬を投じたるを知らず、その井水を飲みたる者皆毒死する。曰く何曰く何と。終夜呼声を聞き、又疾走する多数者の物音を聞き、時に警鐘の乱打さるるあり。人心恟々たり。〔略〕電灯もなき家々の間を提灯の火のみ終夜とび回ったのは、実に奇観であった。〔略〕夜、長野草風氏来り、不逞鮮人（ママ）騒はげしくなって来た故に、いつ赤羽の日本製麻会社に避難するかも知れぬ。その折は宅の前を通るから荷物を頼むと云って帰った。

9月10日〔略〕江戸崎来る。夕食から寝るまで、江戸崎を中心として本所方面の被害後の惨状から、不逞鮮人（ママ）の話になった。久しぶりでこの語り古された話に、興味を持つ。10時頃皆寝る。

（武村雅之『天災日記——鹿島龍蔵と関東大震災』鹿島出版会、2008年）

加藤五郎〔当時第六高等学校生徒〕

〔3日か〕田端の交番の前で○○が不穏の挙に出でんとして在郷軍人学生等に発見され、瀕死の状態になるまで殴打されていたのを見た。また○○15、6人逮捕され自動車で警官に護衛されながら送られるのを見た。この地方は井戸に激薬を投じたから飲料水に困っている。

（「不忍池に死体浮ぶ　不逞徒の跳梁を目撃して」『山陽新報』1923年9月5日）

桜井鯛吉〔新潟県小出町より調査のため上京〕

9月9日〔略。田端駅で〕夕景避難民に配給中群衆の中に怪しき鮮人を認め直ちに捕えて検せしに、右腰に竹槍にて突きさし10センチ大の創2カ所にありて、出血を厭わず大風呂敷を有す故憲兵をして査えしに、食麪包約四貫匁程ある故鮮語にて尋問するも答えず、日本語にて訊すも口を緘して答えず、故に連隊に引き渡したり

（桜井鯛吉『復刻・関東震災救護上京概況――大正十二年九月壱日：小出町救護班』小出町教育委員会、1998年）

菅野迪夫〔当時神田区尋常小学校4年生〕

〔避難先の田端で〕2日の日から○○○○○人ばくだんをほうりこんだり家に火をつけると言ううわさがぱっとひろがった。たばたの方では裏と言う裏はかきねをこしらえて通行の人をしらべはじめた。人々は木剣、竹やり、あるいはサーベルなどを持っている。

（「9月1日の地震と火事」東京市役所『東京市立小学校児童震災記念文集・尋常四年の巻』培風館、1924年）

村上信彦〔作家、女性史家。根岸から田端へ避難〕

〔1日夜〕朝鮮人がこの震災を利用して暴動を企てているというのである。品川に朝鮮人が3千人上陸し、こちらに向かっているという、まことしやかな情報まであった。そして銃撃戦が起ったとき流れ弾にやられないようにというので、田端の家では蒲団をたくさん積んでバリケードにし、その蔭に寝た。それほどこの噂は真に迫っていた。私はここへ来る途中の坂道で会った、額の割れた青年の顔をふと思い出した。もしかしたら彼は朝鮮人だったのではあるまいか。朝鮮人であることで傷つけられ、追われていたのではないかと思ったのである。

（村上信彦『大正・根岸の空』青蛙房、1977年）

吉村藤舟〔郷土史家〕

〔3日夜〕「さァ大変だ。田端は放火線に入っちゃった。」と、いっている所へ、どやどやと家の若い連中が帰って来た。そしててんでが日本刀だの、大きな樫の木の太刀だのを持ち出し、書生は白の鉢巻など締めていました。

「放火区域ということがどうして知れるのです」と、私が尋ねますと、

「奴等にはちゃんと暗号があって、昼の間にその印をつけて行くのです。○にトの印は爆弾投下、□にトは井戸水に毒を入れることです。ここには○にトの印がついていますから」と、白い鉢巻をしていた男がこういった。これから、4人の男が、家の周囲をぐるぐる回って警戒しはじめた。もう、あたりは殺気立って、どこかで、ワッ、ワッと鬨の声を上げているのが聞える。それ

で湯島から来ておられる末の嬢さんなどは恐がって、ワイワイ泣かれるそれを女2人が無理に寝かしつけている所へ、表から町の救護団員が走って来た。

「佐々木さん。皆出て下さい。奴等が50人乗り込んだそうですから……」

この声で、裏だの、横手にいた家の連中が帰って来た。「さァ面白くなった。留守を願いますぜ」と、奥田君までが年甲斐もなく後鉢巻なんかして、長い日本刀を差して出て行った。もう来次第に皆殺しにするという。恐ろしい馬鹿な考えに皆が気をいらだたしているのです。私は皆が出て行った後で、椽端に立って下の様子を見ました。

(吉村藤舟『幻滅――関東震災記』泰山書房仮事務所、1923年)

王子警察署

9月1日午後4時、突如として鮮人放火の流言管内に起り、更に2日以降に至りては、毒薬の撒布・爆弾の投擲・殺人・掠奪等、あらゆる暴行の状態を伝えたり。これに於て民衆の恐怖と激昂とは、やがて自警団の設置となり、彼等は戎(じゅう)・兇器を携えて鮮人の逮捕に没頭し、2日深更までに本署に同行し来れる者百余名に上りしが、3日午前5時頃に及びては、町村の要所に関門を設けて通行人を訊問し、いやしくも挙動不審なる者は、その鮮人と、同胞たるとを問わず、ことごとくこれを本署に拉致し、はなはだしきは制服を着用せる警察官をも誰何(すいか)するに至れり。而して署員の戒諭に対して反抗して曰(いわ)く、「今や警察力は不備の状態に在るを以て、自衛上不逞鮮人の逮捕を為すのみ、然(しか)るにこれを咎むるは何ぞや」とて命を用いざるの有様なれば、治安保持の上に於て仮借すべきにあらざるを思い、3日戎(じゅう)・兇器の携帯、交通遮断、流言の流布等を厳禁する旨、各自警団に通告してこれを戒めたりしが、幾もなく警視庁よりもまたこれが通牒に接したり。然(しか)るに名を自警団に仮り、不良の行動に出づるものあり、就中、尾久町方面に於ける土工親分20名の如きは、2日以来南足立郡江北村西新井村の農家14戸より食料品を強奪せるを始め、或は、掠奪・窃盗を為し、或は物資配給所を襲撃し、或は殺人を為す等、純然たる暴徒なりしを以て、翌3日直にこれを検挙すると共に、巡察隊を組織して非違の警戒に努むる中、秋田県人某等の鮮人と誤認せられて、田端自警団員の為に、将(まさ)に危害を加えられんとするを救助し、府下寺島村の職工某等が六連銃及び槍を携えて、王子町字下十条[illegible]を徘徊中同地の自警団と衝突し、将(まさ)に大乱闘を惹起せんとせるを鎮撫せり。會々(いよいよ)9月5日警視庁の命に依り、自警団の徹底的取締を為すや。民衆は却て警察を非難し、戎(じゅう)・兇器の携帯を強要して已まず、殊に数百名の自警団の如きは、本署に来りて喧騒を極め、不穏の言辞を弄したれども、説諭再三に及びて漸(ようや)くその意を諒せしが、爾後命に背く者に対しては毫も容赦せず。流言所犯者及び悪自警団の領袖、並に博徒親分数名を検挙せり。その後鮮人に関する流言の概(おおむ)ね訛伝(かでん)なるを知るや、「曩日(のうじつ)の流言は、社会主義者の放てるものにして、陰謀の手段に供せんとするなり」と云えるが如き蜚語新に生じ、主義者の身辺また危険なるを認め、更に彼等を検束して保護を加え、又収容せる鮮人に対しては、或は就職の途を講じ、或は身元引請人に交付する等、その意を安んずるに努めたり。

（『大正大震火災誌』警視庁、1925年）

『下野新聞』（1923年9月7日）

「帰来した青年団　情況報告」（本県青年団活動報告）

（第一班）〔略〕3日午前2時岩淵に到着夜営した。然(しか)るに同地に鮮人が既に侵入し暴動起り、軍隊の活動で20余名を捕縛、現行犯2名を銃殺し尚数名の潜伏の模様ありしを以て一同厳重に警戒し徹宵した。

当時東京は一面紅空を呈し、時々銃声や爆発の音がドンと聞え物凄く、午前5時一同出発徒歩で赤羽王子間にさしかかるや警備の軍隊より宣告があった、「王子から東京は鮮人盛んに暴行を働きつつあり。もし鮮人を発見した時はぶち殺せ」と命じた。尚「井戸の水に毒薬投入されあるから一切飲むな」と命じた。〔略〕牛込下谷当りは青年団抜剣して実弾を打ちつつ警備した。

江東区

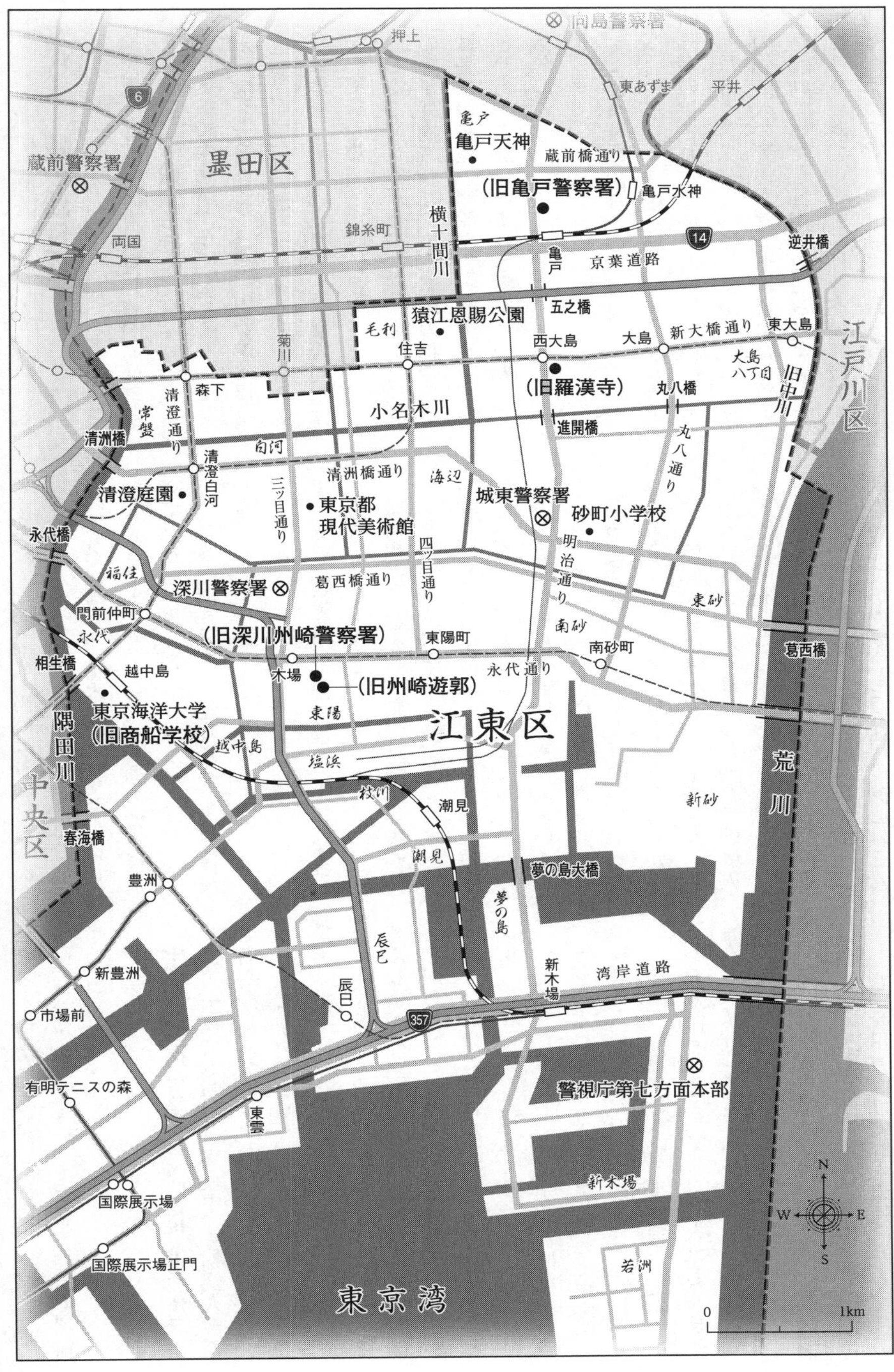

向島警察署
押上
東あずま
平井
墨田区
蔵前警察署
亀戸
亀戸天神
蔵前橋通り
(旧亀戸警察署)
亀戸水神
横十間川
錦糸町
両国
逆井橋
亀戸
京葉道路
五之橋
猿江恩賜公園
毛利
菊川
住吉
西大島
大島
新大橋通り
東大島
江戸川区
森下
(旧羅漢寺)
丸八橋
大島八丁目
旧中川
清澄通り
常盤
小名木川
進開橋
清洲橋
清澄白河
白河
丸八通り
清洲橋通り
海辺
清澄庭園
三ツ目通り
東京都現代美術館
城東警察署
砂町小学校
永代橋
四ツ目通り
明治通り
福住
深川警察署
葛西橋通り
東砂
門前仲町
南砂
永代
(旧深川州崎警察署)
東陽町
南砂町
葛西橋
相生橋
越中島
木場
永代通り
(旧州崎遊郭)
東京海洋大学
(旧商船学校)
東陽
江東区
隅田川
越中島
塩浜
荒川
中央区
枝川
潮見
新砂
春海橋
潮見
夢の島大橋
豊洲
夢の島
辰巳
新豊洲
新木場
湾岸道路
市場前
辰巳
357
警視庁第七方面本部
有明テニスの森
東雲
N
W
E
S
新木場
国際展示場
国際展示場正門
若洲
東京湾
0
1km

永代橋・越中島付近

永代橋へは東京メトロ東西線門前仲町駅または茅場町駅から徒歩15分。越中島へは京葉線越中島駅からすぐ。

永代橋は江戸期から隅田川の第一橋梁（一番河口に近い橋）であった。1897年に木橋から鉄橋になった。震災時は木製の橋床が燃え、通行に支障をきたした。1925年に復興橋梁の第一として現在の橋が架橋された。また湾岸の越中島には陸軍糧秣廠・商船学校・航空研究所などがあったが、いずれも震災時の火災で焼失した。

K・S〔当時国鉄職員〕

〔2日、永代橋で〕橋を渡り切った橋ギワに朝鮮人の殺された死体があった。橋詰めの交番は無茶苦茶にこわされていて、6、7名の朝鮮人の死体が転がされていた。首と胴が離れていた。日本刀で切られたものなのだろう。着ているものは普通の洋服であったが、顔で解った。今は朝鮮人も日本人も変らなくなったが、当時は着ているもの、歩き方とか顔立ちで、日本人と朝鮮人の違いはすぐ解った。死体が大きくふくれて、顔も大きくふくれていた。普通の死、罹災死ではないと思えた。

（三原令『聞き書き』→在日韓人歴史資料館所蔵）

T・S〔築地勝鬨橋そばで被災。1日浜離宮へ避難、仮小屋を作る〕

暗い場所には必ず、剣付鉄砲の兵隊がいて「どこへ」「持物検査」と調べられた。〔略〕朝鮮人さわぎも生活をもとに戻すのに熱中してからは、下火になってしまった。別に電気のつかない夜が続いても、何ということもないので、東京市内へ入り過ぎるほど多かった兵隊が、用がなくて困ってやったんだろうとか、バクチ打ちもやることがなくて、朝鮮人をやっちまったんだろうと、落ちついてきた人々は話し合った。朝鮮人の死体も、罹災民の死体もごっちゃまぜで、商船学校近辺の埋立地へ埋めた。建替問題があとで起ったときに横山勝太郎代議士が問題にしていたが、もう住民の関心はそんなことにはなかった。

（三原令『聞き書き』→在日韓人歴史資料館所蔵）

宇佐美政衛〔材木商。当時深川木場在住〕

第一夜であった。真夜中、「朝鮮人数百名が押しよせて来たから皆出て応援してくれ」との事であった。みな寝ており起きるものもなく、私一人で出て見た。しかし私は（朝鮮人が攻めて来る様な事はない。そんな事がある筈がない。うろたえるにもほどがある）と腹の中で思うのであった。が出ないわけにも行かず、行って見たところ果して私の思った通りであった。

そのうち川の中に鮮人が3人ばかりいると、盛んにピストルの音がきこえて来た。在郷軍人の提灯が沢山見える。私はピストルを撃つのをやめさせ、筏に乗って見に行ったが誰もいなかった。「鮮人はおりませんよ、又押しよせて来る等とはみな嘘です。御安心下さい」と引取らせ、また寝についた。一体、日本人は考えが単調ですぐに動揺する。実に心持ちの小さな人種だと思った。

〔略〕深川方面は朝鮮人の死体が方々にあ

った。やたらに鮮人を殺したものと見え、その数は多かった。何故こんなことをしたのか、こんな所にも、些細な事にすぐ騒ぎ立て、逆上する日本人の狼狽ぶりが見え苦々しく思った。

(宇佐美政衛『回想六十年──宇佐美政衛自叙伝』宇佐美政衛自叙伝刊行会、1952年→朝鮮大学校編『関東大震災における朝鮮人虐殺の真相と実態』朝鮮大学校、1963年)

写真上は鉄骨を残して焼失した被災当時の永代橋。写真下は永代橋から見た隅田川の惨状。川面には倒壊した家屋などの瓦礫とともに多くの水死体が浮かんでいる

内田良平〔**政治活動家**〕

1日午後6時頃深川門前山本町17番地近江湯〔略〕逃げ去らんとする鮮人あり、民衆の見出す所となり捕縛の上現場に於てこれを殺したり。

〔略〕3日午前3時半、相生橋側商船学校正門前に於て鮮人1名群衆の手に取り押えられたる。〔略。さらに〕一人を捕えて群衆と共にこれを撲殺したるがその男も〔略〕この鮮人と同類に疑いなし。〔略〕殺した場所は商船学校の焼跡を過ぎて正門より約4丁ばかりの広場にして死体は茶色の「アンダーシャツ」を着し、半股引と黒の靴下に護謨足袋を穿きたる22、3歳位の鮮人にして〔略〕。

同日〔3日〕5時半頃、深川側の永代橋の永代橋交番所の後方鉄材を置きある場所に12、3名の鮮人屍体あり。

〔略〕当日深川に於ける光景は、家の焼跡に人々血眼となり棍棒或は抜身を持ちながら、通行者ある毎に鮮人にあらずやと注視しつつあり、凄惨悲愴の状戦国時代もかくやと思わしめたり。

(内田良平『震災善後の経綸に就て』1923年→姜徳相・琴秉洞編『現代史資料6・関東大震災と朝鮮人』みすず書房、1963年)

黒木伝松〔歌人〕

〔2日、永代橋を渡った深川で〕「〇〇だな」と思った。両手を針金で後にくくりあげられたまま仰向けに、或は横に、うつぶしに倒れて死んでいる。着物は彼等の労働服だ。顔はめちゃめちゃである。頭、肩にはいずれも大きな穴があいており、血がひからびてくっついている。そこにはまた首のない死体がある。首が肩の際から立派に切り取られている。

(「震災見聞記」『創作』創作社、1923年10月→琴秉洞『朝鮮人虐殺に関する知識人の反応2』緑蔭書房、1996年)

後藤甚太郎〔永代橋近くの深川入舟町で被災〕

2日の午後になって、朝鮮人のなかで放火したり、井戸に毒薬を投げ込むなどの悪事を働く者がいるので注意するようにという話が、まことしやかに広まり、そのため自警団を組織するから入るようにという話が持ち込まれたが、伯父は出て行かなかった。その後の話に、埋立地に避難していた朝鮮人を警官が前後を護衛して「いずこ」かへ連れ去った。

震災当時、東京で見る朝鮮人のほとんどは土方仕事で、住居は河の土手などに建てられたバラック住まいが多く、一般市民との交際はほとんどなかった。朝鮮人だって、日本人と同じように食べ物を捜しに街へ出てくる。そこで食べ物の奪い合いになれば、朝鮮人は怖いという先入観念から、そのようなデマが大きく飛んだのだと思う。そのためたくさんの朝鮮人が自警団の日本人に殺害されたという話も聞いた。この時には市民も戦々恐々としている時である。なかには護身用と称して日本刀を持ち歩く人もあった。

〔略〕あの時代の朝鮮人労働者は、食うために日本へ出稼ぎにきていた者が多く、火をつけたり、日本人を襲うというような暴動を起したとは、とても思えない。また警官は保護のため朝鮮人を連行したとわれわれは見ていた。だから、その後、大勢の朝鮮人が虐殺されたという話を聞いたり、いろいろ書かれたものを見ても、初めは信じられなかった。

(後藤甚太郎『わが星霜』私家版、1983年)

澤田豊〔当時16歳。池袋の学校から電車で所沢へ帰る途中で被災、歩いて帰宅〕

〔3日、親類を探して深川をめざす〕深川寄りの永代橋の所まで来ると、橋のたもとに筵(むしろ)がかけられた数人の死体があり、これに2本の竹槍が上から突き刺してありました。誰がこんな惨いことをしたのか……? 不逞朝鮮人の殺害された姿だときかされました。何故殺されたのか知る由もありません。

〔略。3日、黒江町から本所石原への途中で〕猿江町の誰々さーんとやっている私の前を歩く我々の長老金井さんが、突然ポカポカとやられて頭を両手でかかえて伏せになりました。そして数人の人が、無抵抗の金井さんに追い撃ちをかけるではありませんか。

呆気にとられていると……何?……朝鮮人だ……と大声で喚(わめ)きながら、なおもまわりから野次馬がとんで参ります。これでやっと事情がのみこめた私は……金井さんは朝鮮人と間違えられた。放っておくと殺される……と判断するやいなや脱兎のように人の群にとび込んでゆき待ってくれ、待ってくれ、日本人だ……半分泣きながら金切り声で叫んだように記憶致しております。

子供の声はよく通るとみえまして、これを聞きつけた人が私の頭の上でどすの効いた声で……おーい待ってやれ……とストップをかけてくれました。見れば猿又一丁の、やはり焼け出された人のように見えました。

……それから間もなく、銃を肩にした兵士が、針金でうしろ手に縛り上げた人を連行して来たではありませんか。この人は泣きながら朝鮮語で自分の無実を訴えている様子でありましたが、誰一人見向きもしません。

（澤田豊『雑草のごとく』私家版、1984年。自費出版図書館所蔵）

須田イネ〔当時深川区数矢尋常小学校2年生〕

〔埋立地で〕3日目の明方になると〇〇〇〇人がくるというのでみんなで向うのおかへいきました。その時ひばりばしがやけおちて通れませんので船で渡りました。お父さんはざいごう軍人のなかまで〇〇〇〇人をころすので私やお母さんや、おばあちゃんや、よね子や、とみ子などはお父さんにわかれました。

（「9月1日のぢしんと火事」東京市役所『東京市立小学校児童震災記念文集・尋常二年の巻』培風館、1924年）

津村夢生

9月2日は京浜地区に戒厳令が敷かれた。夜は、暗闇の街角に、一面の焼け跡を背に、警備兵が物々しく立硝するようになった。清澄庭園の出入り口も同様警戒態勢が敷かれた。

9月上旬の早朝、園内で人騒がせの出来事が起きた。〝朝鮮人騒ぎ〟である。何者かが突然大声で「朝鮮人だあ」と叫んだので、てっきり来襲かと直感した。一瞬、騒然となったが何事もなかった。

また、朝鮮人が焼け跡の井戸に毒を入れて歩いている、という噂も流れた。

ある昼下がり、所在なさに当てもなく、歩いて十数分の高橋の夜店通りへ行った。すると、焼け跡の路上に見るも無惨な朝鮮人と覚しき惨死体が3つ4つ横たわっていた。一人は仰向けに、両腕を左右に開き、両拳を握り締め、歯を剝き出し、口からは真っ赤な血が噴き出していて、正視出来るものではなかった。思わず顔を背けて立ち去った。

（津村夢生『回想・わが半生の点描――人生旅の一里塚』創栄出版、1993年）

堀内栄作〔八丁堀で被災、商船大学に寄り、水産試験場へ避難〕

「朝鮮人や社会主義者が暴動を起しているから気をつけろ」という流言が、どこからともなくささやかれたのは翌日〔2日〕の夕方ごろだった。

「さあ、きたぞーっ」と誰かがどなると、女子供は恐怖に泣き出し、ある者は、わらわらと海に飛び込んで逃げた。私も3回ぐらい、海に飛び込んだ。当時、荒川放水路の工事にきていた朝鮮労務者が、浦安から行徳のあたりへ食物をあさりにいったところからデマが流れたものか……。〔略〕

航空研究所の広場では、中国の人たちには助け合って、焼けこげたカン詰めなどわけてやっていたが、朝鮮人がまぎれこんでくると徹底的に追い立て、針金でしばってなぶり殺しにしたと聞く。

9月3日になると、憲兵がやってきて「こっちに引き渡せ」といって連れて行ったので、朝鮮人の姿はすっかり見えなくなった。隅田川、永代橋のあたりは、焼死者の死体でうずまっていた。その深川よりのあたりに朝鮮人の惨殺死体が、17、8積み上げてあるのを目撃した。

（「永代橋に積まれた惨殺死体」『潮』1971年6月号、潮出版社）

真野房江〔**当時東京市立京橋高等小学校普通科1年生**〕

〔越中島で〕3日の日には朝鮮人さわぎて人々は竹やりをもって鮮人をおいかけておりました、よるも又そのとおりでありましたので私はちっともねられませんでした。

（「大震災遭難記」東京市立京橋高等小学校『大震災遭難記』東京都復興記念館所蔵）

山崎謙〔**哲学者**〕

朝鮮人の虐殺も始まった。彼らを電信針金でうしろ手に縛りあげ、数珠つなぎにつないで永代橋の欄干に立たせ、鉄の棒で突き落とした等々の報も、後を絶たず入ってきた。〔略〕やっとの思いで郷里〔野田・木崎村〕へたどりついてみると、東京で焼け出された日本人の一家が朝鮮人ということにされて、利根川の畔で惨殺されたばかりとの話が、血なまぐさい響きで耳をついた。

（山崎謙『紅き道への標——わが心の生い立ち』たいまつ社、1975年）

陸軍「震災警備の為兵器を使用せる事件調査表」

〔3日午後〕洲崎警察署より護送援助を請求せられたる特務曹長島崎儀助の命を受け巡査5名共に洲崎にて暴行せし不逞鮮人約30名を同署より日比谷警視庁に○○○永代橋に至りたるに橋梁焼毀し不通のため渡船準備中1名の鮮人逃亡を始めしを動機とし内17名、突然隅田川に飛込みしを以て巡査の依頼に応し実包17発を河中に向て射撃す河中に入らずして逃亡せんとせし者は多数の避難民及(および)警官の為めに打殺せられたり。

（松尾章一監修『関東大震災政府陸海軍関係資料第II巻・陸軍関係史料』日本経済評論社、1997年）

大島

亀戸と砂町の間、竪川・横十間川(じっけんがわ)・小名木川・中川に囲まれた地区。

震災時の大島町も亀戸や砂町と同様、地震の被害に加えて多数の避難民が流入した火災隣接地帯だった。さらにこの地域では、朝鮮人ばかりでなく小名木川で荷揚げ人夫として多くの中国人が働いていたため、彼らの多くも殺された。震災当時、日本人労働者・労働ブローカーと中国人労働者が対立していたことが、虐殺事件の原因でもあった。しかし何よりも、軍隊と警察が大量虐殺に果たした役割が大きかった。なお、僑日共済会の会長として中国人労働者のために活動していた王希天(ワンシィティエン)が軍隊に虐殺されたのもこの地域である。

他の地域との境界である「丸八橋・進開橋」や「旧羅漢寺」での証言は別項を参照。

稲葉繁

江東地区大島亀戸は、田んぼをオガクズ

やガスガラで埋立てたところで、地盤わるく軒並に家が倒壊していた。道路の堅い所は無数に地割れしていた。

〔略〕又災害の時に流言蜚語が流れて、外国人暴動説が起きて、夜になると自警団を組織して夜は眠れなかった。大島は乳牛牧場が多く、使用人はほとんど外国人だった。流言にまどわされ罪のない人達が多く殺害されたところです。

（『関東大震災体験記』足立区環境部防災課、1975年）

岩崎留次郎〔当時大島7丁目在住〕

〔3日は避難民の炊き出しに追われ、夕方虐殺現場に出かけた〕中国の人たちは幾重にも取り囲まれて逃げられるような状況ではなかったよ。無残なことだった。

（仁木ふみ子『震災下の中国人虐殺』青木書店、1993年）

宇治橋勝美

〔1日、大島5丁目の会社に着く〕その夜は余震も続き、外国人が井戸に毒を入れたとか、流言が伝わってきた。町内に自警団ができて、怪しい、外国人に似た者は所持品を調べられたりした。

（『関東大震災体験記』足立区環境部防災課、1975年）

内田良平〔政治活動家〕

大島方面において殺されたる朝鮮人は支那人を合しておよそ450名位に達したる〔略〕。

（内田良平「震災善後の経綸に就て」1923年→姜徳相・琴秉洞編『現代史資料6・関東大震災と朝鮮人』みすず書房、1963年）

垣内八洲夫〔当時陸軍野重砲兵第一連隊中尉〕

あのね、私は後ろから一刀浴びせただけです。そのまま帰りましたから、王希天（ワンシイテイエン）が死んだかどうか確認はしとらんです。〔略〕佐々木中隊が、あの日、一人殺（や）ると言っておったので、私は見に行っただけです。……いや、そのつもりだった……佐々木中隊長は、上から命令を受けておったと思います。……後で、王希天が人望家であったと聞いて……驚きました。可哀そうなことをしたと……。中川の鉄橋を渡るとき、いつも思い出しましたよ。

（田原洋『関東大震災と王希天事件――もうひとつの虐殺秘史』三一書房、1982年）

木戸四郎〔木戸四郎が丸山伝太郎らに11月18日に話した内容〕

5、6名の兵士と数名の警官と多数の民衆とは、200名ばかりの支那人を包囲し、民衆は手に手に薪割り、鳶口（とびぐち）、竹槍、日本刀を持って、片はしから支那人を虐殺し、中川水上署の巡査の如きも民衆と共に狂人の如くなってこの虐殺に加わっていた。2発の銃声がした。あるいは逃亡者を射撃したものか、自分は当時わが同胞のこの残虐行為を正視することができなかった。

〔略〕虐殺しただけでなく、競って財産を略奪した。大島付近には朝鮮人は少なく、中国人は近年多数この付近に定住しているので、これを朝鮮人と混同することはありえない。〔死体は5日夜半から7日までかかって警察の指揮の下に、大島町の仕事師田中伝五郎が人夫を使って焼却〕署長は自動車ポンプに乗って現場を監視した。

（関東大震災80周年記念行事実行委員会『世界

史としての関東大震災――アジア・国家・民衆』日本経済評論社、２００４年）

久保野茂次〔当時野重砲兵第一連隊兵士〕

（9月3日）東京府下大島にゆく。〔略〕軍隊が到着するや在郷軍人等非情なものだ。鮮人と見るやものも云わず、大道であろうが、何処であろうが斬殺してしもうた。そして川に投げ込んでしまう。余等見たのばかりで、20人ひとかたまり、4人、8人、皆地方人に斬殺されてしまっていた。

（10月18日）〔略〕本日の日々新聞〔東京日日新聞〕に王希典〔王希天〕氏の消息に就てその後警視庁の調査する所では、同氏は軍隊の手から10日亀戸署に引渡し、12日早朝同署では習志野護送するため更に軍隊の手により引渡したが、軍隊では保護の必要なしと認め釈放しこれと共にその旨亀戸署に報告した。その軍隊は当時、亀戸税務署に駐屯していたものであると云々。

　この新聞を見て連想した。王希天君はその当時我中隊の将校等を訪い、支人護送につき労働者のために尽力中であった。快活な人であった彼は支人の為に、習志野に護送されても心配はないということを漢文を書して我支那鮮人受領所に掲示された。支那人として王希天君を知らぬものはなかった。税務署の衛兵にゆき将校が殺してしまったと云うことを聞いた。彼の乗ってきた中古の自転車は我六中隊では占領品だなんと云うて使用してた。その自転車は六中隊に持ち来りてある。

（10月19日）〔略〕今日新聞にも前途有為な、社会事業に尽瘁の王希天君が出てた。その真相については逐一或る者より聞いた〔欄外に「高橋春三氏より聞いた」とある〕。

　中隊長初めとして、王希天君を誘い「御前の国の同胞が騒でるから順戒をあたえてくれ」と云うて、つれだし逆井橋の所の鉄橋の所にさしかかりしに期待〔待機〕しておった垣内〔八洲夫〕中尉が来り、君等何処にゆくと、六中隊の将校の一行に云い、まあ一ぷくで〔も〕と休み背より肩にかけ切りかけた。そして、彼の顔面及手足等を切りこまざきて、服は焼きすてってしまい、携帯の10円70銭の金と万年筆は取ってしまった。そして殺したことは校将〔将校〕間に秘密にしてあり、殺害の歩哨にたたされた兵により逐一聞いた。

（「久保野茂次日記」関東大震災五十周年朝鮮人犠牲者追悼実行委員会編『関東大震災と朝鮮人虐殺――歴史の真実』現代史出版会、１９７５年）

小林〔仮名〕

　震災前、韓国人よりも支那人のほうが多かった。大島はぐるっと川に囲まれているから、工場は深川より多かった。材料なんか船で運ぶから、船の荷揚げ人夫なんかやっていた。住んでいるところは一つのところに5、6人でかたまってほうぼうに住んでいた。長屋のような集合住宅はなかった。私は韓国の人に家作を貸していた。一人ね、労働者で奥さんも韓国人。女の人もけっこういたね。女の人は労働しないしね、韓国の服装をして歩いていたね。中国人はたいていは単身だった。若い人、30、40、50歳くらいまでいた。働きざかりで国に送金していたんだろう。

〔略〕私は9月1日の夜は大島7丁目の生家にいた。在郷軍人だったので1日の夜から炊き出しを始めた。玄米を炊いて、焼け出された人に食べさせました。

焼け出された人がこっちに来るでしょ。流言蜚語というんでしょうか、朝鮮人が井戸に毒薬を入れているんだ、朝鮮人が放火した、われわれをこんな目にあわせたのは彼らが原因だ……、という意識をもたせるような宣伝をしたわけだ。それは日本人がしているわけですよ。こちらの被害のないところもそういう気持ちが沸き上がるような。そのときは軍隊も警察も出てこない。みんなが自分の家を守るのが精いっぱいでしたから。流言は焼け出された人が一日中そういう事を言って騒いでおった。われわれもそういう人の言った言葉を聞いたんだからね。

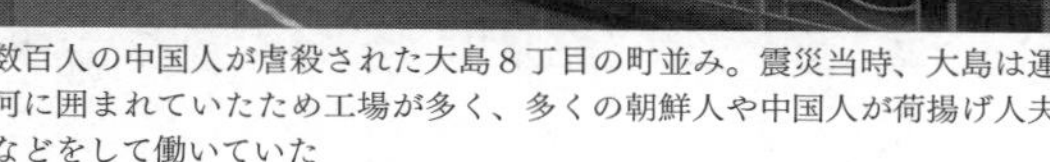

数百人の中国人が虐殺された大島８丁目の町並み。震災当時、大島は運河に囲まれていたため工場が多く、多くの朝鮮人や中国人が荷揚げ人夫などをして働いていた

〔略〕「支那人、朝鮮人をやっちゃえ」というのは、焼け出された人が多く騒いだね。このまわりの人はべつだん被害がないんだから、その必要はないし、やるのを見ていたほうだからね。

〔略〕たくさんの殺された人の死体を焼いた広場は、いま、日石のガソリンスタンドのあるところ。忠実屋の前あたりです。そこで焼いたのは朝鮮人も中国人も両方でした。焼いているところは見ましたよ。焼いたのは民間人です。だんだん警察なんかがやかましくなって、民間の人が焼いたんです。べつだん軍隊とか警察とか、公務員とかが焼いたというんじゃなかったですよ。

焼きはじめたのは地震から5日か6日たっているね。殺しはじめたのが2日、3日、4日ぐらいだから。死体をどんな人が運びこんできたのかわからないんですよ。夜持ってくるんだか朝持ってくるんだかわかんないしね。

（関東大震災時に虐殺された朝鮮人の遺骨を発掘し追悼する会『風よ鳳仙花の歌をはこべ――関東大震災・朝鮮人虐殺から70年』教育史料出版会、1992年）

小林勝子

朝鮮の人たちは、ほんとうに見ていて気の毒になるようなひどい生活をしていました。食べ物は、床に落ちてはき集めたお米や、魚のアラばかり。朝なんか朝鮮部落を通りかかると、3畳ぐらいの部屋に十何人がスシづめになって立ったまま寝てるみたいな感じなんです。「朝鮮人って、きっと横になって寝ることを知らないんだな」って思っていました。

震災のときですか？　ええ、ひどかったです、この辺は。（当時、城東区大島4丁目）町内の人たちは、みんな竹ヤリで武装して、20～30人ずつ道路の角に立って尋問しました。「山」といえば「川」、「花」といえば「月」っていうように警察のお達しがあって、ことばに少しでもにごりがあれば、「出たぞーっ」ってどなる、すると巡査がすぐ連れて行って、夜になるとまとめて、この先の田んぼのあたりで銃殺したんです。

真っ暗ヤミのなか、しょっちゅうグラグラって余震がきましたから、夜がくるとものすごくこわくて、私も自警団について歩きました。朝鮮人が出ると、女子供は逃げちゃいましたが、じっと息を殺してかくれてると「ギャー」っていうようなすごい悲鳴が起こって、「もう済んだな」っていうんで出てみると、からだじゅう刺されて、殺されてるんです。そういう毎日が2日から10日間ぐらいはつづきましたねえ。

近所に幅6尺ぐらいのドブ川があったんですけど、そこに死体が4列にも5列にもなっていっぱい捨てられていました。なかには身寄りを案じて地方から上京してきて、暗号を知らないために殺された日本人の死体も、ずいぶんまじっていたようでした。

いちばんおそろしかったのは、妊娠した女の人の死体です。針金でゆわかれて、ひきさかれたお腹に石がいっぱい詰めこまれて、ドブ川に捨ててあるんです。

ほんとうに気違いじみていましたねえ。朝鮮人をかくまうでしょ、それがわかると、かくまった人がやられちゃったんですよ。私の家でも、ふだん仲よくしてた、とてもいい方がいたもんですから、押入れに入れてかくまってたんです。近所の人がきたりして「××さんの姿が見えないけど、どこへ行ったんだろう」なんていうと、もうドキドキしちゃって……その後2カ月ぐらいは、危なくて外に出せない状態でした。（談）

（「押入れにかくまう」『潮』1971年6月号、潮出版社）

佐藤弥右衛門

〔王兆澄（ワンチャオデン）に話した内容。中国人の死体は〕9月12日、最覚寺院の空き地に土葬されたが、すでにウジがわいていた。〔略〕日本人の人夫頭はみんな王〔希天〕を恨んでいた。①中国人労働者を助けるから、②共済会事務員に日本人をやとわないから、③日本人人夫頭の意見を聞かないから。今もって行方不明というのは危険だ。

ここで中国人労働者は200人も殺された。中国人労働者だけをやとっていた日本人の人夫頭林某も殺されたし、あと3人行方不明だ。

（仁木ふみ子『震災下の中国人虐殺』青木書店、1993年）

篠田英

〔3日〕日暮れに近く私は小名木河べりを中川まで歩いた。〔略〕忙しそうな往き来の人々に混じって、物々しい扮装の人達が三々五々群をなして駆け回っている。彼等の手にしている、白刃や竹槍は、その用途を考える時、憤りと不快との激しい悪感を与えた。私は彼等が鮮人を追っているのだということをすぐに知った。〔略〕大騒ぎをしていることは聞いていたけれども、これ程まで愚かしいものとは想像さえもしなかった。〔略〕「数百名来襲！」と得意気に触れ歩く褐色服の伝令は、或はその命令者は、数百人の群衆を何処で何時『見た』のであろうか。一個の人としての眼付きと群衆としての眼付き――認識の全き缺無と温情と親切との乾涸（ひか）らびた眼付きとの甚（はなは）だしい相違を見ることは悲しいことであった。

〔略〕避難所〔大島5丁目の広場〕に帰った。暗くなるにつれてこの近所も騒がしくなってきた。武装した兵隊が、狭い路をいやが上に狭くしていた。

1町ばかり先の河岸で××の×が続け様に聞こえ、同時に群衆の××があがった。やがてその事件の起こった場所から人々が帰って来た。「好い気味だ」「……では一ぺんに何十人もやっつけたんだ」という言葉が空洞のような響を立ててがなり散らされた。夜、蠟燭の灯の乏しい照明の下で足を宙に狂っている姿は、悪夢の中に踊っている者の如くであった。

（「一つの経験」『思想』1923年10月号、岩波書店）

杉本正雄〔**当時府立第三中学校生徒**〕

〔1日夜、船で小名木川に逃れ〕やっと〔大島の〕ガスタンクの傍を通り抜けて一息と思ったら今度は「朝鮮人が暴動を起こして川に潜って船べりから船を襲うから船に上げないように」という知らせがあって、私も長い棹を逆手に持って水中に人が見えたらすぐ突けるように鉤を向けて構えていた。

今考えると誠にナンセンスである。しかし何ごともなく、そのうち私は疲れていつか眠ってしまった。

（『関東大震災記――東京府立第三中学校第24回卒業生の思い出』府立三中「虹会」、1993年）

高梨輝憲〔**深川区猿江裏町30番地（現・猿江2丁目2番地）で被災**〕

〔3日、猿江町の自宅の焼跡へ行き、立退先へ帰ろうと〕小名木川の方向へ歩き出すと、反対方向から来た年輩の巡査が私を呼びとめ「君は青年団員だろう、今日不逞鮮人が京浜方面から押し寄せて来るという情報がはいっているから、団員に連絡をとって警備にあたるよう手配してくれまいか」というのである。それは私が1日以来ずうっと青年団の制服を着ていたから、巡査は私を青年団員と知り、そう依頼したのだろう。しかし災後やっと3日目のその日に、団員に連絡をとれといわれても、団員は現在どこにいるやら皆目その所在も判らないので、連絡をつけようにもつける手段がない。そこで私は無責任のようだがその巡査の言葉をただ聞くだけで適当に返事をした。この時の巡査の言葉では、不逞鮮人来襲の情報は警察の上部から伝えられたものであるといっていたから、あの時点では朝鮮人暴動説は治安当局も事実として信じていたものであろう。

〔4日〕この日の朝方、私の立退先の近所に思わぬ惨劇がおこなわれた。それは義兄の家の直ぐ近くに一人の朝鮮人が住んでいた。細君は日本人である。夫の朝鮮人は附近の工場に勤めていて、近所の評判では真面目な人であったという。この朝もいつもの通り工場へ出勤しようとして、朝食の膳に向っていた。その時である。数名の日本人が急にその朝鮮人の家を襲い、一人の日本人が物も言わずに食事中の朝鮮人を殴りつけた。するともう一人の日本人は鳶口をもって脳天深く打ちこんだ。朝鮮人は悲鳴とともに血しぶきを吹いて倒れた。これは「あっ」という間もない一瞬の出来ごとである。細君は何が何やら判らない表情で、目の前で行われた凄惨な出来ごとに恐怖を感じてか、ただおろおろしているばかりであった。鳶口を持った男は倒れた朝鮮人の顎

に鳶口(とびぐち)をひっかけ、ずるずると戸外へ引きずり出した。これを見ていた人びとの中には可愛想なことをするものだと、つぶやいていた人もあったが、また中には当り前のことだという表情でそれをながめている者もあった。私は偶然にそこを通りかかって、この惨劇を一部始終目撃したのである。

　この事件は朝方起ったのであるが、その日から軍隊によって自警団や一般人の凶器携帯者に対する取締りが厳重に行われた。それはそのころ一般人でも護身用と称して日本刀などを持ち歩く者がおり、反(かえ)って治安維持の妨げとなっていたから、戒厳司令部ではこの処置を執ることになったのである。また同時に朝鮮人暴動説がこの時点になって、はじめて事実無根であったということが判明したからでもあろう。しかし朝鮮人に関する流言はなかなか止まなかった。

　義兄の家からややはなれた所に大きな広場があった。今の江東区大島8丁目、富士急行バス営業所のあるあたりである。その広場へ3日の午後になってから、どこからともなく沢山の死体が運びこまれてきた。いずれも惨殺された男女の遺体である。私は4日の朝、その場所へ行って見ておどろいた。屍山血河という形容詞がそのまま当てはまるような鬼気迫る状景であった。ある人は300体くらいあるだろうといい、またある人は300体ではきかないといっていた。もとより数えて正確な数字をいっているのではないから、その実数はどれだけあるのか判らないが、兎(と)に角(かく)無数という表現を用いても、敢えて過言ではないほど多くの死体が横たわり、その酸鼻(さんび)きわまること、まことに目を覆うものがあった。この日の朝方私の目撃した朝鮮人の死体もこの広場へ運ばれたのである。

　中国の史書を読むと、殷(いん)の紂王(ちゅうおう)は生きた妊婦の腹を割いて、中の胎児を見たという記事がある。またわが国でも戦国時代の文献には、罪人や敵の虜(とりこ)を殺すにかなり残虐な方法を用いたことがしるされている。この時広場にころがっていた死体はまさにその残虐な方法で殺されたものばかりであった。紂王が腹を割いたというが、この広場にも腹を割かれた妊婦の死体があった。そのほかにも女性の死体の陰部へ竹の棒を突き差したままのものもあった。首がなかば落ちかかっている死体、撲殺で全身紫色に腫れあがっている死体等々、平時なら到底正視出来ないほどの惨忍さであったが、あの当時は私自身も異状に神経が昂ぶっていたものか、それらの死体一つ一つを見てまわっても、左程(さほど)嫌悪感や恐怖感を覚えることはなかった。〔その後渋谷西原の友人を見舞う〕

〔5日〕朝、西原を立って大島8丁目にかえり着いたのは夕方ちかくであった。ところがこの日暗くなってから、義兄の家の横道に巡査が立番して、人びとの通行を制止していた。この横道はさきに述べた惨殺死体のある広場に通ずる道路である。私は不審に思いその理由を巡査に聞いたら、今夜、広場にある死体に石油をかけて焼くのだと教えてくれた。その時、巡査は私に向って「あの死体の中には支那人も沢山交っているが、あんなに多くの支那人を殺して、これが後になってから国際問題にでもならなければよいが」と、さも憂い気に語った。果せるかなそれから数カ月後、中国政府からわが国に対し、同胞虐殺に関して抗議があ

った。併(しか)し、その頃の中国は軍閥割拠の時代で統一国家としての機能がなく、わずかに北京政府がその代表政権と見られるような弱体国家であったから、日本政府はその抗議に強圧を感ずることはなかったので、抗議に対しては適当な外交措置を執ったことを新聞で知った。

（高梨輝憲『関東大震災体験記』私家版、1974年。都立公文書館所蔵）

田辺貞之助〔フランス文学者。当時高校1年生〕

〔略〕番小屋につめていたとき、隣の大島6丁目にたくさん殺されているから見に行こうとさそわれた。そこで夜が明け、役目がおわるとすぐに出掛けた。

石炭殻で埋立てた400～500坪の空地だった。東側はふかい水たまりになっていた。その空地に東から西へ、ほとんど裸体にひとしい死骸が頭を北にしてならべてあった。数は250ときいた。

ひとつひとつ見てあるくと、喉を切られて、気管と食道と二つの頸動脈がしらじらと見えているのがあった。うしろから首筋を切られて、真白な肉がいくすじも、ざくろのようにいみわれているのがあった。首のおちているのは1体だけだったが、無理にねじ切ったとみえて、肉と皮と筋がほつれていた。目をあいているのが多かったが、円(まる)っこい愚鈍そうな顔には、苦悶のあとは少しも見えなかった。みんな陰毛がうすく、「こいつらは朝鮮じゃなくて、支那だよ」と、誰かがいっていた。

ただひとつあわれだったのは、まだ若いらしい女が――女の死体はそれだけだったが――腹をさかれ、6、7カ月になろうかと思われる胎児が、はらわたの中にころがっていた。が、その女の陰部に、ぐさりと竹槍がさしてあるのに気づいたとき、ぼくは愕然として、わきへとびのいた。われわれの同胞が、こんな残酷なことまでしたのだろうか。いかに恐怖心に逆上したとはいえ、こんなことまでしなくてもよかろうに、と、ぼくはいいようのない怒りにかられた。日本人であることをあのときほど恥辱に感じたことはない。

（田辺貞之助『女木川界隈』実業之日本社、1962年）

陳協豊(チェンシェフォン)

9月2日の夜、日本軍人らしき者が、当地の日本人を呼び集め、各自兇器をもって鮮人やわが労働者を惨殺した。その時、協豊らの生命もまた危険であったが、幸にも免れた。

この後毎日惨殺が行なわれ、中国語の助けを求める声がたえずひびきわたった。しかし助けに行く事はできなかった。私たちも1日中びくびくしていたのだから。

〔大島〕6丁目一帯は、軍警がびっしり配置されていて、中国人労働者が殺される場所はすぐ近くでありながら、見て見ぬふりをしたのだから、これは日本の軍警と人民が共謀して中国人労働者を惨殺した証ではないか。

5日になってわれわれ生き残った者たちは、習志野の兵営に押送された。

（「温処災僑駁日外務省文温州同郷会」『時報』1923年10月24日↓仁木ふみ子『関東大震災中国人大虐殺』（岩波ブックレットNo.217）岩波書店、1991年）

陳崇帆（チェンチョンファン）

地震のとき、8丁目にいたが南千住へ逃げて数日たって帰ってみたら8丁目の人はみな殺されていた。坪坑の人も3人殺された。町はいたるところ殺人で歩けない。私は南千住の警察に保護されたが、大島の警察はよくないね、まったく中国人を保護しなかったよ。南千住は中国人宿舎が多くてたいてい1軒に20～30人ずつ住んでいた。

（仁木ふみ子『関東大震災中国人大虐殺』（岩波ブックレットNo.217）岩波書店、1991年からの証言抜粋）

戸沢仁三郎〔**社会運動家、生協運動家**〕

〔八島祐浩より1963年春に聞いた話。大島8丁目に見張りがあって通行止されていた。そこでは〕たくさんの死体が2カ所に山と積み重ねられ、それに薪をのせ、石油をぶっかけて焼いたらしく、なにしろ警察で与太もんを集めた、にわかづくりの火葬人夫で、焼き方を知らない。上積みの方は黒こげ、中ほどは生焼け、下の方は表面黒こげでほかはてんで焼けていない。

いやはや酸鼻（さんび）のきわみ、むごたらしくて目があてられない。さすがの与太もんども気味が悪くて、とうとう逃げだしてしまったのです。

（「純労働組合と大震災」『労働運動史研究』1963年7月「震災40周年号」、労働旬報社）

二橋茂一〔**当時15歳**〕

〔1日〕父の友人である大島8丁目の野原さん宅へ行ったのです。野原さん一家は私の無事を喜んでくれ、夜は裏の畑に畳を敷き、蚊帳（かや）を吊って寝ることにしました。私は大変に疲れていたので早目にやすみましたが、夜半に遠くから聞こえるときの声で目を醒ましました。おばさんは、朝鮮人が井戸に毒を入れるので、男たちは警戒に出たと言い、ときどき聞こえるかん声は、朝鮮人を追う声だと申しました。

翌日〔2日〕朝、近所の人が走って行くので、なにごとかと見ますと、警官が一人の男を連行していくのを一団の群衆が、朝鮮人、朝鮮人と罵りながらとり巻いています。

そのうち群衆は警官を突きとばして男を奪い、近くの池に投げ込み、3人が太い丸太棒を持ってきて、生きた人間を餅をつくようにボッタ、ボッタと打ち叩きました。彼は悲鳴をあげ、池の水を飲み、苦しまぎれに顔をあげるところをまた叩かれ、ついに殺されてしまいました。

一団の人びとはかん声をあげて引き上げました。すると、また別の一団がきて、死んでいる彼を池から引きずり出し、かわるがわるまた、丸太棒で打ち叩きました。肉は破れ、血は飛び散り、人間の形のなくなるほどに打ち、叩きまた大声をあげて引きあげました。死人を鞭打つという言葉の通りで、そのときの惨状が今も私のまぶたに残っています。

（「朝鮮人の虐殺を目撃」関東大震災を記録する会編『手記・関東大震災』新評論、1975年）

信定滝太郎

2日の午後、〇〇〇〇の〇〇〇が〇〇するとの噂が、市内殊に近接郡部に伝わったので、全市の恐怖は固（もと）より幼老婦女は悲鳴を挙げて惑うありさまに、各市町の青年は武装して各町を護るに至った。いうまでもなく彼等〇〇は、徒党を組んで一揆を起す程の統一あるものでなく、大多数は食に飢えて窃盗を働く程度ではあったが、中には武器を持つ者もあり、更に裏面には社会主義者の煽動もあったと伝えられた。

　中にも東京府下大島町付近には、多数の○○○と○○○が入込み、空家に潜伏して、夜になると盛に掠奪や強姦を行い、○○○と争闘を為したと伝えられ、亀戸では社会主義者の河合某〔川合義虎〕が他の2名の同志と共に革命歌を高唱して検束されたといい、流言は蜚語を生んで人心益々不穏となり、夜に入れば青年団や在郷軍人、消防組等が自警団を組織し、竹槍を持ち銃剣を携えて警戒し、或は○○○○○を傷けたとか或は暴戻なる○○を殺したりなどしたというような、血醒い風説は所在各所に流布されたのである。たとえ家は震災と火災とを免れたとしても、郡部の住民にはただ「○○○○」の不安のみがつきまとった。家にある者も、或は再度の地震を恐れて屋外に寝る者も、枕を高くして寝ることは出来なかった。

　深夜——それはまだ東京の空には、大火の余燼が炎々と赤く染め出されていた頃——「誰か」という鋭い誰何の声が、至るところの暗闇や十字路で発せられた。勿論それは竹槍を持った自警団が、挙動不審の通行人を検問する声であった。人々はそれでも多少は自警団の活動によって、気を強くすることが出来たが、やがては何処で何名殺されたとか、過って避難民が刺されたという噂は人々の口から口へと伝えられて、かえって恐怖の念を強く植えつけて焼かれなかった地域の者は、震災と火災との厄を免れた後に、今度はこの流言に気を病むようになった。

（信定滝太郎『大震記』日本評論社出版部、1923年10月）

広瀬久忠〔警視庁外事課長〕

　目下東京地方にある支那人は約4500名にして、内2千名は労働者なるところ、9月3日大島7丁目に於て、鮮人放火嫌疑に関連して支那人及び朝鮮人300名乃至400名3回にわたり、銃殺または撲殺せられたり。

　第一回は同日朝、軍隊に於て青年団より引渡しを受けたる2名の支那人を銃殺し第二回は午後1時ごろ軍隊及び自警団（青年団及び在郷軍人団等）に於て約200名を銃殺または撲殺、第三回は午後4時ごろ約100名を同様殺害せり。

　右支鮮人の死体は4日まで何等処理せられず、警視庁に於ては直に野戦重砲兵第三旅団長金子直少将及び戒厳司令部参謀長に対し、右処理方及び同地残余の200名乃至300名の支那人保護方を要請し、とりあえず鴻ノ台兵営に於て集団的保護をなす手筈となりたり。〔外務省宛報告〕

（外務省『大島事件その他支那人殺傷事件』→田原洋『関東大震災と王希天事件』三一書房、1982年）

黄子蓮

　3日昼ごろ、8丁目の宿舎に大勢の軍隊、警察、青年団、浪人たちがやってきて「金を持っている奴は国に帰してやるからついてこい」といって174人を連れだし、近くの空き地へ来ると「地震だ伏せろ！」といって全員を地に伏せさせ、手にした棍棒、鳶口、つるはしなどでなぐり殺した。私は殴られて気をうしなったので死んだと思われて捨て置かれた。夜中に痛みのために目をさまし、死体の中をはうようにして蓮池のそばで一昼夜を過ごし、5日に7丁目の駐在によって小松川署に送られ、さらに習志野収容所に送られて10月に帰国した。

（関東大震災80周年記念行事実行委員会『世界史としての関東大震災――アジア・国家・民衆』日本経済評論社、2004年より抜粋）

丸山伝太郎〔牧師、留学生寮翠松寮主。事件後現地調査を行う〕

3日の朝、大島8丁目付近の住民は外へ出るなと命じられていた。午前8時、2発の銃声がとどろいてそれが合図であるかのように剣付き鉄砲の兵士2人が大島6丁目の中国人宿舎に来て中国人労働者たちを屋外に整列させ、8丁目の方へ裏通りを引き立てて行った。大勢の民衆が兵士たちと共に取り囲んで行くのを「どこに連れて行かれるのだろう」と近所の主婦たちが見ていた。

（外務省外交史料館所蔵・支那人被害救済に関する件4顧維鈞外交部長書簡添付史料『1923年11月9日、18日の丸山らの調査報告書』→関東大震災80周年記念行事実行委員会『世界史としての関東大震災――アジア・国家・民衆』日本経済評論社、2004年）

湊七良〔労働運動家〕

3日から大島3丁目の古い友人の2階を仮の宿にした。近くの大島製鋼所方面でピストルの射撃する音が聞こえてくる。朝鮮人さわぎではないかと直観した。とにかく出てみた。大島製鋼所の周辺に葦の生えた湿地帯があった。その付近で、憲兵がピストルをかまえて何かを探し、追及している構えであったので、私はその憲兵に何を探しているか問うたところ、飲料水に毒を投げた鮮人がこのアシの中に逃げ込んだというのである。とうとう憲兵と自警団（在郷軍人団）に追い詰められて25、6歳の青年が、頭をうちぬかれて無惨に殺されてしまった。

亀戸の五ノ橋に朝鮮人婦人のむごたらしい惨死体があるから見て来い、といわれた。〔略〕近くもあることだから行って見た。〔略〕惨殺されていたのは30ちょっと出た位の朝鮮婦人で、性器から竹槍を刺している。しかも妊婦である。正視することができず、サッサと帰って来た。

（「その日の江東地区」『労働運動史研究』1963年7月号、労働旬報社）

森五六〔当時戒厳参謀〕

〔日記の「11月12日支那人迫害の現場視察」について〕王希元〔王希天（ワンシイティエン）〕ほか200余名が亀戸の小岩付近で殺害されたのである。12日に現場を視察したが、付近は湿田で牛乳屋の牧場が散在し、ポプラが畔道に散植されていた。

〔王希天の〕殺害場所がどこかハツキリしないし、案内に来た警部補の話でも、同人がはじめて実見したときは、屍体を一見して数十名と目算したが、数えて見て200を越すのに驚いたという。そこで、殺害場所をなるべく狭い場所ということにしようという相談をした。

この事件は中・朝労働者に対する反感が著しく反映していたらしい。〔略〕このとき湯浅〔倉平〕警視総監が「警視庁が嘘をつくのは嫌ですねェ！」と言ったのを思い出す。

（『日本歴史』1969年9月号、吉川弘文館）

八島京一

4日の朝3、4人の巡査が荷車に石油と薪を積み引き行くに逢い、その中の一人の顔馴染の某清一という巡査にその薪及石油は何にするかとききたる所、外国人が亀戸管内に視察に来るので、その死骸320人を焼くので昨夜は徹夜した、鮮人ばかりでなく主義者も8人殺されたといっておりました。

〔略〕自分が4日に清一巡査に会った時は巡査3、4人の外、人夫が2人ばかりおったように記憶します。清一巡査はその時「巡査は実に厭になった」などの話もし、又死骸は何処で焼いたかと聞いたら、小松川へ行く方だと指しながら話しましたから、その方面へ行きました。すると大島町8丁目の大島鋳物工場の横で蓮田を埋立てた地所に200~300人位の死骸がありました。中には白かすりを着た誰れが見ても日本人としか思えぬものもありました。また平澤さん〔平沢計七〕の靴のあった所はそこから約30間位離れた所でありました。右200~300の死骸を4日に見たのは私一人ばかりではなく近所の者は皆見ています。

（亀戸事件建碑記念会編『亀戸事件の記録』日本国民救援会、1972年）

林献忠（リンシェンチョン）

たまたま大島の黄柱緑（ファンヅウリュウ）、黄柱生（ファンヅウション）兄弟の宿舎に遊びに行って地震に遭った。その晩、警察と土方の親分が来て、明日は東京は大水が出るから千葉へ行けという。阿金（アチン）、阿五（アウー）は、あの人たちのいうことはおかしいよ、東京に水が出るなら千葉にも水が出るだろう、行くのはよそう、という。私も病気なので行きたくなかった。

2日の朝、食物を見つけようと2丁目のいとこの所へいくと、誰もいない。〔略。三河島へいったん戻る〕

次の日、大島の黄柱緑の宿舎へ行くと、だれもいない。地面に血痕があった。隣の人に聞くと、みな殺されたという。阿金、阿五も死んだ。

〔略〕中国人を殺したのは日本人だよ。中国人の工賃がひくくて、日本人はおまんまの食いあげになるといっていたよ。

（仁木ふみ子『関東大震災中国人大虐殺』（岩波ブックレットNo.217）岩波書店、1991年からの証言抜粋）

林景崇（リンジンツォン）

3人の兄林岩昌（リンイエンツァン）・岩賢（イエンシエン）・岩高（イエンガオ）と、いとこ2人が殺された。〔略〕陳（夫）の父方の叔父3人もその時死んでいる。この沢雅鎮では、下村48人、上村12人計60人があの大島8丁目の犠牲者であった。この村ではいっしょにいった人たちがみんな帰らない。同郷の者はいっしょに住み、いっしょに行動するからいっしょに死んでしまって、訃報を伝える人がいない。

（仁木ふみ子『関東大震災中国人大虐殺』（岩波ブックレットNo.217）岩波書店、1991年からの証言抜粋）

林金桃（リンチンタオ）

2人のいとこを8丁目で殺された。黄子連はかれらの消息を携えてこの村にはるばる坑源からやってくる。〔略〕林のもうひとりのいとこ林阿紹（リンアシャオ）は、たまたま日本人の家で水をくんでいた。他の人びとは連れ去られて行った。日本人は殺されるから帰るなといって、その家に3日間かくまってくれたという。

（仁木ふみ子『関東大震災中国人大虐殺』（岩波ブックレットNo.217）岩波書店、1991年からの証言抜粋）

林瑞昌

南千住に住んで浅草でかつぎをしていた。いっしょに日本へ行った林文桃は、日本人に鳶口でやられて南千住の宿まで逃げてきて死んだ。林啓清も林迪昌もやられて、傷の手当てをうけないまま船にのって温州まで帰って港で死んだよ。私は地震の時、日本人の親方の家に逃げて助けられた。

（仁木ふみ子『関東大震災中国人大虐殺』（岩波ブックレットNo.217）岩波書店、1991年からの証言抜粋）

渡部つね〔**当時14歳。深川区猿楽町で被災**〕

大島町の知人宅に着いたときは、もう〔9月1日の〕夜になっていました。深川とは別天地のように静かでした。眠りについた夜中頃、騒がしい人声で目をさましましたところ、大人たちはみな鉢巻をして棒をもっています。暴徒が襲って来て、井戸には毒をいれられるとかで、男は外に出て家や井戸を守るとのことでした。〔略〕一夜明けた朝になっても、男たちは家や井戸を守っていました。

（品川区環境開発部防災課『大地震に生きる――関東大震災体験記録集』品川区、1978年）

氏名不詳〔**大島から茨城へ避難した罹災民**〕

「**木札を胸にした鮮人　警官が斬り殺す　上等兵が誰何すると鞘を払った洋刀一閃**」

同所付近では今夜12時大火があると宣伝した者あり。各戸荷物をからげて避難を用意した所へ、約300名の鮮人が堤防の反対側を這って侵入し、〔略〕市内は鮮人の警戒で戦地同様、各所の橋梁付近に機関銃を備えている。機関銃の据付を傍見していた鮮人の殺されるのを目撃したが、同人は木片の表に焼火箸にて×形を記し裏に刻印あるものを胸にし、上等兵に誰何さるると同時に警察官に斬殺された。

（『いはらき新聞』1923年9月6日）

陸軍「震災警備の為兵器を使用せる事件調査表」

9月3日午後3時頃、大島町八丁目付近で野重1ノ2砲兵70名・騎14騎兵12名が群衆・警官とともに朝鮮人200名を殺害。〔備考に「本鮮人団は支那労働者なりとの説あるも軍隊側は鮮人と確信し居たるものなり」と記されている〕

（松尾章一監修『関東大震災政府陸海軍関係資料第II巻・陸軍関係史料』日本経済評論社、1997年）

亀戸

JR亀戸駅から北の地域で事件が多発した。駅の近くに亀戸事件で知られる亀戸警察署があった。

この付近はぎりぎりで焼失をまぬがれたため、避難民が多数流入した。また、交通の要衝として軍隊が早期に出動し治安警備が厳重だった。

石毛助次郎

亀戸駅前にも、警察と軍隊が警戒していた。亀戸辺はほとんど焼けなかったので、住民も立ち番に出ていた。と、朝鮮人らしい2人の男が、在郷軍人に引き立てられて、駅から出て来た。青年団が駆け寄って、2人をとりかこんだ。「待て、待て――」と巡査が調べようとした。「なあにこんなやつら、殺してしまえ」と、青年団員が2、3人で朝鮮人の前に立ちふさがった。「タシケテー」朝鮮人たちは、おがむように掌をあわせた。「なにいってやがる」気がたっていた一人の青年団員が、いきなり槍で突き刺した。すると、いま一人が刀で切りつけた。朝鮮人はシャツ1枚で、裸同然であったから、たまらない。たちまち血にまみれ、倒れてしまった。腹から腸がとび出し、動けない。ただ手足をぴくぴくさせている。「あのくれえにしなくちゃあ、みせしめになんねえよ」そうはいったが熊さんは、顔をそむけた。

（石毛助次郎『異端者の碑』同成社、1970年。実体験をもとにした小説）

石毛留吉

〔1日、亀戸萩寺近くの長屋で〕その日の夕方、このような人心不安の中に流言蜚語が撒き散らされた。朝鮮人が襲来して来るから自警団をつくれというのである。自警団というのは在来の町の人だけではない。避難して来た人達が勝手に集団を組んで始められた。私達相扶会の同志も菊畑の柵の竹を引抜いて竹槍を作って自警団を作ったが、後に東交〔東京交通労働組合〕本部書記になった佐々木嘉助氏は秋田生れで地方訛りがあった為、朝鮮人だと脅かされ危く身に危険を感じた。朝鮮人が押しかけるそんな馬鹿な事がある筈がない、と上野の汽車が動いているそうだから、一応みんな僕の田舎に連れて行くというので翌2日に島上善五郎氏の郷里秋田に引上げた。

この時相扶会の同志一同が立去った後の事、当時亀戸の警察署は今の亀戸駅前にあった。亀戸天神公園で古森警察署長は石油箱の上に立って避難者や群がる人々を前に、危険な朝鮮人や社会主義者の不逞の輩は全部逮捕するからみんな協力するようにと演説した。私も間もなく特高係に引致されて亀戸署のブタ箱入りし地震より怖ろしい迫害と折檻を受けた。亀戸署内の留置場は立ったままのすし詰監禁で道場の中まで超満員であった。デマと流言で逮捕された朝鮮人、労働運動者、社会主義者は秘かに虐殺されて行ったのである。

〔略〕当時は本当にひどいものでした。私たちが亀戸警察署に連行されたときも、人間扱いされなかったですね。本所や深川でもずい分焼けましたが、そのとき、石油かんがあちこちにあってそれが火事でときどきドカーンと爆発する。すると、やれ、朝鮮人が爆弾を投げたなどといわれるのですね。そのときにはもう理くつなどないのですね。朝鮮人が暴動をしている、爆弾を投げている、お前も仲間だろうと、ひざの間に竹刀や木刀をはさんでその上に足で思いっきりたたいたり、のっかかったりするんですね。黙っていれば、なぜ黙っているのかとたたいたり、なぐったりする。そのときにはもう歩けないですよ。

ブタ箱に放りこまれると、留置場の中は一杯で、三畳間の中に50人ぐらい押しこめるので、小便などでも外へ出られないですよ。朝鮮人には身体に㊟などと一字を書いて、それが狭い中で押しこめられているので汗やらで消えると、このやろうまた消しやがったなあ、とまた書いたりする。こうしたことは、今では信じられないかもしれませんが、事実ですよ。私は幸い、電車を動かしていて、警察官なども乗せたりしていたので、何とか助かりましたが、全く、人間扱いされなかったですね。

（九・一関東大震災虐殺事件を考える会編『抗はぬ朝鮮人に打ち落ろす鳶口の血に夕陽照りにき――九・一関東大震災朝鮮人虐殺事件六〇周年に際して』九・一関東大震災虐殺事件を考える会、1983年）

江口青龍

「百余名の鮮人を危地から救出す　大院君から名を貰った江口青龍君　警視総監に表彰方申請」

亀戸警察署では今回亀戸町3700待合業龍光亭江口青龍(32)氏を表彰方申請した。

〔略〕氏は永く朝鮮に住み朝鮮人の気質をよく知りかつ鮮語にたくみな事から、9月1日地震と同時に朝鮮人に対する流言蜚語が盛んに行われた時、深くそれを憂い危険を顧みず、2日の夜同町コークス会社跡にふるえている鮮人5名を救助し、7日ごろまで亀戸町大島、吾嬬（あづま）、小松川その他で無慮百余名の鮮人を自警団群衆の中から救助して、神明町検問所の増永巡査に託し警察の保護を依頼した。

現に4日の夜柳島妙見橋で鮮人を救助した時などは、猛り狂った群衆の一人に竹槍で前頭部を刺されて負傷した程で、氏の一身を犠牲に供しての働きに助けられた鮮人等、何（いず）れも涙を流して感謝して今日に至るまで真心をこめた礼状が続々と舞込んでくる。これにつき亀戸町栗原橋で助けられた一人羅凡山（ナボムサン）（24）の如きは、目下亀戸署で月給30円で通弁をつとめている。

〔略〕氏は「日本へ来ている鮮人労働者の多くは無智のもので日本の国を賛美こそすれうらみに思っているものは少ないので是非たすけずにはいられなかったのです。幸い朝鮮語が出来るので厳重に訊問したが全く彼等は私の予想に同じく純良な人間ばかりでした」

（『東京日日新聞』1923年10月23日）

被災直後の亀戸駅。この後、駅前には多くの被災民が群がり、その群衆の中から朝鮮人が狩り出された。狩り出された朝鮮人は避難民環視の中、軍人等により惨殺された

越中谷利一〔作家。当時習志野騎兵連隊に所属〕

〔習志野騎兵連隊が〕亀戸に到着したのが〔2日の〕午後の2時頃、おお、満目凄惨！亀戸駅付近は罹災民でハンランする洪水のようであった。と、直ちに活動の手始めとして先（ま）ず列車改め、というのが行われた。数名の将校が抜剣して発車間際の列車の内外を調べるのである。と、機関車に積まれてある石炭の上に蝿のように群がりたかっ

た中から果して1名の朝鮮人が引摺り下ろされた。憐むべし、数千の避難民環視の中で、安寧秩序の名の下に、逃れようとするのを背後から白刃と銃剣下に次々と仆れたのである。と、避難民の中から、思わず湧き起る嵐のような万歳歓喜の声（国賊朝鮮人はみな殺しにしろ！）。これを以って劈頭の血祭りとした連隊は、その日の夕方から夜にはいるにしたがっていよいよ素晴らしいことを行り出したのである。兵隊の斬ったのは多くこの夜である。

（「戒厳令と兵卒」『越中谷利一著作集』東海繊維経済新聞社、1971年）

境橋より完成間近の東京スカイツリーを望む。境橋は北十間川開削時の万治2年（1659年）初架橋。この川の北側を葛西領本田筋と呼び、南の新田筋との境をなしていたことから境橋と名付けられた

岡村金三郎〔当時青年団役員〕

2日になって焼けなかった亀戸の境橋近くの長屋に引き返してきました。そのうちに戒厳令がしかれて、一般の者も刀や鉄砲を持てと軍から命令されたんです。それでみんな家にある先祖伝来の刀や猟銃を持って朝鮮人を殺った。それはもうひどいもんですよ。十間川にとびこんだ朝鮮人は猟銃で撃たれました。2日か3日の晩は大変だったんですよ。朝鮮の人があばれて井戸に毒を入れたとかいうんです。ボンボン燃えている音を聞いては朝鮮人が火をつけたと言ってね。

〔略〕その時分、私は青年団の役員でした。「境橋近くのガラス屋で15、6人の朝鮮人を使っている。青年団は見に行ってくれ」と言われて、そのガラス屋に行ったんです。

すると社長は「朝鮮人はいるけど、この人たちは決して悪いことはしないんだから、なんとか助けてくれ」と言う。「どこにいるんだ？」と言うとね、ガラス屋にはかまがあるね、その火を取っちゃってね、そん中にぶっこんでいるんです。だから外からはわかんねえ。「この人たちは決して悪いことはしていないんだから、青年団は助けてやってくれ」と社長は言う。

「ああいいですよ。だけどね、野次馬が取り囲んでいるからあんたとこぶっこわされちゃう。だから一応ね、渡すこと渡したらいいだろう」と社長に話してね。

それで亀戸警察に通告したら、警察からトラックで「うちのほうに引き渡せ」と来た。だけどね途中でみんなけんけんごうごうとしているから殺されるというので「自警団とか青年団ついて行ってくれ」と言うんで、私はついて行きましたよ。トラックの隅に乗って、15、6人全員、縄でしばってまん中に乗せて青年団がまわりをずっとかこんで亀戸警察につれて行きました。〔その後小松川土手で軍隊に機関銃で殺されたと聞く〕

（関東大震災時に虐殺された朝鮮人の遺骨を発掘し追悼する会『風よ鳳仙花の歌をはこべ――関東大震災・朝鮮人虐殺から70年』教育史料出版会、1992年）

川崎甚一

〔亀戸で〕1日の晩だと思うが、朝鮮人が大挙して東海道を東京へ向かって進撃している、という流言蜚語が飛んだのです。〔略〕夜になると朝鮮人が田んぼでワーワーと叫び声をあげるのです。朝鮮人を田の中へ追い込んで殺すのです。

（「亀戸事件旧友会聞き取り（4）」『労働運動史研究』1963年5月号、労働旬報社）

坂下善吉〔**当時16歳。被服廠跡で被災**〕

〔2日〕その日アタシ達4人〔弟と女中2人と自分〕は、今の京葉道路を通り亀戸の方へ逃げました。その辺の学校へ入ったのが、夕方か夜でした。夜に朝鮮人襲撃の話をハッキリ耳にしました。「今、小松川橋に朝鮮人が船3ばいで上陸した。16歳以上の男は棒を持って立ちあがれ」という大きな声が聞こえました。それで16歳以上の男は棒を持って学校の囲りを一晩中立番しました。アタシも立番しましたが大島の方でウワアーという声がして、なぐり合いの音が聞こえたり、頭を血だらけにして両手を後ろ手に縛られた人が何人も連れてゆかれるのを目にしました。地震とその後に続いた火事よりも、この夜が一番恐かったですね。

アタシが若い人に言いたいのは、地震そのものより、火事とデマが恐い。朝鮮人襲撃云々も、ありゃデマじゃないの。アタシはそう思ってる。

（『ビルメンテナンス』1981年9月号、全国ビルメンテナンス協会）

篠原京子〔**当時11歳**〕

〔避難先の亀戸で〕1日の夜からそうそう朝鮮人のうわさがたちはじめましたね。2日の昼間は屈強な男の人が、すごい竹槍をヒューと切ったのをかついで、どこへ行くのか、行ったり来たりやっているのですよ。そして、夜になると、私たちは、あぶないから歩いちゃいけないって、大きな家の縁の下に、むりやり入れられました。小さい子供なんか泣くとひどくしかられてました。「泣き声出したら殺される」からと親も真顔でそういっているんですよ。「子供が泣いたら朝鮮人につかまって、皆殺しになるんだから子供に泣かせちゃいけない!!」ってどなってね。そのとき、うち合うんだか、おどかすんだか、パンパンというピストルのような音がしました。

（日朝協会豊島支部編『民族の棘――関東大震災と朝鮮人虐殺の記録』日朝協会豊島支部、1973年）

島上善五郎〔**労働運動家。当時19歳。深川森下で被災**〕

とにかく朝鮮人は自警団にやたらと日本

刀・竹槍で突き刺されて、十間川などは少し誇張していえば死体累累です。あっちからもこっちからも川の中に放りこまれ、死体累累、川水は血の川となる。私は、げんにこの眼で見たのですから。

（九・一関東大震災虐殺事件を考える会編『抗はぬ朝鮮人に打ち落ろす鳶口の血に夕陽照りにき――九・一関東大震災朝鮮人虐殺事件六〇周年に際して』九・一関東大震災虐殺事件を考える会、1983年）

杉浦文太郎〔当時南葛労働会員〕

〔2日夕方〕朝鮮人騒ぎの流言飛語も出はじめていて、夜間の外出は危険なので、夕暮れに、今夜泊めてもらう松丸三次君の家へ行くべく、白米5升を手にさげて半壊の家を出た。錦糸町～小松川間の城東電車の浅間前停留所近くの田の中に、ポツンと建っている二戸建長屋の一軒が松丸君の住居で、新築して間もない平屋であるし、火事の延焼の心配もない最も安全な場所である。日立亀戸製作所の横を通り抜けて電車通りへ出ると馬蹄のひびきが耳につく。千葉街道を騎兵と思われる一隊の驀進してくるのに出合う。人にきけば、今日早朝より数隊が千葉方面から駆け抜けて通ったという。また、この先の空地で小休止をしていた隊もあったが、みな殺気立っていて傍へも寄付けなかったともいう。

〔略。3日の朝〕電車通り（現・亀戸7丁目）といっても両側は一面の青田でちょうど稲の花盛り、田の中の僅かばかりの里芋畑の中に大勢の避難民が屯していて、朝鮮人の毒にやられたという怒声がきこえ、大騒ぎがはじまったようだ。松丸君と共に飛び出して行ってみると、14、5歳の女の子が口から泡を吹いていて、父親らしい人が抱きかかえて、毒ではない、違う違うと言いながら介抱しているのだが、群衆は、確かに毒だと殺気立っていた。飢えと乾き、睡眠不足、恐怖の中の野宿と疲労の身体には夏の終りの陽は強烈で、そのため女の子は持病の癲癇を起こしたのだという。陽を遮る何ものもない田の中で苦しんでいるのを見かねて、松丸君の家の陰に運び込み、暫く安静にさせたらなおった様子であった。血迷った群衆の一部には、あいつらも朝鮮人の一味ではないかという、白い目でにらむ奴もいた。

松丸君が自転車を駆って争議団長国府庄作君を小松川の自宅へ迎えに行っている間に、奥さんが1日、2日のこの辺り〔城東電車の浅間停留所近く〕の出来ごとを話してくれた。この近くの東洋紡績第二工場の煉瓦造りの工場が倒れて、大勢の女工さんがその下敷になって死んだ話、昨日自警団が白昼朝鮮人を何人も切殺した話など、無残なことばかりである。

〔略。5日亀戸第一尋常小学校で〕この仮収容所に収容されている患者のほとんどは本所、深川地区の人で、隅田川以西の人は極めて少なかった。収容者は、火災から逃げてくるとき煙で眼をやられた人が多く、その上火傷を負った者は20パーセントくらい、重傷で身動きできない人は極めて少ない。重傷と思われる人は主に、地震のさい倒壊した家屋などの下敷になった人や、避難中ここへ運ばれた人びとであった。中には朝鮮人と間違えられて暴徒（血迷った自警団員）に襲われて重傷を受けた人も何人かいた。

（「広瀬自転車の争議と関東大震災の思い出」

労働運動史研究会編『占領下労働運動の分析』労働旬報社、1973年）

杉浦文太郎

〔4日〕友人の義理の姉が亀戸小で被服廠でのやけどの治療を受ける。陸軍の衛戍（えいじゅ）病院へ運んでくれた宇都宮歩兵連隊の下士軍曹ぐらいの人が「社会主義者と朝鮮人がいっしょになって東京で暴動を起こしている。これを鎮圧しなければいけないから出動しろといって実弾を与えられてきているのだ」と言っていた。亀戸にははじめは騎兵が飛び込んできた。その後交替したのが宇都宮の軍隊だった。

（「純労・南葛労働会および亀戸事件旧友会聞き取り（4）」『労働運動史研究』1963年5月号、労働旬報社）

鈴木〔仮名〕

本所のほうが燃えているとき、亀戸3丁目から柳島橋を本所のほうへ渡ると、右側に炭屋があってぼんぼん燃えているんですよ。そこへ生きたまま朝鮮人を一人つかまえて投げこんだのを見たんです。夜行って見たから1日の夜だな。たしかに朝鮮人なんです。私にはとてもそんなことはできません。よくそれができたと思って記憶にあるんです。

〔略〕亀戸3丁目でもデマはすごかった。自警団は町内で朝鮮人狩りをやった。泥棒したり、井戸に毒を入れるとか、火をつけたとかいう悪いデマが飛んだから、朝鮮人をつかまえてきちゃ……。

（関東大震災時に虐殺された朝鮮人の遺骨を発掘し追悼する会『風よ鳳仙花の歌をはこべ——関東大震災・朝鮮人虐殺から70年』教育史料出版会、1992年）

関憲祐

〔3日、亀戸駅で〕駅構内は乗車する避難民で大混雑、乗車もままならない。憲祐〔父〕は警備の憲兵に頼みこんで、やっと乗車することができた。

その時に目撃したのは憲兵が、朝鮮人を射殺する光景だった。紺色の服を着た男が、機関車の下に隠れていたが発見された。男はエイ〔母〕のそばを走り抜け逃げたが、銃声と同時に倒れた。網膜に焼きついた男の姿は忘れることがない。

（関幸造『描かれた絆——昭和の女の一生』光陽出版社、1992年）

野村盛彦〔**亀戸浄心寺住職**〕

先代の住職の話。関東大震災のとき、寺の裏に竹薮があったのだが、その竹薮の竹を切らせてくれと人が押しかけた。何に使うのか聞くと、朝鮮人が攻めて来るから武器を作るとのこと。先代は「そんなことはあり得ない」といったが、聞いてもらえず、結局竹槍を作ってしまった。

（「亀戸事件追悼会」で西崎が野村盛彦より聞き取り）

長谷川徳太郎

〔1日〕午後6時頃だと思う。亀戸の天神様付近へ出た。天神の境内を通り抜けようとしたら、境内の要所々々に町の自警団が、鉢巻姿もりりしく腰に白鞘の日本刀を差して、亢奮しながら私に、「どこへ行く?」と通行を断られた。「避難者だ。通してくれ」と言うと、「アイウエオ」を言って見ろと言われ、私は何が何だか判らないが言われる

ままに、「アイウエオ　カキクケコ」とアカサタナを答えると、「ヨシ通れ」と言われ境内にはいって、さらに驚いた。境内にいる自警団の多数の人々が皆、同じ鉢巻姿なのと各々が日本刀を持たない人はほとんどいなかった。どこからこんなに日本刀を集めたものかと驚かざるを得なかった。私は自警団に、「どうしたんですか」と訊ねると、三国人が暴動を起すおそれがあるので警戒している、と聞き、さらに驚いた。（後日流言蜚語）であることが分ったが、この流言騒動がしばらく続く。

（長谷川徳太郎『関東大震災の追憶』私家版、1973年）

早川徳次〔シャープ創業者〕

〔亀戸で〕朝鮮人の従業員の一人の李さんも訪ねてきた。そこへ例の朝鮮人に関する流言蜚語である。町内の連中がきて、「朝鮮人がいますか？　いたら殺してしまう」という。私は「いません」といってウソをついた。何も悪いことをしていない人をつき出すわけにはいかない。しかし、かくまっているとただではおかないという風評が伝わってきて家の者たちが動揺し出した。私は固く口止めをして、李さんを押し入れの中にかくまい、3度の食事を自分で運んだ。

岩崎の邸内にいるときから、朝鮮人が井戸に毒を入れたとか、人を殺したとかのうわさが広がっていた。しかし何の実体もない流言であることは私にはわかっていた。馬が暴れて何人かが死んだりしたことがあり、それが朝鮮人の仕業というふうに伝わっていたことを知っていたからだった。

町で実際に朝鮮人が殺されるところを目撃したこともあった。歩きながら殺されていった。いきなりうしろから頭を割られ、それでも歩いていて、ついに倒れると背中やお腹を金属の棒で突いているのである。こっちに力がないから止めることができず、もし止めようとすればこちらが殺られてしまっていただろう。

（「妻も子も事業も奪われて」『潮』1974年10月号、潮出版社）

早川徳次〔シャープ創業者〕

「朝鮮人をかくまったりした者もただではすまないって？　そんなバカなことがあるもんか」徳次は憤慨した。工場が焼失寸前のとき、工員の李と金は徳次の身を心配して駆け戻ってくれた。金は行方知れずになっていたが、外出もできずに怯えている李を、そんな風評の犠牲にするわけにはいかない。

「いいか、みんな。つまらねえ噂に惑わされるんじゃねえ。李のことは口に出しちゃあいけねえぞ」徳次は工員にきつく言うと、李を自室の押し入れにかくまい、食事も自分で運んだ。やがて流言が鎮まり、もう大丈夫だと見極めると、徳次は李に自転車を与え逃がした。「いいかい。誰に話しかけられても、めったに返事をするんじゃないよ。まだ噂に惑わされた連中がいないともかぎらねえ。いまは東京から逃げるんだ。またいつでも戻っておいで」「旦那さん。お世話になりました。ありがとう」李は目に涙を浮かべ、徳次の手を握りしめると、去っていった。

（平野隆晟『シャープを創った男――早川徳次伝』日経BP社、2004年）

東照枝〔当時本所区柳元尋常小学校3年生〕

〔亀戸から中川のへりへ避難した1日夜〕ここでしんせつな工場の方々と野じゅくをしていると、夜中にかねがなる、たいこをうつ、ピストルの音、ときのこえ「〇〇人だ」と言うこえにびっくりして、その工場のおにかへにげこみました。まっくらの中できをころしていると、どなたか「なみあみだぶつ　なみあみだぶつ」と言っております。お母様も小さいこえで神様やほとけ様にいのっております。〇〇人にころされるならしたをかんで死にましょうと皆様がきめました。

（「しんさい」東京市役所『東京市立小学校児童震災記念文集・尋常三年の巻』培風館、1924年）

藤沼栄四郎〔社会運動家、南葛労働会創設者〕

3日の朝、私は自宅からの使が来たので家に帰ろうとすると亀戸五の橋の交番前で憲兵が馬上で「今晩7時ごろ小松川方面から朝鮮人の襲撃がある」と報道していた。

（『労働運動史研究』1963年7月「震災40周年号」、労働運動社）

松本ノブ〔当時28歳。本所横川町で被災〕

〔1日夜、亀戸水神森で〕市内の方を見渡せば、本所深川は勿論の事浅草方面より芝方面に到るまで、帝都一帯の空は溶かした鉄のような凄く恐ろしい真紅の色に燃えています。爆裂弾のようなすさまじい爆音は絶間なく聞えます。不逞の朝鮮人が帝都を全滅させせんが為に、燃え残る様の建物に爆弾を投じるのだという噂でした。

（「大正大震災遭難之記」、1924年。武村雅之『手記で読む関東大震災』古今書院、2005年に所収）

宮下喜代

〔1日〕六の橋の、金子鋳物工場が次の避難場所である。ガランとした事務所の中に入ってゆく。あかりもなかった。ここまでくれば火はきそうもない、とふとんをおろして床板のうえにしいてねた。

3日間位、ここにいた。炊き出しのおにぎりを男たちがどこかへもらいにいってきてはみんなでわけてたべた。〝飲み水〟は、やかんをもってどこかへもらいにいった。

〝井戸水をのんではいけない、毒が入っている〟といっしょに朝鮮人がどうとか、いうことが、そのへんにいるひとたちのなかで、なにかひそひそと話されたりしている。

〝東京じゅう焼野原だ〟〝橋が焼けちまったからどこへもゆけないよ〟〝兵隊が出ている〟〝亀戸の警察でケンペイがひとを殺したってよ〟こどもの耳にもおそろしげな気配が伝わってくる。亀戸警察はここから近い、と余計おそろしそうにいう人もいた。

（宮下喜代『本所区　花町、緑町』私家版、1980年）

渡辺美波〔当時上野高等女学校1年生〕

〔2日夜〕亀戸停車場の客車の中に入って寝ていると不逞鮮人騒ぎ。せっかく助かったのに又ここで苦しむと思えばくやしくくやしくてたまらない。翌朝千葉へひなんした。

（『東京日日新聞宮城版』1923年10月5日）

司法省「鮮人を殺傷したる事犯」

①2日午後10時、吾嬬(あづま)町亀戸275番地で、田中金義外1名が、朝鮮人1名を棍棒又は

割木で乱打し殺害した。

②3日午後2時、亀戸町大字柳島405で、小川勝太郎外1名が、曹昌純外1名に日本刀で斬り付け重傷を負わせた。

③3日午後3時、亀戸町神町巡査派出所付近で河野市太郎が閔春容を棍棒で頭部その他に乱打し殺害した。

（姜徳相・琴秉洞編『現代史資料6・関東大震災と朝鮮人』みすず書房、1963年）

陸軍「震災警備の為兵器を使用せる事件調査表」

9月3日午後4時頃、亀戸駅構内で騎十三機上等兵が朝鮮人1名を刺殺した。

（松尾章一監修『関東大震災政府陸海軍関係資料第Ⅱ巻・陸軍関係史料』日本経済評論社、1997年）

『国民新聞』（1923年10月21日）

「亀戸を中心に殺害犯人の逮捕」

9月2日午後10時府下亀戸町276番地にて不逞鮮人なりと称し年齢30歳姓不詳の鮮人を殺害した犯人同町亀戸276土工河合金太郎（26）同田中金蔵（37）の所為と判明殺人罪として令状を発し共犯者として米本熊吉外1名は起訴猶予となった。

9月3日午後3時南葛飾郡亀戸遊園地3700地先路地内にて放火をしたという疑いから同所の青年団員の為めに閔春容（30）は殺害され同曹昌純（21）は重傷を負った。犯人は府下隅田村隅田1325土工清水三四郎（28）亀戸町字柳島新地1161職工小川勝太郎（31）同無職後野兵吉（22）同河野市太郎（25）寺島町61人夫請負業鈴木眞貫（31）の5名と判明いずれも収監さる。

亀戸警察署

総武線亀戸駅から北へ徒歩5分の亀戸6―14付近にあったが、現在はない。亀戸警察署は1919年に警察署に昇格した。当時の亀戸は発展中の工業地帯で、労働運動が盛んだった。震災当時の亀戸警察署長（古森繁高）は警視庁労働課長からの転任で、労働運動対策を担うため赴任してきたといわれる。そこで亀戸事件や朝鮮人・中国人虐殺事件が起きた。

李教振〔当時20歳。寺島で砂利運びなどに従事〕

〔亀戸警察に収容されて〕握り飯一つずつ、1日3個くれるんです。で、30人なら30個。でも何日も食わない人がいるでしょう。一つよけい食べた人がいて、調べると出てくるでしょ。それを引っぱり出して殺してしまったですよ。私らには言わないけれど、警察の門の中で握り飯一つよけいに食って殺されたですよ。

（「なんだかいろんなこと、してみましたよ」立教大学史学科山田ゼミナール『生きぬいた証に――ハンセン病療養所多磨全生園朝鮮人・韓国人の記録』緑蔭書房、1989年）

江馬修〔作家〕

〔亀戸警察署で〕一人の兵士が、何か大きな黒い塊をやけに引きずって戸口の近くを横ぎっている。引きずられているのはまさに人間だ、死骸だ。その後には黒いものがだらだらあとを引く。血だ。〔略〕この時武装した兵士が一人、銃剣をもって蜂山に近づいてきた、そしてひからびた、太い、いらいらした声で言った。

「早くつぎをよこして下さい。そいつもやるんですか」

「こいつは助けてやりましょう。まだ子供ですから」

杉本は早口にそう言うと、いきなり福田の片腕を荒々しくつかんで、戸口から再び留置場の廊下へ引きずりこんだ。

〔略〕中庭の方で再び銃声がひびき出した。

朝鮮人が3人また5人ずつ房から出されて、つぎつぎと暗い外へ連れて行かれた。中には明らかに中国人もまじっていた。大部分は労働者だったが、中には60あまりと思われる老人もあり、若い娘もあった。むろん名前をよばれるでもなく、(彼らは名前や住所さえも調べられなかったのだ)戸口から巡査か刑事がはいって来て、一番手近なやつから、髪をひっぱったり、腕をつかんだりして引きずり出すのであった。すてられた小猫か小犬をつまみ出すと同じやり方だった。彼らの多くは、すでに観念しきったように、おとなしく、すごすごと死の庭へ引き立てられて行った。

銃声は、ほとんど絶えまなしに、3時頃までつづいた。その時分になると、あれほど朝鮮人でぎっしり詰まっていた留置場の中もがらんとなった。福田の房にも、彼の外に朝鮮人が4、5人残っているだけだった。いずれも、この時分に外から送りこまれて来たもので、例外なく顔や頭から血を流していた。

〔略〕5日目の夜がきた、ひきつづく恐怖の夜が……〔略〕夜中に何度かまじかな銃声で、うすうす目がさめた。一度は廊下で「アイゴー、アイゴー」と大声で泣き叫ぶ声を耳にしたし、別の時は、「こらっ、歩かぬかっ」という罵声といっしょに、ぽかぽかと人をなぐりつける音を聞いた。やはり、つぎつぎと朝鮮人を中庭に連れ出して虐殺しているらしかった。

(江馬修『創作集延安賛歌』新日本出版社、1964年。亀戸事件を体験し生き残った青年からの聞き書きに基づき出版された『血の九月』〔鉄塔書院〕を改稿して所収)

島上善五郎〔**労働運動家。当時19歳。深川森下で被災**〕

〔3日〕どこからともなく社会主義者と朝鮮人が山の手方面で暴動を起こしている、との無気味な流言が流れてきました。ほどなく亀戸署の特高刑事がやって来て、石毛〔留吉〕君を連行していきました。石毛君は亀戸警察に3晩ほどとめられ、顔の相が変わるほど殴られて帰されてきました。純労働者組合の平沢計七、南葛労働会の川合義虎ら9人の青年は、夕闇をつんざく悲鳴を残して殺されました。両手の掌を銃剣で突き刺され、危ないところを少年であったために助けられた若い労働者もいたそうです。

労技会〔向島・隅田にあった日本車輌の労働組合〕幹部の塚本君は、自警団に追い回され、白鬚橋上で槍で刺され、苦しまぎれに隅田川に飛び込んだところを、船に乗って追ってきた自警団の一員に刺殺されました。

(関東大震災を記録する会編、清水幾太郎監修『手記・関東大震災』新評論、1975年)

神道寛次〔**弁護士**〕

〔習志野騎兵の上等兵が〕荒川を渡り亀戸では亀戸警察署の留置場をこわして社会主義者をつれだして、荒川土手で殺したということを兵隊が話したんです。これはたいへんなことだと思ってすぐに布施さん〔弁護士の布施辰治〕にこの話を報告したら、「それだ」というんです。平沢計七、川合義虎という労働組合の連中が何日たっても行方がわからんというのです。そのうち平沢さんのはいていた靴に特徴があって、それが堤防の上でみつかりました。布施さんは猛烈な抗議運動をおこしました。そして、あの虐殺事件があかるみに出たのです。

（自由法曹団編『自由法曹団物語・戦前編』日本評論社、1976年）

震災時、亀戸署では「亀戸事件」と呼ばれる惨殺が行われた。当時警察と対立関係にあった社会主義者や労働運動家、それに多くの朝鮮人が捕えられ、習志野騎兵連隊によって惨殺された事件である。写真の首をはねられた死体は、労働運動家として知られる平沢計七と思われる

崔承萬（チェスンマン）〔**独立運動家、教育家、済州島知事（1951〜53）。当時東京朝鮮基督教青年会館総務**〕

亀井戸署で働いていた羅丸山（ナファンサン）氏の目撃談を紹介する。

「私は86名の朝鮮人を銃と刀で射殺したり斬殺したりするのをまのあたりにみた。9月2日の夜から3日の朝にかけて、亀井戸警察署の練武場に収容されていた朝鮮人は三百余名にのぼっていたが、この日午後1時には騎兵一個中隊が来て同警察を監視しはじめた。そのときから田村という男が指揮をとるようになったのだが、軍人たちは練武場へ入って来たかと思うと3名を呼び出し、練武場入口でかれらを銃殺してしまった。このとき指揮者は、銃声がきこえると附近の人に恐怖感を与えるから、銃の代りに刀で殺せと命令した。そこで軍人たちはいっせいに刀を抜いて83名を一時に殺したが、そのなかには妊娠中の婦人もいて、腹を斬ったところ胎児が出て来たが、その泣き声に、胎児まで刺し殺してしまった。殺された屍体は翌暁2時にトラックでどこかへ運ばれて行ったがその他の人もどうなったか知る由もない」といっている。殺害された者の原籍と姓名は数名を除いてはわかっていない。

朴庚得（パクキョンドク）（24）京畿道開城郡長瑞面九下里
金在根（キムジェグン）（44）全南順昌郡豊山面年昇里
趙妙城（チョウミョソン）（妊娠中の女性）済州島大静面仁城里
趙正洙（チョウジョンス）　右同
趙正夏（チョウジョンハ）　右同

（「関東大震災の思い出」崔承萬著・極熊崔承萬文集出版同志會編『極熊筆耕』寶晋齋、1970年→『コリア評論』1970年4月〜7月号、コリア評論社）

全虎岩（チョンホアム）

私は亀戸の福島ヤスリ工場に工員として働きました。そして大正11年南葛労働組合の亀戸支部が結成され、そこで活動をしました。

〔略。2日夜〕炭鉱の朝鮮人労働者がダイナマイトを盗み集団で東京を襲撃してくるから、みな町を自衛しなければならないというようなことをいっていました。〔略〕夜

になって朝鮮人が多数逃げていくというので、私は近くにある飯場へ行ってみました。飯場のすぐ側にハス畑があって、鉄道工事に従事していた同胞が20人ばかりいました。行ってみると、黒竜会の連中が日本刀などを持って飯場を襲撃し、ハス沼の中へ逃げ込んだ人まで追いかけ、日本刀で切り殺していました。

私は恐ろしくなってすぐその場を逃れましたが虐殺は3日の明け方まで続き、そのうち女性一人を含む3人はやっと逃げのびて亀戸警察署に収容されました。私はあとでこの人たちにあい虐殺の実態を確かめることができました。

あちこちで朝鮮人殺しのうわさが頻繁に伝わってきました。工場の人達は私に外へ出たら危いから家の中にいるようにと言って無理に押し込み、外で見張りまでしてくれました。

翌日（3日）の昼頃になってこのままでは危いし警察が朝鮮人を収容しはじめているからそこへ行った方が安全だと言う事をきき、工場の友人達十数人が私を取り囲み亀戸警察へ向いました。街に出てみると道路の両側には武装した自警団が立ち並び、兵隊も出動していて険悪な空気が充満していました。そして連行される同胞が道で竹槍などで突き刺され、殺された死体があちこちにありました。私も何度か襲われましたが、やっとの思いで午後3時頃亀戸署に着きました。

〔略〕4日明け方3時頃、階下の通路で2発の銃声が聞えましたが、それが何を意味するのか判りませんでした。朝になって立番していた巡査達の会話で、南葛労働組合の幹部を全員逮捕してきてまず2名を銃殺した、ところが民家が近くにあり銃声が聞こえてはまずいので、残りは銃剣で突き殺したということを聞きました。

〔略〕朝になって我慢できなくなり便所へ行かせてもらいました。便所への通路の両側にはすでに30～40の死体が積んでありました。

〔略〕虐殺は4日も1日中続きました。目かくしされ、裸にされた同胞を立たせ、拳銃をもった兵隊の号令のもとに銃剣で突き殺しました。倒れた死体は側にいた別の兵隊が積み重ねてゆくのを、この目ではっきり見ました。4日の夜は雨が降り続きましたが、虐殺は依然として行われ5日の夜まで続きました。〔略〕亀戸署で虐殺されたのは私が実際にみただけでも50～60人に達したと思います。虐殺された総数はたいへんな数にのぼったと思われます。

虐殺は5日の夜中になってピタリと止まりました。巡査の立話から聞いたことですが「国際赤十字」その他から調査団が来るという事が虐殺をやめた理由だったのです。

6日の夕方から、すぐ隣の消防署の車2台が何度も往復して虐殺した死体を荒川の四ツ木橋のたもとに運びました。あとから南葛の遺族から聞いたことですが死体は橋のたもとに積みあげ（死体の山二つ）ガソリンで焼き払い、そのまま埋めたそうです。その後私は遺族に連れられて現場にいき、死体を埋めたあとを実際に見ました。

死体を運び去ったあと、警察の中はきれいに掃除され、死体から流れ出した血は水で洗い流し、何事もなかったかのように装われました。調査団が来たのは7日の午前中でした。

〔略〕当時、荒川の堤防工事で四ッ木橋近くには朝鮮人労働者の飯場が沢山ありました。これは私が実際にみたのでなく震災直後に、習志野からやってきた騎兵隊が、橋の下で同胞たちを機関銃で虐殺したということを実際に見た人から聞いています。その他、亀戸の南の大島付近には中小企業が沢山あって多くの朝鮮人職工が働いておりました。その人達の多くも騎兵隊や自警団によって虐殺されました。ようやく生きのびて亀戸署に逃げ込んだ人もいました。

（朝鮮大学校編『関東大震災における朝鮮人虐殺の真相と実態』朝鮮大学校、1963年）

鄭然圭（チョンヨンギュ）**〔作家。1922年に来日。朝鮮語・日本語で創作活動を行う〕**

〔新聞記者とともに亀戸警察署を訪れたときに聞いた古森署長の話〕「震災前まで該署管轄区内に居住していた朝鮮人は約200名内外であるが、皆労働者のことだから詳しい正確な数を知ることはできない、外にまた支那労働者も200〜300人いた」「本所深川から逃げて押しかけてきた朝鮮人が500〜600からもあったのでそれで非常な混雑を起した、ご存知の通り一度あの不穏な流言が伝わるや、人民たちは警官たちの制するのも聞かずにてんでに棍棒や刀を持ちだしては鮮人と見れば片端から切り殺すという始末ですから」「それに警官の手は足らない。いくら警察署に収容しても収容してもとてもあの際のことだから間にあわなかった」「この署は鮮人が2階から留置場から何処から一杯でしたから」「いくら警官が制しても玄関口から激昂してどんどん侵入して来るのですから、それに出なければこの署を叩き壊してしまうというのですからどうすることも出来ませんでした」と暗々裡に演武場や留置場の中で朝鮮人が殺された事実をほのめかして〔略〕。

それから署長は警部にいいつけていよいよ打揃って現場に行く事となった。

「多分そこだと思います。これもそうでしょう」と、案内の私服巡査は自分の踏んで立っている足元をも、指差しながらいった。

「いやそこもでしょう」

案内の私服は腰をかがめてまたもしきりにあたりを見探していたが、あんまりのことに呆れかえっている私の足下を見てそういった。

「一体どこに骨があるのです、この溝の中ですか、この腐った物の下……」と横井兄が腰をかがめて見探しあてようとすると、私服の男は

「そこ、あなたの立っているところも、それその骨が見えるでしょう」と、いった。兄もびっくりしてたじろぎながら

「ならこれが骨だ！」と驚きのあまり叫ぶようにいった。よく見ると腐敗しきった水の溜まってある中から、白いような黒いようなものがちょっと先を出していた。私達はまたあたりを見探した、先刻私の立っていた所は踏むとちゃぶちゃぶ音がして、どうしても骨は見当たらない、私服の男は平気に

「そこは多分死体をいけてあったと思います」

「なに焼きもしない、切り殺されたそのままを……」

と私はいった。「あなたたちはもう殺されてから何日目になると思うのですか、もう3月目ですて……、それだのにいまだに焼いてもないというのは全く人道にはずれて

いるじゃありませんか」横井兄はまた責めた。そういわれると私服の男も顔色を失って、黙って私の顔ばかりを眺めていた。

先刻私服の男の立っていた、腐った藁などのあるところをよく見ると、そこには白い骨らしいものがあるいはつっ立っていたり、あるいは横に踏みつけられていた。横井兄の足を踏み入れたところは、黒い汚土が少しく盛り上がっていて、白い点々のものがところどころに現れていて、全く人間の骨を埋めてある様な感じがしなかった。側には鶏の毛や古着や缶詰の缶や何かの汚物が沢山棄てられてあった。

「全くこれじゃ犬ころも同然じゃありませんか鄭さん、全く酷いじゃありませんか、人間の死体や骨をごみ捨て場の中に棄てるなんて……」と、横井兄はいいながら、

「あれはなんです、あそこに棺桶見たようなものが見えてるのは、それに札も立ってあるじゃありませんか」私等はその方へ行った。

「これですか、これは名前のわかっている日本人の骨です」と、答える私服の横顔を私は憎らしく睨みつけた――日本人の骨だけは棺桶に入れる――。今まで私等から少し離れた乾いた所に立っていた兄弟たちも、その穢いいろんなものが腐っている所へ進み寄ってきた。

「ごらんなさい、あそこに転がっている白い物があるでしょう、あれが背骨です、それにあそこのあの黒い水のちゃぶした所に見えているのは、あれは死体をそのままいけてある者等の着物です」

「こうなるとちっとも人間という気持ちがしないな、犬の死骸だか猫の死骸だかどれがどれやら判断さえもつかないじゃないか……」と皆口々にいっては呆れかえって、しばらくの間はまた呆然としてしまって話声さえ途切れてしまった。

（連載「同胞の遺骨を訪ねて」『報知新聞』1923年11月28日〜12月15日）

亀戸警察署

9月2日午後7時頃「鮮人数百名管内に侵入して強盗・強姦・殺戮等暴行至らざる所なし」との流言行わるると同時に、小松川方面に於て警鐘を乱打して非常を報するあり、事変の発生せるものの如くなれば、古森署長は軍隊の援助を索むると共に署員を二分し、一隊をして平井橋方面に出動せしめ、自ら他の一隊を率いて吾嬬町多宮ヶ原に向いしに、多宮ヶ原に避難せるおよそ2万の民衆は流言に驚きてことごとく結束し鮮人を索むるに余念なく、闘争・殺傷所在に行われて騒擾の衢と化したれども、遂に鮮人暴行の形跡を認めず、即ち付近を物色し鮮人250名を収容してこれを調査するにまた得る所なし、而して民衆の行動は次第に過激となり、警察官及び軍人に対してまで誰何訊問を試み、又は暴挙に出でんとせり。然るに鮮人暴行の説が流言に過ぎざることようやく明かとなりたれば、同3日以来その旨を一般民衆に宣伝せしも肯定する者なく、自警団の狂暴は更に甚しく鮮人の保護収容に従事せる一巡査に瀕死の重傷を負わしめ、又砂村の自警団員中の数名の如きは、良民に対して迫害を加えたる際、巡査の制止せるを憤り、これを傷けしかば、直に逮捕したるに、署内の留置場に於て喧騒を極め、更に鎮撫の軍隊にも反抗して刺殺せられたり。

〔略〕亀戸町柳島新地の某は平素より十余

名の乾児を養いしが、是日兇器を携えて徘徊せるを以て、本署巡査のこれを制止するや、直に抜刀して斬付しかば、同巡査もまたやむを得ず正当防衛の手段としてこれを斬殺せり。かつ流言蜚語を放ちて人心を攪乱し、革命歌を高唱して不穏の行動ありしが為に、9月3日検束せる共産主義者数名も是日留置場に於て騒擾し、鎮撫の軍隊に殺されたるが如き、以て当時管内に於ける情勢を察するに足らん。

（『大正大震火災誌』警視庁、1925年）

旧羅漢寺

明治通りと新大橋通りの交差点の大島町にあった。現在は江東総合区民センターになっている。

古くから五百羅漢で有名だった羅漢寺は、震災当時すでに移転していたが、広大な境内や池が残っていた。ここから北は五之橋を経て亀戸駅に通じ、すぐ南には大島製鋼などの工場群があった。

宇田川慶之助

大震災のときの、あの大島事件ってのは偶発的なものじゃないんですよ。あのころ大島には朝鮮人が大勢いた。力わざは日本人より強いから、ほとんどが鉄工場の雑役人夫や荷上げの馬力をやっていたが、彼らの間に「チーハ」という支那の博打がはやっていた。

当時、大島一帯にニラミをきかせていた博徒の小松屋一家が、この「チーハ」に目をつけてね、朝鮮人相手だけじゃ商売にならない、日本人にも誇りをかけて大きくやってやろうというわけで、乗り出してきた。震災の4、5年前のことですが……。〔略〕小松屋一家が胴元になると、子分がほうぼうへ券を売って歩くから、たいへん盛んになった。日本人も朝鮮人もいっしょになって毎日のようにやってたものです。

で、この博打のあがりが、みるみる大きくなったものだから、朝鮮人の元胴元がうらんでね、返せ、返さぬってんでなぐりあいがたえないようになった。

そこへたまたま大震災になって「朝鮮人が井戸に毒を入れて歩いている、女を強姦している」なんて流言飛語がとんだもんだから、小松屋一家の若い連中が、色めきたってね、朝鮮人とみれば鉄棒でぶんなぐって歩いた。それで、夜になってから、朝鮮人のほうも集団で仕返しにきたもんで騒ぎが大きくなったんです。羅漢寺の境内で乱闘になって、結局、憲兵隊が出動して一斉射撃で殺してしまった。朝鮮人が20〜30人、日本人も5、6人殺されたって話です。（談）

（「バクチ争いが導火」『潮』1971年6月号、潮出版社）

内田良平〔政治活動家〕

2日午後3時半頃大島町の五百羅漢に於て鮮人8名捕えられ何れも自警団員の為めに殴打せられ瀕死の状態なりし〔略〕。

（内田良平『震災善後の経綸に就て』1923年→姜徳相・琴秉洞編『現代史資料6・関東大震災と朝鮮人』みすず書房、1963年）

浦辺政雄〔当時16歳〕

〔5日の夕方〕千葉街道に出ると、朝鮮人が千人に近いなと思うほど4列に並ばせられていました。亀戸警察に一時収容してい

た人たちです。憲兵と兵隊がある程度ついて、習志野のほうへ護送されるところでした。

もちろん歩いて。列からはみ出すと殴って、捕虜みたいなもので人間扱いじゃないです。

〔略〕羅漢寺は当時はいまの江東総合区民センターのところにありました。

ここまできたら、針金で縛って連れてきた朝鮮人が、8人ずつ16人いました。さっきの人たちの一部ですね。憲兵がたしか2人。兵隊と巡査が4、5人ついているのですが、そのあとを民衆がゾロゾロついてきて「渡せ、渡せ」「俺たちのかたきを渡せ」って、いきり立っているのです。

銭湯に朝鮮人を入れたんです、民衆を追っ払ってね。〔略〕何分もしないうちに「裏から出たぞー」って騒ぐわけなんです。

何だって見ると、民衆、自警団が殺到していくんです。裏というのは墓地で、一段低くなって水がたまっていました。軍隊も巡査も、あとはいいようにしろと言わんばかりに消えちゃって。さあもうそのあとは、切る、刺す、殴る、蹴る、さすがに鉄砲はなかったけれど、見てはおれませんでした。16人完全にね、殺したんです。50～60人がかたまって、半狂乱で。

〈抗はぬ朝鮮人に打ち落ろす　鳶口（とびぐち）の血に夕陽照りにき〉

これはこのときを詠んだものです。

（関東大震災時に虐殺された朝鮮人の遺骨を発掘し追悼する会『風よ鳳仙花の歌をはこべ――関東大震災・朝鮮人虐殺から70年』教育史料出版会、1992年）

戸沢仁三郎〔社会運動家、生協運動家〕

1日の晩には早くも、朝鮮人が井戸に毒を投げ込んでいるという噂と、社会主義者が朝鮮人などを使嗾（しそう）して暴動を起こそうとしている、あるいは起こしつつあるという噂が迅速に広がったのですね。最も被害のひどかったのは、大島町に密集していた朝鮮人の人たちで、もう2日にはいわゆる朝鮮人狩りが始まったのです。

朝鮮人と見ればやたらにつかまえて、それに髪の毛の長い連中、これは主義者で私どもの労働組合の中にもいてやはり被害をこうむって殺されていますが、それと平素から警察に反抗的な人間など、これらを羅漢寺の墓地へつれて行きまして、そこで自警団の連中が竹槍または刀で惨殺したのです。

（「純労・南葛労働会および亀戸事件旧友会聞き取り（4）」『労働運動史研究』1963年5月号、労働旬報社）

戸沢仁三郎〔社会運動家、生協運動家〕

自警団によっては、警察の手伝いをしやがって、現に私の仲間の者が自警団につかまって、そして自警団によって殺されているんです。

ですから、自警団でも悪いやつは警察と一緒になって、あいつは社会主義者だとか、あいつは普段から生意気だったとかいうことで捕まえるんです。こういう人たちはやはり朝鮮人たちと一緒に羅漢寺へ連れて行かれてそこで殺されたんです。ですから日本人も幾人か羅漢寺で殺されているんです。〔略〕

私の方の自警団でも普段おとなしいやつなんだけれども現に自分の家にあった刀をさしてるんですよ。それでなんとか切ってみたいんですね。〔略〕羅漢寺へ朝鮮人を連れてくると、そいつが切るんですよ。それこそ手を切ろうとして切り落として見せるとかね、中には首を切ろうとしてみたりね。本当にもう野獣になっちゃってるんですからねえ。

（『朝鮮研究月報』1963年10月号、日本朝鮮研究所）

藤沼栄四郎〔**社会運動家、南葛労働会創設者**〕

この頃〔4日〕朝鮮人虐殺事件が盛んであったので、大島町のラカン寺の蓮池に行ってみたら池の中に20~30名位の朝鮮の人が竹槍で突かれたのか臓腑が飛出している者もあり、橋の下に殺されている者もあり、目も当てられない有様だった。

また同志遠山君が見たことだが、大島町には朝鮮・中国の人がたくさんいたので、これを警官が皆連れて行き十間川（じっけんがわ）のほとりに立たせ、それを川の中に突き落として軍隊が銃殺したのだった。

（「亀戸事件の犠牲者」『労働運動史研究』1963年7月号、労働旬報社）

砂町・州崎

江東区南東部。現在は南に広く埋立地があるが、震災当時は東京湾岸だった。砂町は火災を逃れたが、州崎は焼失した。もともと地盤が弱いので地震の被害が大きく、そのうえ隣接の深川地区が全焼したので、火災を逃れた多くの人が流入し混乱を極めた。

M

1日の晩、砂町小学校に避難しました。「朝鮮人が井戸に毒を入れる」とその日の晩から騒ぎはじめました。「赤ん坊、泣かすな！　朝鮮人が来る。火をつけるな！　朝鮮人が来る！」

〔略〕朝鮮人と間違えられた死体がいっぱい積んであった。みんな竹槍を作って「山と川」合言葉で言えなかったり、とっさに出なかったり、どもったり、ズブッとやられたんだから。

（関東大震災時に虐殺された朝鮮人の遺骨を発掘し追悼する会『聞き書き班まとめ』）

青木要之助〔**1903年生まれ。菓子商。当時砂村久左衛門新田（現・北砂2丁目）在住**〕

大杉事件や神近市子が投獄されたり亀戸事件もあった。亀戸事件と言うのは進開橋附近に住居していた主に朝鮮人の〝労働者〟人足を製糖会社、ガス会社、製粉会社等へ人を回して幾分かの賃金の頭をはねる商売の何々組と言う親分株が亀戸警察署に捕えられ詳細な調べもなく憲兵隊に銃殺されてしまった。

又朝鮮人らしい人を針金でガンジがらめにして小名木川へ投げ込んだのも見た。

又東京運河が工事中だったが水を放出する必要上モーター小屋が造ってあった。その小屋に出るに出られずとじ込もったまま1週間も、10日も水も呑まず餓死してしまった。全く気の毒な人々であった。

朝鮮騒動も噂によると爆弾を投げて歩いたという、戒厳令が布かれた事とて種々雑多な事件があった。

（「関東大震災の思い出」青木要之助『砂村の記録』原稿用紙コピー本。深川図書館所蔵）

秋山吉五郎〔金魚養殖業〕

〔砂町養魚場主任・河本彦太郎宅で〕２日の晩には例の鮮人騒ぎ、８時頃になると噂に噂が生じて鮮人の襲撃が直にもあるような情報が比々として伝わって銃声が各所に聞こえる。極度の恐怖観念に駆られた後で真否を判断するの余裕などのあらばこそ、保護の任にある警察官ですらこれを信じて共に騒いでいる始末、我々のこれを信ずるのも無理はない。常に正鵠の判断を誤らない翁にも半信半疑であった。婦人子供等は極度に恐怖しているので、男子は不眠でその警戒に任じ、終夜銃声は絶えなかったが何事もなく夜は明けて、ホットした３日になって噂は影を生み影は真となって一層甚だしくなってきた。

（吉沢寛夫『秋山吉五郎翁』私家版、１９３０年）

飯田長之助

２、３日たって少し落ち着くと、商売のほうが心配になって、〔本郷から〕州崎の養魚場を見に行った。その途中の道に、朝鮮人らしい死体がゴロゴロしている。震災で死んだのは黒こげになっているが、暴行されて死んだのは、皮膚が生っ白いから一目でわかるんだ。ひでェのは、半分焼け残った電柱に朝鮮人がしばられていて、そのかたわらに〝不逞鮮人なり。なぐるなり、けるなり、どうぞ〟と書いた立て札があって、コン棒までおいてある。そいつァ顔中血だらけになっていたが、それでも足けりにしたり、ツバを吐きかけていくものがいてねェ……。（談）

（『潮』１９７１年６月号、潮出版社）

伊藤義一〔当時深川区明川高等小学校２年生〕

〔２日、砂町で〕あたりはだんだん暗くなってアチラコチラと提灯の光が見え出した。今夜はゆっくり寝ようとゴロリ横になったときであった。俄然「〇〇人が攻めよせてきた！　皆注意しろ‼」と大声に叫んだ者があった。むくり跳ね起きた僕は外へ出た。何んという有様であろう手に棒切れを持った青年団員抜刀した巡査などが大声に呼ばわり呼ばわり歩いているそのさげている提灯も物凄い光りを出している人々はこの震災に対して頗る元気が昂っている時であるから「〇〇人なんどぶち殺してしまえ‼」と各自に鳶口棒切などを持って出た。僕も手頃の棒を持って出た総人数14人工場に這入っている年寄女子供を守る事になった。

稀有の大震大火旋風飢疲に襲われ……將亦〇〇人の暴徒攻め寄せて来たというので生きた色なく無心の赤子を抱いてどうなり行くかと眼に露を宿して震えている婦人「お母さん恐いよ！」と母に抱きつき大声で泣く子供「泣くと〇〇人が来るよ」と小さき声で叱る様になだめ賺す母親僕はこれらの人々に同情して思わずもらい泣きした。神は種々なる方法を講じてかくも弱い者をいじめるものかと痛切に神仏を呪った。

〇〇人騒ぎで海辺近くへ避難した人々が学校さして来たので鐘を打つやら竹槍を作るやら大変な騒ぎである。

暫くすると僕らの前をバスケットを下げた大男が来たので誰何すると逃げ出したので皆で捕え高手小手に縛し上げ役場に引渡した。

そこにはやはり〇〇人らしき者が７、８人縛され何事か調べられている役場で調べると〇〇人ということが判ったが温順な人間であるから役場で保護することになった。時々「〇〇人が何百人来たの何千人来た」という声に脅かされ脅かされて恐怖の夜は全く明けはなれた。

そろそろと何を目的でさまようのか眼を皿のようにした人々があっちこっちと行き通っている。

その中を厳しく武装した各自警団が悠々として時々通るたまには血気にはやって同胞を殺すことがあるその物騒千萬である自警団がその時の市民にとっては唯一の頼みの綱であった。人々によって語り出されることは皆〇人騒ぎである。

僕は何んの気なしに役場へ行った凄槍の極みと言おうかそこには抜刀した人竹槍を持った人鳶口ハンマーを持った人又は焼けた刀を抜いた人々が皆同一の如く「これで〇〇人を一寸だめしにするのやれこれで横腹を突さしてやるの」とがやがやと話し合っている。

日の長き時も時のたつに従いあたりは次第々々にうす暗くなった。それと共に人々の顔色も曇って来た。今は全く夜となった。自警団のちらちらと提灯の光はその凄愴を物語った。

「〇〇人が行ったぞ！　捕えろ!!」と闇をつらぬく声に僕の心はおどったそして声する方へ駆けだした。

「殺してしまえ！　殺してしまえ!!」と川をとりまいた大勢の人々が各自の武器を出して何やら黒きものをたたき且突いているやがて黒きものは鳶口によって道路へ引上げられた僕は前へ出て見た、その黒きものは人である。……

酸鼻と言おうか凄惨と言おうか、その人の顔といわず胴といわず切傷突傷又は刺した傷でその所からぶくぶくと生ぐさい血が出て虫の息である。……

これを見て一同は各自の武器をさし上げて萬歳を唱えた。

聞く所によれば学校の縁の下で鉋屑に火をつけたところを巡回人に見つけられ追い出されたのだと。

一騒ぎも終りて夜はひっそりした。月は物凄い程冴え渡っている。時計は丁度11時頃であった。勇ましき喇叭の音と共に「ヂャンヂャン」と警鐘が乱打された。皆の顔色はどよめいた。しばらくして「〇〇人が爆弾鉄砲ピストルなどを持って運河のごとく攻めよせて来たから皆大いに奮闘せよ」という、ふれが廻ったと物凄き銃声は大地を震わした。僕は棒切を捨てて石塊を拾った。僕の心には決死という事が刻まれた。

けたたましき警鐘の音喇叭の音物凄き銃声……しかし〇〇人の来る様子もない喇叭の音警鐘の音銃声も今は止んで後はまた一しきり寂寞の夜となった。初めて流言蜚語という事が分かった。

旦那の家を4、5人で守る特に僕と2、3人は工場井戸（井戸へ〇〇人が毒薬を入れるという噂もたったので）を守る事にした。

〔略。3日〕丁度11時頃であった100名ばかりの〇〇人が縛され15、6名の軍人に護送された昨日の銃声はこれらの〇人を捕えるためにうった空砲であった。とその日も〇〇人騒ぎで何事もなくすんだ。

（「震災記」東京市役所『東京市立小学校児童震災記念文集・高等科の巻』培風館、1924年）

伊藤国太郎〔当時12歳〕

翌日〔9月2日〕の昼頃には、もう家〔砂

震災によってなぎ倒された砂町の木造建築。東京の下町の地盤は軟弱な洪積層のため、杭打ちの浅い木造建築は大きな揺れにひとたまりもなく、不同沈下によりあえなく倒壊した

町の警察・小学校・役場へ行く道と火葬場へ行く道のT字路の角から2軒目〕のそばの十字路の所に憲兵が立っていまして、昔は〝剣付き鉄砲〟といいましたが、鉄砲の先に剣がついたものを持っていました。

その夜でしたか、朝鮮人が井戸に毒を投げた、社会主義者が謀反を起こした、という大人たちの声を聞いたわけです。あっちもこっちも大人連中が集まれば、そういう話でもちきりでした。

〔略〕2日か3日の夜です。朝鮮人が井戸へ毒を投げた、というので、みんな喧喧囂囂としていて、夕方になると血気な者が竹槍を持ったり、それぞれ木刀を持ってきたり、武装して、朝鮮人を見つけろ、というわけで探しているわけです。はす田といって、はすの葉がうんと繁っている田がたくさんあったんです。少し風でそよいではすの葉がゆれると、「ほら、いた」と追いかけるわけです。でも、いないんですね。私なんかも竹槍持たされて「お前も男だからついてこい」といわれ、後からおそるおそるついていきました。だけど、だれもつかまえたことはなかったですよ。

〔略〕そこの〔役場の隣の砂町〕尋常小学校の校庭に、道路に向かってみんな後ろ手にしばられて、距離としたら6尺から9尺ぐらい離れて坐らされています。もう死んでいる、殺されている人もいるわけです。校舎ほとんど全体、6教室から7教室の長さですから、おそらく20人ぐらいいたんじゃないですか。

ある者は浴衣がけで肌ぬぎになってさらしを巻いていた人という記憶がありますね。素人の人でしたらさらしの腹巻というものを巻かないわけです。やくざとはいわないまでも、そういった類の人ではないかと思うんですよ。あと小頭、赤っぽい印半纏を着た人間もいました。

憲兵が要所要所にいて、見ているわけです。日本刀を持って首を切るんです。切るといっても剣道ができるわけじゃなし、ただ力で切るだけでしょ。だからほんとうに恨めしそうに殺されていました。〔それは〕4日か5日ですね。

（「小学校の校庭で」関東大震災五十周年朝鮮人犠牲者追悼実行委員会編『関東大震災と朝鮮人虐殺——歴史の真実』現代史出版会、1975年）

加藤春信〔**当時8歳。砂町新田亀高で被災**〕

9月2日の夜、本所被服廠跡から生命をとりとめて還ってきた重ちゃん〔兄〕が、そこで受けた火傷や怪我の傷の痛みに苦しめられていた時、闇を突き破ってどことなく無気味な空気を孕んでメガフォンを通してきこえてきた声についての話を前に戻してふれてみたい。

その声はくぐもってはっきりとは聞きとれなかったが、何か重大な事件が勃発して、それに対処するための警告が発せられているようであった。それでも筏の上でごろ寝していた私はふるえながら耳を澄ますと、その声の意味するところは次のように聴きとれることができた。「まもなく朝鮮人の一団が徒党を組んでこちらの方へ向って侵入してくる、橋が落ちているため川を渡ってくるだろうから、もしも全身ずぶ濡れの怪しいものをみつけたら、そいつらは不逞の輩であるから、たちどころに捉まえて当局へ引き渡すようにせよ」

その声の主は数人でトラックに乗り、焼場通りを通過していくらしく、初めは遠くの方できこえてきたその声がはっきりとした仔細はつかめなかったけれど、急につのってきた恐怖の念で胸うちふるわせている私の耳に、だんだん真近に迫って響いてきたかと思うと、やがてつぶてを投げてできた波紋が、しだいに淡く拡がっていくように遠ざかっていった。

その後すぐに各家毎に老人・子供・婦女を除く成人の男性だけが悉く狩り出されて、俄かじたての警防団のようなものが組織されたようであった。集められた人々は各自の家から持ち出した刀剣類の武器を身につけて、警備の任についたそうである。そして、重なり合った広葉で被い尽くされていて、いかにも怪訝な人間でも潜んでいそうな付近の蓮田をとり囲み、「出てこい！この野郎。出てこないとぶった切ってやるぞ」とてんでに怖さをカバーするような大声を発しながら、蓮田の泥水の中に踏み込んで、恐る恐る囲みの輪を縮めていったということを後になって聞いた。

まだ小学校の下級生の幼い頃の私には、その夜の物情騒然たる世相を納得のいくまで察知することはできなかったが、激震という未曾有の大災害に加えて、その翌日の夜に突然報知された暴動という人災に追い討ちをかけられて、なすすべもなく、筏の上に吊られた蚊帳の中で、ただ戦慄しながら怯えているばかりであった。

〔略〕わが家が含まれる場所やその近辺は現在の江東区に当たるが、その地域には朝鮮の人たちが多く居住していたそうで、彼らの中でその時大量の犠牲者が出たそうであった。わが家の東方に所在する持宝院の墓地の一部に集められたそれらの遺骸を火葬にする煙が風に乗って、むかつくような悪臭を漂わせてわが家の方へ匂ってくる日がその事件のあった日から数えて、幾日か続いたのを覚えている。

（加藤春信『早春回想記』私家版、1984年）

鄭チヨ〔当時深川区霊岸尋常小学校3年生〕

地しんがすこしとまりましたので急いで家へかえりました。そのうちにすざきから火事がおこりました。家の人たちは皆にげました。火はだんだんあとをおってきましたので川の方へにげました。

もうここまでは来ないと安心して、その晩は外でねました。あくる日の朝どての所へ小屋をこしらえていると、あっちこっちから丸太を持った人が来てお父さんや家にいたしょく人たちをしばってけいさつにゆきました。そしてあしたかえしてやるといって、なかなかかえしてくれませんでした。そのばんはお母さんとにげる時、ひろった赤ちゃんと、家にいた男の子と私と4人でさびしがっていました。すると又知らない男の人が小屋の中へ入ってきて、お前等は○○の女ではないかといいました。お母さんがそうですよといいましたら、きさまらころすぞといいました。そしておこりました。私はしんぱいでなきながらなんべんもあやまりました。そんなら女の事だからゆるしてやるといって行きました。よろこんでけいさつにいってお父さんのいっているならしのという所へつれて行ってもらいました。

お父さんはみんな死んだと思っていましたから、大へんよろこびました。それからみんな東京へ送ってもらいました。

（「こまった事」東京市役所『震災記念文集・尋常三年の巻』培風館、1924年）

深川

石井進太郎

9月1日はガラス工場〔深川西町（現・森下町）。使用人は70人、うち25人が朝鮮人〕の連中と大島9丁目に避難しました。その夜はどんどん燃えてきたので小名木川ぞいを小松川まで提灯を持って逃げました。燃えたあくる日、親戚を頼って渋谷に行きました。〔略〕そこから大井の星製薬という大きな会社のガラス工場に朝鮮人を預けました。道中は朝鮮人をかくすため、口をきかないようにさせ、3人の若い者が3つに分けて連れて行ったのです。「朝鮮人が井戸に毒を入れた」とかうわさがあったが、うちにいた朝鮮人は皆子供だったからね。朝鮮人の小僧たちは表に出さないようにし、口もきくなと言っていたので大丈夫でした。深川には日本人の小僧が残っていましたよ。〔略〕朝鮮人の小僧は深川には置いておけないんです。

その朝鮮人の小僧はね、親元に金やってそれで買う。そのね、周旋屋がいたんですよ。専門にね。朝鮮に行ったり来たりして、そういう人にたのむと10人でも世話してくれる。で、そのときに周旋屋が親元にいくらって置いてきてやる。日本人でもおなじですよ。

〔略〕本所、深川には朝鮮人が多かった。ガラス屋に多かったよね。でもまわりのガラス屋にいた朝鮮人で、震災のとき殺されてしまったいう話はとくに聞いていない。顔見知りでひどい目にあった人はいないんだ。

殺されてることはずいぶん殺されてたね。道路で殺されたり、手をしばられてね、後ろに材木や鉄の棒をのせられたりしてほうぼうにいたりね、川に浮かんでいたりね、とにかくあすこの川がまっ赤だったんだから、血で。小名木川でもなんでもね。もう血でまっ赤だったんだから、体じゅうが。

（関東大震災時に虐殺された朝鮮人の遺骨を発掘し追悼する会『風よ鳳仙花の歌をはこべ――関東大震災・朝鮮人虐殺から70年』教育史料出版会、1992年）

川村貞四郎〔実業家。当時内務省保安課勤務〕

〔3日、深川視察中〕しばらくすると群衆は鮮人を捕えて「此の奴が毒薬を飲料水に流した」といって、将に危害を加えんとしておるから、一先ず鮮人を預かることとし、警察講習所生徒をして西平野警察署に護送せしめた。

（川村貞四郎『官界の表裏』私家版、1933年）

染川藍泉〔**当時十五銀行本店庶務課長**〕

〔3日、十五銀行〕深川支店の前には鮮人が3人殺されておった。電柱に括(くく)り付けられて日本刀で切られておった。それは山下支店長が実際を見て来ての話であった。

（染川藍泉『震災日誌』日本評論社、1981年）

本宮鈴子〔**当時第二岩淵尋常小学校児童**〕

〔2日夜、富岡八幡様の公園で〕その夜はそこにねましたが、こんどはちょうせん人がすさきの方からおしよせてくるというので、男の人はみんなふせぎにでてゆきました。あとはみんな女子供やとしよりですから4人ばかり男の人がのこっていてくれましたのですこしは安心しました。それでもはやく夜があけるといいと思いました。

あくる日〔3日〕はよいお天気でした、又にごったおもゆをすすって、今度は水をのもうと思いましたら、ちょうせん人がどくを入れたからのんではいけないといわれました。そのうちに雨がふってきたので、みなさんがつなみがくるといけないと心配していました。

（「下村まで」「第二岩淵小学校児童作文集・震災号」1924年2月〔冨田駿策氏所蔵〕→北区史編纂調査会編『北区史〈資料編〉現代I』北区、1995年）

深川西平野警察署

9月2日の夜、午後8時頃本署に急報するものありて、曰(いわ)く「鮮人数10名門前仲町方面に襲来せり」と、即(すなわ)ち警部補以下20余名の署員を特派し、深川八幡神社又は古石場方面等に在りて徹宵警戒に任ぜしめしが、遂(つい)にその隻影(せきえい)を見ず、而してこの前後に於て「鮮人等が爆弾に依りて火災を起し、財物を掠(かす)め、婦女を辱め、或は毒薬を撒布する等暴虐到らざる所なし」との流言行われ「清澄遊園の魚類の多く斃死せるは鮮人の毒物に因れり」等と称して人心兢々(きょうきょう)たり。かくて民衆の手に依りて逮捕し、本署に同行せるもの少なからざりしが、概(おおむ)ね沖縄又は伊豆大島の人なりき、然(しか)れども人心はこれが為に興奮して自警団の横行を促せり。これに於て本署は管内鮮人の全部を検束して保護を加うると共に、民衆の戎(じゅう)・兇器を携帯するを厳禁し〔略〕。

（『大正大震火災誌』警視庁、1925年）

丸八橋・進開橋

小名木川を架橋し大島と砂町を結ぶ。両者は900メートルほど離れている。

小名木川沿いの地域は、横十間川(じっけんがわ)の西が焼失し、東は火災を逃れた。だが地盤が弱く、地震や火災で多くの工場や橋が破損した。また荷揚げ人夫などで多くの中国人・朝鮮人労働者がいた。

内田良平〔**政治活動家**〕

3日午後4時頃大島町新開橋に於て3名の鮮人軍隊より殺されたる〔略〕。

2日大島町より行徳に通ずる道に当る中川橋に於て、鮮人30～40名と青年団と衝突し、鮮人多数の為め青年団側にも死傷少なからざりしが、扇町35番地に居住せる竹本柔道々場の弟子等抜刀にて応援しつつある中、軍隊の応援を得て鮮人を皆殺したり。

3日夜小名木川自警団等6名の鮮人を追跡し〔略〕兵士により銃殺せられたり。

（内田良平『震災善後の経綸に就て』1923年→姜徳相・琴秉洞編『現代史資料6・関東

人工河川・小名木川にかかる丸八橋。「丸八」という名は、明治の頃にあった「丸八」というお香屋さんに由来するといわれる

大震災と朝鮮人』みすず書房、1963年）

浦辺政雄〔当時16歳〕

9月3日は朝8時ころから、父とともに〔大島6丁目から〕まず浜町へ兄を捜しにいきました。丸八橋までほんの1分か2分というところまで来ましたら、バババババーンと、ダダダーンという音がしたわけです。何かしらと思って行くと、橋のむこう側でちょうど軍隊が20人ぐらい、「気をつけー」「右向けー　右」って、整列して鉄砲を担いで行進して移動するところでした。

のぞいて見ると橋の右側に10人、左側にも10人ぐらいずつ電線で縛られて。あれは銅線だから、軟らかくて縛れるんです。後ろ手に縛って、川のなかに蹴落とされて、それへ向けて銃撃したあとです。〔略〕左側のはまだ撃たれたばっかりだから、皆のたうって。血が出ているさかりなんです。まっ赤。血が溶けずに漂っているわけです。右側のは先にやったんでしょう、血も薄れていました。

「なんだか知らぬが、むごいこと」と、息をのみました。〔略〕岸の北側につき落として、南側から撃ったんです。

小名木川ぞいに西へ行くと次は進開橋です。その手前、40～50メートル、せいぜい100メートルのところでも同じような銃殺体、10人ほどを見ました。それはもう時間が1時間やそこらたったんでしょう。血も何もありませんからね。川のなかが同じ状態ですからね、ここでやって、それから丸八橋でやったんでしょう。このあたりは全然焼けてないですからね。死体が浮いているって、その朝鮮の人だけですよ。確かめるまもないし、とにかくむごいことだと。だけど私たちは兄を、兄を、というわけで、先へ行ったんです。

（関東大震災時に虐殺された朝鮮人の遺骨を発掘し追悼する会『風よ鳳仙花の歌をはこべ――関東大震災・朝鮮人虐殺から70年』教育史料出版会、1992年）

高梨輝憲〔深川区猿江裏町30番地（現・猿江2丁目2番地）で被災〕

〔3日〕巡査と別れた私は、さきに来た道を進開橋まで引返えした。ふと橋の上を見ると大勢人だかりがして、何やらざわめいている様子、私は何事かと思って行って見ると、橋の欄干に一人の男が後手に縛られて寄りかかっていた。そのまわりに騎兵の襟章をつけた軍人が3人ばかり立っていた。それを取りかこんでいる群集は口々に「この野郎朝鮮人だ、やっつけてしまえ」と

罵しっている。そのうち軍人の一人は、いきなり軍刀を抜きはらいその男の頭上目がけて斬りつけた。途端に鮮血がさっとほとばしった。斬られた男は「うー」と唸(うな)ったがそれ以上の声は立てなかった。その筈(はず)である。男はこの時までに既に散々いためつけられてなかば失神状態になっていたからである。軍人は斬りつけるとすぐ両足をかかえて欄干ごしに川の中へ投げこんでしまった。投げこまれた男は一旦沈んだが、やがて顔を水面に出して浮きあがった。見ると長い頭髪が顔面に垂れさがり、血潮がそれにつたわって顔いっぱいに染め、さも怨めしそうな形相をしてにらんでいるかのように見えた。それは芝居でやる四谷怪談戸板流しの場面を想起させるほどの凄惨さであった。

　私は図らずもこのような凄惨な状景を見た。しかし凄惨な状景はこれだけではなかった。進開橋から五之橋の方へ向って少し行ったところで、またさきに劣らないほどの惨虐な場面を見た。

　3人の男がこれも後手に縛られたまま、全身血まみれになって道路にころがっている。側(かたわ)らには騎兵銃に剣を立てた軍人が5、6人立っていた。騎兵銃は三八式歩兵銃とはちがい、銃に剣が装着してあるから、剣を立てればそのまま銃剣になるのである。ここにも群集があつまり、倒れている男を丸太や鉄棒で殴りつけていた。男は既に人事不省になっていたらしいが、それでも苦しさのためか、時々うめきながら軀(からだ)を動かすと「この野郎まだ生きていやがる」と罵りながら、更に強く殴打した。軍人はそれを黙って見ている。私は倒れている一人の男に近づいて見ると、男の尻のあたりに銃剣で突いたらしい生々しい創(きず)あとがあった。

〔略〕大正11、12年頃、中国浙江省附近から多数の中国人が、中国産の扇子や蠟石細工の置物などをもって、行商人として来日していた。苦力(クーリー)と称する労働者も多くやって来た。その労働者は主に深川辺で集団生活を営なみ、荷揚げ人夫などをして働いていた。そしてこれらの中国人はいずれも支那服を着ていたから、一見して中国人であることがわかった。

〔略〕進開橋付近の路上で虐殺された男たちの服装を見たら、それは私と仲好くしていた中国人の服装と同じであった。当時、思慮のない日本人は朝鮮人暴動説におびえ、朝鮮人、中国人の見境いもなく、やたらに異民族を殺害したものである。

（高梨輝憲『関東大震災体験記』私家版、1974年。都立公文書館所蔵）

田辺貞之助〔フランス文学者。当時旧制高校1年生〕

4日目ぐらいになると、朝鮮人狩りが本格的になった。

〔略。大島の自分の家が軍の屯所になり〕裏の庭で、兵隊さんが牛蒡(ごぼう)剣をみがいていた。縄をひろってきて、それへ砂をつけてこするのだが刃金にしみこんだ血のしみがなかなかおちない。

　ぼくがぼんやりそばに立ってみていたら、「アンチャン、磨き砂はねえかな」ときいたので、台所から磨き砂をもっていってやった。それでもしみはおちなかった。磨き砂の入物をもとのところへもどしに行くと、母が「兵隊さん、磨き砂をなんにつかったんだい?」ときくから、これこれだと話すと、母は「まあ、いやだ！」といって、その箱を外へ放りなげた。日ごろお鉢や食器をあらうときにつかう磨き砂だったのである。

〔略〕物情騒然とは、あの時分のことをいうのだろう。

どこそこでは何人殺された、誰それは朝鮮人と間違えられて半殺しの目にあった、山といわれたら、そくざに川といわないとやられる、そんな話ばかりだった。

小名木川には、血だらけの死骸が、断末魔のもがきそのままの形で、腕を水のうえへ突きだして流れていた。この死骸は引き潮で海まで行くと、また上げ潮でのぼってくると見えてぼくは3度も見た。

（田辺貞之助『女木川界隈』実業之日本社、1962年）

陸軍「震災警備の為兵器を使用せる事件調査表」

9月3日午後4時頃、大島町丸八橋付近で、野重1ノ3砲兵6名が朝鮮人6名を射殺。

（松尾章一監修『関東大震災政府陸海軍関係資料第Ⅱ巻・陸軍関係史料』日本経済評論社、1997年）

品川区

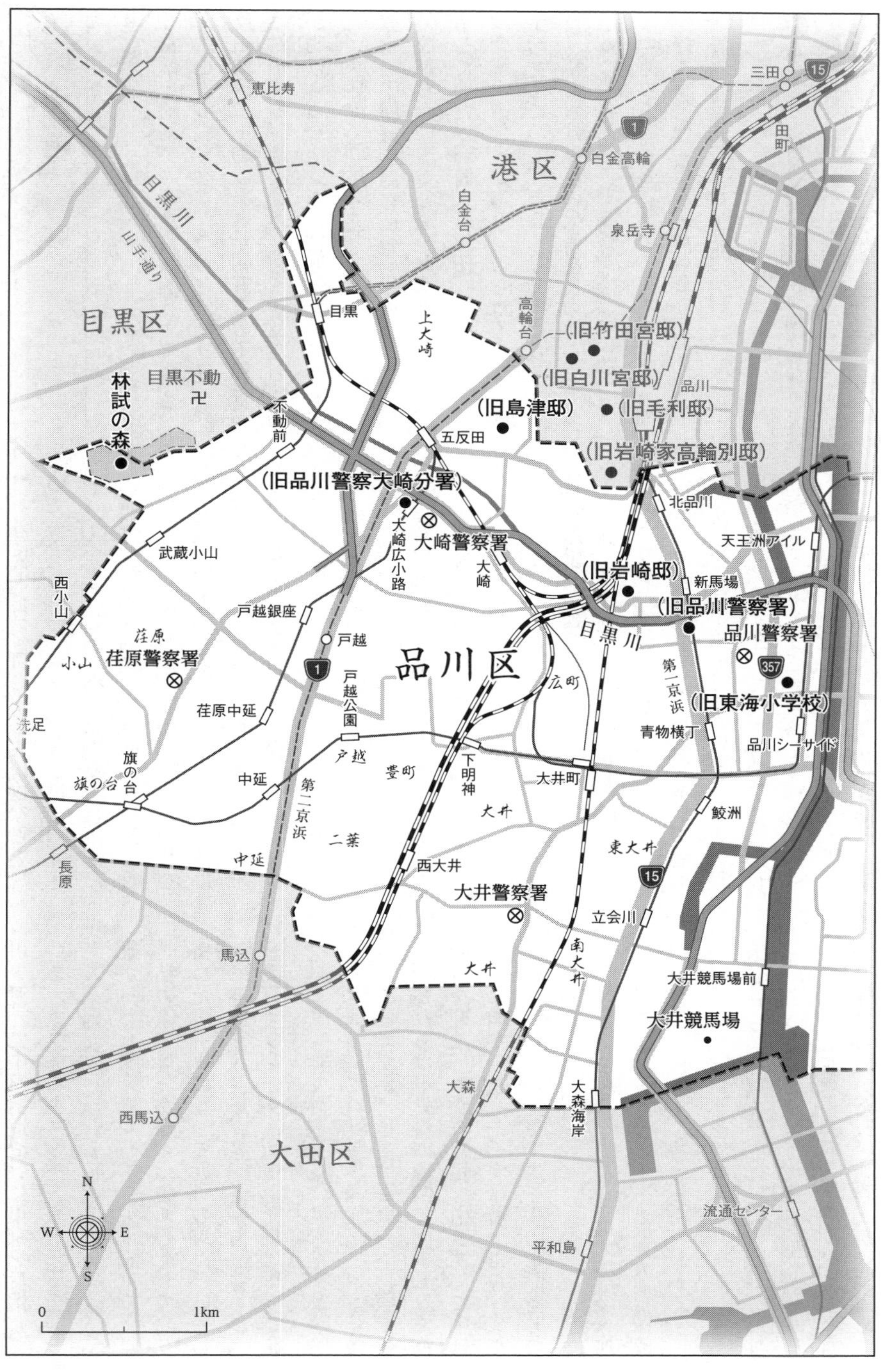

港区
目黒区
品川区
大田区
恵比寿
三田
田町
白金高輪
白金台
泉岳寺
目黒川
山手通り
高輪台
(旧竹田宮邸)
(旧白川宮邸)
(旧毛利邸)
(旧島津邸)
(旧岩崎家高輪別邸)
目黒
上大崎
目黒不動
林試の森
不動前
五反田
品川
(旧品川警察大崎分署)
大崎広小路
大崎警察署
大崎
北品川
天王洲アイル
武蔵小山
(旧岩崎邸)
新馬場
(旧品川警察署)
品川警察署
西小山
戸越銀座
戸越
荏原
荏原警察署
小山
目黒川
第一京浜
広町
(旧東海小学校)
洗足
荏原中延
戸越公園
青物横丁
品川シーサイド
旗の台
戸越
豊町
下明神
大井町
中延
第二京浜
大井
鮫洲
二葉
東大井
長原
中延
西大井
大井警察署
立会川
馬込
大井
南大井
大井競馬場前
大井競馬場
大森
大森海岸
西馬込
流通センター
平和島
N
W
E
S
0
1km

荏原・戸越

奥富茂

警備を終えて〔六本木の連隊に〕帰隊すると休止する暇もなく、こんどは桐ヶ谷、五反田地区に出動である。朝鮮人の不穏行動に対処する警備出動だと言う。私たちは夜が明けきらないうちに営庭に整列させられた。実弾を各自60発と携帯食料を渡された。教官の中尉は柄の長い軍刀を吊っていた。将校たちもいつもと違った態度で兵隊に命令していた。当時、五反田、桐ヶ谷地区には朝鮮人の部落があり、彼らはそこで集団生活をしていて、暮らしは極度に貧しかった。私たちは彼らの生命を暴力からまもるために、トラックで警察署に護送した。

（「軍人として警備にあたる」関東大震災を記録する会編、清水幾太郎監修『手記・関東大震災』新評論、1975年）

鈴木ふよ〔**荏原郡桐ヶ谷在住。桐ヶ谷通りで被災**〕

〔1日〕早めに夕食の支度をすることにして、外にコンロを持ち出して乾物などを焼いていました。そのとき、3台ほどのオートバイに乗った男の人が、「朝鮮人の暴動だ」と連呼しながら五反田駅方面へ疾走して行ったのです。近所の商店の人たちが血相を変えて、「早く女や子供を避難させるように」と家から家へ伝言し合いました。〔略〕恐ろしい事態を予想しながら、後から追われるような気持ちで、どこをどう歩いているのか、砂利道を延々と歩いて御殿山までたどり着いたのでした。

（「被災後の食料不足に悩む」品川区環境開発部防災課『大地震に生きる——関東大震災体験記録集』品川区、1978年）

竹内鉄雄〔**中延で被災**〕

〔1日〕日暮れになっても父が帰らないためどうしたやらと案じているうちに、近所の人たちの間に「外国人の暴動が起きて、日本人は手当たり次第殺されている」との噂が流れ、そして、大井立会方面では自警団ができたなど本当らしく伝えられました。当時は通信の手段が口伝えでしたので、話はだんだん大きくなり、暴徒は多摩川を渡って中原街道沿いに東京を目指している、もう洗足池まで来ていると伝えられ、老人や婦女子は逃げた方がよいだろうと、誰からともなくいわれました。

私の家では父が帰らぬので心配しておりましたが、夜になって近所の人々といっしょに逃げようと決まり、家を戸締りして、母は子供の手をひいたり背負ったりして歩きました。暗い中をあちこち歩き、大きな建物のある森の中も歩きました。後でわかったことですが、そこは目黒の不動様でした。私たちは不動様の境内で何事もなく夜明けを迎え、つかれた足を引きずって中延の方に向かいました。家に着いたら、父や働いている人が元気で馬や牛の世話をしていました。

（「流言にだまされて歩く」品川区環境開発部防災課『大地震に生きる——関東大震災体験記録集』品川区、1978年）

玉井ハマ〔**荏原で被災**〕

朝鮮人のことでは、大家さんが長屋やってて、その長屋の裏に朝鮮人の人がいたの。50世帯ぐらいいいたね。朝鮮人が一画占めていた。荏原は朝鮮人が多かったですよ。そのころは朝鮮人は労務者ばっかり、今みたいにパチンコ屋やったり、いろいろ商売やっているのはいない。土方ばっかりでしたよ。

　私は子供でこわいから見に行かんじゃったけど、一時は水道がとまり、朝鮮人があの近所の井戸にみかんよりも大きい玉をポン、ポン投げ込んで歩いたというんですよ。そいでその近所の井戸は全部飲まれんでね。水はほしいのじゃけど、水道も出ないことになったし、おまわりさんが番をしていて飲ませなかった。やっと水道が出るようになったら「朝鮮人にはやっちゃ駄目だ」といっておまわりさんがやらせなかった。

　あんときゃ朝鮮の人はもう大人はほとんどくびられてまるっきり荷物を積むように、こんなに積まれて縄がないから針金でしばって、どこかへひっぱられていきましたね。

（「目の前で地割が人を飲みこんで」日朝協会豊島支部編『民族の棘――関東大震災と朝鮮人虐殺の記録』日朝協会豊島支部、1973年）

震災により多摩川からの導水栓が破損。水道水の供給が途絶えたことにより、俄然井戸水が活用された。写真は戒厳令下の東京で、井戸水を求める人々と銃剣を持って警護に当たる兵士の姿

戸田芳栄〔港区三田四国町で被災、戸越へ避難〕

　2日の昼頃、多摩川の方から暴徒が攻めてくるのですぐ不動様の山へ逃げるようにとの知らせで、道不案内の私たちは逃げる人たちのうしろについて、不動様の林や竹藪の中へかくれていました。警護の人が見張っていて、子供が泣き声を出すと叱っていました。藪蚊がたくさんいて、かゆくてたまらず、地震よりこのときがいちばん恐ろしかったと両親なども話していました。

（「地震よりデマにおののく」品川区環境開発部防災課『大地震に生きる――関東大震災体験記録集』品川区、1978年）

林シゲ〔荏原郡で被災〕

　地震はその後もつづいていたので、家の中に入ることができず、テントをはってその中にいました。そのとき「異国人が平塚橋の方から竹槍を持って暴れて来るから、早く林業試験場の山へ逃げなさい」と、近所の人の声がした。〔略〕とにかく早く試験場に逃げようと思い、提灯に灯をつけたが、消さなければいけないといわれ、真っ暗では行けず、家の中からクギをうちつけて、子供たちには声を出さないようにいってじっと入っていました。そのときの気持ちは、まったく落ち着かず、恐怖におののいていました。

（「水と米と電気に困った」品川区環境開発部防災課『大地震に生きる――関東大震災体験記録集』品川区、1978年）

藤倉太郎〔当時成蹊小学校5年生〕

その日〔2日〕の夕方に○人さわぎで、荏原製作所までにげて、9時頃帰って来てよくその話をきくと、2千人も平塚橋にきたと言った。それは皆うそで、2、3人はきたそうだ。

（成蹊小学校編『大震大火おもひでの記』成蹊小学校、1924年）

芳根彌三郎

〔1日〕やがて市内方面に爆発音が絶間なしに聞えて来た。目黒の火薬庫が爆発しているのだろうと話し合った。〔略〕午後3時頃1台のオートバイが中原街道を多摩川方面から爆音けたたましくとんで来て、立会川の橋上で只今多摩川を朝鮮人が2千人程大挙して、毒薬を所持し渡河中なり要心ありたし、とさけびながら市内方面へ疾走して行くのだった。

〔略〕伝家の宝刀を横たえ竹槍をコン棒をあらゆる武器を持った青壮年が陸続として中原街道を多摩川方面指して行く。やがて在郷軍人が出て来、乗馬の軍隊が出動して来るに及んでやや平静になり出した。

（芳根彌三郎『荏原中延史・前編』私家版、1954年）

米川実男〔当時21歳〕

〔3日〕朝鮮人の来襲の話はデマだということが分かったが、横浜方面から避難してきた朝鮮人は容赦なく自警団の手で殺された。この事変で重傷を負い、あるいは無残にも殺された朝鮮人が続々と品川警察署へ担架で引き取られ、あるいは引張られて行くのを見て、私は悲壮の感に打たれた。

食うものは全くなくなった。隣の人に頼まれて、若者ばかり数人連れで、平塚村戸越のとある米屋へ2俵の玄米をとりに行くことになった。途中で人が黒山になって騒いでいるのに出あった。何かと見ると、朝鮮人が2人電柱に縛りつけられているのであった。（1924年8月稿）

（「避難民の一人として」関東大震災を記録する会編、清水幾太郎監修『手記・関東大震災』新評論、1975年）

『国民新聞』（1923年10月21日）

9月2日午後5時頃、府下荏原郡大崎町星製薬会社人夫鮮人金容宅（41）苦学生金承中（19）鮮人女工朴一順（23）同高鳳児（20）同朴守人（25）に挙動不審のかどで重傷を負わせ、被害者は赤十字病院で手当を加えたので生命は助かった。右犯人府下大崎町桐ヶ谷3茶商市川治三郎（36）同西洋料理業松田仁太郎（35）同322大工職長谷川桝次（25）は何れも令状執行収監す。

大井町・蛇窪

秋葉一郎〔当時6歳。上蛇窪で被災〕

時刻はわからないが多分その日〔1日〕の夕方近く父を交えたおとな達が青竹の槍をもって穂先の油焼きの具合を見比べていたこと、竹の鮮やかな青さが眼に残っています。これが記憶の第二章。

さて恐かったのがその日の夜、三井別邸の農園（現在戸越公園のある辺り）の納屋（?）に逃げ込んだは女と子供、真暗い土間に立錐の余地もなく詰め込まれ声を出すと殺されると驚かされ泣声一つない静寂、鼻先は母達の腰ばかりそれでも息を殺して母の手にしがみついていたこと。

(「関東大震災の記憶」震災記念日に集まる会編『関東大震災体験記』震災記念日に集まる会、1972年)

安藤嘉一〔**大井倉田町3368で被災**〕

翌2日には余震も治まり、人心も幾分落ち着きを取りもどしていたが、その夕暮れ、突然思いがけぬ噂が湧き起こった。それは、外国人が暴動を起こし、3千人が六郷の橋まで押し寄せているとか、立会川駅付近に50人が立て籠っているという風説に再び騒然となり、大勢の人々が薄闇のなかで竹槍を造り、道角を5、6人で立塞ぎ、徹宵警戒に入った。私は眠れぬまま夜空を見ると、東北方向から南へかけ薄紅を刷いたように染まり始めていた。

激しい警戒と恐怖のなかで、まんじりともせず3日の朝を迎えたが、恐れられた暴動も薄らぎ、避難者は明るさをとり戻していた。しかし、それも束の間で、昼近くには、またまた恐怖に襲われてしまった。当時、ほとんどの家が井戸水を使用しており、その井戸へ毒を投込むという噂が広まったからである。事実、井戸のある家々の塀に×○△等が白墨で書かれ、再び竹槍を持つ人々が警備に入った。×○△がはたして如何なる記号によるものかは定かでなく、こうした危惧も、その後、何ん等、事なく過ぎた点から考えるとき、大異変に乗じて画策せる悪質な悪戯であったように解される。

(「警戒と恐怖のなかで」品川区環境開発部防災課『大地震に生きる――関東大震災体験記録集』品川区、1978年)

飯室きく〔**大井町外れの新開地で被災**〕

〔日時不明〕そのうち朝鮮人が井戸に毒を入れるから用心しろ、今六郷の橋を渡ってくる、抜身の短刀を引っさげてやってくるから男はみんな集合せよ、女子供は姿をかくせと触れてきた。「自衛団、消防団はさっそく出動だ」とまた大きな声がしてきた。地震よりその方がもっと恐ろしかったが、騒ぎだけでその朝鮮人は来た様子はなかった。が、町の中華そば屋の主人は殺されたという話をあとで聞いた。やっぱりデマが飛んだのだった。

(飯室きく『白き旅立ち――「自分史」いま、八十路にて』若樹書房、1984年)

小沢一郎〔**当時12歳。大井町のゼームス坂上通りで被災**〕

何日だったか覚えはないが、「朝鮮人が襲撃してくる」「今、六郷の鉄橋を渡った」との報が流れた。「12歳以上の男子は武器を持って斉藤製作所(今のイトーヨーカ堂一帯)に集合」との指令が出た。生憎のことに私はちょうど12歳だった。武器といわれてもピストルや刀があるわけでもないので、父と一緒に氷を切る目の粗い大きなノコギリを持って、斉藤製作所の鉄骨の工場内に集まった。数十人の大人たちが、鉄棒やら鳶口やら中には伝家の宝刀とも覚しきものまで持ち出してきた人もいた。今度は「井戸に毒が入れられる。注意せよ」といってきた。私の家の裏に釣瓶式の共同井戸があった。近所の人たちと交代で徹夜警戒をした。

夜は斉藤製作所の前に縁台を出して、続々と避難してくる気の毒な人たちが、命の綱のようにして持ってきたビンや徳利の中の水までも一口ずつ呑ませて、毒が入っているかどうかを検査するという徹底ぶりを幾日かつづけた。

「鉄道線路の土手で朝鮮人が殺された」「ゼームス坂の暗闇でも」と、見てきたような話をする人がいた。それで思い出したのは、私の家のすぐ裏に人参飴を作り、天秤で担いでチンチンと鐘を叩きながら行商する朝鮮人が5、6人いたが、いつの間にか、家財も商売道具もそのままにしていなくなった。毎日のように売れ残った飴をくれたり、ベーゴマをして遊んでくれたいい人たちだったのに、「殺されちゃったのかなあ」と今でも暗い気持ちになる。

（品川区環境開発部防災課『大地震に生きる――関東大震災体験記録集』品川区、1978年）

小林恒子〔当時14歳。大井町で被災〕

岸さんの家の井戸にも、菰をかぶせ、縄や針金でがんじがらめに縛ってしまった。男の人たちは鉄棒や竹槍、殊に消防団や在郷軍人や青年団の人々は血眼になって、中には日本刀、仕込み杖、鳶口などまで持ち出し、至る所で殺気立っていた。

〔略。自警団に小学校へ避難しろと言われて〕

「お母さんは身体を冷やすといけないから、お父さんと家にいる。お前達だけで行きなさい」「そんなこと言って、朝鮮人に殺されたらどうするのォ」「心配しなくってもいい。そんな馬鹿なことはありはしないから」〔略。父親が自警団に加わらないことを何気なく質すと〕「お父さんは入らなくても、別に困らないもの」と、ちょっと困ったような笑顔で言った。

（小林恒子『きのふの空・第II部　関東大震災――女学校の時代』東京布井出版、2003年）

小林三谷樹〔大井山中町4152で被災〕

翌2日、朝食兼用の食事の準備を終えたとき、井戸に毒薬を入れた者がいるとの騒ぎで、食事を中止せざるを得なかった。「横浜に暴動が起こった」「暴徒が川崎、大森あたりまで襲って来た」「このあたりは今夜が危ない。早く分散して逃げたほうがよい」

このように噂が乱れ飛び、近所の人たちと現在の二葉町へ避難し、旧家の庭で野宿をした。ランニング1枚の肩は蚊に襲われ、また夜半の冷気はまったく無情なものだった。

翌3日になって、噂はデマとわかって帰宅し、2日ぶりに食事にありついた。

（「関東大震災を体験して」品川区環境開発部防災課『大地震に生きる――関東大震災体験記録集』品川区、1978年）

澤静

〔2日〕そうするうち、人がバタバタと走る。変な叫び声が聞こえる。何事かと思えば、朝鮮人が有無を言わせず殺される、という。大井町にもあった集落を何者かが襲撃し、見付け次第殺すと言うのだ。恐ろしくて様子を聞くどころはない。急いで家の中に駆け込んだ。

〔略〕今夜は家の中で眠れるかと思ったら、いきなり、「浅野さん、お宅の庭に朝鮮人が逃げ込みましたから協力して下さい」と警備の人の声がして、呼吸が詰まりそうなくらいにびっくりした。庭には、大勢の人が懐中電灯で照らしながら、ドヤドヤ入って来た。幸い何事もなかったのでほっとした。

（澤静『上野のお山に瓦斯灯の点る頃――わが四代の記』サワズ出版、1994年）

竹内重雄〔画家。当時13歳。大井町1105で被災〕

その翌日〔2日〕興奮していた町人たちに一人の男が捕えられて縄で縛られて連行されていった。頭から汗を流し、血を滲ませていたのは多分逃げ回った時の怪我だろうか。また危害を受けたのだろうか。〔略〕交番は旧東海道の浜川1060の角にあった。町人たちは捕えた男をこの浜川交番へ連行した。その時の交番にはこの付近の担当の佐藤巡査がいた。この地区受け持ちも5、6年と長く、顔見知りの巡査だった。巡査がこの男を見た時のハッとした驚き、そして困惑した表情を少年の私も感じることができた。捕まった男は受け持ち地区で顔見知りの朝鮮人だったのである。私もこのひとが付近で土工をしていたのを見たこともあった。男は泣きそうな顔をして佐藤巡査に何か喋り、哀願している様子が人垣越しに見えた。その後の事は人混みに押されてわからなかった。帰り道をたどりながら可哀想な人と思い、またあの哀れな顔が忘れられなかった。

（竹内重雄『東京あれこれ――大正風俗スケッチ』国書刊行会、1987年）

竹内重雄〔画家。当時13歳。大井町1105で被災〕

その翌日〔3日〕は余震も少なくなり、みんな線路より家に戻ったが、夕方になって川崎方面より朝鮮人が2千人攻めて来て、井戸には毒薬を投入しているという。その情報に住民は恐怖におののき、戸を閉め、男はみんな鉢巻をし、家伝の太刀や薙刀（なぎなた）、トビ口、ピストル等を持って警戒した。私は13歳でも男、サイダー壜（びん）を投げるつもりで用意して待った。しかしその日は夜になっても何も起こらなかった。翌日、血みどろになって、民衆に縄でしばられた鮮人が捕って交番（旧国道北浜川）に引き立てられて行く。何も知らない、言葉の疎通の善良な鮮人であろうが、殺気立った民衆の犠牲であった。

（品川区環境開発部防災課『大地震に生きる――関東大震災体験記録集』品川区、1978年）

全錫弼（チョンソクピル）

震災当時、私は東京の大井町でガス管敷設工事場で働いていました。飯場には朝鮮人労働者が13名いました。〔略。1日〕夕方、6時頃だったと思います。あちこちから日本人が手に手に日本刀、鳶口（とびぐち）、ノコギリなどを持って外に飛び出していました。しかし私達はそれが何を意味しているのか少しもわかりませんでした。しばらくして、「朝鮮人を殺せ」という声が聞こえてきました。〔略〕私達の住んでいた周囲の日本人は、とても親切な人達でした。その人達がとんできて、大変なことになった、横浜で朝鮮人が井戸に毒薬を入れたりデパートに火をつけたりするから、朝鮮人は片っ端から殺すことになった、一歩でも外に出ると殺されるから絶対に出てはいけない、じっとしていれば私達がなんとかしてあげるから……といってくれました。しかし私達はそのようなことが本気に信じられませんでした。

夜も遅くなって受持ちの巡査と兵隊2人と近所の日本人15、6名が来て「警察に行こう。そうしなければお前達は殺される」といいました。私達は家を釘づけにして品

写真は明治・大正期の品川警察署。現在の南品川一丁目に位置していた

川警察署に向いました。私達13人のまわりは近所の人が取り囲み前後を兵隊が固めました。

大通りに出ると待機していた自警団がワァッーとかん声をあげながら私達に襲ってきました。近所の人達は大声で「この連中は悪いことをしてはいない、善良な人達だから手を出さないでくれ」と叫び続けました。

しかし彼等の努力も自警団の襲撃から私達を完全に守ることは出来ませんでした。長い竹槍で頭を叩かれたり突き刺されたりしました。殺気立った自警団は野獣の群のように随所で私達を襲いました。

数時間もかかってやっと品川警察署にたどり着きました。〔略〕品川警察署は数千の群集に取り囲まれていました。彼等は私達を見つけるやオオカミのように襲ってきました。

その時の恐怖は言葉や文章で表すことができません。そのうち巡査が多数出てきて殺気立った群集を払いのけ私達を警察の中に連れ込みました。警察署は木の塀で囲んであったので夜になっても自警団の襲撃は絶えませんでした。

（朝鮮大学校編『関東大震災における朝鮮人虐殺の真相と実態』朝鮮大学校、1963年）

深尾祥之〔**大井町鎧が淵3581で被災**〕

たぶん2日からだったと思うが、デマによる騒ぎが起こり、大人たちは日本刀や竹槍を持って町内を巡回して警戒に当たった。自警団といった。「警戒」という大きな声がするたびに、私たち子供や女の人たちは鶏小屋に逃げた。人の顔も判別できない暗さの中で鶏糞のにおいだけが鼻を刺激した。私は母の手をしっかり握っていた。

（品川区環境開発部防災課『大地震に生きる――関東大震災体験記録集』品川区、1978年）

文戊仙（ムンムソン）〔**当時大井町の長屋に住み紡績女工として働く**〕

1923年9月1日の震災直後は、近くの親類と大家の庭にむしろを敷いて寝ていた。翌日には「朝鮮人が井戸に毒を投げ込んだ」「朝鮮人が放火している」などの流言が飛びかい、大勢の日本人が日本刀やとび口を持って「朝鮮人は皆殺しだ」と文さんたちのところにもやって来た。このときは大家が「この朝鮮人たちは何も悪いことはしていない。昨日もずっと私たちと一緒にいた」とかばってくれた。

2、3日後、文さんの父親を頼って来日したばかりの同郷の人が「朝鮮人は何も悪いことはしていない」と、父の制止も聞かずに「抗議に行く」と言って出かけた。数分後、日本人の一団がその父の友人の首に竹やりのようなものを突き刺し、担ぎながら私たちの前を通っていった。あれだけ行くなと言っていたのに、と父は嘆き、私は衝撃で声も出なんだ。

(『朝日新聞』1999年11月19日)

矢田挿雲〔**作家、俳人**〕

〔1日夕刻、津波の流言の後〕線路の上は線路の下よりも1丈ぐらい高い。それでもいけなければ八景園の山へ逃げる事にきめてひと息つく間もなく「朝鮮人が300人ほど六郷まで押寄せて来て先頭は大森町に入ったから皆にげて下さい」という布令が回った。これは全く予想しなかったことなので私は非常に当惑した。まして地震と火事と津波と暴徒の4つの脅威が同時に女子供の心に働いたのだから、先ず(ま)この位にあわてても仕方はないと思うほど誰しも青くなって取り乱した。小さい子供などは全く意味もわからないのに、両手をあげて泣いてその親にとびついた。〔略〕午後6時我々の界隈は幼稚園主の好意で裏の運動場へ避難させてもらった。男達は戦線に立つために鉄砲をかつぎ出した。私の家には包丁と鉛筆けずりの外に武器がなかった。この混乱に乗じて我々を襲う暴徒を誰も憎まぬものはなかった。私もまた彼等が武器を以て我々を襲うならば殺しても構わないと思った。しかし少し考えた結果、殺すことは余程考えものだと思った。彼等も用心のために武器を携えているのかも知らない。その武器を以て明らかに我々を殺そうとする時の外は決して殺してはよくないと思った。午後9時ラッパの音がして軍隊が到着した。やがて海岸の方で銃声が交換された。幼稚園にすくんでいた200人ほどの男女は初めて少し安心した。ある青年は直立不動の姿勢に於て「市街戦が始まりました」と報告した。

その騒ぎの最中であった。4、5人の鮮人が東京の方から線路を伝って来た。在郷軍人の一団がすぐに取巻いて検問すると、それは鮮人は鮮人だが品川警察の証明書を命の綱とたのみ、朝鮮まで帰ろうとする出稼ぎ人夫であった。弥次の中から一人の土木の親方らしいのが出て、朝鮮語を交えてなお詳しく検問した上で「これから夜に向いてあるいちゃ直ぐ(す)殺される。うんにゃ、そんな書きつけあってもナ、それを見せる間に殺される」と槍で胸を突いて見せた。4人の鮮人は泣き顔を見合わせていた。親分が「今晩はおれんとこへとめてやろう。そしてあした早く行くがいい」と荒々しくいってどこかへ連れて行った。私はその親方に感謝を禁じ得なかった。果して無事に朝鮮まで帰ったろうかと今でも時々思い出す。

幸いにして私は朝鮮人が暴れる所を目撃しないですんだ。朝鮮人を殺すことを否定する心がその翌日から盛んになって来た。そして自警団の中に落着いた青年と浮かれた青年と二いろあることが目について来た。擬似警察権を弄ぶことに有頂天になって、歯の浮くような態度をとっているものがあった。

(矢田挿雲『地から出る月』東光閣書店、1924年)

『国民新聞』(**1923年10月21日**)

9月2日午後5時、府下荏原郡平塚村下蛇窪にて木剣や棍棒を以て鮮人洪弘爾(ホンホンイ)(26)

を袋叩にして重傷を負わせた犯人同村266煙草小売人高山寅吉（24）同336人夫請負業道瀬源次郎（47）同336花商森田源吉（47）に令状執行収監す。

『国民新聞』（1923年10月21日）

9月2日午後6時府下平塚村蛇窪228先にて、不逞鮮人なりと称し李鉉模（イヒョンモ）（24）に棍棒で重傷を負わした犯人同村244湯屋業矢部米吉（42）同714材木商伊藤榮（36）同682農伊藤繁太郎（38）に令状執行収監す。

『東京日日新聞』（1923年10月16日）

「府下蛇窪の2人殺し　犯人は消防手と自警団」

去月2日午後5時半ごろ、府下平塚村下蛇窪古川研究所前に20歳位の男が、また同所368伊藤武五郎方裏手道路に27歳位の男が日本刀で殺害されているのを発見し〔略〕同村消防5番組小頭伊藤芳太郎（49）同矢部末吉（42）伊藤由太郎（46）筒先楠芳太郎（35）纏持ち伊藤榮（33）消防手伊藤繁太郎及び下蛇窪355自警団員角谷森田高山その他5、6名を犯人として検挙し予審に付した。

品川・北品川・大崎

秋谷勝三〔現在の北品川1—22辺にあった貸座敷屋「山幸楼」で被災〕

テント生活を始めた次の日〔2日〕、今度は朝鮮人騒動が持ち上がった。テントの中には女子供がいる、ここじゃ危ないとなって、女たちと子供たちは、蔵の中にいったん移ることになった。そうしておいて、父は私に一振りの刀を渡した。そして私に言い付けた。「お前は総領だ。蔵の入り口に坐って、怪しい者が来たらこの刀で防ぎ、蔵の中の者を守るんだ。いいな」

家のどこにそんなものがあったのか私は知らなかったが、刀を腰に差すと、ぐんぐん食い込んで来るような嫌な重さを感じた。私はその刀を差して蔵の前で番をする羽目になってしまった。

見世の周りは、店の者や若い衆が警護しているとはいうものの、蔵の前は真っ暗やみであった。私の持っている提灯（ちょうちん）が、わずかに辺（あた）りをほの明るくしているだけだあった。「あっちィ行ったぞ」「こっちだ」

闇の中で、時折りそんな声が聞えてくる。蔵は余震でギシギシ揺れていた。ただでさえ心細いところに、余震と叫び声である。私は余計、不安が募ってきた。

ふと濡れ廊下の方を見ると、人とも物ともつかない黒っぽいものが目に入った。それがいきなり「入れてえ、頼みまァす」としゃべったのである。びっくりしたのなんの、私は飛び上がって驚き、持っていた提灯（ちょうちん）を思わず落としてしまう有り様だった。

よくよく見ると、それはうちの見世の隣にあった矢崎楼という貸座敷のおばあさんであった。何か忘れ物を取りに帰ったところで朝鮮人騒ぎに巻き込まれ、家族ともはぐれてしまったらしい。最初は縁の下かどこかに隠れていたのだろうが、うちの見世の蔵の方に明りが見えたらしく、それを頼りに、やっとの思いで這いずって来た——それが真相であったが、あんなに驚いたことはなかった。総領に生まれたばっかりに、こんな怖い思いもしなければならないのかと、自分の立場が恨めしくなった。

（秋谷勝三『品川宿遊里三代』青蛙房、1983年）

太田延子〔品川町で被災〕

2日目の午後1時頃、暴徒が六郷土手まで来たから、女や子供は避難して、男の人は外に出てくれといわれた。5丁目通りには、小さなお稲荷様があり、そこに火の見矢倉（やぐら）が立っていて、釣鐘がジャンジャンと鳴っている。おそろしくて、どこへ行ってよいのかわからず、体の置きどころがなかった。足が宙に浮くとはあのことであろう。近所の人と押入れに隠れていた。赤ちゃんも母親がほんとうにこわくてふるえているときには泣かないもので、おんぶした肩にしっかりつかまってじっとしている。いま思い出しても泣けてくる。男の人は、後ろはちまきに竹やりを持ってものものしい。こわくて心が動揺しているとき、ジャンジャンと半鐘の音を聞くと、本当にどうしていいのかわからなくなる。いまならサイレンだろう。

2日目の夕方、軍隊が出て、戒厳令がひかれ、東海小学校に避難してくださいといってきた。夜にはむろん電気はつかず真っ暗だ。間断なく来る地震で、校庭には「南無阿弥陀仏」をとなえながらの合掌でいっぱいだった。

（「デマに翻弄された二日目」品川区環境開発部防災課『大地震に生きる——関東大震災体験記録集』品川区、1978年）

金子佐一郎〔神田で被災。北品川の自宅へ帰る〕

2日ごろだったろうか、朝鮮人の暴徒が襲来するというデマが流れはじめた。3日夜になると、町会長から、婦女子は全員高輪南町の毛利公爵邸に避難するようにといってきた。男たちは竹槍をこしらえて自警団を組織し、毛利邸周辺を警戒した。その後、女中が、「いま怪しい男がうちの井戸をのぞいていいました。毒をいれたのかもしれません」と言い出した。さっそくいろいろ試験をしてみたが、異常はない。あとで、これは近所の家で地震のため水道が止まったので、井戸掘り工事を頼まれた井戸屋がうちの井戸のようすを見にきたということがわかった。まことにデマはおそろしい。

（金子佐一郎『組織人のこころ——私の歩んだ七十七年』中央経済社、1976年）

後藤甚太郎〔7日頃〕私たちは品川駅を出発する時、駅前通りの東海道で異様な光景を見た。地方から東京に出てきている人の親族が、身内の安否を気遣い、馬車に物資を積んで、続々と東京に乗り込んで来ていた。その積

品川駅で無蓋貨車に鈴なりの乗客。9月4日に東海道線と山手線の一部が開通し、品川駅は人と物資でごった返した

み荷の上には、ほとんどの人が護身用として、竹槍や棒を積んでいた。警察は駅前に検問所を設け、それらの凶器を全部押収し、山積みにして焼却していた。

朝鮮人の暴動騒ぎのデマがこれほど早く地方にまで広がっていたことに、非常に驚いた。また恐ろしいことであると思った。

（後藤甚太郎『わが星霜』私家版、1983年）

後藤文夫〔当時内務省警保局長〕

警保局の職員で大崎から通っているのがいましたが、それが2日の夜でしたか顔色を変えて入ってきました。朝鮮人が暴動を起して大崎までやってきているというんです。〔略〕品川の警察署に電話して連絡してみたが、そんなことはないという状態でした。

（中村宗悦『評伝・日本の経済思想　後藤文夫——人格の統制から国家社会の統制へ』日本経済評論社、2008年）

後藤光重〔当時四谷第五尋常小学校6年生〕

八丈丸はいかりをあげてお台場沖へと逃げましたが、ここもあぶないというので品川沖に逃げました。〔略〕僕等は早く上陸したいとあせっていましたが、船員達は「今上陸しても鮮人騒ぎで歩けないからもうすこし待て」と言われました。やがて我々は上陸し〔略〕その夜、また、おそろしい光景をまのあたり見せられました。今考えても身がちぢまるような心地がします。それは鮮人騒ぎで、3人まで日本刀やピストルで惨殺されるのを目のあたり見せられたことでした。血刀をひっさげた男が「お前達もみな殺すのだぞ」と私達の前へ来た時には、恐しさにふるえあがりました。その晩はねむれませんでした。

（東京市四谷第五尋常小学校編『震災記念、児童の実感』1924年9月1日→奈良和夫『歴史地理教育』1973年9月号、歴史教育者協議会）

小林虎一〔東品川2丁目で被災〕

〔1日〕やがて、暴徒が押し寄せてくる、井戸に毒を入れている等のデマがとび、自警団が編成され、父は日本刀を腰にして、消火の折に着用するサシコを着込み、ハチ巻といういでたちであった。

夜になって、マントを着て野宿をした。東京方面（当時はお台場や芝方面が一望できた）は、数カ所から火の手があがり、もの凄い光景であったが、不思議に少しも恐怖心がおこらなかった。幸い品川方面は、火事はなかったが、デマのために右往左往した。数日後、針金で後手にしばられた死体が、お台場（台場小学校のある場所）に数体流れつき、ここで火葬にされた。

（「マントを着て野宿」品川区環境開発部防災課『大地震に生きる——関東大震災体験記録集』品川区、1978年）

鈴木さく

〔品川の親戚の家で〕その息子が「朝鮮の人たちが暴れてやって来る」と言いながら、竹を削って竹やりを作り、構えているのを見て驚いた。

（読売新聞社編『20世紀にっぽん人の記憶』読売新聞社、2000年）

田河水泡〔漫画家〕

〔2日朝、大磯を発って東京深川へ徒歩で向かい、夜、暗くなった頃に品川警察署前まで辿りつく〕品川警察署に寄ったところ「五反田方

面は火災もなく心配はないが、夜遅く君のような長髪で歩いていては、自警団に怪しまれて危険だから、今夜は警察で保護する。今夜は刑事部屋で寝て行くほうが安全だ」と親切な態度で泊めてくれた。〔略〕夜が明けて、きのうの巡査に礼を言って警察を出たが、道々に、自警団が日本刀の抜身をぶらさげて、通行人をうさん臭そうに睨んでいる。私は長髪なので社会主義者だろうと思われて、抜身をぶらさげた男たちに呼びとめられた。「どっから来た。どこへ行く。職業は?」といろいろ聞かれるので、ズボンに少し油絵の具がついていたのを見せて、絵描きであることを納得させて放免されたが、これが夜だったら自警団も気が立っているから、どんなことになったか、危ないところだった。

（田河水泡・高見澤潤子『のらくろ一代記――田河水泡自叙伝』講談社、1991年）

鄭然圭（チョンヨンギュ）〔**作家。1922年に来日。朝鮮語・日本語で創作活動を行う**〕

〔連合会の人の話〕「現に品川辺では、今まで自分の家に名刀だと祖先伝来伝わってきた刀が1本あったそうです。この際この刀を持ちだして試し斬りをしてみたいと、早速河岸に立って片っはしから川からあがって来る奴を斬ってしまったというに至っては全くいやになってしまうじゃないですか」。

（連載「同胞の遺骨を訪ねて」『報知新聞』1923年11月28日～12月15日）

柘植（つげ）秀臣〔**大脳生理学者。震災当時、父親が品海病院（現・北品川病院）院長**〕

〔2日〕朝鮮人騒ぎの流言が伝わってきた。夕刻4時頃には、朝鮮人が大挙して川崎方面から押しかけてきたという流言にはじまり、大森に近づいているから朝鮮人を警戒しろと自警団員が叫び回り、ある者は抜刀し、ある者は竹槍、鳶口（とびぐち）をもって道路を右往左往していた。

夜ともなると、ますますその狂乱ははげしくなっていった。尾崎〔秀実〕も私達も、付近の空地や墓地などに朝鮮人がひそんでいるかも知れないから見回りしろ、と自警団員や在郷軍人に命じられるままに付近の警戒に歩き回った。この時も尾崎は「朝鮮人がこんなことをするなど考えられない」と、ひそかに私に話していた。多分日本統治下の台湾で台湾人に対する同じような経験をもっていたからだろう。

2日夕刻から伝わってきた朝鮮人暴動の流言による犠牲者がぞくぞく病院に運び込まれてきた。

（『サンデー毎日』1976年9月12日号、毎日新聞社）

長尾健策〔**当時高輪警察署署員**〕

翌日〔2日〕だったと思いますが、大崎駅付近に大量の朝鮮人が押しかけてくるということで、〔高輪署〕署長の命で若い者達で決死隊をつくり、検挙すべく派遣されましたが、結局何もなく単なるデマということで戻ってきましたが、そのほか朝鮮人についてのデマには、随分無駄な力を使ってしまったものです。

（目白警察署編『関東大震災を語る――私の体験から』目白警察署、1977年）

長谷川君江〔**北品川736で被災**〕

〔2日〕表へ出たら、前の奥さんたちが話

していて、私を見るとそばに来てあわただしくいう。「今、外国人が千名ばかり、大井町から抜刀してパルチザンのような行為をしながらやって来ますって。井戸には毒薬を入れるそうです」

すじ隣の奥さんに話し、主人に話す。いずれも「エーッ」と顔色を変える。すると、品川方面からどんどんその話をもってくる。私たちは大あわてにあわてて主人に相談する。主人はそれでもいくらか落ちついている。「岩崎さん〔岩崎家別邸の開東閣〕へ逃げるんですね。そしてあの門を警官に守らせればいいでしょう」

〔略〕やっと岩崎さんへ来た。〔略。知り合いに会い〕「ここでごいっしょにおりましょう」といったが、「こんな大きな家は危険だ。こういうところに集めておいて爆弾を投げるんだ」と誰ともなく囁いてまた逃げてゆく。〔略。知り合いも逃げて行った。私は門内に入った〕。

遠くで太鼓の音が聞こえ出した。半鐘もさっきから鳴りつづけである。火事ではなく、暴動の警鐘である。つづいて、わあっ！というときの声。ポンポンと小銃の音が聞こえる。さあ来た、とばかり耳をそばだてて身をふるわせている。途端にまたもや大きな地震である。〔子ども〕2人を抱いたまま地面の上へすわってしまった。

夜はだんだん色濃くなってゆく。そこへ刑事らしい人が入って来て、7、8名の朝鮮人をつれて出て行った。軍隊が出動したのだろう。「ご安心なさい。彼らも保護を願いました。今、自動車で行ったのが早発隊で、あとから一師団くらい来て、品川を警戒します」という。やがて主人も迎えに来てくれて、ご近所の方々といっしょに家に帰った。

（「大震災日記」品川区環境開発部防災課『大地震に生きる——関東大震災体験記録集』品川区、1978年）

浜谷好男〔大崎猿町108で被災〕

余震もどうやら治まり、皆がひと安心した頃、突如として朝鮮人さわぎが起こった。朝鮮人が暴動を起こし、日本人を皆殺しに来るとのことである。〔略〕町の若衆たちで自警団が作られ、竹やりや日本刀をたずさえて武装し、路行く人の警戒に当たっていた。母から「おじさんやお兄さんに住所や名前を聞かれたら、はっきり返事をするんだよ。吃ったりすると朝鮮人と間違われるから」といわれ、早口に、「大崎猿町百八番（今の東五反田3丁目）ハマヤヨシオ」と、繰り返し練習をしたものだった。

「井戸に毒を入れられたかもしれないから、検査が済むまでは飲んではいけない」とか「川崎方面から多摩川の橋を渡って朝鮮人の集団がやって来る」とか、友達同志も寄り合うと「朝鮮人に殺される」と、地震におびえた以上におびえきってしまった。

「朝鮮人が平塚橋付近までやって来た」とのうわさで、またまた島津公爵の竹林へ逃げ込んでしまった。地震よりおそろしく、殺される思いがして、ふるえながら一夜を明かしたが何事もなかった。家の裏長屋に植木職の森下さんという人が住んでいたが、従業員に真面目な朝鮮の人を使っていた。しかし、そんなことがあってから約1カ月くらい一歩も外へ出ず、家の中に閉じこもっていたことを思い出す。

（「流言飛語は人災である」品川区環境開発部

防災課『大地震に生きる――関東大震災体験記録集』品川区、1978年）

伴敏子〔**画家。当時15歳。北品川で被災**〕

〔1日夜〕そこにサーベルの音もものものしく、制服の巡査が巡って来て、「皆さん、今この非常な天災の時につけ込んで鮮人が暴動を起こして市民の井戸などに毒物を入れて歩いたり、暴れ込むということもあるかもしれない。井戸水は気をつけてなるべく呑まないようにし、警察の方も手が回りかねるので、皆近隣のグループグループで組織を作って、各地区は自分達で守ってほしい。鮮人を見つけたら警察につき出すこと、いいね」とふれて行った。

しばらくすると高台の方から軍隊のラッパの音が響いて来た。〔略〕父は、「近衛兵が護衛に来たらしいからこの辺はもう大丈夫だ」といったが、おびえた皆は、「いや伴さんが指揮を取って下さって、やはりこの辺も下の方はあぶないかもしれませんから夜警団を作りましょう」といい出し、女は落ちた瓦を皆1カ所に集め、男はもし多数が攻め込んで来たら、武器のない者は女がリレー式に渡す瓦を投げて何としても黒門の所で食い止める。などと今考えればまるで子供の戦争ごっこのようでおかしいことを大の男達が大まじめで話し合った。そしてそれから4、5日の夜は2、3人ずつかたまって夜警の巡回をした。

初めての夜、疲れ果て、ようやく皆がうとうとした頃、誰かが、「わあー、来た、来た」と大声を挙げてわめいた。皆あわてて瓦の山のそばに走る人、重要物を入れたカバンに手をかける人、おおさわぎとなったが、私はなれない床では眠れない性分であったから、何も来た様子はないのにと見回すと、木の枝に掛けてあった提灯が風にあおられたか燃えあがっている。急いで飛び出して離れの前の手洗い水を汲んで来て叩き落としてからそれをかけて消した。

〔略〕段々と皆も落ちついて、制服巡査のふれ歩いた朝鮮人騒ぎも何のことだったのか、その後の報告も、発表は何もなかった。

〔略〕毒を入れられたという井戸は何でもなかった。朝鮮の人は誰も暴れなかったようだった。だのに……。「がぎぐげごといってみろ」などといわれて、少しでもなまりが変だと町の人に取りかこまれてビール瓶で叩き殺されたりしたのはなぜだ。

（伴敏子『断層――自立への脱皮を繰り返した画家の自伝』かど創房、1988年）

正岡一夫

「3日間不眠不休で60里を走った　シャツとズボンで帰った正岡一夫（21）氏の談」

1日夜をそこ〔新宿〕に明かし、更に火焔の中をひた走りに品川を経て西走した。夜は寒くてやり切れなかった。ここから500人程は鮮人に追われない様に団体を組んで手に手に棍棒、ピストル、日本刀を携え横浜を過ぎて東海道へ出た。

（『愛媛新報』1923年9月8日）

松井三彦〔**当時品海病院（現・北品川病院）医局助手**〕

今ここに特筆すべきは、9月2日に於ける鮮人狂暴多衆団をなし品川方面に襲来するの警報有りたるを以て、新設国道（現・第一京浜国道）及その他に避難せし多数の老若男女院内の屋内庭中に逃込みたるもの無慮100名位に及び安き思い無かりしに、夜に入り不穏の状は益々その度高め来れり、果然為に負傷者を生じたり。午後7時頃に至り来院せしその第一を岡田とみ女とす。

その第二は畠山丈雄氏にて、四囲の光景険悪に陥り来り、人心恟々警鐘を乱打し危険を告ぐるの他、甲走り乙戦き皆風声鶴唳、虚か実か死者あり傷者多大なり等喧伝するその時も時午後8時、腰に一刀を挟し手に抜刀手槍等を持てる多数の警官及鳶職等に護られ、荷車に載せられ来院す。皆異口同音に、鮮人なり殺せ、打て、蹴れ等罵詈百出開門を遅しと玄関の前に曳き入れ敷石の上に投ぐるがごとく下ろさしたり。これを一見するに全身血に染み負傷多大なるがごときも、電気はなくただ携帯電気、蠟燭位の微光により点検するに、(1)前頭部、後頭部、側頭部の切創　(2)左右上膊部各2カ所の切創　(3)背部刺創　(4)背部2カ所の切創あり、出血淋漓頻りに水をもとめ、まさに死期近し。とりあえず血を洗い去り、縫合止血を企つ。院長その服装により日本学生にして鮮人に非ざるを発見せられ、種々説明す。果して本人は鮮人に非ずして、実に品川町猟師町92番地畠山正雄の男畠山丈雄氏（20年）なりき。背部致命傷の刺創のため、午後8時45分死去す。ああ惨なるかな、悲なるかな。

その第三を大井町立会川福田狂二氏方竹下了君（20年）となす。前期畠山君の手当未だおわらざるに青物横町において負傷云々、前記の所のこれまた多数の人に囲まれ荷車に載せられ来り。開門々々と叫ぶ時、まさに午後8時40分頃なりき。これは(1)右手第二、三、四指の切創　(2)右前膊外側切創（約2寸）(3)前額横走せる切創（約2寸）(4)右臀部刺創等にして、直に手当を施す。本人は意気衰えず大いに高言を吐き、傍らの畠山君を呼び、朝鮮人君しっかりしたまえなど、何となく不穏の言語を発しおれり。

その第四は同様来院開門々々と怒号す。これを見るにやはり荷車上に在りて最早絶命に近き状体なり。頭部に創傷あり、全身各所に打撲傷あり。これは周囲の状況により全く鮮人らしき点多かりき。後に聞けば翌朝死亡せりとの事なり。

〔略〕その第六は張徳景（？）といいて（43年）、品川町明治護謨会社の職工にして既に4年間会社の職工となり居るものなるも、如何せん鮮人なるの故を以てその住宅を襲い背部を打撲せらる。その長子張先堂（19年）父を助けんとして同じく打撲せらる。時に午後十時なりき。（当時の記録）

〔『サンデー毎日』1976年9月12日号、毎日新聞社〕

山岡芳子〔**当時6歳。北品川6丁目で被災**〕

〔3日、半鐘が鳴る〕表の通りから夥しい人の駆ける音がしてきた。私達は、直ちに表に出た。果して大勢の人の群が、我家の塀すれすれに走って行く。大方、火事の現場から避難してきた人達であろうか。しかし、余りにも人数が多すぎる。半鐘は更に烈しく鳴り続けている。〔略〕「奥さまッ」勝手口から、慌しくねえやが駆け込んできた。顔が真っ青で息を切らしている。「大変ですッ、朝鮮人が大勢してここに攻めてくるそうですッ」「何んだってッ」〔略〕泣声をたてながら至急逃げる支度に取りかかった。武装した朝鮮人の大軍が、たった今、品川沖から上陸し、大挙してまっしぐらに、こ

ちら目指して、攻撃しにやってくるとの事。

〔略〕「裸足のままでッ」母の叱咤する声が背後を突いた。一同は家の戸締りもせずに表の通りに出ると、怒涛のような人の渦の中に素早く割り込んだ。群衆は皆、心身を凍結させたまま石のように無言で走り続けている。それはさながら死の行進そのものであった。「さっさっさっ」足音だけが、無気味な沈黙の中で、地鳴りのようにひびかせている。

〔略〕北白川宮邸（現在の高輪プリンスホテル）の正面の鉄の大きな扉が、この日大きく開かれていた。その両脇のところに、ここも又、武装を凝らした兵隊達が、剣付鉄砲の鉾先を向けたまま、門内に入る群集の一人一人に、厳しい目を当てながら検閲している。〔略〕「只今、門の扉をしめ終りました。後の事は自分達にまかせて、一応安心して居て下さい」兵隊の中の主だった一人が、メガホンを口に当てて、大声で知らせた。〔略〕「震災で折角命拾いをしたのに、朝鮮人に殺されるなんて何と因果な事であろう」母は、更にくどくどと言い続けている。

〔略〕長剣を腰に下げた将校の一人が一段と高い所に立ち、「皆さん」メガホンを口に当てて、全員に呼びかけた。「今日のところは、安心して家に帰って下さい。ただし、今晩からは家の戸締りを一層厳しくし、夜が明けても鍵を外してはいけません。なお、女や子供の外出は一切固く禁じます」〔略〕（朝鮮人は、至る所にひそみ、女や子供にまでも、危害を加えようとしています）あの時の将校の言葉が、幼い私にも忘れられず、母の袂をしっかりと握りながら、只ひたすらに群衆と共に、家路に急いでいた。

我家に着いた時、父は私達の事を気遣いながら、待っていた。直ちに雨戸、板戸、格子等に鍵をかけ、更に釘づけにする。重要書類や日用品等を荷造りし、又、家族が何時でも逃げ出せるよう、各自が物々しい服装に身を固め、足袋をはいて寝る事にした。〔略〕父は、武家時代の家宝として秘蔵していた日本刀を、枕の下に置いて寝ていた。

翌日〔4日〕、当局からの通達があった。

一、日中でも、門、戸、窓、雨戸のすべてを、厳重に鍵をかけ又は、釘づけにする事。
二、女、子供、年寄りの外出は、一切禁止。
三、止むを得ず外出する場合は、特に屈強な男子に限る。
四、但し、その場合は、必ず武器又は、竹槍を携えている事。
五、各区域毎に、自警団、夜警団を設ける。
六、更に各家毎に、一人以上の頑強な男子が、この自警団又は夜警団に出動し、日夜交代で警備に当る事。

〔略〕我家から50メートル程離れた北側の小高い丘の上に、バラックの小屋が急造され、そこに数人の自警団や夜警団員達が、昼夜の区別なしに、警備している。

〔略〕挙動不審な者や、朝鮮人に似た顔つきの人間が目に止まったら、直ちに空缶を強打して人を集め、最寄りの警察署なり、又は憲兵隊の屯所に、引き渡す事になっているとの事。〔略〕

晴天の日が続いた。しかし私達家族の者達は、雨戸をしめ切った暗い家の中で、不安と恐怖に怯える日々を過していた。そんな私達に、更に追い打ちをかけるように、外からさまざまな噂が、耳に入ってくる。「井戸の中へ、毒を入れた朝鮮人を見た」「総出で、この辺りの家を、焼き打ちにするそうだ」どの言葉を取り上げても、人の神経を逆撫でさせるに余りある。そんな中で何日かが過ぎていった。しかし、何事も起らなかった。

（「流言蜚語に惑わされて」『東京に生きる　第12回』東京いきいきらいふ推進センター、1996年）

山中悌治〔上大崎534で被災〕

〔2日〕誰からともなく、暴徒が攻めてくるといい、各井戸に毒を流しているという。目黒駅の陸橋上には鳶職のおかみさんが、鎖帷子を着込んで薙刀を立てて「男なら逃げるな。ここで防げ」と怒号しているという。私は近いところでもあるし見に行きたかったが、父に止められて行けなかった。

いつの間にか自警団が組織され、竹槍が渡され、年少の私は連絡係にされた。女子供は元火薬庫の広大な敷地内に避難して行った。自警団は夜は殊に厳しく巡回した。

（品川区環境開発部防災課『大地震に生きる――関東大震災体験記録集』品川区、1978年）

米川実男〔当時21歳〕

〔2日夕方〕横浜で失業し、飢えに迫られた朝鮮人200名ばかりが各々獲物も携えて掠奪をくり返し、すでに川崎まで、あるいは大森まで来ているという。この時の驚愕・不安は、実に地震のそれ以上であった。〔略。芝公園に着き〕井戸水は朝鮮人が毒薬を投入した恐れがあるので、絶対に飲むべからずとの警告があるために、飲むことはできない。

翌日、品川に戻ることにした。品川駅付近は兵士や警官が一層いかめしい格好で警戒に当たっていた。橋を渡ろうとすると、自警団の一人に鋭くどなられ呼びとめられた。注意されて見ると、人々は男も女も子供も、みなはちまきをしている。さっそく持ち合わせの手拭いをひたいに巻きつけた。（1924年8月稿）

（関東大震災を記録する会編『手記・関東大震災』新評論、1975年）

品川警察署

9月2日午後2時25分、横浜方面より来れる避難者に依りて恐るべき流言始めて宣伝せらる、曰く「横浜の大火は不逞鮮人の放火に原因するもの多し、而して彼等は団結して到る所に掠奪をほしいままにし、婦女を姦し、残存の建物を焼き尽くさんとするが如く、暴虐はなはだしきを以て同市の青年団・在郷軍人等は県警察部と協力して防御中なり、彼等の集団は数十名乃至数百名にして、漸次上京の途に在るものの如く、神奈川・川崎・鶴見等各町村の住民を挙げて警戒に従えり」と真偽未だ詳かならずといえども又等閑に付すべからざるが故に、ただちにこれを警視庁に報告すると共に、署員を大森・六郷川〔六郷橋付近の多摩川下流部〕方面に急派して形勢を視察せしめたるに、大森付近に於ては不逞鮮人等既に六郷川鉄橋付近に迫れりと称し、在郷軍人・青年団員等は防御の為に六郷川方面に出動せりとの事なれども、その真相は詳かならず、而して鉄道沿線に避難中の群集は恐怖の余り東京方面に遁るるもの多しとの報告あり、かつこれと相前後して

①鮮人約200～300名、或は銃を携え、或は白刃を持して横浜方面より東京に向わんとす、

②鮮人約2000名は既に六郷の鉄橋を渡れり、
③軍隊は鮮人の入京を防がんがために六郷川岸に機関銃を備え、在郷軍人、青年団員の多数また出動してこれに応援せり、
④軍隊のために六郷川において阻止せられたる鮮人は、更に矢口・玉川方面に向えり、
⑤東京・横浜における火災は概ね鮮人と社会主義者とが共謀して爆弾を投じたる結果なり等云える流言また伝わりて人心兢々たり。

かくて不安に襲われたる民衆は、疑心自ら暗鬼を生じて、牛乳・新聞の配達人、肥料汲取人等が心覚えのために路次に記し置きたる符号をも、鮮人が放火・殺人又は毒薬の撒布を実行せんがための目標なりと信じて、益々動揺するに至れり。これにおいて本署は管内警備の必要を認め、警戒隊を編成して大井町に派遣せしが、この時にあたり、民衆は戎・兇器を携えて各所に屯在するもの、或は100名、或は数百名に上り、いずれも鮮人の不逞行為を誤信してこれに当らんとするなり。

しかれども本署は固くその軽挙を戒め、万一事変起らば警察の応援機関たらん事を諭告する所ありしが、民衆は容易に耳を傾けず、相率いて鮮人を迫害し、同日薄暮八ッ山下において爆弾所持者なりとて1名の鮮人を捕えて重傷を負わしむるに至りしが、これを調査するに爆弾なりと信じたるは大和煮の缶詰と、2瓶の麦酒とに過ぎざりしなり、かくのごとくにして婦女子等は難を本署に避けて保護を求むるもの少なからず、しかるに民衆の鮮人を捕えて本署に同行するもの多きに及び、婦女子を諭して荏原神社境内に収容せり。

かくて鮮人に対する人心の動揺は日を逐いてはなはだしく、9月4日大井町方面においては鮮人既に管内に入れりとて警鐘を乱打するものあり、警戒隊馳せて現場に赴けば、横浜より来れる7名の鮮人と1名の同胞とを包囲せる多数の民衆は将にこれに危害を加えんとして闘争中なりしかば、即ち民衆を戒めて鮮人等を保護検束したるに、幾もなくして品川橋南側において鮮人を殺害せりとの報告に接し、直に署員を急行せしめたるに、実は猟師町の一青年の鮮人と誤解せられ、瀕死の重傷を負えるなりしかばこれを品海病院に護送して手当を加えたれども数時間にして絶命せり。この外大井町の某々等2名の内1名は同町において殺害せられ、1名は重傷を受けたり、しこうしてまさに迫害を受けんとする鮮人を救護して本署に収容せるもの47名に及べり。

既にしてまた流言あり「鮮人を使嗾する者は社会主義者なるべければその患を除かんにはこれを応懲するに若かず」と。時に要視察人某は同志十数名と共に大井町に住し、某雑誌を発刊し居たるが、これを知れる民衆はこれを危険視して注意を怠らざりしが、會ゝ某等もまた自警団員としてその任に就けるの際、部下の某は兇器を忘れたりとてその寓に到りしに、門戸堅く鎖して開かざるを以て、板塀を乗りこえて屋内に入りしが、これを見たる民衆は鮮人が主義者の家に来りしものと誤解してこれを殴打して昏倒せしむるに至れり。

かくて要視察人の身辺また危険なるを慮り、遂に某々等を始め数名を保護検束し、かつ某は曩に負傷せるを以て応急手当を加えたり。

（『大正大震火災誌』警視庁、1925年）

品川警察署大崎分署

9月2日午後2時頃、「市ヶ谷刑務所の解放囚人は山の手及び郡部に潜在し、夜に入るを待って放火の企図あり」との流言あり、当署は直にこれを市ヶ谷刑務所に質したるに、事実無根なりしかば、その旨を宣伝して民衆を鎮撫せしが、午後5時頃管内戸越巡査派出所員より急報あり、曰く「自動車運転手の訴えによれば鮮人約200余名神奈川県寺尾山方面に於て殺傷・掠奪・放火等の暴行を行い、漸次東京方面に向えるもの如し」と。

而して荏原郡調布村大字下沼部の一農夫もまた当署に来りてこれと同様の申告をなしたりしが、幾もなく「鮮人約3千余名既に多摩川を渉り、洗足村及び中延付近に来襲し、今や暴行を為しつつあり」など云える情報をもたらすもの少なからず、これに於て署員を多摩川丸子方面に派遣して偵察せしめたるも異変を認めず、更に神奈川県を調査するもその事なし、尋で第一師団司令部より多摩川附近5里四方には不逞徒輩を見ずとの発表あり、即ち鮮人に関する報道は流言に過ぎざるを知り、これを民衆に伝えたれども敢て信ぜず、自警団を組織し、戎器を執りて自ら衛るもの多く、鮮人に対して或は迫害を加え、或は逮捕して当署に同行するのみならず、内地人もまた鮮人と誤解せられてその迫害を受くるものまた多し、これに於て翌3日管内在住鮮人180余名を保護検束すると共に、4日長野県より応援警察官23名の来るに及び、直に巡察隊を組織して平塚村並に大崎町の2方面に分派し、専ら警戒取締の任に当らしめ〔略〕。

（『大正大震火災誌』警視庁、1925年）

『読売新聞』（1923年10月17日）

「五反田の自警団9名収監さる　○○外2名を半殺にし」

大崎町字五反田自警団消防小頭高山虎吉、森田元吉外7名が9月2日の夜同町多数の自警団と自警中半鐘を乱打し、横浜方面から○○2千名来襲の旨を宣伝したので通り掛った○○を乱打人事不省に陥らしめ、更に日本人2名を殴打人事不省に陥らしめた事件は〔略〕16日早暁前記9名を殺人未遂罪として起訴し続いて池田予審判事の令状で市ヶ谷刑務所に収監した。

鈴ヶ森

内田良平〔政治活動家〕

福田狂二は居宅を立会川に占め雑誌『進め』の事務所を鈴ヶ森に置きたるが、2日11時頃その事務所へ鮮人数名逃げ込みたるため、群衆はこれに押寄せたるに事務所内に居たる者等が反抗したるため、群衆中大鋸を持ち行きたる者その一人の首を引き切り一人を袋叩きにしたるに、狂二は猟銃を持ち出で来りたるにそれを奪い取られ敵せずと思いけん、何れも裏口より逸走したり。

（内田良平『震災善後の経綸に就て』1923年→姜徳相・琴秉洞編『現代史資料6・関東大震災と朝鮮人』みすず書房、1963年）

竹下了〔鈴ヶ森の雑誌社「進め社」の2階で被災〕

次の朝〔2日〕になると、情勢ががらりと変わって「六郷の方から朝鮮人が押しかけてくる」っていうデマが乱れ飛んだわけなんですね。私らもこりゃ大変だってんで町内の人たちもそうだったんですが、日本刀、竹槍を持ちだして、自警団を組織したわけなんです。「朝鮮人が井戸に毒を入れるから、朝鮮人を見たらぶっ殺してもかまわん」っていうようなお達しなんですけれども、私の町会でも3件そういう事件がありました。しかし殺されたのはみんな日本人だったですね。ただススメ社の中に朝鮮の朴さんっていう方がおられて、この人が髪の毛を長くしていた。その頃髪を長くしているのは非常に異例なんで、それが非常に目について、自警団が「あれぁ、朝鮮人じゃないか」とススメ社にききあわせてきたんですが、「そうじゃないんだ、あの人は日本人なんだ」っていうんで、その人を坊主にしてやっと助かったわけです。その人は朝鮮独立運動の人だったです。

朝鮮人さわぎは2日からでしたね。それから朝鮮人のウワサが消えたのは1カ月位後でしょうか。しかしそれまで自警団を解くっていうことはなかった。しかし朝鮮人がいちばんたくさん殺されたのは9月3日～5日位だったと思う。

しかしなにしろ自警団の組織が支配階級によってすぐさま組織された。東京全部でしょう。自警団は主に町会中心ですよ。〔略〕自警団の会長は町内会の会長で、他は店屋の若い店員だとか八百屋のあんちゃんだとか魚屋のあんちゃんだとかで、竹槍とか日本刀とか持ってました。日本刀の方が多かったですね。

〔略〕日本人労働者は彼等を蔑視してましたね。だからそういう朝鮮人は殺してもよいということだったのではないですか。でなけりぁ、ああ急速に3日とたたないうちに東京全部が自警団によって組織され、朝鮮人とみれば片っぱしから殺すというような社会情勢が生まれるという異様な状態は起こらないのではないですか。

（「米騒動と朝鮮人虐殺事件」日朝協会豊島支部編『民族の棘――関東大震災と朝鮮人虐殺の記録』日朝協会豊島支部、1973年）

山本早苗〔**映画監督**〕

〔日時不明〕鈴ヶ森の石碑の横に小さな松が3、4本生えていてその下が丁度よい日陰になっているので、そこへ大切な背中のおむすびを下ろし、その横に長々と足を伸ばして寝転んだ。

〔略〕かすかに「助けてくれ」「助けてくれ」と言うような男の声が聞えた。「やっぱり何か夢を見ているのだろうか？　いやな気分だなあ」と思いながら私は起き上った。時計は3時を過ぎたばかりでまだ日は高い。

また「助けてくれ」「助けてくれ」と弱々しいが確かに人の声が聞えた。私はおむすびの風呂敷包みを背負い込んで石碑の横の松の下から通りへ出た。弱々しい声の主はすぐにわかった。海岸側の電柱に一人の男が太い針金で縛られているのだ。近づくにつれ、骨格の立派な若い男で、身体は薄物一枚まとわぬ素裸で、その全身が無惨に血だらけなのだ。「助けてくれ」と言う声が、その男が息も絶えだえに私に対して言っている言葉である事がわかった。

電柱には張り紙がしてあって「この男は大悪人につき、下の敷石にて1回ずつ殴ってから通る事」と書かれていた。私は目をつむって一目散にかけ出した。

横浜の駅へ着くまでに同じような人を7、8人も見たが、本郷の赤門前で警備をしているときに見た、あやしい人間だと誰彼となく追い回したり、詰問したりしている光景を想い出し、捕える者も、捕えられて罰を受ける者も、何か人間そのものが恐ろしくなってしまった。

（山本早苗『漫画映画と共に――故山本早苗氏自筆自伝より』私家版、1982年）

横田忠夫〔鈴ヶ森の「進め社」で被災〕

9月2日も暮れんとする、5時頃大森方面の半鐘が一斉に鳴り出した「海嘯が来る！」という叫び声があちこちに聞えたかと思うと付近の仮小屋の人達も一度にどよめきだした。もう大森の方に逃げ出した女子供もある。

私達も大森の八景園へ避難しようと思っていると大森の方から白鉢巻をして襷がけで腰に日本刀をブチ込んだ男が自転車でやって来た。そして「大森の方から朝鮮人が沢山押し寄せて来たあ！　女や子供は逃げろ、男は刀か竹槍をもって出てくれい。もう大森の町端れで戦が始っている」と叫んで通った。

近所の仮小屋では女や子供は悲鳴をあげながら駈け回る。続いて「朝鮮人がこの際日本人を皆殺すつもりなそうだ。横浜へも東京へも火をつけたのは朝鮮人だ」「大森で抜き身をもった鮮人が500〜600人来て火をつけたり物をとったり大変だ、在郷軍人や青年団は敗けそうだという」「もうそこまで来た」などと近所の人が右往左往に駈けながら喚き立てる。〔略〕時々青年団や在郷軍人は駈け歩いて武装して下さいという。

〔略〕道には屈強の若者は手に手に白刃や竹槍や鳶口などを持って鉢巻をして外へ出ている通行の人達をじろじろ見ていた。〔略。岡、松並、自分の〕3人が立会川停留所の付近を歩いていた時は日がすっかり落ちて暗かった。ある家の塀に何か張ってあると思ってみると「鮮人数百名大井町各所の井戸に毒薬を投じて逃走せり、今夜大挙襲来せん」と書いてあった。東海道へ出るともう沢山の青年団と在郷軍人がてんでに竹槍や日本刀をもちがやがやしていた。

すると一人の男が駈けて来て「今ガス電気会社の広場に鮮人が500名ばかり押し寄せて来て青年団と対峙している。何か要求をしているらしい」という。3人はそこで「そんならひとつ私達がその間を調停して騒動を未然に防がなければならぬ」といって進め社へ帰ろうと思った。そして福田〔狂二〕の家へ来ると竹井が今体育会へ行って聞くともう鮮人は散々敗けて逃走したから心配するなと警官が言っていたから進め社へ帰ろうという。

〔略〕竹井が私の顔を見ると「おい君、ここに何かの恨みのある奴が入って来て塀を乗りこえようとして却ってこの辺の人達に殺されたそうだ」という。〔略〕近所の人達は互に「俺がその男が塀を乗りこえて入ろうとした時引きずり落した」「俺がこの日本刀で頭を切った」「俺がこの竹槍で臀を突くと3寸ばかり竹槍が入った。これこの通り血と肉片がついている」などといっていた。

そこへまた新しい一人が来て「進め社へ鮮人が一人逃げこんだので皆で殺した。確かに鮮人だった、海岸の方で人を3人ばかり殺した奴だ」という。私達は何が何やら解らなくなった。そこへまた隣りの家の人が来て私達へ「あなた方大変ですよ、ここで殺されたのは進め社のあの若い人なんです。私はちゃんと知っています。裏と表の門をあけようとしても錠がかけてあったので入れぬと思ったか塀を乗り越えようとしたら皆が刀で切る、竹槍で突く、かわいそうに私等がどんなにとめても殺されちゃったんですよ。それから皆で中へ入って鮮人がいるかと散々探したのだ」といった。

私達はあっと驚いた。しばらくは声も出なかった。人相や服装や前後の行動をよく聞いて察するにどうしても竹下〔了〕らしい。

〔略〕大井、大森の半鐘はひっきりなしにガンガンガンガンと鳴る。山！川！という合言葉が時々聞える外に人の声がしない。ドン、パチパチ、という銃声が絶えぬ。法螺貝の声喇叭の声が聞える。忍びやかに歩く人々は竹槍や白刃を提げている。折柄火事の煙も薄いだがようやく満ちた月が煌々と私等の真上に照り出した。ウワ！ウワ！と喊の声が遠くであるいは、近くで起る。「ああ竹下が」と4人が時々いって後は黙してしまう。

その時30間ばかり離れた濱の家という料理屋の前で「鮮人だ！」という叫びとともに黒影が飛ぶ、と殴る音がする、4人も駈けつけたらもうその男は死んでいた。突然濱の家のねじり鉢巻をした番頭が竹槍高捧げて「日本勝ったあ！」といったら50〜60人がこれに和して「万歳！」と叫んだ。

〔略〕私がブラブラと付近を歩いていたら一人の大きな男が来ていきなり私の前に立ち塞がって「おい君はここの者か」という。「そうだ」といったら「ここで今日昼に鮮人が沢山集って君等と暴動の相談したそうだ。どうか」という。私は「そんな事はない。社会主義者という者はこんな時こそ皆と一緒に働くもので、民衆の利益に反するような事をする者じゃない」といって、ふとその男が何か白いものを持っていると思い見れば、3尺ばかりの白刃を提げている。私は「おい君達バカな噂が広まっているよ。来たまえ」といったら3人が集って来た。そして皆で弁解した。付近の者もたくさん集って来た。時々遠くで「社会主義者を殺してしまえ」という凄い声がする。どうやら弁解が利いて竹槍白刃は帰った。

〔略〕岡と松並は品川警察署へ行って竹下の死骸を見て来るといって出た。しばらく経て帰ってきたが「やられたのはやはり竹下だが命は助かるかも知れぬ。傷は頭と腕と臀とその外無数だ。今警察で手当を受けている。福田へ寄ったら鮮人が暴動を起し大森の方から来るというので体育会の生徒をつれて行ってみたが、大森へ行けば川崎の方へいったという、川崎の方へ行けば横浜だという。全然無根だと思い帰って来ると立会川の辺ではまだ大森だという。そんなわけで鮮人騒ぎは嘘だと言っていた」というのでようやく愁眉を開いた。

3日は天気がよく東京、横浜の煙も鎮まった。表門の前を見ると血が1尺四方ばかりゴッタリと流れている。竹下がやられた跡なのだ。飯を食う間にもちょいちょい竹槍や鳶口が来て覗いて行く。9時頃品川署の刑事がドカドカと来て立会川の福田を初め竹井の一家までことごとく検束された。

〔後に竹下は無事と確認〕

（「火焔！銃声！半鐘！竹槍！——同志竹下が襲われた夜」『進め』1923年12月号、進め社）

渋谷区

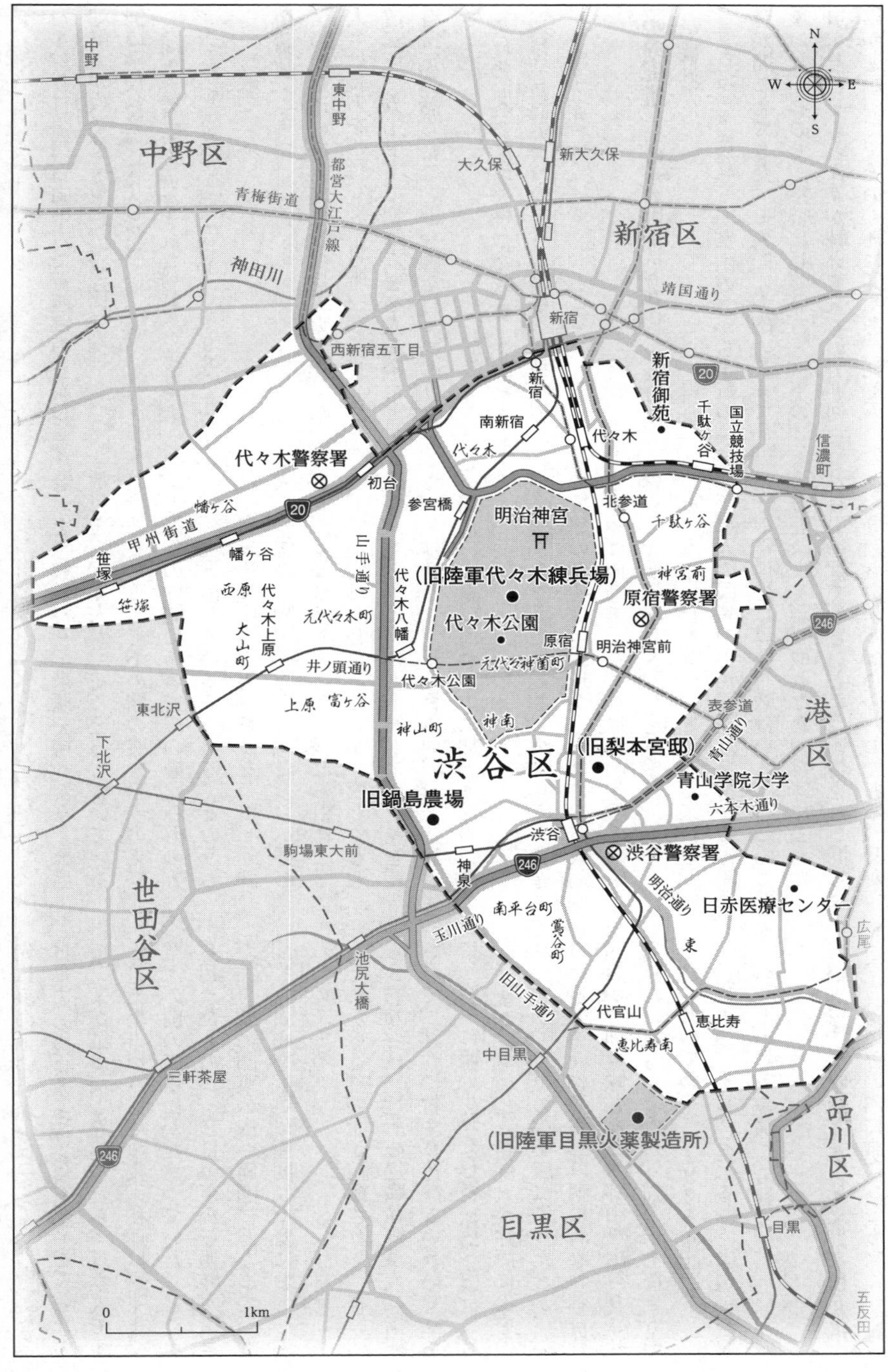

中野
東中野
中野区
大久保
新大久保
青梅街道
都営大江戸線
新宿区
神田川
靖国通り
新宿
西新宿五丁目
新宿
新宿御苑
南新宿
千駄ケ谷
国立競技場
代々木
代々木
信濃町
代々木警察署
初台
参宮橋
北参道
千駄ケ谷
明治神宮
幡ケ谷
甲州街道
笹塚
幡ケ谷
山手通り
代々木八幡
（旧陸軍代々木練兵場）
神宮前
原宿警察署
西原
代々木上原
笹塚
元代々木町
代々木公園
大山町
原宿
明治神宮前
井ノ頭通り
元代々木神園町
代々木公園
東北沢
上原
富ヶ谷
表参道
港区
神山町
神南
青山通り
下北沢
渋谷区
（旧梨本宮邸）
青山学院大学
旧鍋島農場
六本木通り
渋谷
駒場東大前
神泉
渋谷警察署
世田谷区
南平台町
明治通り
日赤医療センター
玉川通り
鶯谷町
広尾
東
池尻大橋
旧山手通り
代官山
恵比寿
中目黒
恵比寿南
三軒茶屋
（旧陸軍目黒火薬製造所）
品川区
目黒区
目黒
五反田
0
1km

I・S

4、5日頃代官山の方でも西郷の方から朝鮮人が攻めてくるとかで学校へ逃げ、又、別の学校へ逃げたりした。

（関東大震災時に虐殺された朝鮮人の遺骨を発掘し追悼する会『会報』第30号、1985年）

伊藤政一

当時剣道の錬士先生の大越幸太郎氏（故人）は長刀を帯行して、日頃の腕を試した、道玄坂、ガード下で朝鮮人を2人殺ったと自慢気に話したことも今胸を打っております。

（日朝協会豊島支部編『民族の棘――関東大震災と朝鮮人虐殺の記録』日朝協会豊島支部、1973年）

猪鼻虎雄〔**当時渋谷町下渋谷在住。東京府庁で被災**〕

〔2日夕、下渋谷で〕西郷山の方から小銃の音が聞こえてきた。その内に大砲の音まで轟いてくるので、不審にしていると、下の道をぞろぞろと人々が続いて来るので、何事かと思って、その人達に聞くと、朝鮮人が、多摩川を渡って攻めてくるのだという。老人を背負ったり、米櫃を持ったり、風呂敷包を下げた人が、ぞろぞろと続いているのである。そして下の路の突き当りのえびすと渋谷の中間である省線の線路みちの方へ、続々と流れているのである。そのうちに、自転車に乗った男が蒼くなって、朝鮮人の一隊が、駒沢の方から、こちらへ押寄せて来つつあるという。信じられぬことで、何が何だかわからないが、兎も角も近隣の人々と共に、私とS君がステッキを持ち、父は妹ちょう子を背負い、母と妹静も一緒に、人々の流れの中に加わったのである。

線路際まで出てみると、かなり広い省線の線路の柵内は、周辺から逃げこんだ人達でいっぱいであった。私は青山学院の朝鮮青年も一緒に連れていたのである。

そのうちに日も暮れ、どこから来たのか在郷軍人の服装の男が、提灯を持って線路わきの電信柱に昇り、敵はいま、どこそこの方面（よく聴き取れなかった）に去ったから引挙げて下さいという報告をし、間もなく群衆も引挙げはじめたのである。父が先に家の下の石垣のところまで戻ったら、日本刀の抜身をさげた男が立っていたので、父が誰かっと怒鳴ったら、日本人ですと答えたという。その夜、私達は遅くまで空家の前の広場にかたまっていた。どこから起ったものか、2日の夜から朝鮮人騒ぎが不思議に関東の広い範囲にわたって、混乱した人心を、更に極度な不安におとし入れたのである。

それからは自警団が組織されて、若い私とS君などは、近所の退職在郷軍人に指揮されて、鉢巻に竹やり持参といういで立ちで、夜毎に暗い小路を夜警に出たのである。

〔略〕また、そのころ朝鮮人が井戸に毒を入れたとか、目黒の火薬庫に入ったとか、いろいろとデマが飛び、早朝にわれわれ自警団員が一列縦隊となり西郷山を山狩りさせられたこともあったが、猫の子一ぴきも出なかったのである。（1925年記）

（猪鼻虎雄『生きていたしるし――わが人生記録・青春編』私家版、1977年）

岩崎之隆〔**当時麴町区富士見尋常小学校6年生**〕

〔1日夕〕その内に誰言うともなく、〇〇

人が暴動を起こしたとの噂がぱっとたち、それで無くてさえびくびくしている人達は皆ふるえあがって、そして万一を気づかって多勢の人が竹槍を持ったり、鉄棒を握ったり、すごいのになると出刃包丁を逆手に持って警戒をし始めた。而して○○人だと見るとよってたかってひどいめにあわせる。前の通りでも数人ひどいめにあわされたと言うことである。その暮れのものすごい有様は、今でも思いだすとぞっとする。

〔略〕裏の門田の叔母さんが、今夜の11時頃と、明朝の3時に又大地震があるから気を附けなさい、と交番に警告してあったと告げて下すった。〔略〕1時頃になると代々木の原の側の半鐘が急にヂャンヂャンヂャンヂャンヂャンと激しく鳴り出した。〔略〕そして話を聞けば今すり番をならしたのは、○○人が代々木に再び入った為、非常召集をやったのだそうだ。

〔略。2日〕夜が明けるが早いか巡査がやって来て、一軒一軒に「かねてから日本に不安を抱く不逞○人が例の二百十日には大暴風雨がありそうなことを知って、それにつけ込んで暴動を起こそうとたくらんでいた所へ今度の大地震があったので、この天災に乗じ急に起って市中各所に放火をしたのだそうです。又横浜に起ったは最もひどく、人と見れば子供でも老人でも殺してしまい、段々と東京へ押し寄せて来るそうだから、昼間でも戸締を厳重にして下さい」と、ふれ歩いたので、皆はもう怖くて怖くて生きた心地もなく、近所の人と一つ所に集って、手に手に竹槍、バット等を持って注意していた。

午前10時とおぼしい頃、坂下の魚屋や八百屋の小僧等が、わいわい騒ぎながら僕の家の前へ入っていった。何事かとこわごわ聞いて見ると、「前の家に○○人が入ったようだというので皆で探しに来たのだ」と言う。どうか早く捕まってくれればいいとびくびくしながらも、こわいもの見たさに門の所に出て見ていた。その中に段々人も大勢きて前の家を包囲しながら中を探し出した。けれどもそれは何かの間違いだったのだろう。幾らさがしても出ないので、皆はどんどん帰ってしまった。それで僕はほっとした。

余震は中々ひどく揺すってまだまだ安心出来ない。東の空を見ても火事はまだ消えないと見えて真赤である。その中に町内の若い人達が来て「今度は○人が井戸に毒を入れ、又爆弾を投げるから用心して下さい」と警告してくれた。皆は又々震え上ってしまった。時々グワウガラガラ……と耳をつんざくばかりの音が聞こえる。皆あれは○人が爆弾を投げた音だとか、或は火事と地震で物の崩れる音だとかいろいろ噂し合っていた。

（東京市学務課「東京市立尋常小学校児童震災記念文集」1924年→『新版・千代田区史・通史資料編』千代田区、1998年）

内田良平〔政治活動家〕

4日夕刻代々木富ヶ谷に於て1台の自動車渋谷方面に向って疾走し来れり。〔略〕第二の警戒線たる富ヶ谷二ノ橋に差しかかりたる時あたかも第一警戒線より追跡し来りたるものに追付かれ、この第二線に於て喰い止められたり。その自動車内には4人の鮮人と日本人の運転手とありたるが、詰問の結果その答弁頗(すこぶ)る曖昧にして不逞鮮人なること明かとなりたるため或はこれを殴殺し或はこれを傷けたる末渋谷警察署に引渡したり。

（内田良平『震災善後の経綸に就て』1923年→姜徳相（カンドクサン）・琴秉洞（クムビョンドン）編『現代史資料6・関東大震災と朝鮮人』みすず書房、1963年）

江馬修〔**作家**〕

〔3日、自宅のある初台で〕提灯（ちょうちん）をぶらさげて、ものものしい様子で絶えずそこらを警邏している在郷軍人によって、さっきの警鐘の意味も程なく伝えられてきた。

「富ヶ谷の方で朝鮮人が12、3人暴れたんです。〔略〕何でも初めパン屋の店先へ行ってパンを盗もうとしたところを見つけられて、それから格闘が起こったんです。10人ほどはすぐみんなして、ふん縛ったんですが、2、3人は猛烈に抵抗して暴れるので、とうとうぶっ斬ってしまったのです。この奥の渡辺栄太郎という騎兵軍曹は、――私もよく知っている人ですが、――馬上から1人の朝鮮人を肩から腰の所へかけて見事袈裟（けさ）斬りにやっつけたといいますよ。随分腕のきく人ですね」

この話は直（ただ）ちに一般の人々に伝えられ、そして深い衝撃を与えた。ここに説明しておく必要があるが、少なくとも自分と話し合った限りの人々は、前夜来の朝鮮人の暴動を少しも疑っていなかった。それどころか、前夜東京での朝鮮人の騒ぎが想像以上に凄惨なものだったことを知って、ゆうべよりも皆が緊張していたくらいだった。郊外とても暴動1件で脅かされた事は市内と少しも変わらなかったが、以上の理由でその殺気立った警戒ぶりは前夜よりも真剣であり、酷烈であった。

（江馬修『羊の怒る時』聚芳閣、1925年→影書房、1989年。実体験をもとにした小説）

大岡昇平〔**作家**〕

〔中渋谷716番地で2日〕午（ひる）すぎ、横浜の朝鮮人が群をなして、東京へ上って来るという流言が伝わって来た。二子玉川まで来ているということだった。

縁側に坐っていると、騎馬の兵隊が家の前の坂をギャロップで降りて行った。小石が蹄ではじき飛ばされ、板塀に当って、パチといった。駒場の奥の近衛騎兵連隊からどこかへ伝令が行ったのだろう。あご紐をかけた兵隊の頭が、塀の上に見えたので、私はパチという音のもとが小石であることを知っていたのだが、茶の間へ行ってみると、誰もいない。母も姉も弟たちも、鉄砲の音と早合点して、裏庭の隅の納屋にかくれていたのだった。

〔略〕まもなく朝鮮人が三軒茶屋まで来たといううわさが入った。それから弘法湯まで来たということになるまでに、5分とかからなかった。ラジオもない頃で、情報がどうして入ったのか、覚えはない。誰かそんなことを表を怒鳴って歩く人がいたような気がする。もう少し北の富ヶ谷の方では騎兵が乗り廻して、朝鮮人が来るから警戒せよ、とふれ廻っていたという。〔略〕女たちと弟は毛布を持って、鍋島侯爵の庭へ避難した。その晩から自警団が結成された。

（大岡昇平『少年――ある自伝の試み』筑摩書房、1975年）

風見章〔**政治家。当時『信濃毎日新聞』主筆**〕

当時信毎の東京支局長であった西沢圭氏は、支局が銀座なのでたちまち焼け出されてしまい、渋谷の小坂〔順造〕社長邸に引きあげていたが、たまたま渋谷通りに出て行った折、騎馬兵が血だらけの鮮人を世田谷方面より引きづって来るのを見かけ、たしかに世田谷で鮮人の一団が不逞の行動に出たとの噂を聞いたが、それは真実であったことが判ったといって、鮮人問題が起ったのは鮮人の身の所為（せい）だという考をあくまで主張してやまなかった。

敗戦前まで現在の代々木公園を含む広大なエリアは、代々木練兵場として陸軍が所管。平時より演習が行われ、朝夕、号令の声や鉄砲、機関銃の音が間断なく聞えたという

（河北賢三・望月雅士・鬼嶋淳編『風見章日記・関係資料』みすず書房、2008年）

金子洋文〔**作家、政治家。代々木神宮裏の長屋で被災、原っぱに避難**〕

翌日〔2日〕から朝鮮人の暴動の宣伝が始まり、代々木の原っぱをよぎって襲来する。住民は神宮裏の山内子爵邸に避難せよと、大声でふれて疾走する。しかし私はこの宣伝を信用しなかった。なぜなら、両隣の左方には朝鮮人の土木建者が住んでいるし、右方には朝鮮人の留学生が5、6人住んでいたが、これらの人々はヒソとして音もたてないで日本人の蛮行をおそれて、ひそんでいる。

（『月刊社会党』1983年9月号、日本社会党中央本部機関紙局）

神近市子〔**婦人運動家。渋谷豊沢で被災**〕

〔2日午後、流言が伝わると〕私どもは半信半疑で、たがいに顔を見合わせた。否定も肯定もできなかった。ありえないことにも思えるし、植民地化された国の人たちが、日本での境遇に不満があることは当然のようにも思われた。夕方になると、町をあげての避難さわぎだった。昨日は余震を考えての避難だったが、今日は万一のことがあれば、家が焼き払われるか、屋内が荒らされると考えなければならなかった。〔略。荒地へ避難して〕提案した人の発議で、男子は夜間は交代でその一画を見回るということになり、夫と2人の青年も交代でその任務についた。

（『中央公論』1964年9月号、中央公論社）

河合良成〔**政治家。当時東京株式取引所勤務。渋谷神山町在住**〕

〔2日〕参謀本部では高級肩章をつけた軍人が、部下に指令を与えていた。すでに朝鮮人暴動の話が出ており、その対策を指示していたのである。

〔略〕2日夜、人々は朝鮮人暴動の噂を聞いて、戦々兢々（きょうきょう）としていた。そのときは誰も嘘とは思わず、真剣そのものだった。私の宅の付近に回ってきた騎馬巡査に聞くと、朝鮮人は唯今渋谷の先の三角橋まで押し寄せてきているという。朝鮮人が井戸に毒を投げ込むというので、その警戒もした。

近隣の人々が逃げ出すので、私も代々木の原へ逃げた。が、夜の1時、2時になっても暴動来襲の気配がないので、また家へ帰った。

（『中央公論』1964年9月号、中央公論社）

川田泰代

〔渋谷区千駄谷で〕突然、平穏な生活が破壊された環境で、たとえ焼けだされない人々でも、人心は不安で動揺していた。そこへ誰いうとなく、「シュギシャが暴動を起すだろう」とか、「チョウセンジンが井戸に毒を投げた」とか、不吉なデマが巷に横行した。

自警団というおじさん達がコン棒を持って「お変りありませんか」といって群をなしてパトロールをしていた。シュギ者とは社会主義者のことをいった。私の家の向い側にあった庭の広い借家に巡査がたくさん踏み込んだと思ったら、その後しばらく空家になってしまった。何でもシュギ者がアジトとして住んでいたのだという。

（『抗はぬ朝鮮人に打ち落す鳶口の血に夕陽照りにき――九・一関東大震災朝鮮人虐殺事件六〇周年に際して』九・一関東大震災虐殺事件を考える会、1983年）

木佐木勝〔編集者〕

〔代々木新町の田山花袋（かたい）宅に原稿依頼に行った時の話〕9月1日以来、朝鮮人暴動のうわさが絶えず、また朝鮮人がひそかに井戸に毒物を投入しているという流言が信じられていたときだった。

「君、朝鮮人が井戸に毒を投げ込むと言うのはほんとうかね」と花袋翁は半信半疑らしい調子で私に尋ねたが、私自身も現場を目撃したわけではなかったので、あいまいな返事をしておいた。

そこで花袋翁は言ったものである。

「昨夜、夜警をしていたとき、近所をうろついていた朝鮮人が、追われて僕の家の庭へ逃げこんできて、縁の下へ隠れてしまったんだ。僕はそいつを引きずり出してぶんなぐってやったよ」

それを聞いて私は、高血圧症の花袋翁の腕力沙汰に目を見張ったものだが、花袋翁の真剣な顔を見ると一瞬返事にとまどった。（昭和初期に執筆と推定）

（「関東大震災体験記」『中央公論』1998年10月号、中央公論社）

郷司浩平〔当時23歳。青山学院学生〕

騒ぎの続いていたある日、1人の朝鮮人が寄宿舎に逃げ込んで来た。他の部屋は夏休みで、いるのは私のところぐらいだったから、私の部屋にへ来て、「ここに泊めてくれ」という。その男だけでなく仲間が多勢いるようである。キリスト教の学校として、非道な目に遭っている人を助けるのは、当然のことだろうと私は考えた。外部の者を泊めるには学院長の許可が要るので、院長に相談すると賛成してくれた。こうしてその日から、子どもも含めて70～80人に及ぶ朝鮮人が、難を逃れて青山学院構内の寄宿舎に暮らすことになったのである。

地元の自警団は、早速このことを聞きつけて抗議にやって来た。「無辜（むこ）の朝鮮人を保護するのは人道上当然のことではないか」とはねつけたのはいうまでもない。自警団の人たちは交代で朝鮮人の行動を、騒ぎが静まるまで監視していたようであるが、幸にことなく済んでホッとした。（談）

（「朝鮮人を救う」毎日新聞社編『決定版昭和史・

第4巻――昭和前史・関東大震災』毎日新聞社、1984年）

九重年支子〔**発明家。当時17歳。渋谷桜ヶ丘で被災**〕

2日目ぐらい、まだ余震で庭に皆避難していたとき、夜警の一人が「お宅の庭に誰か逃げて隠れているように思うのでさがさせてください」と言う。母はどうぞと言ったが、首をかしげていた。外には夜警が人が通るたびに、「誰だ！」とどなっていた。道玄坂の中将湯のそばで、誰か、と聞いても返事しないので刀で切り殺されたという話が伝わってきた。皆殺伐となり、流言飛語が飛び交っていた。地震よりこのほうがこわかった。

（九重年支子『今は昔のつ・づ・き』主婦の友社、1989年）

鈴木ふじ子〔**渋谷駅前の自宅（時計店）で被災**〕

次の日から私と妹弟の3人は電車の中で寝ました。そのうち朝鮮人の騒ぎが起りましたが、町内では普段から自営の消防団や在郷軍人会などが確かりしていましたのでデマにも惑わず私達は安心していました。

（世田谷区老人大学編『世田谷区老人大学修了記念論文集・第1期修了生』世田谷区老人大学事務局、1979年）

鈴木茂三郎〔**政治家。当時『東京日日新聞』記者。代々木幡ヶ谷在住**〕

9月3日戒厳令が布かれた。その頃から、朝鮮人問題に関する流言がまことしやかに、計画的であるかのように伝えられるようになった。多摩川の川を隔てて川向うまで押寄せて来た朝鮮軍と、それを防戦する日本側の土手に散兵した軍隊の間に激戦が行なわれているとか、荒川の囲みが破れて朝鮮人がなだれこんだとかいうように。

私の同じ隣組の人が新宿から息も絶え絶えに駆け込んできて「朝鮮人が今、淀橋のガスタンクに火をつけた。爆発するからすぐ逃げよう」とわめくように言った。夜警台の私たちは2、3間走り出した。そこで私は足を止めた。「淀橋のガスタンクに火をつけたというのに、そこからここへ走って来るまでに爆発しなかったのだから、これも流言だ」というと、皆一斉に緊張した顔をほころばせて笑いながら夜警台に帰った。

（『中央公論』1964年9月号、中央公論社）

鈴木茂三郎〔**政治家。当時『東京日日新聞』記者。代々木幡ヶ谷在住**〕

〔日時不明。渋谷代々幡で〕市川〔正一〕は渋谷のガスタンクが爆破されるだろうとか、郊外から朝鮮人の部隊が侵入してくるだろうとか、不穏な噂のあることを知らせてくれた。

（『鈴木茂三郎選集・第2巻』労働大学、1970年）

千田是也〔**演出家、俳優。当時19歳。早稲田大学聴講生**〕

そのころ私は千駄ヶ谷に住んでいた。朝鮮人襲撃のうわさが広まったのは震災の翌日だった。朝鮮人が日ごろの恨みをはらしに来るとか、社会主義者、無政府主義者が井戸に毒を投げるとか、罹災者に毒まんじゅうを配っているとか、さまざまな流言が飛びかっていた。

若い者は自警団に出ろというので、私も

登山杖を持って、向かいの大学生といっしょに警備に当たることになった。家の近くを巡らしていたが、夜になってもだれも来ない。待っているのももどかしくなり、偵察のため千駄ヶ谷駅の線路の上の土手を登って行った。

すると内苑と外苑をつないだ道路（当時は原っぱだったが）の方から、提灯が並んでこっちにやって来るのが見えた。あっ、〝不逞朝鮮人〟だと思い、その方向へ走っていった。不意に私は、腰のあたりを一発殴られてしまった。驚いてふりむくと、雲をつくような大男がいて「イタァ！　チョウセンジンダァ！」と叫んでいる。それは、千駄ヶ谷駅前に住んでいる、白系ロシア人の羅紗売りだった。

そのうち、例の提灯にも取りまかれ、「畜生、白状しろ！」とこづきまわされる。私はしきりに、日本人であることを訴え、早稲田の学生証を見せたが信じてくれない。興奮した彼らは、薪割りや木剣を振りかざし「あいうえおを言え！」「教育勅語を言え！」と矢継ぎ早に要求してくる。この二つはどうにか切り抜けたが「歴代天皇の名前を言え！」と言われたときはさすがに困った。こちらは中学を出たばかりだから半分くらいしか覚えていない。

もうダメだと覚悟したとき、「なあんだ、伊藤（本名）さんのお坊っちゃまじゃないですか」という声がした。それは日曜学校でいっしょだったころの知り合いだった。この一声で私は救われた。

それにしても、私は殺られずに済んだが、ちょっと怪しいというだけで、日本人も含めた罪のない人々がいったい何人殺されたのだろう。

後になってそれは、政府や軍部が流したデマだと知って、がく然とした。震災の混乱を利用して、階級的対立を民族的対立にすり替えることで、大衆の不満をそらそうとしたのだ。これはナチスがとった手段と全く同じではないか。異常時の群集心理で、あるいは私も加害者になっていたかもしれない。その自戒をこめて、センダ・コレヤつまり千駄ヶ谷のコレヤン（Korean）という芸名をつけたのである。（談）

（「大震災がつけた芸名」毎日新聞社編『決定版昭和史・第４巻――昭和前史・関東大震災』毎日新聞社、１９８４年）

瀧富太郎〔日本橋堀留町で被災、渋谷道玄坂へ避難〕

〔２日〕「今晩、朝鮮人の暴徒が横浜に上陸し、今夜あたりは玉川から渋谷を経て帝都を、大挙襲撃するそうだから、渋谷は危険だ」などというデマが飛び、大勢の店員や家族をかかえて、私は随分気をつかいました。

（瀧富太郎『風雪七十年――自伝』私家版、１９６２年）

竹久夢二〔画家。渋谷区宇田川で被災〕

３日の夜あたりから本当に自然の暴威と天災の怖ろしさをやっと感じ出したように思う。誰が宣伝したのか、宣伝の目的が何であったか私は知らないが、また実際そんな事実があったことも、私は見ないから知らなかったが、３日の夜の如きは、私もやはり空地へ出て、まだテント生活をしている人と同じ心持で、何か知らない敵を仮想していた。川崎の方から××××××××、××××××××××××××

×××× 。×××××××××、新宿のタンクへ向っているというのだ。2、3町先の駅の近くでは、群集のただならぬ騒ぎや叫び声が、はっきり聞える。軍隊の自動車が幾台か坂の上の方からまっしぐらに走って下りる地響きがする。その中にピストルの音がした。それにつれて悲鳴があがる。

「おい、灯を消せ」誰かが言った。テントの中でも、立っている人も提灯(ちょうちん)の灯を消した。息をこらして、本能的にみな地の上に伏した。後できくと大地に穴を掘って、妻子を埋めた人もあったそうだ。

私は何の武器も持っていないから、敵を殺す気もなかった。だから殺されもすまいときめて、垣根の所へ腰かけて、遠くの叫喚を聞いていた。それは、幾百人の群集が入り乱れて戦っているかと思われるのだった。

だが何事もなくその夜は過ぎた。

流言蜚語の第一報が人から人へ伝わった時間が、西は、浜松あたりから、東は川崎、目黒、駒込、千葉あたりまで、ほとんど同時間であったことも、その地方から来た人にきいて、いまでも不思議に思っている。

（「荒都記――赤い地図第二章」『女性改造』1923年10月号、改造社）

田島ひで〔政治家、婦人運動家〕

〔1日夜、代々木初台で〕そのうち「朝鮮人の襲撃がある」「鮮人が放火をしている」「井戸に毒を入れた」などということが伝えられた。男という男は一人残らず、なんでも手もとにある武器を持って家の外に立つようにとのこと、女、子供は家の中で待機すること、というふれである。家の中にはいれば余震におびやかされる、家の外に出れば朝鮮人の襲撃がある、というので人々は戦々兢々(きょうきょう)として身のおき場のない思いだった。

〔略〕私が留守居を頼まれた家の主人は近衛師団の若い将校だったので、2、3日すると、兵隊が2人、家の番をかねて食糧をもってやってきた。その日のことである。朝鮮人を捕えた群衆が、兵隊がいるというので私たちの家に連れてきた。見ると、1人の男を武器を持った群衆がとりまいている。人々の言うには、その男の身なりが朝鮮人そっくりだというのである。彼は白い立縞の洋服をきて、水筒をかけ、一見、朝鮮人というより中国人を思わせるものがあった。彼は自分が日本人であることを一生懸命弁解しているが、群衆はきこうともしない。双方が興奮している。「交番につれていったがお巡りではよう殺さんので、兵隊がいるこの家に連れてきた、水筒には毒がはいっている」というのである。東京のまん中の出来事として、まことにうそのような事実である。

捕えられた男は、これから田舎にゆくところで、自分は日本人であること、水筒に毒などはいっていない、といって、私たちの目の前で水筒の水をのんでみせた。しかし、彼の言葉はデマゴギーにたけりたった群衆の耳にはいりそうもない。いろいろな武器を手にした自警団員という群衆は、殺気だっている。私は、ともかく兵隊と話し、まずなによりこの人の言う、家族に知らせねばならないということになった。さいわい、この騒ぎをききつけて家族の人がとび込んできた。

〔略〕このようにして、毎日、東京で在日

朝鮮人ばかりでなく、朝鮮人にまちがえられた日本人、朝鮮人を助けようとした日本人までが殺されるという数々の悲劇がつくりだされたのである。現に、私がのちに下宿した蛇窪の農家の主人は、自警団員として、日本人をまちがえて殺してしまった。このことで数か月の刑を受けたのである。彼はその後の生活が自暴自棄となり、家族たちまでがながく不幸を背おわされることになった。このときの朝鮮人の犠牲者は3千人とも6千人ともいわれた。夕方、代々木の原を1人の男が死にもの狂いで逃げてゆく、その後から、わぁーっ！と叫んで武器を手に追いかけてゆく群衆、それを見ている人々が、朝鮮人だ、朝鮮人だと、憎しみをこめて騒ぎたてているのを、私はこの目で見た。

〔略〕このころは新宿あたりでも井戸水を使用している家が多かった。友人の家を訪ねると、その家の井戸に白ぼくでしるしがつけられており、人々が集まって「このしるしの井戸には朝鮮人が毒を入れた」といって騒いでいた。

（田島ひで『ひとすじの道——婦人解放のたたかい五十年』ほるぷ総連合、1980年）

田山花袋（かたい）〔作家〕

そこには自動車が行く、荷馬車が行く、鈴生の電車が行く、大きな包みを持った避難者が行く、巡査が行く、兵士が行く、キラキラと日に光る銃剣が行く、かと思うと、余程抵抗したと想像される同志の男が、血にまみれたまま3人も4人も数珠つなぎになって引張られて行く——四谷見付のところにほんのわずか立っていた間にすら私は眼も眩めくような動揺を総身に感じた。

〔略。3日、代々木に帰宅すると妻が〕「どうしたも、こうしたもありやしませんよ。物騒で、物騒で、何をやるかわかりやしないんですもの。外だッて滅多に通れないッていうじゃありませんか？〔略〕何でもいろいろな噂がありますよ。そういうものが100人も堀の内にいて、それが此方にやって来るっていう話ですよ。」

〔略〕1日の夜よりも2日の夜が騒がしく、2日の夜よりも更に3日の夜の騒がしかったことを私は思起した。3日の夜は、いかにのんきな私でも、家の中に入って寝てしまうことが出来なかった。私達は得体のわからぬ人達からいろいろの警告を受けた。ある人は裏から入って来て、「今、大きな揺り返しが来ますから、皆な外へ出ていて下さい」と言った。またあるものは、「私は町の自警団ですが、市ヶ谷の監獄を開いて罪人を釈放したそうですから、皆さんてんでにお気をつけ下さい」こう表口から怒鳴って行った。いろんなことが刻々に私達を圧迫して来た。益々（ますます）私達は不安になって行った。

〔略〕もう日がくれかけて、人の顔もはっきりとは見えない頃であったが、俄（にわ）かに裏の方でけたたましい声がして、「……人？　叩き殺せ？」とか何とか言って、バラバラ大勢が追かけて行くような気勢を耳にした。慌てて私も出て行って見たが、丁度その時向うの角でその……人を捉えたとかで、顔から頭から血のだらだら滴っている真蒼な顔をした若い1人の男を皆なして興奮してつれて行くのにぴったり出会した。私はいやな気がした。いずれあの若い男は殺されるだろうと思った。気の毒だとも思った。

（田山花袋『東京震災記』博文館、1924年）

梨本宮伊都子

〔9月2日、渋谷宮益坂の梨本宮邸で〕夕刻、又々行水して、はじめて家の内にて夕食をなし、追々（おいおい）おちつくならんとよろこびいたるに、火事の鐘の音きこえたる故（ゆえ）、裏に出みるに、人々さわぎ、いたずらに、やけない家に火をつける人がある。大へん大へんと云いつつ通る人あり。又、東北の方にあたり火の手はエンエンとあがり、又々、昨夜の如く雲も赤くなりつつあり。いずこならんと思う内、宮様、表よりかけてならせられ、朝鮮人の暴徒おしよせ来り今三軒茶屋のあたりに300人もいる、それが火をつけてくるとの事。

写真は明治40年ごろに撮られた一枚。渋谷川に架かる宮益橋から宮益坂を望む

　これは大へんと家に入、色々大切なる品々とりあつめ鞄に入れ、衣服をきかえ、立のきの用意し、庭のテント内に集まり、家中の人々、皆々庭に出、火をけし、恟々（きょうきょう）たる有様。日はくれる。心細き事かぎりなし。遠くにて爆弾の音などする。

　松平信子〔伊都子の実妹〕は節子を連れ避難し来り。恒雄・一郎は護身用のピストル・鎗等持ちて家の付近を警戒するよし。その内、兵隊12名・憲兵3名・巡査も来り、邸内のすみずみそれぞれかため、テントのまわりも兵と家の人々にてかため、いつにても夜はふせぐ有様ものすごし。いまだ、もう、せんなし。運は天にまかせ、もろもろの神の御守護をまつのみと、一日おがみてしずかにテント内にいる。

　やがて門内には町よりの避難民ぞくぞく入りこみ、玄関前など2千人余もいる。この時の心というものは何もなく、只、無事ならん事のみ、心に神をいのるのみ。

　10時ごろ、呼子（よびこ）の音して町の方そうぞうしく、何かと思えば、今こっちへ朝鮮人にげこんだ、いやあっちと外は外にて人ごえ多く、兵は猟銃をつけ、実弾をこめてはしる。その内にピストルをうつ音、小銃の音、実に戦場の如し。やがて又静かになる。今、宮益にて百数名、六本木にて何名とっつかまったとの事。夜通しおちつかず。一同テント内にて、夢うつつの如くしてくらす。

（小田部雄次『梨本宮伊都子妃の日記——皇族妃の見た明治・大正・昭和』小学館、1991年）

林雄二郎〔**未来学者。当時広尾尋常小学校1年生。渋谷の諏訪神社そばの借家住まい**〕

〔1日〕やがて夜になった。外が何となく騒がしい。と、自警団の人が来てすぐに諏訪神社の境内に集まれという。朝鮮人が暴動を起こして手がつけられない状態になっている。家にいては危ないからというので

ある。全く寝耳に水のような話であるが、自警団の人は目を血走らせてとても尋常な様子ではない。

〔略。諏訪神社に避難すると〕こういう人間の集まっているところは、とかく噂に尾ひれがついてひろまる。つまり流言飛語の温床になりやすいものである。〔火事・旋風等の話や〕朝鮮人の暴動の話もおそろしかった。何の音か知らないが、時々、どこかでパーンという何かが爆発するような音やら、人の叫ぶ声のようなものが聞こえてくる。私にはそれが朝鮮人の暴動の音のように聞こえて、今にもここがおそろしい修羅場になるような気がして不安でならない。〔東京の真ん中に第二の富士山ができて噴火するという話も聞いた〕。

〔略。翌朝家に帰ると〕間もなく父は帰ってきた。しかもいろいろの救恤品を持ってである。さすがに情報力においては抜群の海軍である。父はいろいろの状況説明をしてくれた。朝鮮人の暴動が全くのデマであることをはじめとして、それまで耳にしていたさまざまの情報のどれが正しく、どれが間違っているかを私たちははじめて知った。

（林雄二郎『日本の繁栄とは何であったのか——私の大正昭和史』ＰＨＰ研究所、１９９５年）

原田茂〔**デザイナー、文化服装学院名誉学院長。千駄ヶ谷で被災**〕

翌日〔2日〕くらいから周囲の雰囲気が奇妙に殺気立ってきました。朝鮮人が暴動を起こすとかいう噂がとびかい、自警団が組織されて、男の人たちが恐ろしい形相で棍棒や竹槍を持って、街角に立っています。夜は危険だから出てはいけないと言われるし、再び地震があるなどという噂もあって夜もおちおち眠れません。

（原田茂『たてよこの糸——洋裁教育五十五年』文化出版局、１９７８年）

原田静江〔**助産師。広尾で被災**〕

2日の日には、朝から大井や川崎の方から人が大勢通るの。朝鮮人が攻めて来るからお逃げなさいって町会の人がいうの。ところが、築地の方の人が臨月なの。子供や人夫4、5人連れて荷車で家に来るの。陣痛はひどくないけど、ショック受けてるんですね。1日の昼からなにも食べていないというので、子供や人夫にもご飯を食べさせ、世田谷まで行くというので、お弁当を持たせて出さしたの。そのうち、あっちからもこっちからもお腹が痛いとやってくるの。なかなか麻布三連隊へ逃げれないの。夜になって「朝鮮人はおりません。安心してお宅へお帰り下さい」といわれた。

（『助産婦雑誌』１９６７年６月号、医学書院）

平野忠雄〔**日本橋小舟町3丁目で被災**〕

3日朝、飯田橋より九段、三番町、三宅坂、赤坂見附、飯倉、一ノ橋、天現寺橋と歩いて広尾にさしかかったとき、大通り前方から数千の人がこちらへ向かって歩いてくる。聞けば、朝鮮人2千人くらいが日本人を殺しながら押し寄せて来、途中、井戸に毒を投入しているという。私たち親子は先頭となって逃げ、久邇宮邸へなだれ込んだ。

（品川区環境開発部防災課『大地震に生きる——関東大震災体験記録集』品川区、１９７８年）

藤田佳世〔道玄坂大和田横丁で被災、裏の空地へ避難〕

〔1日夜〕そのうちに闇の中をメガホンで「朝鮮人の襲撃があるかも知れませんから気をつけて下さい。井戸に毒物などを投げ込まれる恐れがありますから十分注意するように」と、言い触らす声だけが聞えて来た。

私たちはますます恐ろしくなり、今にもこのうしろの大きな榎の樹の陰から武器をたずさえた朝鮮人が飛び出して来るのではないかという不安で背筋が凍った。明日はあの釣瓶井戸の水もうっかり飲めないと思うと、急に喉がかわいて来るような気もした。弟たちの眠っている台の端の方に腰かけたままの位置で静かにあお向けになると、こまかい星がキラキラとまばたいていた。このまま眠ってしまったら夜なかに朝鮮人に殺されてしまうかも知れないと思うと、すウっと泪が流れた。だが、ぼそぼそと話し合っている大人たちの声を聴きながら、いつの間にか私は眠っていた。ふと目が覚めたのは9月2日の未明であった。

〔略。2日夜〕丁度7時頃であったろうか、母が裏の大家さんへ何か相談に行っている留守へ、

「今ここへ朝鮮人がくるからすぐ逃げる支度をするように」と触れが回った。私は薄暗い家の中に駆け込むと仏壇からお位牌を取り出し、手早く風呂敷に包んだ。そして一升びん2本に水をいっぱいつめて、それも木綿の風呂敷で固くしばった。今朝、道玄坂で見た人たちの姿からも、水だけは持って行かなければと思いついたからである。そして私は母を呼びに行った。

帰って来た母は幸二を背負うと、手回りの物を包んだ風呂敷を私の背に結わえ、7歳であった妹のそのと、10歳の弟貞造の手を引き、

「さあ、どんなことがあっても手を離しちゃいけないよ。まさ、おっかさんのここへ掴まって」と、自分の帯に通した手拭いの端を私につかませた。

私は片手を母の腰に、片手は一升びんを抱えてこの空地を出た。父と岩吉叔父はここにいて、町内の人たちと夜警に当たらなければならなかった。

そのころ今の百軒店が中川伯爵の屋敷であったのを箱根土地が買い取り、分譲地として売りに出されていた時で、建物や庭を取りこわされた屋敷跡は、皮をむかれたように赤土の禿山となり、そこここに一とかたまりずつ雑草が茂っているばかりであった。

家を出る時、私たちは山と川の合言葉ということを教えられ、誰かがもし山と言ったら、すぐ川と答えなければ朝鮮人とみなしてすぐ殺されると言われた。家は出たものの行く当てもないので、母はまず中川邸の跡に行こうと思ったらしい。奥吉の角を出て道玄坂をのぼり始めると、ものの半町とも行かないうちに、

「そらッ、朝鮮人が来たぞッ」と、誰かが叫んだ。ぞろぞろ歩いていた人達はわっと浮き足立って駈け出したが、先きの1人が物につまずき、みる間に10人程の人が将棋倒しになった。「わあッ」という子供の泣き声、「助けてえ」という大人の叫びに、俄かに凄惨の気がみなぎって、私たちは生きた心地もしなかった。それでも気丈な母に励まされて中川邸跡にたどりつき、小高い丘の雑草の上に腰をおろした。

見れば昨日から燃え続けている下町の火

は衰えも見せず東の空を焦がし、余震は絶え間なく大地をゆすっている。悲しいとも恐ろしいとも、魂がしぼんで行くような心細さで、じっとしていられなかった。母もそう思ったのであろう。ここにいても仕様がないから大向小学校へ行ってみようかと言い出した。

私たちは再び反対側の坂を降って大向小学校へ足を向けた。円山（まるやま）町から今の栄通り消防署の方向におりて来ると、急にうしろで人が駆け出した。私たちはそれが朝鮮人ではないかと俄（にわ）かにうろたえ、ともかくどこかへ身を隠したいと、学校手前隣りの家の門を叩いた。そしてかたわらの潜り戸に手をかけると、さっと内に開いた戸の陰にい、はッとするような大男が立っていたのに、「あッ」とばかり肝を冷やし、飛ぶようにそこを離れた。

大向小学校に来てみると、暗い学校の庭は黒い人影で埋まり、姿ばかりで顔もはっきりとは見定め難いお互いが、時折り名前を呼び合ってはその位置を確かめていた。

私たちはしばらくそこに身をかがめていたが、母が「こんな、人の顔もわからないような所にかたまっていて、万一殺されたり焼け死んだりするようなことがあったら、誰が誰やらまるでわからなくなってしまう。自分の家の跡ならたとえ骨になっても、ここの家の者だろうと、線香や花の一本くらい上げてくれる人もあるだろうから、家へ帰ろう」と、言った。

そのうち、私たちの安否を気づかってここへ尋ねて来てくれた父の「貞造、貞造」と、弟を呼ぶ声を頼りにやっと私たち親子は一緒になり、大向小学校からまた大和横丁へ帰って来た。

（藤田佳世『大正・渋谷道玄坂』青蛙房、1978年）

堀直輔「日銀職員関東大震災日記」

〔2日、幡ヶ谷で〕夕方、浜を外界の状況を見聞きさせるため外出させると、鮮人が石油缶を持って数名各所に放火して回っている、警官が抜剣して数名幡ヶ谷の通りを代田橋の方向へ駆け過ぎた、などということを聞いてきた。後ろの広場に避難の用意をする。15歳以上の男は集れというので集合。鮮人防御警備をするという。それから部隊を作って徹夜任務につく。何もなさそうなので大抵は家に戻る。

〔略。3日〕今晩は軍隊と消防隊とにまかせ、吾等の夜警は一時見合わす。ただし銘々で気をつけ、もし事あるときはお互いに叩き起こすこととした。と、12時になって桶だか何だかを叩き起きろ起きろと、どなり散らしているので皆驚き起きた。銘々手に手

静かな佇まいを見せる明治40年ごろの道玄坂。渋谷駅が道玄坂の下、現在の場所に移転されたのは大正9（1920）年、震災後は被害甚大であった下町の有名店が「百軒店」に続々と出店し、商業地、歓楽地として急速に発展する

に武器をもって警戒することにした。時々ワイワイと走り騒いでいたが、それもしばらくするとおさまって、隣の工藤氏と相談、寝ることにした。ところが又も起こされ、笹塚の方から自動車に人が一杯乗ってあたかも何かを追跡しているような風で、何が何だか一向様子がわからぬ。馬鹿馬鹿しくなって僕も寝た。

（青木正美「古本屋控え帳（303）・大震災と書斎書庫（3）」『日本古書通信』2011年9月号、日本古書通信社）

眞島盈子〔当時成蹊小学校6年生〕

ねようとしていたらヂャンヂャンヂャンヂャンと半鐘がなりだした。〔略〕すると表の方で何だか大そうさわがしい音がするので何だろうと思ってきいてみると、「今鮮人が3千人もおしかけてきた」といったので、お家の者は皆驚いてしまった。そして直に逃げる用意をしてお家もかたづけて、えびすへ逃げた。

（成蹊小学校編成蹊小学校編『大震大火おもひでの記』成蹊小学校、1924年）

鷲崎藤四郎〔千駄ヶ谷で被災〕

○○○○○○○の報が帝都及び近県一帯を震撼した。2～3○○の者があって○○を所持したり暴行を働いたりあるいは○○を所持していたとの風評はあったが、真実とも思われない。仮にあったとしてもこれら少数の人のために宣伝は更に恐ろしい宣伝を生み、遂(つい)には善良なるものまで迫害された。内地人の遭難者もまた幾分かあるらしい。今から考えてみれば、私共のいる千駄ヶ谷は亀戸や品川方面に比し非常に静かであった。それでも2日夜のごときはいろいろな噂に怯えたものだ。まさかとは思ったが、これを打ち消すべき材料もないので、半信半疑で恐ろしい一夜は明けた。こうした物凄い夜が幾日か続いた。

〔略〕この数日後であったと記憶する。私は向側にいる○○学生に感想を聞いた――11人で自炊生活をしている真面目な学生である。私共と一緒に夜を徹して夜警もやった、またその相談の場所にも席を列したのである――曰(いわ)く「私共が知っている範囲では浅草方面で30～40人一団となって○○○○いる事や、本所深川方面で迫害されているという事くらいで、充分に知ることができないが、友人で神田にいた学生3名が行方不明である。種々探しているが今に判らぬ。私共はこうしているが近所の某という下宿にいた3人は――私も前にその下宿にいた――2日夜庭に避難しているのを青年団から引き出されて淀橋警察署に送られた。その途中で何等の抵抗もしないのに暴行を加えられ重傷を負った。幸にして警察で手厚い看護を受けて後に習志野に送られた。私はその前日同署に見舞いに行って、包帯を外して傷口を見て意外にひどいのに驚いた。」

（「大震災に面して」『専売協会誌』1923年12月臨時増刊号、専売協会）

和辻哲郎〔哲学者。千駄ヶ谷で被災〕

〔2日〕不安な日の夕ぐれ近く、鮮人放火の流言が伝わって来た。我々はその真偽を確かめようとするよりも、いきなりそれに対する抵抗の衝動を感じた。これまでは抵抗し難い天災の力に慄(ふる)え戦(おのの)いていたのであったが、この時に突如としてその心の態度が消極的から積極的へ移ったのである。自

分は洋服に着換え靴をはいて身を堅めた。米と芋と子供のための菓子とを持ち出して、火事の時にはこれだけを持って明治神宮へ逃げろといいつけた。日がくれると急製の天幕のなかへ女子供を入れて、その外に木刀を持って張番をした。

〔略〕夜中何者かを追いかける叫声が所々方々で聞えた。思うにそれは天災で萎縮していた心が反発し抵抗する叫び声であった。

〔略。3日〕自分の胸を最も激しく、また執拗に煮え返らせたのは同胞の不幸を目ざす放火者の噂であった。

自分は放火の流言に対してそれがあり得ないこととは思わなかった。ただ破壊だけを目ざす頽廃的な過激主義者が、木造の都市に対してその種の陰謀を企てるということは、極めて想像し易いからである。が今にして思うと、この流言の勢力は震災前の心理と全然反対の心理に基いていた。震災前には、大地震と大火の可能を知りながら、ただ可能であるだけでは信じさせる力がなかった。震災後にはそれがいかに突飛なことでも、ただ可能でありさえすれば人を信じさせた。〔略〕そのように放火の流言も、人々はその真相を突きとめないで、ただ可能であるが故に、またそれによって残存せる東京を焼き払うことが可能である故に、信じたのである。（自分は放火爆弾や石油揮発油等の所持者が捕えられた話をいくつかきいた。そうして最初はそれを信じた。しかしそれについてまだ責任ある証言を聞かない。放火の例については例えば松坂屋の爆弾放火が伝えられているが、しかし他方からはまた松坂屋の重役の話としてあの出火が酸素の爆発であったという噂もきいている。自分は今度の事件を明かにするために、責任ある立場から現行犯の事実を公表してほしいと思う。）

いずれにしても我々は、大震、大火に引きつづいて放火の流言を信じた。

（「地異印象記」『思想』1923年10月号、岩波書店）

渋谷警察署

9月1日午後4時に至りて説を為すものあり、曰く「管内に接近せる芝区三田三光町衛生材料廠の火災は将にこれと相隣れる陸軍火薬庫に及ばんとす、火薬庫にして若し爆発せむかその一方里は惨害を被るべきを以て速に避難せざるべからず」と。宮澤署長はこれを聞くと共に署員をして偵察せしめ全くその憂なきを確めたれば民衆に諭して漸くその意を安んぜしむを得たりしに、翌2日午後4時頃「鮮人約2千余名、世田谷管内に於て暴行を為し、今や将に管内に来らんとす」との流言あり。これに於て各所に自警団体の組織を見るに至りし為、署長即ち署員を玉川方面に急派せしが、その途上駒沢村新井付近に於て鮮人20名が自警団の為に迫害に遭わんとするを見て直に救助し、一旦本署に護送せる後、更に進みて神奈川県高津村に赴きたれども、事実の補足すべきものなし。然れども民衆は固く鮮人の暴行を信じて疑わず、遂に良民を鮮人と誤解して世田谷付近に於て銃殺するの惨劇を演ずるに至り、騒擾漸く甚しく、流言また次第に拡大せられ、同3日には「鮮人等毒薬を井戸に投じたり」と云い、果ては「中渋谷某の井戸に毒薬を投せり」とてこれを告訴するものありたれども、就きてこれを検するに又事実にあらず、更に同日の夜に及びては或は「鮮人が暴行を為すの符牒なり」とて種々の暗号を記したる紙片を提出し、或は元広尾付近にその符牒を記せるを見たりとて事実を立証するものあり、人心これが為に益々動揺して殆んど底止する所を知らず、自警団の警戒また激越となり戎・兇器を携えて所在を徘徊し、且縄張を設けて通行人を誰何せるのみならず、挙動不審と認めらるるものは直に迫害せらるるなど粗暴の行為少なからず。

〔略〕同8日に至り「鮮人等下広尾橋本子爵邸に放火せり」との訴えあり、これを臨検するに何者かが同邸の便所に放火せしを直に消止めたるなり。尋て「中渋谷某の下婢が凌辱せられたり」との訴えあり、これを臨検するにその四肢を緊縛せられて同家の玄関前に横わり居しが凌辱の事実なく、又鮮人の犯罪にあらず、尋て同11日、「下渋谷平野某の雇人高橋某鮮人の為に殺さる」との訴えあり。これを臨検するに殺害は事実なれどもその手を下したるは平野にして所持金を奪わんが為に凶行を敢てせるなり。

（『大正大震火災誌』警視庁、1925年）

『福島民友』（1923年9月5日）

「知己の証言に辛くも一命助かる　不逞鮮人と誤られて危く殺される所を」

横浜を脱れて来てひと安心と思ったら青山から渋谷に入ったら不逞鮮人と認められ、1人に5、6人宛の青年団員並に消防夫に捕われ、消防詰所に押入れられ、遂に不逞鮮人として武装せる軍隊の手に渡された。

消防組青年団員等は竹槍を手にしている。私等の一寸前に不逞鮮人が捕われて突殺された事を耳にしたが、私等も不逞鮮人なりとして突き殺さるる時が刻一刻と迫ってくるので一同は空を仰いで泣くのみだったが、折柄元報知新聞福島支局記者目下東京時事新報記者鷹野彌三郎氏に認められ、不逞鮮人ではない事が証明されたので辛くも一命助かったものであると。

新宿区

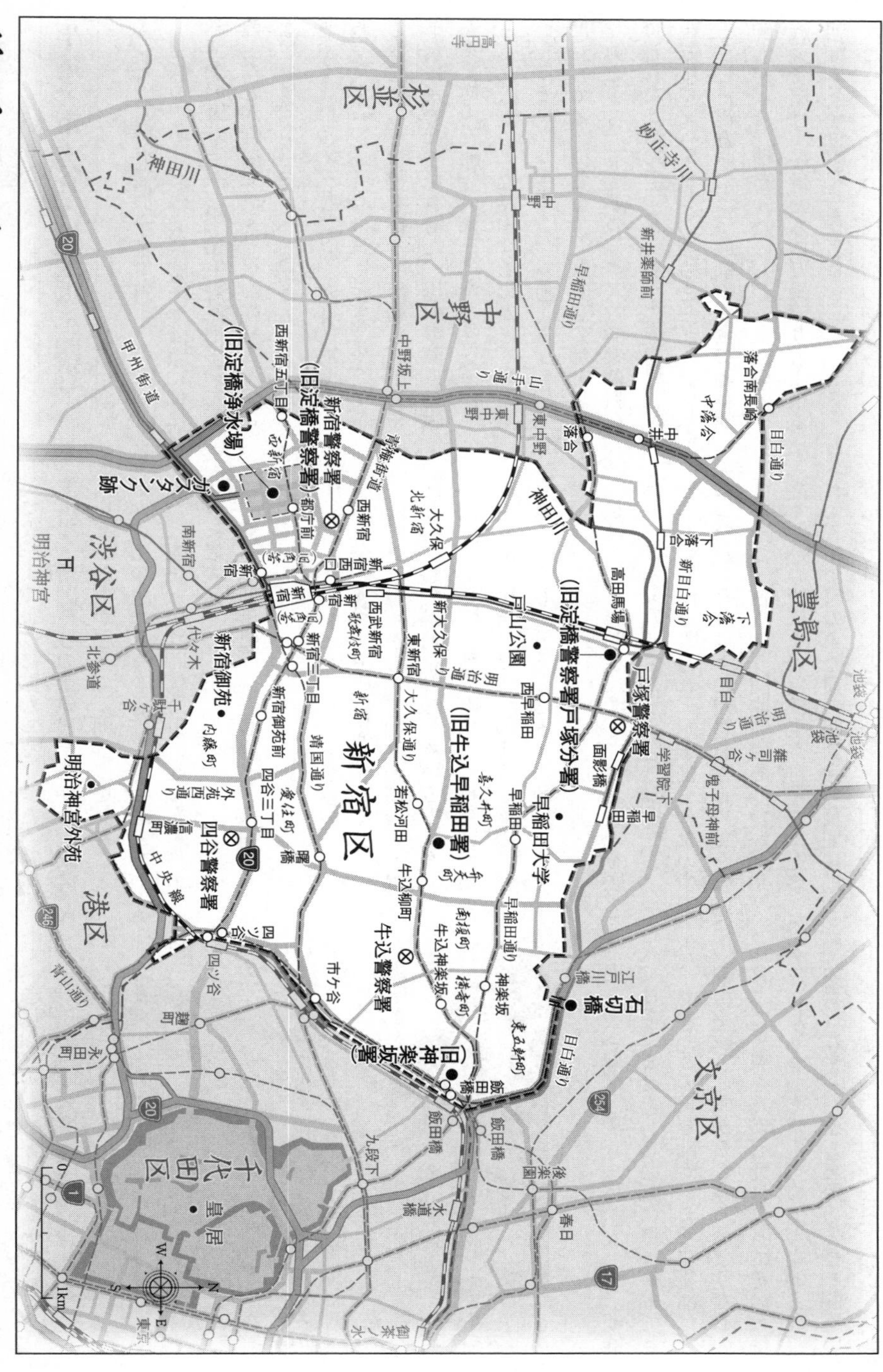

杉並区
中野区
豊島区
新宿区
渋谷区
港区
千代田区
文京区
新宿警察署
(旧淀橋警察署)
(旧淀橋浄水場)
ガスタンク跡
戸塚警察署
(旧淀橋警察署戸塚分署)
早稲田署
(旧牛込早稲田署)
四谷警察署
牛込警察署
(旧神楽坂署)
石切橋
新宿御苑
明治神宮外苑
明治神宮
早稲田大学
戸山公園
皇居

牛込・市ヶ谷・神楽坂・四谷

A・S〔当時有斐閣で丁稚奉公〕

〔牛込の〕主人の家はお屋敷街で隣家には法学博士の富井さん、東大出の林学博士、工学博士などが軒を並べていた。「朝鮮人を殺さなければ殺られる」と、夜になるとどこからともなく語る人が出てきて、街中が夜警に加わった。ふだん物分りの良い話をする人々が、ご主人自ら日本刀を持って出動し、下男や下女にまで武装をさせた。出入の商人や職人まで従えて、朝鮮人探しにやっきになって、こんな人がこんな話をするのかと、私は驚いたことばかしであった。〔略。当時〕朝鮮人に対しては、低賃金で一般賃金の半分以下で働くから、不況下の日本人労働者は職を奪われたと憎んでいた。〔略〕下層労働者は、親方にピンハネされて生活を立てていたし、そうした親方連中は、最低の賃金で働く朝鮮人が、ただ憎かったのだ。一文商いの一銭菓子屋は、子供たちにたっぷりとまける朝鮮アメ屋が敵だったのだ。

こうした日常の庶民生活の憎しみが、震災で火をふくように拡がっていった。宮城前広場・靖国神社の避難民たちから、朝鮮人をうらむ声が起って、朝鮮人を見たこともない山の手の人々を恐怖に巻き込んでいった。大正という時代背景が起した事件のように思えます。

（三原令『聞き書き』→在日韓人歴史資料館所蔵）

蘆原英了〔音楽・舞踊評論家〕

〔略〕いつの頃からか、朝鮮人が震災と混乱を利用して暴動をおこしているという噂が伝わってきた。私の町内でも自警団が組織されて、街角には木戸のようなものが作られて、怪しい者とみると不審訊問していた。〔略〕

私は朝鮮人を叩き殺すといった実況を眼のあたりに見た。それは実際には間違いで、日本人が棍棒で殴られ、頭を割られたのであったが、それは実に残忍をきわめたものであった。どういう間違いであったか、40歳ぐらいの背広を着た紳士が自警団に追われて、私の家のすぐ前の西念寺の墓地に逃げ込んできた。するとそのあとを和服を着た奥さん風の女性が、「私の主人です。朝鮮人ではありません」と必死に追っかけてきた。しかしその声を聞かばこそ自警団はその紳士を殴り、頭からざくろのようなものが見えた。奥さんが必死になってその負傷者にかじりついて叫んだので、やっと自警団の暴行はやんだが、実際のところ間違いで、その紳士は正真正銘の日本人であった。

台地上に位置する牛込界隈は下町に比べ被害は軽微であったが、全半壊500戸余を数えた。写真は牛込改代町付近

多分この紳士は後に死んだであろうと思われるが、この時のことは私に大きな宿題を残した。こんどの戦争の時の大空襲前後における自警団か防護団の行動はよく似ていて、いろいろのことを考えさせられた。

（蘆原英了『僕の二人のおじさん、藤田嗣治と小山内薫』新宿書房、2007年）

生田花世〔作家〕

〔1日夜、牛込で〕そのうちに「放火」の噂が伝わりましたので、急いで、家へ帰って来て、その夜空地で、まんじりともせず、夜露にぬれて、暁をまちました。

〔略〕翌日は、「放火」の噂が益々ひどくなり、町内の顔役の人々から、いろいろと警告をして来ます。井戸の中に毒を入れられるから井戸の警戒をも申して来ます。

〔略〕日は次第に暮れて行きます。町の角には号外がいくつも張られていて、それの中には秩父連山噴火というのが、いちじるしく恐怖をそそります。大島には7カ所煙が出ている、八ヶ岳も活動している、その他××主義者の扇動による××の襲来、横浜の全滅、その他いろいろの号外が、世界の終りの日もこれに近い事を想像させます。

電灯がないので、わずかな蠟燭をともして空地で、集っていると、前の町には、軍隊が、抜身の剣で、30人位並びました。「今夜は特にこの付近は危険で、軍隊が来ましたから、みんなは、戸山学校の方にでも避難するように」と、町の人が申して来ました。

（「避難の二夜」『文章倶楽部』1923年10月特大号、新潮社）

石垣綾子〔評論家、社会運動家。市谷加賀町で被災〕

〔2日〕夜になる前に男たちは、わが家を守るため、自警団を組織した。〔略〕全くの闇の中で誰かが走ってくるのが聞え、叔母のところの下男が息切れしながら大声でいった。「今警察の告示を見てまいりました。朝鮮人の悪党どもがそこら中にいて、掠奪し、火をしかけ、井戸に毒をいれていると書いてございました。気をつけるようにと。」家に戻る途中で、人が多勢集っているのを見ました。疑わしげな朝鮮人が打たれていました。朝鮮人がきいきい悲鳴をあげているのが聞えました。シャツはずたずたに破けていました。〔略〕まちがって日本人も何人か打たれました。通りの角々には自警団がおります。〈そこへ行くのは誰だ〉と聞かれて、すぐに自分の名前と住所を思い出せなくて、どもると、朝鮮人だと思い、自警団は散々なぐりつけます」

（石垣綾子（マツイ・ハル）『憩なき波――私の二つの世界』佐藤共子訳、未来社、1990年）

石川泰三〔青梅で被災、2日、肉親・知人を探しに東京市内へ〕

〔2日、山吹町で〕表通りはいつもの通り賑やかであるが、皆不安な面色と、殺気に満ちた様子である。在郷軍人、青年会員が、手に棍棒を持ち、銃剣を携えて、今にも戦いが始まるのではなかろうかと思われた。

〔略〕一同戸外へ出て、棍棒を持って、「すは！　鮮人」と見れば、戦いの準備をおさおさ怠りなかった。すると、僕とすれ違いに通った怪漢は、警部のような制帽及服装で、指揮刀を吊り革でつらないで手に持ち、ゴムの浅い靴を穿いていた。色の黒い、顔の長い、頬鬚の生えた、見るから一癖あるらしい面魂である。僕は、これこそ不逞鮮人ではあるまいかと思った。

〔略〕勇みの熊さん、八さんのような連中が、跡をつけて行く。僕も様子を見るべく、後をついて行った。和倉温泉(銭湯)の角で、怪漢の姿は横へ切れたようであった。すると、やがて、「わあ……」という群衆のトキの声が聞える。怪漢は、ついに捕えられた。鮮人であった。(1923年記)

(「大正大震災血涙記」石川いさむ編『先人遺稿』松琴草舎、1983年)

内田良平〔政治活動家〕

4日夜11時頃牛込方面より暗黒中1人の男追われ来り、市ヶ谷見付停車場と反対側水深き方の壕中へ飛び込みたり。同所の歩哨これを認むるや自動車の燈火を集中して探視しつつこれを銃殺したり、同人は日本人なるや鮮人なるやを知らず〔略〕。

(内田良平『震災善後の経綸に就て』1923年→姜徳相・琴秉洞編『現代史資料6・関東大震災と朝鮮人』みすず書房、1963年)

奥田直道〔牛込区市ヶ谷谷町(現・新宿区住吉町)で被災〕

当時テレビは勿論無く、ラジオも無く、電話も一般家庭ではあまり普及しておらず、新聞だけが唯一の情報伝達機関だった。その新聞もストップしたので、流言飛語が発生した。「朝鮮人が暴動を起こして、放火・強盗をやっている」「井戸に毒を入れた」というのである。私の家に出入りしていたS氏もその噂を信じ、山男のような服を着、ビスケットを入れたリュックサックを背負い、竹槍を持って我が家に来て、「これから朝鮮人をやっつけに行きます」と挨拶した。止めても無駄な物すごい勢いだった。

(「関東大震災の思い出」『郷土目黒・第49集』目黒区郷土研究会、2005年)

落合茂

〔筑土八幡で〕〝朝鮮人が井戸へ毒を投げ込んでいる〟〝昨日からの火事は鮮人の放火だ〟といった風説を耳にしたのは、2日の昼ごろだった。町にはこん棒を持った在郷軍人服の自警団が巡回していた。通行人でも朝鮮人くさいとみると〝15円50銭〟といわせ、ガ行、バ行の発音がおかしければ、朝鮮人と見なされてリンチされるという。〔略〕〝流言蜚語〟とか〝戒厳令〟という聞きなれない言葉を耳にしたのも2日のことであったが、何とそれはどぎついひびきを持っていたことだろう。

(「十五円五十銭」関東大震災を記録する会編『手記・関東大震災』新評論、1975年)

金子光晴〔詩人〕

各町内に自警団が組織され、椅子テーブルを持出して通行人を一々点検した。髪の毛を長くしていたために社会主義者ときめられて、有無を言わさず殴打されたうえに、警察に突出されるのを、僕は目撃した。アナーキストだった壺井繁治などが逃げあるいたり、弘前なまりのために、鮮人とまちがわれた福士幸次郎が、どどいつを唄って、やっと危急をのがれたりというようなことが、あっちでもこっちでもおこった。いつもわけのわからない人間が多勢集るというので、僕のうえにも疑惑の眼が光った。

〔略〕暴力団のような男がいて、大曲の河岸で待っているから来いと、僕のところへ申し入れてきた。誰にも言わず、僕は、日本刀を腰にさして出かけていった。青江下阪の三尺近い細身の長刀で、造りもよく、奈良安親作の赤銅に鉄線の花を彫りあげた精巧な鍔がねうちのものだった。まさか、それであいてを切る気でもなかったのだろうと思うが、ゆきがかり上、わきへそらせることのできない融通の利かない性格のために、つい先へ、先へと自信もないのにすすみ出てしまうのはわれながら日本人の、とりわけ東京育ちの弱点を備えていると気づいておどろいたものだ。

先方は、棍棒をもって3人で待っていた。「この社会主義者奴、くたばれ」といって、いきなり1人が棒をふり回してきた。僕は、やっと事態のばからしさに気がついて、ニヤニヤ笑い顔をつくって立っていると、先方も顔をみあわせて、ぶつぶつ話していたが、このへんにまごまごしていない方がいい、二度と顔をみたらただではおかないと凄んだ果てに引上げていった。左の拇指と、左の耳のうしろに僕は傷をうけていた。

僕はひどく悲しくなって戻ってきたが、そのために牛込を去って、鶴見の潮田の汐見橋の橋詰にある叔母の家に当分行っていることにした。

（金子光晴『詩人――金子光晴自伝』平凡社、1973年）

河田須恵子

私達は四谷の家で避難者と称し、配給米を受けました。玄米や馬鈴薯などもありました。しかし何が元か私達には解りませんが、「朝鮮人騒ぎ」と言うのが起きまして、流言蜚語がとび、信濃町でも「山」「川」の合言葉を使って夜警が始まり、ものすごい騒ぎで、煦、黨の弟達が足支度もしっかりと警備に出ました。市中では、朝鮮人らしいと言われただけで、半殺しになったりする話は、しばしば耳にした事です。

（河田須恵子『紅椿』私家版、1999年）

河東碧梧桐〔俳人、随筆家。新宿区市ヶ谷加賀町で被災〕

〔2日〕ゆうべは〇〇が放火するとか、焼け残った方面へ来襲するとか言って、〔府立〕四中の避難者は、いろいろな恐ろしい話をして慄えていたそうだ。ある〇〇の持っていた革包を調べると、キャラメルを詰めた下側にはいろんな薬品が詰めてあった。ダイナマイトを懐中していたのが破裂して死んだ、どこそこへは爆弾を投げ込んだ、井戸へ毒を投げ込むものもある、ある町ではもう10人〇〇を斬った、そんな話が避難者の口利きや、慰問の青年団員の土産話で尽きなかった。四中に避難していると、どう落着いておろうとしても、知らぬ間に神経過敏になる、と姉は言った。

〔略。3日〕夕飯後自警団の屯所に往ってみる。O氏はその邸を開放して、自警団本部にしている。〇〇陰謀の実例を事細かに話す。その内にも薬王寺町の伝令が、ただ今30人の〇〇が江戸川方面から入り込んだ情報がある、御警戒を願います、など言ってくる。捻じ鉢巻き、ゲートルの若い衆や学生が、面白半分にガヤガヤ騒ぐ、九段方面では、銘々竹槍を用意したとか、納戸町では猟銃を担ぎ出したの、青山では剣術を知らない青二才が、日本刀を抜身で提げたなど、自警団即自険団の話柄がそれからそれと噂される。それに比べると、我が自警団は常識的だよ、とO氏がいう。成程、そ

写真は9月3日の牛込見附。外国人らしい者を見つけると、軍隊や警察にまじり武装した一般民間人も徒党を組んで不審尋問を行った

こらにあるものは、ステッキか棒切れ位なものだ。

〔略。5日〕夜9時頃だった。四中に3人の○○が逃げ込んだと言って、夜警団が学校を包囲した。一団は校内に入って捜索するらしかった。長屋のレンジ窓から始終の様子を見物しているのもいい気なものだ。3人の○○はおろか、鼠1疋も出なかったらしい。包囲の中に1人交っていた兵卒の銃剣が、暗中に徒(いたず)らな稲妻を走らせた。かくても夜警団人は、何らの悔恨もないらしい。

（「大震災日記」『碧』1923年10・11月合併号、「碧」発行所）

木下正雄〔本郷湯島4丁目4番で被災〕

弁天町〔牛込区〕の家に着いた翌日〔2日〕、午前中から武装した一般民間人が巡査や軍隊にまじって徒党を組み、外国人らしい者を見つけると不審尋問をしはじめ、夜になると、いっそう激しくなった。闇夜の中を追いつ追われつの光景さえ見た。翌朝早く、東京を逃れ、練馬のおばの家へ向う。途中、〔略〕水でもと思って農家に救いを求めると、外国人が毒を投げ込んだといって、どこでも断られた。〔略。翌朝、西台へ向かう〕途中、2度、一般民間人徒党に訊問された。〔略〕ほこりだらけの白パンツにちぢみの半そで姿ではとがめられてあたりまえだが、無事通過できた。

（「無我夢中で脱出の記」品川区環境開発部防災課『大地震に生きる――関東大震災体験記録集』品川区、1978年）

金鍾在(キムジョンジェ)〔麹町で被災、四谷駅わき外濠土手に避難〕

〔1日夜〕6時半ころだが、麹町7丁目の市電通りに、大勢の青年たちが群がり、朝鮮人労働者をとりかこんでいた。当時、四谷見付のトンネルのはずれの位置に、朝鮮人労働者の飯場があった。その労働者は外出中に地震に会い、飯場へ帰る途中でつかまったのである。青年たちは、ものものしい雰囲気で、とりかこんで何かしているうちに、「アイヤー」という朝鮮人の悲鳴がきこえてきた。

このころにはまだ、朝鮮人虐殺というようなニュースはなかった。しかし、この光景を見て、そのころまで付近に残っていた7人の仲間たちは、にわかにいいようのない恐怖感をおぼえ、各自がそれぞれの居所へ帰っていった。

その夜のあいだに、「朝鮮人が放火したので大火災になった」「朝鮮人が下町方面の井戸に毒を入れた」「朝鮮人が爆弾をもって暴動を起こした」といった流言が、どこからともなく伝わりはじめ、不安におびえた人びとの口から口へと伝えられた。

〔略。2日朝、薬を買いに四谷塩町の薬局・灰吹屋に入ろうとすると〕たちまち大勢の男たちが、私をとりかこんで尋問をはじめた。そのときには、すでに四谷区、麹町区の各地域に、自警団組織が生まれていた。彼らは、四谷塩町の自警団の一班らしい総勢15、6名の屈強の男たちだった。おもだった30歳くらいの男が、「君はどこからきたか。国はどこだ。何の薬を買いにきたか」と、矢継ぎばやに尋問してきた。

私は、あまり恐れもせず、「外濠の土手の上に避難してきている。国は朝鮮です。薬は、子どもの腹痛をなおすためだ」と、歯切れよく答えた。ところが、群がってきた群衆の中から「この野郎ウソをついている。井戸に入れる毒薬を買いにきたにちがいない。引ったてろ」とわめくものがあらわれた。

私も、腹がたったから、大きな声で、「みなさんは、何をカンちがいしているんだ。朝鮮人はみな善良なものばかりだ。とんでもないデマに躍らされないでくれ」と叫んだ。すると群衆の中から、さらに激昂して、「この野郎、なま意気だ。ふんじばってしまえ」という声が飛んだ。私は、これに対して「それほど疑うんなら、この先にある警察へ行って、そこで白黒をつけよう」と叫んだ。

このときは、私も興奮していたせいか、ふしぎに勇気がわいて、一歩もゆずらなかったのである。すると、自警団の中の45、6歳の年配者が、一同をなだめはじめた。「せっかく、この青年が真剣に叫んでいるんだから、警察へ行ってはっきりさせようじゃないか」

この説得がきいて、一同も納得した。午前9時半ころのことである。2名の男が、犯罪人でも引ったてるかのように、私の両手をうしろ手にまわさせ、塩町と信濃(しなの)町のあいだにある四谷警察署までつれていった。

四谷警察署につくと、すでに留置場の前に、15、6人くらいの朝鮮人が、血だらけの姿で保護されていた。私は思わず「何と無力であわれな民族であることか」と涙が出た。ともかく、特高課の部屋にはいると、以前から顔見知りの特高巡査が対応に出た。〔略〕この特高巡査は、私を見るなり、大きな声で自警団の連中に向かい、「貴様たちは、何の権限で、この青年を引っ張ってきたか。グズグズしていると、お前たち全部を引っくくって、留置場へぶちこむぞ」とどなった。びっくりした自警団は、クモの子を散らすように退散してしまった。

（金鍾在述・玉城素編『渡日韓国人一代』図書出版社、1978年）

酒井〔四谷警察署署長〕

9月の鮮人騒ぎは夢のようだ。或3人の鮮人が焼け残った牛肉の缶詰をぶらさげて避難すると、今鮮人が爆弾を持って来たという騒ぎで殴る蹴るの大乱暴、やっと本署に引取って避難させた。家が生憎(あいにく)食べ物がない。その爆弾の正体の牛缶を署員が食べるという滑稽さったらなかった。中には四谷町の労働者で80歳になる老婆を養っている者があり、その母が片言でも日本語が出来ぬので危く殺されそうになったこともある。本署に保護したのは平南平壌府新倉里194当時四谷区荒木町27、女学生宋道信(ソンドシン)(19)、同黄海道載寧海安病院女学生張善喜(チャンソニ)(25)、外130名で、学生6分・商業労働人夫4分、その中87名は10月10日までここに居て1日1円で区役所の人夫に雇って貫い、勤めを終るとここに来て演武場や留置場に寝かせ、金を作らせて帰らした。

(『読売新聞』1924年2月15日)

吹田順助〔ドイツ文学者。原町坂上で被災〕

街上のあちこちで聞える噂——戒厳令の発布は必至、不逞鮮人横行のうわさ、夜警、食糧の欠乏、避難民の大群、夥しい死傷者——隅田川を埋める焼死者の屍体、横浜・鎌倉の大惨害……。

〔略〕3日目も4日目も夜警の若い男が入れかわりたちかわり、私の家へやって来て、お宅では鮮人をかくまっているんじゃあないかと、うるさく問い訊しにやって来た。2、3日前から泊っていた清家君の顔が、いくらか鮮人に似ているので、そんな風に疑われたのであろう。〔略〕人の往還のめぼしい箇所を通ると、夜警団の一群が屯ろしていて、人の生年月などや何かをうるさく問いただすのである。返事や言葉の怪しい者は鮮人と速断して拘留するつもりでやっていたらしい。

〔略〕小石川は大塚の方にいる親類の家を見舞おうとして、石切橋を渡って行くと、その近くの交番所に×人が2人、3、4人の自警団の男に抑えつけられ、連れて来られる所を見た。その2人は交番の中へ入れられたが、町の若者どもは手に手に棍棒をもっていて、それで交番の扉や窓を破ろうとする。窓の硝子が破れると、そこから棍棒を滅多矢鱈に突込むので、中からヒイヒイと声を立てて泣く声が聞えてくる。そういう暴行を制止しながら出てくる2人の巡査に抱えられて、ヨロヨロ出て来た2人の×人は息もたえだえの容子、みれば1人は鼻孔から血をタラタラと流し、もう1人は後頭部を割られていたようだ。(当時の手記から)

(吹田順助『旅人の夜の歌——自伝』講談社、1959年)

竹山謙三郎〔建築学者。当時中学校2年生。牛込の高台で被災〕

2日の午後にはどこからともなく朝鮮人騒ぎが伝わってきた。井戸に石油が流してあるというので、嗅いでみるとたしかに臭い。兄と2人で父に告げると、「そんな馬鹿なことはない」

〔略〕しかし朝鮮人騒ぎはますます大きくなっていった。3日には町内会が結成されて自警団が組織された。竹槍や木刀などをたずさえた大人たちがいかめしく控え、われわれは興奮して、その周りではしゃいでいた。「朝鮮人何名がすぐそこの市ヶ谷見付まで押し寄せてきた」といったような情報が、次々とりりしく鉢巻をした伝令によって伝えられた。そういえば下の外濠の方では時々銃声もひびいた。

(『中央公論』1964年9月号、中央公論社)

土屋照己〔当時22歳。習志野騎兵第一五連隊機関銃隊所属〕

電線の架設をしながら市川の憲兵分隊へきて、四ツ木橋の見張りにあたっていた土屋照己は、9月3日に東京へ入った。近衛連隊で昼食、夜は、練兵場で野営した。

その夜は、小雨が降っていた。班長が、朝鮮人が暴動を起すから、武器を盗まれぬようにと注意した。

(千葉県における関東大震災と朝鮮人犠牲者追悼・調査実行委員会編『いわれなく殺された人びと——関東大震災と朝鮮人』青木書店、

1983年)

壺井繁治〔詩人〕

〔2日〕わたしは牛込区弁天町の居出の下宿に避難した。彼は早稲田の法学部を卒業後も学生時代の下宿に陣取り、そこから海軍省へ通っていた。その避難先でも朝鮮人が家々の井戸に毒物を投げ込みまわっているとか、社会主義者が暴動を起こそうとしているとかいう噂で持ちきりだった。

つぎの日〔3日〕の昼ごろ居出と連れ立って矢来下から江戸川橋の方へ歩いていった。そして橋の手前に設けられた戒厳屯所を通り過ぎると、「こらッ！　待てッ！」と呼び止められた。驚いて振り返ると、剣付鉄砲を肩に担った兵士が、「貴様！　朝鮮人だろう？」とわたしの方へ詰め寄ってきた。わたしはその時、長髪に水色のルパーシカ姿だった。それは戒厳勤務に就いている兵士の注意を特別に惹いたのであろう。その時まではそれほど気にしていなかった自分の異様な姿にあらためて気がつき、愕然とした。わたしは衛兵の威圧的な訊問にドギマギしながらも、自分が日本人であることを何度も強調し、これから先輩を訪ねるところだから、怪しいと思ったらそこまでついてきてくれといった。わたしはその時生方敏郎のことを思い浮かべていたのだが、傍の居出もしきりに弁明に努めてくれたので、やっと危い関所を通過することが出来た。

（壺井繁治『激流の魚——壺井繁治自伝』光和堂、1966年）

手塚信吉〔評論家〕

鮮人襲来の噂が四谷方面に伝ったのは2日夕頃の事であった。「横浜方面は全都鮮人のため破壊され、勢いに乗じた3千名の一団は早くも代々木の原まで攻め寄せて来た」というのである。今から考えれば馬鹿気切った話ではあるが、予想した事もない大震災を喰って度を失い、かつ報道機関無き当時の人心にこの噂が真実として受け容れられたのは已むを得ぬ事であった。警察官までが「女子供は危険だから新宿御苑へ避難さすように」と触れ回ったんで、市民の恐怖心はいやが上にも募ってしまった。鮮人の発砲だという爆音を気にしながら私も近所の人々同様、荷車に一家眷属を乗せ新宿御苑へ避難させた。〔略〕私達は時を移さず町内の有志を糾合して所謂自警団を組織した。ボロボロの古洋服の上に縄帯を締め、腰間に伝家の宝刀をぶち込み、右手には実弾を充填した護身用のブロウニングを握りしめたその扮装は雄々しくもまた物々しい狂態であった。他の諸君も思い思いの身ごしらえ堅固に、それぞれ部署を定めて通行人を吟味すると共に火気の注意に徹宵従事した。

鮮人襲来はいうまでもなく根も葉もない流言に過ぎなかったが、当時不逞鮮人の嫌疑を受け、各地自警団の手で非業の最後を遂げた人の数は決して少なくないものであったと思う。現に私たちの町内でも或る洋食屋の主人が、猟銃で不逞鮮人の疑いある一青年を射殺、それが長野県出身の大学生と判明して大問題を惹起した。

（手塚信吉『体験を透して——新日本青年に告ぐ』雄信社、1932年）

中島健蔵〔フランス文学者〕

〔2日の昼下がり〕ともかく神楽坂警察署の前あたりは、ただごととは思えない人だか

りであった。〔略〕群衆の肩ごしにのぞきこむと、人だかりの中心に2人の人間がいて、腕をつかまれてもみくしゃにされながら、警察の方へ押しこくられているのだ。別に抵抗はしないのだが、とりまいている人間の方が、ひどく興奮して、そのためにかえって足が進まないのだ。

群衆の中に、トビ口を持っている人間がいた。火事場のことだから、トビ口を持っている人間がいても、別にふしぎではない。わたくしは、地震と火事のドサクサまぎれに空き巣でも働いた人間がつかまって、警察へ突き出されるところだな、と推測した。突然トビ口を持った男が、トビ口を高く振りあげるや否や、力まかせに、つかまった2人のうち、一歩おくれていた方の男の頭めがけて振りおろしかけた。わたくしは、あっと呼吸をのんだ。ゴツンとにぶい音がして、なぐられた男は、よろよろと倒れかかった。ミネ打ちどころか、まともに刃先を頭に振りおろしたのである。ズブリと刃先が突きささったようで、わたくしはその音を聞くと思わず声をあげて、目をつぶってしまった。

ふしぎなことに、その凶悪な犯行に対して、だれもとめようとしないのだ。そして、まともにトビ口を受けたその男を、かつぐようにして、今度は急に足が早くなり、警察の門内に押し入れると、大ぜいの人間がますます狂乱状態になって、ぐったりしてしまった男をなぐる、ける、大あばれをしながら警察の玄関の中に投げ入れた。

警察の中は、妙にひっそりしていた。やがて大部分の人間は、殺気立った顔でガヤガヤと騒ぎながら、どこともなく散っていった。ひどいことをする、と非常なショックを受けたわたくしは、そのときはじめて「鮮人」という言葉をちらりと聞いた。

〔略〕人もまばらになった警察の黒い板塀に、大きなはり紙がしてあった。それには、警察署の名で、れいれいと、目下東京市内の混乱につけこんで「不逞鮮人」の一派がいたるところで暴動を起そうとしている模様だから、市民は厳重に警戒せよ、と書いてあった。トビ口をまともに頭にうけて、殺されたか、重傷を負ったかしたにちがいないあの男は、朝鮮人だったのだな、とはじめてわかった。

写真は神楽坂署門前の状況。流言蜚語が飛ぶ中、棍棒など兇器を携えた民衆が多く見られる

場所もはっきりしている。神楽坂警察署の板塀であった。時間は震災の翌日の9月2日昼さがり。明らかに警察の名によって紙が張られていた以上、ただの流言とはいえない。

（中島健蔵『昭和時代』岩波書店、1957年）

奈良武次〔**陸軍大将。四谷左門町で被災**〕

2日〔略。赤坂離宮から〕帰途戸田方を往訪せるに庭に在り、雑談少時にして帰る。この時鮮人放火頻発、目下多数の鮮人を逮捕せり云々の談を聴く。この夜自警団の警備厳重を極め、隣家の家族は余の庭園内に避難し夜を徹せり。

〔略〕4日〔略〕市中暗黒、自警団警戒厳重なり。

（波多野澄雄・黒沢文貴編『侍従武官 奈良武次日記・回顧録 第1巻』柏書房、2000年）

間室亞夫〔**当時松山高等学校生徒**〕

「在郷軍人や青年団は竹槍や日本刀で武装して不逞漢に対抗した」

私の付近では早稲田大学と陸軍士官学校が崩壊して焼けた。2日の明け方頃から〇〇〇〇が各所に放火するという事であったが〇〇等は石油を所持し又は爆弾を持って盛んに火を放って廻ったらしく牛込の付近でも2、3の〇〇が殺されて居るのを見た。

（『愛媛新報』1923年9月8日）

丸山眞男〔**思想家、政治学者。当時9歳。四谷区愛住町48在住。火災をのがれて東中野の長谷川如是閑宅に避難**〕

お父さんは、こんぼうをもって「ガランガラン」と通りをけいかいしている。それは、朝せん人が、悪い事をするからである。毎夜毎夜、近所の人と、かわりばんこに夜、あやしい者が見えたら誰何するのである。

（当時の作文）

（「みすず」編集部編『丸山眞男の世界』みすず書房、1997年）

水守亀之助〔**作家**〕

漸く夜は明けたが、不安は少しも去らなかった。山の手を除くの外、下町一面火の海と化すると共に、こちらでもいつ鮮人の為に放火せられるかも知れないという噂が伝わった。赤城下の方で、その現状を発見されて、追っかけ廻しているといい触すものもあった。それから流言蜚語は益々盛んになって来たのである。

若し、こちらへ火が入ったら？ という不安は何人の心をもとらえた。実際そうなれば最早絶望だからである。私の家でも家財の始末を始めた。するうちにも、通りの雑音と混乱の中で鮮人が襲って来たといって手に手に得物をもった人々が狂わんばかりに駈け廻っているのが見られた。近所のカッフェの給仕女の死体が隣家のストーブの烟筒が壊れた為に、その下敷になっていることが確められた。群衆が××を捉えて半殺しの目に合わせる光景をも目撃した。日本刀を携えて公然闊歩する壮士の一団もあった——こうして、兎に角、大東京も一時は無秩序無警察の修羅場と化し、流血と、恐怖と、騒擾と、飢餓の巷となって了ったのであった。

（「不安と騒擾と影響と」悪麗之介編『天変動く——大震災と作家たち』インパクト出版、2011年）

三宅邦子〔**俳優。牛込北町で被災**〕

2日目でしたか、夜の8時、憲兵が2、3人馬に乗って来て、大声で戒厳令がしかれたとふれて回りはじめました。また町会からの伝令で、井戸にフタをし各家で見張りをし、寝る時に戸板を敷いて町会ごとに寝るようにとのお達しがあり〔略〕。

(『週刊読売』1983年9月11日号、読売新聞社)

柳田泉

9月3日か4日の午のことと覚えているが、わたしどもの若松町の自警団に伝令が来て、早稲田警察署の命令というのを伝えた。

それによると、朝鮮人が2万人以上、三軒茶屋方面から市内に押し寄せつつあり、いつ市街戦となるかも知れないから、応援の用意をせよというのであった。それで、その夜も翌夜も不寝番をたて、警戒したが、別に何のこともなかった。(あとで聞くと、多摩川べりで砂利を掘る仕事をしていた朝鮮人の人々が何百人といたよしであるが、これは逆にこっちからひどい目にあったので、押し寄せるどころのはなしではなかったという)。

それから、今少したった或夜のこと、牛込の月桂寺のうちに数名の鮮人がひそんで放火をたくらんでいる。直ちに原町の自警団に応援して、これを捕えよという命令が同じく警察署から出たものである。これも、問題の人間をやっととらえてみたら、朝鮮人ではない。日本人、月桂寺で越後の田舎からつれて来た日本の大工で、これが外に出られず、毎日普請小屋にかくれていたが、夜はそこいら中散歩して、煙草をすう、それを見まちがえて、騒いだものであった。

だが、それはまだ喜劇じみた出来事であるからまだしもとして、悲劇もなくはなかった。牛込の弁天町か矢来町の出来事であったと思う。夜1人の鮮人が町内をうろついて井戸に毒を投じつつあるという報告が来た。

そこで、それっと、一同捜索に出かけ、2、3の他町会からの応援もあって、追いかけているとなるほど怪しい人間が1人、町内の暗やみをあっちこっちと逃げ歩いて、なかなかつかまらぬ。そこで追手はじれったさのあまり、ついに追いつめて、槍で突き殺してしまった。一同、その夜は、朝鮮人をうちとったというので、大きな手柄でもたてたつもりか何かでいたが、夜があけてみると、これは日本人、しかも自警団長である靴屋の某の使っていた小僧さんで、大人をからかうのが面白いあまり、度々そういういたずらをして朝鮮人のまねをして、ついこういう悲しい運命に出会ったのであったという。

事実はそういうことで、わたしどもの方では、そういう虐殺の手柄(?)は一つもなかったのであるが、そういう朝鮮の人々に縁の少ないそこらの土地でさえ、来たら殺してかまわぬという気分はあったのであるから、殺気満々の下町や隅田川の向いの土地や、郊外砂村などの方でどのような事が行なわれたかは、想像に余りがあると思う。

(「大震災追想記」金秉稷『関東震災白色テロルの真相』朝鮮民主文化団体総連盟、1947年→朝鮮大学校編『関東大震災における朝鮮人虐殺の真相と実態』朝鮮大学校、1963年)

尹秀相〔当時新聞配達をしながら研数学館に留学〕

朝鮮には地震がない。だから初めての体験だった。避難者の列に加わって靖国神社に行ったら、「午後1時半にはもう一度大きな揺れがある」とマイクで言う人がいた。

時刻を過ぎてもそれほど大きな余震はないので、武田さん(勤め先の新聞店主。牛込区矢来町)の家に帰ろうと四谷見附あたりまで歩いてきた時のことだ。1台の車が止まって、降りてきた紳士に「出身はどこか」と尋ねられ、「朝鮮慶尚南道……」と答えると、ちょっと、と連れていかれたのが神楽坂警察署だった。

収容された武道殿のホールには朝鮮人がすでに40～50名いた。女の人もいたが、学生風の人はあまりいなかった。翌朝ちょうど武田さんの隣に住む警察官に会ったので、心配させてはと、収容されていることを伝えてもらった。午前11時ごろ武田さんが羽織、袴を着てやってきた。署長さんに「私が保証するから出してもらいましょう」と、身元引受書を書いて印をおして、それで私を連れて帰った。

武田さんの家にはほかに韓国人が5人おって、2階に閉じこもっておったんですよ。すると隣の青年が、「武田さん、お宅の朝鮮人はまじめだと言うが、けしからんことをしたら保証できるのかい。出してもらいましょう」と、1週間ものあいだ、1日に2度ぐらい来たのを、武田さんはていねいにみな帰してしまったですね。「私が責任をおうし、そういうはずのない朝鮮の学生さんだから勘弁してくれ」と。

それで2週間目に総督府でなにか見舞いを持ってきた。それでいよいよわれわれが街頭をあるくことができたですよ。閉じこもっているあいだ、近所の15歳ぐらいの男が「今日私も朝鮮人を2人やっちゃった」と、われわれの前ですらすらっと。聞きたくもなかったけれど、止めろとも言われないし、妊婦の腹を裂いて腹の中の胎児まで、それを自分でどうしたとかそういうことも言うじゃないですか。

5年後に故郷に戻ったとき、同郷出身の人が9人ほど犠牲になったと聞いた。

（関東大震災時に虐殺された朝鮮人の遺骨を発掘し追悼する会『韓国での聞き書き』1984年）

吉村藤舟〔**郷土史家。角筈新町の下宿で被災**〕

〔2日〕今一つ凄い光景と申しますのは、その伊勢屋の前を通って市ヶ谷に出ようとした時に見た事でその時はもう時刻も余程暮近い頃でした。それに空も朝からの曇りで、そうでなくとも暗い間暮を一層暗くしていました。未だ焼跡にはちょろちょろと火が見えていましたし、四谷見付に寄った方面では黒い煙も盛んに立っていました。それ等を見、見、私がやって来る前の方、即ち見付の方から一口坂を騎馬兵が3、4人で馬足を揃えて走って来ました。それでびっくらして見ると、どれも付剣のまま銃を右の腋の下にかい込んで走っていました。が、中の1人が、私の前まで来ると、「それ、その路次だ……」と叫びました。その時には私が殺されたかのようにびっくらしました。騎馬兵は私の前まで来ると、革細具屋とパン屋との間の細路次へ駆け込みました。何事だろうと覗いて見ましたが、そこにはこの3人の騎馬兵以外には何者もいませんでした。けれども私の胸の動悸は暫時の間は止みませんでした。不安の中に私が見付の駅の所まで来ますと、そこには沢山の人が、皆私の方を向いて立っていました。そして口々に何か喋っていました。

「きっと奴等はサイダ壜か何にか持ってるから気をつけろ」

「奴等だって悪い奴ばかりはいないから、調べた上でしなければかわいそうだ」

こう言っているのは、この群衆の中でも

一番きわ立って見られる知識階級の人物でした。背も高いし、立派な髯髭も持ってた。身姿はこうした時であるからか名仙縞の古い単衣物を着ていたが、群衆はその男を取囲むようにしていた。中には
「なに、構うか、奴等の為に同胞が苦しめられているのだ、見つけ次第にやっつけろ」

などとも言っていた。

　それで私は始めて鮮人の暴黨（ママ）を知った。そこには駅の石段の下に銃剣の組合わせたのが幾組かあって、又、駅の横手の樹木に乗馬が2頭繋いでありました。こうした騒ぎは、今うさんらしい奴が行ったと言うので、騎馬で追っ駆けたのである。私がさっき一口坂上で遭った騎馬兵は、この屯から出て来た者であるのだ。

「さっきも神楽坂でおかしな風体の奴等がいた。そやつの懐がふくれていたので、憲兵が止まれ、何者か、と言って羊刀の鞘尻でその腹を突いた時、懐中のふくらみが爆弾であったから堪らない、そやつが爆発して奴め倒れたが、それで今は大騒ぎをやっている。だから構うことはない見付け次第やっつけるがよい」

と、若い男が口を尖らして喋っていた。その時又も兵隊が付剣で、これは騎馬でなしに新見付の方へ走って行った。

「確かだよ、奴に相違ない。ひょっとすると、そこらに主義者の窃伏している家でもないかな。それで知れなくなったのかも知れないぜ」

「そうだよ、きっと」

兵隊が走って行ってから、後で群衆が又も盛んにわいわい騒ぎ立てた。

〔略。5日〕わいわいと騒ぐ声が必ずしています。それからとろりとしたと思うと、どんどんどん、「起きてくれ起きて」と云う声で私はハッととび起きました。そして早速ずぼんを穿き靴で出ようとしましたが、事柄が何か判かっていないので、もし突然出ても、何にしろ夜警の連中に多く顔を知られてない私だから、どんな嫌疑の掛らないものでもない。つまらないと思って、私は出る事を中止して昵と聞耳を立てていました。すると、「それっ……そこへ入ったぞ！」という声がした。ハハハ又鮮人騒ぎかな、と、思ったがもう動悸は治まらない程打って来ました。そのうち「ここへ来たが。ああここが開くぞ」などいう声が私の聞耳立てている直き向いの横手の方で聞えました。それは強震の際、垣根を壊した所です。そのうちに夜警の足音は近くなった。

「どこへ行ったろう。確かにここに入ったと思うが……」こういって来るのは確かに3人以上の足音でした。私はそれを聞くとズボンのまま突然寝床へ倒れ込みました。なんだか私が当の犯人かの様な気がして、急に寝た真似をしました。

（吉村藤舟『幻滅――関東震災記』泰山書房仮事務所、1923年）

四谷第五尋常小学校

火災ようやく終るとともに、今度は朝鮮人騒ぎとなった。鮮血したたる怪漢が警備の兵士、2、3名に守られながら、電車通りをひかれて行くのを見た。今や全市は流言飛語しきりに伝わり、水なく、電灯なく、ガスもなく、精神的にも物質的にも全く暗黒の世界となってしまった。町内は期せずして一致団結し、武器をさげて自ら守るに至った。学校も夜に入って職員および使丁が自警の任務についた。

〔略〕軍隊の活動は実にめざましいものがあった。鮮人騒ぎもこれによって鎮静した。わが校にも宇都宮六六連隊、盛岡三一連隊、秋田一七連隊が交互駐屯して警備の任についた〔略〕。（東京市四谷第五尋常小学校「大震災大火史編纂資料調査書」）

（野村敏雄『葬送屋菊太郎——新宿史記別伝』青蛙房、1989年）

神楽坂署にも多くの朝鮮人が強制収容された

牛込神楽坂警察署

9月2日午前10時、士官学校前に「午後1時強震あり、不逞鮮人襲来すべし」との貼紙ありて人心の動揺を来たし、鮮人に対して自衛の道を講じ、更に進みてこれを逮捕するもの多く、午後5時頃までに青年団員の手によりて当署に同行せるもの20名に達す。かくて3日に至りては、自警団の行動漸く過激となり、戎・兇器を携えて所在を横行するに至る、これに於て同4日その取締に着手し、警部補1名・巡査40名をして管内を巡察せしめ、以て戎・兇器の押収領置を励行せり。

しかるにその日更に「鮮人等新宿方面巡査派出所を襲撃して官服を掠奪着用して、暴行を為せり」との流言行わるるや更に警察官に対しても疑懼の情を懐き、制服巡査を道に要して身体の検索を為すものあり、事態容易ならざるを以て、署長は署員の軽挙を戒め、官民の衝突を未然に防ぐと共に、自警団の取締を厳にしたる結果、幸にして事なきを得たり。

（『大正大震火災誌』警視庁、1925年）

四谷警察署

9月2日午前、士官学校の墻塀に、「午後1時強震あり」「不逞鮮人来襲すべし」との貼紙を為すものありしが、強震の事に関しては、署員その虚報なるを宣伝し、幸に事なきを得たれども、鮮人の件に至りては、甚く人心の動揺を来し、その後更に「不逞鮮人等横浜方面より襲来し、或は爆弾を以て放火し、或は毒薬を井戸に投じて殺害を図れり」との流言の伝わるに及びては、鮮人に対する迫害、到る所に起り、この日、午後4時30分頃、伝馬町1丁目の某は鮮人なりとの誤解の下に、同2丁目に於て某の為に狙撃せられ、重傷を負うに至れり。かくて流言益々甚しく、疑心暗鬼を生じて、便所の掃除人夫が備忘の為に、各路次内等に描ける記号をも、その形状に依りて、爆弾の装置、毒薬の撒布、放火、殺人等に関する符牒なるべしとの宣伝に依り、人心は倍々恐怖を懐けり。而してこれが調査の結果は、中央清潔社の営業上に於ける慣行の符徴なるを知り、管内一般に公表宣伝せり。この日、霞ヶ丘の某は、自宅の警戒中、通行者に銃創を負わしめたる事実あり。その

火災による焼失は免れた四谷見附だが、全半壊の家屋は200戸。交差点には、停電と障害物で身動きがとれない市電が止まっている

6日午後10時頃、赤坂の某所に鮮人3人侵入したりとの報告に接し、署長躬ら署員を率いて現場に臨みしが、何等の事なかりき。

(『大正大震火災誌』警視庁、1925年)

戸山・戸塚・早稲田・下落合・大久保

市島春城〔謙吉。政治家、随筆家。早稲田大学近辺の自宅で被災〕

〔2日〕尚それよりも動心の一報は○○がこの都民の大厄に乗じて不逞を為すとの流説で、初めは信ぜず聞き流していたが、この噂が都会を通して一般に広がり、甲の地方は何十の○○が攻めて来た、この辺も遠からず50人ばかり一隊をなして来るべし、各町村共今は警察で防ぐの余地なく、各家自衛の外に手段なしというので、流説とのみ打棄て置き難く、各戸皆警戒に就き、刀や棍棒をもって門前に立つような騒ぎとなり、吾家でも家の娘が抜刀で町内多勢の衆に加わったようの始末で、ある1人の○○はそれと疑われて町内の若者に散々に打たれたのを自分も目睹したが、果して○○に不逞行為があったか否や今も解けやらぬ疑問である。各所に○○の横行とこれに対する警戒とは、人騒がせに拍車をかけたことは事実であった。

(市島春城『春城談叢』千歳書房、1942年)

井伏鱒二〔作家。下戸塚の下宿で被災〕

〔1日夕〕鳶職たちの話では、ある人たちが群をつくって暴動を起し、この地震騒ぎを汐に町家の井戸に毒を入れようとしているそうであった。私は容易ならぬことだと思って、カンカン帽を被り野球グラウンド〔早稲田大学下戸塚球場〕へ急いで行った。

小島君〔小島徳弥〕は一塁側の席の細君のところにいた。私が井戸のことを言う前に、小島君が先に言った。スタンドにいる人たちも、みんな暴動の噂を知っているようであった。彼等が井戸に毒を入れる家の便所の汲取口には、白いチョークで記号が書いてあるからすぐわかると言う人がいた。その秘密は軍部が発表したと言う人もいた。

〔略。2日夕、スタンドで小島に〕暴動のことを訊くと、大川端の方で彼等と日本兵との間に、鉄砲の撃ちあいがあったそうだと言った。もし下戸塚方面で撃ちあいが始まったら、我々はどうなるかという不安が強くなった。

(井伏鱒二『荻窪風土記』新潮社、1982年)

今村明恒〔地震学者〕

〔2日夜12時頃、東大久保48番地の自宅付近で自警団に尋問される。かぶっていたヘルメットを怪しまれた〕帰宅してその話をすると、自宅にも昼間、着剣した兵隊が来て「朝鮮人が井戸に毒を入れるので注意せよ」と言って帰った、町中に触れ回っている、とのことであった。

（山下文男『地震予知の先駆者・今村明恒の生涯』青磁社、1989年）

小野ヲコウ〔当時13歳。早稲田で被災〕

2日たち、3日たち生活の不自由が増して、疲れが出はじめた頃、今度は流言ひ語である。××が井戸へ毒を入れに来ると言う。大人達は町内の水を守る為夜警に狩り出され、町の要所には自警団が組織され、誰何(すいか)して返事が出来ずまごまごしている者は、即座に処分との事、そんな恐ろしい話がひそひそと耳に入ってくる。

（『東京に生きる　第1回』東京都社会福祉総合センター、1985年）

佐藤昌〔造園家、都市計画家〕

2、3日経った頃、西大久保には流言が流れてきた。朝鮮人が井戸の中に毒を入れたとか、日本人の家を襲って食糧などを奪い、暴行を働いているとかいうのである。

（佐藤昌『百歳譜――佐藤昌自伝』東京農業大学出版会、2004年）

橘清作〔当時29歳〕

〔2日、戸塚方面で〕表通りを4人連れの中国人学生が通る。逆上した青年団のある者は、闇にも光る閃々たる一刀をスラリと抜いて、その切っ先を学生の面前に突きつけながら、「貴様たちなどは生かしておけぬ」と大声に怒鳴りたてる。何も知らない中国人学生は、恐ろしさにブルブル慄(ふる)えながら、叩頭百舞ひたすらに助命を乞うている。

早稲田大学に通う朝鮮人学生が、私どもの近くに3、4人して一戸を借りていた。たしか3日の晩であった。見知りの、土地の自警団一群が腰に一本ブチ込んだり、棍棒を持ったりして、多勢で屋内の様子をうかがっている。どうしたのかと聞くと、もしも不穏な挙動があれば、たちどころに切り捨てるのだと、恐ろしい権幕である。家の中を見ると、4、5人の朝鮮人学生は怖しそうに、ローソクの光に固まっている。私どもはその学生たちの顔は常々見知っているので、そんな不穏なことをする人たちではないから、と証明しても、いっこうに聞かない。それならこの朝鮮人に対する万一の責任を負うかと言う。こんな、一杯機嫌から逆上している人びとと話をしても致し方がない。間違って脇腹あたり、竹槍がブスッと来ないものでもない。仕方がないので、土地生え抜きの老人を頼んで来て、ようやくなだめて帰ってもらうという始末で、実に利害相伴う民衆警察であった。

私の知っている朝鮮人で、朱某という早稲田へ通っている男があった。〔略〕その男はあの騒ぎの最中に、友人6名とともに巣鴨方面へ避難する途中で民衆警察のために捕えられ、6人の友人はすべて殺され、彼1人は辛(から)くも付近の交番へ駆け込んで、危うく一命を助けられた。（「焦髪(くろかみ)日記（抄）」大正13年9月稿）

（関東大震災を記録する会編『手記・関東大震災』新評論、1975年）

遠山啓〔**数学者。当時14歳**〕

〔戸山原練兵場近くの家で〕２日の晩あたりから、いわゆるデマがとびはじめた。「朝鮮人が井戸に毒薬をなげこむから注意しろ」というのである。このころから、焼けた下町から逃げてきた人を近所のものがつかまえて、「朝鮮人ではないか」と尋問するような光景がみられるようになった。私がみたのは、夜になってひとりの男をつかまえて、かきねのところへ押しつけてこづいている光景だった。殺されはしなかったが、ひどく殴られてぶっ倒れていた。

〔略〕同級生から聞いたことであるが、彼は外堀の土手で、何か毛皮のようなものをかぶっている人がピストルで射殺されるのをみたという。

（銀林浩・小沢健一・榊忠男編『遠山啓エッセンス・第7巻――数学・文化・人間』日本評論社、２００９年）

友納友次郎〔**国語教育学者。勤務先の向島の小学校で被災**〕

〔１日夜、戸山ヶ原の高台にある自宅へ帰り、2日午前2時過ぎ〕「○○○が隊を組んで押寄せているそうです。東京市内があんなに焼けるのも、○○○が爆弾を投げたためだそうです。東京を焼き払ったら隣接の町村にも押寄せて来るという報せがありました」

「○○が押寄せるという事を誰が知らせたのですか」「今警察から言って来たのです。警官が触れ回っています」

「警察が言うんだから確かだろう。ぐずぐずしていると、どんな目にあうかも知れない」

4時を過ぎたかと思う頃、不意に〔自警団の〕本部の方から「○○だ。坂口の方を注意したまえ。今原っ場の方から○○が2人入りこんだそうだ」

「ソレ、そちらに行った」

「ソラ向うに逃げた」

〔その2、3日後〕「○○○が2千人、隊を組んで長野県の方から押寄せてくるそうだ」

「千葉県の方からも○○が隊を組んで押寄せてくる。もう途中の村はみんな○○の手に焼払われてしまった」

「○○が女を捉まえて凌辱した上惨殺した」

「○○が井戸に毒を入れて歩きますから、井戸の水を飲まないようにして下さい」と自警団から知らして来る。「それはどこから、そんな通知があったのですか」「警察から一般に知らしてくれるように通知がありました」

（友納友次郎『教育革命焦土の中から』明治図書、１９２５年）

神楽坂署に押収された自警団の戒兇器の数々。日本刀のほか銃も見える

早川雅子〔**当時牛込区早稲田尋常小学校6年生**〕

2晩目の9時頃だった自警団の人が提灯をかざして大声に「○○人がこの学校に入った形跡が有りますから怪しい者を見たらすぐ本部まで御通知を願います」と警告した。さあ薄気味が悪くなってしまった。

それこそねむれない。どの家庭も蓙の上に黙々と目を光らして薄暗い夜の校庭の八方に注意していた。

学校に火をつけられたら大変。逃げ出す口がなくなるというので3晩目にはここの野宿を止めて皆自分の家を警戒した。夜が明けると○○○人捕縛で大騒だ。「この機に乗じて○○○○が爆弾を投げたのだとは怪しけらん。こ奴どうしてくれるか」と、若者の意気はすごかった。

軍隊も出動して辻を固め通り人を誰何した。3日目に家へひなんしてきた小父さんは、着物も何も丸やけで、南洋の服を苗子叔母さんに貰って着て歩いたら、朝鮮人と間違えられて、やっと通して貰った。

（「大地震の記」東京市役所『東京市立小学校児童震災記念文集・尋常六年の巻』培風館、1924年）

方珠源〔**当時早稲田大学工科（夜間）に留学中**〕

9月3、4日頃火が鎮まった。4、5日たってから電信柱に「不逞鮮人200名中野に爆弾投下」「品川で不逞鮮人3千名暴動を起し襲ってきた。自警団が戦ったが負けた」と書いたビラが貼ってあった。新聞社の名前で流言ビラがまかれた。小石川付近で鐘を鳴らして「不逞鮮人が橋の下に入った」と騒いで調べてみたところ杭だったという話を聞いた。朝鮮人識別法は「鉢巻をしてみろ」といって、できれば日本人、できなければ朝鮮人とされた。自分は虐殺の現場を見ていない。自分が殺されるので外には出なかった。

（関東大震災時に虐殺された朝鮮人の遺骨を発掘し追悼する会『韓国での聞き書き』、1983年）

宮崎世民〔**政治家。戸塚源兵衛で被災**〕

〔1日〕まだ明るいうちに憲兵という腕章をつけた軍服の男が、時どきオートバイでやってきて、「朝鮮人の一隊が、目黒の行人坂をこちらに向かってやってくる。建物の塀や壁などにチョークで印をつけたところでは、井戸に毒物を投げこむから用心するように」などといって走り去る。わたしどもの家のまえには、一本の道路があり、そのうえの土手に鉄道がとおっており（西部武蔵野線）、そのむこう側には女学校があった。その女学校に朝鮮人が逃げこみ、それを追っていた兵隊さんが古井戸に落ちた、などという情報が乱れとぶ。何しろあたりは暗闇だし、余震はまだやまないし、流言はとびかうし、戦々兢々たる情況であった。

近所に風呂屋と向かいあって交番があったが、数人の者がお巡りさんをつかまえて、「朝鮮人なら斬ってもよいですか」と訊ねている。

（宮崎世民『宮崎世民回想録』青年出版社、1984年）

村山知義〔**劇作家、演出家。下落合で被災**〕

4日目だったか、私の家のグリーンの扉をビューンと開けて6、7人の剣付鉄砲を構えた兵士が血相を変えて現れた。私は例のルパシカ姿で、どういうわけか、手にゴム毬を持って対応に出た。すると、引率の少尉らしい男が、アッと叫んで、その毬を指さした。爆弾だと思ったらしい。「ゴム毬ですよ」といって差し出したが、少尉は血眼のまま「お前は何だ？　何をしているんだ？」などと問いかける。私があまりニコニコしているので、やがて去ってしまった。私はまだ社会主義者ではなく、従ってブラックリストに載っていなかったが、近所の人が、あの家は怪しい者が出入りする怪しい家だ、と告げ口したに違いない。

やがてその日の早朝、近所に住んでいた柳瀬正夢と平林たい子が、同じく銃剣を持った兵士に追い立てられて、戸塚署へつれて行かれた、という知らせがあった。

（「二十二才、二十三才　大震災」『史話日本の歴史30　帝都壊滅・関東大震災』作品社、1991年）

牛込早稲田警察署

管内は、9月2日午前10時前後に於て、「不逞鮮人等の放火・毒薬物撒布又は爆弾を所持せり」等の流言あり、同時に1名の男本署に来り、「昨日下町方面に於ける火災の大部分は不逞鮮人の放火に原因せるものなれば、すみやかに在郷軍人をしてその警戒に当らしめよ」と迫りし。〔略〕未だ数時間を出でずして、所謂自警団の成立を見るに至り、鮮人の本署に拉致せらるるもの少なからず。

更にその日の午後に及びては、「鮮人等は東京全市を焦土たらしめんとし、将に今夜を期して焼残地たる山の手方面の民家に放火せんとす」との流言行われ、早稲田・山吹町・鶴巻町方面に於ては、恐怖の余り家財を携えて避難するもの多し、これに於て署長自ら部下を率いて同地に赴き、民情の鎮撫に努め、かつ曰く、「本日爆弾を携帯せりとて同行せる鮮人を調査するに爆弾と誤解せるものは缶詰、食料品に過ぎず、その他の鮮人もまた遂に疑うべきものなし、放火の事、けだし訛伝に出ずるなり」とて反覆説明する所ありしも、容易にこれを信ぜず。

（『大正大震火災誌』警視庁、1925年）

淀橋警察署戸塚分署

9月1日午後6時40分頃、戸塚町字上戸塚に放火せるものありとの訴えに接したれども、実は誤伝に過ぎざりしが、翌2日未明に至りて鮮人放火の流言始めて起る、會々同日午後1時頃に及び、戸塚町字諏訪神社境内に挙動不審の鮮人潜伏せりとの密告に接するや、直に署員20余名を派遣したるにその言の如く鮮人87名を発見してこれを検束せしかども、もとより不逞の徒にあらざるを以て取調の上、翌3日午後3時これを放還せり。

しかれども鮮人暴行の流言は益々盛んに行われ、遂に戎・凶器を携えて所在を横行する自警団の発生を促したりしが、数組の巡察隊を編成して戎・兇器の携帯を禁止せしめしに、その不可を論ずるもの少なからず、これに於て同4日自警団、在郷軍人団の幹部を招きてその旨を懇諭し、且警戒方法其他に就きて指示する所あり、更に一巡査派出所部内に2カ所の臨時警備所を設け、各巡査2名を配置してその取締に任ぜしめたり。

しかるに陸軍当局に於ては鮮人と社会主義者との連絡、通謀の事に対して疑を懐き、この日近衛歩兵第三連隊に命じて下戸塚なる長白寮の止宿鮮人全部並に諏訪鉄道工事場にある鮮人大工20余名を引致せしが、同6日に至り近衛騎兵連隊は社会主義者の検挙を為さんが為に本署の援助を求めしかば、同7日互に協力して要注意人8名及び鮮人1名を検束せり。

（『大正大震火災誌』警視庁、1925年）

淀橋・角筈

石川泰三〔**青梅で被災、2日、肉親・知人を探しに東京市内へ**〕

〔2日〕土方の細君が「〔新宿で〕怪しげな者が現れまして、いきなり瓦斯（ガス）タンクへ、爆弾をなげようとしたというので、この話をきいた私たちは、〈もう、とても駄目よ！　あれを投げたら最後、一同助からない。死ぬなら共に死のう！〉と、手に手をとって覚悟しました。すると、新宿の青年会員らしい若者や、在郷軍人が出まして、いきなり、1人が、その男を背中から抱えました。すぐまた1人が、短刀で脇腹を突刺しました。とたんに、男は両手を挙げて倒れました。実に、物凄いたらありませんよ！」呼吸もせわしく語るのであった。（1923年記）

（「大正大震災血涙記」石川いさむ編『先人遺稿』松琴草舎、1983年）

今井邦子〔**歌人**〕

〔朝鮮人車夫が新宿遊郭裏から車を引いてくれたことに対して〕家のある日本の車夫が出て来られなかった所を進んで出て来てくれた朝鮮人の車夫、ことに危ない道すがら真実に客の私を大切にしてくれたその車夫の事を私は後の騒動の時思い出して祈っていたのである。

（『アララギ』1923年12月号、アララギ社）

岡村保雄〔**当時26歳。鶴巻町で被災**〕

朝鮮人の暴徒が民衆に放火するとか、飲料水に毒薬を投じたとかデマゴギーが、口から口へと伝えられる。不安のために自然に自警団という自衛団体が各所に出来始めた。私の住居地鶴巻町44番地にも自警団ができた。しかしこういう団体はとかく反動性を持ちたがる。私はこの事を懸念したが、一応そのメンバーになった。

朝鮮人を殺せ！　火付をする朝鮮人を東京から追っ払えと、群衆の声は町に溢れこの愚論が、市民の総意であったかのように？　江東方面又下谷浅草で罹災し生き残った、多くの朝鮮人は誤った群衆のテロリスト的な迫害に追われ、火の気の見えない小石川牛込方面に避難して来たのに、竹槍や鉄棒を持った自警団員に進行を妨げられ、虐殺された者の数甚（はなは）だ多かった。

〔略〕緊急勅令が出ても流言飛語は一向に鎮まらない。「江東方面は大津波だ、震災で生き残った人達も津波で全滅した」とか〔略〕「朝鮮人の殺された者は数万人だ」とかあとからあとからデマがとぶ。

（岡村保雄『東京貧乏物語』ふだん記全国グループ、1976年）

金泰燁（キムテヨプ）（**金突破（キムトルパ）**）〔**労働運動家。角筈の労働同盟会事務所で被災**〕

〔1日午後3時頃〕李憲（イホン）が通ってきた途中の警視庁の前と鶴巻町のあちこちに、「不逞鮮人が暴動をおこし、井戸に毒を投げ入れ、殺人・放火をするので、警戒せよ」という立看板が立っていたというのである。日本人は村ごとに自警団を組織し、また青年団、

消防隊、警察などが韓国人を割り出し始めたという話だった。彼は、このことを伝えながら、街に出ず、養生しているのがよかろうという言葉まで残して、あわただしく消えていった。

〔略〕日が暮れて電気をつけようとしたが、つくはずがなかった。その時、淀橋区管轄の淀橋警察署高等係主任である松本警部補が4、5名の刑事を率いて事務所に入ってきた。前から監視を受けていた私たちは顔なじみだった。だが、この日の松本の表情は冷ややかだった。彼は鋭く事務所の中を見回して、私以外の同盟会の他の幹部の所在をたずねた。朝から私1人だったことをありのままに話すと、彼は私を連行すると言った。理由をきくと、保護するということだったが、予備検束が明らかだった。

刑事たちに引きずり出されて警察署に行く途中に見た光景は本当に殺伐たるものだった。あまりにも変貌した街の姿は、あたかも戦争を経た廃墟のようだった。のみならず、あの街この街には、いまだに災難に泣き叫ぶ女や子供の痛哭(つうこく)がたえなかった。特に目につくのは額に手拭を巻いた青年たちが群をなしていききしながら殺気立った雰囲気をかもしだしていたことである。それがまさしく、韓国人を見つけ出そうと往来する暴力化した集団の姿だった。

ある街を通りすぎている時、そのうちの一集団が私たちに接近してきて周囲をとり囲んだ。

「こいつは朝鮮の野郎だな、ここにおいていけ！　朝鮮野郎はみんな、俺たち自警団にまかせて処理させることになっているんだ」

と、私をおいていけと警察に要求した。だが松本はこのように答えた。

「こいつは重大犯人だから、警察署に連行するので、渡せん」

だが、彼らのうちの一部は私のあとについてきていつまでも私を苦しめた。本当に私の生命は、猛獣の行きかうジャングルの中につかまっている裸の幼児にすぎなかった。警察署までわずか400～500メートルにしかならない途上で、こうした殺気立った集団に3、4度会ったわけだ。

警察署に到着して私は柔道場に連れられていった。そこに入ってみると、約300名にもなる韓国人留学生、労働者が収容されていた。彼らをながめて見ると、大部分が体に負傷した受難者たちだった。私に消息がわからず、心配に思っていた労働同盟会の幹部も何人かいた。そして、その中には日本人もまじっていたが、彼らは社会主義者、無政府主義者であった。私はそこで、労働同盟会の幹部である朴興坤(パクフンゴン)・姜大権(カンデグォン)・李憲(イホン)・馬鳴(マミョン)や朴烈(パンニョル)と彼の妻の金子文子、そして鄭然圭(チョンヨンギュ)らと会うことができた。朴烈と彼の夫人は、ここにいたが不敬罪で市ヶ谷刑務所に移送されたと記憶する。

翌日である9月2日、加納という古い刑事が名簿の書かれた紙片をもってきて、20余名を別々に呼び出し、柔道場ではなく留置場に入れた。この中には、私をはじめとして労働同盟会の幹部全員と、堺利彦の秘書で私の知っていた藤岡淳吉もまじっていた。留置場に移されて後、私たちは取調が始められた。私の取調を担当したのは、偶然にも、淀橋警察署の高等係で悪名高い、韓国人刑事の李某という者だった。名前は忘れたが、彼は韓国人労働運動家の仇敵であるのはもちろん、数多くの韓国人のうらみのまとのような男だった。

この悪質刑事に私は毎日拷問をうけた。本当に執念深く悪辣な拷問だった。

「おまえが主導して火をつけたか」「誰と共謀して井戸に毒を入れたか。吐かないか」訊問の内容は寝てもさめても、この二つだけだった。

〔略〕こいつのする拷問というのは、この上もなく人をなぶりものにする、そんな方法だった。ひどくなぐったり罰を与えたりするのではなく、細長い板でできた椅子の上にまっすぐにねかせておき、顔につばを吐いたりタバコの火で顔を焼く、冷たい水をかけるなどだった。

毎日のようにそんな拷問をおよそ2時間もうけていると、本当に力つきてしまう。その上、私は何日か前に相愛会でいためつけられていた体だから、その肉体的な苦痛はもちろんだが、ほとんど狂ってしまいそうだった。

このように残忍な拷問をうけて監房に帰ってきて、精神的・肉体的に苦しんでいたある日の晩、私が横になっている監房の窓の外の裏通りから、突然胸を引き裂くような鋭い悲鳴が聞こえてきた。そのうえ、その悲鳴は「アイグ、オモニ！」という韓国語ではないか。その凄絶で絶望的な悲鳴は一瞬にして、監房にいる私たち韓国人の頭をなぐりつけたようだった。私たちは真っ青になった顔を見合わせて、どっと窓の格子にぶらさがった。窓の外のせまいつきあたりの道では、凄惨な殺戮がほしいままにされていた。4、5名の日本のやつらがおのおの竹槍をもち、1人の韓国人を手当り次第に刺していた。その日本のやつらの表情と身振りは、本当に血に飢えた悪魔そのものだった。この言葉以外に表現のしようがない。

警察署から目と鼻の先の所で行なわれるこうした殺人劇に、留置場の監房の中にとらわれている私たちが何かを狂ったように叫んでみて、何の役に立つだろうか。いや。やつらはむしろ、留置場の中にいる私たちに見せつけるためにそんなことをしているのが、明らかだった。なぜかといえば、そんな殺人劇が一度ではなく、9月10日まで何度もくり返されたからである。

（金泰燁『抗日朝鮮人の証言――回想の金突破』石坂浩一訳、不二出版、1984年）

田村徳次〔**組合運動家、政治家**〕

仕事から帰ると間借り人のわれわれにも動員がかかり、当時角筈と表示された辻の張り番伝令をさせられた。一度嫌気がさして動員に応じなかったことがあったが、駆けつけてきた町会のボスから、非国民だと罵られた。

（田村徳次『でんでこでん――都電エレジー』文芸社、2002年）

鄭然圭（チョンヨンギュ）〔**作家。1922年に来日。朝鮮語・日本語で創作活動を行う**〕

「鮮人小説家の鄭君釈放　嫌疑は大した重大事」

当時私共と一緒に淀橋署に検束された鮮人の中には途中で頭を斬り付けられたり脚を斬り取られたりして実に惨酷な目に会って死んだ者がたしか4人程あったようだ。イヤどうも実に怖ろしかった。

（『読売新聞』1923年10月21日）

徳原鼎〔**当時淀橋角筈在住**〕

〔1日〕日が暮れると、もう誰言うとなく

「鮮人が襲ってくる」という恐ろしい流言が広がる。〔略〕あくる日は話は益々大きく「今鮮人が500人も大挙して八王子方面から襲って来る、手に手に鉄砲を持ち竹槍をしごいて実に物凄い、みんな警戒しろ」とか「多摩川の畔で内地人と朝鮮人と大衝突があって血の雨を降らしている、そして鮮人は何でも2千~3千人もいる」と誰やらメガホンで布令て来る、気が気でないような始末でした。

〔略〕郊外の角筈辺はまた格別の大騒ぎでした。その内に「あの徳原の家に鮮人が5、6人居る、けしからん、出せ」とギラギラ光る刃物を突きつけて怒鳴り込んで来る者もあった。〔略〕「何でも出せ、一息にやってしまう」と迫って来る〔なんとか守り通したが〕。

（『東京朝日新聞』1924年8月14日）

比嘉春潮〔**沖縄史家、エスペランティスト。当時改造社社員。芝の改造社で被災、自宅近くの原っぱに避難**〕

〔日時不明〕地震後の不安に加えて、朝鮮人が大挙して襲撃するという不穏なうわさが飛び、人びとの恐怖をかりたてていた。在郷軍人を中心に自警団が組織され、日本刀を差したのやら、竹槍をかついだ物騒なのがそこらを徘徊した。淀橋の原っぱでも自警団が出ていたが、ボーと鳴っている石油コンロが注意を惹くらしく、しきりにわれわれのまわりをウロウロする。饒平名〔智太郎〕君が腹を立てたと思え、近づいてきた自警団のひとりをつかまえると、下から顔を覗きこんで、「こいつ朝鮮人じゃないか」と冷やかした。朝鮮人はいないか、いないかと探し歩いているのをつかまえて逆手をとったので、相手はいっそう硬化してしまった。

幾日かたって、もう家で寝るようになったある夜半、私たちは自警団の突然の訪問に寝入りばなを叩き起こされた。出ろというから、私がまず玄関に出た。饒平名君も起き出してきて、黙って後ろにすわった。

「朝鮮人だろう」

「ちがう」

「ことばが少しちがうぞ」

「それはあたりまえだ。僕は沖縄の者だから君たちの東京弁とはちがうはずじゃないか」

押し問答をしているうちに、隣に間借りしていた上与那原という学生が出てきた。海軍軍医大佐で有名な人の弟で、沖縄にいたころアナーキスト・グループの中にいた人だ。彼も私の肩を持って、自分の知り合いの沖縄人だと弁明し、

「なにをいっているんだ。日清日露のたたかいに手柄を立てた沖縄人を朝鮮人と一緒にするとはなにごとだ」と、いかにも彼らしくまくし立てたが、そのことばも聞かばこそ。かえって、

「こいつも怪しいぞ」

とおどかされてすごすごひき下がっていった。

私はこれは危ないと思った。なにしろ相手は気が立っているからなにをされるかわかったものではない。そこで、

「そうか、それでは警察へ連れて行け。そこで白黒を決めようじゃないか」

と持ちかけた。自警団の連中の間から、そうだそうだという声が上がった。

それまで黙々と問答を聞いていた饒平名君、平良君、和木〔清三郎〕夫妻、私と、女

1人をまじえた5人はゆかたがけのまま、ぞろぞろと表へ出た。和木君というのは、あとで「三田文学」の編集者になった慶応出の人で、夫妻ともだれが見たってチャキチャキの江戸っ子であった。

私としては、淀橋署に奄美大島出身の巡査がいるのを知っていたから、ここで事が面倒になるより、署へ行った方が安全と思ったのだった。ところが、5人が引っぱっていかれたのは淀橋署ではなく、近くの交番だった。

淀橋町角筈（現在の西新宿）付近と思われる被災写真。木造だけでなくレンガ造りの家屋も倒壊した

交番でも、同じ問答のくり返しであった。ごたごたしているうちに、酒屋の親父とでもいったような腹のでっかい男が、

「ええ、面倒くさい。やっちまえ」

と怒鳴った。腰には不気味な日本刀をさしている。一瞬みなシーンとなった。ヒヤリとした時、早稲田の学帽をかぶった青年が、

「この人なら知っています。沖縄の人だ」

と叫んだ。私には見おぼえのない顔だった。彼はすぐ父親らしい男に、

「黙ってろ」

とどやしつけられた。

それでも、なんとかまあ淀橋署へ行くことになった。雨上がりの日で、泥んこ道だった。私ひとりだけ足駄をはいていて、ひときわ背が高かった。ぞろぞろと歩いているうちに、まわりをとり囲んでいた自警団のひとりが、

「おい、沖縄人なら空手を知っているぞ」

と叫んだかと思うと、2人の男がやっとばかり後ろから私の両脇を抱えた。和木君の細君は、

「ひどいわ、ひどいわ」

と抗議したが、私たちはそのままの姿で引き立てられて淀橋署に入った。

署へくればもう問題はない。丁重に扱われて、自警団も帰っていった。

〔略〕次から次へとデマが飛んだ。多摩川の方から200人の朝鮮人が攻めこんでくるとか、どこそこでは交戦状態であるとか、あるいは毒薬を井戸に投げこむ、石油をかけて家を焼くから気をつけろとかいって、人びとは疑心暗鬼に陥っていた。ある時は、私たちの近くの映画館で集会のあった時、誰かがこの中に朝鮮人がいると騒ぎだし、会合はとりやめになる、聴衆は一人ひとり調べられる、夜おそくまで、便所の中や天井うらまでいたるところ捜しまわるという有様だった。またある時は軍人を数人乗せたトラックが通り過ぎたら、あれは偽装した朝鮮人だということになり、そこら中の自警団が追っかけていって調べた。

〔略〕改造社では、地震直後の9月3日に目黒にあった山本〔実彦〕社長の家で、今後の雑誌発行について会議をひらいた。その時、このいわゆる「不逞鮮人」の騒ぎが大

きな話題になり、山本社長はもちろん、秋田忠義というドイツ帰りの評論家で相当教養もあり、視野の広かった人も襲撃を信じ込んでいた。そして、会議の最中に、神奈川との境の橋を、朝鮮人が200人ほど隊をなしてくるという噂が入り、会も解散ということになった。私たちが、線路伝いに1時間がかりで新宿までたどりつくと、今度はそこで、いま立ち去ったばかりの目黒では市街戦の最中だ、池袋でも暴動が起っているなどと聞かされた。

〔略。6日、場所不明〕町にはやはり自警団が出ていて、私のビール瓶を見ると、いきなり、ものもいわずに腕首を押えたりした。朝鮮人ではないか、石油を持ち歩いているのではないかと疑われたのである。私は冗談じゃないといって、水を飲んで見せなければならなかった。

(比嘉春潮『沖縄の歳月――自伝的回想から』中央公論社、1969年)

松田竹千代〔**政治家。西大久保で被災、すぐ淀橋の有隣園に戻る**〕

〔東京府臨時収容所の管理を任されて〕管理者として一番困ったのは、倉庫の一部に収容した約20人の朝鮮人で、最初は1日だけというのが、結局これが一番最後まで残ったことである。

〔略。有隣園の青年部が迷い子の救済にあたることになって〕この時、朝鮮人の迷い子を引き受けて問題になったことがある。主人が朝鮮人、妻が日本人、その3人の子供を迷い児で収容したのだが、付近の居住者からやかましく抗議を受けた。

「朝鮮人などを収容して、付近に火事でも出されたら、どうするのか」と、いうのである。憲兵隊に密告した者がいたとみえて、僕はこの件で憲兵隊に呼び出された。そこで僕は、朝鮮人だといっても、迷い児ではないか、僕は有隣園を10年経営してきて、多くの子供を見てきた経験があるから、絶対に責任を持つと言い切って、憲兵隊を納得させた。それで付近の居住者もおさまったが、人心の動揺しているときは、常識は後退して、矯激な考えや行動がとかく先行するものである。

(松田竹千代『無宿の足跡――わが青春の記』講談社、1968年)

間宮茂輔〔**作家。当時西大久保在住。神楽坂の「藝術社」で被災、翌朝自宅に戻る**〕

茂輔が、信じられないような光景を見るのは、春四郎〔父〕に代わって自警団に参加した夜である。

現役の陸軍大佐である春四郎は、在郷軍人会の会長にまつりあげられていたが、もともと軍人に不向きだった彼は、退役後無理やり押しつけられたその役柄をひどく億劫がっていて、たまたま家に戻った茂輔がいるのを幸いに、夜警の代役をさせたのであった。

茂輔が春四郎から日本刀をもって(ママ)夜警についたのは、朝鮮人の暴動が各所に起こっているという情報によったものである。

それでなくとも、不安と焦燥の念にさいなまれている人々の上に、「朝鮮人が井戸へ毒を投げこんでいる」「火をつけて廻っている」「暴動から街を守れ!」「朝鮮人を見たらその場で叩っ殺せ!」などという過激な情報が飛び交うと、もう町内はパニックに近い状態に追いこまれてしまっていた。

当時、震災直前に『日輪』を発表して一

躍文壇に登場してきた横光利一が、本郷でつかまり、どこへ行くのかと問われ、長泉寺と答えると、いきなり斬りかかってきたという。長泉寺を朝鮮人と聞き間違えられたのである。横光利一は長泉寺という寺に下宿していたのである。

まるで作り話を聞くようだが、それ程人々の気持は殺気立っていたのだろう。

1日、2日目までは茂輔も緊張してまんじりともしない夜を過ごしたが、何ごともなく過ぎていく夜が続くと、3日目あたりはさすがに馬鹿々々しくなって、バリケード代りに積み上げた土管の中で寝るようになった。

目をそむけるような光景が現出したのは、その3日目の夜だった。

1人のボロをまとったやせた青年が、角筈方面から追われながらやってくると、町角にいた自警団がいっせいに大声をあげて襲いかかったのである。

よろめくように逃げる青年めがけて、鉄や木の棒が滅多うちにふりおろされた。

土管の影から、茂輔は一部始終を見ていた。悪寒が全身を走り、足がふるえはじめた。恐ろしい光景であった。人間が人間を殺す光景は地獄を見ているようであった。

（間宮武『六頭目の馬――間宮茂輔の生涯』武蔵野書房、1994年）

吉村藤舟〔郷土史家。角筈新町の下宿で被災〕

〔2日〕私がほとんど葵橋にかかった時に、2丁目の方から来る沢山の群衆を見ました。中に荷物自動車も徐行していた。それには巡査の白服も見えた。私はただ事ではないと思っている間に、とうとうこれと赤玉屋というつちや足袋の代理店の前で顔を合せました。見ると群衆は棍棒、竹槍を振り上げていました。

「ええ、やっつけろ、殺せ」

そしててんでがののしっている。それを自動車の巡査が、「なぐるな、なぐるな」と、いって、半分は自動車から体軀を出して群衆を制していました。

その群衆の前には黙々として歩いている30前後の背の高い男がありました。白い詰襟に、頂辺をとがらせた夏帽を被って、群衆に追っ立てられていたが、ほとんど私は摺れ違った時に、後から出た棍棒が前の洋服男の頭に当った。と、思うと、次の棍棒が来たので男はそのまま仰向けに倒れた。それを見ると群衆が「ワッ」と一時に鬨を作った。何という凄惨な出来ごとでしょうか。これが然も大正聖代の今日であるとは、私は実に泣き出したい程の感傷的気分にさせられたので、後を見ないで走って家に帰ってきました。

〔略。2日夕、近所の〕2人が話している前を、3丁目の方から1台の荷物自動車が走って来ました。内には4、5人の巡査がいて、その横手に大きな包の上を白い布で被ぶせたものがありました。

「おや、もうやられちゃったのですね」

と、中村さんは一寸腰を浮かせてびっくらしたようにして話された。それで皆がその方へ眼をやりましたが、1丁目の角で消えてしまいました。私にはそれが人であったかどうか判りませんでした。

〔略。2日夜〕今夜も昨夜通り、無燈であるから、張り場は間なく（ママ）あやめも分かぬ闇となりました。そこへ1人の若い男が駆け込んで来ました。

「善ちゃんはいるかい、今ね、目黒（火薬

庫の所在地）に鮮人が300人から押しかけて来たそうだ。それで兵隊と衝突して一戦争が始めて（ママ）いるそうだよ。ここも瓦斯タンクがあるから危険さ、逃げなくともいいかい。町ではもうてんでに支度をしとるぜ」

こういったので、一同は俄に狼狽しはじめた。子供などはそれを聞いて、今にも来るように思って泣き出した。闇の張場は更に物凄さを増した。〔略〕もう町の若い者の中には、さしこを着て長い棍棒を持っているものもあれば、日本刀なんかさしているものもある。まるで今にも戦争が始まるかと云った有様である。〔略〕ふとん屋の前に来て往来の様子を見ようとした。そこでは中村さんが若い町の男2、3人を相手に

「ここのタンクは大丈夫だ、蟻の這入る隙もない程に固めてあるから、でも太い奴じゃアないか、あの上に乗ってたというから……」

「え、奴はとうとうつかまって滅茶々々にやられちゃった。3丁目の方は荒いからねー」

「そうですか、一つはタンクがあるというので、自然気がそうなるのでしょう」などと話し合っていた。

もう町は、あちらでもこちらでもビール箱だの、物置台などが持ち出されて、それに来て夜番をする町の男がそれぞれ頑張って、往来する避難民を一々誰何していた。そこへ3丁目の方から、

「水道部が危ない。裏を固めろ、奴等が13人逃げ込んじゃったから……」と、伝令が来た。

「そいつは大変だ、ここを誰か固めておくれ」若い男は出て行った。

「13人の中には女もいるそうだから」と、伝令は走って行く男の後から更にこういって呼びかけた。

「さァ大変だぞ、水道部に毒でも入れられたら。東京市民は全滅だ……」

中村さんもこういって、それを1丁目の自警団へ報告に行った。

（吉村藤舟『幻滅——関東震災記』泰山書房仮事務所、1923年）

『東京日日新聞』（1923年9月3日）

「不逞鮮人各所に放火し帝都に戒厳令を布く　300年の文化は一場のゆめ　ハカ場と化した大東京」

〔2日〕午後に至り市外淀橋のガスタンクに放火せんとする一団あるを見つけ辛うじて追い散らしてその1、2を逮捕したが、この外放火の現場を見つけ取り押え又は追い散らしたもの数知れず。

『報知新聞』（1923年10月22日）

「鮮人襲来を巡査が触回る」

現に2日夜から3日午後にかけて浅草、巣鴨、淀橋方面ではオートバイに乗った警官や在郷軍人等が「鮮人が襲来するから女子どもは早く安全地帯に避難し壮者は……」と駆け回り人心を不安の極に達せしめ一層騒ぎを大ならしめた。警視庁でも2日夜には鮮人の暴動を全然事実であると信じたものの如く、府下某署では、わざわざ神奈川県下に偵察隊を発し、その虚説である事を本庁に情報すると、一部幹部は色をなして報告の杜撰である事を叱咤した位であった。

淀橋警察署

9月2日午前10時頃「今回の火災は鮮人と主義者との放火に基因するものなり」と

の流言あり、鮮人に対する憎悪の念漸く長ぜんとするを以て本署は角筈町なる労友社に止宿せる鮮人5名と柏木町その他に居住せる数名とを保護検束したるに、同11時頃に至り、「早稲田に於て鮮人4名が放火せるを発見せしがその内2名は戸山ヶ原より大久保方面に遁入せり」との報告に接す、これに警戒及び捜査の為巡査5名を同方面に派遣せしが、幾もなく又「鮮人等が或は放火し、或は爆弾を投じ、或は毒薬を撒布す」の流言盛んに行われて鮮人の迫害随所に演ぜられ、これを本署に同行するものまた少なからず、本署即ちその軽挙を戒めたれども効果なく、更に午後6時頃「中野署管内字雑色方面より代々幡町方面に向いて不逞鮮人約200名襲撃中なり」「代々木上原の方面に於て鮮人60余名暴動を為しつつあり」と訴うるものあり。不取敢右10余名の署員を急行せしめたれどもいずれも訛伝に過ぎざりき。

しかも民衆のこれに備うるや戎・兇器を携えて濫に通行人を誰何し、甚しきは良民を傷け、警察に反するに至れるを以て、午後8時暴行者の取締及びその検挙と兇器の押収とに着手し、更に在郷軍人と協力して流言蜚語を誤信せざる様、戸別にこれを宣伝し、更に私服員をして流言者の内偵に従事せしめたり。かくて翌9日警視庁より自警団取締の達しありしが、その事項は本署の既に励行せる所なりき。当時最も粗暴の行動を恣にしたるは代々幡・代々木・富ヶ谷の各方面にして騒擾その極に達したれども、取締を厳にせる結果漸次平穏に赴きたり。

（『大正大震火災誌』警視庁、1925年）

新宿付近

阿坂卯一郎〔劇作家。当時中学校1年生。高円寺在住〕

「佐藤の奴が、朝鮮人をぶった切ったんだそうだ」「え?」「家にある日本刀を持ち出してよ」

〔略〕（後になって佐藤の父が壮士であることがわかった）。〔略〕ボクも朝鮮人騒ぎを知っている。朝鮮人が井戸に毒をもるといって、井戸の見まわりをさせられた。ボクらのところにはこなかったが、朝鮮人騒ぎは実際にあったと、新聞は報じている。この新宿近ぺんでは——佐藤の家は新宿の近くだった——朝鮮人が逃げたり追っかけられたりしたのだろう。朝鮮人の数は少く、追っかける住民の数は多く、衆をたのんでいる。そんな中に、子どもが出る幕があるのだろうか。もしあるとすると、出会いがしらに、日本刀を振り下すということはあるかもしれない。あってもその程度だ。やはり嘘くさい。

後日、佐藤が登校してきて、そのことを数人で聞いた。すると佐藤は「やったさ」と言った。「ほんとにやったのか」「まあな……」曖昧である。「はっきりしろよ」「一晩拘留食ったんだぞ」

ボクは拘留の意味がわからない。わかったのもいた。わかったのはそれで納得した。

（阿坂卯一郎『新宿駅が二つあった頃』第三文明社、1985年）

田鹿〔当時仙台逓信局書記〕

「不逞鮮人跳梁」

新宿付近まで行くと1名の巡査と自警団員10名ばかりで、鮮人5名を捕え半死半生の目に合せていたのに出あいましたが、その鮮人等は下谷方面にあった火薬庫が消失のおそれがあったので爆弾を数車に乗せ新宿の一民家に移しつつあるのを知りその爆弾を爆発せしめんとして投石しては逃げ投石しては逃げていたのが知れたのであるといっていた。それから少し進んで新宿駅に行くと電信隊の上等兵が指揮して自警団員数百名があたかも戦場にでも臨む様に日本刀及び村田銃を以て厳重に警戒しておりました。

(『東奥日報』1923年9月6日)

中西規策〔**当時成蹊小学校5年生**〕

僕の家の方では2日の夕方頃から○○人が火をつけたとか言いだしました。そして3日には300人せめて来るなんて言って来ました。僕はねていたので知りませんでしたが、あとできいたら西洋料理屋に火をつけようとしていたのを、みつかってにげて今度は自動車会社ににげ込んでつかまったそうです。それから停車場の火薬に火をつけようとしてつかまったのも3人あったそうです。それから新宿のガードでつかまった女はバットでぶたれて目がふくれて血が出ていたそうです。

(「○○人事件」成蹊小学校編『大震大火おもひでの記』成蹊小学校、1924年)

野村敏雄〔**作家**〕

朝鮮人の暴徒が大挙して横浜から東京へ来襲してくるとか、朝鮮人が巡査に変装して井戸の中へコレラ菌を投げ込んでいるとか、無政府主義者が不逞鮮人と手を組んで政府転覆の暴動をおこしたとか、火薬庫が爆破されたとかのデマが伝わり、方々で武装した市民や自警団が朝鮮人と見れば捕えて半殺しにあわせたり、惨殺したりした。こうして殺された朝鮮人は二千数百人にのぼったという。

「市民は戦々兢々(きょうきょう)の日夜を送らねばならなかった。政府は、関東一円の治安の維持を軍隊の力によって保ってもらった。町の人達も自衛の手段として町ごとにそれぞれ自警団を組織した。焼失を免れた各家からは、当番の人達が板囲いの仮小屋に、伝家の槍や刀を手に手に、たむろして日没から明け方まで交代で町内の警備にあたった」(わが町のあゆみ)

〔略〕シマの古老たちも「軍刀を持って朝鮮人を追っかけまわしているのを見た」「朝鮮人が暴れるとか何とかで、国粋会の手をかりて市川一家が一生懸命(自警を)やっていましたよ」「千駄ヶ谷で(朝鮮人と)疑われて、竹槍であぶなくやられるところだった」と、当時の怖ろしさを語っている。市川一家は旭町から出て新宿の顔役になった博徒市川三吉の一家で、身内や子分に日本刀や仕込杖、竹槍などを持たせて自警団を組織し、新宿の盛り場一帯の警戒に当ったのである。

(野村敏雄『新宿裏町三代記』青蛙房、1982年)

野村敏雄〔**作家**〕

このとき、町内の自警を超えて最も朝鮮人狩りに積極的だったのは博徒の石川組である。新宿を本拠に四谷、大木戸、淀橋、柏木、十二社(じゅうにそう)一帯の火事場を仕切る組長の石川勝久は、地廻りとして遊郭の旦那衆とつながり、一括移転のときも新宿大火のときも走狗(そうく)の働きをした。こんども遊郭街の自警を買って出たが、身内や子分に日本刀や仕込杖、竹槍などを持たせて、ことさら朝鮮人を追いかけ廻したのは、右翼の関東国粋会と結びついていたからである。

関東国粋会は〔略〕おりから醸成しつつある社会主義運動、労働運動を弾圧する暴力的前衛として主にスト破りに動員され、あるいは脅迫やテロを実行した。活動の中心は関東の顔役・梅津勘兵衛や佃政で、顧問に頭山満がなっている。朝鮮人狩りをやったのはデマに惑わされた民間の自警団だけではない。社会主義者や朝鮮人を目の仇にしていた警察や軍隊も彼等を迫害虐殺したのである。

（野村敏雄『葬送屋菊太郎――新宿史記別伝』青蛙房、1989年）

『山形民報』（1923年9月4日）

「軍隊と衝突　不逞鮮人2名射撃」

3日午前新宿方面に現れた約150名の労働者並に不逞鮮人の一団は軍隊と衝突して烈しい競合を演じたが、この元兇約20名は間もなく軍隊の手に逮捕され、鮮人2名は射殺された。

『弘前新聞』（1923年9月6日）

「最も新しい避難民の談」

不逞鮮人の跋扈（ばっこ）は甚（はなは）だしきものあり。現に新宿で放火した鮮人はたちまちにして捕えられ刺し殺されたのを見た。

杉並区

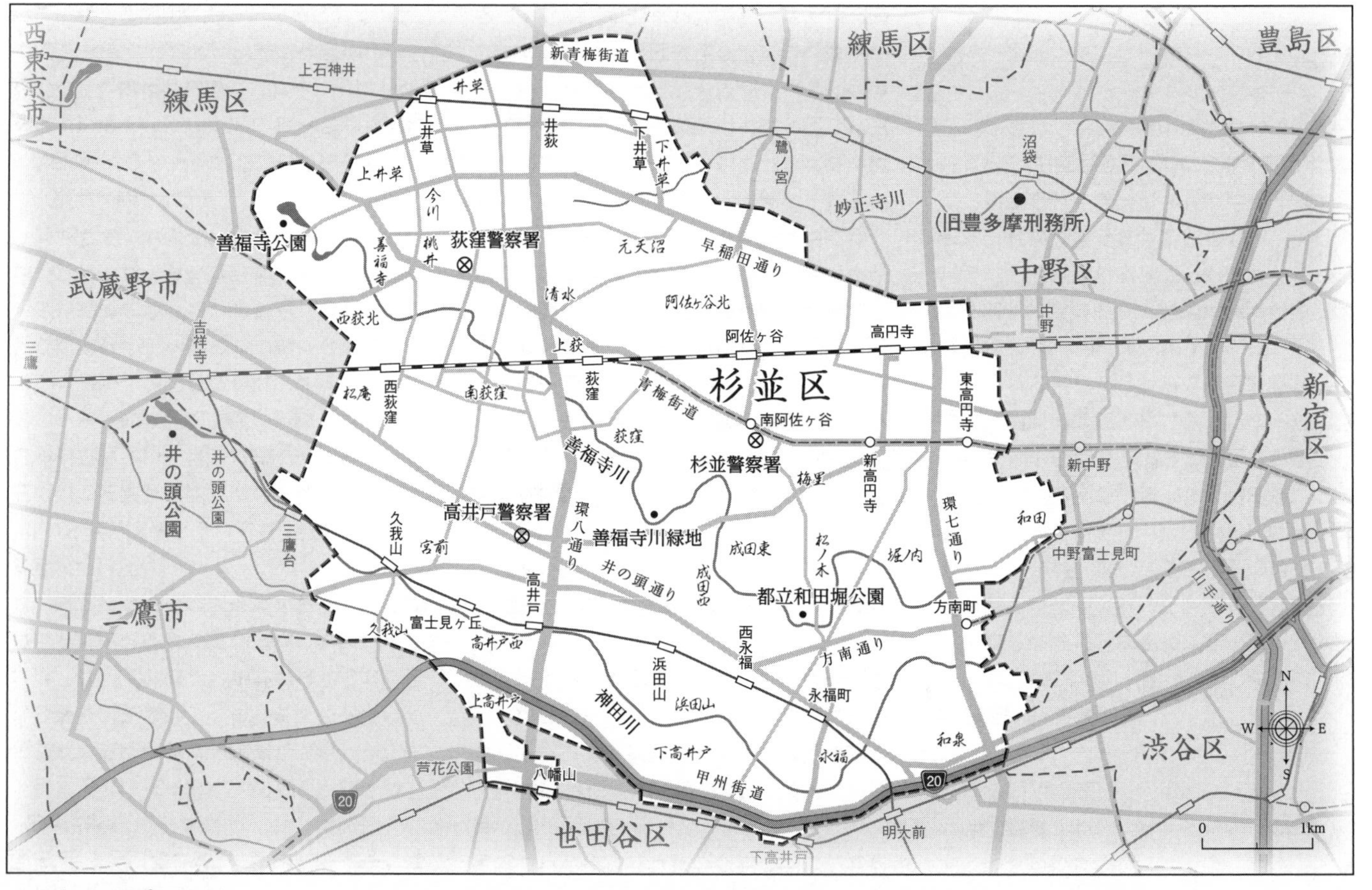

杉並区
練馬区
武蔵野市
三鷹市
西東京市
世田谷区
渋谷区
新宿区
中野区
豊島区
善福寺公園
井の頭公園
荻窪警察署
高井戸警察署
杉並警察署
善福寺川緑地
都立和田堀公園
(旧豊多摩刑務所)
善福寺川
神田川
妙正寺川
新青梅街道
早稲田通り
青梅街道
環八通り
井の頭通り
甲州街道
方南通り
環七通り
吉祥寺
西荻窪
荻窪
阿佐ヶ谷
高円寺
中野
上石神井
上井草
井荻
下井草
鷺ノ宮
沼袋
三鷹台
久我山
富士見ヶ丘
高井戸
浜田山
西永福
永福町
方南町
南阿佐ヶ谷
新高円寺
東高円寺
新中野
中野富士見町
八幡山
芦花公園
下高井戸
明大前
0
1km
N
S
E
W

阿坂卯一郎〔劇作家。当時中学校1年生。高円寺在住〕

翌日〔2日〕の夕方になって、一戸から一名代表が出るようにと召集がかかった。ボクの家は父がいないから、ボクが出ることになった。〔略〕はなしをはじめたのは、同じ住宅に住んでいる電灯会社の社員であった。集っているのは10人ほどであった。彼は興奮していた。

「この大地震をいいことに、朝鮮人が騒ぎ出した。情報が会社にもあった。このへんにもきっとくる。井戸に毒をもるのだそうだ。そこで自警団を組織して警戒にあたれという命令が役場からでた。今夜から2名ずつ交替で井戸を守ろうと思うのだが、どういう組み合わせにしますか」こういうはなしであった。ボクは朝鮮人のことなどさっぱりわからないが、井戸に毒をもられたら大変だと思った。

〔略〕1人のあまり見かけない大人が、ボクのところへよってきて、「君と組むことになった。今夜8時に迎えに行く」と言った。

〔略〕大人たちはわりと暢気な顔をしている。それとも迷惑に思っているのだろうか。興奮しているのは、電灯会社の社員だけである。

「もし、人影を見かけたら、大声出して触れ回ってくれ。包丁でも鎌でも武器を持ってとび出して行くから」と大声を出してどなっていた。8時になったら、その大人が迎えにきた。

（阿坂卯一郎『新宿駅が二つあった頃』第三文明社、1985年）

井口龍蔵

焼け出された人々が親類知人を頼って、目白通りや早稲田通りを着の身着のままでやかん1個位持って行くのを見ました。東京の余燼治まらず余震が続き、人心不安の内に朝鮮人が暴動を起こしたという流言が飛び、井戸に毒を入れて歩くなど誠しやかに伝わってくるのでますます不安な状態となり、自警団を組織して、日本刀や竹槍を持って道路の要所を固めました。井草と鷺ノ宮境の山に朝鮮人が現われたと聞いて山狩りをしたが何もいなかった。その内今度は豊多摩刑務所の囚人が全部逃げ略奪を始めたという伝令が来て、地震よりもこの騒ぎの方が恐ろしかった。

（井口龍蔵『井草のかたりぐさ――大正のころの八成』私家版、1986年）

井伏鱒二〔作家〕

〔7日、高円寺で〕大通りの四つ角には、鳶口を持った消防団員や六尺棒を持った警防団員が、3人4人ぐらいずつ立って見張をつづけていた。蟻の這い出る隙もないといった警戒ぶりである。高円寺の消防と中野の消防は互に連絡を取っている風で、自転車に乗った消防が中野の方に向って走って行き、それと反対の方に走って行く消防がいた。この人たちの着ている印半纏の赤い線が頼もしく見えた。〔略〕

阿佐ヶ谷駅はホームが崩れて駅舎が潰れていた。荻窪駅では線路の交叉している場所に、大きな深い角井戸があって、そのなかに鉄道の太い枕木が2本も3本も放り込まれていた。何かの呪ではないかと思われた。

（井伏鱒二『荻窪風土記』新潮社、1981年）

梅田鉎治〔当時27歳〕・内田秀五郎〔当時46歳〕・宇田川豊松〔当時22歳〕・大谷晴雄〔当時23歳〕

梅田：私共は在郷軍人ですから八幡様のあたりに脇差を持ってね、出たこともありましたね。〔略〕炊き出しをしてね。それからもう夜になると大騒ぎが始まる。大騒ぎやったんです。内田先生など日本刀を差して出てましたね。

内田：上の方から賊やなんか、避難民やなんか来るから用心しろっていうんでね。皆刀やなんか持ってそれこそ……。

梅田：われわれは鉄砲を持ってね、実弾を持ってね、皆歩いているんですからね。大騒ぎだったね。

宇田川：井戸に毒を撒くという騒ぎがあった。

大谷：震災では大分デマが飛んだようですね。

（杉並区教育委員会編『むかしの杉並――古老座談会』杉並区教育委員会、1970年）

江渡狄嶺〔思想家〕

〔下高井戸で〕その火は翌2日になって、益々、諸方に拡がった、それと同時に、不吉な流言蜚語が起った、それは、我が同胞の朝鮮人の上にであった、彼等は毒草を井中に投じ、石油を持って諸方に放火し、爆弾を携えて大建築物を破壊し、更に暴動を起して掠奪不義を敢行しつつありと、ソシテ、誰いうとなく、見付け次第、彼等不逞鮮人を殺すのだというささやきは、流言蜚語に迷わされて、ほとんど半狂乱になった人々の間に、ここにもそこにも聞かされた。

同じ日の夕方から夜にかけて、平和な武蔵野にも、この流言蜚語が迅速に伝って、不安の念は、全村の空気を圧した、恐怖に充ちた村々は、急に半鐘を乱打して人々を集め出した、人々は、棒、鳶口、竹槍、刀、鉄砲、思い思いに武装して、終夜大声を挙げてさけび合いながら、彼方に走り、此方に走りして、暗中に乱れて影を追う者の如くであった、この騒ぎに交って、幾度か、鉄砲の乱射する音も聞えた、半鐘は又その都度々々、はげしく打ち鳴らされた。

この騒擾不安の夜半、上半弦の月は、未だに恐ろしい火光が、都の空を真赤にしている上を、いつもとかわらず、何事もなきかのように、徐々と登り始めて、武蔵野一体を、青白い光に照らし亘した。

〔略〕夜が明けた、夜が明けてからの話を聞くと、私共のところから、西へ1里ばかりの烏山というところで、田畝中に、朝鮮人が14、5人も、重軽傷を負わされて、うめいているということであった、又、その翌日の昼頃には、私共の隣り村の正用というところで、2人の朝鮮人が、自動車から引きずり下ろされて、ドーかされたということを聞いた。〔略〕

（「狄嶺文庫」所蔵→『新修・杉並区史・上』杉並区、1982年）

金三奎〔当時法政大学に留学中〕

（2日の）明け方になって、韓〔晛相〕さん（金兄弟の郷里の先輩で、地震後の混乱の中、偶然九段で出会った人）の知合いが神楽坂にいるからというので、私たちはとりあえず、そこへ出向きました。一眠りして10時頃に起きると、朝食の仕度がしてありました。私と兄が食事をすませていると、そこの家の主人が、韓さんになにごとか耳打ちしているんです。たずねると、ここいらはどうも〝物騒だ〟というんですね。その時には、私も兄もなんのことだかわからなかったのですが、すでに朝鮮人迫害のうわさが伝わってきていたわけです。その家の主人は、中野の知人のところへ避難するようにすすめてくれました。礼をいって、とにかく表通りに出ると、ちょうど中野方面へ行くバスがあった。私たち3人はそれに飛び乗り、中野で降りました。あの当時、無我愛運動という宗教活動をしていた伊藤証信という人がおりました。この人が中野の自宅に無我苑という修養場を設けていたんです。私たちが避難するように勧められた場所がそこでした。伊藤さんは親切な方で、裏庭の一角にゴザを敷いてくれたので、私たちは、しばらくはそこで休息をとりました。私たちの他にも、ずいぶんたくさんの避難者がきていました。そのうちに、このあたりも〝危ない〟ということがわかってきました。〝朝鮮人狩り〟のことを私が知ったのは、実はこの時でした。それで、伊藤さんは、下高井戸に住む江渡狄嶺さんのところへ行くようにと……。あそこならば、君たちも安全だろうというのでした。

この江渡さんは本名を幸三郎といいますが、私の命の恩人です。皆さんはあるいはご承知ないかもしれませんが、江渡さんはトルストイ主義者で、東大を中途退学してしまった人です。お茶の水女子高師を出た関村ミキさんという女性と結婚し、武蔵野の下高井戸で百姓生活を送られた方です。〔略。2日〕夕方近くなって、私たち3人は下高井戸へ向いました。私も兄も手ぶらでしたが、韓さんには荷物が少しあった。それに棒を通して兄と韓さんが持ち、私はそのうしろからとぼとぼついていきました。田んぼのあぜ道を歩いていったんです。できる限り人のいない道を選んだからです。日がほとんど傾いた頃になって、やっと下高井戸に着きました。でも困ったことには、肝心の江渡さんの家がみつからないのです。そこは小川が流れていて、私たちが小さな橋を渡ろうとすると、〝どこへ行くんだ〟と、トビ口を手にした消防隊員たちから誰何されたのです。江渡狄嶺さんのところへ行きたいのですが、家がわからなくて困っているんです。そう答えると、消防隊員たちは急に親切になって、私たちを江渡さんの家まで案内してくれました。3人が朝鮮人だということを、たぶん彼らは気づかなかったのだと思います。

そんなふうにして、江渡さんの家にたどり着いた時分には、もうとっぷりと陽が落ち、あたりは真っ暗でした。伊藤証信さんの紹介ということもあったのでしょうか、江渡家では心よく私たちを迎え入れてくれました。その時には、江渡さん自身は子供の看病で出てこられず、奥さんが私たちを別棟のお堂に案内し、蒲団を敷き蚊帳をつってくれました。このお堂は〝可愛御堂〟といって、幼くして亡くなった長男を憐み、建立したものだということを、あとで聞きました。

私は床にはいったのですが、うつらうつらしていて、あれは何時頃だったでしょうか。夜もだいぶ更けた頃でした。突然、太鼓の音と鬨の声が起こり、あっちへ行った、こっちへ行ったと、大きなどよめきがあったのち、一発の銃声が響きました。追いつめられた同胞が、殺されたんだ。〔略〕その夜以来、私たち3人は奥の室に移され、江渡さんから、外出一切まかりならぬという厳命を受けました。〔略〕江渡さんの家にかくまわれたまま、3カ月がたち、〔略〕私自身は江渡さんのお蔭で、直接には恐ろしいおもいをしたことはありません。虐殺事件のことも、むしろあとで知らされたようなものでした。

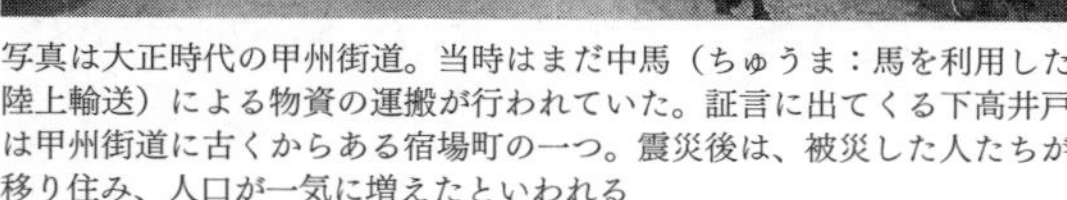

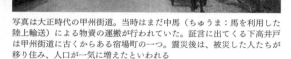

写真は大正時代の甲州街道。当時はまだ中馬（ちゅうま：馬を利用した陸上輸送）による物資の運搬が行われていた。証言に出てくる下高井戸は甲州街道に古くからある宿場町の一つ。震災後は、被災した人たちが移り住み、人口が一気に増えたといわれる

（金三奎「個人史の中の朝鮮と日本」『朝鮮と日本のあいだ』朝日新聞出版、1980年）

小松隆二〔**アナキズム研究家**〕

韓晛相（朴烈等の不逞社に加入）は、神田表神保町の平凡社で地震に遭遇。寄宿している西大久保に戻ることにした。たまたま途中の靖国神社で同郷の金敏奎・三奎兄弟に出会ったことで、その夜は3人で靖国神社で明かすことにした。翌日、3人で牛込の石田友治宅に立ち寄って、朝食をご馳走になった後、東中野の伊藤証信の無我苑に行くことにする。ところが、その9月2日を境に、朝鮮人に対する対応が急激に変化していく。それを読み取った伊藤夫妻は、無我苑は当局や自警団に狙われる危険性があるので、大事にいたる前に他に移り、一時身を隠すように、韓らにすすめ、東京府豊多摩郡高井戸村の江渡狄嶺を紹介する。東中野から江渡宅までは甲州街道を歩いて行くが、その晩、法政大学に学ぶ金兄弟は日本人と同じ学生服だったので、疑われることもなかろうと、そのままの格好で行くが、韓だけは手拭いでほうかむりをして顔を見られないように歩いた。ともかく無事に江渡宅に着くと、江渡は3人を快く受け入れてくれ、そこでほぼ1カ月程の間匿ってくれた。その結果、多くの同胞の犠牲をよそに、被害にあうこともなく、無事危険や混乱をくぐりぬけることが出来た。（もっとも、1カ月後に東京市内に戻った韓は、その2日目に朴烈・金子文子の大逆事件との結びつきを問われて検挙されてしまう。最終的には証拠不十分で予審免除となった）

（小松隆二『大正自由人物語――望月桂とその周辺』岩波書店、1988年）

尹克榮〔**音楽家。当時東洋音楽学校に留学中**〕

震災のあと、好奇心で都心はどうなったかと銀座あたりまで出かけて夜通し歩いた。2日にどの場所でか、握り飯配給の列に加わっていたところ、朝鮮人労働者が引きずり出されて殴られるのを目撃した。誰何されて日本語で答えられなかったのだ。その人が生きたか死んだかは分らない。こうした場面を度々見た。

帰り道では「朝鮮人が井戸に毒を入れて

日本人を殺す」「あらゆる犯罪をしている。朝鮮人を追い出せ」などの貼紙が、時間がたつにつれて増えていった。何カ所かで私も誰何(すいか)されたが、なれた日本語を使っていたからまぬがれることができた。

〔高円寺の〕下宿に戻ったが余震が続くため、何日か近くの留学生17人でかたまって竹林で野宿をしていた。中野には電信第一連隊があったが、ふいにそこから7、8人の兵士がやってきた。

「朝鮮人だろう、井戸に毒を入れたことがあるか」と尋問した。

「そんなことはしない」と言うと、嘘をつくなと2、3人が殴られ、下宿を捜査された。そのころの学生なら有島武郎の本1冊ぐらいは持っていたが、『惜しみなく愛は奪う』のタイトルが赤い字のため、「共産党だろう」と銃剣を突きつけられ、みんな電信隊に連行されてしまった。「保護」の名目で2、3日留置、調査されたのである。帰されても軍隊にいたほうが安全だったほど、周囲は物騒だった。

高円寺で友人たちと「どうせ殺されるのなら、1人殺して殺されるほうがよい」とまで話していたが、ある日1人の紳士が訪ねてきた。「すみません、玉と石を混同してしまいました。あなた方は留学生でもあるし、絶対そういうことはないと思いますが、民衆というものはそうではないものですから、了解してもらいたい。私たちが保護しますから安心してください」と言った。石とは朝鮮人労働者をさすのだろう。軍部からも、「これからはこういうことがないよう自分たちも努力するから、あまり誤解しないでくれ」と言ってきた。一番やられたのは労働者だ。

（関東大震災時に虐殺された朝鮮人の遺骨を発掘し追悼する会『韓国での聞き書き』1983年）

墨田区

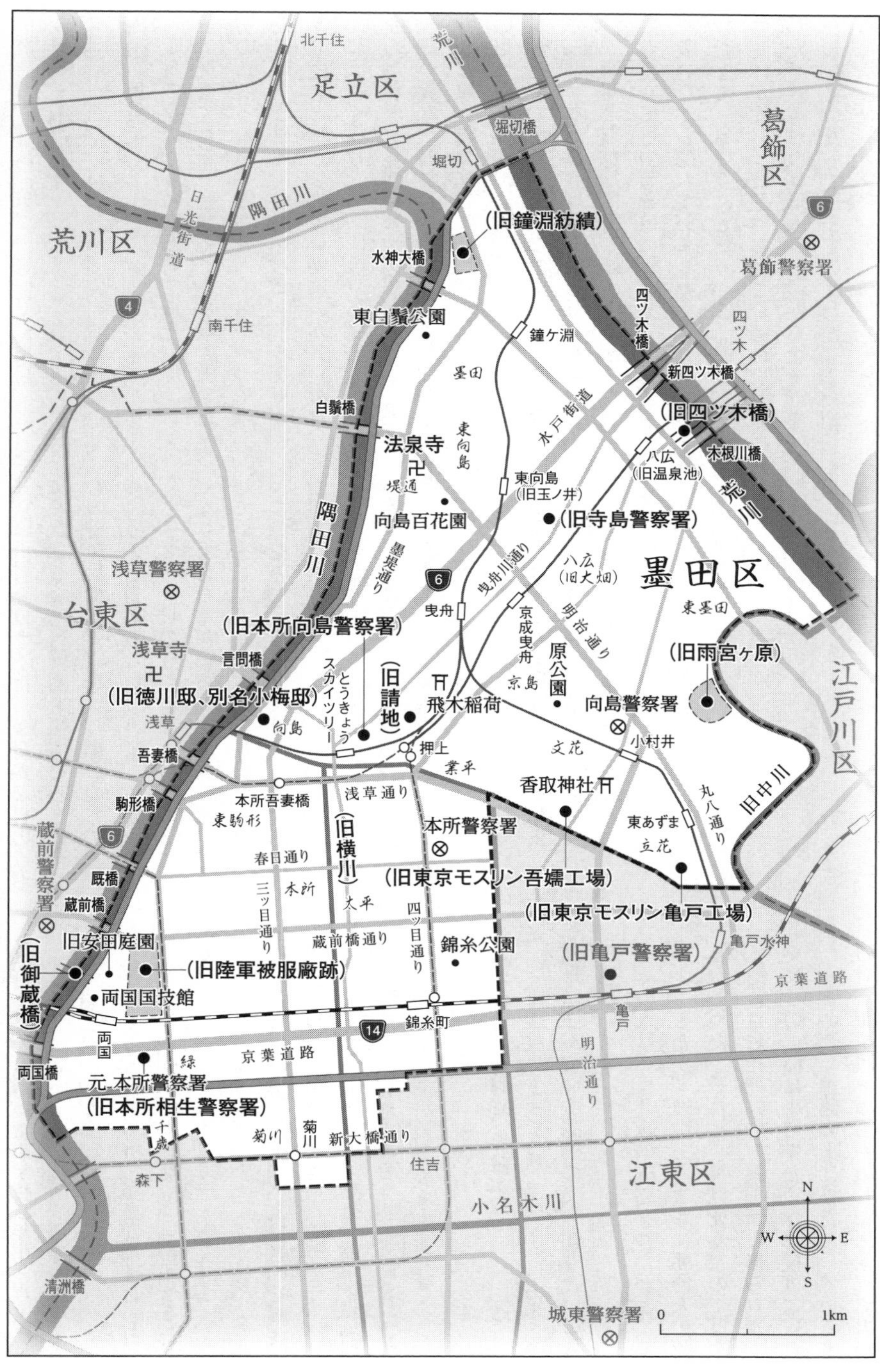

北千住
足立区
荒川
堀切橋
堀切
葛飾区
隅田川
日光街道
荒川区
(旧鐘淵紡績)
水神大橋
葛飾警察署
南千住
東白鬚公園
鐘ヶ淵
四ツ木橋
四ツ木
新四ツ木橋
墨田
白鬚橋
水戸街道
(旧四ツ木橋)
法泉寺
東向島
木根川橋
堤通
東向島
(旧玉ノ井)
八広
(旧温泉池)
向島百花園
(旧寺島警察署)
隅田川
墨堤通り
曳舟川通り
八広
(旧大畑)
墨田区
浅草警察署
曳舟
京成曳舟
明治通り
東墨田
台東区
(旧本所向島警察署)
原公園
(旧雨宮ヶ原)
浅草寺
言問橋
とうきょうスカイツリー
(旧請地)
京島
江戸川区
(旧徳川邸、別名小梅邸)
飛木稲荷
向島警察署
浅草
向島
押上
小村井
文花
吾妻橋
業平
香取神社
本所吾妻橋
浅草通り
丸八通り
旧中川
駒形橋
東駒形
(旧横川)
本所警察署
東あずま
立花
蔵前警察署
春日通り
厩橋
本所
太平
(旧東京モスリン吾嬬工場)
蔵前橋
三ツ目通り
四ツ目通り
(旧東京モスリン亀戸工場)
旧安田庭園
蔵前橋通り
錦糸公園
亀戸水神
(旧御蔵橋)
(旧陸軍被服廠跡)
(旧亀戸警察署)
両国国技館
京葉道路
亀戸
錦糸町
両国
緑
京葉道路
明治通り
両国橋
元 本所警察署
(旧本所相生警察署)
千歳
菊川
菊川
新大橋通り
住吉
森下
江東区
小名木川
N
W
E
S
清洲橋
城東警察署
0
1km

吾嬬・小村井

内田〔仮名〕

1日の夕方、5時か6時ころその原っぱ〔現・東あずま公園〕に通っている東武線の踏切のところに憲兵隊が3人くらいやって来た。憲兵隊は蓮田のなかにピストルをドカンドカンと撃ちこんで「朝鮮人が井戸のなかに薬物を投げた。かようなる朝鮮人は見たらば殺せ」と避難民に命令しました。〔略〕一般の我々が煽動したのではなく、煽動したのは憲兵隊です。これは私がはっきりこの目で見て知ってます。それでみんながいきりたって朝鮮の方がたを田んぼのあぜ道で……。本当にもう見ていられませんでした。朝鮮の方がたは田んぼの中の水のなかにもぐって竹の筒を口にくわえて上へ空気を吸いながら隠れていました。それも見つけだして、もうなんと言うか……。あぜ道に死体がずらっと並べられているのを見ました。殺された朝鮮人は普段からよく顔を合わせていたので知っていました。また朝鮮人は服がちがうからすぐわかりました。〔略〕自警団はすぐに、1日か2日のうちにできました。自警団を組織しろと命令したのも憲兵です。憲兵は、軍がのちにどうのこうのと言われないように、ことがすんだら、2、3日のうちにぱあっと消えてなくなりました。在郷軍人が憲兵に相当協力していました。在郷軍人は在郷軍人会に入っていたので、自警団には入りませんでした。

（関東大震災時に虐殺された朝鮮人の遺骨を発掘し追悼する会『風よ鳳仙花の歌をはこべ——関東大震災・朝鮮人虐殺から70年』教育史料出版会、1992年）

金山よし子〔当時横川尋常小学校6年生〕

〔3日、小村井へ〕行く道に、朝鮮人が（ママ）つなみだとおどかした人か、あっちにごろごろ死んでいました。

（東京市立横川尋常小学校『思ひ出』東京都復興記念館所蔵）

狩野大助〔当時尋常小学校2年生。押上駅近くの自宅で被災。請地を通り、東京モスリン吾嬬（あづま）工場（母が勤める）へ〕

〔1日の〕夕暮れあたり、暗さが増すにつれ、大人たちの間に何か殺気立った緊迫さを感じました。それはテロリストグループの怪情報で、あとでわかったことですが、各町内会ごとに合言葉を定め、自警団を編成、他人に対し警戒態勢を強めたそうです。

（「お月さまが赤く燃えていた」品川区環境開発部防災課『大地震に生きる——関東大震災体験記録集』品川区、1978年）

鈴木忠五〔裁判官、弁護士〕

〔4日に亀戸で聞いた話〕あくる日の午後、曳舟に住んでいる同郷の父と知り合いの人が見舞いにきてくれた。

その人は、東武線の線路をつたわってあるいてきたが、途中あちこちに朝鮮人の死体があった。それは、焼け死んだのではなく惨殺された死体で、腹を断ち断られたうえにその傷口に小石をたくさん投げこまれたままの姿で線路の上に横たわっているものや、顔や頭をめちゃめちゃにされて男か女かも分らなくなっているものなど、どう見ても大勢でよってたかって虐殺したものにちがいないと思った、とその人は話していた。

朝鮮人のあまり住んでいない滝野川でさえ、前に述べたように、1日の午後にはもう朝鮮人暴動の噂がとんで、人々は不安に駆られ自警団をつくったほどなので、朝鮮人の多く住んでいる地区では、そのような噂がいっそう大きく伝わり、人々を恐怖に怯えさせたのであろう。それにしても、いいかげんなデマを信じて、かえって日本人が集団で朝鮮人を虐殺するとは、なんということだろう、と、いまさらながら人間の野獣性の怖ろしさをしみじみと感じたことであった。

（鈴木忠五『青春回想記』矢沢書房、1980年）

高井としを〔**労働運動家。当時亀戸の裏町の炭屋の2階に夫・細井和喜蔵と住む。震災後、夜は東京モスリン工場裏手のハス池辺に避難**〕

3、4日目ころから、朝鮮の人をつかまえて小松川の方へ連れて行くのを見ました。朝鮮人が井戸に毒を入れたなぞといっているのをききました。在郷軍人だか右翼だか警官だか、その時はわかりませんでした。多い時には朝鮮の人を20人、30人ぐらいずつ麻のひもでじゅずつなぎにして、木刀や竹刀でなぐりながら、小松川の方へ連れて行くのを見ました。池のなかへ逃げこんだ朝鮮の人が、大きなハスの葉の下へもぐっているのを見て、ほんとうにお気の毒で言葉もでませんでした。見かねてにぎりめしと水を少しあげたら、手をあわせておがんでおられましたが、恐ろしいことでした。

（高井としを『わたしの「女工哀史」』岩波文庫、2015年）

千早野光枝〔**当時東京モスリン女工。1日の夜は工場の運動場で夜を過ごす**〕

〔1日〕火焔が四方の空に物凄い光りを映して燃えていました。その中、誰言うとなく津波が襲って来るの、××人が押し寄せて来たの、○○人が爆弾を持って皆殺しに来るのと恐ろしい事ばかり、一晩中安らかな心もなく脅やかされ通しで、あっちへ逃げこっちへ逃げして明してしまいました。翌る日はそれでも小さな握り飯を一つずつ貰って餓をしのぎました。〔略。2日〕その夜も津波騒ぎ、○○人騒ぎで脅やかされ通しです。

（震災共同基金会編『十一時五十八分――懸賞震災実話集』東京朝日新聞社、1930年）

山本〔**仮名**〕

小村井のあたりは全部田んぼで、家はぽつぽつある程度でした。

9月1日の夜から「朝鮮人が来るぞ」というようなうわさがとんだ。私たちは余震があるので、近くの土方さんの家の前に並べて置いてあった土を運ぶ大きな四角い箱のなかに入って寝ていたけど、朝鮮人のうわさを聞いて危ないからと、また家のなかに入って寝ました。

香取神社〔軍の大隊本部設置〕の祭のやぐらの下には、死体がいっぱい運びこまれて、むしろがかけてありました。

（関東大震災時に虐殺された朝鮮人の遺骨を発掘し追悼する会『風よ鳳仙花の歌をはこべ――関東大震災・朝鮮人虐殺から70年』教育史料出版会、1992年）

司法省「鮮人を殺傷したる事犯」

3日午後3時、吾嬬町大畑509道路で、森田吉右衛門が朝鮮人1名を木棒で殴打し殺害した。

（姜徳相・琴秉洞編『現代史資料6・関東大震災と朝鮮人』みすず書房、1963年）

『国民新聞』（1923年10月21日）

9月3日午後7時府下吾嬬町字大畑510番地先にて姓不詳の鮮人を撲殺した犯人同町大畑506車力森田吉右衛門（39）と判明令状執行さる。

雨宮ヶ原付近〔現・立花5丁目〕

K・N

吃りの日本人が、間違って殺されました。当時は「15銭」と言わせていましたが、つまって言えなかったんです。子供と女の人が泣いているので聞くと、そう言っていました。体に鉄砲の穴が空いていました。自警団がやったものです。

日本刀でメッタ切りに殺された人もいる。2、3人位だったら、いろんな所で殺されていましたよ。現向島署の前は昔は原っぱで、そこでも殺されていました。

（関東大震災時に虐殺された朝鮮人の遺骨を発掘し追悼する会『会報』第25号、1985年）

M

ふじ棚交番でも朝鮮人が1人殺されていました。学校〔第三吾嬬小学校〕のあった所では、ハリガネでゆわかれて殺されている朝鮮人もいました。

（関東大震災時に虐殺された朝鮮人の遺骨を発掘し追悼する会『聞き書き班まとめ』）

近藤源太郎〔当時24歳〕

向島警察の先、平井橋の近くに吾妻精工があり、左の方に雨宮の原があって、その「あまみや」の池の所でも朝鮮人がやられました。よく泳ぎに行った、汚い所でね。

平井橋の所でも随分やられたでしょ。吃りの人が殺されたのも雨宮の原です。人が飛び込んだと騒いでいました。宮田橋の左の方、吾妻精工があったあたりに料理屋（一杯飲み屋）があり、そのそばに自警団の詰め所があったんです。又、平井橋のそばにも自警団の詰め所がありました。

（関東大震災時に虐殺された朝鮮人の遺骨を発掘し追悼する会『会報』第27号、1985年）

鈴木〔仮名〕

9月1日は早く逃げて夜は雨宮ケ原という原っぱに行きました。東武線の小村井駅の近くの大きな蓮田で、東洋モスリン（東

自警団の詰め所がそばにあったといわれる平井橋

京モスリン亀戸工場と思われる）の女工さんたちも何千人だか全員避難していました。一般の人も避難していました。そのとき、朝鮮人騒ぎがあったんです。朝鮮人がモスリンの女工さんに絡まったとか、泥棒したとかいうデマが飛んで、朝鮮人狩りみたいなことが始まったんです。

朝鮮人も蓮田に逃げた。その蓮田で朝鮮人を竹槍で殺したんです。2人か3人殺されるのを見ました。蓮田で殺された1人は女の人で、この人をつかまえてきて殺すのを見ました。手をすって謝っているけど、皆いきりたってるからやっちゃうんだね。どぶの中をころがしたり、急所を竹槍で突き通したりして殺したのを見ました。現にそんなことをやったんだからね。ああいう奴はもう酷だなと思ったけれど、止めることも何もできませんでしたね。ただ茫然と私は見ていた状態なんです。

（関東大震災時に虐殺された朝鮮人の遺骨を発掘し追悼する会『風よ鳳仙花の歌をはこべ――関東大震災・朝鮮人虐殺から70年』教育史料出版会、1992年）

丸山マス子

〔2日夜、避難先の雨宮の原で〕嫌な夜へ間近い黄昏時でした。小屋へ入ると間もなく「女、子児は夜中外出をするな。一軒から1人ずつ自警に出よ」と、触れが回りました。壮年者のいない理由で、私達は許されましたが、その夜は一晩中、方々に起る鬨の声や、呼子の笛、駆け出す足音で、怯えた心はいやが上にも募って、生きた心地はありませんでした。

（震災共同基金会編『十一時五十八分――懸賞震災実話集』東京朝日新聞社、1930年）

宮沢〔仮名〕

私たちは最初、いまの錦糸公園のところの原っぱに逃げ、亀戸天神まで行きましたが、火の粉が飛んでくるのでおおぜいの人たちと小村井の雨宮ケ原に逃げていきました。

〔略〕1日の真夜中に朝鮮人騒ぎがありましたよ。「オーイ、オーイ」と呼びあって、逃げないように取り囲み、丸太ん棒や鉄棒で殴り殺していました。まだ死なないと魚屋の若い人がまたいで出刃包丁で胸のところからちんぽのところまで裂いてしまい、木の棒などで腹わたをえぐり出していた。

〔略〕そのことは父親から聞いたんです。

〔略〕雨宮の原っぱでは朝になると水ぶくれになった死体が荒縄で縛られ、ほっぽり投げられていました。2、3人殺されていました。焼けているほうからはドカーンドカーンと大きな音がして、それは朝鮮人が爆弾を投げたんだと騒いだりしていました。

（関東大震災時に虐殺された朝鮮人の遺骨を発掘し追悼する会『風よ鳳仙花の歌をはこべ――関東大震災・朝鮮人虐殺から70年』教育史料出版会、1992年）

吉河光貞〔検察官〕

2日午後7時頃亀戸警察署に避難民風の男と在郷軍人の提燈を掲げた男が出頭し、「自分達は避難者であるが、自分達の避難場所から約10間位離れた雨宮ヶ原には、鮮人が40～50名集まって朝鮮語で良く判らぬが、何か悪事を相談している模様である。危険であるから早速保護してもらいたい」という申出をした。そこで同警察署勤務の警部補が右2名の男と同道して亀戸停車場に赴き、同所に駐屯中の軍隊にこの申出を通じるや、軍隊においては時を移さず、某中尉が26名の兵卒を引率して雨宮ヶ原に向うこととなった。
　あたかもこの時該軍隊に対し、戒厳本部から左の如き命令があったと伝えられている。即ちその命令は、唯今不逞鮮人約200名多摩川溝之口村方面より襲来し、煙草屋を襲撃しつつあり、目下討伐隊派遣中、軍隊は一層緊張せよとの趣旨であったとのことである。かかる命令があったという事実が伝えられるや、前記の如き「鮮人は悪い奴である」との風説に点火してたちまち不逞鮮人襲来の流言となり、江東方面一帯は同日午後7、8時頃、この種流言を以って蔽われるに至った。
（吉河光貞『関東大震災の治安回顧』法務府特別審査局、1949年）

請地・押上・横川

内田良平〔政治活動家〕
　1日夜9時頃向島請地稲荷神社の側にて鮮人2名群衆に追い詰められ居合わしたる避難民も群衆と共に協力してこれを捕えんとしたるに〔略〕その1人は遂に逸走したり。
（内田良平『震災善後の経綸に就て』1923年→姜徳相・琴秉洞編『現代史資料6・関東大震災と朝鮮人』みすず書房、1963年）

戸沢仁三郎〔社会運動家、生協運動家〕
〔前夜、兵士を交えた亀戸署の逮捕をのがれて、5日朝〕請地を横切りました際、ここでついに昨日自警団の立話を現実に見せつけられてしまいました。それは、池をとりまく人たちが兇器を手にし、喚声をあげていました。もう朝からこんなことをやっているのです。私は急ぎ足でそばを通過しました。いうまでもなく、それは朝鮮人を池へ追い込み、手を合わせて助けを乞う者を惨殺するのです。
（「純労働組合と大震災」『労働運動史研究』1963年7月「震災40周年号」、労働旬報社）

宮沢ゲン
〔1日12時半頃、押上橋近くから舟で吾嬬町へ。徒歩で京成電車の線路上を歩き、線路上で2昼夜過ごす。「山」「川」の合言葉を聞く〕私は警察官など公の人からそんな話〔流言〕を聞いたことはありませんでした。ただ当日、押上橋から舟に乗るときに、小松川、亀戸付近の朝鮮人が襲ってくるなどと言っている人がおりましたから、随分早いうちの流言だったと思います。
（目白警察署編『関東大震災を語る――私の体験から』目白警察署、1977年）

司法省「鮮人を殺傷したる事犯」
　4日午前12時、吾嬬町請地飛木稲荷神社附近で、池田安太郎外3名が朝鮮人2名を鉞、鉄棒、木刀で殴打殺害した。
（姜徳相・琴秉洞編『現代史資料6・関東大震災と朝鮮人』みすず書房、1963年）

『東京日日新聞』（1924年9月17日）
「請地の鮮人殺しは無罪」
府下吾嬬町請地116素封家横山金之助(30)、外木造直七(41)、永澤八郎(21)、橋本徳二郎(42)、池田康太郎(29)の5名は昨年9月5日吾嬬請地飛木稲荷踏切りで鮮人崔先外2名を斧にて殺害した嫌疑で亀戸署に検挙され殺人罪として東京地方裁判所で審理中の所、16日午前10時同裁判所刑事1部久保裁判長永井検事立会で公判に付せられ証拠不十分で5名とも無罪の判決を言い渡された。

『東京朝日新聞』（1923年10月7日）

「白昼抜刀を提げて横行　物凄かった亀戸の一帯」

亀戸、大島、小松川、寺島方面で掠奪殺傷が演ぜられ殊に不良の自警団の一味は本所区横川町日本醋酸株式会社工場の○○職工多数を殺害したのを初め〔略〕。

『報知新聞』（1923年10月20日）

「暴動の協議中に殺された30名」

朝鮮人労働者は〔略〕震災直後1日午後1時府下吾嬬(あづま)町請地に集合〔略〕激昂せる付近住民が襲撃して三十余名の鮮人悉(ことごと)く撲殺した事実あり関係住民は厳重取調べをうけている。

旧御蔵橋・安田庭園

御蔵橋は旧御竹蔵の入堀に架された小さな木橋だったが、1931年に鋼桁橋になり、現在は跡を示す史跡板があるだけである。それでも橋のあった場所は道路が隆起しているのでわかりやすい。すぐ北に安田庭園・両国公会堂・横網町公園があり、道路をはさんで看板の反対側には両国国技館がある。

安田庭園は江戸時代に作られ、1889年に安田善次郎が所有、1922年に東京市に寄付された。庭園の北端に本所（両国）公会堂があるが、現在は使われていない。

篠原京子〔当時11歳〕

朝鮮の人が殺されるのを見たのは3日の日でした。父をさがして被服廠のとなりの安田公園という、いまは本所公会堂になっているのかしら、そこを斜めに通ったところに川があった。隅田川に流れ込んでいるその川に橋があるんです。おくら橋とかみくら橋とかいいましたね。その橋のたもとなんです。

そこに来たとき、「国に妻子がいて、私は何もしていないんだ。日本でこうやってまじめに働いているんだ」って下手な日本語でしきりにあやまっている朝鮮人の声を聞いたんです。それでひょいと見たらテントの下に印半てんを着ている10人くらいの人が血を流しながら「うんうん」うなっているんですよ。

印半てんは、労務者なんかほら、昔よく着ていたでしょう。日本の人も朝鮮の人でも働いている人はね。両親が「見るんじゃない」「見るんじゃない」といったんですけれど、目をはなせなかったですよ。私の考えでは、薪かなにかで相当ぶたれ、いためつけられていてもう半殺しになっていました。テントの中では、「パピプペポといえ」とか、なにか調べていたらしいです。

その半殺しの人を川べりにむりやりひきずってくるんです。その人たちは抵抗するんですけれど、もう抵抗する力もなくて、薪でおこした火の上に4人か5人の男の人が、朝鮮人の手と足が大の字になるように、動かないようにもって下から燃やしているんですよ。火あぶりですよね。焼かれると皮膚が茶褐色になるんです。だから焼かれている朝鮮人は悲鳴をあげるんですがもう弱っている悲鳴でした。そして殺した朝鮮の人が次々に川に放りこまれているのです。

　それをやっていた人はね、おそらく普通一般の人ではないと思うんです。自警団というか在郷軍人かなんかいっちゃ悪いんだけど、戦争がすきな戦争になんか関係のあるような、そういうつながりのあるような人と思うんですよ。普通、警防団の人が着るようなしたくだったと思います。

〔略〕私は終わりまで見ませんでしたが、〔知り合いの〕おじさんが全部見てたら13人とか14人とかその場で殺したのを見たって、母にいったらしいですよ。

（日朝協会豊島支部編『民族の棘――関東大震災と朝鮮人虐殺の記録』日朝協会豊島支部、1973年）

成瀬勝〔当時20歳〕

5日の日であった。「朝鮮人が来た」と言うので早速飛び出して見れば、5、6人の朝鮮人が後手に針金にて縛られて、御蔵橋の所につれ来たりて、木に繋ぎて、種々の事を聞けども少しも話さず、下むきいるので、通りがかりの者どもが我も我もと押し寄せ来たりて、「親の敵、子供の敵」等と言いて、持ちいる金棒にて所かまわず打ち下すので、頭、手、足砕け、四方に鮮血し、何時(いつ)しか死して行く。

　死せし者は隅田川にと投げ込む。その物凄さ如何ばかり。我同胞が尼港(にこう)にて残虐に遭いしもかくやと思いたり。ああ無慙なるかな。中には良き人もありしに、これも天災の為にて致方なし。

　後にて聞けば、朝鮮人の致せし事は少なく、我が日本の社会主義者の者どもがやりしと言う。（1924年9月1日記）

（成瀬勝著、成瀬嘉一編『大震災の思い出』私家版、2000年）

野上彌生子〔作家〕

　どうかとおもっていた河島さんが10日すぎにひょっくりたずねて来た時にはびっくらした。〔略〕河島さんは少し亢奮していたけれども、それでもよくいろいろ話した。

　力士たちと炊き出しをしたことの、被服廠に3度も行って見たことの、3日もたって、半焦げになった人間が、一心でふらふらと立ち上がって歩き出すということだの。水をくれ、水をくれといっても水のないこと、3日目の雨が彼等の末期の水となったろうという話、また鮮人を殺ろした血でおみくら橋の下の水が赤くなって、足さ

1955～65年代の東洋紡績工場と北十間川。震災当時は『女工哀史』で知られる東京モスリン工場だった。現在は文花団地になっている

え洗われなかったという話。

（野上彌生子『野上彌生子日記——震災前後』岩波書店、1984年）

増田マツ〔当時13歳〕

木下川近辺に住んでいた朝鮮人は革屋に働いていた人が多かった。朝鮮人はまじめでいい人ばかりだった。朝鮮や支那の人を木下川では大切にした。だから朝鮮人はどこへも行かなかった。そういう罪もない人を殺してかわいそうだ。

父が押上の泉工場の職長で朝鮮人を2人使っていた。その朝鮮人が追いかけられて十間橋から北十間川に飛び込んで水のなかに2日間つかってかくれていた。それで痔になってしまったらしく「アッパ！　アッパ！」（痛い！　痛い！）と言って父の家に逃げてきた。父は「おやじさん」と呼ばれていた。風呂は焚けないので父はその朝鮮人のお尻を洗って暖めてやった。その後その朝鮮人は父が服をやって朝鮮に帰ったという。

（関東大震災時に虐殺された朝鮮人の遺骨を発掘し追悼する会『風よ鳳仙花の歌をはこべ——関東大震災・朝鮮人虐殺から70年』教育史料出版会、1992年）

湊七良〔労働運動家〕

〔4日頃〕安田邸の下流100メートルほどの隅田川岸で、針金で縛した鮮人を河に投げては石やビール瓶などを放っている。それが頭や顔に当ると、パッと血潮が吹き上がる。またたくうちに河水が朱に染まって、血の河となった。

罪なき者を！　罪なき者!!　と悲痛な叫び声が今でも耳朶に残っている。これをやっているのが、理性を失った在郷軍人団の連中であった。

それから目と鼻の先に安田邸の焼跡がある。川に面した西門と横川の南門とがそのままに保たれていた。その南門のところに、〔略〕5、6人の鮮人が、例のごとく針金でゆわえつけられ、石油をぶっかけて火をつけられている。生きながらの焚殺だ。〔略〕現実に見たのはこのときが初めてだ。人数も5、6人と書いたが、勘定しているゆとりなどない。それにこの人達は半死半生の態で気力を失っていたのか、それとも覚悟していたのか、隅田川に投げ込まれた人々のようにひとことの叫びもしなかった。ただ顔をそむけて去る私の背後にウウッ!!といううめきの声が、来ただけだ。

（「その日の江東地区」『労働運動史研究』1963年7月「震災40周年記念号」、労働旬報社）

『萬朝報』（1923年10月23日）

「殺された請負師　鮮人を連れて焼跡へ帰る途中両国付近の自警団に」

神田区錦町3の20土木建築請負師渡邊武(31)は去月1日、焼跡片付けのため、府下南葛飾郡平井村の自己の工事場に使用している鮮人21名と日本人2名を引きつれて神田に帰る途中、3日午前7時頃、両国橋付近小ぐらの渡に差しかかると同所を固めていた自警団のために散々乱打され、武外数名は殺害された。

武の実弟喜代巳はそれとも知らず、本月1日東京憲兵隊に捜査方を願い出たので麹町分隊で取調べた所、武等は全く殺されたると判明喜代巳にその旨を知らせがあったので喜代巳はこの程東京裁判所検事局に訴え出た。

鐘ヶ淵周辺

江原貞義

〔2日夜〕枕橋は既に落ち東武橋を渡って寺島村に入るその時大島町、亀戸は盛んに燃えていた。白鬚に出て鐘紡の工場の所まで行くと最早夜の8、9時の頃だったろう。ここで野宿をすることにして桜の木の下にモーフを引いて一同はねた。

余りの騒ぎにフト眼を醒ますと「この水の具合では来るよ、イヤ来るもんか――」と十数人の工場の人と役場の提灯を持った人達が大騒ぎをしている。海嘯の騒ぎであることを知った。

こうした騒ぎをしている間に鮮人に強迫される――と土堤づたいに遁げくる人達が沢山いる。それ若者行け！ と竹槍を持った若者が20～30人飛んで行く、ピストルを乱射する音がきこえる、ここかしこにトキの声が上る。さながら戦場の様な騒ぎ。父も義兄も姉も一同が「ここまで遁れてきて鮮人のために命をとられるのは残念だ」といっていた。倉庫に火をつけていたところを捕えてきたと堂々たる紳士の鮮人を自警団の5、6人が護衛してくる、2人3人、9人と一網にしてつかまえてくる。

刺し殺せ！ と誰かがいう、ヤレヤレという声がすると鮮人の身体に穴ボコが出来る、何等手向うことなく彼らは死んで行く。如何に鮮人とはいえ、如何なる故あるか知れないが人類相愛から見れば暴に報いるに暴、血に報いるに血を以てせざる態度はまた尊くも思われた。

丁度真夜中の3時頃だったろう、こうした恐々たる所には長くもいられないので、一刻も早く安穏の地へと密行自警団の強者5、6人に護衛されて千住の町へと入った。梅島村に入ると小菅の囚人が逃げ出して狼藉をするというのでここもまた在郷軍人、青年団の人達が竹槍姿で隈なく警戒していた。

〔略。3日、埼玉の田舎で〕時しも鮮人の襲来というので警鐘乱打されて人心は戦々兢々としている、私達一行が寺橋という所まで来ると早速と誰何された。「日本人です」と丁寧に返答すれば、さすがは田舎の人達である、「失礼しました」と丁寧なものである。（1923年9月25日記）

（『若人』第4巻第10号、1923年11月「大震災記念号」、時友仙治郎）

大木□□子〔当時横川尋常小学校児童〕

〔2日夜、鐘ヶ淵の荒川土手で〕「もし事変があったら半鐘を打つから注意をして下さい」と男の人が言った。〔略〕1時間位たつと「つなみだ、つなみだ」と言って来たので、又も騒所ではない。「わあ、わあ、わあ」声ばかりしていて、人の顔が見えないので、何となく心細かった。やがて「つなみだ、つなみだ」も終って静かになった。又間もなく「朝鮮人があばれて来たから立退け」と言う通知があったので、又悲しい思いをして危ないがけの様な所から下りてどこだか知らない他の人の家へ行ってねかして貰って、明日になってから請地の家へ行ったところが、家は斜面に傾いていて、地震のある度毎に心をくだいていた。

（「悲しい一命をなくし損なった」東京市立横川尋常小学校『思ひ出』東京都復興記念館所蔵）

小宮寛〔当時23歳。本所石原町で被災〕

〔伝馬船を乗り継いで避難し、2日の明け方向島に上陸〕向島の家にもいられないんです。その流言蜚語のために。焼け残りのあの辺が最も激しい、井戸に毒を入れたとか、宮城に攻め込んだとかね。それと、津波がくるとか。鐘渕の方はまだスキがあった。その流言蜚語でみなさんが武装しちゃってね。標準語のできない人は、大変なんですよ。「日本人じゃない」「やっちゃえ」。

（『江戸東京博物館調査報告書第10巻・関東大震災と安政江戸地震』江戸東京博物館、2000年）

高橋俊男〔当時10歳。隅田村水神裏で被災〕

〔日時不明〕「朝鮮人が暴動を起して井戸へ毒薬を投込んだそうだ」「役場の庭に朝鮮人が老若男女、数珠つなぎにつながれている」「白鬚橋の上から日本刀で一寸刻みに切られて大川へ蹴落された」「水神の芦ッ原の中に隠れたらしいから機関銃を借りてきて掃射しろ」……等々の噂が私の耳にも入った。

（高橋俊男『職場遍路』ふだん記全国グループ、1977年）

田幡藤四郎〔当時寺島警察署管内隅田交番勤務〕

〔寺島署から〕9月2日には自分の交番に帰った。このときにはもう騒ぎはおさまりがつかない。流言蜚語で住民が極限状態になってるんだ。〔略〕交番にずっといた相棒の巡査は流言を信じこんでいて、自分で朝鮮人を引っ張ってくる。そしてこれを持っていたからって、役者が持つような刀を見せるんだ。「こんなもの切れるわけじゃない。おもちゃじゃないか」って言っても、「とんでもない、刺せば切れる。お前は朝鮮人の味方か」って夢中になってる。

〔略。その朝鮮人を寺島警察署に連れて行く途中で〕いつのまにか鳶口を持ったりなんかして、あっちからもこっちからも集まってくる。〔略〕まわりを取りかこんで、一間もある鳶口でやられるでしょ。だから防ぎようがないんだよ。引っ掛けられて引っ張られて、結局死んじゃった。

（関東大震災時に虐殺された朝鮮人の遺骨を発掘し追悼する会『風よ鳳仙花の歌をはこべ——関東大震災・朝鮮人虐殺から70年』教育史料出版会、1992年）

坪田精一〔当時堤通在住〕

父親は、震災時33歳。終戦直後、父親の下に1人の朝鮮人が訪ねて来た。「お父さんに、震災の時、1週間押入れに匿ってもらった」「町角で、顔をジロジロ見られ、いろいろ尋問された」と言っていた。私は事の意味がよくわからなかった。しかし気になっていた。

（関東大震災時に虐殺された朝鮮人の遺骨を発掘し追悼する会『会報』第74号、1995年）

福島善太郎

5日の午後、向島にあった鐘紡の向島工場の正門前を通ったとき、門をはいった広場に500～600人の朝鮮人が収容されていた。ひとびとにきくと、あまりにも朝鮮人にたいする虐殺がひどいので、保護収容しているのだとのことだった。私はなにかしらホッとしたことを憶えている。そしていままでも、それが本当に保護収容だったと信じている。

（日朝協会豊島支部編『民族の棘――関東大震災と朝鮮人虐殺の記録』日朝協会豊島支部、1973年）

真泉光隆〔**木母寺住職**〕

当時、木母寺（もくぼじ）にはポンプ井戸があって、焼け出された人が水を汲みにきていた。井戸に毒を入れるという噂で、夜は井戸に木の箱をかぶせて鍵をかけていた。警察からお互いに警備しろと言われていた。寺の裏の空き地に、自警団に追われて朝鮮人が逃げてきたこともあった。

木母寺に白い服を着ていた人がいたが、朝鮮人とまちがえられて危うくやられるところだった。お寺のまわりの自警団の人たちは夜が明けるころにはいなくなった。逃げてきた人がどうなったのかはわからない。日にちもはっきりしない。

（関東大震災時に虐殺された朝鮮人の遺骨を発掘し追悼する会『会報』第75号、1996年）

司法省「鮮人を殺傷したる事犯」

3日午後12時、隅田町大倉牧場附近で、高安芳太郎外1名が朝鮮人1名を日本刀で殺害した。

（姜徳相・琴秉洞編『現代史資料6・関東大震災と朝鮮人』みすず書房、1963年）

『国民新聞』（1923年10月21日）

9月3日午後6時頃府下南葛飾郡隅田町に於て鮮人金今劉（キムグムニュ）（27）を日本刀を以て重傷を負わした犯人は府下隅田町字隅田279大工職高澤芳太郎（38）と判明令状を執行され収監。

菊川橋・錦糸町・亀沢

菊川橋は大横川にかかる新大橋通りの橋。錦糸堀は錦糸町駅北側で、現在の北斎通りに面していた。

震災当時、菊川橋の一帯は火災にのまれ多くの死者を出した。錦糸町付近も焼失した。ここから火災に追われた人々が東（亀戸方面）へと逃げていった。

I・S

菊川橋のたもとにずっと朝鮮人が殺されていた。〔略〕針金でうしろ手に縛られ都電の焼けて曲がった線路をしょわされてすわらされていたり、錦糸町でも、小名木川の水が真赤になる位だった。

（関東大震災時に虐殺された朝鮮人の遺骨を発掘し追悼する会『会報』第30号、1985年）

金学文（キムハンムン）

10日ほど過ぎて、私たち朝鮮人労働者4人は死体処理にかり出されました。めいめい腕章をつけさせられ前後を数名の日本人に取り囲まれて、江東の砂町方面にいきました。

錦糸堀には相愛会の建物があって、その付近には「コジキ宿」といって、貧しい労働者の宿が多く、土方をしていた全羅道出身の同胞が多く住んでいました。これらの人々はほとんど殺されたようでした。

私達が処理した死体には、火にあって死んだ人やトビ口や刃物で殺された人がありましたが、両者ははっきり区別されます。虐殺された人は、身なりや体つきで同胞であることが直感的にわかるばかりでなく、傷を見れば誰にでもすぐ見分けがつきました。小さな子供まで、殺されていました。

あの頃のことを思うと今でも気が遠くなりそうです。

（朝鮮大学校編『関東大震災における朝鮮人虐殺の真相と実態』朝鮮大学校、1963年）

陳福興（チェンフーシン）

3日昼、〔大島〕6丁目157番地から3丁目共済会を経て〔略〕道で3人の同郷人が打たれているのを見た。錦糸堀鉄橋のあたりでまた2人の中国人労働者が陸軍に連れ去られるのを見た。頭部は鮮血淋漓。〔略〕菊川橋のあたりで道傍に2人の中国服の死体が血だまりの中にころがっているのを見た。両手は針金でしばられている。

（『時報』1923年10月18日→仁木ふみ子『関東大震災中国人大虐殺』（岩波ブックレットNo.217）岩波書店、1991年）

海上交通の要衝であった「錦糸堀」も、震災により甚大な被害を受けた。錦糸堀には材木問屋が多かったため掘割には材木が散乱。付近には貧しい労働者や朝鮮人が多く居住していた

原田静郎

不逞鮮人の兇暴説により極度に昂奮せる罹災民は、東京にて有名なる「モスリン」会社の焼失が、1千500円の懸賞にて鮮人の手に依り放火せられたりとの噂あるや、市民の憤慨一層甚しく、以来朝鮮人と見れば善悪の別なく青年団員、在郷軍人団員は勿論、一般内地人も復讐的に殺傷するに至れり。

ことに青年及破落漢はこの際人を斬らずんば好機を逸すと称し、物干竿にて作りたる竹槍を振回し、あるいは日本刀を提げ彷徨するもの多数あるを見受けたり。

現に東京力士源氏山の如きは工兵第三大隊の捕縛し来りたる不逞鮮人3名を貰受け、朱鞘の日本刀にて腕を切り、あるいは首を斬りて試斬を為し、又錦糸堀に於ては不逞鮮人4名、自警団、在郷軍人等に追跡せられ已むを得ず同堀内に飛込みたるが、軍隊より一斉射撃を浴せ掛けられ浮かば撃たれ遂に4回目に射殺せられたり。

（「関東地方震災の朝鮮に及ぼしたる状況」朝鮮総督府警務局、1923年。国会図書館憲政資料室『斎藤実文書』所収）

福島善太郎

3日目の夕方、菊川橋際で工場の焼跡整理のかえり、素ッ裸にされて、電線でぐるぐる巻きにされて、鳶口や日本刀を持ったひとたちに、めった殺しにされている2人の朝鮮人をみたのでした。しかしこのときは、怪しいので尋問したところ、濁音が完全にいえないので、朝鮮人だと断定して殺しているんだと、殺気だって見物しているひとたちがいっていたが、当時は日本人でも風采が似ていたり、発音のたどたどしいひとは、朝鮮人と間違えて虐殺されたものもあるので、私はいまもなお、あの虐殺された2人が、どうも朝鮮人ではなかったよ

うな気がしている。

（「わたしの虐殺現場の目撃」日朝協会豊島支部編『民族の棘——関東大震災と朝鮮人虐殺の記録』日朝協会豊島支部、1973年）

湊七良〔労働運動家〕

〔4日?〕本所区亀沢町都電車庫の焼跡に針金で後手に縛られて30歳位の美男の青年が、座っていた。2人の憲兵がそれを護っている。自警団は渡してくれと交渉しているのだ。この美男鮮人は毒を投じたというのだ。やがて憲兵はどこかに連れ去った。

〔略〕大島3丁目などは焼土化から免れた。私が仮宿していた友人の家の近くに、中華民国の当時苦力（クーリー）と呼ばれていた労務者が大勢居住していた。鮮人の虐殺を見て帰途、錦糸堀に来ると、路上に浅黄（あさぎ）の中国服を着た若者の死体が転っていた。大島3丁目の中国人寮にいる人だ。

当時は江東方面の川といわず、いたるところ死屍がごろごろしていた。錦糸堀終点の電車の中に、真黒焦げになって死んでいる人が沢山焼電車に乗ったままになっていた。この中華民国の苦力の死は勿論、地震によってまねいた自然死でなく、自警団の犠牲によるものである。この死体の腰に、大きなウナギが針金でぶら下げてあったのが印象的であった。

（「その日の江東地区」『労働運動史研究』1963年7月「震災40周年号」、労働旬報社）

白鬚橋付近

白鬚橋は墨田区堤通1丁目と台東区橋場2丁目にかかる。白鬚橋は地元の人々が資金を出して1914年に完成した木橋だったが、震災で朽損したため1931年に鉄橋に架換されて現在に到っている。震災時は西詰の台東区橋場まで火災が迫り、多くの人びとがこの橋を渡って墨田区側に避難した。

A・I〔当時7歳〕

1日、津波が来るというので私は叔母におぶさって荒川の土手の方へ逃げました。

〔略〕石井さんは私の家の前に住んでいて、白鬚橋の近くの久保田鉄工所で溶鉱炉の親方をしていました。とても義侠心の強い人で、銚子の出身なので言葉は荒かったですが、すごくやさしみのある人でした。その石井さんの2階に2、3人の若い人が住み込んで溶鉱炉に働いていました。その中に「コウドウさん」という朝鮮人も住んでいました。コウドウさんはおとなしくていい人でした。言葉は日本語でしたが、アクセントや言葉使いは変でした。

〔略〕コウドウさんを石井さんがかくまっていることを知ったのは震災後少し間がありました。石井さんの奥さんは病弱な人でして、私が見舞いに行った時「かわいそうだからかくまっているのよ」とポツリと話してくれて、私も「そう」と言いました。

〔略〕私の父は、お店に売る物がなくなったので、竹槍を持って、四ツ木橋を渡って千葉の百姓さんの家へ買い出しに行きました。お芋を買ってきて、ふかして売るのです。父は「朝鮮人が出たら竹槍で殺してやる」と言うので、「そんなことしないでよ、おとうちゃん」と私が言うと、「俺の命だって大切なんだ」と言ってきました。そういうつまらないことで殺された朝鮮人も多いと思いますね。

（関東大震災時に虐殺された朝鮮人の遺骨を発掘し追悼する会『会報』第34号、1986年）

Q〔**当時21歳**〕

本所、深川でもひどかったようですよ。白鬚橋でも、悪いことしていなくても朝鮮人と名がつけばね。日本人でも朝鮮人に似ていればやられた。運が悪いやね。

〔略〕デマはどういうはずみかね。地震があって、朝鮮人が50人や100人来たって、どうこうなるもんじゃないのに、デマを信用しちまったんだね。

（関東大震災時に虐殺された朝鮮人の遺骨を発掘し追悼する会『会報』第27号、1985年）

岩元節子〔**当時女学校2年生。本所表町栄寿院で被災。2日法泉寺で休み、3日栃木をめざす**〕

〔3日〕白鬚橋を渡り終ろうとする頃、ヒーヒーと言う苦しげな声を囲んで、喚いている竹槍を持った男達の一団を見た。それを遠巻きにして見ている人達の後ろを通りながら、様子を聞くと、井戸に毒を入れたり、放火したりした朝鮮人を殺しているのだそうだ。（しかし、毒を入れたり放火したということは、後からデマだったということがわかった）

竹槍で殺すなんて野蛮な、と思っても私達には何ともすることが出来なかった。通り過ぎてからバンザイと叫ぶ声に振り向いて見ると、生きているか、死んでいるか分からない朝鮮人を隅田川に放り込む所だった。

合言葉に上手に返事の出来なかった人は皆竹槍で殺された、という狂気の非常時、見物人もいた。見過して行った私達もいた。申訳ないと今でも思っています。

（『東京に生きる　第七回――語りつぐふるさと東京「手記・聞き書き」入選作品集』東京都社会福祉総合センター、1990年）

近藤三次郎〔**当時カスケート麦酒醸造元日英醸造会社勤務**〕

鮮人に対する一般の反感は非常なもので、青年団等は急造の竹槍等を以て多数の鮮人を刺殺したり。ことに向島の白鬚橋等には多数の鮮人が倒れているのを見ました。死体や負傷者等は手のつけようもないと見えて私が発った4日の正午頃まではそのままとなっておりました。

（「鮮人に対する反感加わる」『北海タイムス』1923年9月7日）

斎藤静弘

〔3日〕田舎行きの道中も心配なので、一刻も早くと、〔亀戸の〕皆様の励ましの言葉を背にお別れして、日暮里駅まで歩く途中、請地を過ぎて白鬚橋へかかると、橋向うから大勢の人がワアワア叫びながら走って来た。

近寄って見ると、1人の男が顔を両手で庇いながら、両足を2人に持たれて、勢いよく引きずられて来た。朝鮮人らしい男だが、頭を地面から浮かすようにする苦痛さは、見るも哀れな姿だ。

橋の中程まで来ると多数の手で持ち上げ、1、2、3で手すりを越して大川へ投げ込まれた。一旦沈んでブクブクと水面に浮くと、岸に向って泳ぎ出した。すると橋の上で見ていた一団が、男の泳ぎつく方向へ走り出し、岸へ一心に泳ぎつくその男の頭を、長い鳶口で滅多打ちにしたので、そのまま沈んでしまった。どのようないきさつか知らんが、朝鮮人騒ぎの結果だろうと想像する。

（斎藤静弘『真実を求めて――喜寿を迎えて』私家版、1976年）

坂巻ふち

朝鮮人の人たちが殺されたのは無残でしたね。あの白鬚橋のところでね、3日目のお昼3時ごろですかね、〔略〕白鬚神社の裏側はすぐ隅田川になっていて、そこはへりが危ないからと木のわくが打ってあったんですがそれがほとんど燃えたり折れたりして何本も立っていなかった。そこへ長いトタンが重なっていたので何だろう、こんなにトタンをぶち投げてあるけれどと思って見ると、ひもを身体にゆわえて朝鮮人が川にはいって死んでいるのです。それがまるで粗糖を放したようなんですよ。空き間も隙き間もないんです。

そこへ行くまでにも10人くらいの朝鮮人がみんな針金で足をゆわかれて、3人くらいずつ一緒に、多い人は10人くらい一緒に足を少し離してつなげてね、だから皆つながっているのです。

そして生きているのを放りこんだから水を飲んだでしょ、だから腹がふくれて皆何も身体についていない、素っ裸なのです。あお向けになっているのもいるし、うっ伏しているのもいる。それが幾組だか知れないほどです。それを私のこの目で確かめました。何と気の毒だと思って涙をこぼしながら歩きました。

〔略〕とにかくずいぶん、気の毒でしたよ。お腹の大きい赤ちゃんが生まれるような人が自分の腹を結わえられて水に投げられ、赤ちゃんが生まれちゃって、赤ちゃんがへその緒でもってつながっているんです。そしてお母さんがあお向けに浮いている、赤ちゃんがフワフワ浮いているんです。

それが至るところですからね。白鬚橋ばかりじゃあないんです。人形町の向こうもずいぶんひどい様子でしたよ。ずいぶん無残でしたね。

（「白鬚神社でみたもの」日朝協会豊島支部編『民族の棘――関東大震災と朝鮮人虐殺の記録』日朝協会豊島支部、1973年）

鄭宗碩（チョンジョンソク）

関東大震災時の朝鮮人虐殺事件から87周年が経過した。私が個人として墨田区東向島法泉寺にある真田家の墓の一角に迎日鄭氏家門一同として〝感謝の碑〟を建て寄贈したのは2001年9月1日である。

〔略〕父は78歳で亡くなったが、たびたび死ぬまで夜中にひどくうなされるのを目撃した。白鬚橋から寺島警察（現・向島警察署）に保護されるように歩いた、僅か2キロ足らずの道路（現在の明治通付近）上で自警団などにより虐殺された死体の山と、殺されて隅田川に投げこまれた死体の〝血の海〟の中で収容され、群衆らに取り囲まれた講堂（練武場）を必死の思いで逃げ回った4、5日、17歳だった父の目に焼き付いたものは想像に難くない。その凄惨さは極限の恐怖だったに違いない。

そのような虐殺現場を逃げのび生き抜いた父であったが、自分の家にかくまい、体を張って危機を救い、その後も祖父ら一家を何くれと無く面倒を見た命の恩人、真田千秋先生を忘れず折に触れ私ら子どもに語って聞かせた。

〔略〕1999年9月、父の死後の遺言でもあった真田先生の自宅を探して礼を言った。兄弟親族らは命の恩人の墓参もすることが出来、胸のつかえがやっと下りたようだった。

（関東大震災における朝鮮人虐殺の真相究明と名誉回復を求める日韓在日市民の会『会報』第5号、2010年）

永井〔当時水濱電車会社技師〕

「焦土の中を一直線」

白鬚橋を渡って来た人の話を聞くと向島には火災はなかったが鮮人の兇暴があって軍隊警官と衝突し銃殺されていたとの事である。

（『いはらき新聞』1923年9月4日）

長谷川勇三郎〔徳川家家扶〕

「小梅邸の焼跡から　鮮人跳梁の地を過ぐ」

〔隅田川で生き延びて〕2日午後2時頃から鮮人が跳梁をし始め〔略〕女子供達が泣き叫ぶのでこれを制し、自分は古川君（歩兵少尉）と共に戦闘準備をしてピストルに弾丸をこめて用意している内に、午後8時頃青年団等が鬨の声を揚げて応戦し小梅にまで来ない内に叩き殺されたり撃ち殺された。

更に3日午後3時頃白鬚で200人ばかりの鮮人隊と警備に出動した習志野騎兵第一四連隊の一隊が戦闘し機関銃を以て撃ち払い〔略〕この一帯寺島から四木橋付近の路傍には避難民の死体はなく、いずれも頭を割られたり撃たれたりした鮮人の死体が横たわっていた。〔略〕ある者は鮮人隊を指揮する日本人を見たと言い、又鮮人がサイダーの空瓶に毒水を入れて渇する避難民に飲ませて回っていたのを目撃したという。

小梅邸でも一鮮人が〔略〕発見されて追い詰められ、邸内の池に飛込み首だけ出していたので、四方から投石したため鮮人は両手を合わせて拝むので、手招きして呼び寄せ石で叩いて白状を迫ったが、一言も言わぬので股の辺りを日本刀で斬られた。そこへ福原家令が来て邸内を汚されては困ると追立てられたので引出され殺されたそうだ。

（『いはらき新聞』1923年9月5日。前日号外再録）

村田虎太郎

〔3日目の〕夜になって船を大倉氏別邸の河岸に泊めた。鮮人暴動の風説に基く陸上の騒しさは、現に白鬚橋付近で白刃の閃きを見た同舟の避難者にも夙に伝わっていい難き不安に陥らしめた。

〔略〕警備は水上にも及ぶらしい。抜刀手槍等を提げた人々の乗込んだ無灯の小船は、今は自分等の避難船をも取巻こうとするらしく近寄って来る。あるいは鮮人の指揮船はこれだろうという者がある。あるいは鮮人をかくまうなと呼ぶ者がある。

（東京市役所・萬朝報社共編『震災記念・十一時五十八分』萬朝報出版部、1924年）

柳田進〔1925年生まれ〕

〔姉は向島5丁目の蔵春閣に避難して〕緊張の第二夜を迎えた。いつの間にか土間に寝ていたようだ。「朝鮮人が来る！　みんなここにいては危ない！　ここをでてって下さい！」大きな声に起こされてあわてて裸足で、追い出されるように外にでた。「朝鮮人？」なんで朝鮮人が攻めてくるのか。理

「白鬚神社」に名の由来を持つ白鬚橋。大正３年に創架され、元々は木橋であったが昭和６年、震災後の復興事業の一環としてアーチ橋に架け替えられた

由は分からなかったが、恐怖のどん底に落とされた姉の心に猛烈な威嚇を感じさせた。追い出された人の間について寺島第一小学校に入った。真っ暗闇の校舎に入れられ、そこで深い眠りに落ちていった。

（柳田進『我が家の一番長い日――関東大震災がもたらした一家の悲劇』私家版、２００３年）

和智正孝

避難した隅田川畔にともった荷足舟は糞尿運搬船であった。1日の夜半であった。

朝鮮人が押しかけてくるから男は皆んな舟から上がれ!! 大声で奴鳴る声にハッと目が覚めた。合乗りの友人金敷君の弟がガタガタ震えている。

私達は糞で汚れているムシロを頭からかけてねたふりし上がらなかった。人びとは朝鮮はドコダドコダといいながら白鬚橋の方向へ行った。

向島の土手方面からダンダンと2、3発の銃声らしい音が聞こえた。夜明けちょっとまえ白鬚橋方向から多声の「万歳!!」「万歳!!」という声が聞こえた。

2日の朝は明けた。

舟上へ恐る恐る立ち上がり白鬚橋をのぞめば、両ランカンには避難者が、その中央を浅草方面から向島方面へゾロゾロと群れつづいている。

8時頃友人と2人で舟から上がり、白鬚橋へ行ってみた。両側のランカンには向こう鉢巻に日本刀、竹槍、猟銃など持った人びとが避難者へスルドイ目を向け、「帽子を取れ!!」と奴鳴っている。

即製自警団の一人が45、6の男を指した。

「なるほど奴の後頭部は絶壁だ!!」

一人がわめいた。

「鮮人に間違いない」

口々にガヤガヤいいながら、日本刀、竹槍、こん棒がこの男に近づき列から引き離した。

男は突嗟に何もいえずブルブル震えている。

「貴様どこからきた」

「…………」

「コラ!! 何処へ行くのだ」

「…………」

「返事をせんか。この野郎!!」

「お前朝鮮だろう」

「…………」

「ガギグゲゴをいってみろ」

件の男は絶対絶命、必死になにか東北なまりでボソボソいうのだが、恐怖のあまり舌がもつれて声になりそうもない。

「こ奴、怪しいぞ!!」

「朝鮮人だ!!」

「やって仕舞え、ヤレヤレ」

いつのまにか男は荒縄で高手、小手にしばられている。らんかんに押しつけられた男は急に大声で泣きだした。

「コラ、泣いても駄目だぞ。井戸に毒を入れたり、火をつけたり、津波だといって空巣を働いたり、太い野郎だ。勘辯できねえ!!」

「問答無益だ。殺って仕舞え」

「ヤレヤレ」、一同騒然とした。

白服をよごし半焼けの帽子にあごひもをかけ、左手に崩帯をしている巡査が来た。白サヤの日本刀を持った40年輩の遊人風の男がこの巡査に近づき、

「旦那、こ奴、朝鮮の太い野郎です。殺ってもいいでしょう?」

巡査はやれともやるなともいわず、疲れ切った顔で避難民と一緒に行き過ぎた。

号泣する例の男にとって返した遊人風が、「それやって仕舞え」というと、3、4人の与太公が竹槍でこの男の腹を突いたが、手がすべって与太公は橋のらんかんにいやというほど顔をぶっつけた。白サヤの日本刀氏がヘッピリ腰で男のみけんに切りつけた。糸の様に赤いスジがみけんについた。しばらくするとパックリ口があいてダラダラと血が流れた。

半殺しのこの男を2、3人の若者が隅田川へ投げ込んだ。

付近の自警団員が声をそろえて「万歳、万歳」と叫んでいる。

夜半からの不思議な万歳、万歳という声の正体がやっと判った。万歳の声から推して20〜30人の人びとがぎゃく殺されてたのだろう。

川のなかの男はいったんしずんだが浮かび上がってきてプッと水をふき出し、懸命の声をふりしぼり、「俺ら朝鮮でないよ。タタ助けてくれ」

立派な日本語であった。

「まだ生きていやがる」

といいながら舟頭が舟を出し、竹槍の与太公3、4人はふたたび浮かび上がった男に一斉に竹槍で川底へ押し込んだ。

（「ガギグゲゴをいってみろ！」日朝協会豊島支部編『民族の棘——関東大震災と朝鮮人虐殺の記録』日朝協会豊島支部、１９７３年）

寺島警察署付近

寺島警察署は東武スカイツリー線東向島駅から東に徒歩10分。曳舟川通り沿いにあった。

寺島警察署は震災の前年の１９２２年に警察署に昇格した。労働者の町であった寺島署管内は、亀戸と同じく労働争議の多発した地域だった。また管内の玉ノ井は私娼の遊郭街であった。その後寺島署は１９４５年に向島警察署に統合され、その跡地は現在向島警察署員の寮になっている。

F〔**当時25歳**〕

私が勤めていたメリヤス、セーターを作る工場が寺島にあって、その専属工場伊藤染工が東武鉄道のガードの向う側にあった。そこのオヤジが、雇っていた朝鮮人をボイラーの中に隠していました。私も知っていた人ですが、背が高く働き者で、10斤の包みを10パンも重ねて運ぶのは彼より他にいませんでしたね。

オヤジの伊藤さんは面倒見が良くて情深い人で、自警団の人達が「朝鮮人は悪いヤツだ。出してしまえ」と言ってきた時も「ずっとこの家にいた人間で何もしていない。いい人だ。連れて行くなら俺も一緒に連れて行け」と言って、出しませんでしたね。近所の人も皆知っていたので1カ月位匿われ、後で北海道に行ったそうです。

（関東大震災時に虐殺された朝鮮人の遺骨を発掘し追悼する会『会報』第28号、1985年）

H

曳舟川のところにミツワ石鹼工場があり、入口に松の木が植わっていて、朝鮮人が4人殺されていた。これは9月3日か4日、巡って見つけたが、その後木根川で焼いたという話である。

（関東大震災時に虐殺された朝鮮人の遺骨を発掘し追悼する会『聞き書き班まとめ』）

M

曳舟川に2、3人の死体が浮かんでいるのをみた。死体から腸が出て長く続いていた。そのまま10日位ほっておかれたようだ。

（関東大震災時に虐殺された朝鮮人の遺骨を発掘し追悼する会『聞き書き班まとめ』）

T

殺されたのは朝鮮人ばかりではなく、奄美・琉球・鹿児島の人もいた。自分も捕まった。〔寺島〕警察署の前、寄席の原っぱに切られた死体がゴロゴロしていた〔玉ノ井から日本刀をもった人がきた〕。蓮華寺に葬ったという話を聞いたこともある。軍隊は9月2日あたりから来て、国府台野戦重砲に朝鮮人を連れていった。連れていかれたのはまだいい方だった。

（関東大震災時に虐殺された朝鮮人の遺骨を発掘し追悼する会『聞き書き班まとめ』）

青砥昌之〔**当時東向島在住**〕

震災時、6歳でした。2日の晩「朝鮮人が暴動をおこす」とのうわさが流れ、すぐ自警団が作られた。家の近くの公園で一人の朝鮮人が殺されたが、私は怖くて見に行けなかった。

〔略〕小学校5、6年の頃、荒川によく泳ぎに行った。その時、友達が人骨を見付けた。昔お墓があったのだろうと話したのを覚えている。14年前、試掘の事を知った時に人骨の事を思い出した。あれは震災時のものだろうと、思った。

戦争で中国や南方へ行ったが、その時「なぜ朝鮮人虐殺が起きたのか」わかった。明治以来、朝鮮の人たちに相当ひどいことをしてきたから、仕返しされると思ったからじゃないか。

（関東大震災時に虐殺された朝鮮人の遺骨を発掘し追悼する会『会報』第74号、1995年）

李教振（イギョジン）〔**当時20歳。寺島で砂利運びなどに従事**〕

何かね、練馬から青年達・消防達がウソを聞いてね。朝鮮人がこんな災難になるのに井戸にウンコをしたとか人の金を盗んだとか、それが原因になっちゃって、みんな殺せってひどかったですよ。

トビ（鳶口（とびぐち））を人の首に刺したり足に刺したり殴り殺して。みんなみんな、朝鮮人は隠れ隠れして。あっちこっち隠れるのに忙しくてね。生きている人は、その時に朝鮮人っていうのを知ったら誰でも殺してしまうから。

（ほかの2人といっしょに玉ノ井の売春宿の天井裏にかくまわれ、まっくらで穴倉のようなところで3日過ごしたが、我慢しきれず外に出た）無論出ちゃいけないと言うよ。殺されるから、ここでつらいけど辛抱しろ、辛抱しろと言うよ。だけど前に住んでいた所も行ってみたいし、仲間達はどうなったんだかというのも聞いてみたいし。

朝早く5時に出て、捕まったのは9時頃。今の玉の井あたりよ。朝鮮人って格好でわかるし口でわかるから、道歩いていて警官が一人、「おい、ちょっと待て」って。巡査があっちこっち、朝鮮人の住んでいる所知ればみな何回も来たりして、捕まえて行くんだもん。

すぐ手錠はめられて亀戸警察まで歩いたよ。黙って。遠いよ。行く時はああいう連中（暴民）はいなかったけど、手錠はめられて行ったから日本人はあの人は悪い事して行くんだってわかるでしょ。もう死ぬ覚悟で行ったのよ。殺すんだなあ、これでおしまいだと覚悟して、途中がどうだったか何もわからん。死んだ人と同じ。精神ムカムカで行ったんだ。〔略〕

（関東大震災時に虐殺された朝鮮人の遺骨を発掘し追悼する会『風よ鳳仙花の歌をはこべ――関東大震災・朝鮮人虐殺から70年』教育史料出版会、1992年）

石黒定吉

江東方面からの避難者で我が家の前の空地（山崎染物工場の焼け跡地）は立錐の余地もない程であった。夜に入ると共に白一色の夏服姿（この震災の当日、9月1日から巡査は衣替えであったがその余裕がなかったものと思う）の警官が馬上から在日朝鮮人の反乱を伝え右往左往する。大畑（京島地区）方面から聞えてくる喚声は不逞朝鮮人団に我々の組織した自警団と警察隊が斬込んだのだと別の騎馬隊がふれて来るという有様で実に人心は恐脅であった。

こんな不安も3日後には宇都宮から昼夜兼行で行進を続けて来たという軍隊が、避難者の去った我が家の前の空地に駐屯、朝の陽光を受けてキラキラ輝く着剣の如何にも頼母(たのも)しく、目覚めたばかりの私達に不安の中にも一抹の安らぎと勇気を与えたものである。

（石黒定吉『寺島の思い出』百花会、1972年）

遠藤慶吉〔当時東向島4丁目20番地（向島百花園裏）在住。業平製油勤務〕

余震がなお続いていた9月1日の夕暮、夜のとばりが降りようとしていたとき、小倉橋の方向で2、3発の銃声がきこえた。そのときから、誰が言うとはなしに〝朝鮮人が襲ってくる〟とうわさが流れた。

翌9月2日になって隅田川の堤へ行ってみると、対岸にはさかんに火の手が揚り、その火焔の中から、ときどきなにか爆発するような音がきこえる。あれは朝鮮人が爆弾を投げ込んだのだ、とまことしやかに言う人もいた。幸いこの付近には火事は起っていませんでした。

その2日の午後3時頃、小倉邸〔遠藤氏の自宅より50メートル先〕に隣の町の自警団が押しかけてきて、もめているというので、早速馳けつけました。町内では私が一番先きにかけつけた。行って見ると、手に手に棍棒や竹槍、さては日本刀まで持った50～60人が小倉さんをかこんで、怒鳴ったり、

▼寺島警察署付近

わめいたりしている。なかには抜き身の日本刀をもったものもいる。たすきをかけたり、はちまきをしたり、さまざまないでたちをした連中が、朝鮮人をここへ出せ、と要求している。金さんという朝鮮人を引渡せ、と言うのです。この町内の人たちではなく、玉の井や墨田あたりからやってきた連中でした。

　小倉さんは一人で対応して頑張っておられた。具体的な言葉は忘れましたが、――「うちにいる朝鮮人は、そんな悪いことをする人間では、絶対にない。それは私が保証する。私が責任をもつから、どうか、お引き取り願いたい」――というようなことを、繰返し話しておられたが、押しかけてきた連中はなかなか承知せず、殺気立った空気でした。

　私も小倉さんに加勢して、こちらの金さんという朝鮮人は、この町内でも可愛がられている人間だから、絶対に大丈夫だ、となんとか説得しようとしたが、どうしても承知しない。なかには日本刀をふりまわしたり、竹槍をしごいてみせたりするものもいる。小倉さんも私も困っていると、町内の人たち、鳶職や庭師や植木師などが十数人、応援にかけつけてきた。これら町内の人たちも小倉さんに味方して、われわれも保証するからと頼んでくれた。結局、小倉さんの言うことを信用するか、というようなことになり、その代わり、なにかあったら責任をとってもらうぜ、ということで、連中は引揚げて行きました。

（奥田英雄『小倉常吉伝』小倉常吉伝刊行会、1977年）

岡村金三郎〔当時青年団役員〕

　寺島警察署の前でも胸を切られ丸太棒で突かれて死んでいた朝鮮人がいた。5人か6人ね、首のないもの、手のないもの、朝鮮の人たちを皆殺して、それでおっぽりだした。顔もなにもわかりゃしない。ひどいもんだなあと思って。警察もやったけど群衆がやっちゃったんですよ。みんな先祖伝来の刀を持ってきて、「俺に切らせろ！」「我に切らせろ」とやったらしいんだ。

（関東大震災時に虐殺された朝鮮人の遺骨を発掘し追悼する会『風よ鳳仙花の歌をはこべ――関東大震災・朝鮮人虐殺から70年』教育史料出版会、1992年）

川田鶴太郎

〔インタビューに答えて〕寺島警察の庭の中でね、軍刀でなく日本刀だろうけどね、袈裟掛けで切ってあるのを見たことありますよ。未だに覚えてますよ。

〔略〕綺麗に胴斬りにされているのを……。寺島警察にあるってんで、若いから、見に行ったんだ。〔略〕丸太を切ったようにすぱーっと切ってあったね。いやぁ、若かったから、死んだ川田の兄ちゃんやなにかと、歩って見に行ったんだよ。そしたら、まだかたしてなかったよ。

（『明日を拓く　2・3合併号』東京部落解放研究会、1994年）

川村〔仮名〕

　寺島警察に血だらけの虐殺された人の死体がトラックで運ばれてきた。当時、私は小学校4、5年生だったから、それを見てびっくりして帰ってきた。

（関東大震災時に虐殺された朝鮮人の遺骨を発掘し追悼する会『風よ鳳仙花の歌をはこべ

——関東大震災・朝鮮人虐殺から70年』教育史料出版会、1992年）

佐多稲子〔作家。勤務していた日本橋の丸善で被災、寺島の家へ戻り、そばの京成電車の停留所に近所の人と避難〕

〔1日〕暮れかけてきて、どこからともなしに伝わってきたのは、朝鮮人が井戸に毒を投げた、という噂であった。その井戸は近くだし、あっちでも朝鮮人が毒を投入する瞬間につかまえられた。そしてそれは打殺され川に投げられた、という。

〔略〕弟はどこから持ってきたのか、私に、消防の持つとび口を1本握らせた。とび口のさきは鋭く、銀色に光って、それは重いものだった。弟はこれを私の護身用に、それも朝鮮人に対する護身用に握らせたのであった。〔略〕とび口はしかるべき官筋から出たのにちがいなかった。

〔略〕その一夜を心細く、とび口を抱いて地べたに坐っていた。この空地の周囲で、いわゆる朝鮮人騒ぎが起こっているからであった。

アラララ、と聞こえる高い叫び声は朝鮮語らしく聞こえる。竹刀でも激しく打ち合うような音も聞こえる。朝鮮人がこの大動乱に乗じて暴動を起したという筋書を疑う力もないから、空地の周囲の叫び声や、打ち合うもの音を、朝鮮人との戦いなのだ、と私は思っていた。

〔略〕近くのどぶ川にうつぶせに浮んでいたのは、町の住民に殺された朝鮮人の死体であった。工場街である寺島のあたりは朝鮮人騒ぎの大きかった所と聞いている。

（『中央公論』1964年9月号、中央公論社）

佐野〔仮名〕

寺島警察の前に山のように死体があった。はらわたが飛び出ていた。腹を日本刀で切られていたから。夜、鉄砲を撃つポンポンという音がしていた。

（関東大震災時に虐殺された朝鮮人の遺骨を発掘し追悼する会『風よ鳳仙花の歌をはこべ——関東大震災・朝鮮人虐殺から70年』教育史料出版会、1992年）

島川精

〔3日〕おやじと2人で焼け跡に戻ろうとしたのですが、その途中に寺島警察署があります。今もあるんだろうが、その広場にムシロをかぶせられた朝鮮人の死体が15、6あった。何ともいえないいやな気持ちだった。顔のみえるのも、みえないのもありました。当時警察といえば絶対的だったんですが、そういう警察がやるんだから……。

（日朝協会豊島支部編『民族の棘——関東大震災と朝鮮人虐殺の記録』日朝協会豊島支部、1973年）

島田ハツ

寺島警察署の斜め前の寄席にも朝鮮人がおしこめられていた。

〔略〕地震から1週間くらいあとに、曳舟川の警察〔寺島警察署〕のところに、3、4人の朝鮮人が殺されていてその死体を見にいった。飴売りをしていた朝鮮人が多くいたが、震災後はぱったり来なくなってしまった。

（関東大震災時に虐殺された朝鮮人の遺骨を発掘し追悼する会『風よ鳳仙花の歌をはこべ——関東大震災・朝鮮人虐殺から70年』教育史料出版会、1992年）

相馬〔仮名〕

9月1日の夜になると朝鮮人が井戸に毒を入れるなんて言われてこわくてねえ。それで寺島警察の前の材木置場のところに避難していました。〔略〕夜はねむれませんでしたよ。ワーッとかオーッという鬨（とき）の声が聞こえてくるんです。若い人たちが朝鮮人を寺島警察に連れてくるんです。〔略〕一晩中でしたかしら。次の日はひっそりでしたけどね。

（関東大震災時に虐殺された朝鮮人の遺骨を発掘し追悼する会『風よ鳳仙花の歌をはこべ――関東大震災・朝鮮人虐殺から70年』教育史料出版会、1992年）

曺仁承（チョインスン）

〔1日夜、荒川土手四ッ木橋上で自警団に捕えられ、2日朝に寺島警察署へ連行された〕寺島警察署までくると、門の両側には日本刀を抜いた巡査が、ものものしく立っていた。彼らの白い制服も同胞の血で染まっていた。警察の門脇には、血走った数百名の消防団がたむろしていて手に持った鳶口（とびぐち）や日本刀をふりかざして、私達を殺そうととびかかって来た。だがさすがに巡査等はそれをとめさせ、私達は署の中に入る事ができた。

〔略〕この日〔2日〕この警察署に連行された朝鮮人の数は360人余であったが、その内には負傷者が大変多く、そのまま放っておけば生命にかかわる者もいた。

〔略〕しばらく眠ったであろうか、耳のあたりをひどくけられて、ちぎれるような痛さに思わず目を覚ましたが、いつのまにかあれほど多勢の人々が一人も見えなくなっていた。実は私が眠っている間にも、地震が続きあちこちで窓ガラスがこわれたり、ひどい騒ぎ声がワーワーと庭の中に聞こえてきたので、同胞たちは又殺しにくるのだという恐怖感で、いっせいに逃げ出したのである。

私もこのままおとなしく殺されてなるものかという気持で、無我夢中外にとび出そうと警察の塀にとび乗った。すると、外には自警団の奴らが私を見つけて喚声を上げてとびかかって来た。私はそのまま警察の庭の方に落ちて助かった。私は外に出ることも出来ず、そのままそばの杉の木に登りかじりつくようにしていた。

30分程して、私はそっと杉の木を降り、庭の中の方へ行ってみた。するとその時私の目の中に入った光景は、巡査が刀を抜いて、同胞たちの身体を足で踏みつけたまま突き刺し無残にも虐殺しているのであった。只、警察の命令に従わず、逃げ出したからという事だけで、この時8人もの人が殺され、多数の人々が傷ついた。

（朝鮮大学校編『関東大震災における朝鮮人虐殺の真相と実態』朝鮮大学校、1963年）

辻忠二郎

昭和8年に小学校を卒業して府立第七中学校、現在の都立墨田川高校に入学した。この学校には毎年9月になると黒板に大きく「流言蜚語」と書いて、震災の話をされる漢文の名物先生がおられ、その渾名（あだな）は鯰（なまず）だった。蜚は飛だから、これは災害時に飛交った根拠のない噂のことである。そのお話は大震災の経験談から始まるが、主題はむしろ「朝鮮系の人たちが井戸に毒を入れた」という誤報に踊った住民の愚かさにあり、先生は固くそれを戒められるのだった。地震の時にはまだ幼かったにしても、実際にその災害を受けた我々生徒たちは、この訓話には一同真剣に聞き入ったものである。

（『東京に生きる　第12回』東京いきいきらいふ推進センター、1996年）

戸沢仁三郎〔**社会運動家、生協運動家**〕

〔前夜、兵士を交えた亀戸署の逮捕をのがれて、5日朝、請地を横切り〕請地に続く向島の法泉寺は、大島の羅漢寺と同様の大きい寺で、私はこの墓地を横切ったとき、その空地には惨死体がいっぱいで、墓道にまでおよんでいました。大島の羅漢寺ではこれ以上だろうと思ったりしながら、私は、手や足をふまないように気をつけて、死体をまたいで逃げました。

（『労働運動史研究』1963年7月「震災40周年号」、労働旬報社）

永井仁三郎

当時、私は運送屋や自動車・自転車の修繕をやっていて、12、3歳の朝鮮人の子どもを雇っていた。〔略〕震災のときは、家の裏に池があったので、その子によしずを持たせて中にはいらせ、夜になると家に連れてきて泊めたんだ。その池は法泉寺というお寺の入り口の前の空地の石膏会社のところにあった。その後その子は向島百花園の裏にいたが、2年ほどたって世の中が静かになってから帰国した。それ以来、朝鮮からもどってきやしない。

〔略〕寺島町というところはずいぶん朝鮮人がいた。朝鮮人の飯場もあった。朝鮮人を知っている人はずいぶんいるんじゃないかな。

（関東大震災時に虐殺された朝鮮人の遺骨を発掘し追悼する会『風よ鳳仙花の歌をはこべ――関東大震災・朝鮮人虐殺から70年』教育史料出版会、1992年）

長島ミツ子〔**当時8歳。業平尋常小学校から京成線沿いに逃げて請地に泊まる**〕

請地あたりは、朝鮮人が大勢いてね。みんな押し入れに隠れろって、表に出られなかったですよね。

〔略〕蓮池がありまして、その蓮池にみんな隠れて、竹かなんかでこう空気を吸ってたとかって、みんな言うんですね。私達じゃあないですよ、追っかけられた朝鮮の人が。だから危ないからというんで、高砂へ行って。

（『江戸東京博物館調査報告書第10巻・関東大震災と安政江戸地震』江戸東京博物館、2000年）

長谷川〔**仮名。玉ノ井駅近くで被災**〕

1日夜から流言蜚語がとびかった。ボカンと音がしたら爆弾を投げているとか。火事なんだから石油缶なんかが破裂しても音がするわけだ。井戸に毒を入れたとか、避難民が集まれば津波が来るとか言っていた。

2日ごろ、警察が毒物が入っているから井戸の水は飲んではいけないと言ってきた。〔略〕でも信憑性のある話はいま考えると一つもなかった。実際に見たものはなかった。みんな人から聞いたことだった。朝鮮人が集団で追っかけてきて逃げたという話も、よく聞くと、追いかけられた朝鮮人の前を歩いていてそういう状況になったということだった。

〔略〕2日ごろ避難してきた人たちを加え

て自警団ができた。自分も自警団に引っぱり出されたが、在郷軍人会だからというわけではなかった。警察は自警団について歩いているようなもので、なんの役にもたたなかった。このあたりでは、朝鮮人が蓮田のなかに入ったといって、自警団の連中が追いまわしていた。玉の井のいまでいう暴力団の連中が先達（せんだつ）でずいぶん切ったという話も聞いた。自分の親戚の家も朝鮮人を使っていて、そいつを逃がすのにえらい苦労をしたと聞いている。かくまっていることがばれたらやられる。なんせ警察で保護するといっても、警察に踏みこんでやっちゃうんだからどうしようもない。

（関東大震災時に虐殺された朝鮮人の遺骨を発掘し追悼する会『風よ鳳仙花の歌をはこべ——関東大震災・朝鮮人虐殺から70年』教育史料出版会、1992年）

長谷川徳太郎

寺島町を通り〔1日〕午後8時頃、向島の桜堤（土手）へ出た。〔略〕この堤も避難地化して時間がすぎるに従って避難者が増して来る。ここでも相かわらず三国人に対する流言蜚語は乱れ飛んでいる。（井戸水は呑むな、食べ物に注意しろ）等々と流言が激しいので不安に戦（おのの）く民衆は実際に動揺せずにはいられなかった。

（長谷川徳太郎『関東大震災の追憶』私家版、1973年）

古谷考一〔**本所中之郷で被災**〕

私達が泊まっていた晩〔2日、現向島郵便局辺〕なんかも、一人蓮田のところで殺されたんですよ。刀で切られて。朝鮮人だって。で、それからも3日か4日くらいでしたかなあ、曳舟川の土手のところをゾロゾロしばられて、四つ木の方へ向かって行く行列を見ましたけどね。あとで問題になった朝鮮人の虐殺ですね。私なんか、まのあたりに数珠つなぎにされて行くのを見ましたけどね。

（『江戸東京博物館調査報告書第10巻・関東大震災と安政江戸地震』江戸東京博物館、2000年）

真泉光隆〔**木母寺住職**〕

私も曳舟川通りで朝鮮人が殺されていたのを見たことがある。9月3日ぐらいに本所の方に行った帰りに見たのだと思う。亡くなって、納棺していた。

（関東大震災時に虐殺された朝鮮人の遺骨を発掘し追悼する会『会報』第75号、1996年）

南喜一〔**実業家。当時寺島で工場経営**〕

〔日時不明〕その夜から私は寺島の自警団長として警備にあたった。当時私は町会長をしていた。〔略。菅野〕寺島警察署長は私を署に呼び、向島一帯の地図をひろげ、「本庁からの連絡によると、この混乱に暴動を起してひと騒ぎやろうとする者があるかも知れんから、厳重にということだ。ひとつ町内会のほうでもしっかりたのみます」。

〔略〕朝鮮人が襲撃するという噂がとび、署からの命令で、自警団は各自、護身用の鉄棒、竹やり、天秤棒を持つことになった。夜に入ると、自警団は道路に鈴のついた縄を張りめぐらせた。鈴の音が鳴ると飛び出していって、「こらっ、朝鮮人だろう、サシスセソ、バビブベボを言ってみろ」と叫んだ。この騒ぎで殺された朝鮮人はずい分多かった。〔略〕当時寺島にあった日本電線の工場に、朝鮮人が30~40人いるのを知っていた。私は、暴徒と化した大衆がきっとかれらを殺すだろうと思った。そこで寺島警察に保護を依頼して、急いで日本電線に走り、夜の闇にまぎれて、かれらを一人ずつ警察に逃がした。ところが、この噂が町に拡がり、「寺島署に朝鮮人がいるぞ、奴らを引き出せ」と叫びながら寺島署に押しかけた。〔略〕それでも、どうやら朝鮮人たちは救われた。

（『中央公論』1964年9月号、中央公論社）

芳谷武雄〔当時内務省警保局勤務〕

〔3日午後、災害地視察で訪れた〕寺島警察署では、例の流言蜚語に禍いされた朝鮮人を保護するため、裏の道場に300~400名を収容していたが、この連中は、ある種の誤解と、空腹とのために、脱走せんとしてワイワイ騒いでいた。署の周囲には逆上しきった大衆が、これも朝鮮人に関する誤解から手に手に棍棒刀剣などの得物を持って警察署を襲い、一挙に踏み潰さんとする形勢。そのもの凄いこと、署員はこの両者の間にあって必死に鎮撫に努めている。

（芳谷武雄『警察の表裏観』警察思潮社、1935年）

寺島警察署

9月2日午後5時「不逞鮮人等四ツ木橋付近に集合し、放火その他の暴行を為さんとす」との報告あり、ただちに署員を派遣したるに避難せる鮮人160人を発見せしかばこれを検束して保護を加えしも、民心の動揺甚しく、鮮人にして自警団の為に本署に同行せらるるもの同3日既に236名に上れり。

（『大正大震火災誌』警視庁、1925年）

本所向島署

9月2日の夕に至り、鮮人が変災に乗じて放火・掠奪・強姦等の暴行を逞くせりとの流言始めて管内に伝わり、自警団の組織を促せしが、翌3日益々拡大して午前零時には「飲料水中に毒を撒布せり」と云い「請地町の油問屋裕文七の倉庫に放火の計画あり」と称せるのみならず、午前3時に至りては「避難者の収容所たる大川邸を襲えり」「既に寺島署管内大畑方面を掠めて漸次吾妻請地方面より本署の管内へ襲来の途にあり」と伝え、人心兢々として其堵に安んぜず、而も万一の変を慮り、署長は署員を率いて現場に急馳せしに、徒らに群集の喧躁せるを見るのみにして何事もなかりき。同日正午頃に「海嘯将に来らんとす」の流言ありて、人心は倍々動揺したるもその無根なるを喧伝して鎮撫に努め、幸にしてこれを安定せしむるを得しが、鮮人襲来の流言は民衆を刺戟して彼等に対する迫害は至る所に演ぜられ、これが為に同胞の奇禍に罹れるものまた少なからず、鮮人と誤解せられたる護謨風船行商人某が請地町自警団員の包囲暴行を受け、同所巡査派出所詰巡査の救護に依りて漸く免れしが如きはその一例なり。かくて本署は各種の報告と実地の踏査とに依り、鮮人に関する流言が全く訛伝に過ぎざる事を認めたれば、民衆に対してその信ずるに足らざるを戒諭すると共に管内の有力者と議り、自警団の取締と指導とに鋭意する所ありしにより、9月中旬に至りて流言漸く其跡を絶ち、人心また平静に帰せり。

（『大正大震火災誌』警視庁、1925年）

▼寺島警察署付近

司法省「鮮人を殺傷したる事犯」

3日午後10時、寺島町大字寺島679付近で、松戸宇之助が朝鮮人2名を日本刀で殺害した。

（姜徳相・琴秉洞編『現代史資料6・関東大震災と朝鮮人』みすず書房、1963年）

「日本電線大正12年下期営業報告書」

9月1日関東大震災の襲来に会し、東洋唯一の帝都もたちまち焦土廃墟と化し、流言飛語随所に起り人心恟々（きょうきょう）、或は主義者の盲動となり或は鮮人の暴動と化し或は不逞漢の横行となる。不幸にして本社付近の如きもまたその範疇を脱する能（あた）わずして、十数日間時に夜陰銃声を聞くに至り物情騒然、社員工員数十名の義勇隊を組織し日夜工場の警備を為し、辛（から）うじてその任を全うするを得たり。

（日本電線株式会社編『日本電線卅年略史』日本電線、1937年）

『報知新聞』（1923年10月4日）

「寺島署を襲った一団も検挙された」

暴行の最も猛烈であったのは寺島方面で、多数の被害者を出したばかりでなく、同地在郷軍人分会幹部岡田某中村米蔵外数十名の自警団が、去月2日夜の混乱最中に各自兇器を携えて寺島署を襲い、同署勤務の某警部補が〇〇である事を知り隠匿してあるだろうといって菅野署長以下に暴行を加えた事実があり〔略〕。

『東京朝日新聞』（1923年10月8日）

「まだ打切れぬ　自警団大検挙」

寺島署管下の交番に闖入して同交番に保護を加えていた某に暴行を加えた事件の下手人数名が検挙された。同事件は一両日中に検挙を終り20数名の起訴を見る模様である。

『国民新聞』（1923年10月21日）

9月3日午前1時頃向島曳舟道にて窃盗の疑いありと称し鮮人1名を殺害した犯人寺島町玉ノ井696銘酒屋中島五郎（25）に令状執行収監。

『国民新聞』（1923年10月21日）

9月3日正午頃府下向島玉ノ湯横にて匕首（あいくち）を以て鮮人2名を放火の疑いありとて殺害した同町玉ノ井685飲食店森川勇（33）同730銘酒屋山本浅雄（24）に令状執行収監す。

『国民新聞』（1923年10月21日）

9月3日午前11時府下寺島村玉ノ井朝鮮婦人の崔秉熙（チェビョンヒ）（20）に日本刀で重傷を負わし外鮮人1名を殺害した同玉ノ井82大工職川島和三郎（43）に令状執行収監。

『国民新聞』（1923年10月21日）

9月3日午前9時府下寺島町玉ノ井689先にて鮮人1名放火の疑いありとて殺害した犯人南葛飾郡隅田町字善右衛門新田製缶職工清水清十郎（39）同寺島町玉ノ井66鳶職草野金次（31）同町702無職濱勇太郎（24）に令状執行収監。

原公園〔現・橘銀座商店街内〕

小野内寿松〔吾嬬（あづま）町請地で被災〕

2日になっても誰が言い出したか「津波が来る」という流言に驚かされ一時右往左

往、大騒ぎをした。まもなくこれは消えたが、今度は外国人が一団となって襲来するとか、井戸の中へ毒を入れたから井戸水を飲むなとか誰が言いだしたか、又それを信じて急遽自警団を組織してちょっとでも怪しいと思われる人を誰何(すいか)し、仲間同士は合言葉まで作っていた。実際、原公園や雨宮の原、四ツ木橋下、京成電鉄の線路上などで奇禍に遭った人を見た。

（墨田区総務部防災課編『関東大震災体験記録集』墨田区、1977年）

田幡藤四郎〔当時寺島警察署管内隅田交番勤務〕

〔1日〕夜の10時ころ「原公園のほうから朝鮮人が200～300人来る」って騒いだわけ。〔略。自警団の連中を〕一時押さえて「とにかく寺島警察署に行って、そんなことはあろうはずがないから聞いてみるから」って出かけたの。〔略〕警察署に行ってみたら「心配はないからむこうに帰って説得してくれ」って。

（関東大震災時に虐殺された朝鮮人の遺骨を発掘し追悼する会『風よ鳳仙花の歌をはこべ——関東大震災・朝鮮人虐殺から70年』教育史料出版会、1992年）

南厳〔労働運動家〕

〔2日〕夕刻に到り鮮人来襲暴動の噂あり、猶海嘯(なおつなみ)起りたりとの声あり。次(つい)で夜8時頃には原公園付近にて警官の鮮人を多数殺すを見受けたり。

（亀戸事件建碑記念会編『亀戸事件の記録』日本国民救援会、1972年）

本所被服廠跡辺

本所被服廠跡は、現在の東京都横網町公園とその周辺。JR両国駅から北へ徒歩5分。

関東大震災最大の被災地。当時は陸軍軍服工場の跡地で公園にする予定の広い空地だったため、震災時には家財道具を身に帯びた多数の人びとがここに避難した。午後3時30分頃、そこに火災が襲い、気象条件も重なり旋風が巻き起こった。ここだけで3万8千人余が亡くなった。火災がおさまった後、行方不明になった肉親を捜す人びとが多数ここを訪れた。その際にも虐殺事件は起きていた。

石毛助次郎

〔3日、厩橋のたもとで〕橋のたもとには、兵隊と巡査が立ち番していた。あたりはほとんど焼け、住民は一人も警戒に出ていない。交番の前では、朝鮮人らしい人が2、3人巡査にとりかこまれていた。兵隊は銃の先へ剣をつけて見張っている。朝鮮人らしい人は、なにか云い訳をしているようだったが、「いいから来い」と、巡査は彼らをぐんぐん引っぱって行った。〔略。自分たちも引っぱられそうになって〕「朝鮮人のやつらがひでえことをしやがったから、おれらにまでとばっちりがくるんだ」

熊さんは警官を憎むというより、朝鮮人を恨んでいる。

（石毛助次郎『異端者の碑』同成社、1970年。実体験をもとにした小説）

李鐘応(イジョンウン)

本所公会堂の前でも10名が殺されました。

（朝鮮大学校編『関東大震災における朝鮮人虐

殺の真相と実態』朝鮮大学校、1963年）

内田良平〔**政治活動家**〕

4日午後両国国技館内警察署へ捕われたる3名の鮮人あり〔略〕その内1人は群衆の為に殺され、2人は拘置せられたり。

（内田良平『震災善後の経綸に就て』1923年→姜徳相・琴秉洞編『現代史資料6・関東大震災と朝鮮人』みすず書房、1963年）

震災当時、被服廠跡地は広い空地であったため避難場所として人びとが殺到。猛火に襲われ、約3万8000人の死者が出たといわれる。跡地として現在利用されている横網公園内には「東京都慰霊堂」のほか、虐殺された朝鮮人を悼む「関東大震災朝鮮人犠牲者追悼碑」（下）も建てられている

浦辺政雄〔**当時16歳**〕

4日には何万人も死んだという被服廠跡にも行ってみた。中に入ると、死体の山に足がすくんだ。それまで多くの死体を見てきたが、被服廠跡のすごさには比べようがなかった。

そのわずかの空き地で血だらけの朝鮮の人を4人、10人ぐらいの人が針金で縛って連れてきて引き倒しました。で、焼けボックイで押さえて、一升瓶の石油、僕は水と思ったけれど、ぶっかけたと思うと火をつけて、そしたら本当にもう苦しがって。のたうつのを焼けボックイで押さえつけ、口ぐちに「こいつらがこんなに俺たちの兄弟や親子を殺したのだ」と、目が血走っているのです。

〔略〕帰り道、三ツ目通りの角で、一人石責めにあっていました。体半分が石に埋まって死んでいるのを、「こいつ、こいつ」って。〔略〕一つ投げたから、「お父さん止めてくれ」って。2発目を投げようとするから、「死んだもんに投げたってしかたないじゃないか」って、止めさせましたがね。

（関東大震災時に虐殺された朝鮮人の遺骨を発掘し追悼する会『風よ鳳仙花の歌をはこべ——関東大震災・朝鮮人虐殺から70年』教育史料出版会、1992年）

風見章〔**政治家。当時『信濃毎日新聞』主筆**〕

本所深川辺では捕えた鮮人を針金で電柱に括(くく)りつけ、惨虐のかぎりを尽して私刑に処した例をいくつか目撃したものもあった。

〔略〕ある人は本所の何処かでは捉えた鮮人をがんじからみに縛って、その口から石油を流しこみ、ついに火あぶりの私刑に処するのを目撃したと語っていた。

（河北賢三・望月雅士・鬼嶋淳編『風見章日記・関係資料』みすず書房、2008年）

川添武男

〔3日、安田邸で〕昼、遺言を聞きながら末期の水をバケツで飲ませて歩いていると巡査に同行を求められ、小倉橋の臨時出張所に。「君、すまないがその水を飲んでみてくれ」と言われ、飲んで見せて疑いが晴れる。

（震災共同基金会編『十一時五十八分――懸賞震災実話集』東京朝日新聞社、1930年）

坂寄教郎〔当時『東京毎夕新聞』記者〕

「焼死した動物の肉を喰って腹塞ぎ　本所区一部の避難者　溝水を呑んでいる」

（東京毎夕新聞記者坂寄教郎。一時土浦に避難し再び出京して飢餓に頻せる同僚を救わんとした）

本所区の一部は全然交通途絶し救援隊もこれに及ばず、辛うじて命拾をした罹災者は焼死動物の肉を喰溝水を飲み凄愴極まりなく、殺された鮮人の死骸が焼死者の死骸に交り惨状言語に絶す。

（『いはらき新聞』1923年9月6日）

笹井菊雄

〔本所の友人を探して被服廠跡で〕そうだ、ゆわえられてドブにはまっているのもいたがあれはひょっとすると朝鮮の人かもしれないな。ゆわかれていた。だって避難してるんだったらゆわくようなことしないでしょ。ドブにもかなりそんな人がいたようだ。

〔略〕その折に本所を歩いたらば、電車が枕木からもちあげられて、そして線路工事してた線路に朝鮮の人が針金でゆわえつけられている。顔を見るとどうもそうらしい。それはもうとにかく3日の日です。

〔略〕とにかく所々にそういうふうに殺されていた。それは確かに焼けていないんです。被服廠の中は大部分焼けて山になっていた。着物やなんか残っていたら柄なんかで分かるんじゃないかと見て歩いたけれども、本所ではやっぱり朝鮮の人を〝敵〟にしていたらしい。あの針金で朝鮮の人がむすばれていた線路は、今でいう亀戸の通りですね。かわいそうでしたけどね。しかし、みんなおそれてはいたですね。

（「被服廠跡――生と死の別れ途」日朝協会豊島支部編『民族の棘――関東大震災と朝鮮人虐殺の記録』日朝協会豊島支部、1973年）

白井茂〔記録映画作家〕

〔9月5日、被服廠に。死体の山のそばに警察官がいて撮影を求めると「よろしい、しかしこの死体だけは私の家族だから撮らないでほしい」と〕どのくらい時がすぎたろう。遠く近くに人の声が聞こえる、みんな身寄りを探す人らしい。しかし何か気配がおだやかでない。「朝鮮人だ！　殺してしまえ」。2、3人が叫んでいる。それがどうも我々に向けられているらしいと気のついたとき、先ほどの警官がやって来た。「みんなの空気がどうも面白くない様子だから、今日は引揚げた方がいいですよ」と親切に注意をしてくれた。その後方には杖を持った17、8人の人々の険しい眼が、こちらを見て光っている。厩橋方面に歩き始めると、その人々も、何やら叫びながら、5、6間はなれてぞろぞろつ

いて来る。2人〔助手と自分〕は次第に早足になる——後の人々も早足になる。これは駄目だ、と思ったとたん、私たちは着剣した兵隊5、6人にぐるりと取り囲まれて銃剣を突きつけられた。

〔警官をたくさん乗せたトラックが通りがかり、それに乗せられて仮警視庁〔府立一中〕へ連行され留置場へ入れられた。翌朝放免されたが、フィルムは半分接収された〕。

〔略〕当時は世の人々の認識も少なく、言論の自由もなく官憲のきびしい取締りの目が光っているだけだった。

（『中央公論』1964年9月号、中央公論社）

柘植（つげ）秀臣〔**大脳生理学者。震災当時、父親が品海病院（現・北品川病院）院長**〕

私は5日目、本所方面の知人の安否を尋ね、被服廠跡の累々たる焼死体に目を被い、また途中虐殺された朝鮮人の焼死体を多数目撃した。今日もなおこの悲惨な情景を忘れられない。

（『サンデー毎日』1976年9月12日号、毎日新聞社）

長谷川徳太郎

〔3日〕軍隊が出動したらしく、被服廠の中に軍人が諸所に見受けられ、いよいよ、軍の出動かと思っていささか力強く感じられた。そのうち兵隊に、捕縛をかけられる者が数名出て来た。これ等は死人の所持品を盗んでいたので逮捕された恐るべき兇悪人と聞かされ、いささか亢奮せざるを得なかった。この犯人たちは幸にして私の知るかぎりでは日本人ではなく三国人だった。逮捕者は兵隊に引っぱられて美倉橋〔御蔵橋と思われる〕の方へ消えていった。

（長谷川徳太郎『関東大震災の追憶』私家版、1973年）

平山昌次

〔被服廠から安田邸へ行き、2日〕朝になって一番怖いのは流言蜚語ですね。何々人が爆弾を放り込んだとか、蔵前のガス栓を抜いたとか、井戸に毒物を入れるとか、高波がくるとか。これはみんなデマだね。

（『江戸東京博物館調査報告書第10巻・関東大震災と安政江戸地震』江戸東京博物館、2000年）

堀晴雄

私の父（堀紫朗、震災当時30歳）は、震災の翌日から数日間、東京市内の被害状況を見て回ったそうで、その様子を私が小・中学校の頃に色々と話してくれました。話の中に朝鮮人虐殺がありました。その話の内容を以下に報告いたします。父が実際に見た状況です。正確性を重視して、文章でなく箇条書きと致しました。

時　：震災直後
場　所：本所被服廠近傍
加害者：日本人の、自警団員を含めたグループ
犠牲者：朝鮮人男子（人数不詳）
虐殺方法：荒縄で犠牲者の右手首、左手首をそれぞれ縛り、2人の男が荒縄を左右に引っ張り、一人の男が犠牲者を数回刺して虐殺した。　以上。

（関東大震災時に虐殺された朝鮮人の遺骨を発掘し追悼する会『会報』第79号、1997年）

本多茂〔**軍人**〕

〔2日、被服廠跡から厩橋へ行く〕その途中、

棒を持った男が追いかけてきて、「井戸へ毒を投げこんだ朝鮮人があそこへ逃げていく。兵隊さん、つかまえて下さい」と呼びとめられた。見ると100メートルほど右手の焼け跡を逃げる男と、これを追う数人。私は関わり合うのを避け、返事もしないで先を急ぎ、鉄骨だけになった厩橋を渡った。

（関東大震災を記録する会編『手記・関東大震災』新評論、1975年）

宮崎勝次〔**本所南二葉町で被災**〕

〔2日朝まで被服廠に〕2日に小松川まで私達ゾロゾロ歩いて行ったのですが、向こうに知り合いがあり、そこに行ってそこの離れを借りてケガ人も集まりました。その夜には朝鮮人騒ぎで、刀を持ったり竹槍を持ったり、寝ていられずそれは大変でした。その間に地震がありまして、ですから庭に蚊帳を吊って寝たような始末でした。

どこへ行っても朝鮮人騒ぎで、あまり言いたくありませんが、被服廠の中でも殺されました。2日の朝にはもう、朝鮮人とわかると殺されるのです。凄かったです。

（『江戸東京博物館調査報告書第10巻・関東大震災と安政江戸地震』江戸東京博物館、2000年）

宮武外骨〔**ジャーナリスト、風俗研究家**〕

牛込の某町で飯櫃を持ち野菜を持って歩く夫婦者を憲兵が怪いと見て捕えると、社会主義の夫婦者で飯櫃には爆弾を入れ、野菜の中にはピストルがあったという浮説、又本所で妊娠中らしい朝鮮女を捕えて見ると、腹部に爆弾を隠していたという流言も行われた。

（「変装した爆弾所持者」宮武外骨『震災画報』半狂堂、1924年）

鷲尾菊江〔**被服廠に避難**〕

迫り来る火を見た大人たちが「朝鮮人が火をつけた」とうわさし合っているのを聞いた。

（読売新聞社編『20世紀にっぽん人の記憶』読売新聞社、2000年）

氏名不詳〔**1907年本所生まれの女性。当時新大橋在住**〕

ですからね、そのね、え－なんて言うの、関東大震災の時、流言蜚語の時はみんなね、朝鮮人がその、なんとかしたって、今こっちへ来るとかなんとかって流言が来るわけ。そして、みんな錆びたその焼け野原の（不明）刀やなんか、みんな橋のたもとやなんか、頑張っていたけど、そんなの来ないじゃない（笑）。みんなそれを殺されちゃうのよ、かわいそうに。ねえ、〔略〕殺されて、気の毒な。ですから被服廠行って、この1日に、いつでももう、朝鮮のところ必ずお参りして、かわいそうになっちゃう。ねえもう、ただいじめて馬鹿にしてもうねえ。本当馬鹿にしてんだから。日本人の悪い癖ですよ、あれは。朝鮮人、中国人ってね、人間（扱い）じゃないんですから。

（江東区教育委員会編『江東区の民俗・深川編』江東区教育委員会、2002年）

本所相生警察署

9月2日正午猛火の余炎未だ鎮まらざるに突如「海嘯襲来す」との流言伝わり、人心の動揺甚しく、殊に歩行不能なる傷・病者・老・幼・婦女の如きは何れも色を失えり。本署は即万一を慮り、傷・病者を避難せしむるの準備を整えると共に、他面流言の真相を探査せるに、事実無根なるを確知し得たるに依り、直にこれを民衆に告げ、以て人心の安静を図れり。然るに同日夕更に「鮮人襲来」の蜚語喧伝せられ、午後7時頃に至りては「鮮人300名厩橋方面より押し寄す」との情報を為すものあり、続いて同10時頃、一青年団員来りて曰く「只今鮮人50名襲来す、警戒あれ」と。

（『大正大震火災誌』警視庁、1925年）

旧四ツ木橋周辺

京成押上線八広駅から徒歩5分のところに虐殺事件の中心的な現場である旧四ツ木橋があった。

旧四ツ木橋は1922年に完成した木橋で、震災時にも無事だった。火災に追われようやく荒川放水路土手の旧四ツ木橋付近までたどり着いた2万もの人びとは、その夜は疲れきって土手で燃える南の空を眺めていたという。そこへ「流言蜚語」が流れた。このとき荒川放水路開削工事に従事したり街中の工場で働いていた多数の朝鮮人が犠牲になった、と多くの人が証言している。

なお旧四ツ木橋は1970年に撤去完了し、現在の四ツ木橋はかつての位置から400メートル上流に架橋されている。

I〔**本所から四つ木へ避難**〕

9月1日の晩方、「つなみだ、つなみだ！」という朝鮮人騒ぎがあって、外へとび出したんですよ。外へ出ると、水がピシャピシャと鳴って……。後で思えば、あの日朝降った雨のたまり水だったんですねえ。

その晩かな、朝鮮人が8人ぐらい、荒川側の土手のそばで、自警団か軍隊かは知らないけれども、死んでいました。すごいんですよ、身重の人なんかも死んでいましたよ。河川敷にねっころがしてありました。みんなあおむけになってねえ、射殺みたいでしたよ。四ツ木橋の上では、後頭部をザックリ切られて、その人はまだ生きていましたねえ。

（「地震と虐殺」誌編集委員会編『地震と虐殺——第1次試掘報告』関東大震災時に虐殺された朝鮮人の遺骨を発掘し慰霊する会、1982年）

K

あれは消防自動車の出始めのころでね、蒸気ポンプと呼んでいたよ。自動車でどっからか、死体を運んできてね。自動車ったって、あのころのは今とちがって、2、3人も乗ればいっぱいになっちまうようなやつだからね。そうたいして運べるわけじゃあない。幾回も運んできたけれど、15、6人もいたかねえ。

元の水道鉄管（今は地中に埋められている）の下に土手に沿ってね、深い穴を細長く掘ってね、細いトロッコのレール（土手工事用に使用した物か）を、ちょうど魚を焼く網のように置いてね、穴の中にマキも入れてね、石油かけて……。網の上にだらあと死体をならべて、火をつけたよ。あの煙りが家まで匂ってね、くさくてくさくてねえ。

そのまま穴におとして、埋めたけどねえ、何年たってかねえ、2、3年位だと思うが、掘りおこして、原公園（？）へ運んで埋めたと思うんだよ。原公園にはね、東京大空襲で焼け死んだ人の骨も埋めてあるがね、昔はよく公園に埋めたもんなんだよ。朝鮮人の骨は、その後又どっかのお寺へ運んだと聞いたがねえ。ここの人は殺してはいないよ。

（「地震と虐殺」誌編集委員会編『地震と虐殺——第1次試掘報告』関東大震災時に虐殺された朝鮮人の遺骨を発掘し慰霊する会、1982年）

K〔南葛労働会シンパ〕

川合〔義虎〕など9名が若くして虐殺され、死体はこの四ツ木橋のところにすてられたということです。警察著に遺骨を取りに行くとそう言われ、そこに取りにいくと、ホラあそこだと指さされて、多くの人が死体でころがっているのを見てさがすのをあきらめました。

（関東大震災時に虐殺された朝鮮人の遺骨を発掘し追悼する会『聞き書き班まとめ』）

M・M

1日は、土手に行く方にある小川屋というそば屋のあたりの畑に蚊帳(かや)をつって夜を過ごしたんだけど、夜遅くなってからだね、「朝鮮人が井戸に毒を入れた」とか「歩いていると殺す」「襲ってくる」というので、近くのホータイ倉庫に逃げたんですよ。

朝鮮人の旦那が（近所にいて）逃げたのか闘ったのかわかりませんが、奥さんと子供が残されていて、ホータイ倉庫に逃げ込んできたのよ。竹槍を持った人達が大勢来て、朝鮮人を出せというんですが、私、こうやって（腕を広げて）、こもか何かかけてかばってやったんだよ。子供も喜んでさ。私は日本人だけど、何たって朝鮮人も支那人も同じ人間なんだからさ。うちじゃ兄弟も皆そこへ逃げたんですよ。

ホータイ倉庫から、京成荒川の踏み切りの所に朝鮮人が20人位殺されていたのを見ました。朝鮮人を殺しといて、木根川橋の元に並べておいたんです。穴に入れといて、2、3日たってから一つずつ米俵に詰めて土色の車で持ってってたのよ。緑町か砂町に持ってったんじゃない。八広8丁目公園にもいけてあったね。

（関東大震災時に虐殺された朝鮮人の遺骨を発掘し追悼する会『会報』第32号、1986年）

Mさんのおばあさん

今考えりゃ、デマだったのだけど、〝朝鮮人が井戸に毒を入れた〟と信じていました。京成の線路の上に、鉄棒でうたれた朝鮮の人を何人も見ました。こわかったですね。

（木下(きね)川小学校4年1組『関東大しんさい作文集』1983年9月30日。添付資料No.1）

N・M〔当時戸板女学校生徒〕

〔日時不明〕震災が落着いてから、朝鮮人が向島荒川堤へ連れて行かれて、刺し殺された、隅田川のあたりへお化けが出るという話をよく聞かされた。荒川放水路のあたりを人々は満州原と呼んでいて淋しい処だった。余震におびえて過した長い期間に、そんな話は何となく本当に思えて、お化けの噂が人から人に伝わった。

（三原令『聞き書き』→在日韓人歴史資料館所蔵）

O

8番線で手のひらに穴をあけられつながれていたことも知っており、土手の遺骨のことも知っていた。

（関東大震災時に虐殺された朝鮮人の遺骨を発掘し追悼する会『聞き書き班まとめ』）

O・Y〔当時東墨田在住〕

「大塚」の前の長屋が朝鮮長屋で、今は「渡辺」プロパン屋の前の工場がある所だね。朝鮮長屋は10軒近くあって、油をたいたり、着物を干したりして、朝鮮人は大勢いたね。朝鮮長屋は震災後、工場主が買って工場になった。

朝鮮人は、逃げたり、川に入ったりした。「朝鮮人だあ」と言ったとたん逃げ出した。川には草がぼうぼうはえていて、死んでいた。「山」「川」と言ってね、山は日本人、川は朝鮮人で。荒川の土手に5、6人の死体があった。〔略〕津波だというので逃げたんだけど、「どなっているのは朝鮮人だ」と言っていましたね。

（関東大震災時に虐殺された朝鮮人の遺骨を発掘し追悼する会『会報』第34号、1986年）

S〔当時19歳〕

荒川の土手で5人ぐらい倒れているのは見ましたけどね、後は見ませんでしたね。家の前（八広）が駐在所になっていて、最初に知らせにきた人がいました。巡査が「初めてで大変なことになった」ってんで聞いてましたね。それが最初でしたね、私がそういう騒動が始まったっていうのを聞いたのは。〔略〕土手で軍隊が機関銃で撃ったという話は聞きましたね。

2日の夜くらいから、朝鮮人が井戸に毒を入れるってんで、皆、井戸番をしたんですよ。それが自警団で、狩り出されたんですがね。夜なんか、歩く人もいないから、顔の分からない通行人を調べろって言われたんですが、そういうの1回もなかったですよ。通る人がいないから。一つ井戸に5、6軒使ってて、井戸といっても掘り井戸でなく、ポンプ井戸だから入れようがない。

（関東大震災時に虐殺された朝鮮人の遺骨を発掘し追悼する会『会報』第28号、1985年）

Sさんのおばあさん

そのころ、学校のあたりは田んぼやはすの田で、家の前にも田がありましてね。近くの長屋に朝鮮の人が何人か住んでいました。

この地震のあと、朝鮮の人が追いかけられて、この田に逃げ込んできました。わたしは子どもだったので、「家の中に入っていなさい。」といわれて、家で小さくなっていたのですが、朝鮮の男の人が、棒でたたき殺されました。死体は、荒川へ運んだんじゃないでしょうか。

（木下川小学校4年1組『関東大しんさい作文集』1983年9月30日。添付資料No.1）

Y〔西新小岩で被災〕

馬に乗った習志野の騎兵が「悪い朝鮮人を殺すんだ」と言って家の近くを通っていったが、この軍隊が直接〔四ツ木橋わきの〕交番のすぐ下で殺し死体の山が旧四ツ木橋の下流にあった。

（関東大震災時に虐殺された朝鮮人の遺骨を発掘し追悼する会『聞き書き班まとめ』）

青木〔仮名〕

たしか3日の昼だったね。荒川の四ツ木橋の下手に、朝鮮人を何人もしばってつれて来て、自警団の人たちが殺したのは。なんとも残忍な殺し方だったね。日本刀で切ったり、竹槍で突いたり、鉄の棒で突きさしたりして殺したんです。女の人、なかにはお腹の大きい人もいましたが、突き刺して殺しました。私が見たのでは、30人ぐらい殺していたね。荒川駅〔現・八広駅〕の南の土手だったね。殺したあとは松の木の薪を持って来て組み、死体を積んで石油をかけて燃やしていました。〔略〕大きな穴を掘って埋めましたよ。土手のすぐ下のあたりです。

荒川放水路の開削に伴い架橋された旧四ツ木橋。流言蜚語の混乱の中、旧四ツ木橋周辺では残忍な朝鮮人虐殺が横行し、軍隊による朝鮮人銃殺も行われたといわれる

（関東大震災時に虐殺された朝鮮人の遺骨を発掘し追悼する会『風よ鳳仙花の歌をはこべ――関東大震災・朝鮮人虐殺から70年』教育史料出版会、1992年）

浅岡重蔵

四ツ木橋の下手の墨田区側の河原では、10人ぐらいずつ朝鮮人をしばって並べ、軍隊が機関銃でうち殺したんです。まだ死んでいない人間を、トロッコの線路の上に並べて石油をかけて焼いたですね。そして、橋の下手のところに3カ所ぐらい大きな穴を掘って埋め、上から土をかけていた。

2、3年たったころ、そこはくぼみができていた。草が生えていたけどへっこんでいた。きっとくさったためだろう。ひどいことをしたもんです。いまでも骨が出るんじゃないかな。

兵隊がトラックに積んで、たくさんの朝鮮人を殺したのを持ってきました。そう、河原で殺したのもいます。ふつうのなんでもない朝鮮人です。手をしばって殺したのも日本人じゃなくて朝鮮人だと思ったね。むこうを向かせておいて背中から撃ったね。軍隊が機関銃で撃ち殺し、まだ死なない人は、あとでピストルで撃っていました。

水道鉄管橋の北側で昔の四ツ木橋寄りに大きな穴を掘って埋めましたね。死体は何百だったでしょう。〔略〕本当にひどいことをしたもんです。

（関東大震災時に虐殺された朝鮮人の遺骨を発掘し追悼する会『風よ鳳仙花の歌をはこべ――関東大震災・朝鮮人虐殺から70年』教育史料出版会、1992年）

浅岡重蔵

殺されるとこ見ていますとね、悪いことするから当然殺されちゃってしょうがないと思っていたけれども、あとでそれはデマであったんだと、ああいうふうに殺されたんだと思ったら、いやな気持ちになりましたね。

もし日本人が朝鮮に行ってこんなことやられたら、殺された人はどんな気持ちだろうと思ってね。あとで本当に私は変な気持ちになりました。どうしてそんなデマが飛んだのかと思って。だからその後ね、1年か2年かたって、ここんとこらへんにね、花だの線香だのあげている人がずいぶんいましたよ。〔記録映画『隠された爪跡』〈呉(オ)充功(チュンゴン)監督〉内の証言〕

〔関東大震災時に虐殺された朝鮮人の遺骨を発掘し追悼する会『風よ鳳仙花の歌をはこべ――関東大震災・朝鮮人虐殺から70年』教育史料出版会、1992年〕

新居力雄〔当時14歳。向島中之郷77で被災〕

「寺島や四つ木の方は煙が見えないから、京成の線路づたいに放水路の土堤に出るんだ。通りは混むし危ないよ。男は家の戸締りをして、もう焼けると思ったとき逃げるんだ」と親爺がいった。

私たちは通りにでると、大きな包を背負った人や荷車で混んでいた。請地橋を渡り、京成の線路にでると、車はなく人も割合に少なかった。少し歩きにくかったが、地割れの心配もない。黒い煙に追い立てられるように、私達は土堤へと急いだ。1時間余りで私達は土堤の上に立った。西の方は黒い煙でおおわれ、真っ白な入道雲にとどくようだった。ドスンドスンという爆音がすると、紅蓮の炎が吹き上げる。人間のどよめきが聞こえる。

呆然と見つめている人たちの間に、ささやくように言葉が流れた。「暴徒が爆弾を使い、火をつけて暴れているそうだ」その話はたちまちのうちに広がり、恐怖をつのらせた。〔略〕混まないうちに知人の染物工場〔中川河畔〕へ着いた。

〔略〕その内に、遠くから、人々の叫び声や半鐘を打ちならす音が聞こえてきた。「津波が来るかもしれないし、暴徒が来るから2階に上がるんだ」と若い男が息をはずませてやって来た。2階に上がり窓から西の方を見ると、真っ赤だ。火は一面に広がったらしい。あっちこっちから、ワアッという声や半鐘の激しい音が聞こえる。私たちもすすめられてワアッと叫んで、暴徒の来ないようにするために一生懸命にどなった。〔略〕ついに、津波も暴徒も来なかった。

〔「黒煙のため太陽も見えず」品川区環境開発部防災課『大地震に生きる――関東大震災体験記録集』品川区、1978年より抜粋〕

井伊〔仮名〕

京成荒川駅〔現・八広駅〕の南側に温泉池という大きな池がありました。追い出された朝鮮人7、8人がそこへ逃げこんだので、自警団の人は猟銃をもち出して撃ったんですよ。むこうへ行けばむこうから、こっちへ来ればこっちから撃ちして、とうとう撃ち殺してしまいましたよ。

〔略〕荒川駅の南の土手に、連れてきた朝鮮人を川のほうに向かせて並べ、兵隊が機関銃で撃ちました。撃たれると土手を外野(そとや)のほうへ転がり落ちるんですね。でも転がり落ちない人もいました。何人殺したでしょう。ずいぶん殺したですよ。

私は穴を掘らされました。あとで石油をかけて焼いて埋めたんです。いやでした。ときどきこわい夢を見ました。その後一度掘ったという話を聞いた。しかし完全なことはできなかったでしょう。今も残っているのではないかなあ。

〔関東大震災時に虐殺された朝鮮人の遺骨を発掘し追悼する会『風よ鳳仙花の歌をはこべ――関東大震災・朝鮮人虐殺から70年』教育史料出版会、1992年〕

李教振（イギョジン）**〔当時20歳。寺島で砂利運びなどに従事〕**

洪聖宇（ホンソンウ）（忠清道出身）に聞いた話では、その自分のいとこと同じ工場で働いていて、（震災で）焼けてしまって、アサヒナ工場〔京成荒川駅近くのゴム工場〕の前にテントを張って入っていたんです。

（流言がとぶと）まじめに働くからその親方が、こりゃ大変だって隠していたんです。そのいとこはちょっと言葉がなまりがあるし、格好が朝鮮人みたいになっていたから、そこらの青年達が来てね、「お前なんだっ！」っていうからまごまごしていたら、バーンと醤油が入ったビンで頭を殴って。

洪聖宇は自分のいとこだけれども「俺のいとこだっ！」って言えない。自分も殺されるから。それで醤油が血に見えたってよ。それで外に引っ張られて殺されましたって、それこそ聞きましたよ、洪聖宇という人に。洪さんはね、日本に長くいたから日本人みたいになっていたし、主人達が隠してたね、見せなかったしするから生きたんです。けれどね、俺のいとこだって言えなかったそうですよ。体が全然ふるえてね。

（関東大震災時に虐殺された朝鮮人の遺骨を発掘し追悼する会『会報』第34号、1986年）

池上君子〔当時東京市立京橋高等小学校1年生〕

〔1日、大畑で〕ちょうど夜中頃であった「つなみだー」といったのでおどろいて「もしほんとだったらどうしよう〔略〕こんどこそそうなったら命はない」と覚悟した。少しすると「小松川から朝鮮人が300人ばかりおしよせてくるから男はみんな出て下さい」というおふれが出た。男はみんなはちまきをして出た。しばらくたつと音や叫ぶ声等がしていた。

（「震災遭難記」東京市立京橋高等小学校『大震災遭難記』東京都復興記念館所蔵）

宇野信次郎〔当時24歳〕

〔隅田村の榎本武揚の銅像のそばの避難所で〕やがて「社会主義者や朝鮮人が暴動を起こしている」「井戸に毒が入れられた」といった流言が、避難民とともに運ばれてきた。各地で自警団が結成され、日本刀や竹槍で朝鮮人を殺りくした。荒川土手の四ツ木橋から堀切橋にかけては、朝鮮人の死体が山をなす有様だった。

（「人間心理の恐ろしさ」関東大震災を記録する会編『手記・関東大震災』新評論、1975年）

江馬修〔作家〕

夕日が沈みはてたころ、福田はようやく荒川放水路にたどりついた。〔略〕くろぐろと延びた水道鉄管の橋の少しばかり手前、白っぽい川原のあちこちに、かなり大きな火があかあかといきおいよく燃えている。たき火のようでもあり、何かを焼いているようでもあった。火のまわりには白服の巡査の姿がいくつか動いており、在郷軍人や自警団員らしいものの弓張り提灯（ちょうちん）や丸提灯（ちょうちん）が忙しげにあっちこっちしていた。そして、とくに瞳をこらして見るまでもなく、そのあたりは、白っぽい川原から緑の大土手の傾斜面にいたるまで、いちめんに人間の死骸でおおわれていることが分った。かすかな川風はぶきみな激しい異臭をはこんできた……。

橋の手すりに寄りかかった人たちの口々

にしゃべっている言葉を聞くまでもなく、亀戸警察署が軍隊と共謀して銃殺し、また刺殺した幾百という大量の死骸をここに運んできて、それらに石油をぶっかけて、片っぱしから焼きすてにかかっているのであった〔略〕。

「おおぜい殺したもんだなァ……」

「みんな朝鮮人だろ」

「いいや、……」「日本の主義者もだいぶやられたんだとさ」

「ふーん」

〔略〕福田は川原でめらめらと燃えさかる火葬の炎にむかって、てのひらを合わせ、目をとじて深く頭をさげた。それから、手すりを離れ、夕やみの中に長々とつづく旧式な木造の四ツ木橋を急ぎ足で渡って行った。

（江馬修『創作集延安賛歌』新日本出版社、1964年。亀戸事件を体験し生き残った青年からの聞き書きに基づき出版された『血の九月』〔鉄塔書院〕を改稿して所収）

大川〔**仮名**〕

22、3人の朝鮮人を機関銃で殺したのは旧四ツ木橋の下流の土手下だ。西岸から連れてきた朝鮮人を交番のところから土手下におろすと同時にうしろから撃った。1挺か2挺の機関銃であっというまに殺した。それからひどくなった。四ツ木橋で殺されたのはみんな見ていた。なかには女も2、3人いた。女は……ひどい。話にならない。真っ裸にしてね。いたずらをしていた。朝鮮人を連れてきたのはむこう岸〔葛飾側〕の人だった。寺島に連れていかれる前に四ツ木橋の土手下で殺された。兵隊は震災から2、3日してきたが、歩きで騎兵ではなかった。

（関東大震災時に虐殺された朝鮮人の遺骨を発掘し追悼する会『風よ鳳仙花の歌をはこべ――関東大震災・朝鮮人虐殺から70年』教育史料出版会、1992年）

大滝トラ〔**当時23歳。旧四ツ木橋の少し下流に在住**〕

9月2、3日ころだったと思いますが、荒川の土手のほうからポンポンという音が聞こえました。そして土手のほうから、火葬場で死人を焼くのと同じにおいがただよってきたのです。「死んだ人を若い者がみるものじゃない」と言われたので、見に行ったわけじゃないけれど、旧四ツ木橋の水道鉄管のあたりだったと思う。人の話では線路のレールを渡して、その上に人を置き、燃えやすくして焼いたといいます。

（関東大震災時に虐殺された朝鮮人の遺骨を発掘し追悼する会『風よ鳳仙花の歌をはこべ――関東大震災・朝鮮人虐殺から70年』教育史料出版会、1992年）

大槻堅太郎〔**当時本所区本横尋常小学校2年生**〕

3日目の夕方の雨のふる日あらかわばしのところに、〇〇〇〇人がしんでいました。それをみてぞっとしました。それであらかわばしのところで、私はまいごになって、なきながらうろうろしていました。父母ははしをわたって向こうの方へいって、私をさがしていましたので、みんなでいっしょに、かめありのていしゃばへいって、それからいなかへいってしまいました。（抜粋）

（「ちしんの時」東京市役所『東京市立小学校

児童震災記念文集・尋常二年の巻』培風館、1924年）

川田鶴太郎

〔インタビューに答えて〕あれはね、昔、大正12年の震災の時に、四ツ木橋のとこでね、朝鮮人10人位銃殺したことあるんですよ。〔略〕あれはたしか、市川のこうの台あたりの兵隊だったかな。あの時分は、確かに朝鮮人を、殺ったんですよ。〔略。橋の〕こっち側、木下川寄り。北向きにしてね、銃殺したんですよ。あれはね、俺らが19かな、いや、19か20だな。

この絵は震災時、本横小４年の児童が描いたもの。軍人や自警団、民衆が束になって１人の男を襲撃している様子が鮮明に描かれている（復興記念館蔵）

〔略〕今〔皮革〕研究所が建っている硫酸会社の跡があるでしょう、あすこに、縄引いて通さねえようにしてね。豚に使うはせん（刃物の一種）研いじゃってね、俺なんか、掛け棒に針金で結わえて持って歩いてた。今の大木屋の後ろのところで、隠れているってんで、蓮田に入って、蓮を切って歩いたのを覚えてる。

〔略。蓮田に朝鮮人がいたら切っていたかと聞かれて〕まあ、ぶった切ってたでしょうね。〔略〕あれはね、大きな声ではいえないけど、南大将ってのが命令したとか、しないとかいう話があったんだよね……。〔略〕毒を入れたとか、暴動起こすとかいう宣伝があったんですね。僕等は若いんで、夢中で、訳も分からず駆けて歩ってたんだが、とにかく10人殺したのを初めて見たな。〔略〕ひっくくっちゃったり、おとなしくなったり逃げちゃったりしたんで、〔朝鮮人は〕皆いなくなっちゃった。そしたら、殺った者は処罰すると逆になったんだ。〔略。木下川には当時〕あんまり、朝鮮の人働いてなかったね。昭和の初期だったかな、中国人が来て……。良く働いたですわ。川田にも3人くらい来て。〔略。朝鮮人は〕革屋にはあんまりいなかった。

（明日を拓く編集委員会編『明日を拓く　2・3合併号』東京部落解放研究会、1994年）

北野勇〔当時二葉小学校児童〕

〔2日夜、避難先で〕大畑へいって夜ねると又地震なので原へござをしいてねると鮮人があばれてあぶないからまた家へはいりました。

（荒井満之助『復活の犠牲――ふたばのかたみ』二葉小学校奨励会、1924年）

後藤〔仮名〕

〔朝鮮人の〕首に縄をつけて道を引きずっていました。〔略〕引きずられて背中の皮などむけてしまってね。そういう人を土手へ連れて行って、日本刀で切りつけたんです。人間の首なんてなかなか切れるもんじゃない。振りおろすと半分ぐらい切れて、血がとび散る。手をあわせて、おがむのをぶった切ったのを見ました。自警団が殺したのですね。四ツ木橋の所だけじゃないですよ。もっと川上の方から川下の方まで、長い間でしたよ。

（きぬた・ゆきえ「今も遺骨は河川敷に」『統一評論』1981年10月号、統一評論社）

古森繁高〔**当時亀戸署署長**〕

〔亀戸署で殺された砂町自警団員の〕死体をまとめて百余個の〔朝鮮人の〕死体と共に荒川放水路堤防で焼いて現場に埋めてあるから、いずれが誰の遺骨であるかわかりません。

（『報知新聞』1923年10月15日）

近藤源太郎〔**当時24歳**〕

その現場の周辺はポリス、憲兵、船橋（ママ）〔習志野〕騎兵一三連隊などが取り囲んでいて見られませんでした。入れてくれなかったのです。四ツ木橋から水道鉄管のあたりまで囲んでいました。私は橋中央に行ってもう一度見ると、数十名の遺体がありました。いまの木根川橋と旧四ツ木橋の中間あたりでした。

（関東大震災時に虐殺された朝鮮人の遺骨を発掘し追悼する会『風よ鳳仙花の歌をはこべ――関東大震災・朝鮮人虐殺から70年』教育史料出版会、1992年）

斉藤大作〔**本所小梅業平町4で被災**〕

〔1日夕方〕着いたのが四つ木で、四ツ木橋のふもとでは外国人が背中を日本刀で縦に切られて両手をついて呻（うめ）いていた。

〔略〕その夜は外国人が押し寄せて来るとの噂に自警団を組織して1時間交代、徹夜で日本刀や竹槍を持って又避難民は棒切れを持って警戒した。夜明けと共に伯父一家は柴又へ避難し私は焼け跡を一応見定めに戻った。道々外国人の死骸が道端の溝に。果して放火したのだろうか、又井戸に毒を入れたのか、実に疑わしい。しかし警察でも念のため確めるまでは井戸水を飲まぬよう注意書が出ているので、喉が渇いても無暗に水が呑めない。

〔略。荒川の鉄橋を渡り〕やっと向岸にたどり着いた。ほっとして歩くうち、銃を持った自警団の青年2人に止められ、自警団本部へ連行された。そこは田圃（たんぼ）の中の一固まりの森の中に祠があり、左側に小さな池があってその池の縁に立たされた。自警団の若い連中は皆竹槍や木刀を持ち、それをつき付けられ身動きも出来ない。何と説明、弁解しても外国人だといって承知しない。私もこの時ばかりは観念した。

〔略〕折もよし軍隊が来たとの声、私は逆に銃殺かと観念した。騎兵が2騎来て「私刑はいかん。軍へ渡せ」と。私は両手を縛られ、馬の後から引張られるように2、3町程来たかと思った所で質問2、3、最後に教育勅語をやりかけ「よろしい、気の毒だった。早くここを離れなさい」と縄を解いてくれた。私は再生の想いでその場を去った。

（「危うく殺されそうに」墨田区総務部防災課編『関東大震災体験記録集』墨田区、1977年）

座間銀蔵

おふくろに連れられて歩いていて、旧四ツ木橋を吾嬬（あづま）町のほうへ橋を渡ったとき、橋のそばにある交番の付近に放置されていた、ひどいかたちの虐殺された死体を見た。

（関東大震災時に虐殺された朝鮮人の遺骨を発掘し追悼する会『風よ鳳仙花の歌をはこべ――関東大震災・朝鮮人虐殺から70年』教育史料出版会、1992年）

篠塚行吉

9月5日、18歳の兄と一緒に2人して、本所の焼けあとにいこうと思い、旧四ツ木橋を渡り、西詰めまで来たとき、大勢の人が橋の下を見ているので、私たち2人も下を見たら、朝鮮人10名以上、そのうち女の人が1名いました。兵隊さんの機関銃で殺されていたのを見て驚いてしまいました。

（関東大震災時に虐殺された朝鮮人の遺骨を発掘し追悼する会『風よ鳳仙花の歌をはこべ――関東大震災・朝鮮人虐殺から70年』教育史料出版会、1992年）

白石敏夫〔三郷市八木郷村高須（現・水元公園の東）で被災〕

流言蜚語もどこから流れてくるのか、人々を恐怖におとし入れた。「朝鮮人が井戸に毒を入れたゾ」「社会主義者が暴動を起こした」などのデマである。不安と動揺の中で流された流言は、人々の不安を一層つのらせ、県道の要所々々や集落の入り口などに自警団詰所が設けられ、竹槍をもった若者や消防団員が殺気立った顔色で詰めていた。

葛飾区の荒川に架かっている四ツ木橋で、朝鮮人が何人も斬られたとか突かれたなどという生々しい噂が流れ、それを見てきた人も現れて、恐怖と不安の毎日であった。こんな時、私の家の前を通りながら「ここの親父も社会主義者だからな」と話して通る若い男の声を聞き、私は一層不安であった。

田中正造翁の葬式に栃木県佐野まで行き「5万人も参加した。何しろ自由民権と治水に生涯をささげた偉い人だからな」と誰にでも自慢し、大地主でも村長でも相手かまわず物を言う人だから世間では「社会主義者だ」くらいの噂を立てられるのであろう。

（白石敏夫『生かされて八十年――障害老人の手記』私家版、1991年）

愼昌範（シンチャンボム）

〔荒川堤防、京成鉄橋辺で〕4日の朝2時頃だったと思います。うとうとしていると「朝鮮人をつまみ出せ」「朝鮮人を殺せ」などの声が聞こえました。〔略〕間もなく向こうから武装した一団が寝ている避難民を一人一人起し、朝鮮人であるかどうかを確かめ始めました。私達15人のほとんどが日本語を知りません。そばに来れば朝鮮人であることがすぐ判ってしまいます。

武装した自警団は、朝鮮人を見つけるとその場で日本刀をふり降し、又は鳶口（とびぐち）で突き刺して虐殺しました。一緒にいた私達20人位のうち自警団の来る方向に一番近かったのが、林善一（イムソンニル）という荒川の堤防工事で働いていた人でした。日本語はほとんど聞きとることができません。自警団が彼の側まで来て何かいうと、彼は私の名を大声で呼び「何か言っているが、さっぱり分からんから通訳してくれ」と、声を張りあげました。その言葉が終るやいなや自警団の手から日本刀がふり降され、彼は虐殺されました。次に坐っていた男も殺されました。

このまま坐っていれば、私も殺されることは間違いありません。私は横にいる弟〔愼〕勲範と義兄（姉の夫）に合図し、鉄橋から無我夢中の思いでとびおりました。

とびおりてみると、そこには5、6人の同胞がやはりとびおりていました。しかしとびおりたことを自警団は知っていますから、間もなく追いかけてくることはまちがいありません。そこで私達は泳いで川を渡ることにしました。すでに明るくなり、20～30メートル離れた所にいる人も、ようやく判別できるようになり、川を多くの人が泳いで渡っていくのがみえました。

さて、私達も泳いで渡ろうとすると、橋の上から銃声が続けざまにきこえ、泳いで行く人が次々と沈んでいきました。もう泳いで渡る勇気もくじかれてしまいました。銃声は後を絶たずに聞こえます。私はとっさの思いつきで、近くの葦の中に隠れることにしました。しかし、ちょうど満潮時で足が地につきません。葦を束ねるようにしてやっと体重をささえ、わなわなふるえていました。

しばらくして気がつくとすぐ隣にいた義兄のいとこが発狂し妙な声を張りあげだしました。声を出せば私達の居場所を知らせるようなものです。私は声を出させまいと必死に努力しましたが無駄でした。離れてはいてもすでに夜は明け、人の顔もはっきり判別できる程になっています。やがて3人の自警団が伝馬船に乗って近づいてきました。各々日本刀や鳶口を振り上げ、それはそれは恐ろしい形相でした。

死に直面すると、かえって勇気が出るものです。今までの恐怖心は急に消え、反対に敵愾心が激しく燃え上がりました。今はこんなに貧弱な体ですが、当時は体重が二十二貫五百〔約85キロ〕もあって力では人に負けない自信を持っていました。ですから「殺されるにしても、俺も一人位殺してから死ぬんだ」という気持ちで一杯でした。私は近づいてくる伝馬船を引っくり返してしまいました。そして川の中で死にもの狂いの乱闘が始まりました。ところが、もう一隻の伝馬船が加勢に来たので、さすがの私も力尽き、捕えられて岸まで引きずられていきました。

びしょぬれになって岸に上るやいなや一人の男が私めがけて日本刀をふりおろしました。刀をさけようとして私は左手を出して刀を受けました。そのため今見ればわかるようにこの左手の小指が切り飛んでしまったのです。それと同時に私はその男にだきつき日本刀を奪ってふりまわしました。私の憶えているのはここまでです。

それからは私の想像ですが、私の身に残っている無数の傷でわかるように、私は自警団の日本刀に傷つけられ、竹槍で突かれて気を失ってしまったのです。左肩のこの傷は、日本刀で切られた傷であり、右脇のこの傷は、竹槍で刺された跡です。右頬のこれは何で傷つけられたものか、はっきりしません。頭にはこのように傷が4カ所もあります。

これは後で聞いたのですが、荒川の土手で殺された朝鮮人は、大変な数にのぼり、死体は寺島警察署に収容されました。死体は、担架に乗せて運ばれたのではなく魚市場で大きな魚をひっかけて引きずっていくように2人の男が鳶口で、ここの所（足首）をひっかけて引きずっていったのです。私の右足の内側と左足の内側にある、この2カ所の傷は私が気絶したあと警察まで引きずっていくのにひっかけた傷です。私はこのように引きずられて寺島警察署の死体収容所に放置されたのでした。

私の弟は、頭に八の字型に傷を受け、義兄は無傷で警察に収容されました。どれほど経ったかわかりませんが弟達に「水をくれ」という声が、死体置場の方から聞こえたそうです。弟は、その声がどうも兄（私）の声のようだと思いその辺を探してみたけれど、死体は皆泥だらけで判別がつきませんし、死体の数も大変多く魚を積むようにしてあるので、いちいち動かして探すこともできなかったとのことです。その後豪雨が降り、そのため死体についた泥が、きれいに落ち始めました。3、4時間後弟は水をくれという声を再び聞いて、又死体置場に行き、とうとう私を探し出し、他の死体から離れた所に運び、ムシロをかぶせて置きました。

〔略〕朝鮮に帰ってみると、私の故郷（居昌郡）だけでも震災時に12名も虐殺された事が判り、その内私の親戚だけでも3名も殺されました。

（朝鮮大学校編『関東大震災における朝鮮人虐殺の真相と実態』朝鮮大学校、1963年）

鈴木良雄〔**当時25歳。青森古川町出身、向島隅田村鐘紡工場募集員鈴木福蔵長男**〕

〔2日夜、四ツ木橋辺で〕軍隊から又も急報あり「男子は全部後鉢巻して不逞鮮人逮捕の応援に出でよ、後鉢巻の無い者は銃殺刺殺の危険に遭うも致し方無し……」と云う事であった。素破！　と男子の一隊は直に後鉢巻に日本刀を提げて軍隊、警官隊の傍らに馳せ参じた。軍隊は着剣、警官は抜剣、青年団・軍人会は日本刀に提灯を忍ばせ殺気紛々として〔略〕。

（『東奥日報・函館日日新聞』1923年9月6日）

首藤安都男〔**当時東京相互利殖株式会社勤務**〕

「言語に絶せる　鮮人残虐の跡」

〔車中で記者に語る〕私は本所吾嬬町大畑に自宅があったのですが、あの辺は地震にも倒壊せず火災も起らないので安心して避難していたのですが、2日夜になって突然鮮人40名が押かけて〔略〕佐倉連隊に急報すると共に一同小学校に避難婦人を中心にして男子が周囲を警護し襲い来る鮮人を撲殺して防禦したが、奴等は泥溝の中に30分も頭を埋めているという有様、又出した所を一青年が竹槍で顔面を突き刺したら跳んで来て肩に喰いつかれたのを他の青年等が駆けつけて殴り殺した。

京成電車方面では鮮人と青年との格闘が猛烈で全く戦場の様、〔略〕この鮮人の暴虐比類なき蛮行には彼等の鏖殺を図る外はないとて各所共青年団等の奮起を見たのであるが、真に意外とも心外ともたとえようがない蛮行で考えても身の毛がよだちます。

（『いはらき新聞』1923年9月5日）

高田〔**仮名。大畑の在郷軍人**〕

夜中から燃えはじめました。津波が来るといううわさがたったが、自分はそのとき、荒川の土手のほうへは行きませんでした。朝鮮人騒ぎは燃えている最中から始まったですよ。四ツ木橋の方で朝鮮人殺しがあった。あっちのほうはみな気が荒かったからね。自警団ができたのは早かったです。たしか1日の晩だったです。自警団は自然にできました。四つ木のほうも同じころできました。5人から8人で警戒しました。

〔略〕憲兵は国府台から来ました。あくる日あたりではなかったでしょうか。軍隊が来たのは早かったですよ。四つ木は習志野の騎兵でした。習志野の兵隊は馬で来たので早く来ました。なんでも朝鮮人がデマを飛ばしたそうで……。それから朝鮮人殺しが始まりました。兵隊が殺したとき、みんな万歳、万歳をやりました。殺されたところでは草が血でまっ黒くなっていました。

（関東大震災時に虐殺された朝鮮人の遺骨を発掘し追悼する会『風よ鳳仙花の歌をはこべ——関東大震災・朝鮮人虐殺から70年』教育史料出版会、1992年）

田中〔仮名〕

一個小隊くらい、つまり20～30人くらいいたね。二列に並ばせて、歩兵が背中から、つまり後ろから銃で撃つんだよ。二列横隊だから24人だね。その虐殺は2、3日続いたね。住民はそんなもの手をつけない、まったく関知していない。朝鮮人の死体は河原で焼き捨てちゃったよ。憲兵隊の立ち会いのもとに石油と薪で焼いてしまったんだよ。それは何回にもおよんでやった。だから四ツ木橋のところを掘っても骨は出ないですよ。自分は防護隊に所属していたため、憲兵隊といっしょに何回も立ち会っているから知っている。

大震災の騒動のときは、青年団の役員をしていた関係で憲兵隊がずいぶん家に来ていろいろ聞いていた。このあたりには朝鮮人がけっこういた。彼らの素行、日常の行動はどういうふうかずいぶん調べて歩いていた。

（関東大震災時に虐殺された朝鮮人の遺骨を発掘し追悼する会『風よ鳳仙花の歌をはこべ——関東大震災・朝鮮人虐殺から70年』教育史料出版会、1992年）

曺仁承（チョインスン）

四ツ木橋を渡って1日の晩は同胞14名でかたまっておった。女の人も2人いた。そこへ消防団が4人きて、縄で俺たちをじゅずつなぎに結わえて言うのよ。「俺たちは行くけど縄を切ったら殺す」って。じっとしていたら夜8時ごろ、向かいの荒川駅〔現・八広駅〕のほうの土手が騒がしい。まさかそれが朝鮮人を殺しているのだとは思いもしなかった。

翌日の5時ごろ、また消防が4人来て、寺島警察に行くために四ツ木橋を渡った。そこへ3人連れてこられて、その3人が普通の人に袋だたきにされて殺されているのを、私らは横目にして橋を渡ったのよ。そのとき、俺の足にもトビが打ちこまれたのよ。

橋は死体でいっぱいだった。土手にも、薪の山があるようにあちこち死体が積んであった。

（関東大震災時に虐殺された朝鮮人の遺骨を発掘し追悼する会『風よ鳳仙花の歌をはこべ——関東大震災・朝鮮人虐殺から70年』教育史料出版会、1992年）

土屋照己〔当時22歳。習志野騎兵第一五連隊機関銃隊所属〕

9月2日、土屋は、普段のとおり演習がおこなわれるものと思っていた。いつものように、7時に上田大尉を迎えに谷津へいった。

ところが、電線の架設をしながら、東京までいくことになったのであった。この日の9時ころから、落ちてしまった電線を電柱につないで、連絡をしながら、習志野の連隊から船橋へきたのが2時ころ、市川の八幡へたどりついたころには、もう暗くなっていた。憲兵分隊へ着いたときには、8時すぎになっていただろうか。市川の連隊は国府台にあったのだが、憲兵分隊は町の中にあった。

1982年9月、「関東大震災時に虐殺された朝鮮人の遺骨を発掘し慰霊する会」によって墨田区側の荒川河川敷で遺骨の試掘作業が行われた。「その日の内に埋め戻す」という条件のもと、3日間で河川敷3カ所の試掘を行ったが、遺骨を見つけることはできなかった（写真：裵昭〔ペソ〕）

そこへ、四つ木の在郷軍人が、朝鮮人がいっぱいいるそうだからきてもらいたいと言ってきた。土屋たちは、四つ木の、上から二番目の橋へいってみた。けれども、橋には、朝鮮人はおろか、歩いている人もいなかった。

非常食はとっておくようにという命令で、土屋は、夜の9時になっても夕食にありつけなかった。11時ころになって、やっと夕食のヤキメシを食べ、朝まで四ツ木橋で見張りをしていた。

（千葉県における関東大震災と朝鮮人犠牲者追悼・調査実行委員会編『いわれなく殺された人びと――関東大震災と朝鮮人』青木書店、1983年）

富山〔仮名〕

1日の夜「津波だあ」というので旧四ツ木橋の土手の近くの原っぱに避難した。その原っぱにいたとき、朝鮮人騒ぎで大変だったんだ。「男の人たちはハチマキして、皆出ろ」とね。〔略〕あくる日、土手に行くとおまわりが立っていた。殺された朝鮮人はずいぶんいた。20～30人ほども殺されていただろうか。殺したのは一般の人だった。鉄砲のある人は鉄砲、刀のある人は刀を持ってたから。〔略〕おまわりなんか手が出せないもの。警察が手を出すとあべこべにやられるほどみんな殺気立っていた。このとき、土手にいた在郷軍人とおまわりが「朝鮮人がわざと津波のうわさを出して、家を空けたところを、どろぼうしているから家を空けるな」と言っていた。

（関東大震災時に虐殺された朝鮮人の遺骨を発掘し追悼する会『風よ鳳仙花の歌をはこべ——関東大震災・朝鮮人虐殺から70年』教育史料出版会、1992年）

永井仁三郎

震災のときは朝鮮人が焼き打ち事件を起こしているとデマがとび、警防団が「山」「川」と日本人と朝鮮人を分ける暗号を吹聴してまわった。朝鮮人を殺しはじめたのだろう。槍を持って四つ木の土手に行った人を知っている。四つ木の橋のむこう〔葛飾区〕から血だらけの人を結わえて連れてきた。それを横から切って下に落とした。旧四ツ木橋の少し下手に穴を掘って投げ込んだ。橋から4、5間下流の土手下の穴に3、4名くらい入っているかな。雨が降っているときだった。四つ木の連中がこっちの方に捨てにきた。連れてきて切りつけ、土手下に細長く掘った穴に蹴とばして入れて埋めた。

（関東大震災時に虐殺された朝鮮人の遺骨を発掘し追悼する会『風よ鳳仙花の歌をはこべ——関東大震災・朝鮮人虐殺から70年』教育史料出版会、1992年）

中島碧川〔本所松倉町で被災〕

〔火災を逃れて船で白鬚橋に上陸し、大正新道を通って荒川堤をめざし、2日、四つ木の友人宅へ。そこで〕丁度〔午後〕7時半頃、俄然幾箇所かの非常警報が乱打されて、何処ともなく、海嘯だ——海嘯だ——。

〔略〕昨日から災難続きに怖気のついている幾万の群集はゆめやも分らぬ暗夜に、この海嘯には一層驚いて四ツ木の木橋と、京成電車の鉄橋を越えて幾万の堤上の人が我勝ちにと避難した。その混雑さ、鉄橋を渡る者は枕木と枕木の間に落込んで如何する事も出来ない、その上を後から後から人が逃れて来る、木橋を渡る人は押合い押合って欄干の外に押し出され数十尺の下に落ちるその混雑、私も肝を潰して里芋のご馳走所の騒ぎではない直ぐに起き上って逃げようとしたが、人で逃げられない。その内にこの海嘯は或者の流言であったが、これがその海嘯よりも怖しい事件の襲来の前提でありました。その事件の内容は、私にはここに書き現すの自由が許されておらないのです。

（中島碧川『帝都遭難から長崎まで』国糸之友社出版部、1923年）

長谷川〔仮名〕

2日か3日ごろ、軍隊が荒川の葦のところに機関銃を打ちこんで、危なくて近づけなかった。

旧四ツ木橋に兵隊を連れた将校が先達で来て2、3人射殺したという話を聞いた。殺されたのは共産系の人だという話もあった。旧四ツ木橋あたりは死体がゴロゴロしていた。

（関東大震災時に虐殺された朝鮮人の遺骨を発掘し追悼する会『風よ鳳仙花の歌をはこべ

――関東大震災・朝鮮人虐殺から70年』教育史料出版会、1992年）

真泉光隆〔木母寺住職〕

震災は隅田小学校5年の時。地震の後何日だったか、私は新川のほうで断続的に機関銃の音がするのを聞いた。後から考えると軽機関銃ではなく、たぶん重機関銃の音だったと思う。地元の人に言われて軍隊がヨシの中に朝鮮人がいないかと探して、威嚇射撃をしたのだろう。習志野騎兵連隊がヨシやぶに馬を乗り入れて、棒でかきわけていたね。

（関東大震災時に虐殺された朝鮮人の遺骨を発掘し追悼する会『会報』75号、1996年）

松田春雄

1日は津波が来るというので四つ木のほうへ避難する途中、荒川にかかっていた水道鉄管のあたりで、朝鮮人が12、3人殺されていた。そのなかに女の人が2人いたのをはっきりこの目でみた。

（関東大震災時に虐殺された朝鮮人の遺骨を発掘し追悼する会『風よ鳳仙花の歌をはこべ――関東大震災・朝鮮人虐殺から70年』教育史料出版会、1992年）

水野明善〔文芸評論家〕

1923年、大正12年9月1日。生家の浅草橋場から北東へ約2キロ半、隅田川をこえて、荒川放水路にかかる旧四ツ木橋の西詰。その夜半、わが家の方向にあたる向島側から人々の異様なけたたましいばかりのざわめきが近づいてきた。私は極度の疲れでぐっすり眠っていた。目がさめた。疲れと興奮とでウトウトしていた。荒川の河川敷に橋桁をたよりに蚊帳を吊って、その蚊帳ばりのなかで息をこらす私たち、母と生後10日足らずの末妹・秀子、そして6歳になる私。母子にはその異様の極限ともいうべきざわめきが何を意味するか、まったく見当がつかない。

わが家の方、向島側、西南方は褐色を帯びた紅蓮の炎に天地はおおわれている。

阿鼻叫喚ともいうべきものがけたたましさに変わった。我々の頭上あたりまで迫ってきた。その阿鼻叫喚がいくらかおさまったと思われた時、母がマッチをすった。マッチを上下左右させた。押し殺したギャッという叫びが母の口を辛くもついて出た。《血よ、血よ》。私の目はパチッと開いた。母はもう1本、もう1本とマッチをつけた。橋上から滴り落ちる液体が蚊帳を伝わる。赤褐色。血だ。私には、阿鼻叫喚のなかに《アイゴー》《哀号》と泣き叫ぶ声がまじっていようなど、聴きわける分別などあろうはずもなかった。やがて蒲団の上の白い毛布に、はっきりその血痕が印されている。私はただただ震えおののいた。母も私の両手をにぎり、やがて上半身をしっかり抱きしめ、身震いが止まらない。その身震いが、そのまま、私に伝わった。

生涯、私が母に暖かくも冷たくも抱かれた記憶は、この時、ただ一度だけである。

やがて、暫くして父がもどってきた。

《おい、津る、明善はどこだ?》……《やった、やったぞ、鮮人めら十数人を血祭りにあげた。不逞鮮人めらアカの奴と一緒になりやがって。まだ油断ならん。いいか、元気でがんばるんだぞ》。そういうなり向島側に駆け戻っていった。炎を背に父のシルエットが鮮やかだった。

〔略〕四ツ木橋下での恐怖の一夜、非人道そのものともいえる一夜をへて、翌朝、渡った四ツ木橋の所々方々に見受けられた血塊が無残であった。

（水野明善『浅草橋場——すみだ川』新日本出版社、1986年）

〔水野明善の父親（水野一善）は、大正10年に本所相生警察署の巡査になり、震災の年のはじめにはのちの特高（当時の高等警察官）になり、私服づとめで警察にかようようにまでなっていたが、震災前の次弟の急死で、浅草橋場の水野窯業所を継いでいた〕

南喜一〔**実業家。当時寺島で工場経営**〕

私はしからば殺した者の遺骨はどうしたか、というと、〔古森繁高亀戸〕署長は骨は荒川放水路の四ツ木橋の少し下流で焼いたから自由に拾ってくれとのことであったから、私は、そこには機関銃が据付けてあって朝鮮人が数百人殺されたことは地方人に公知の実見事実であるから、あんな所に捨てた骨では誰の骨だかわかるまいと談した所が、とにかく明日（10月11日）午前9時に来てくれ案内をするからとの事でしたからその日は私は帰りました。

（亀戸事件建碑記念会編『亀戸事件の記録』日本国民救援会、1972年）

氏名不詳

あの日のことは忘れません。なんの罪もない朝鮮人が土手の坂にすわらせられ、きかんじゅうをひたいに向け一発で殺されていったことを。たしか9月2日のお昼すぎだったと思います。「朝鮮人が火をつけた」「朝鮮人が井戸に毒を投げ込んだ」「朝鮮人がぼうどうをおこそうとしている」という〝うわさ〟が人から人へと伝えられました。町にすむ17才以上の男の人たちは竹やりをかついで集まりました。あやしい人を見つけたら「15円50銭」と言わせるのです。朝鮮人は「チュウコエンコチュッセン」としゃべるからわかるのです。最初につかまったのは木下川にすむ青森からきた年よりです。その人は小説家で文章を書くのはうまいのですが、しゃべる方は、方言（なまり）があって、それにつかまったおどろきでよくしゃべれません。私たちは急いでつかまえられた場所（土手）に行って「この人はちがいます。ちがいます」といって助けてもらいました。

町では夜になってあやしい者がきたらすぐつき殺せ、夜のくらやみの中で味方をまちがえたらいけないから〝山〟とよばれたら〝川〟と答えるようにと合言葉まできつくられました。

地震があって4日日です。土手に行ったら、習志野きへいたいがきていました。昔の軍隊ですね。そのきへいたいが朝鮮人を4人土手に坐らせ、きかんじゅうを1発ずつ頭にうって殺しました。そのきかんじゅうの音はぶきみな音で「プシュ」という音でした。

その1発で朝鮮人は土手の人(ママ)にころげないで後ろにたおれました。土手の上では朝鮮人のお母さんと子どもが死んでいましたよ。

（木下川小学校4年1組『関東大しんさい作文集』添付資料No.3、1983年9月30日。授業で使用した資料）

氏名不詳〔**3日午後4時水戸着の夫婦者。本所から亀有駅へ避難**〕

「避難する道で　鮮人3名突き殺す」

ようやく三ツ木（ママ）の荒川用水路あたりまで逃げのびて来ますとその付近には昨夜（2日）は鮮人が出没し、鮮人なる事をまぎらかす手段として日本人の洋装を奪おうとするので役場員、駐在巡査、騎兵等で警戒しておりました。私共も死を決して鮮人を見付け次第殺そうと2人して竹槍を持って注意しておりました。

そのうち爆弾の破裂の音や銃声などが聞こえますので身構えていますと、一人の鮮人が出て来ましたので私は竹槍で突殺しました。昨夜は一人まで突殺しましたがもう自分は命をかけてしたのです。

夜が明けたら鮮人も来ないだろうと夜明けを待っておりましたら今朝（3日）になってまた一人を殺りました。その朝荒川用水路付近には20人位の鮮人が血まみれになって倒れていました。〔略〕一昨夜の荒川用水路辺はまるで鮮人の出没で戦争の様でした。

（『いはらき新聞』1923年9月4日）

司法省「鮮人を殺傷したる事犯」

①2日夕刻、吾嬬町放水路四ツ木橋附近の堤防で、配島音五郎が朝鮮人1名を鉄棒で殴打殺害した。

②3日午前5時、吾嬬町大畑荒川放水路四ツ木橋附近堤防下で、中島五郎が朝鮮人2名を日本刀で顔面右肩及胴を斬り付け殺害した。

③3日午前2時半、吾嬬町大畑荒川放水路堤防で、堀子之吉外2名が朝鮮人1名を日本刀で斬殺した。

④3日午前5時、吾嬬町字木下荒川放水路堤防で、外山利太郎が朝鮮人1名にピストルを発射し傷害を与えた。

（姜徳相・琴秉洞編『現代史資料6・関東大震災と朝鮮人』みすず書房、1963年）

『国民新聞』（1923年10月21日）

9月3日午前零時荒川放水路の土手下空地にて姓不詳の鮮人3、4名を殺害した犯人寺島村字玉ノ井431土木請負業吉井半之助（44）同679自動車運転手松戸宇之助（32）同772土工山田龍雄（46）同小島君太郎（34）の4名に令状執行収監す。

『国民新聞』（1923年11月14・15・20日より抜粋）

「亀戸署に骨函を叩き付け　遺族憤慨して引還す」

〔亀戸署が前夜に遺骨を掘り返したと聞いて遺族〕一同が現場の荒川放水路の「旧四ッ目橋堤防下（原文のまま）」に出かけたところ、亀戸署の臨時出張所のテントが張られ、20余名ずつの警察官と乗馬憲兵が厳戒体制をしいていた。亀戸署からはさらに制服、私服の警察官がかけつけ、あたりは通行人もよせつけなかった。掘り返したあとの異様な臭気のなか、泣き叫ぶ遺族は追い散らされた。

さらに翌14日、「四ツ木橋下半町の付近三カ所」は、ふたたび掘りかえされた。亀戸署の高等係主任以下が人夫に変装し、亀戸署、寺島署の警察官60名が橋の上から堤防の上まで一間おきに警戒線をはってのことだった。

数名の遺族は手に手に線香や花をもって現場をおとずれていたが、現場付近に立ち止まれば「容赦なく検束する」と脅された。白骨となった遺体、半ズボンを着たまま腐乱したもの、傷口から心臓が露出したもの……。これらは「全部一まとめにして13個の棺に納め、3台のトラック」で運び去られた。ゆくえは「〇内の共同墓地」とも「同署管内の火葬場」とも書いてある。

同紙20日付では13日に掘ったのは全て朝鮮人の遺体だったとの役場吏員の証言もある。〔「〇内の共同墓地」は別の新聞記事で「寺島署管内の共同墓地」と推定される〕

『国民新聞』（1924年3月23日）

「鮮人学生殺し　執行猶予」

昨年震災の際府下寺島町荒川放水路下で鮮人学生1名某を日本刀で殺害した隅田町383配島音五郎（60）に係る殺人事件の公判は爾来東京地方裁判所刑事四部山崎裁判長の係りで審理中だったが22日午前11時半特に極度の聾者であるので懲役1年半但し3年間刑の執行を猶予すべき旨の判決言渡し。

両国橋

JR両国駅または浅草橋駅から徒歩5分にある隅田川十三橋の一つ。両国橋は1904年に鉄橋として架橋されたが震災で破損し、1932年に現在の形になった。中央区東日本橋1丁目と墨田区両国1丁目に架かる。名前の由来は、武蔵と上総の両国を結ぶからとされる。震災当時は両国橋の両端の町で火災が発生し、橋の上から飛び降りて死亡した人も多かった。橋そのものは鉄橋なので焼け残り、その後交通の要衝として警備された。

斎藤静弘

〔3日、亀戸をめざし〕日本橋小網商店の焼跡で人々が、焼け崩れた缶詰の山から完全なものを探しているのを見て、二つ三つ拾い焼釘で、時間をかけて缶を切り中身を頂いた。

2個ばかり手にして両国橋へ来ると、朝鮮人騒ぎで警戒中の一団の若者に、銃剣を突きつけられ、「どこから来た、どこへ行くか、姓名は？」と、詰問された。それは持っていた缶詰を、爆発物の携帯のように誤解された結果であった。

〔略〕両国橋を渡り切った頃、〔略〕製氷会社の焼跡にまだ沢山の氷があるのを聞いた。それを頂いて出て来た所で、2人の朝鮮人が後手に縛られ、巡査に連行される後方から、朝鮮人騒ぎに興奮している弥次馬が、鉄棒で後頭部を滅多打ちにし、遂にその場に倒れたのを目撃した。ついていた巡査も手の施しようがない始末であった。

（斎藤静弘『真実を求めて――喜寿を迎えて』私家版、1976年）

志賀義雄〔政治家。池袋で被災〕

3日の朝から、自転車に乗って亀戸へ出かけた。〔略〕丹野セツの話によると、江東方面でも朝鮮人騒ぎがひどいとのことで、私が亀戸へ往復する途中でも、そうした噂はいたるところで聞いた。両国橋のたもとでは、朝鮮人の夫婦が捕まり、さんざん暴行をうけ、警官に引き渡されたが、その女は妊娠していたので、もう立てなくなって、引きずって行かれたということであった。

（ドキュメント志賀義雄編集委員会編『ドキュメント志賀義雄』五月書房、1988年）

藤原道子〔政治家。麻布高台で被災〕

〔3日〕両国橋も焼けていたが、橋のたもとに抜身の日本刀を持った男が立っていた。刀の先きから血が滴っていた。ぞっとするような無気味さだった。

（藤原道子『ひとすじの道に生きる——藤原道子自伝』集団形星、1972年）

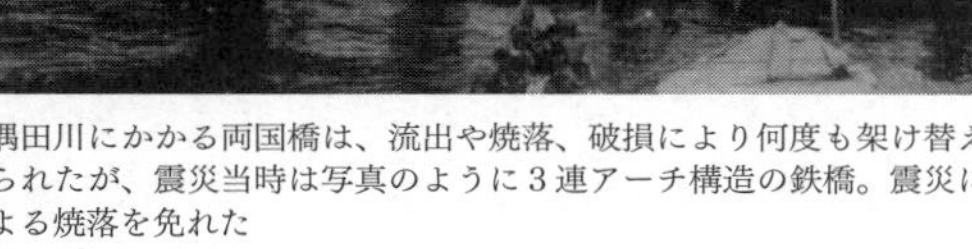

隅田川にかかる両国橋は、流出や焼落、破損により何度も架け替えられたが、震災当時は写真のように3連アーチ構造の鉄橋。震災による焼落を免れた

吉田絃二郎〔作家〕

〔両国〕橋を渡り切ろうとしたところで、彼は川に沿って群衆が蠢き合っているのを見た。群衆は口々に罵りながら一人の男を川の中に突き落した。突き落された男はやがて水の上へ浮かび上がった。そして石垣に両手をかけた。上からはバケツの水と、石とが容赦もなくその男の上に投げられた。その男は両手をだらりと垂れて、時々岸の上の群衆を見上げた。幽霊のような形で。

（「人間を悲しむ」『改造』1923年12月号、改造社）

陸軍「震災警備ノ為兵器ヲ使用セル事件調査表」

9月3日午前10時頃、両国橋西詰付近で近歩1ノ3歩兵が30歳位の朝鮮人1名を射殺。

（松尾章一監修『関東大震災政府陸海軍関係資料第Ⅱ巻・陸軍関係史料』日本経済評論社、1997年）

世田谷区

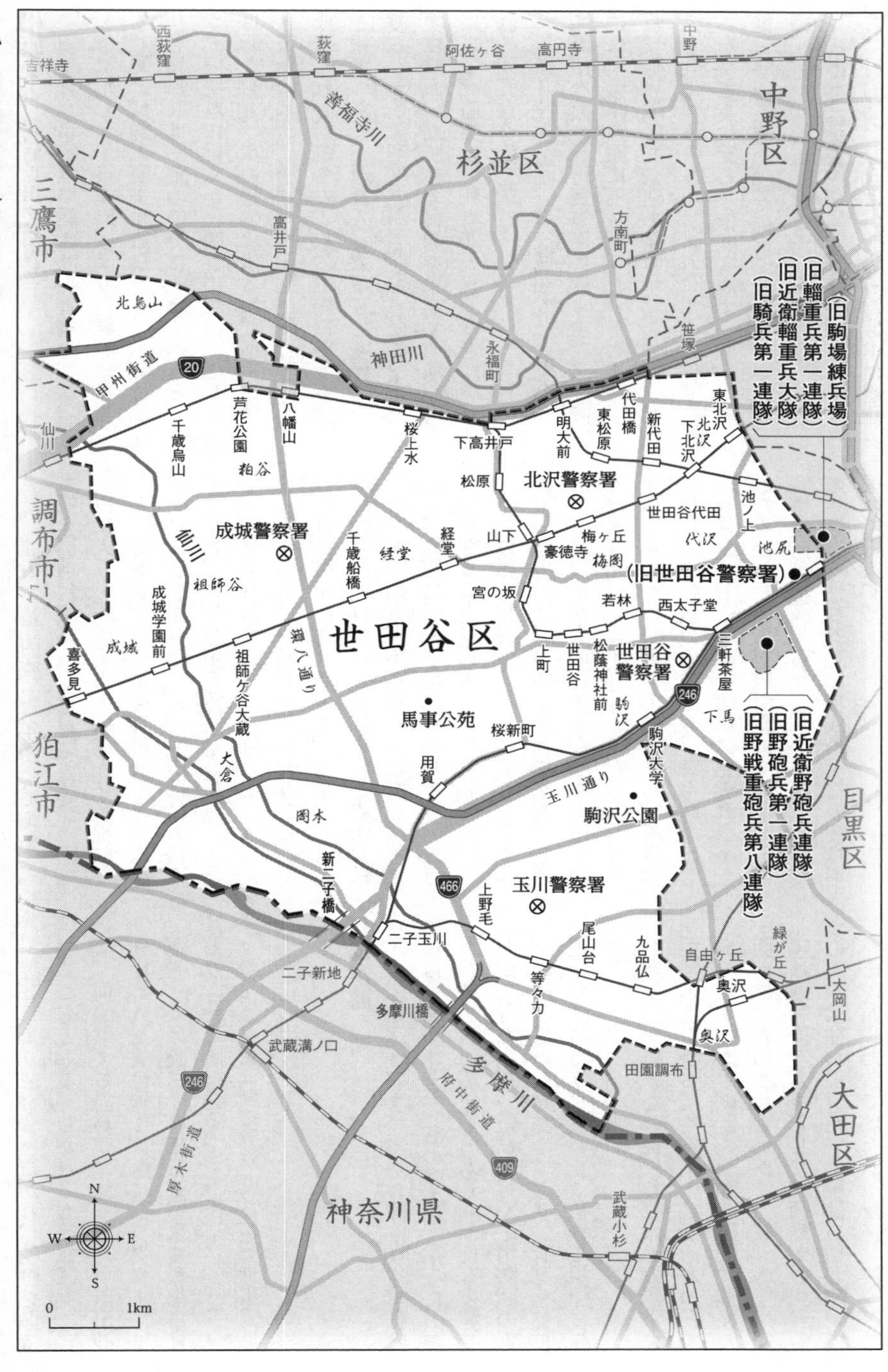

世田谷区
杉並区
中野区
三鷹市
調布市
狛江市
目黒区
大田区
神奈川県
北沢警察署
成城警察署
(旧世田谷警察署)
世田谷警察署
玉川警察署
馬事公苑
駒沢公園
(旧駒場練兵場
(旧輜重兵第一連隊)
(旧近衛輜重兵大隊)
(旧騎兵第一連隊)
(旧近衛野砲兵連隊)
(旧野砲兵第一連隊)
(旧野戦重砲兵第八連隊)
甲州街道
玉川通り
環八通り
府中街道
厚木街道
多摩川
仙川
神田川
善福寺川
吉祥寺
西荻窪
荻窪
阿佐ヶ谷
高円寺
中野
高井戸
方南町
笹塚
永福町
北烏山
仙川
千歳烏山
芦花公園
八幡山
桜上水
下高井戸
明大前
東松原
代田橋
新代田
東北沢
下北沢
北沢
松原
粕谷
経堂
千歳船橋
山下
豪徳寺
梅ヶ丘
梅囿
世田谷代田
代沢
池ノ上
池尻
祖師谷
成城学園前
成城
喜多見
祖師ヶ谷大蔵
宮の坂
若林
西太子堂
三軒茶屋
上町
世田谷
松蔭神社前
駒沢
下馬
桜新町
用賀
駒沢大学
大倉
岡本
新二子橋
上野毛
二子玉川
尾山台
九品仏
自由ヶ丘
緑が丘
奥沢
大岡山
等々力
二子新地
多摩川橋
武蔵溝ノ口
田園調布
武蔵小杉
N
E
S
W
0
1km

相原栄吉〔当時世田ヶ谷町長〕

〔翌2日〕自宅は早朝より災害調べ、炊出し等に忙し。午後1時頃より避難者続々来る。聞けば鮮人襲来するなりと、予報に依り老幼婦女は一定の箇所に避難すべしと云う。いずれに行くかと問うに、行くとして目的なしと。次の報告に依るに、横浜を焼き鶴見に来り、爆弾を以て町に放火せりと。或はこれと対抗すと、故に戦場に異ならずと報ず。次に不逞鮮人、大挙して多摩川を渡らんとす。六郷は橋を断ちこれを防ぐと。次は鮮人、丸子にて目的を果さず、溝の口に来る。衝突し、死者20人程ありと。いずれの死者なるや不明。

午後3時頃、警鐘乱打、警報あり。鮮人団、多摩川を渡り、用賀方面に向う由。又一説には、奥澤方面に現れたりと。午后4時半頃、砲兵隊にて空砲を発射す。これは、鮮人を威迫するなりと。これにて大に信ぜざるを得ざるに至る。依て警戒す。砲兵、輜重兵、憲兵等、交々偵察すれども、要領を得ず。

日の暮る頃までに避難者陸続として来る。目的地なき人は、拙宅裏竹藪中に避難させ、四方を消防隊、青年団にて護衛す。

握飯を庭前に用意し、各自勝手に食す。

夜に入り、船橋土手下に鮮人2名現れたりと。喜多見橋付近にも出没せりと。六郎次山に怪し者隠れたりと。代田橋にも怪人来れりと。和泉新田火薬庫、大警戒せりと。その内に若林にては、2名鮮人山に入りたりと大さわぎ。一同気を取れおりしに、宇佐神社太鼓を打ち大さわぎ。何事ならんと慄々たり。聞けば、2名怪人豪徳寺山に逃入せんと。最も事実らしく、けだし詳細は不明。如何に鮮人地理にくわしくも、人目に触れざるは不思議なり。

かくの如く警戒中、夜半に至る。青年団捜索の結果、2名の僧を連れて来る。この者は、最近豪徳寺の徒弟となりしもの、一人は8月25日、一人は9月1日午前11時、寺へ来りしもの、裏の山に避難し、落伍して畑に出て陸稲の中に隠れ、時々頭を出し外を見たるとき、青年団員に見られ引卒されたるなり。依て避難所警戒を命ず。町内各警戒所の連絡、異状報告、軍隊の連絡、憲兵等交々来る。互に相戒め、その夜は不眠にて警戒す。

翌3日より戒厳令を布かれ、秩序を保持することとなる。しかれども流言区々にして、何等信ずる能わず。加うるに、玉川砂利場鮮人工夫は皆1カ所にトラクターにて運搬、或は護送す。三軒茶屋にて殺傷事件あり（勝光院に葬る）。

（世田谷区編『世田谷近・現代史』世田谷区、1976年）

荒木進

一応地震も収まってから間もなく、町内に自警団が作られ、私の家の横（小学校〔深沢分教場〕の桜の並木のあたり）にも夜警詰所ができた。夜、遊びに行くと消防団の人や近所の男の人が詰めており、サツマ芋を焼いて食べたりしていた。私もご相伴に与った。

自警団ができたのは、あれほどの非常大混乱の際だから、治安上の必要もあったであろうが、かの朝鮮人暴動の風説に備えた面もあったのではないか。当時、多摩川筋には砂利取り人夫として、朝鮮から相当数の人が来往していた、と子供の私も聞いていた。大した数ではなかった筈。彼等がこの期に平素日本人に苛(いじ)められた仇討ちに暴動を起すという噂が拡がった。

現にその頃、私の家の前は二子方面から大勢の老幼集団が、泣き声まじりに駒沢方面に避難する行列が続いた。たまたま庭で来客と対談中の父がこの行列を見て「何を愚かな、そんなことがある筈(はず)がないではないか」と話した。父の椅子の下に坐って聞いていた私は、当時の空気に相当おびえていたので「お父さんは大胆だな」と、子供らしい見当違いの感心をしたもので、はっきり憶えている。逃げるならまだしも、当時東京近在の一部の日本人が朝鮮人に対して取った行動は、いかに大災害時のこととはいえ、明らかに大きな罪であり恥である。

（荒木進『昔思い起すまま——桜新町深沢あたり』私家版、1988年）

内田良平〔政治活動家〕

3日の夜自警団が世田谷に於て憲兵及び巡査が鮮人2名を捕え取調中、その行動如何(いか)にも奇怪なるにより自警団員は奮激してこれを撲殺したり。

〔略〕2日の午後10時30分頃、調布方面より「代々幡自動車部」と箱囲に書きたる1台の自動車来りたるが〔略〕烏山(からすやま)水車小屋第一非常線を通行するや「止まれ」の号令を発したるも彼等は肯かずして突破し去りたるが、第二の非常線前の橋の破壊し居るを知らずこれを突破せんとし遂(つい)に車輪陥没して動かずなる〔略〕たちまち自警団員の認むる所となり、団員200名許(ばか)りにて自動車の周囲を取り巻き取調べたるに箱中13名の鮮人潜伏し居たるを3人（内一人日本人）逸走したるを除く外捕縛し〔略〕また逸走したる鮮人は〔略〕いずれも途中にうろつき居る所を翌日自警団に捕えられたり。

（内田良平『震災善後の経綸に就て』1923年→姜徳相(カンドクサン)・琴秉洞(クムビョンドン)編『現代史資料6・関東大震災と朝鮮人』みすず書房、1963年）

内村祐之〔精神科医。当時松沢病院勤務〕

〔日時不明〕例の朝鮮人襲撃のうわさが松沢病院付近にまで流れ、平時なら到底信じられないような「松沢病院襲撃」のデマまでが、真剣に心配されたのである。暗闇の中に、近所の警防団が怪しい人を追う喚声が何度となく聞こえてくるといった状況であった。

病院では、男女の患者群を、それぞれ別に、一方は松林の中に、他方を杉林の中に入れて、林の周囲に綱を張りめぐらし、従業員が寝ずの番をするという体制をとった。当時、壮年だった磯田看護長が、腰に日本刀をさし、緊張した様子で院内を巡回していた姿を思い出す。

〔略〕精神病理学的に見て、この関東大震災の与えた大きな教訓は、驚くべき速さで行き渡った「流言蜚語」であったろう。武蔵野は元来、竹やぶの多い所であるが、私が徒歩で病院と自宅〔柏木〕との間を往復していると、所々に関門ができていて、竹やりを持った警防団員が、一々通行人を調べるのである。そこで、できるだけ正確な発音で応答して、通してもらうのだが、その時の気持ちは、こっけいな中にも何か真剣なものがあって、われわれ自身、流れているうわさを完全に否定することができなかった。毒物を投げ入れた井戸には特別なマークが付いているから注意せよと言われれば、やはり、自分もよく調べるといった心境であったのである。〔略〕多くの精神病者を収容する精神病院に対して、攻撃が加えられるなどということは、平時の頭脳では考えられないことだが、そのうわさが流れると、やはり真剣にその可能性を考えるほどの状態に、われわれ自身がおちいっていたのである。

（内村祐之『わが歩みし精神医学の道』みすず書房、1968年）

江口渙〔作家〕

東京郊外の二子玉川近くの中洲でも、やはり300～400人の朝鮮人が、騎兵第一三連隊の一隊に包囲せん滅されている。そのときは夜襲だった。朝鮮人の中にはピストルや日本刀で抵抗したものもあったが、優勢をほこる騎兵部隊は敵前渡河を強行して、一撃のもとにたたきつぶした。このときのことを書いたもので、越中谷利一の小説『一兵卒の震災手記』がある。

（関東大震災・亀戸事件四十周年犠牲者追悼実行委員会編『関東大震災と亀戸事件』刀江書院、1963年）

越中谷利一〔作家。当時習志野騎兵連隊に所属〕

「抵抗する奴は片っ端から射ち殺してしまえ！」と、将して（ママ）その内に自警団の叫びらしい声がしきりに諸方で起り初めて来た。

〔略〕河原に面を低くめてすかして見ると、2、3名の者を先頭にして後に7、8名の人影が続いて渡って来るのがほのかに認められた。「渡ったぞ！」と向う岸で叫び声がした。敵は近づいて来た。「――前進！」声を殺した分隊長の号令がかかる。パチパチと銃剣の跳ね返える高い音がした。が、しかしその時、彼の分隊よりも20～30間ばかり上流で不意に鋭い銃声がした。鮮人が早くもそれと知って先んじて重囲を破るべく発砲したものらしかった。

〔略〕「前へ！」動令が下った。分隊は屏風のように起き上がるや、直ちに投網のように散開して一斉にどっと喚声を挙げて、弾丸のように突入した。

見よ！　彼等の驚きを見よ！　不意を突かれて逃がれる間もなくたちまち約20名ばかりのうちの4、5名は、＊＊＊＊＊＊＊＊＊＊＊かれて、あっ！　あっ！　という絶叫に似た悲鳴が物凄く起った。「突っ込め！」と分隊長が狂気したように怒鳴った。喚声が更に挙った。銃剣が突き出された。＊＊＊＊＊＊＊＊て倒れて行った。

彼等は観念した。彼等は求めて逃がるべからざる死地に陥ったのだ。残余の者は最早逃げなかった。動かなかった。そして瞬間棒のように突っ立っていたが、次第に切り倒された立木のように両手を合わして、河原にべたべたと跪いてしまった。

「向って来ないのか。こらっ」と分隊長が威丈高に怒鳴った。しかし彼等は予期に反してまるで抵抗が無かった。只、点々と転がっているところから手負いの獣のような呻きの声のみが、まっ黒くきこえた。

その内上流に於ける＊＊＊＊＊がつきたのか急にばったりと歇んだ。他分隊はすかさず一団となって喚声を挙げてそこへ突撃した。しかし意外にもそこには何者もいなかった。只、大多数の渡河の援護射撃をやったと思われる2名の鮮人が、右手にピストルを最後まで固く握り緊めて折り重なって倒れていたのみであった。

〔略〕「こらっ！　もっと早く歩け！」と

共に護送して行く兵士が、突き出すように怒鳴った。〔略〕「こらっ！　早く歩かんか。少しは逃げて見ろ、逃げられないのか。逃げろ！　逃げろ！」兵士はそこでまた憎々しく怒鳴った。

（「一兵卒の震災手記」『解放』1926年→『越中谷利一著作集』東海繊維経済新聞社、1971年。実体験をもとにした小説）

加藤普佐次郎〔松沢病院医員〕

〔2日〕夕方に東南に爆発音あり、さらに、朝鮮人が爆弾をもって襲撃中との報あり、敵人襲来を報ずる警鐘しきり。電車路をやってくる曲者を10数名で打ちのめしたところ、病院の給仕。敵を軍隊の手ですでに包囲したとの報知が村からきた。患者は残った建物に入れてはみたが、大小の地震がくるので室内にとどまれず、建物の前に出ていた。そして鮮人襲来の報があって、そのまま2日目の夜にはいってしまった。

（加藤普佐次郎「大震と松沢病院の人々」『心疾者の救護』第40号、1923年→岡田靖雄「関東大震災と精神科医療」『精神医学』1997年11月号、医学書院）

小池嘉平

〔二子玉川の鎌田町で〕2日め位から誰が言ったかわからないですが「溝の口方面で鮮人が暴動をおこして大挙して東京へ襲撃してくる」「神奈川県の住民はほとんど殺されている」といううわさが流れてきたんです。そしてその時、溝の口警察の方面で半鐘を乱打するです。「それ！　大変だ！」ってわけですよ。それがさらにすすんで、すでに「玉川の堤防のむこうに暴動をおこした朝鮮人が散兵している。堤防のむこうの住人は殺されちゃってる。まず老人と女、子供をまとめてお寺なんかに1カ所にまとめちゃえ」と触れがあり、青年団の屈強なものをはじめ残りのものは非常招集です。

「手ぶらできちゃいかん、むこうが刃物をもってるんだから、こっちも凶器をもたなくちゃいかん」「日本刀のあるものは全部日本刀をもってこい。槍のあるものは槍を出せ」というんで、倉の中からひっぱり出してくる（ママ）ですが、もう錆びてるわけですよ。錆びてちゃ仕方ないからみんな研いでね。「さあいつでもこい」というわけです。私は18歳ですから〝土地を守れ〟ということで青年団に入らせられました。

その頃、二子玉川のすぐ上に渋谷水道〔渋谷町水道〕の水源地があるんですが、それに薬品を朝鮮人たちが投げ込む、同時に各家庭の井戸に薬品を放り込む。もたもたしてたらやられちゃうから井戸に蓋をしろといっていました。

そのときは渋谷水道はまだ完成してなかったんです。朝鮮人は労務者、今でいう土方ですが、渋谷水道は朝鮮人がつくっていたわけです。それで工事現場にいた朝鮮人を1カ所にまとめちゃったわけです。こういうわけだからあんた方は外へ出ないでもらいたい。食糧の補給はいっさいやるからといっているうちに戒厳令が出て〔略〕。

それであの地方は、各所に朝鮮の部落があったんですが、朝鮮人同士で連絡をとられると困るというので連絡をとられないようにしようと検問所を設け切断をはかった。わたしも日本刀を腰へぶちこみ、兵児（へこ）帯（おび）しめました。1週間位して戒厳令が布かれて兵隊が渋谷水道まもっているんです。朝鮮人同士の連絡はさせないようにしていたんですが外部から朝鮮人の誰かが連絡にきたらしいんです。それで軍隊では「三声」といって「誰れだ、誰れだ、誰れだ！」って3回いって応答がない場合は、発砲してもかまわないことになっているんですが、10時頃「ドォーン」と軍隊の銃の実弾の音がきこえ、「ヒューウ」と風をきったのです。「それ！　はじまった」てんで村中の人が大騒ぎした。軍隊の方は「だれだ！　だれだ！」と声をかけるがわからない。そのうち「桑畑の中に逃げ込んだ」ていうんで、すぐさま全部のものが桑畑を包囲し、夜があけると同時にしらみつぶしにやったんですけれどだれもいなかった。いたらもうそらぁ殺すことだってやりかねなかったですよ。だいたい銃音を聞いた時はすごかった。あの音を聞いた時、中にいた朝鮮人は非常に騒いだそうですよ。軍隊があとでいうには、お前たち騒いじゃぁいかん、お前たちを殺る(や)んじゃぁない、といったらやっと落ちついたらしいですね。

　渋谷水道の中の朝鮮人は50名位だと思います。

（「朝鮮人が暴動を起こして攻めてくる」日朝協会豊島支部編『民族の棘──関東大震災と朝鮮人虐殺の記録』日朝協会豊島支部、1973年）

斉藤長次郎〔世田谷三軒茶屋の近衛砲兵連隊の兵営で被災〕

〔1日、皇居警備から帰ってくると〕そのうち、朝鮮人が暴動を起こしたという流言蜚語が伝わり始めた。「今、暴徒が井戸に毒を投げ込みながら、この連隊目ざして進撃しつつある。その先鋒は、すでに三軒茶屋に突入した」などという情報が届く。東京の空は、すでに大火災の黒煙でおおわれて、まさに地獄の様相だから、そんな流言が真実感を帯びて聞こえる。

　我が連隊では、野砲を引き出し、営門のところに1門、そのほか3門を配置して、これに空砲を装塡し、いっせいに発射したから、いや、その轟音は百雷が一時に落ちたよう。

　飛び上がって驚いたのは、付近の住民たちだ。何しろ、皇居のあの午砲でさえ、遠く郊外まで、ドーンと聞こえて、雑司ヶ谷(ぞうしがや)で草刈りをしていたおじさんが、「さて、飯にすべえか」と腰を上げるという、それほど静かで空気も澄んでいた時代のことだ。4門の野砲の一斉射撃は、市民たちを腹の底から揺すりあげ、恐慌状態にしてしまった。「戦争が始まった。兵隊屋敷に逃げ込め」「そうだ、兵隊屋敷がいい。みんな、逃げ込め」

　兵隊屋敷というのは、兵営の俗称。ワッ

写真は明治40年ごろの三軒茶屋の様子。かつて、池尻〜三軒茶屋〜駒場に至る広範囲なエリアは旧陸軍の施設として使われており、三軒茶屋には陸軍野砲兵第一連隊の兵舎があった

とばかりになだれこんだ地方人（民間人）で営内は超満員。今になって考えれば、ずいぶん馬鹿げたことのようだが、そのときは、誰もが目を血走らせていた。

（斉藤長次郎『がむしゃら人生――体験の仏教』仏乃世界社、1973年）

高群逸枝〔女性史家〕

2日（夜）夕方、警告が回ってきた。横浜を焼け出された数万の朝鮮人が暴徒化し、こちらへも約200名のものが襲来しつつあると（もちろんデマ）。〔略〕村の若い衆や亭主たちは朝鮮人のことで神経を極度に尖らせている。これはちょうどわが軍閥の盲動に似ている。もどかしい、いまわしいことどもだ。三軒茶屋では3人の朝鮮人が斬られたというはなし。私はもうつくづく日本人がいやになる。

〔略。3日〕もうそこの辻、ここの角で、不逞朝鮮人、不逞日本人が発見され、突き殺されているという。〔略〕自動車隊の畑で朝鮮人がかたまって、火を燃やしているという情報が伝わると、ここの男衆金ちゃんも、他の同士といっしょに竹槍をひっさげて立ち向かって行った。おお無知なる者よ。

（「火の国の女の日記」高群逸枝『高群逸枝全集第10巻』理論社、1965年）

徳富蘆花〔作家〕

9月1日の地震に、千歳村は幸に大した損害はありませんでした。〔略〕鮮人騒ぎは如何でした？　私共の村でもやはり騒ぎました。けたたましく警鐘が鳴り、「来たぞゥ」と荘丁の呼ぶ声も胸を轟かします。隣字の烏山では到頭労働に行く途中の鮮人を3名殺してしまいました。済まぬ事羞かしい事です。（1923年12月）

（徳富蘆花『みみずのたはこと・下』岩波書店、1950年）

中島健蔵〔フランス文学者〕

〔2日、駒沢で〕まだ「不逞鮮人」さわぎは、家の近所でははじまっていなかった。しかし、夕方になると、悪夢が追いかけて来たように半鐘が鳴り、「爆弾を持った不逞鮮人が隊を組んで、多摩川の二子の方面から街道づたいに襲撃して来る」という報知が、大声で伝えられた。〔略〕やがて世田谷の方から、1台の軍用トラックがゆっくりと動いてきた。本物の軍隊の出動である。そのトラックをかこむようにして、着剣した兵士が、重々しく走ってくる。これでもう疑う余地がなくなってしまった。

〔略。自警団員に朝鮮軍にいたことのある東京憲兵隊の憲兵〔下士官がいて〕いたるところで群衆が朝鮮人を捕らえていじめている。いじめるどころか、なぐり殺そうとする。自分は朝鮮にいてよく知っているが、みなが「不逞鮮人」ではない。あんまりかわいそうだから割りこんで朝鮮語で事情を聞こうとすると、血迷った群衆は、「鮮人だ！」「軍人に化けている」と自分にまで襲いかかってきた。殺気を感じて、「東京憲兵隊の制服を知らんか！」とどなりつけ、人々がひるむすきを見て、命からがら逃げ出したという。

〔略。駒沢で〕3日のひるまには、三軒茶屋で、歯医者だったと聞いたが、みなの見ている前で、その男が一人の朝鮮人をピストルで射殺した、といううわさもとんでいた。

（「いまわしい序曲――関東大震災」中島健蔵『昭和時代』岩波書店、1957年）

仲西他七〔実業家〕

〔2日、駒沢で〕続いて忌わしい鮮人騒ぎが起りました。午後5時半頃、抜刀せる鮮人200~300名、玉川沿岸にて同地住民と戦闘中との状報に始まり、更に大橋にも100名内外の鮮人と住民と戦争が起ったと伝えられ、或は爆弾を投じて帝都を焼き尽すとか、或は井戸に毒薬を投ずるとか言う如き、妖言百出の有様でありました。

〔略〕しかし午後11時過ぎ頃には、玉川にも大橋にも集団的鮮人のなきことを確かめられ、その後は次第に恐怖的動揺も薄らぎ、むしろ内地人が鮮人と間違えられて引かるるやら、たちの悪い邦人が民衆の襲撃を受くるなどの滑稽が所々に演ぜらるることになりました。

(高橋太七編『大正癸亥大震火災の思ひ出』私家版、1925年)

山本八重〔山本七平の母〕

〔1日、山本七平の生家・世田谷区三軒茶屋で〕そのとき、表の道路を髪を振り乱し、子どもを抱え、裾をからげた裸足の若い女が、「大変だあ、殺される!」と叫びながら、家の前にあった野砲第一連隊の正門へと走りこむのが見えた。なにごとか、と近所の人たちはみな道路へ出た。と、だれ言うとなく、玉川の河原にあった朝鮮人の集落から朝鮮人が大挙して押し寄せてきたとの噂が流れ、それは間もなく、彼等が集団で家々に押し入って手当たり次第に略奪し、所かまわず放火し、井戸に毒を投げ込み、鎌で女、子どもを切り殺しているという流言蜚語に変わった。

八重ははじめ半信半疑だったが、電話が通じないことは電話局が壊滅したということであり、それなら警察署も潰れているだろう。もうだれも自分たちを保護してはくれないと思い、七平を背におぶい、姉2人の手をひいて、玄関口に「みな無事です。兵営に避難しています」と張り紙をして野砲兵連隊の兵営に逃れた。母子が入ったのは連隊の厩舎だった。

(稲垣武『怒りを抑えし者——評伝・山本七平』PHP研究所、1997年)

世田谷警察署

9月2日午後4時30分頃、三軒茶屋巡査派出所に急訴するものあり曰く「不逞鮮人約200~300名神奈川県溝の口方面を焼き払いて既に玉川村二子の渡を越えたり」と、松本署長はこれを聞くと共に秋本・五十嵐両警部補をして巡査十数名を率いて自動車を駆りて同方面に赴かしめしが、その途上の光景たる異様の壮士が兇器棍棒を携帯して三々五々玉川方面に向いて走るあり、又警鐘を乱打する等殺気天地に充満し、既にして玉川原に到れば住民の混乱甚しといえども、遂に鮮人の隻影を見ず、これを高津分署に質すもまた要領を得ず、即ち部下に命じて各方面の内偵に従事せしめ、ようやくその流言蜚語に過ぎざるを知りたりしが、而も一般民衆は容易にこれを信ぜず、婦女子の如きは難を兵営に避くるに至れり。

而して自警団の武装せる警戒はかくの如くにして起り、鮮人を本署に拉致するもの2日の午後8時に於て既に120名に及べり。翌3日警視庁の命令に基きて戎・兇器の携帯を禁止し、かつ鮮人の保護に従いしが、4日に至りて鮮人三軒茶屋に放火せりとの報告に接し、直にこれを調査すれば犯人は鮮人にあらずして家僕が主家の物置に放火せるなり。

疑心暗鬼を生じ、衆庶その堵に安んぜざりし事それかくの如し、これに於て本署は鮮人の保護、流言の防止、自警団の取締に関して爾来最力を注ぎ、鮮人に対しては目黒競馬場を収容所としてここに保護すると共に、注意人物は軍隊に托して習志野に移し、引取人あるものはこれを放還せるのみならず当時多数鮮人の居住せる奥澤・等々力・瀬田・碑文谷・上野等には巡査を派遣して警戒の任に当らしめ、尋て又警視庁の命令に基きその就職をも斡旋せり。

始め目黒競馬場を鮮人の収容所と為すや、町民のこれに反対して極力その移転を迫りしが、署員の懇篤なる説諭に依りて漸次其誤解を一掃せり。〔略〕而して流言は叙上の外「横浜の大火は其放火に原因せり、不逞鮮人数100名東京に襲来せり、鮮人等井水に毒薬を投ずるものあり」と言えるが如き又は東京に於ける震火災を誇張せる説話等種々行われたりし。

（『大正大震火災誌』警視庁、1925年）

『国民新聞』（1923年10月21日）

9月2日午後5時40分府下世田谷太子堂付近にて鮮人朴某（28）を銃殺した犯人太子堂25写真業小林隆三（27）に令状執行収監す。

『東京日日新聞府下版』（1923年10月21日）

「烏山の鮮人被害者」

長らく記事差止中であった震災当時北多摩郡烏山方面に於ける鮮人被害者の氏名は左の如くである。被害者――

比較的軽傷者：金丁石（25）・魯□珍（20）・李敬植（36）・権宜徳（24）・許衎寛（36）・朴在春（32）・朴道先（32）・朴敬鎮（50）・李永壽（23）・金希伯（34）・高學伊（24）・李洪中（25）・宋學伯（23）・鳳虚到（38）・具鐵元（27）・金珠榮（26）・文己出（36）・閔丙珏（31）・金仁壽（24）・権七奉（23）・鄭三俊（25）

赤十字病院へ送られし者：金奉和（35）・金威光（28）・成鋰□（32）

絶命した者：洪基台（35）

『東京日日新聞』（1923年10月21日）

「烏山の惨行」

9月2日午後8時頃北多摩郡千歳村字烏山地先甲州街道を新宿方面に向って疾走する1台の貨物自動車があった。折柄同村へ世田谷方面から暴徒来襲すと伝えたので同村青年団在郷軍人団消防隊は手に手に竹槍、梶棒、鳶口、刀などをかつぎ出して村の要所々々を厳重に警戒した。

この自動車も忽ち警戒団の取調べを受けたが車内には米俵、土工用具等と共に内地人1名に伴われた鮮人17名がひそんでいた。これは北多摩郡府中町字下河原土工親分二階堂友次郎方に止宿して労働に従事していた鮮人で、この日京王電気会社から二階堂方へ「土工を派遣されたい」との依頼がありそれに赴く途中であった。

鮮人と見るや警戒団の約20名ばかりは自動車を取巻き2、3押問答をしたが、そのうち誰ともなく雪崩れるように手にする兇器を振りかざして打ってかかり、逃走した2名を除く15名の鮮人に重軽傷を負わせ怯

震災時の混乱のなか、烏山では何が行われたのか。多くの朝鮮人が殺された「烏山の惨行」を訪ねるべく、会の仲間と現地を歩いた

むと見るや手足を縛して路傍の空地へ投げ出してかえりみるものもなかった。

時経てこれを知った駐在巡査は府中署へ急報し、本署から係官急行して被害者に手当を加えると共に一方加害者の取調べに着手したが、被害者の1名は□3日朝遂に絶命した。なお2日夜警戒団の刃を遁れて一時姿をくらました2名の鮮人中、1名は3日再びその付近に現われ軽傷を受けて捕われ、他の1名は調布町の警戒団のために同日これまた捕えられた。被害者は3日府中署に収容されたが、同署の行為に対し当時村民等には激昂するものさえあり「敵に味方する警察官はやっつけろ」などの声さえ聞いた。

『国民新聞』（1923年11月10〜12日）

「鮮人18名刺殺犯人12名起訴さる府下千歳村の青年団員」

9月3日夜、府下豊多摩郡千歳村に起こった鮮人18名刺殺事件の嫌疑者として〔略〕取調を受けていた同村、青年団員並木総三(51)・福原和太郎(43)・並木波次郎・下山惣五郎(29)・宮崎龍助(30)・下山武市(24)・小泉春三郎(24)・駒沢金次郎(23)・下田久治(23)・下山馬次郎(30)・下山友吉(24)・志村宇三郎(30)の12名は8日いずれも殺人罪で起訴され〔略〕。

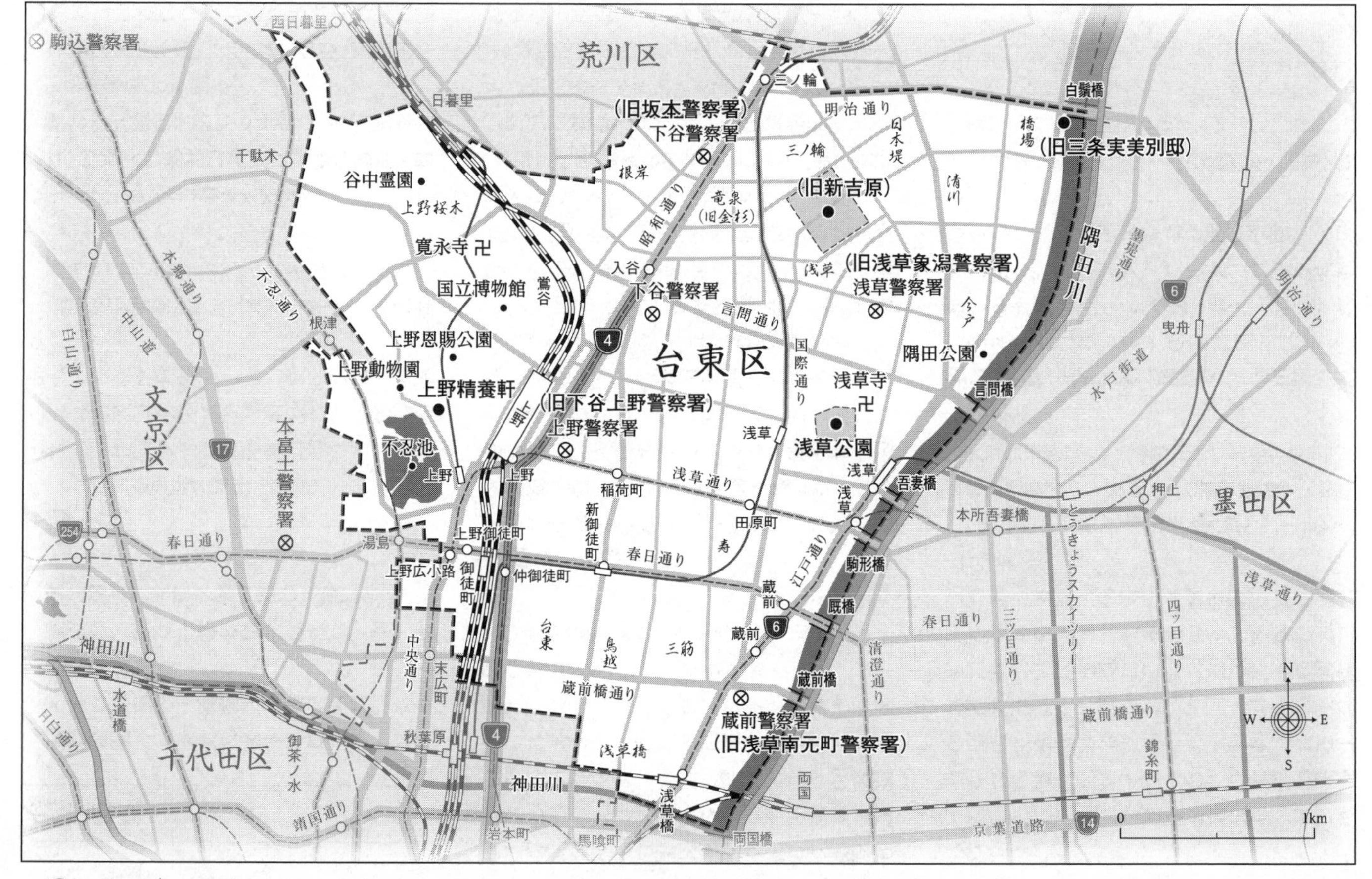

駒込警察署
西日暮里
荒川区
日暮里
千駄木
谷中霊園
上野桜木
寛永寺
国立博物館
鶯谷
上野恩賜公園
上野動物園
上野精養軒
不忍池
上野
文京区
本富士警察署
(旧坂本警察署)
下谷警察署
根岸
三ノ輪
明治通り
日本堤
竜泉
(旧金杉)
(旧新吉原)
清川
橋場
白鬚橋
(旧三条実美別邸)
隅田川
(旧浅草象潟警察署)
浅草警察署
入谷
下谷警察署
言問通り
台東区
国際通り
浅草寺
浅草公園
隅田公園
言問橋
(旧下谷上野警察署)
上野警察署
浅草通り
稲荷町
田原町
吾妻橋
新御徒町
春日通り
上野御徒町
仲御徒町
上野広小路
湯島
蔵前
江戸通り
駒形橋
厩橋
台東
鳥越
三筋
蔵前橋通り
蔵前橋
蔵前警察署
(旧浅草南元町警察署)
浅草橋
両国
両国橋
神田川
秋葉原
千代田区
墨田区
押上
本所吾妻橋
とうきょうスカイツリー
水戸街道
京葉道路
1km

台東区

浅草周辺

浅草公園へは東武スカイツリー線・東京メトロ銀座線・都営浅草線の浅草駅から徒歩7分ほど。

震災時、浅草一帯は焼失したが、唯一浅草公園内の浅草寺境内だけが焼け残った。

伊藤一良

〔6日、吉原を見た帰途〕吉原土手のお歯黒どぶに、電線で十重二十重に縛られて投げ込まれた死体を続けて2体見たが、流言蜚語からあんな無惨なことになったのかと思った。

（目白警察署編『関東大震災を語る――私の体験から』目白警察署、1977年）

岩佐小一郎〔当時日本大学学生〕

「不逞鮮人の暴状に憤慨し銃殺の現場を目撃して火焔の帝都から避難した日本大学生岩佐氏悲憤して語る」

〔日時不明〕不逞鮮人も善良なる避難民中に化けているのを憲兵隊などが1名ずつ誰何し有無をいわさず引きずり出して浅草方面だと思いましたが、そこで全部銃殺しているのであります。私の見たのでも50名位やられました。当然で出来る事なれば自分等も飛びついて喰い殺してやりたいとさえ思いました。

（『北陸タイムス』1923年9月6日）

内田良平〔政治活動家〕

2日午前1時頃〔略〕小倉房一が浅草観音堂裏に避難中、2名の鮮人が〔略〕いるを見つけ、大声を発したるより避難者が騒ぎ立ちたるため1名の鮮人は捕えてこれを殺したるも、1名は伝法院の方へ逃れんとするを追い駈け遂にこれを見失いたり。

〔略〕同日〔1日〕夕刻朝鮮人が〔略。観音劇場を〕出て来る所を怪まれ群衆より殺されたるが、それは彼等前後の挙動及言語より察するに鮮人なること証明せられたり。

〔略〕不逞鮮人の行動に就ては〔略〕青年団員に攻撃せられ〔略〕その集団数十名なりし由なるが、その6名を斬殺したり。

〔略〕伝法院の庭の中〔略〕捕えられ鮮人なること明白となり、直ちに群衆より殺されたり。

〔略〕浅草公園にては1日夜より2日にかけ多数の鮮人出没しつつありしが飛行機館の助かりたりしは当時これを保護したる土木請負高橋秀次郎にして、同人はその子分等は共に抜刀を以てこれに当り、その警戒頗る厳重なりしによるという、その付近にては怪しき鮮人の殺されたる者頗る多数に上れり。

（内田良平『震災善後の経綸に就て』1923年→姜徳相・琴秉洞編『現代史資料6・関東大震災と朝鮮人』みすず書房、1963年）

鹿島龍蔵〔実業家、鹿島組理事。当時田端在住〕

9月6日〔略〕今戸の建具屋木村来り、自分の避難の話から、不逞鮮人（ママ）の話に及ぶ。鮮人（ママ）を殺した事を自慢していた。これ等の輩にも困った物だと思う。

（武村雅之『天災日記――鹿島龍蔵と関東大震災』鹿島出版会、2008年）

香取喜代子〔ひょうたん池のほとりで避難生活〕

あれはね、9月1日ですよね、震災にあったときは。1日は上野にいて、2日の晩なんですよ。結局もう2日の夕方からね、浅草も、上野も、水を飲んじゃいけない、いっさい水を飲んじゃいけないっていうんですよ。その水にはね、朝鮮の方とかね、そういう方が毒を入れてあるから――そのころ割に井戸掘ってある家があったわけですよね――だから井戸水はいっさい飲んじゃいかんっていうわけでね、みんな朝鮮の方が毒を入れてあるからっていうんですよ。マイクでね。そういって怒鳴ってくるわけ。在郷軍人だとか、そういう連中がね、いっさい飲んじゃいけない、飲んじゃいけないっていってくるから、あたしたち水に困っちゃうわけでしょ。その憎しみと両方あったんでしょうけどねえ、もう朝鮮人とか支那人とかそういう人を見れば全部その、井戸に毒を入れたのは朝鮮人だと称して、いい朝鮮人もわるい朝鮮人も全部かまわずね、みんなつかまえてね、その場で殺しちゃう……。

でもいやでしたよ。みんなで抑えて、そいでその逃げるあれが、ひょうたん池のなかでもう逃げ場失っちゃって、ひょうたん池ん中はいっちゃうんですよね。そうすっとね、ひょうたん池のところに橋がかかってたの、その下の、橋の下にはいってんのにみんなで、夜だけど、出しちゃってね、その場でね、そう、叩いたり引いたりしてすぐ殺しちゃう。みんな棒みたいの持ってね。叩く人もあれば、突く人もあればね、その場で殺しちゃう。夕方から夜にかけて。〔略〕ひょうたん池のそばに大きな木が2本あって、方々に木がありますからね、2本の木の股にかけて、材木を買ってきたのとトタンでね、焼けた劇場のドアですよね、ああいうの突っ立てて、一時そこに6畳ぐらいのとこ、こしらえてね、12日ぐらいいましたか。そしたらね、毎晩なんですよ、朝鮮人を見たらとらえろ、ぶっ殺しちゃえっていうのね。はな、みんなね、5日ぐらいはぶっ殺しちゃえだったんですよ。2週間目ぐらいになったらね、今度劇薬をね、方々に置くとか、そいから燃えるようなもの、アルコールとか揮発油とかいうものを建物のそばへ置いて火をね、燃すから気をつけろ、気をつけろってね、触れて回るわけですよ。〔略〕

殺されたのは朝鮮人ですよ。殺されたのは朝鮮人。山でもどこでも。裏の山でも、全体がそうですって。もう朝鮮人だっていって、その場で殺されなくってもね、みんなに叩かれたり引かれたりしてぐたぐたになって連れていかれた。

3人見ました。その場でもう、どどどーって逃げてきたでしょ、5、6人がだーっと追っかけて、そっちだー、こっちだー、って。ひょうたん池ん中逃げてってたら、そっちだー、こっちだーって。そしてひょうたん池ん中から吊り上げて。あの時分夏ですからねえ、水ん中はいったってそう冷たくないでしょ、だからみんな水ん中はいってね、吊り上げて、その晩、そういうふうにしてその人、32、3の男だった。丸坊主で。毛長くしてないみたいでしたよ。夜であんまり、ほら全体が暗いですからあんまりよくわかんないですけど、丸顔の人でしたね。夏だからほんとに簡単なシャツと、ズボンとでしたけどね。もう叩かれるの可哀そう

で見るも辛かった。〔略〕

ほんとにその人目に映る、あたし。血だらけになってね。ほんとに目に映りますよ。あれは。（1970年頃の聞き書きより抜粋）

（高良留美子「浅草ひょうたん池のほとりで――関東大震災聞き書き」『新日本文学』2000年10月号、新日本文学会）

來馬琢道〔僧侶、政治家〕

〔1日夜、浅草公園で〕浅草の各興行物の家屋もどんどん焼けて、時にボーンボーンと大きな爆弾を投げたような音がきこえる。瓦斯管とか、建築用材中の鉄管とかいうものが熱のために中の空気が膨張して爆発するのだろうと思ったが、この音が後に朝鮮人が爆弾を投げ込んだといいふらされた音である。もし真実そう思っている人が多いならば、朝鮮人はよほど迷惑を蒙ることであろう。

〔略。2日夜、浅草公園の仏教青年伝道会館で〕そのうちに後の方から青年団員とかいう人が大きな声で叫んでいうには「只今朝鮮人の一団がこの方面に向って進撃して来るそうでありますから、我々も極力防戦する決心でおります。諸君はどうか、この会堂を出て庭の方にて万一の用心をして下さい」と、かなり凄い言葉であった。

〔略〕会堂を出て観音堂の後を一回り回ってみたが、一面の焼野原で、たいして避難者も見えない。いずれも朝鮮人の襲来に対して怖れを抱き、どこかへ逃げたのであろう。所々に関門を作って警衛しているのはいずれも青年団や在郷軍人会の諸君であるから、予の顔を知っていたのでまず無難に通れたが、顔を知らない人が通ると、鬚の生えた顔では、或は朝鮮人と間違えられたかもしれない。何処を見るのも気味が悪いから、又そのまま会堂の中で寝てしまった。

（『一仏教徒の体験せる関東大震火災』鴻盟社、1925年）

定村青萍〔童謡詩人、小学校教員〕

〔2日夜、浅草公園で〕夜も9時に近き頃であった。俄然公園一帯に騒音が響いた。やがてバタバタと走る足音、怒声、叫喚相続いて起った。すは又火事かと、はね起きて耳をすました。騒ぎは益々激しくなる。やがてどこからともなく、「不逞人の襲撃だ。」と伝えられた。群衆の中を馳巡る兵士と警官は大声で、「皆起きた起きた、今夜この観音堂を焼打するそうだから注意々々」となっている。

諸所に兵士と警官の誰何が行われる、まるで戦乱の状態である。〔略〕

2日間の疲労も何のその、起きて万一の用意にと付近に集り来る婦女や子供を慰めて坐せしめあたりを警戒していた。折から突然後方より、「そこに立っている白服は不逞人か、日本人か」「日本人！」答うる間もあらばこそ、暗にもそれとわかる兵士と警官隊は詰めよせた。原籍をいえ、姓名をいえ、矢つぎ早の尋問に即答し許された。「服装がよくない、白い靴を取れ」「はい！」と答うるより外に術がない。暗夜に白服、白靴は目につきやすい、これはだめだと気がつくと同時に靴は捨て、服は風呂敷にして首につけた。

（定村青萍『夢の都――大正十二年九月一日大震大火災遭難実記』多田屋書店、1923年）

友納友次郎〔国語教育学者。勤務先の向島の小学校で被災〕

〔3日、上野で〕「ナアニ、普通の火じゃないのさ、〇〇がやったのさ、松坂屋なんか、2日の朝までは焼けていなかったのに、不意に燃え出したのだからね」

〔3日、浅草で。堂を回って後の広場、ちょうど団十郎の銅像の前あたりに〕そこには一人の労働者らしい若い男の死体が横たわっている。「この野郎だ。この野郎がこの観音堂に爆弾を投げようとしたのだ」「〇〇の野郎だ、この野郎太てぇ奴だ」「〇〇〇だそうです。この〇〇〇が爆弾をあの観音堂に投げつけようとしたそうです。それをここに避難している人が見つけて、あの通り殴り殺したそうです」

（友納友次郎『教育革命焦土の中から』明治図書、1924年）

浅草寺の避難民。震災により浅草の大半は焼失し、観音堂に至る仲見世も焼けたが、浅草寺境内だけは避難民の協力によって一部建築物が延焼するだけの被害で済んだ

古澤菊枝〔**当時府立第一高等女学校生徒**〕

〔2日夜、浅草で〕その晩は朝鮮人が観音様に火をつけるといって警戒で大騒ぎ。ろくに寝られず3日になった。

（『校友・震災記念』府立第一高等女学校内校友会、1924年）

細田民樹〔**作家。下谷浅草西で**〕

避難者の右往左往する大通りを、鼠色の小倉服を着た、17、8の少年鮮人が、在郷軍人の徽章をつけた男に引っぱられて行く。「私、怪しいものじゃありません、おやい、じと一緒に、神田の家を焼け出された商人です！」少年は真蒼な、恐怖に満ちた顔をして、上手な日本語で弁解した。引っぱって行く在郷軍人は、多少解っていると見えて、ただ少年の袖を握っているばかりだが、後からぞろぞろとついて行く群集が、××××××くやら、バケツで×××り飛ばす。一旦擦れちがって行き過ぎた男も、それが鮮人だと聞くと、わざわざあと返りをしてなぐりつける。或ガードの下まで来ると、私服を着た巡査が、「俺の方が本職だ」といわんばかりに、腕をまくって、その少年を受け取ると、ぐいぐいと×××××××る。

私は人間の腕の存外強いのに驚いた。あんなに捩じ上げられて、どうして折れないのだろう。或いは折れていたかも知れない。私は少年の様子から見て、それが決して所謂不逞の徒とは思わなかった。そして今でも、私の眼の間違はなかったのを信じている。

〔略〕私の隣りの部落の夜警は、付近の原っぱに寝ていた白痴を滅多斬りに斬って、警官に渡した。私は斬られた男を見た。

「バカで神経が鈍いから歩けたんですが、普通の人なら、とてもあの傷で歩けるもんですか」警察へ引致しておいて、帰った警官が言った。

私はその前、輸送貨車の中で、自分さえ乗れば、他に避難者は乗せまいとする、いやな避難者を叱りつけたが、それと同じように、この白痴を斬った男が解れば、承知できないような気がした。

夜警をしていると、方々でピストルの音がして、「警戒！　警戒！」と、石油缶を叩く。そんな時には、誰にも頼ることなく、自分ひとりで出来るだけ応戦しようという気になる。

（「運命の醜さ」『文章倶楽部』〈凶災の印象・東京の回想〉1923年10月号、新潮社）

増子菊善・酒井源蔵

〔2日夜、浅草公園で〕時しも忽ち恐るべき警笛が耳朶を打った。そも何事ぞ、「鮮人襲来、鮮人放火せり、各自警戒せよ」さあ大変だ、泣き叫ぶ婦女子がある、この暗夜に爆弾でも放たれたらたまったものでない。逃げろ逃げろと群羊の如く、この森を捨て退去する者、心忙いで足進まず、実に悲壮と言おうか、悲惨と言わんか、自分にはこの時の真実を現わす言葉を持たない。自分は、何ここを去っても何処へという目的はない。鮮人来らば来れ、数万の一等国民、大和魂は未々失せはしない。彼等のために辱しめられたとあっては、全く国辱である。踏み止まってこれに当ることと決心した。

「今鮮人300名は南千住を出発して、この公園に向い進軍中なり」「男子という男子は皆警戒の為に出動すべし。女子供はその地にだまっていることとせよ」上を下への騒ぎである。妻子の止むるもきかず、出なければすまぬ様な気がして自分も出てみた。幾万の人々は金棒その他の物を持ってガランガランと、引きずり歩くのである。あまり気味のよい光景ではなかった。腰のまがった老人まで、決心の色が鮮かであった。昨日から今日にかけてのあの爆音は、鮮人の擲弾の音であったか、わが妻子を焼き殺したのは彼等であったのか。憎い奴等だ。かたきを取らずに置くものかと、猛虎の様にたけりくるう若者もあった。気丈な烈婦は、たとえ男子が出払っても、この中に一歩も彼等など入れるものか、もし来たら、ただむざむざと殺されているものか、などと憤るのであった。

「鮮人が飛び込んだ」と叫ぶ者あり、どれやっつけろと、気早の江戸ッ子、たちまちにしてその暴漢を捕えた。住所姓名を問うた。彼いわく、「我は新潟県の何の誰だ。神田の叔母の安否を尋ねんために来たのだ」と答えた。しかしそのアクセントに不審があるというので、懐中を調べた。すると西洋剃刀2挺を呑んでいた。これ確かに不逞漢だと、群衆によって交番へと持ち込まれた。彼が、「人殺し」と一声叫んだのが今も耳の底に残っている。

再び襲来の声に騒ぎは益々大きくなる。殺気立てる数千の人々はこの敵を囲まんとする。暴漢短刀をくわえて池に飛び込んだ。それに続いて十数人の勇士がその池にザンブとばかり飛び込んだ。ピストルは岸上から放たれた、暗の森に響いて物凄いこと話の外であった。あたりは真暗。しかも幾万と密集せるこの森、誰が誰やら識別することはできない。遂に逃がしたとて、口惜しがること限りなしであった。

〔略〕時しも真夜中の12時頃と思う。3度叫声に驚かされたのである。その声のする方に行ってみた。「鮮人藤棚の上にあり」と、婦女子は声もロクロク出せないで往来に皆飛び出している。命を知らぬ猛虎のような警戒員は、四方八方よりその藤棚に上っていく。下からは銃剣で突く人がある。あたかも芳流閣上の活撃を目の当りに見るようであった。「何処だ」「いたか」と棚上くまなく捜したが、遂に捕えることができなかった。彼は既に逃げ失せたのだ。〔略〕あとで聞けば、浅草公園を襲わんとした乱徒は、第一に上野を陥れて、次にこの森を攻撃する計画であったが、上野に於て予定よりも多く時間を費したがため、遂にこの公園に隊を成して来ることができず、その中に夜が明けたのでとうとう作戦計画が実行されなかったのだそうだ。これが果して本当であるかどうかは頗る疑問である。

（増子菊善・酒井源蔵『樽を机として』誠文堂書店、1923年）

宮武外骨〔ジャーナリスト、風俗研究家〕

朝鮮人が井に毒薬を投げ込むなどというウソも盛んに行われ、市内各所へ注意すべしと貼紙した者もあり、浅草寺境内の井へ頗る美貌の朝鮮女が毒を投げ入れようとして捕われたなどのウソもあった。

（「井戸に毒薬を投げ入る」宮武外骨『震災画報』半狂堂、1924年）

宮本筆吉〔浅草公園に避難〕

2日目の夜が来た。不てい鮮人が横浜に来たとか、井戸水に注意しろとか、いろいろなうわさが飛んだ。公園には、日本刀を持った人達が警戒に当った。時々皆の真ん中で「君が代」を歌う声が聞えてくる。朝鮮人かどうかを見分けるのだそうだ。真夜中、なんともいわれない深刻な命がけの「君が代」であった。

（「遺稿・わが生涯」『東京部落解放研究』第38号、東京部落解放研究会、1984年）

山本芳蔵〔神田柳原の洋服店で被災し、浅草公園へ避難〕

〔1日〕火の中をくぐりぬけ、漸く公園に辿りつくと、既にこの一帯も焼け落ちて自警団が組織され、手に手に鉄棒を持って関所をつくっている。不逞鮮人の潜入を防ぐのである。自分も日本人である事を認められ、関所は通してくれ、君もすぐ自警団に加入するようにいわれたが、いまの所はいれないと断った。

〔略〕その夜〔1日夜〕は一睡もせず夜を明かした。上野方面から朝鮮人が向っているから注意せよとの情報が自警団にくる。公園内に入る者は片っぱしから調べ、朝鮮人らしき者にはザジズゼゾといわせる。怪しいと思うものは、交番裏の空家へ押し込む。

翌2日になって警官が取調べの上釈放するが、自警団が承知しない。2、3人でこの釈放された男を鉄棒でなぐりつける。男はヒーヒーと悲鳴をあげる。4、5歩歩くとばったり倒れる。それへかさにかかって大勢で鉄棒でなぐる。頃を見て針金でしばり、まだ焼残っている火の中へほうり込む。これを繰り返し、繰り返しするのである。無惨な殺し方をしたものである。

（山本芳蔵『風雪七十七年』私家版、1977年）

『浅草区史』

〔4日午後〕折しも今戸方面に鮮人大挙来襲の報に接したる。〔略〕その頃より鮮人に対する流言蜚語甚しく恐怖と不安一層その度を昂め、各町の夜警者は鉄棒又は白刃

震災で花屋敷も全焼。園内の動物や建物のほとんどが失われた

を提げ何人を問わず誰何する有様にて、その危険名状すべからず、しかも安寧秩序維持公安保持の職務にある警察官吏に依って一層この流言を昂張せしめ不安を愈々大ならしめ、心窃かにこれを憂い鮮人必ずしも不逞の行動をなすに非ず、十分保護を差加え本土人の義と侠を示し出来得る限り愛護を加え、その妄動を戒告するも恬として聞き入るべくもあらず、取敢ず各事務所に向って〔在郷軍人会〕正会員が訓練なき地方民に伍し軽挙盲動を戒むべしと通告し、又一面不安防遏の手段として差當りその範を示す為、向柳原町全体に亘り南元町警察署の諒解を得て分会長監督の下に正会員を基幹とする自衛団を組織せしめて終夜交代、11月20日までこれを継続せしめ偉大の効果と実績とを挙げ付近地方民のひとしく賞讃して措かざる所なり。

（浅草区史編纂委員会編『浅草区史・関東大震災編』浅草区史編纂委員会、1933年）

浅草象潟署

9月2日午後4時頃流言あり、曰く「約300名の不逞鮮人南千住方面にて暴行し今や将に浅草観音堂並に新谷町の焼残地に放火せんとす」と。これに於て、自警団の専横となり、鮮人に対する迫害となりしが、これが為に同夜午後10時頃椎谷町に於て通行人3名は鮮人と誤認せられて殺害に遇うの惨劇を生ずるに至りし。

（『大正大震火災誌』警視庁、1925年）

浅草南元町署

9月2日の夕に至り、「鮮人等は爆弾を以て火災を起し、毒薬を井戸に投じて殺害を計れるのみならず、或は財物を掠め、或は婦女を姦する等、暴行甚しきものあり」との流言行わるるに及び、ここに自警団の組織を促して、到る所戎・兇器を携えたる団員の屯集を見たり。

（『大正大震火災誌』警視庁、1925年）

『いはらき新聞』（1923年9月5日）

「灰となった歓楽の跡　浅草より新吉原」

〔4日?瓢簞〕池の付近で人だかりがしているので覗いて見ると、鮮人が眉間を斜に斬り付けられパックリ肉が開いて鮮血にまみれ倒れていた。

『いはらき新聞』（1923年9月5日）

「鮮人を見たら殺して焼いてしまう」

3日千住から上野、九段、神田を経て日本橋、東京駅、丸の内、麻布六本木、三田、京橋、飯代橋、深川を踏破して帰った者の談によると、〔略〕鮮人の殺されたのを13人目撃したが、仲見世で踏んで殺された者は在郷軍人の服装でダイナマイト数本を携帯していた。巡査と憲兵は鮮人を縛するだけで殺さないが、抜刀、竹槍を持った野次がこれを殺し石油をかけて焼いているものもあった。

『いはらき新聞』（1923年9月6日）
「50年の文化の夢　横たわる東京の骸」

〔4日、浅草〕仲見世の煉瓦店は1、2軒崩れ残っているだけ、出口の所に不逞鮮人の死骸がある。

浅草橋

石井市三郎〔石井敏夫の父親〕

御徒町では、朝鮮人が殺されたという話を耳にしましたが、店〔浅草区浅草福井町の酒井帽子店〕の近くの松浦という人の屋敷の前では、実際に目撃しましてね。針金で結わえられている2人がそうだというのです。もう、息たえだえになっているというのに、刀で切りかかるのがいたりして、とても見るに忍びなかったです。

（木村松夫・石井敏夫 編『絵はがきが語る関東大震災——石井敏夫コレクション』柘植書房新社、1990年）

入谷・下谷・根岸・鶯谷・三ノ輪・金杉

荒井聡博〔当時府立第三中学校生徒。下谷中根岸81で被災〕

〔3日〕上野方面に黒い煙が上るのが見え上野広小路の松坂屋デパートが燃えているとのことでした。それは朝鮮人が放火したというデマが飛び、結局自警団が組織され、我が家では男は小生一人なので竹刀を持って詰所に詰めていたこともありました。

（『関東大震災記——東京府立第三中学校第24回卒業生の思い出』府立三中「虹会」、1993年）

石井貞子〔石井英子（寄席経営者）の姉。線路の上に避難〕

〔日時不明〕怖かったのは、朝鮮人が鶯谷に潜入したという噂が飛び、抜刀した男たちが一軒一軒家の中を調べたり、血走った眼をして線路を駆けて行ったことです。

（石井英子『本牧亭の灯は消えず——席亭・石井英子一代記』駸々堂出版、1991年）

岩尾研

5日の日に村の駐在所の巡査と一緒に浅草にその巡査の家族をさがしに行ったんです。三ノ輪を通って浅草に行ったんですがね。三ノ輪っていうところでもって、朝鮮人が針金でしばられて荒川に生きたまんまほうり込まれているのをみたんです。

（日朝協会豊島支部編『民族の棘——関東大震災と朝鮮人虐殺の記録』日朝協会豊島支部、1973年）

内田良平〔政治活動家〕

2日坂本方面の火災は三ノ輪方面よりの延焼なりしが三ノ輪及び坂本方面の罹災者は一般に鮮人の放火なりと確信しおれり。これは荒川堤工事に従事の鮮人約600名位いずれも市内の者と連絡を取れる模様ありたれば三輪方面より潜入せるものの仕業ならんと。

〔略〕2日夜日暮里在住の婦人日暮里より赤羽に向いたるが、途中の街道に於て〔略〕

17才位の鮮人が現場に於て捕えられ、群衆より殺さるるを目撃したり、引続きその連類らしき2名の鮮人が捕えられ来りしが群衆は「此奴は放火したること故、火刑に処すべし」と敦囲きいたるため、婦人は大に驚きこれを見るに忍びず匆々その場を立ち去りたり。

（内田良平『震災善後の経綸に就て』1923年→姜徳相・琴秉洞編『現代史資料6・関東大震災と朝鮮人』みすず書房、1963年）

大河内一男〔**経済学者。下谷で被災**〕

激震があった直後、交番の巡査が父の家へやって来て、みんなが庭でまだ落ち着かない不安な気持でいるのに対して、午後3時に第二回目の激震がありますから、といって敬礼をして急いで帰っていったことがありました。

〔略〕おおかたの飛び交う噂は悪質のものでした。「主義者」が革命を計画しており、ロシアの「労農政府」が裏で操っている、とか、政府は社会主義者を一人のこらず逮捕する方針をきめた、とか、いろいろありましたが、余震がまだ完全にはおさまりきらないさなかに、朝鮮人が井戸に毒を投げ込んで回っている、とか、朝鮮人が埼玉県の川口町から大挙して東京市内に押し寄せてくる、などと、まことしやかに喧伝されたものですから、そんなことは考えられない、とは思ってはいても、あるいは、などと身をひきしめたものも少なくなかったようです。

とくに父親の家のあった下谷は下町でしたから「流言蜚語」にはかかりやすい血の気の多い連中が多く、六番組などというまといをもった町の消防団兼私設防衛隊のようなものが、江戸の伝統を引いてまだ顔をきかせていたのですから、戒厳令下の「流言蜚語」が効果を発揮する最適の土壌だったと言えるでしょう。さっそく、町会やら隣組やらが中心になって朝鮮人襲来に備えることになったというわけです。

町内の要所要所にはテントの小屋がけが出来、家々から若い男子が駆り出されました。私なども駆り出された一人ですが、詰所へ出かけてみて驚きました。トビ口を手にした六番組の若い衆が大勢おりますし、夜の闇のせいで異様な雰囲気のなかに、士族あがりの老骨らしいのが槍を手にして立っていたり、太刀を腰にぶちこんだ者もいる有様でした。おそらく昼間みたら、誰もがひきつった頬、血走った眼をしていたに違いありません。

もちろん朝鮮人の襲来などはありませんでしたし、井戸に毒物が投げ込まれた事実はどこにも見あたりませんでした。

〔略〕多数の朝鮮人が殺傷されたことは事実ですし、トビ口で脳天を割られたものがあったこともたしかな事実でした。検問所の尋問に引っかかった日本人も、訛りがひどかったり、雰囲気にけ押されてはきはき返事をしなかった者などが、みな被害を受けました。

（大河内一男『暗い谷間の自伝――追憶と意見』中央公論社、1979年）

小畑惟清〔**医学者**〕

〔2日夜、日暮里駅と鶯谷駅の中間で〕ウトウトと眠ろうとしたら、突如線路の上の森に銃声があがり、続いて誰何叱咤の声、人々の駈け回る音で急に騒がしくなった。やがてして森の中から鉄路に向って人が飛び出

し、これを左右に追い回わし、物情愈穏かならずなった。よく聞けば、これが朝鮮人騒動であった。即ち吾々は今初めて朝鮮人騒ぎを目の前に見るのである。

騒ぎが愈大きくなり、闇をついて人は右往左行する。時々闇を貫く喊声が挙がる。その時朝鮮人が殺されたという話で、何れも戦々兢々である。この時に当り、病院を愈立退く際人力車で駆け付け一緒に連れてきた妊婦が陣痛が強くなって来た。一方朝鮮人騒ぎは激しくなる。何たる悲惨事であろう。漸くにして分娩は無事に済み、母子共に健全である。やがて鮮人騒ぎも鳴りを鎮めた。

〔略。不忍池畔で〕土工風の服装した男が高張提灯を眺め先頭にあった松浦副院長に嗄声で話しかけて来た。それによると、その男は刑事であるが、変装して朝鮮人の行動を探り、連日連夜の活動に疲れ、今そこに寝ていたとのことである。今しも大学構内に鮮人が闖入して爆弾を放たんとしたが、軍隊の探知する所となり、大活劇が演ぜられた。なお鮮人は大学病院をねらって森の方々に潜んで居るから、今大学病院に進入するのは剣呑千万であると言うとて、後尾にあった私を、松浦副院長は呼びに来て密かに協議した。自分は第一に、朝鮮人騒ぎと言うのが不思議で仕方ない。第二に、もし朝鮮人が不逞な企てを以ってするとしても、病人を収容する病院を襲撃する様な馬鹿者揃いではないであろうと。大学病院へ進む様決心した。

（小畑惟清『一生の回顧——喜寿』私家版、1959年）

上條貢〔当時金竜小学校教員〕

〔1日夕方、入谷89番地の自宅で〕「いま津波が東のほうから押し寄せてきた。早く逃げろ！」と大勢の人々が口々に叫びながら真青になって駆け出して行く。四囲の家々も軒並みに空になっている。

〔略〕坂本通りに出てみると、向島、浅草方面から来た眼の色を変えた避難民が通路を埋め立錐の余地もない。〔略〕坂本2丁目の停留所から鶯谷駅入口に至るまでに1時間も要した。

〔略〕私たちは鶯谷駅北側の鉄道線路の上に一夜を明かすことにした。夜中の12時頃金竜校の方向に大きな建物がさかんに燃えているのを見た。後で聞いてみると、ちょうどその時刻に、金竜小学校は西側から火がつき、焼失したということである。夜中うとうとしていると、日暮里方面から「朝鮮人が大勢で襲撃してきたから逃げろ。命をとられるぞ！」と叫びながら線路上を群集が逃げてくる。私たちも一緒になって逃げ出した。

（上條貢『幾山坂——わが半生記』共同出版、1971年）

木村東介〔美術収集家〕

私はその時〔震災時〕鶯谷の線路に逃げた。敷布団と掛布団を線路に敷いて、南のほうの空に立ち昇る黒煙を見ていた。マイクなどのまだない頃のことである。ボール紙で作ったメガホンをリーダーが持って、「ミナサーン！　井戸水に気をつけて下さい！　井戸の中に劇薬が投げ込まれました！　缶詰缶は大方爆弾です！　ミナサーン、缶詰缶に気をつけて下さい……」

また別の声で「只今、本郷方面から上野方面に向かって、朝鮮人が7、8人押し寄せて来ました。皆様用心して防いで下さい……」

車坂、道灌山、鶯谷、日暮里にかけて、線路づたいに集まっていた3～4万人の大群衆は、ワーッと吼えるようにそれを迎え撃つべく鬨の声をあげ、総立ちになった。

（木村東介『上野界隈』大西書店、1979年）

館山太郎〔**当時21歳。金杉上町在住**〕

「不逞鮮人を金棒で撲殺す　日本人を脅迫したのでやッつけたと函館で語る」

〔下谷龍泉寺で〕3日の昼頃でした。労働服に半天を着た鮮人が日本人を脅迫しているのを見付けたので、警戒の任に在る私共は金棒でブン撲ったら血がはねるやら、遠くから石を持って打殺して仕舞ました。〔略〕鮮人と見ればもう何でもかんでも殺してしまわねばならん様に思い込まれて、今その時の事を考えるとゾッとします。この金棒はその朝鮮人を殺したのです、と金棒でホームを突いて見せた。

（『北海タイムス』1923年9月7日）

中野とら〔**当時22歳**〕

〔3日、入谷の電車通りで〕地震の最中に暴徒がここいらに現われるかもしれないと、道行く人が言っています。私は母と子供達を電柱陰にかくして、妹と焼跡から手頃な鉄棒を探してきて、もし来たらかなわぬまでも母を護ろうと決心しました。

交差点でしばらく見張っていましたが、何事もないので、おひる近く我家の焼跡〔浅草〕へ帰ってきました。

〔略〕石巻の兄が上京してきたのは5日でした。東京は大地震や火事で大変な数の人が死に、暴徒が横行して危険な状態と伝えられていたそうです。

（『東京に生きる　第6回――語りつぐふるさと東京「手記・聞き書き」入選作品集』東京都社会福祉総合センター、1988年）

中浜東一郎〔**医学者。当時中野在住**〕

9月6日〔略〕初めて東京に行きしは去る5日にて、〔略〕上野より田端に行く途中死人3人を見たり、一人は朝鮮人ならん印し判（半）天を着し頭部は大石を以て砕かれたり。

（中浜明編『中浜東一郎日記・4』冨山房、1994年）

中村忠蔵〔**金杉下町で被災**〕

一晩たって朝方目がさめたら、まわりが真っ赤、ほんと真っ赤だよ。それからいまの大関横町に学校があったのでそこに避難した。そうしたらこんだあ朝鮮人騒ぎでね。どっからデマがとんだんだか知らないが、朝鮮人がきて爆弾投げるってんだ。方々でその間にバンバンすごい音がするんだ。朝鮮人がきたら殺しっちまえってんで殺気だっていたんだが、そんなときでもゆれかえしがなんかいもあったんだよ。学校にいてもぐらぐらとくるし、そのたびに校庭からとび出しちゃうんだよ。それでね、しょうがないから、水汲みに行こうと思ったら、こんどは朝鮮人が井戸の中に毒を入れたっていうから井戸水も飲んじゃいけねえっていうことになった。

〔略〕あのじぶん朝鮮人てのは埼玉でも千葉でも駅のまわりで朝鮮人が来たなんていうとすぐ殺されちゃって。あんときゃそうとう殺されただろう。日本人だって田舎の人なんざまちがえられて殺されたんだよ。お互いのあいさつで、朝鮮人てのは日本語がよくできないから「だいこん」を「タイコン」なんていうし、ごくろうさまってのがいえないんだな。夜警のときお互いにあうと「ごくろうさま」っていうんだよ。ごくろうさまといえない奴はあやしいって殺されちゃうんだ。まちがえられて殺された人もそうとういるでしょうね。〔略〕だけどなんであんなに朝鮮人がころされたんだろうかね。

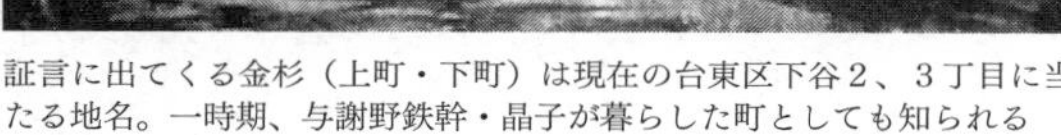

証言に出てくる金杉（上町・下町）は現在の台東区下谷２、３丁目に当たる地名。一時期、与謝野鉄幹・晶子が暮らした町としても知られる

（「吉原池は死体でうまっていた」日朝協会豊島支部編『民族の棘――関東大震災と朝鮮人虐殺の記録』日朝協会豊島支部、１９７３年）

松野富松〔当時11歳。浅草で被災〕

あの晩、私は入谷の市電車庫にある電車の中で泊まったんですよ。朝鮮人騒ぎで、若い男が警備にあたっていました。そこに、電車の運転席の下についている網の中で寝ていた人がいましてね。だれかが、その人を見て「朝鮮人だ」って叫んだんですよ。その人、びっくりして逃げ出したんです。そしたら追っかけた憲兵が頭を一突きにしてしまいましたよ。その人、最後の力をふりしぼって、ポケットの中から木の札を出したんです。それが車掌の証明書だったんですね、日本人でしたよ。

（『週刊読売』１９７５年９月６日号、読売新聞社）

水島爾保布〔画家、作家〕

頭を切られて血だらけになっている男が巡査につれられて来た。よく見ると常にそこらを商いして歩いている金魚屋の爺さんだった。２丁程先で小銃の音が２発した。朝鮮人が爆弾を持って屋根へ上ったのを射落したんだと知らせて来た。翌朝になったらその朝鮮人の死骸は酔っぱらった近所の大工に変わっていた。〔略〕

又ある日の未明には、我輩の家の門の外で俄に多人数の異常な叫び声が起こった。〔略〕飛び出して見ると、竹槍を持った清水の次郎長のような奴と、丸太ン棒みたいなステッキを持った18ばかりの小僧と、その外近所ではついぞ見かけた事もない奴等が５、６人、我輩の家の門の側の溝の縁に震前電線工夫が置て行ったままになっている架線用の鉛管を巻く大きな車輪の陰へ逃げ込んでいる髪の毛の長い、小っぽけな、白いシャツに似た労働服を着た若者に向かって、今や大に武勇を振おうとしていたところだった。

その若者は既に右の肩口を鳶口か何かでやられて、半身血だらけになっていた。ワタシ、シナ、ワタシ、チョーセンナイ、オーンオーンと後は何だか判らないが、とにかく手を合わせて泣いていた。青い着物を着て乳呑児をかかえたその若者のおかみさんらしい小さな女も一緒になって、ワンワと泣いていた。

へたに仲裁すると危ねえなとは思ったが見てもいられないから割って入った。すると弟の一人が直と巡査を連れに行った。こりゃ支那人だよ。朝鮮じゃない。朝鮮人だって乱暴をしちゃいけねえというと、何いってやがるんで、こんな時に支那と朝鮮とを見分けてなんかいられるかい、と一人がいった。生意気な野郎だやっちまえと一人がいった。〔略〕巡査が来たら、みんなそのまま手を引いて、いろんな悪態を残して帰って行った。

（「根岸より」『我観』1923年11・12月合併号→琴秉洞『朝鮮人虐殺に関する知識人の反応2』緑蔭書房、1996年）

村上信彦〔**作家、女性史家**〕

金杉上町に金美館という映画館があったが、その焼け跡に両手を針金でうしろ手に縛られた男の焼死体があって、その前を通るときは息をつめて駆け出さなくてはならないほど臭かった。風向きによってはその臭気が私の家にまで匂ってきて、飯が食えなかった。たぶんその男は朝鮮人だったのであろう。

（村上信彦『大正・根岸の空』青蛙房、1977年）

森下実〔**下谷区竜泉寺町41で被災**〕

〔2日、上野公園で〕今日も一日中頻々(ひんぴん)として余震があったが、その内に朝鮮人があばれ出したとの噂が流れ出し、危険を避けて都心を離れるべく公園を出て、音無川に添い王子から飛鳥山に登ったが、深夜になり朝鮮人の集団が此方に押し寄せて来たとの噂で、これは大変だ鉄道で遠くに逃げるより外はないと、王子駅で東北方面（行先不明）の列車が出るのを待った。罹災者は無料で超満員の列車だった。

3日朝、列車は宇都宮に到着したが同地止りで、止むなく近所の家で親切に握り飯を出され、宿泊の面倒を見てくれたが、その内に又噂が飛んで田母沢御用邸のある日光を中心として朝鮮人が水源地に毒を入れたという。

（金杉二丁目町会史編纂委員会編『金杉二丁目の人々と町会の歴史――したまち・金杉の今昔をたどる』金杉二丁目町会史編纂委員会、1987年）

若林君江〔**当時浅草区清島尋常小学校4年生**〕

〔2日夜〕三輪のガードの下に家の知っている家があるのでそこへ行きました。その時私達が、いたところは○○人が200人もきて火をつけたり井戸へ毒を入れたりするというのでこわくてたまりませんでした。けれども、そこは運送屋なので、馬がいるので馬屋の中へござをひいて、ふとんをかけてねました。すこしたつと、うわーと大きなこえがして、中で誰かがあつまれーといって、ふえをならしました。そして、わいわいいっているので、こわくてたまりませんでした。

（「9月1日」東京市役所『東京市立小学校児童震災記念文集・尋常四年の巻』培風館、1924年）

東京市衛生技師

3日の晩、田舎へ立退こうと上野方面へ出かけた。昨夜からの不逞の徒の横行騒ぎで途中検問で警戒の厳重なこと、2、3間も行くと突然自警団の猛者連中が抜刀で詰めよせて検問する。「鉢巻をせよ」と命ぜられる。5、6間行くと「止れ」とくる。「向鉢巻をして通れ」という。〔略〕やっとの思いで上野の下　鶯谷まで行くと、先方は軍隊の大警戒で一歩も通さない。兵士からいわれるままに省線電車の空車の中に逃げこんでびくびくもので夜を明かすことにした。彼方此方では軍隊の伝令がとぶ。山川の合言葉などといっている声も聞える。「戦闘準備」と将校の号令が聞える。実に恐ろしい光景であった。

（定村青萍『大正の大地震大火災遭難百話』多田屋書店、1923年）

下谷坂本警察署

9月3日鮮人が放火掠奪或は毒薬を撒布せり等の流言行われ、同日夕には既に自警団体の各所に設置せられて、警戒に就けるも少なからず。しかれども蜚語に過ぎざることはこの時略明かとなりたれば、本署は町会その他の幹部を招致して、これを懇諭すると共に、戎凶器携帯禁止の旨を伝えたるに、これに平かならざるもの多かりし。

（『大正大震火災誌』警視庁、1925年）

陸軍「震災警備の為兵器を使用せる事件調査表」

9月3日午後2時半頃、下谷区三輪町45番地先電車道路上で、近歩兵が30歳位の朝鮮人1名を銃剣で頭部を貫通して刺殺。

（松尾章一監修『関東大震災政府陸海軍関係史料第Ⅱ巻・陸軍関係史料』日本経済評論社、1997年）

『いはらき新聞』（1923年9月6日）

「街上でも車中でも　鮮人殺せの叫」

〔4日、三ノ輪で〕午前の10時頃であったろう、盛んに飛行機が飛ぶ下に群馬県だ栃木県だと脇章をつけた巡査に引率せられた消防隊、青年団が蟻の這うようにやってくる間に立って「ソレ朝鮮人だ、朝鮮人だ」とわめくものがあったと思う間もなく、パラパラと駆け寄る人の群に囲まれ、にくむべき鮮人1名が捕えられたるとともに、街道にあった何の箱だか大きな箱をかぶせて、その隙間から槍で突き殺すのを目撃した。全く白昼のこととしては嘘のような事実である。

『読売新聞』（1924年2月14日）

「震災当時の鮮人虐殺犯人　また一人捕わる」

坂本署の手に逮捕された男は三河島字町屋日覆□須田隆治（34）で、9月3日三ノ輪81地先で鮮人〔同日『東京日日』によれば被害者は同町83鈴木事鮮人土工通称勇公（27）〕を殺害した犯人として行方捜査中の者であった。13日夕ひそかに帰宅した処を張込中の刑事に逮捕されたものである。

上野周辺

上野公園は当時の東京市民にとって最も身近な行楽地だった。

震災時、上野駅は全焼したが、上野公園（上野の山・杜）は焼失をまぬがれたので、何万もの人びとが避難した。まさに火災焼失地域と非焼失地域の境目だった。

I・G〔当時上野駅勤務〕

焼けた駅は軍隊の常駐検問所となって、多勢の兵隊が線路の枕木の上で野営を組んでいた。朝鮮人さわぎは大変なものだったが、朝鮮人は大きな駅をさけたので、本物はこなかったが、「ぼけっとした」ぼんやり顔の人間をひっぱって来ては、兵隊や警察が責めていた。

（三原令『聞き書き』→在日韓人歴史資料館所蔵）

石毛助次郎

〔2日、雨が降りだしてから上野天神坂近くの電車内で〕6、7人電車へかけ込んできた。〔略〕「朝鮮人のやつら、ひどいことをしやがるなあ」「うん、地震のどさくさに、爆弾で街を焼きはらうなんて――」などと車内の人たちはおびえたように、窓から外をうかがっている。〔略。日が暮れて〕行きどころのない私はどうしようもなく、座席へ寝ころがった。しかし、朝鮮人が乱入して来はしないか、気味が悪い。人の足音がする度にびくつく。真暗な往来は、どこからどこへ避難して行くのか、人足は絶えない。〔略〕「松坂屋も朝鮮人のやつらが、爆弾を投げつけて焼きはらったというが――」「でも、熊さんよお、松坂屋はの佐竹の方から燃えてきた火で焼けただよ」私は、松坂屋へ火がついてから逃げたのだから、朝鮮人が焼いたとは思えない。

（石毛助次郎『異端者の碑』同成社、1970年。実体験をもとにした小説）

伊藤乙吉

〔2日、上野で〕夜になってから、お巡りさんがやって来て、大声で我々に伝達した言葉は、誠に以って悲惨なものであった。「皆さん!! 不逞朝鮮人が東京の壊滅を図って暴動をたくらんでいるから見つかったら切り殺しても構いません……」と。甚だ物騒な話し。時を移さず一人の男性が、持ち込んだ短刀を取り出し、池の端の植木に、エイッとばかり一太刀浴せたら、枝がプスリと切れ落ちたのを見て「これで安心……」と鞘に納めていたのも冗談では決してなかった。とにかく緊張の一夜だった。

（「関東大震災を回想して」震災記念日に集まる会編『関東大震災体験記』震災記念日に集まる会、1972年）

伊藤重義〔当時府立第三中学校生徒〕

確か9月4日頃と記憶しているが、私は父と一緒に我が家の焼跡を見に行った。水筒と握り飯を持って徒歩で出かけた。本郷3丁目まで来て始めて焼跡を見た。上野広小路の松坂屋は全く何も残っていなかった。

御徒町を右へ曲って少し歩いた頃、道端に人だかりがしていたので覗いたら、朝鮮服を着た数人の死体が折重なっていた。人々の話では不逞鮮人らしく、虐殺されたとの事だった。私はとてもまともに見られなかった。恐ろしい事だと思った。

（『関東大震災記――東京府立第三中学校第24回卒業生の思い出』府立三中「虹会」、1993年）

犬養孝〔日本文学者〕

2日の晩も護国院の境内に寝泊まりする

ことになった。この日の夕方頃から朝鮮人が暴動を起こしているとか、何千人がどっち方面から攻めて来るとかいう流言飛語が耳に入ってきた。そのため朝鮮人を殺せという殺気だった雰囲気になってきた。朝鮮人かどうか識別するため、アイウエオ……と五十音を言わせるのが一番良いということになり、上野の山に逃げて来る人々を自警団が尋問していった。このため身動きできないほどの大混雑となった。発音が悪いと判断された人は、自警団にどこかに連れていかれた。犬養先生は自警団が朝鮮人を殺したところは見ていない。犬養邸に出入りをしていた青年たちは、置いてあった十振りほどの刀剣を持ち出した。朝鮮人を殺すのは日本のためだ、東京のためだという言葉が飛び交った。犬養先生も尋問の手伝いをさせられた。何て乱暴なことか、嫌だなと思ったが、批判や反対できる雰囲気ではなかったという。翌、9月3日は終日、逃げて来る人と自警団の尋問とで混雑が続いた。このような状況が9月5日まで続いた。

写真は2日午前11時の上野博物館前通り。混乱の様を写す通りには、すでに棍棒のような兇器を持つ者が現れている

（犬養孝博士米寿記念論集刊行委員会編『万葉の風土・文学――犬養孝博士米寿記念論集』塙書房、1995年）

岩田とみ〔**当時34歳。看護師**〕

〔2日〕夜の6時頃看護服のまま飛出してしまった。そしてやっとのことで燃えている上野の松坂屋の前まで来ると、そこらにいた人々が「そら朝鮮の女が逃げて来た」と叫びながらいきなり私を捕えて火の中へ投げ込もうとしました。〔略〕「朝鮮人ではありません。看護婦ですよ」と叫びながら無我夢中で抜出しました。そしてこれは危いと思いましたので、保護してもらいたいために本郷警察署へ駆け出しました。すると警察の少し前の所でまた自警団員に捕まってしまいました。「こやつもやったのだろう」と罵りながら散々こづきまわして私を警察署へつれてゆきました。

目を充血させた巡査が手に木剣を持ちながらどかどかと私を囲みました。誰かが私を殴りつけました。「まって下さい。皆さんに見せたいものがあります」。私は一生懸命になって叫びました。すると署長が「待て」と叫んで私を見つめました。私はかくしてから産婆と看護婦の免許状を出しました。賞状も出して見せました。すると皆手を返したように優しくなりました。

（「朝鮮女と見違えられる」高崎雅雄『大正震災哀話』光明社、1923年）

内田良平〔政治活動家〕

2日夕刻〔略。松坂屋前の風月菓子店の路地で〕社会主義者か鮮人か判明せざるも〔略〕2名、その路次より駆け出し来りたるため群衆はたちまち包囲の下にこれを殴殺し、これを路次内へ遺棄したるまま火勢に遂われつついずれも上野方面へ立去りたり。〔略〕松坂屋裏の方に火起ると見るや、時に二大爆発起り〔略〕間もなく2名の鮮人らしき者、〔略〕上野方面に向い駈け来りたるにより、群衆はこれまた〔略〕包囲掩殺したり。

〔略。2日夜〕上野停車場構内に於て2名の鮮人〔略〕駅員これを発見して彼等を追い駈け遂にこれを殴殺したる。

〔略〕2日午後3時頃上野東照宮横にある木立の間に避難民等が荷物を山積し置きたる際、上着なき洋装年令30以内の日本人と法被を着たる30歳位の鮮人との2人〔略〕自警団が捕え〔略〕群衆は激昂してこれを殴殺しつつありたり。

〔略〕6日午前11時下谷清水町中村芝鶴、杵屋光一と共に上野美術学校と音楽学校の間を巡警しつつありし際、〔略〕鮮人5名〔略〕一人は殺され、2人は捕えられ、2人は逃げたり。

〔略〕同夜〔6日〕2時頃、護国院裏に怪しき一団潜みおりたるものあり、山内の自警団これを発見し追い駆けたるに、その内4人は動物園横に逃げ美術学校一部の付属の建物の屋根に飛び上りしが、軍隊にて発砲しその2人を打ち止め2人は逸失したり、その打止められたる2人は共に洋服にして年令30歳近くの者なりき。

（内田良平『震災善後の経綸に就て』1923年→姜徳相・琴秉洞編『現代史資料6・関東大震災と朝鮮人』みすず書房、1963年）

宇野浩二〔作家。上野櫻木町で被災〕

9月2日あたりから、一部の過激思想の×××がこの騒動に付込んで放火するとか、爆弾を投げに来るとかいう流言が伝わって、実際そういう事実が幾分はあったのだろうが、それが非常に過大に伝えられた。それで私たちの町内でも一軒に一人ずつの男が出て、辻々を警戒することになった。私もその一員として、5、6人の人たちと一緒に、ある晩四辻の角にステッキを持って出ていたところが、その中の一人が言うには、ここの所は東西南北ともに直そこにやはり辻があって警戒の人たちが大勢出ているから何にもならない。それよりも公園の中の、美術学校と図書館との角の入口のところを警戒する必要がある、あそこを通って、学校の中にもぐり込まれたら、それこそ何をされても分らない、と言われてみるとそうに違いなかった。しかし、そこは人家をかれこれ1丁も離れた所にあったから、誰も彼も表面は賛成しない訳にいかなかったが、内心余り動かなかったが、賛成した以上、否という訳にいかないので、6、7人の人数を選んで出かけて行くことになった、その中に私もまた入れられたのである。

そこは丁度三つ角になっていて、一方は図書館の前の木立で他は美術学校側の草の生えた石垣で、もう一方は公園の針金の垣を廻らした草原になっていた。その草原の中には数多の焼出された避難民たちが、思い思いの木の枝や、あるいは亜鉛板や、戸板や、テントなどで屋根を張って、野宿していた。私たち警戒員は思い思いにその三方に陣取って、通行人の張番をしていた。

初め、これから谷中の天王寺へ行く者とか、これから埼玉県大宮へ帰る者とか、日暮里の方へ帰る者とかをつかまえて、その人たちを誰何している時分はまだよかったが、いつか夜が更けて、人通りがなくなり、時々2人連れ位の剣つき鉄砲の兵隊が靴音をさせながら通ったり、巡査が3、4人ばらばらに駈けて行ったりする外、すっかり四辺が鎮まりかえってくると共に、言わず語らずのうちに各は物凄い気持に襲われだした。

その時、突然、遠くの方で2、3人の叫び声として、「警戒！」と聞えてきた。間もなく在郷軍人のような恰好の男が暗闇の中から走って来て、「3名の黒い着物を着た××が第一のお霊屋の中に入った！」と呼んで通った。すると間もなく、一人の巡査が走って通って言うには、「郵便配達の姿をした者に注意！」

その時、その第一のお霊屋と思われる辺で、トン、トン、トンと3発ほどつづいて銃声が起った。10人ばかりの兵隊がその方面に向って駈けて行った。「みんな火を消して下さい、避難の人たちもみな提灯を消して下さい！」と叫ぶ声が起った。

私たち警戒の者たちも持っている提灯の火を吹き消した。「みんな、危ないから地面に蹲んでください」とその中の一人が言った。「我々は飛道具を持っていないんだから、捕縛に行く訳にはいかない。ですから、ここでこうして息を凝らして忍んでいて、もし怪しい奴が通りかかったら、そッとそいつの後をつけるか、直に軍隊に報告するか、そうするよりしようがないでしょう」

言うまでもなく、私は非常に驚かされた。その時、先とは違った方角でまた2発ばかり銃声が聞えた。警視庁と貼紙をした自動車が非常な速力で私たちの前を通り過ぎた。私たちは草原に腹這いになりながら、息を殺してそれらの様子を見ていた。

〔略〕やがて、曲者は2人お霊屋の門の傍で捉えられたという報告が来た。が、まだ明りは消したままにということだった。無論、言われなくても、誰も明りをつけようとするものはなかった。私たちは言わず語らずのうちにも、先の銃声（それは後で考えてみると、曲者側でうったのではなく、兵隊の方からの空砲らしかった）に嚇かされていたので、心の中ではこんな危険な線の警戒は一刻も早く引上げたく思っていた。しかし、お互いの手前引上げようと口に出すことができなかったので、それからいまだ1時間以上も、その暗がりの中で蹲んでいた。〔略〕その時私の蹲んでいる草原から、針金の柵を隔てた往来を巡査らしいものが歩いて来る靴の音を私は聞いていた。が、互いに警戒に従事しているものだからという位のつもりで、否私はほとんどそんな事は気に止めないで、一心に星と星の図を見比べていた。と、

「誰だ！」と真に破れ鐘のような声が私の前で叫んだ。それは無論決して巡査などの持っている声ではなかった。兵隊でなければ、外の誰もがこういう声を持っていなかった。そして声と共に、私の目の前へ剣つき鉄砲の尖が突き出されていた。その時の私の驚きは先の銃声の時の何層倍だったろう。だが、幸いな事に、私自身が不思議だったほど、それに対する答が落着いていた。「櫻木町の警戒の者です」と私がいつも興奮すると出るところの表面だけは妙に落着いて聞える声で答えたのだ。そこへ他の仲間

の警戒員たちが弁解に来てくれた。

（『夜警』『新潮』1923年10月号、新潮社）

海住爲蔵

〔2日夕〕上野の山にては鮮人、井戸に毒を投じて毒殺を企てたとか、婦人に暴行を加えた上、惨殺したとか、残存家屋には片ッ端から、爆弾放火するなどと、さながら暴行の現状を見たるが如き流言蜚語盛んに伝わり人心恟々(きょうきょう)として避難者は極度の反抗心を起し、鮮人殺せの声が挙げられたり。間もなく、血どろの鮮人そここに叫び馳せ回り一大修羅場を現出し、加えるに四囲の紅蓮は天に漲(みなぎ)り煙風渦を成し、上野停車場及駅前の旅館、料理店を舐め尽したる猛火の動もすれば上野の山に向わんとし火塊吹雪の如く飛びこれに雨さえ加わる。幾十万の避難者は狂気の如く喚声を挙げながら逃げ回る。

（『大阪工業倶楽部』1924年8月号、大阪工業倶楽部）

風見章〔**政治家。当時『信濃毎日新聞』主筆**〕

〔『信濃毎日』老記者の話〕2日の夕刻薄ぐらくなってから上野公園にさしかかると、そこで何人かが鮮人と間違えられたのであろう、民衆から或いはピストルで射殺され、或いは木刀や棍棒などで撲殺されたのを目撃した。

〔略〕越後のある地主が娘の縁づいた家に地震見舞いのため上京したが、〔略〕2日の夜上野に着いてみると、どこもここも見渡すかぎりの焼野原になっていたので、まず上野公園へたどり着いたのであろう、そこで無惨にも鮮人とまちがえられなぐり殺されたことが、何日か経ってあきらかにされたそうだ。

（河北賢三・望月雅士・鬼嶋淳編『風見章日記・関係資料』みすず書房、2008年）

鹿島孝二〔**作家。南稲荷町で被災。上野駅から上野の山へ避難**〕

〔3日〕デマがささやかれ出したのは、夕刻近くからであった。「博物館の井戸へ朝鮮人が毒を入れた。あそこの水を飲むと、死ぬぞ！」。私が魔法瓶にくんで来て父母に飲ましたのは、博物館の水だった。私自身も飲んでいる。別にどうも無さそうだが、そう聞いてからは飲めなくなった。両大師の通りを根津の方へ行ったところの右手の大きな家に井戸があると言う人があったので、そこまで行くと、行列が出来ていた。しかし驚いたことに、日本刀の抜き身を持った若者が見張っていて、「毒を入れる奴はたたっ斬るぞ！」

前夜広小路の松坂屋へ火を放ったのも朝鮮人だ、とまことらしく話す者もいた。そして、しばらくすると、自警団の腕章を巻いた男たちが、竹の台の桜の下にうずくまっている避難民たちに、「朝鮮人らしい者を見つけたらすぐ知らせてください」と言い歩いた。

9月3日の夜は、その騒ぎで夜を徹した。うとうとと眠りかかると、叫び声で醒まされたのである。「鮮人だ！」飛び起きて見ると、声のした方角へサーチライトが向けられていて、その光芒の中に、逃げまどう人間とそれを追う群衆の姿が浮かぶのであった。血を見ることもあった。一と晩中に、何十回もくり返されたのである。

私は早稲田で同級生になった林金山(イムグムサン)君のことを心配した。京城の人である林君は、もし今東京にいるとしたら、こんな眼に遭わされているのではあるまいか。夏休みだから京城に帰っていればいいのだが。僅か1学期間の交りでしかないが、林君から私が受けた印象はとても良いものだった。林君がこう言った。「朝鮮の小学校で教鞭をとっている日本人の先生方にきいてごらんなさい。どなたでもきっと言うでしょう。小学生時代の朝鮮人は純真で、素朴で、素直な子供だが、小学校を卒業して社会に出てから2、3年後に遭うと、みんなひねくれた子になっていると。社会に出ると、日本人に虐げられるのです。悲しいです」

その虐げのさまを、9月3日の夜、私はまざまざと見てしまったのだった。ただし、私自身にしてからが、あの夜は鮮人に対して憎しみが燃えたことを白状しなければならない。（こっちが死ぬか生きるかの瀬戸ぎわに、仕返しをするとは何事だ！）と腹を立てたのである。しかし加害者にならずに済んだのは、しあわせだった。

〔略。4日夜〕この夜もまた朝鮮人狩りだった。鮮人！　という叫びがどこかで上がると、間髪をいれずその方向へサーチライトが向けられ、自警団員に首筋をとられて引っ立てられる朝鮮人の姿が、光芒の中へ浮き上がるのだった。伯父は立ち上がって眺めていた。私がそれを止めたのである。「伯父さん、立ってないで坐ってください。大きいから鮮人と間違えられますから」

（鹿島孝二『大正の下谷っ子』青蛙房、1976年）

鹿島龍蔵〔実業家、鹿島組理事。当時田端在住〕

9月5日〔略〕御徒町手前の左側に不逞鮮人（ママ）であるといって、殺害した死骸、道の傍に放棄してあるのを見る。

（武村雅之『天災日記――鹿島龍蔵と関東大震災』鹿島出版会、2008年）

加太こうじ〔評論家〕

上野公園では2日の午前中から、朝鮮人を焼け木杭といえる材木に縛りつけて、台地下の燃えている上野駅の火中に投げこんで焼殺した。それは、浅草の家が焼け落ちるのを見届けて、一夜を上野公園ですごした私の父が目撃している。

（加太こうじ『浅草物語』時事通信社、1988年）

勝山佐吉〔神田錦町9で被災〕

〔1日〕午後7時頃になると、四方火の海、〔西郷〕銅像下は人でぎっしり、歩く余裕はない。その頃からデマが飛び始めた。当時の言葉で外国人が爆弾を仕掛けたためだと、もっぱらのデマ宣伝。さあ避難民はいよいよ恐々としてきた。今夜あたりは上野駅にも爆弾を仕掛けるらしいなどのデマ。

今のうちに逃げようという声が多い。喉がかわき、空腹を我慢して谷中の墓地深く避難した。ところが墓石に白墨で×△○といろいろな印がある。これは外国人の爆弾の印だ、それっ、もっと先へ逃げろということになり、ついに小石川の文化女学院まで逃げ、ここで夜を明かした。夜警の人たちにより握りめしにありついた。幸いこのあたりは災害が少なかった。

（「神保町の大火から逃れて」品川区環境開発部防災課編『大地震に生きる――関東大震災体験記録集』品川区、1978年）

清川虹子〔俳優。当時12歳。神田で被災、上野音楽学校へ避難〕

〔3日〕朝鮮の人が井戸に毒物を投げ入れたから、水は一切飲んではいけないと言われたのは、この日です。

朝鮮人が襲撃してくる、警戒のために男たちは全員出てくれ、どこからともなく言ってきて、父も狩り出されました。いわゆる「自警団」です。

だれが考えたのかわかりませんが、日本人は赤い布、朝鮮人は青い布を腕に巻くことになり、父は赤い布を巻いて出て行きました。すると1時間ほどして、日本人は青で、朝鮮人は赤だったとわかって、父がまちがって殺されてしまうと思い、私は泣き出してしまいました。あとで、すべてはデマとわかりましたが、そのどさくさでは確かめようもなくて、こうして朝鮮人狩りが始まっていったのです。

朝鮮人を一人つかまえたといって音楽学校のそばにあった交番のあたりで、男たちは、手に手に棒切れをつかんで、その朝鮮の男を叩き殺したのです。私はわけがわからないうえ恐怖でふるえながら、それを見ていました。小柄なその朝鮮人はすぐにぐったりしました。

(清川虹子『恋して泣いて芝居して』主婦の友社、1983年)

桜井鯛吉〔新潟県小出町より調査のため上京〕

〔9月6日、上野で〕自警団は樹影草中に潜みて突如として誰何闇(すいか)を破りて現われいずれも竹鎗日本刀を携え言尖り検問を受く5回これを破りて至る。〔略。精養軒の近衛歩兵第四連隊第一大隊本部で〕本部退出のとき歩哨に水を乞い同軒前の井に歩を進むれば歩哨曰(いわ)くその井は主義者の婦女毒薬を投ぜしを知らずして精養軒コック1名悶死せしものなりとて庭内に案内を受けしに復哨にしてしかも隠哨なるより慄然たるの感あり。

(桜井鯛吉『復刻・関東震災救護上京概況——大正十二年九月壱日:小出町救護班』小出町教育委員会、1998年)

三瓶康子

上野の銅像の裏側に朝鮮人が竹槍で殺された所だとかいって、血の跡の残った所を見た。

(三瓶康子『球子自伝』ふだん記全国グループ、1975年)

渋木直一

〔4日、上野御成街道で〕直次の家は二長町にあって2日に燃えた。箪笥や行李を少し持出して、母や兄の住み慣れたあたりまで逃げて来たのである。近所の人達数軒とお互いに助け合って逃げて来て、ここに一つの村を作っていた。藤田とかいうおかみさんが、茶を汲んでくれた。

「松平子爵の焼跡に不逞人がいた。井戸に毒を投げようとしたのを見て、近所の人達が吟味をしたら、猫いらずと、南京花火を持っていたので、追い回したら天神の方に逃げたとのことだ。そのため昨夜は、夜番させられて、閉口した」と直次は語った。

(渋木三思『軌道に伏して——震災日記』私家版、1924年)

清水正〔当時浅草区千束町在住〕

「2日から3日の火災は不逞鮮人の放火上野駅岩崎邸の焼けたのも彼等の放火のため」

私は上野の交番前で市民のために打殺された30名ばかりの鮮人の死骸を見た。私の避難した七軒町のお寺でも2人の鮮人が捕縛されて打ちのめされていたし、浅草方面では軍隊に突殺されたり在郷軍人青年団員のために多数の不逞鮮人が撲殺されていた。

（『河北新報』１９２３年9月6日）

曾我祐準〔**軍人、政治家。上野精養軒に避難**〕

〔2日〕中夜又突然鮮人暴挙の蜚語頻りに至り、警吏の如きもの〔上野〕山中を大呼して避難民を谷中墓地に行かしめんと欲したるも、応ずるもの甚だ多かざりしが如し。

（曽我祐準・坂口二郎編『曾我祐準翁自叙伝――天保より昭和・八拾八箇年』曾我祐準翁自叙伝刊行会、１９３０年）

染川藍泉〔**当時十五銀行本店庶務課長**〕

〔3日朝、上野公園で〕私がちょうど公園の出口の広場へ出た時であった。群集は棒切などを振りかざして、喧嘩でもあるかのような塩梅である。獲物を持たぬ人は道端の棒切を拾ってきて振り回している。近づいて見ると、独りの肥えた浴衣を着た男を大勢の人達が殺せ、と言ってなぐっているのであった。群集の口から朝鮮人だという声が聞えた。巡査に渡さずになぐり殺してしまえ、という激昂した声も聞えた。肥えた男は泣きながら何か言ってる。棒は彼の頭と言わず顔と言わず当るのであった。

こやつが爆弾を投げたり、毒薬を井戸に投じたりするのだなと思うと、私もつい怒気が溢れて来た。〔略〕そのうち銃を持った警備の兵士が出て来て、引立てていった。

〔略。3日夜〕美術学校の前を通って、谷中の通りに出る所には、青年団とか、在郷軍人とかいった人達が私達のために警戒しておった。それは両人で縄を張って、一人一人誰何して通すのであった。私は無論わけなくここを通った。彼等は帽子を取ってこちらから声をかけてくれと言う。やはり鮮人を物色しているのであった。（１９２４年記）

（染川藍泉『震災日誌』日本評論社、１９８１年）

高橋

「胸を刺された鮮人死体6個　松坂屋の前に曝さる」

松坂屋呉服店前には胸部を刺殺されたものらしい6つの死体があった。多分軍人にやられたのだろう。

（『山形民報』１９２３年9月5日）

高橋峰吉〔**上野動物園飼育係**〕

動物園に兵隊さんが配置されたのは、２日目の夕方からであった。朝鮮人が、猛獣たちを市中へ放すかもしれないとまことしやかに噂されていたので、私たちも兵隊さんの気持ちで、「山」と「川」の合言葉をつくり、不気味な動物園の庭を警戒しなければならなかったほどである。

（「動物たちと五十年」東京都『上野動物園百年史』東京都恩賜上野動物園、１９８２年）

高橋義博〔**実業家。当時書生**〕

〔日時不明〕上野の山にかかると、科学博物館の裏手の下に見える鉄道線路のそばを流れる堀には、暴動のデマに追いつめられた朝鮮人が飛び込んでいた。まわりには人だかりがしていて、浮きあがる朝鮮人目がけて石を投げつけている。苦しくなってまた沈む。また浮く、また投げる。

（高橋義博『彩鳳記——高橋義博自伝』大日精化工業、1982年）

竹内政次〔埼玉熊谷久下で被災〕

上野あたりで汽車がようやく動き出すと、避難民がどんどんやって来るのです。避難民は、汽車の釜のまわりや屋根の上などにまで乗って来たのです。その人たちは、「今、上野の山で日本の陸軍と朝鮮人で内乱が起きちゃってね、それでもう日本の国は、つぶれちゃうので戒厳令がしかれた」というようなデマを、着のみ着のままの姿でまことしやかに手をふっていうのです。さらに避難民がみんな、「わしも見て来た」、「わしも見て来た」、「機関銃はなる、鉄砲はなる、爆弾ははねる、やがてそういうことで人殺しは起きる。もうえらい騒ぎだ。蜂の巣をこわしたようだ」と、一人残らずいうのです。

（「逃げた朝鮮人は撲殺してよろしい」関東大震災五十周年朝鮮人犠牲者調査・追悼事業実行委員会編『かくされていた歴史——関東大震災と埼玉の朝鮮人虐殺事件』関東大震災五十周年朝鮮人犠牲者調査・追悼事業実行委員会、1974年）

橘家圓蔵〔落語家〕

〔2日、上野公園で〕ホッとしたのも束の間、「朝鮮人が竹槍で押し寄せてくる」という噂が流れた。嘘だという人と逃げようという人とに意見が別れた。〔略〕松坂屋が燃え始めていた。

（山口正二『聞書き　橘家圓蔵』青蛙房、1981年）

田中翠璋

上野公園の小松宮銅像前の交番のところに、7、8人の朝鮮人がハリガネで両手をうしろ手にしばられてころがっていました。顔も手足も傷だらけだった。朝鮮人がアナキストと合流して暴動を起こそうとしたため、とらえられた、ということでした。上野でも自警団が組織されて、この人たちが警官といっしょになって、朝鮮人を追回していました。誰かが道を尋ねると「なんだ、なんだ」と2、3人が寄ってきて、2、3分もしないうちに、わっと人が集まり、うしろの方から「やっちまえ」と叫ぶんです。

（『週刊朝日』1963年9月6日号、朝日新聞社）

震災当時、多くの朝鮮人が捕えられ針金で後ろ手に縛られた。この絵は田中翠璋さんによるもので「ある残酷物語への証言〈朝鮮人虐殺事件のベールをはぐ〉」と題され、『週刊朝日』（1963年9月6日号）に寄稿された

寺田寅彦〔物理学者〕

〔2日、千駄木曙町に〕帰宅して見たら焼け出された浅草の親戚のものが13人避難して来ていた。いずれも何一つ持出すひまもなく、昨夜上野公園で露宿していたら巡査が

来て○○人の放火者が徘徊するから注意しろといったそうだ。井戸に毒を入れるとか、爆弾を投げるとかさまざまな浮説が聞こえて来る。こんな場末の町へまでも荒して歩く為には一体何千キロの毒薬、何万キロの爆弾が入るであろうか、そういう目の子勘定だけからでも自分にはその話は信ぜられなかった。

（『寺田寅彦全随筆 5』岩波書店、1992年）

永井うめ子

その内朝鮮人騒ぎが起きた。朝鮮人が井戸に毒を入れたから水を飲まないようにと伝ってきた。いよいよ水も飲めなくなった。その内朝鮮人が隊をなして今、東海道を通ってくるというデマが飛び出し、誰かが朝鮮人がいたというと、みんな棒をもって追いかけ、なぐり殺されて上野の交番の前に鮪のように並べられ、こもがかけられていた。実際は朝鮮人だったかどうか疑問である。口がきけなかったり返事ができないとすぐ殺されたとの事である。

（山田積重編『関東大震災体験記集』世田谷区、1978年）

中川清之〔**下谷区御徒町1―2で被災**〕

〔1日〕間もなく今度は一目でそれと知れる焼け出された人達が上野へ向かって避難してきた。ほとんど着の身着のまま、裾もはだけ僅かな荷物しか持っていない。その人達の話を聞くと、神田方面の火はもう手の付けようもなく、しかも朝鮮人の焼き討ちによるものだという話であった。〔略〕二長町にある郵便馬車の溜りでは、50頭近い馬を上野動物園に避難させているという話を聞いた。朝鮮人が暴動を起して爆弾を投げたり、井戸に毒を入れて回っているという噂もどこからか耳に入った。

（『東京に生きる 第10回』東京都社会福祉総合センター、1994年）

中川典子

〔日時不明〕井戸に毒を入れたというので、飲み水がなくなり、もし水をくれる人がいたら、それは朝鮮人だ、というんですね。ノドが乾き切っているときに、親切なおばあさんが水を分けてくれたのです。「私は朝鮮人じゃないから大丈夫よ」って。

（『週刊読売』1975年9月6日号、読売新聞社）

長倉康裕〔**当時29歳**〕

〔当時のメモから〕自分の友人で、下谷竹町の楽山堂病院前、銀月堂看板店共同経営者のひとり望月一成、坂斎文四郎君の内、上野山の避難の途中、車坂町において鮮人と間違えられ、大衆により撲殺された。立ち会った望月氏の証言による。

（日朝協会豊島支部編『民族の棘――関東大震災と朝鮮人虐殺の記録』日朝協会豊島支部、1973年）

長沢豊〔**当時府立第三中学校生徒。下谷東黒門町1で被災**〕

〔1日〕上野の山へ避難しようとしたのは午後6時近くであった。この時分既に、大災害につきものの恐慌が起り、流言蜚語が飛び交った。曰く、井戸に×印のあるのは不逞鮮人が井戸水に毒を入れてあるから飲んではいけない、曰く、塀や戸口に○印が書かれた家は焼打ちの目標だから警戒を厳重にせよとかである。こういうパニックが

起ると大変なものだ。

〔略〕蚊に悩まされ、流言による毒物混入の井戸水使用禁止による口渇、果ては不逞鮮人の襲撃というデマに悩まされた一夜が明けて、避難場所から西郷さんの銅像のある高台に上がって、見はるかした下町の全貌は惨憺たるものであった。

〔略〕第二日は本郷の切通しで不逞鮮人が武装をして上野へ向っているというデマで谷中初音町の知人宅へ。そこで作ってくれた握り飯のうまかったこと。更にその夜は本郷肴町に近い理研のある三菱ヶ原で野宿。騎兵小隊が過ぎて行くのに闇の群集から「兵隊さん頼みますよ」の声が掛かったのを覚えている。

（『関東大震災記――東京府立第三中学校第24回卒業生の思い出』府立三中「虹会」、1993年）

橋爪芳次郎〔神田金沢町で被災、神田明神境内へ避難〕

〔2日夕、御成街道上野歓楽郷前で〕家財にとりついてウトウトとまどろむや、忽ち「不逞〇〇が荷物に放火して歩くから注意しろ！」という警報が、乾き切った人々の口から口に伝わった。

〔略。3日朝〕〇〇来！ の流言は益々猛烈になった。曰く「井戸に毒薬を投入した！」。曰く「避難民に毒を入れた握り飯を与えた！」。曰く「小屋の集団地へ爆弾を投じた！」。遂に壮者は日本刀を鞘払い、或いは鉄棒をふりかざした。やがて大雨が来て、余燼が漸く細々の白煙をあげる頃には、「今夜あたり、〇〇活動の好機会であるに違いない」と言いふらされた。

（中央商業学校校友会編『九月一日 罹災者手記』三光社、1924年）

坂東三津五郎〔歌舞伎俳優〕

震災後は朝鮮人騒ぎで、彦三郎さんの奥さんの兄さんが、市川団右衛門さんでありますが、ご存知の方もおいででしょうが、大兵な方で、菜っ葉服を着ていたので、朝鮮人と間違えられて、自警団の人に引張られようとして、彦三郎さんの奥さんが驚いて「これは私の兄の役者の市川団右衛門です。間違えないで下さい」と泣いて頼んだなどという一幕がありました。

町内の自警団の人達と一緒に、父も、彦三郎さんも、団右衛門さんも、火事装束に身を固めて出ております。父は寛永寺の方が危険だからと出かけてゆき、彦三郎さんや、団右衛門さんも、それぞれ警戒に出かけて行きます。自警団の人達が感心して、寛永寺の淋しい所へ、私達はとても一人ではゆかれないが、役者でもいざとなれば偉いもんだと感心しております。

私は未だ若いので、自警団の人達と一緒にいたのですが、喉がかわくので、彦三郎さんの家へお湯を飲みに帰りますと、父と彦三郎さんと団右衛門さんが縁の下から首を出して、「八十坊、黙っているんだよ」と言われた時には、思わず吹き出してしまいました。

（八世坂東三津五郎述・小島二朔編『父 三津五郎』演劇出版社、1963年）

平山秀雄

〔3日朝〕壽松院の方面や自宅の焼け跡を見るために出て行くと、松坂屋を焼いた余燼が熱くて容易に通れません。

御徒町の四ッ角へ来ると、筋骨逞しい大

きな鮮人が息も絶え絶えに打倒れています。見れば眼玉は飛び出て、口から血が流れそこら一體傷だらけになっている上を、大勢の者が寄って、石を投げつけたり棒でうったりしているから、傍にいる人に訊ねると、この者は爆弾を携えて2人で歩いていたのを見付けてここで殺し、一人は巡査が連れて行ったとの事でありました。

〔略。3日朝〕老松町まで来ると、今度は支那人が多勢の人に取り巻かれて巡査に調べられ、周囲からは殴れ殺せと各々棍棒を以て大騒ぎしている。巡査は限なく同人を調べたが、別に怪しい物を持っていないから、助けてやれと一同にいって放してやりましたが、この支那人が1丁程先へ行くと又々取調べられましたから、私が傍から、この男は今調べ済みだといって放させてやりました。

（高橋太七編『大正癸亥大震災の思い出』私家版、1925年）

村田重◯

〔2日、上野公園で〕その夜から地震火事のほかに鮮人騒ぎが起った。避難者は巡査の注意で女子供は草木の蔭や土手の後ろの暗い所に身を潜め、男子は適宜の獲物を持て防禦の準備をなし、或は警戒に立った。中には提灯（ちょうちん）や裸蠟燭を灯している人もあったが、鮮人襲撃団に目標を明示する恐れあるとて皆消灯した。まず小さな戦争騒ぎである。

山の手方面の焼け残りの市街は、鮮人が放火の恐れあるからとて、これも巡査の注意或は懇願で自警団を組織して版画にかいた山賊という体裁で巡警しおる。〔その後避難した〕中野でも町内で自警団を組織したが、拙者の宅は団員の希望により邸内を自宅で自警することになった。しかし渡辺爺や池田運転手が恐怖して、邸内さえも巡警しないから、2日夜は拙者が夜警団の一人となった。いかに一般が恐怖していたかが推察されるであろう。例の掠奪や殺人事件の起ったのもこの時である。

（『大正十二年九月一日大震災回顧録』1924年、国会図書館所蔵）

吉村藤舟〔郷土史家〕

〔3日〕私が池の端へ出ようとした所で、池の端の方から、竹の棒にすがりながら、よたりよたりして来る男と顔を合わせた。男はかなり大きな体格のもちぬしで、頭は包帯していたが身には紺さーじの背広を着て、それもズボンの方はもう泥々になっていた。男はよほど疲労していると見える。顔ったら血の気の一滴ありそうにも見えませんでした。〔略〕その時池の端の方から、土と雨水とで縞目も判らない上を、びしょびしょにした白絣（しろがすり）の浴衣の青年が3、4人走って来た。そして

「いる、いる、そやつは主義者だぞ逃がすな」と、おめき叫んで今男が辛と切石に腰を下したばかりの所へとび込んで行った。その若い者の見幕で、どこから集まって来たのか、たちまちの間に見物の群衆で黒山を築いた。中には救護団員もいた。それにはこの病弱な男は平気で答えていた。

「社会主義者がどうした。君等は僕等を捕える権能があるのか」

男は腰を掛けたまま立とうともしなかった。

「権能も何もあるか、国賊を天に代って俺等が誅戮（ちゅうりく）するのだ」と、青年はいきまい

た。そのうちに20人余りの救護団員が加わって、この男を取り巻いた。

「はは、君等は法治国の意義を解し得ないね。国家は何の為に法律を設けるのだ。僕は君等に云々されないでもこの体軀だ、救護団か警察かの御厄介にならなければならないのだ」

　こう云って、真蒼い顔をまわりの団員に向けて、

震災により上野駅から上野松坂屋、不忍池一帯は完璧にまで焼き尽くされたといわれる。写真は不忍池の避難民

「救護団員の方にははなはだ済まないが僕は非常に疲労していますから、どうか詰所へ案内してくれませんか」と、いっている男は非常に落着いているので、救護団員は、手も出し得ないで黙ってただたじたじと後退りしていた。が、その時、

「何こん畜生やっつけろ」

　白絣（しろがすり）の青年が左右からとびかかって男の両手をとらえた。それでも男は平気で、

「君等は僕をどうしようというのだ。血迷うてはいかん、これでも一個の紳士だぞ」

　こういっただけでとられた手を放させようともしなかった。青年は摑んでいた手を逆に取って、男をその場にねじ伏せた。その時までためらっていた救護団も助勢して、皆で男を担いでどんどんと山内の方へ行った。


（吉村藤舟『幻滅――関東震災記』泰山書房仮事務所、1923年）

和田キク

　震災のときは不忍（しのばず）の池のところにつづらをおいて、上野山ににげたの。そしたらね、松坂屋でバァーンバァーンと音がしました。朝鮮人が爆弾投げたんだそうです。

　そこでは朝鮮人がねえ、在郷軍人とたたかっているの。けんかしてるの。つかれていたけどみにいったの。そしたら白いハンカチにつつんだ玉がけんかしているわきにおちてるの。なんでもその約3センチの玉を松坂屋の中へ投げこんだらしいんですよ。でも誰が見たっていうんでもないんですよ。そのとき在郷軍人とおまわり4、5人がいて2、3人の朝鮮人を連れていきましたよ。私はハンカチの玉がおちているから警察の人にいったんです。そしたら奴さんがおっことして行ったっていってましたよ。そしてそれにすっかり水かけて火ばしの棒のようなものではさんで持ってったわ。

　朝鮮人はこわいなぁってわたしたちはいいあいました。水がのみたくてものめないし、ほんとにこまったわよ。


（「松阪屋『爆弾』事件のこと」日朝協会豊島支部編『民族の棘――関東大震災と朝鮮人虐殺の記録』日朝協会豊島支部、1973年）

渡辺留三郎

〔4日、上野〕寛永寺の井戸に水をくみに

行った。だが井戸のかたわらに行くと、憲兵が立って人々を追い払っている。剣を突きつけて「戻れーっ、戻らんと突き殺すぞ」とすごいけんまく。「朝鮮人が毒を入れたから、この水飲んだら死ぬぞ」ということである。たいへんなことになったと思った。上野の山に戻ると、朝鮮人が数人、棒切れを持った人々に追い立てられ、逃げまどっていた。

（「ギラリと光る抜刀」『潮』1971年6月号、潮出版社）

渡辺某〔本郷湯島天神在住〕

（3日午後1時土浦発）「不逞鮮人の放火も多かった全然戦場の風景」

〔上野公園で〕不逞鮮人が放火したものが多いということだ。そこで手当たり次第引き捕え放火犯と認めた奴はその場で殺してしまうという有様。まるで戦場のような光景である。

（『河北新報』1923年9月4日）

東京市の小学校6年生

〔2日、上野の山で〕この日は夕方まで色々の恐ろしい噂が出ました。水を呑むと毒が入れてあるとか、悪いやつが殺しに来るとかいうのです。

（定村青萍『大正の大地震大火災遭難百話』多田屋書店、1923年）

早稲田大学学生〔5日函館に入港〕

「大昔の姿　荒川の曝し首」

宛然戦場です。竹槍で刺さる不逞鮮人の死体は上野の杜に沢山ころがっております。在郷軍人も青年団も子供も皆武器の用意しています。中には日本人でも鮮人と見誤られて射殺される者も少くない。

（『函館新聞』1923年9月6日）

下谷上野警察署

9月2日流言あり「かねてより、密謀を蔵せる鮮人等は、今回の震災に乗じて、東京市の全滅を企て、放火又は爆弾に依りて火災を起さしめ、かつ毒薬を飲料水・菓子等に混入して、市民の鏖殺を期せり」「上野精養軒前井戸の変色したるは毒物投入の為なり」「公園下の下水に異状あり」「博物館の池水変色して、魚類皆死せり」等一として民衆の心を惑乱せしむるものにあらざるはなし、本署は即ち、異状ありと称せらる井戸に就きて、これを験せるにその反応を認めざりしかば、これをその傍に掲示して、誤伝なるを知らしめたるに、幾もなく「上野広小路松坂屋呉服店に爆弾を投じたる鮮人2名を現場に於て逮捕したるに、百円紙幣2枚を所持せり、蓋し社会主義者の給せるものに係る」「上野広小路松坂屋附近にて一度鎮火したる火災は、2日夕刻、松坂屋前風月堂菓子店の路地辺より投弾と共に、再び発火せしが、その際群集は、社会主義者なりや、鮮人なりや分明ならざれども、投弾者と思わるるものを発見して、乱打死に到らしめたり」「松坂屋は、鮮人の投弾に因りて焼失せり、上野駅に於てもまた2名の鮮人が、麦酒瓶に入れたる石油を灌ぎて放火せるを、駅員に発見せられて撲殺せられたり」等の流言行われて、益々人心を刺戟せしが、更に翌3日に至りては「上野公園博物館前に集れる避難者中、挙動不審のものあり、群集に対して揚言して曰く、火災は容易に鎮滅せざるのみならず、多数の鮮人等、本郷湯島方面より、まさにこの地に襲来せんとす、速に谷中方面に避難せよ、家財等は携帯するの要なし、後日富豪より分配せしめんと。衆これを怪しみたる間にその姿を失いしが、幾もなく再び凌雲橋方面に現れて、同じ意味の宣伝を為し、遂に警官に逮捕せられしが彼は社会主義者にして、紙幣60円と、巻煙草3個とを所持せり」「2日午前10時半頃、30歳前後の婦人は上野公園清水堂に入りて休憩中、洋装肥満の男より恵まれたる餡麵麭を食したるに、忽ち吐血して苦悶せり」と言い、同4日に至りては、「上野公園内及び焼残地なる、七軒町・茅町方面には、鮮人にして警察官に変装し、避難者を苦しめ居るを以て、警察官なりとて油断すべからず」と言い流言の拡大殆んどその底止する所を知らず。而して皆事実にあらざるが故に、本署はその信ずるに足らざる所以を力説して、昂奮せる民衆の鎮撫に努めたる。

（『大正大震火災誌』警視庁、1925年）

『山形民報』（1923年9月4日）

「白鉢巻の暴徒　後手に縛らる　上野付近は殺気漲る」

大災害のため東京市より鉄道線路伝いに王子に避難した一青年は、2日再びパン類を買い入れ親族救済のため上野駅に引返すと、上野付近は殺気漲り白鉢巻の壮漢顔色血走り物凄い有様で、後手に縛せられおるもの数十名に達しているので愕きの余り食料を放棄した儘怱々逃げ帰った。

『山形民報』（1923年9月4日）

「猛獣全部を銃殺不逞団体猛獣の解放を計画」

災害の益々拡大して共に来ると、東京市内各所にわたって不逞鮮人や暴力団の蜂起したため、陸軍では警視庁に応援してその警戒をしていたが、安全地帯と目されていた上野公園並びに浅草に多数の避難民が逃れたが、この混雑に際し、上野動物園及び浅草花屋敷の猛獣を解放して市中を暴らさんとした不逞団体のあることを発見した陸軍当局では、2日朝万一の事を憂慮し射殺を命じたる結果伊藤中尉の率ゆる一個小隊は直ちに上野の動物園並びに花屋敷に至り、小鳥類は全部これを籠から放すと共に獅子、虎、豹等の猛獣並びに象など危険の恐れある猛類は全部これを銃殺してしまった。

『北陸タイムス』（1923年9月5日）

「不逞の徒蜂起で物凄き帝都軍隊に手向いドシドシ検束」

3日午前中上野署に30名谷中署に30～40名検束せられた。検束者は軍隊に手向いしたので血まみれの者もあり腕を切られている者もあり、一見物凄きものあり。この外無検束者で放火したため火中に投ぜられた者もある模様である。

『下野新聞』（1923年9月6日）

不逞鮮人が上野博物館の井水に毒薬を投じ更に日本婦人の手を介して某井戸に同様の手段を施したとの報に伝わったので、焼け残った山の手方面では3日の夜から非常警戒に当り各町民は不眠不休でこれが防止に着手し万一に備える所あり。為に町外から飲料水を貰いに来るものあるも絶対に給与しない方法を執ったためか当夜は無事であったと。

『北海タイムス』（1923年9月6日）

東京全市を甞めた火災は地震に依るものは最初28カ所であったが、上野山に避難した人が夜全市を望んだ時彼方此方に爆弾の音が起ると共に火を発した所を見ると不逞鮮人の仕業が根底らしく〔略〕。

『いはらき新聞』（1923年9月7日）

「鮮人の襲撃に一村全滅の所もある」

戒厳令が布かれてから軍隊憲兵警官の外に青年団等も日本刀槍等を携え夜間は皆抜刀である。暴動鮮人は自衛上これら防護団のために殺され又は捕縛されたが、最も多いのは2日朝上野東照宮前に200人捕縛されているのを実見した。それらはことごとく顔面手足ともに血みどろで労働者風のもの、学生、乞食の姿、鮮婦人も混じっていたが、自動車でドシドシ送っていた。

『山形民報』（1923年9月8日）

「逃げ遅れた鮮人不忍池に飛び込む」

某避難者の談によると、殺気立ったる東京市民のため逃げ場を失いたる不逞鮮人数十名は、死体が累々として浮漂せる不忍池に飛込全身を水中に没し頭より蓮の葉をかぶり市民の眼を避けていたが、5日朝に至り警視庁巡査のために発見され一網打尽に検挙された。

谷中

伊福部敬子〔評論家〕

〔1日夜、谷中で〕拍子木を持ち、鉢巻だけが夜目に白い屈強な男たちが、恐怖と混乱の底に足音を高くして轟け（ママ）とおると、犬が吠えたてた。「男の人は、皆自警団に出て下さーい」と、怒鳴る声がきこえた。〔略〕大塚まで火が来たそうだ、三河島では暴動が起ったそうだ、この虚に乗じて日本を皆殺しにしようと井戸には毒を投げこんで歩くスパイがいるそうだ。次々と不安な流言が暗夜の心を恟々させた。

夜気の中に、いがらっぽいものが流れると、咳がたてつづけに出た。赤ん坊は呼吸が困難で妙な泣声をあげた。

毒瓦斯ではないか、と囁きあう中で、どどうん、と大砲の遠響のようなものがきこえた。火薬庫に爆弾を投入したものがある。それから10分もたつと、そんな流言が伝って来た。

〔略。2日〕夜になると、近所にいる彼〔夫の伊福部隆輝〕と同じ文筆の仕事をしている人の中でも親しい友人が、3人5人と警察に検束されたことがわかった。朝鮮人暴動の流説が人々をおびえさせ、一方には社会主義者の反乱が誤りつたえられ、無警察状態となった巷では、喧嘩や私闘や暴行があり、日頃町の人々とあまり親密にしていないものは、社会主義の名で暴行せられるかもしれない、というので、傾向をもった文筆業者は悉く保護のために検束したらしいのである。けれども、そんな理由が判明したのは後のことである。〔略〕彼は、私を物陰によんで、「逃げるんだ、明日、いいね」といった。迫った口調だった。

〔略〕私たちが逃げ出したのは3日目の朝だった。〔略。浮間ヶ原の舟橋で〕両岸には、剣つき銃の兵士が橋際に4人ずついて、6人以上一度に渡ろうとするのを剣の力にかけて制止していた。

〔略。3日夜、川口で〕私たちは、ここで全く見知らぬ人の救いを得なかったら、その夜の自警団の竹槍にかかっていたかもしれない。私たちは、壊れて雨も星も洩る小屋の中で、怪しい奴が出たといって乱打する半鐘の音を、兢々としてきいた。松明が雨闇の中をとびかい、鬨の声が森にこだまして、魂をひやさせた。

（伊福部敬子『母なれば』教材社、1941年）

木村東介〔**美術収集家**〕

鶯谷と谷中の土手伝いにパンパーンという銃声が鳴ると、ワーッという喚声があがって、「いた！　いた！」「そっちへ逃げた」「こっちのほうだ」という叫び声がきこえ、ワーッと喚声が墓地あたりにあがったと思う頃、すぐそこの藪陰に、無惨！　竹槍と、日本刀と、短銃で、ズタズタに殺された、日本人の大工さんが恨みの眼を夜空に向けて死んでいたりした。そして、ささやかなその夜の食糧探しに出かけて行ったはずの、大工さんの変わり果てた骸に、やがておかみさんや、その子供たちが狂気のようにかけつけ、すがりついても、犯人は、群集心理という、さて捉えようのない、形のない、いわばつむじ風のような人の心の一瞬の通り魔なのである。骸の側に転がるさくらんぼの缶詰は、ささやかな子供たちへの収穫だったのだ。

（木村東介『上野界隈』大西書店、1979年）

沢田釘造〔**江戸庶民史研究家。谷中で被災**〕

〔1日〕夜になると忌まわしい流言蜚語がどこからともなく伝ってきた。「朝鮮人、社会主義者が暴動を起し、井戸へ毒を投入している」

冷静に考えれば、この突発の天災時に朝鮮人、社会主義者が組織的な行動をとれるはずはないのだが、意図的な流言蜚語は、地震と火事で思考力を失った人々には意外に容易に受け入れられ、私らも近所の人々と自警団を自主的につくって、各自武器を携行して警備に当った。私も道中脇差をもって、これに加わり、私らは裏の谷中墓地にはいって、墓地の中の通路を警戒した。2日には少し雨が降り、墓地のあちこちに蛍火のように燐が燃えていた。私は脇差を抜いて、木の枝をはらって快を楽しんだ。

警戒中に通路の向うから白衣の人影が見えた。近づくのを待って、私らは緊張して誰何した。その人は一人で、長い竹杖をもっていた。私らの真剣をつきつけての誰何に動転して「平櫛だ、平櫛だ」と言った。他の人は不審をはらさなかったが、私は、すぐ彫刻家の平櫛田中氏とわかったので、これを明らかにして、他の人の疑惑を解いた。

（沢田釘造著・馬場永子編『おいたち・他』私家版、1999年）

清水常雄〔**当時本郷区本郷高等小学校1年生**〕

〔2日〕すこしたつと、あの恐ろしい〇人さわぎのうわさで、若者は皆出る様にという、ふれがあった。この時はすでに何名とも知れず、つかまえられていたそうだ。〔略〕

2日の夕方火の手が益々近く迫って来るので、同じ寺の奥の墓地へ引越した。その前は〇〇人の寄宿舎なので、僕らの近くに大ぜいいたから恐ろしかった。その内にまた若者は出てくれろ、というふれの声が終わるか終わらぬうちに「それ〇人だ」と竹槍や鉄棒を手に手にたずさえた若者が、寄宿舎の周りを、かこみ、今にも打殺さんばかりの態度であったが、とうとう1人逃げてしまったそうだ。

（「震災の思いで」東京市役所『東京市立小学校児童震災記念文集・高等科の巻』培風館、1924年）

田代盆次〔当時12歳〕

〔2日夜、避難先の谷中の寺で〕僕は横になってウトウトと眠りかけると、床下でゴトゴトゴソゴソと何かいるような気配を感じた。犬でもはいっているのかと思い、床板を1枚ソッとめくって見てハッと全身の毛が倒立ったような思いをした。意外千万にも床下には真白な服を着た人が蹲っているではないか。僕は誰か呼ぼうと思って声を出そうとしたが、恐ろしさにそのまま竦んでしまった。床下から皺枯れた細々とした声が、懇願するようにとぎれとぎれに洩れてきた。「私……ここにいる事知れる……私殺される……私怖しい。悪い事しない……私片方足折る痛い、逃げる事出来ない……お坊ちゃんお願い、私ここにいる事黙ってて下さい……お坊ちゃんおりこう、早くそこ閉めてください」

僕はいわれるままにソッと板を元の如くにして、誰か見知ったかしらと回りを見回した。門の側に一家族が避難して休んでいる外、母が庭に立っているきり、誰も気付いた様子はなかった。折から父が何か大きな紙袋を持って、門前のゴタゴタした人ごみの中から姿を現した。〔略〕「店のおやじの云うにゃあ、〇〇人騒ぎで大変なんだそうだ」「〇〇人がどうかしたのかい」「昨日地震が来て火事が始まると、間もなくドドーンてえ音が何度も聞こえたろう、あれは〇〇人がダイナマイトを投げたんだそうだ」「それでこんなに火事が大きくなったんだね、本当に憎らしい奴だね」

僕はハッとした。先刻床下の〇〇人らしい人に黙っていてくれと頼まれたばかりだったから。しかし先刻可愛そうにと思った事は今は忽ち夏の朝霧のように消え失せ、父に話そうと思って咽喉まで出掛った時、表の往来が騒しくなった。「ソレ寺の墓地へ入ったぞ」「とッつかまえろ」「たたッ殺せ」「何だ、何だ」「〇〇人だ」「井戸の中へ毒を入れやがったんだ」「どいたどいた」人々の走せちがう音、悲鳴を上げる声、人が突き飛ばされた様子、バタバタと足音が近づいた。木剣を持った在郷軍人らしい人が、寺の門からはいって墓地の方へ走って行った。その後から又続いて5、6人駆けて行った。闇の中を黒い影がそこここと墓地の中をうごめいた。「いたぞ！」誰かが叫んだ。「ウヌ！」「何を野郎！」「ウワーッ！」という悲惨な声。僕は今床下の年寄の〇〇人の

写真は2日午前10時の「谷中坂町」の様子。谷中一帯は比較的被害の少ない地域だったが、通りは群衆で埋まり、家財道具を持って逃げる姿も見える

事を話せば年取った足の悪い彼は、今墓地で○された人達と同じように、この世界を去らなければならないだろうと思った。可愛そうで、告げるのは止めて、その寺を後に、田舎の親戚の家へ向った。僕は今でもあの○○人はどうしたろうと時々思い出す。

（「本堂の床下」震災共同基金会編『十一時五十八分――懸賞震災実話集』東京朝日新聞社、1930年）

村上幸子〔**当時府立第一高等女学校1年生**〕

〔2日、谷中の墓地で〕夜半、「お警戒願います。○○です。男子の方はお集まり下さい。」グッと縮んだ神経はもうどう仕様もなくなりました。それから後貴女も御存知の非国民騒ぎ。「母様はもう覚悟出来ました。お前方は若いものどんなにしてでも逃げておくれ。さあこの大切な物を持って。本当に……本当にもしも……もし……もの事が……あったら母様には……構わずに……ね……お前方だけ……お前方だけ……逃げておくれ。恒道は駄目、けれど榮兄はもう六つ……助けられたら……助けておくれ。可愛想に……こんなに小さくて……」泪でおっしゃる母様にそんな事……そんな事がと申し上げながら、一緒に泣き伏してしまったのも今はただ思い出になりました。

（『校友・震災記念』府立第一高等女学校内校友会、1924年）

勇樹有三〔**当時尋常小学校2年生。谷中で被災**〕

〔1日夕〕〝宮城の近くに反乱が起きた〟〝井戸に毒を投げ込む人間がいる〟〝何々団が手当り次第に火を放っている〟等とおだやかでない流言が飛び交い〔略〕都心をはなれた周辺の人々は本能的に自警団を組織して、生命の綱とも頼む井戸を、目に見えぬ敵の手から護ろうとして起ち上がった。

（勇樹有三『勇樹有三随筆集　あじさい』私家版、1974年）

橋場・山谷

三瓶康子

〔白鬚橋傍の三条の宮の別荘で〕どこの家も流言蜚語に怯え、夕方は固く戸を閉めてローソクの光でひっそり暮らした。朝鮮人が方々の井戸に毒を入れたとか、青年団が数万の朝鮮人をリンチにかけて虐殺したとか、聞くも恐しい事件が次々と耳に入り、人心は動揺を続けていて、通信も交通もとだえ、花の都も一瞬にして暗黒の巷となった。

（三瓶康子『球子自伝』ふだん記全国グループ、1975年）

杉村利一郎

3日程して朝鮮人が暴れ出したとの流言が伝わり、橋場の焼け残った家の人々は、自警団をつくり、在郷軍人の軍服を着たり、洋服に刀を差して警戒に当っていた。

夜は真っ暗で提灯が頼りで、焼け残った家では、何でも出して提供した。そのとき人々は、山といえば川と答える相言葉を定めていた。

4、5日してからメリケン粉の配給が、焼け跡であり長蛇の列が出来た。見ていると、列の中から自警団の人が一人の老婆を連れ出して、白鬚橋の方へ連れて行った。着衣で日本人でないことは子供でも判った。白鬚橋の袂に自警団の検問所が出来ていて、通行人を調べている。

堀切の方で朝鮮人が井戸に、毒を入れたとの話が広まっていたから、噂に噂が広まっていったのを子供でも聞いて心配した。

（杉村利一郎『下町の思い出』私家版、1988年）

隅田元造〔**福島県技師**〕

「各所に発弾の音」

〔3日朝入京したが、警備隊・不逞鮮人のため1時間で去る〕私が山谷を去る時約2、3町の彼方に銃声数発聞えた。これは不逞鮮人を撃退するために軍隊が射殺したのであったが、流れ弾にでもあたってはならぬと思って、急いで逃、5日の夕刻川口から乗車したのだ。

（『山形新聞』1923年9月7日）

松本君

〔山谷で焼けトタンで囲い〕2日の夜、もう寝ようってんで、女どもがまん中へ入って、男の人たちがへりへずっとなって。そうしたら、夜中の1時頃だったか、ピタピタピタピタ、誰かが歩いて逃げてくるようなの。何だろう、おっかないね、って小声で話してね。するとすぐにね、軍隊かなんかでしょうが、焼けトタンをバンバンはたいてね。「いま、ここへ誰か逃げてきてかくれてないか」っていうんです。そのいい方がすごく乱暴でした。それで中へね、抜き身の剣をずっと突っとおしてね。父親たちがトタンをあけて見せたらいないとわかったのか、それからまわりじゅうのトタンをたたきながら、向こうの方へいきました。でも凄くこわい思いをしましたよ。

（『古老がつづる台東区の明治・大正・昭和』台東区教育委員会、1981年）

松村君子〔**本所から白鬚橋際の三条様の屋敷に避難**〕

朝鮮人騒ぎには怖い思いをしました。井戸に毒を入れたとか、襲ってくるとかそんな話が伝わって、みんなで警戒しました。よそ者を見つけては近所の若者が朝鮮人かどうか調べていました。君が代を歌えと言われて、東北から来た人は訛ってうまく歌えず、朝鮮人と間違えられたとも聞きました。

私も見ました。つかまって後手に針金で結わかれて隅田川に投げ込まれたのを。でも、どうかすると足だけでもうまく泳げます。しかし、逃げようとするところを、伝馬船に乗っている若者が鳶口で頭をたたく。血しぶきが立ち、そのうち沈んで行きました。震災騒ぎが収まってから、日本堤警察署が犯人探しを始めて、朝鮮人を殺した者を留置所に入れました。あわてて近所のおばさんが来て、「うちの子はみんなを守るためにやったんだから、警察には言わないでおくれ」と言っていました。オールバックだった髪を丸坊主にした人もいました。変装か謹慎か分かりませんけれど。押入れに1カ月も隠れて行方をくらました人もいたと聞きます。

（『思い出は万華鏡のように——浅草橋場・北千住明治・大正・昭和・平成』松村英司・朝日新聞出版サービス、2004年）

中央区

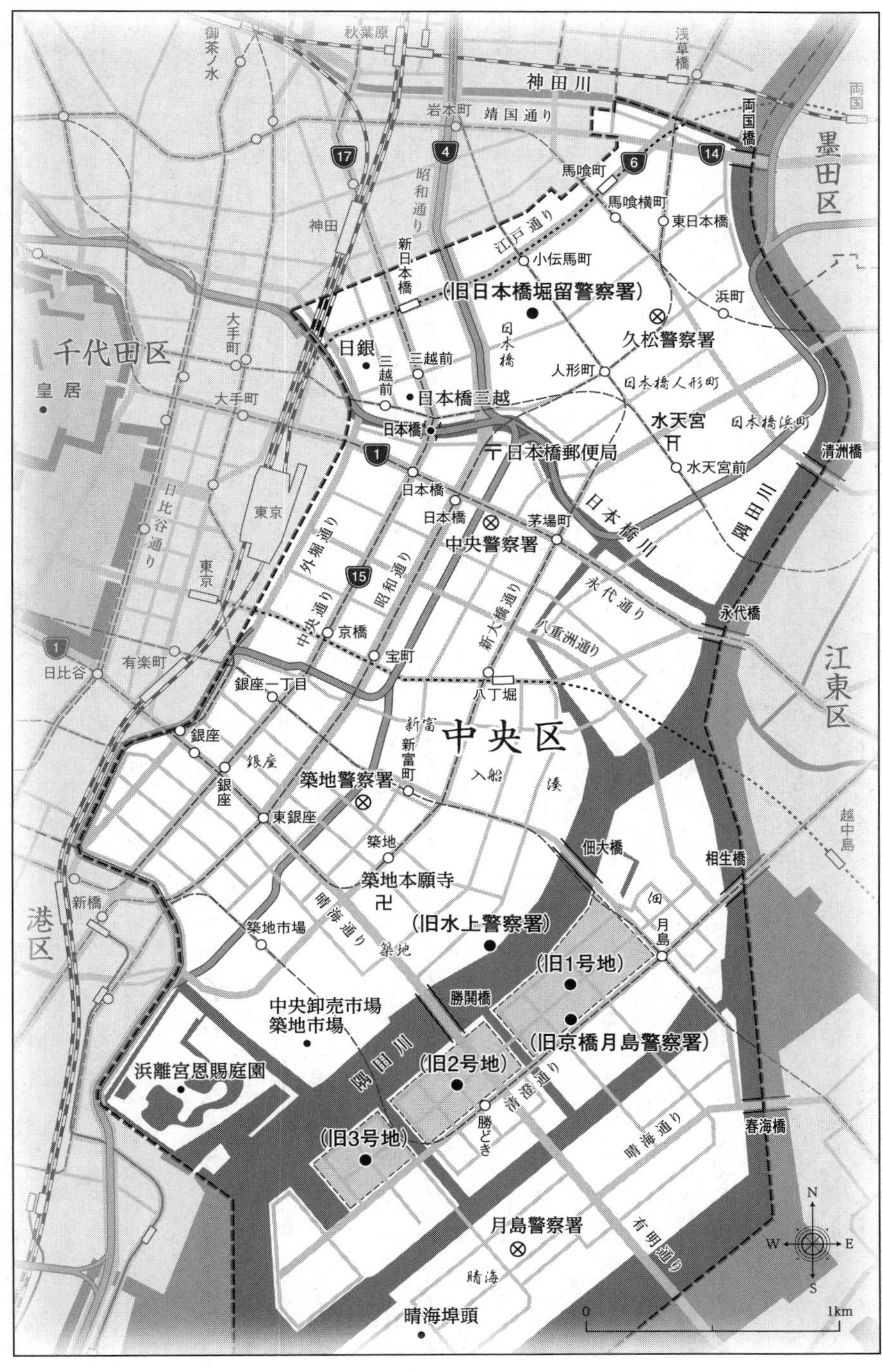

秋葉原
御茶ノ水
浅草橋
両国
神田川
岩本町
靖国通り
両国橋
墨田区
馬喰町
馬喰横町
東日本橋
昭和通り
神田
江戸通り
小伝馬町
新日本橋
(旧日本橋堀留警察署)
浜町
久松警察署
大手町
千代田区
日銀
三越前
日本橋
人形町
日本橋人形町
皇居
日本橋三越
水天宮
日本橋浜町
清洲橋
日本橋郵便局
水天宮前
茅場町
中央警察署
日本橋川
隅田川
日比谷通り
東京
外堀通り
昭和通り
永代通り
新大橋通り
八重洲通り
永代橋
中央通り
京橋
宝町
江東区
有楽町
日比谷
銀座一丁目
八丁堀
新富
中央区
銀座
新富町
入船
湊
築地警察署
東銀座
越中島
築地
佃大橋
相生橋
築地本願寺
佃
港区
新橋
晴海通り
築地市場
(旧水上警察署)
月島
(旧1号地)
勝鬨橋
中央卸売市場
築地市場
(旧京橋月島警察署)
(旧2号地)
浜離宮恩賜庭園
清澄通り
勝どき
春海橋
(旧3号地)
晴海通り
N
W
E
S
月島警察署
有明通り
晴海
0
1km
晴海埠頭

M〔当時『東京日日新聞』記者〕

日本橋柳橋の焼野原の交差点には、電信柱に針金でくくって朝鮮人が殺してあったし、大きな橋のたもとでは、小塚ッ原のさらし首のように朝鮮人の生首が5つも6つも置いてあった。高等警察が焼け残った〔大塚の〕下宿屋へしらみつぶしに入り込んできて、本籍を調べたり、焼け出されの知人をかくまっている友人たちを徹底的に捜査をしていった。こうしたことを不当となじっただけで、社会主義者として高等警察に引っぱられた。〔略〕社会主義者や朝鮮人の問題は、国家をあげての重大問題ではなく、内務省の闇から闇に消していく、陽の目を見ない問題として片付けられていた。

（三原令『聞き書き』→在日韓人歴史資料館所蔵）

OP生

須藤鐘一氏も房州でひどくやられ、僅に身を以て遁れ小舟でやっと浜離宮の裏まで着くと××の死骸が10あまり浮いているので目を回したそうだ。

（「凶災と文壇消息記」『文章倶楽部』1923年10月号、新潮社）

荒井淳吉〔当時京橋高等小学校1年生〕

3日目の夕方、糧秣倉庫の所で朝鮮人が憲兵につかまっていた。その所へ船頭さんたちが鉄棒で朝鮮人たちの背中をぶったりして糧秣倉庫が燃えているなかに入れられてしまった。夜7時頃、砂糖倉庫が倒れた時、僕らは舟の底にいたから、舟の中で大さわぎ。「ほら鮮人が爆弾を投げた」かと思ったら、砂糖倉庫が崩れたのであった。

（「震災遭難記」東京市立京橋高等小学校『大震災遭難記』東京都復興記念館所蔵）

李鐘応

月島には私も働いたことのある飯場があって、そこには20人程の朝鮮人がいましたがそのうち19人は虐殺されました。あとで聞いた話ですが飯場にいた朝鮮人一人は壁にハリツケにされました。

生きのびた一人は私の友人で開城の出身であります。彼は大変日本語がうまく生きのびることができましたが、彼は日本人のまねをしてはちまきをし、日本人のような顔をしていたので殺されずに済んだとの事です。

（朝鮮大学校編『関東大震災における朝鮮人虐殺の真相と実態』朝鮮大学校、1963年）

伊東住江〔当時京橋高等小学普通科1年生〕

〔1日夜、佃島で〕交番の際で男の人達が「今築地本願寺が焼けているそうだ」と言いこちらの人は「今月島へ鮮人がばくだんをほおって月島が火事だ」と言う人もある。〔略〕ちょうど4日のお昼ごろ、にわかに外がさわがしくなってきて、方々で鮮人が来たの言叫で声がきこえてきた。たいがいの家では戸をしめてしまって開いている家は少しかありません。私はこわいもの見たさで戸の隙間からそっと外を見ると、血なまぐさいにおいがぷんとはなをつきます。私の家にあった祖父の写真が佃寅さんにあずけてあったので、それを取りに行くのに兄さんは、気もちが悪いとで私と定やが取りに行きました。小橋の向うに湯屋があって、その中に鮮人がたくさん取こになっています。その前には血がいっぱいです。きっと鮮人を殺した時の血でしょう。ようやく写

真を取って家に帰ると、急に頭がいたくなったので少しねていました。夜になると兵隊が二人ずつ、剣付鉄砲をもって裏々をまわって歩きます。突然外がさわがしくなりました。どこかでつかまったのでしょう。さわがしい声が次第に闇の中にきえて行きます。

（「大震災遭難記」東京市立京橋高等小学校『大震災遭難記』東京都復興記念館所蔵）

岩野ハナ〔**当時東京市立京橋高等小学校専攻科1年生**〕

〔2日夜、浜離宮で〕夜中にふと眼を覚ますと、竹の棒をもって騒いでいました。お母さんに聞くと、不逞鮮人が来たと言うことです。昨日の恐しかったのが未だ覚めないうち、又こんな恐い思いをするのかと、首を縮めて堅くなっていました。3日の夜も騒ぎました。

（「大震災遭難記」東京市立京橋高等小学校『大震災遭難記』東京都復興記念館所蔵）

蛯原詠二〔**当時『いはらき新聞』記者**〕

「**草の中へ首を突込み窒息を免れた恐ろしい一夜**」（京橋三十間堀本社在京記者蛯原詠二氏遭難談）

〔2日、浜離宮で〕夕刻になると、大井町方面に集まった2〜3千人の鮮人が離宮の倉庫を目がけて襲来するという噂が伝わった。離宮を護っている近衛兵が喇叭で警戒信号をする、女、子供は悲鳴を挙げる、まるで戦場の騒ぎ。男達は兵士と一緒に門を護ることになったが、突然裏の濱手にときの声が上ったので、「それ鮮人だ！」と騒ぎ出したが、それは月島を追われ大川へ飛込んだ鮮人200〜300名の中の10名ばかり離宮の石垣へ這い上ったのを撃退した声とわかってようやく胸をなでおろした。それからは鮮人襲来の防禦に疲れ切り〔略〕。

（『いはらき新聞』1923年9月8日）

大矢正夫〔**自由民権運動家。京橋で被災し、月島の自宅へ**〕

〔1日午後〕5時頃より、大砲に斉しき爆音、時を隔て、所を異にして、頻々耳朶を掠め去る。乃ち余は直覚的に、社会主義者のため、乗ぜられたるに非ざるかの感を起したりき。後に至り果して主義者と、不逞鮮人の暴挙を伝聞せり。

（色川大吉編『大矢正夫自叙伝』大和書房、1979年）

小笠原吉夫

「**鮮人の爆破に月島忽ち全滅**」

〔月島3号地の鉄管置場で〕翌朝〔2日朝〕に至って警視庁より「鮮人は爆弾を所持して工場その他を爆破し又井戸に毒薬を投じている。鮮人を見つけたならば直に捕縛せよ」との達しがあった。これで対岸の火災の原因もわかり又島内の爆音の正体も明になった訳だ。

〔略〕鮮人200名余り或は船に乗り或は泳いで月島に襲来した。そこで兵士が25名ばかり警戒のために上京し「鮮人は殺してしまえ」と命令したので島民は必死となって奮闘し片っぱしより惨殺した。それは実に残酷なもので或は焼き殺し或は撲殺し200余名の血を以て波止場を塗り上げられた。そしてさきに捕縛した者まで殺しつくした。〔略〕自分なども最初の一人を殺す時はイヤな気持もしたが、3人4人と数重なるに従って良心は麻痺し、かえって痛快な気持になってあった。

（『山形民報』1923年9月7日）

小川貞男〔**当時東京市立京橋高等小学校1年生**〕

〔1日夜、月島で〕そのうちに眠くなったので休もうとおもっていると、なんだか外の方が話声がきこえるので父はなんだろうときくと、朝鮮人が三号地へおよいで来たといって父に話をした。もう皆んなは、鉄棒をもったり刀をもったりして、川の方や鉄管の中を見ている人もある。〔中略〕その晩は朝鮮人もこなかった。

（「震災遭難記」東京市立京橋高等小学校『大震災遭難記』東京都復興記念館所蔵）

鹿島龍蔵〔**実業家、鹿島組理事。当時田端在住**〕

9月5日〔略〕鎧橋〔現・中央区日本橋地区〕を渡らんとす。宅にて聞けば、這って渡らば渡れるとの事であった。然るに今は通行止めをして、修理をしている。警官2名あり。田舎から連れて来た者らしい。田井氏縄張りを越して入り、右して江戸橋を通り得るか、左して港橋を通り得るかを問う。彼等大勢叱して曰く、何故に縄を越して来るかと、田井氏道を問わんためなりと答う。彼の一人曰く、然らば何故に声を出して呼ばざるかと。猶曰く戒厳令発せられたる今日、グヅグヅいわば斬ってしまうぞと。事態甚だ穏ならず。

（武村雅之『天災日記――鹿島龍蔵と関東大震災』鹿島出版会、2008年）

河竹登志夫〔**演劇学者**〕

流言蜚語は、月島3号地にもたちまちひろまった。

2日の夜だったと、みつ〔登志夫の母親〕は記憶している。もうすぐ築地方面に烽火があがる。するとそれを合図に不逞の徒が押寄せてくる――という噂が立った。ソレというので男たちはみんな集められて、竹槍を作って見張りに立ち、電灯は消され、女子供は事務所の机の下に、息を殺してひそんだ。

一晩中まんじりともしなかったが、何事もおこらなかった。だが翌朝になっても噂は消えず、今日こそ襲われるという情報が伝わってきた。凌辱にあったり、耳や鼻をそがれてなぶり殺しにされるという囁きもおこった。〔略〕結局、襲撃はおこらなかった。しかしその翌日、おそろしい光景を見た。

数珠つなぎにされた十数人の男が、自警団員に引立てられて、建物のそばに拉致されてきた。団員たちは棍棒や竹槍をつきつけながら、「貴様たち、イロハを全部言ってみろ」といって、一人ずつ順番にイロハをいわせはじめた。すらすらいったものは許されたが、途中でつかえたりすると、「この野郎！」と有無をいわせず無抵抗な男をなぐり、蹴り、はては壁に頭をガンガンぶつけたりして、折檻を加える。血だらけになり、蒼白になって、気を失って倒れるものもあった。

その様子を窓から目撃したみつは、正視に耐えず、窓に背を向けて顔をおおった。すると大声で、「おい、やめろ。おとなしくしているものを、かわいそうじゃないか。みんな、頼むから、もう勘弁してやってくれ」と叫ぶ声がきこえた。おそるおそる顔をあげてみると、八字鬚の鈴木源次郎だった。ほっと救われた気持がした。

（河竹登志夫『作者の家――黙阿弥以後の人び

と』講談社、1980年）

北林谷栄〔**俳優。当時12歳。銀座在住**〕

〔火事に追われて浜離宮に行った。門は閉鎖されていた。一人の巡査がよじのぼって開けたので、中に入り助かった。でも何日か後に、その巡査は処罰されたという噂を聞き、子どもながらに、ひどいと思った〕あのときは大日本在郷軍人会というものがあって、在郷軍人が自警団を組織して、竹槍を持ってテントを張って、「どこへ行くんだ！」といって、誰何してちょっと発音がおかしいと、「貴様、朝鮮人だろう」と猛り狂っていたんです。いつもうちに御用聞きにくる炭屋なんかがそのときだけは鉢巻して在郷軍人の服を着て居丈高になっていました。町内にテントを張って、このときとばかりに肩で風切っていたんです。

それを見ていると、その野蛮さがにくたらしくて、むかついて。浜離宮の巡査の件も、自警団の件も。

それから何日かたってから、これも朝鮮人だかどうかわからないんですが、竹槍で刺されて仰向けに死んでいる、裸の上に印半纏をひっかけた死骸を見たんです。とにかく裸で黒い印半纏の人が竹槍で突き刺されて仰向けに死んでいて、太陽がさんさんとあたって、9月1日から4、5日後ですから、蝿がたかって、その死体が水脹れみたいに脹らんでたの。殺されるところを見たんじゃないけど、殺されたのが放置されているのを見ました。そこを通る人はみんな「あれは朝鮮人だ」と言っているのを見ました。

（北林谷栄『九十三齢春秋』岩波書店、2004年）

浜離宮に建てられた避難民のバラック小屋。バラック小屋の多くはトタン板など焼け跡の資材を組み合わせて作られ、密集地を形成。避難民の生活の拠点となった

黒川つる〔**当時東京市立京橋高等小学校1年生**〕

〔3日〕芝浦にゆけば鮮人のきりあいだという話だ。ちょうどそこに渡舟の舟がいたのでそれに移り、月島水上警察にゆき、舟よりおりてみれば、ろう屋の中では鉄の戸をどしどしおし中には朝鮮人が、はいっている。私は身ぶるいをした、それから東京市役所にいった、市役所は夜になるとまくらもとで鮮人のきり合って、こわい、こわい所に2日いて田舎にいった。

（「震災遭難記」東京市立京橋高等小学校『大震災遭難記』東京都復興記念館所蔵）

斎藤静弘

1日の夜は、そこ〔浜離宮〕で明かすことになったが、朝鮮人が焼き打ちを始めたとか、井戸に毒を入れたとか、暴力的に襲って来る等のデマが伝わり、男子は皆、棒切

れを持って待機しろなどと、不安の一夜であった。

（斎藤静弘『真実を求めて――喜寿を迎えて』私家版、1976年）

高瀬よしお

当時私は東京の月島二号地に住んでいました。家は新築したばかりでつぶれませんでしたが、外の空き地に避難した私たちは、火災を逃れる群衆におされて三号地へ逃げました。

三号地の土管材料置場の小屋の中で一夜を迎えた翌日〔2日〕、水を求めて外へ出ると、5、6人の裸の男が針金でしばられて、周りに刀や鉄棒を持った作業衣の男数十人がこづきながら歩いているのが見えました。やがて石炭の焼け残りの火のところにくると針金でしばられた男の両手足を持って火の中に投げ込みはじめました。私はびっくりして逃げ帰り、母に告げたことを覚えております。

同じ日、岸壁にいくと、これも針金でしばられた裸の男10人ぐらいが、次々と海に投げ込まれているのが見えました。

（『アカハタ』1982年9月3日→姜徳相『関東大震災――虐殺の記憶』青丘文化社、2003年）

高橋義博〔実業家。当時書生〕

〔日時不明、上野から〕帰りに茅場町公園のところまでくると、後ろ手にしばられた朝鮮人が、そのまま突き殺されている。凄惨なものであった。いや、私には、それをみて凄惨とも思わなかった。それほど、この一日の東京の姿は、すべてが無残きわまりないものであったのだ。

（高橋義博『彩鳳記――高橋義博自伝』大日精化工業、1982年）

田山精三

侠客（佃政一家）をなのる築地のトモさんというバクチ打ちが大将になって自警団の本格的なものができた。海岸ブチ、川添いに朝鮮人があがってくるから出かけろとトモさんの動くとおり馳り回った。月島、江東橋あたりまで朝鮮人を捜しに行っては石を放っては万才万才と殺し歩いた。寂しい所には朝鮮人の首のない死体が転がっていた。

（三原令『聞き書き』→姜徳相『関東大震災・虐殺の記憶』青丘文化社、2003年）

増田逸三

〔1日午後、銀座通りで〕「朝鮮人が日本刀で切られた」と大人たちが話をしていた。

（『週刊読売』1983年9月11日号、読売新聞社）

矢島敏子〔当時東京市立京橋高等小学校1年生〕

〔2日、月島三号地で〕昼すぎになつてから朝鮮人のさわぎで兵隊さんや、少年団の人たちが皆んなかなぼうをもって朝鮮人たいじだといって鮮人をおっかけまわしていました。午後3時頃〔略〕少年団の人が5、6人でかなぼうをもって私がいるてっかんのそばをどこだどこだといってかけだしてくるので私は又鮮人だと思っておいしくたべているごはんもたべず、ただあっけにとられてびくびくとしていました。

（「震災遭難記」東京市立京橋高等小学校『大震災遭難記』東京都復興記念館所蔵）

山田みや〔当時東京市立京橋高等小学校2年生〕

〔舟で浜離宮に避難して3日〕夜になった。火の勢は未だ盛んである。夜の御飯を戴いて甲板で舟の人達と方々を見ていた。すると突然月島の方で「朝鮮人が泳いで行ったぞ、ばく弾を持ってるぞ」とどなっている。〔略〕方々の舟の人は甲板へ出て「カンテラ」で水の上を照らしている。人々は「朝鮮人だぞ」とどなっている。

（「震災遭難記」東京市立京橋高等小学校『大震災遭難記』東京都復興記念館所蔵）

吉本三代治

翌朝〔2日朝〕から埋立地〔月島〕を中心に朝鮮人の暴動デマ騒ぎで目の当り斬り殺された姿を見て、むごい、と顔を覆ったのが当時旧制三中の中学3年生（両国高校）に在学の時だった。

（『抗はぬ朝鮮人に打ち落す鳶口の血に夕陽照りにき――九・一関東大震災朝鮮人虐殺事件六〇周年に際して』九・一関東大震災虐殺事件を考える会、1983年）

京橋月島警察署

流言蜚語の始めて管内に伝われるは9月3日午前10時30分頃にして、「鮮人等爆弾を携帯して放火・破壊・殺害・掠奪等を行い、又毒薬を井戸に投ずるものあり」「軍隊約30名、鮮人逮捕の為に武装して管内に来れり」等と称し、更にその携えたる爆弾を収拾せりとて当署に持参せるものあり。即ち警戒を厳にすると共に、これを警視庁に報告せんとするも便船を得ず、隅田川を泳ぎて漸くその目的を達せしが、この時民衆の提供せる爆弾と称するものをも送りて鑑定を求めしに、开は唐辛子の粉末なりき。

ついで午後1時50分頃歩兵第一連隊より特派せられたる小澤見習士官の一隊鮮人検索の為に来るあり、住民は兢々としてその堵に安んぜず、遂に鮮人迫害の惨事を生ずるに至る、これに於て当署は鮮人の検束を行い、これを警視庁に護送せり。しかるに同5日午前9時に至りて「外国駆逐艦隊東京湾に入港せり」「不審なる多数帆船一・二号地の沿岸に繋留せるあり」「外人1名発動機艇に乗じて一号地沿岸に来りしがその行動怪しむべし」など云える流言また行われし。

（『大正大震火災誌』警視庁、1925年）

日本橋久松警察署

9月1日午後2時「海嘯将に来らんとす」との流言起り、一般民衆の不安甚しくして避難の準備を為すもの少なからず、その本署の楼上に来りしが、幾もなく管内猛火の漲るに及びて自ら止む。然るに火既に鎮まりたる翌2日の午後4時頃に至り、鮮人暴行の流言新に起るや、民心の興奮その極に達し、遂に又自警団の跋扈を見るに至り。

（『大正大震火災誌』警視庁、1925年）

日本橋堀留署

猛火止み、管内の全く灰燼と化したる後、9月3日午後6時「不逞の徒各に於て焼残れる金庫を破壊し、掠奪を行えり」との流言始めて起る、即ち警戒を厳にしてこれに備えたるに、翌4日午前1時頃に至りて日本銀行本署請願巡査より「暴徒等将に同行を襲いてその金庫を破壊せんとすとの風評あり」との報告に接したれば、直に警部補以下35名の署員を特派してこれを護らしめたれども、異変なきを以て、午前10時その8名を留めて本署に帰らしめしが、この種の流言蜚語は爾来(じらい)引続きて行われ、その取締に非常の困難を感じたり。

(『大正大震火災誌』警視庁、1925年)


陸軍「震災警備の為兵器を使用せる事件調査表」

9月1日夜中頃、月島4丁目付近で、歩一機歩兵が朝鮮人1名を撲殺。

(松尾章一監修『関東大震災政府陸海軍関係資料第Ⅱ巻・陸軍関係史料』日本経済評論社、1997年)

千代田区

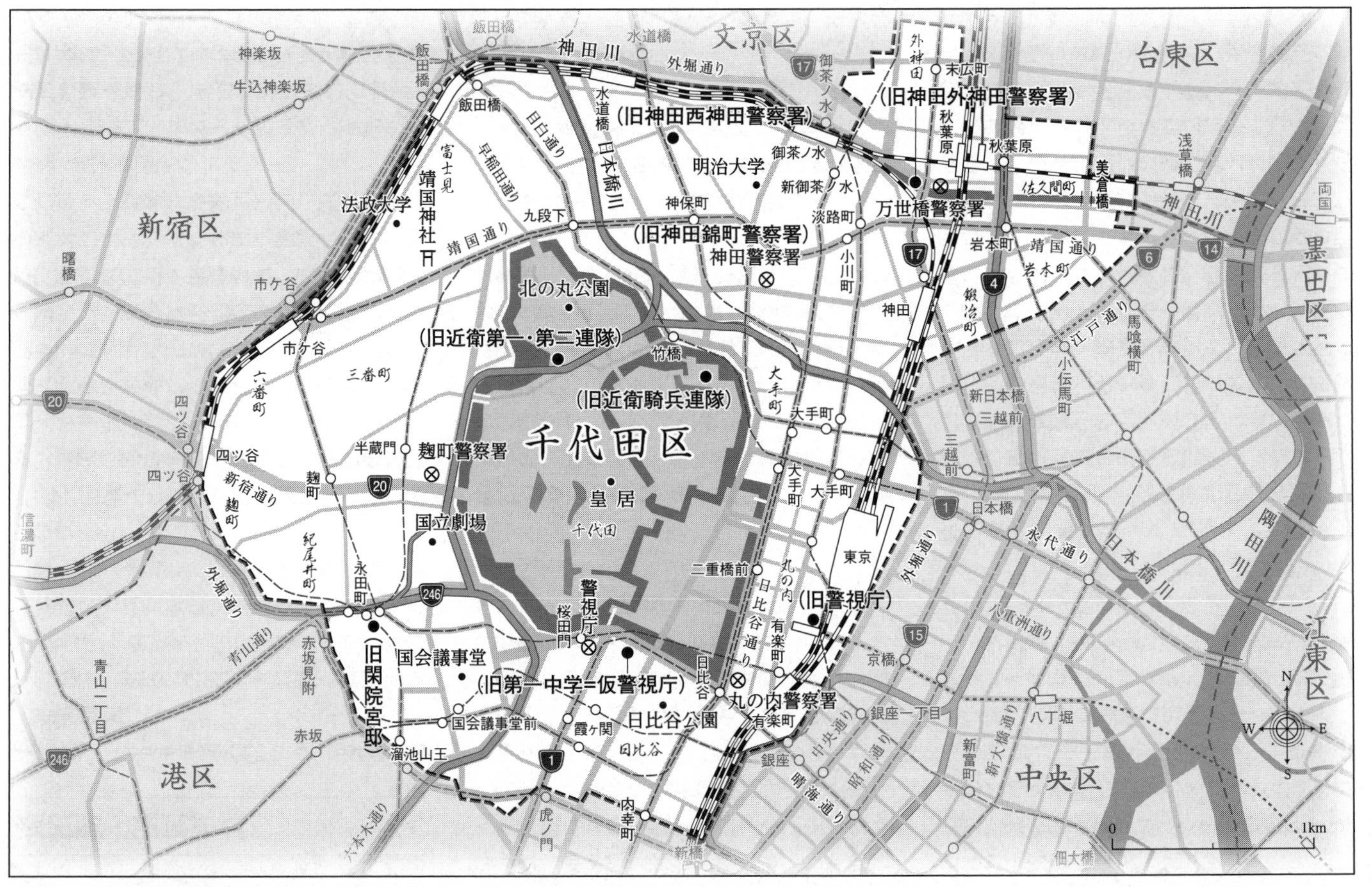

千代田区
皇居
千代田
新宿区
港区
文京区
台東区
中央区
墨田区
江東区
北の丸公園
日比谷公園
靖国神社
法政大学
明治大学
国会議事堂
国立劇場
警視庁
麹町警察署
丸の内警察署
神田警察署
万世橋警察署
（旧近衛第一・第二連隊）
（旧近衛騎兵連隊）
（旧第一中学＝仮警視庁）
（旧警視庁）
（旧閑院宮邸）
（旧神田錦町警察署）
（旧神田西神田警察署）
（旧神田外神田警察署）
東京
秋葉原
神田
御茶ノ水
新御茶ノ水
水道橋
飯田橋
神楽坂
牛込神楽坂
曙橋
市ケ谷
四ツ谷
信濃町
青山一丁目
赤坂見附
赤坂
永田町
国会議事堂前
溜池山王
半蔵門
麹町
九段下
神保町
淡路町
小川町
竹橋
大手町
二重橋前
日比谷
有楽町
霞ケ関
虎ノ門
内幸町
新橋
銀座
銀座一丁目
新富町
京橋
日本橋
三越前
新日本橋
小伝馬町
馬喰横町
岩本町
末広町
浅草橋
両国
八丁堀
佃大橋
富士見
三番町
六番町
紀尾井町
鍛冶町
佐久間町
外神田
美倉橋
外堀通り
靖国通り
早稲田通り
目白通り
新宿通り
青山通り
六本木通り
日比谷通り
江戸通り
永代通り
八重洲通り
中央通り
昭和通り
晴海通り
新大橋通り
神田川
日本橋川
隅田川
N
S
W
E
0
1km

飯田橋・靖国神社

T・M〔1899年生まれ。当時三軒茶屋の機械化隊所属〕

〔地震後、軍用・警察用の電灯線・電話線を修理しながら九段の軍本部（仮連隊本部）へ移る〕兵は戦時と同武装で、実弾と拳銃が渡された。上官たちは皆、サーベルが軍刀になっていた。

〔略〕朝鮮人のことで私の知っていることは、震災が起るとすぐ、九段の消防署に朝鮮人が集められたことです。上官から、朝鮮人問題が起きているから、市中厳重に警備せよと命令が出て、営門の所へ大砲2門を置いて、板紙で地内の人たちへ張札をして、朝鮮人警戒を知らせた。兵舎に避難民を入れたり、挙動不審者や朝鮮人収容者もいたので、収容者の集団逃亡を恐れて、張札をしたと説明を受けた。

〔略〕部落民の部落のある所は、全部憲兵屯所が置かれて、通行者の出入に、姓名・生年月日・言葉による検査（教育勅語か軍人勅諭などをとなえさせる）と、持物検査をした。徹底的な所持品検査で、必ず朝鮮人は朝鮮のものを持っているから探し出せと命令されていた。朝鮮人は管内の交番で身元がほとんど解っていたから、オマワリが直ぐいって収容した。オマワリの連行中に殺した朝鮮部落を、警察が恐がって、朝鮮部落の警備・巡察は軍隊へ頼みに来た。

（三原令『聞き書き』→在日韓人歴史資料館所蔵）

内田良平〔政治活動家〕

2日午前11時頃〔略〕3名の日本大学生の服装をなしたる鮮人ありて〔略〕付近の避難民等はこれを捕えんとし追い駈けたるに招魂社裏門より社内に逃げ込みたるを2名はこれを撲殺し1名はこれを半殺しにしたる儘、取調の為め陸軍軍医学校に入れたり。

（内田良平『震災善後の経綸に就て』1923年→姜徳相・琴秉洞編『現代史資料6・関東大震災と朝鮮人』みすず書房、1963年）

木佐木勝〔編集者〕

〔3日〕夜、朝鮮人襲来の噂あり、不安のうちに一夜を明かす。〔略〕

夜、家へ帰ってからろうそくの燈の下で、わびしい夕食をたべることにもなれた。しかし夜警に引っ張り出されるのは辛かった。〔略〕夜警は誰かに代わってもらって一晩ぐっすり眠りたいと思う。（当時の日記）

（木佐木勝『木佐木日記　第一巻』現代史出版会、1976年）

木佐木勝〔編集者〕

〔九段坂付近で〕私の小学生時代の同級生だった男で、後に米屋の若主人になっていた某が、自警団の仲間といっしょに捕えた朝鮮人を惨虐きわまる方法で殺害した事実を知ったのは、警察の手でその男が仲間の自警団員とともに検挙されたことが新聞記事になったからであった。彼は親の代から同じ土地に住みついていて、信用のある商人であったと同時にきわめて平凡な市民であった。彼が仲間とともに捕えた朝鮮人を荷車に縛りつけ、こん棒を振るってなぐり殺したという新聞記事を見ても、私はなおあり得ないことだと疑った。（昭和初期に執筆と推定）

（「関東大震災体験記」『中央公論』1998年10月号、中央公論社）

妹尾義郎〔**仏教運動家**〕

〔3日〕九段坂上の避難地で避難鮮人4名が、内地人にとりかこまれて、おどおどしていた。あんまり憐然に思えたから、色々慰めて、小使に十円分ったら、声をかぎりに泣き出した。自分も、おのずから、彼等の悲境に同情されて袖をしぼった、みんなも涙した、人情に国境も民族もない、仏様は一切法空とお仰った。（当時の日記）

（妹尾義郎著・妹尾鉄太郎・稲垣真美編『妹尾義郎日記・第2巻』国書刊行会、1974年）

長坂金雄〔**出版経営者**〕

〔1日〕夜はそこ〔靖国神社〕に寝るつもりで数枚の布団を敷いて、女子どもを寝かせ、自分も横になろうとしたところ、叫び声がするので、何事かと立ち上がり周囲の人に様子を聞いてみると、朝鮮人が暴動を起こして襲撃してくるのだという。これは大変だと心配していたら、隣人が日頃竹橋の歩兵連隊の酒保に出ていた関係で、その人の手引きで酒保の中に入れてもらって安全を確保した。

（「九段坂から地獄を見た人たち」『マスコミ・ジャーナリズム論集 20c.—21c.』コマエスクール同人、1995年）

比嘉春潮〔**沖縄史家、エスペランティスト。当時改造社社員。芝の改造社で被災、自宅近くの原っぱに避難**〕

その日〔6日〕の午後になってとうとう〔甥の〕春汀を捜しあてた。飯田橋署に、頭に包帯を巻き、血糊までこびりつかせて留置されていた。彼は〔略。1日〕夕刻になり、血迷った自警団にやられたのだ。最初、向うからドヤドヤとやってきて「朝鮮人だ」と叫んでいるので、とっさにものかげにかくれ、いったんはやり過した。ところが一番後にいた一人が、ひょいとふり返り「ここにいた」というが早いか、こん棒でなぐりかかった。「ぼくは朝鮮人じゃない」と叫んだ時にはもう血だらけになっていたという。

（比嘉春潮『沖縄の歳月——自伝的回想から』中央公論社、1969年）

大手町・丸の内・東京駅・皇居・日比谷公園

安倍小治郎〔**水産会社経営者。日本橋魚河岸で被災**〕

〔1日夜〕皇居前の楠公の傍らに移ったが、ここもいまに朝鮮人が暴動を起して皇居に侵入するから危険だと流言を飛ばすものがある。それかあらぬか時々宮城の二重橋の広場から喚声が聞えて来るので、家族が又どこかに移ろうといい出した。〔大手門へ移動した〕

〔略。2日〕また夜に入ると二重橋方面で喚声が聞こえる。朝鮮人の襲撃だとの流言が飛ぶ。

（安倍小治郎『さかな一代——安倍小治郎自伝』魚市場銀鱗会、1969年）

池内たけし〔**俳人**〕

〔2日夜、華族会館内の馬場で〕乏しい蠟燭の火で淋しい第二夜を送る。突然○○○○の噂が来る。折角(せっかく)ようやく安心して眠りかかっている天幕の中の女や子供を俄(にわか)に起

して後ろの暗い庭の木陰に避難させる。灯を全く消す。馬場の中に避難している2、3軒の家の若者達で俄に防禦の一団を編成する。手に各々○○○○を持つ。親父も一団の中に老人として若い者に劣らず○○○○をして、手に日頃○○○○○○ものを引さげて立つ。私はあり合うものもなかったので、家財の中に見当った能狂言に使う木太刀を持つ。夜目には真の○のようにも見える。久しく襲来を待ったが遂に流言蜚語に終って何者の影も見えない。

〔略。3日夜〕またまた○○○○○前夜に増し○○が厳しい。市中に渡って敷かれた戒厳令で兵士が帝国ホテルの門には立っているという。焼け残ったこの一画を特に警戒しなければならぬとあって一夜また一睡もせず。提灯を灯して各々若い人々で厳しくこの一画を守る。○○を突き提灯を提げて暗夜のこの界隈を警戒して歩く。

ホテルの厩に怪しのものが侵入したと誰かが伝える。たちまち大騒ぎとなる。兵士も駆けつけて来て集まった若い人々と共に厩の中を隈なく探す。厩の馬が驚いてはねる。怪しい人影は見えない。一同拍子抜けの形で引上げようとすると、暗闇の中で誰かいたぞと呼ぶ。そら行けと皆声のする方に駆けつける。駆け寄って見ると、何の事だ。一人の老嫗が荷物を背負って、ホテルの裏からとぼとぼと闇の中に現われる。お助けなすって下さい。私は麻布の娘の所まで参る者ですと泣声で云う。一同余りのことに笑って散る。

〔略。4日夜〕今宵から華族会館裏門にも警戒の兵士が立つ。暗闇に歩哨の○がぴかぴかと光る。

（たけし「震災日記　鎌倉に行くまで」『ホトトギス』1923年11月号、ホトトギス社）

石井光次郎〔**政治家。当時『朝日新聞』勤務。宮城前に避難**〕

〔1日夜、警視庁から〕帰って来た者の報告では、正力〔松太郎〕君から、「朝鮮人がむほんを起こしているといううわさがあるから、各自、気をつけろということを、君たち記者が回るときに、あっちこっちで触れてくれ」と頼まれたということであった。

そこにちょうど、下村〔海南〕さんが居合わせた。「その話はどこから出たんだ」「警視庁の正力さんがいったのです」「それはおかしい」

下村さんは、そんなことは絶対にあり得ないと断言した。「地震が9月1日に起こるということを、予期していた者は一人もいない。予期していれば、こんなことにはなりはしない。朝鮮人が、9月1日に地震が起こることを予知して、そのときに暴動を起こすことを、たくらむわけがないじゃないか。流言ひ語にきまっている。断じて、そんなことをしゃべってはいかん」こういって、下村さんは、みんなを制止した。〔略〕だから、他の新聞社の連中は触れて回ったが、朝日新聞の連中は、それをしなかった。

（石井光次郎『回想八十八年』カルチャー出版、1976年）

岩川清

〔1日〕午後2時半頃、〔日比谷から芝区琴平町へ帰宅の途中〕新聞社の自動車からメガホンで、ただいま巣鴨、大塚方面に暴動が起こったので十分気をつけるようにとのことで、人々は不安におののきました。〔略〕夕方より方々に自衛団ができまして、各所に尋問所がもうけられ交通人に尋問する等、

都内は大混乱を来たしました。

（「日比谷図書館にいた時」品川区環境開発部防災課『関東大震災体験記集』品川区、1978年）

北園孝吉〔作家、歴史家〕

〔9月1日夜、宮城前広場で〕そのうちに、どこからか男の声で「みんな、灯りを消せ！

写真は炎上する日比谷交差点を見つめる人びと。日比谷では東側市街地から内幸町にかけて焼失が激しく、焼け残った日比谷公園に数十万の人びとが避難した

朝鮮人が襲ってくるぞ！」と叫んでいた。提灯やローソクをつけていた人たちは、いっせいに消してしまい、息をひそめていた。けれども堀向うの赤い空で群集の姿は闇に消されることもなく、影絵のように、こそこそと動きが見えていた。その30分くらいの経過の後、ポツポツ尋ね人が動き出し、朝鮮人はこっちへ来ないぞと誰かが言い歩いてきた。

〔3日夜〕日比谷公園の西角あたりで「止まれッ」と号令があり、手丸提灯が並んでいた。戒厳令下である。軍人がギラギラする抜刀を私たちの前に突き出し、提灯の明かりで、顔を見る。前方に停められている人たちには、「君が代を唄ってみろ」と怒鳴っている。唄の発音がおかしければ逮捕されるのだろう。私たちの言葉と顔つきが朝鮮人ではないと認められて通行を許された。

（北園孝吉『大正・日本橋本町』青蛙房、1978年）

桑原虎蔵

3日目、日比谷公園で夜明かしした時、

メガホンをもって「ただいま朝鮮人が品川沖から襲撃の情報がありました」といっていました。この放送は警察がやっていました。

私は日比谷公園から近くの今の都立一中の海城中学の方に移って、その校庭にいたときにも「鮮人が大森方面を通過してこれから東京に襲撃のおそれがあります」という報道なんです。だから「男子の方はある程度覚悟して用意していて下さい」ということなんです。それで海城中学では銃剣をもたされ、「不逞鮮人とたたかう覚悟でいてくれ」と自警団長からいわれました。それで私は自警団に入り自動車なんか勝手にストップさせたんです。私なんか、そん時は内務大臣の後藤新平の車でも止めたですよ。

（「自警団にはいっての活躍談」日朝協会豊島支部編『民族の棘――関東大震災と朝鮮人虐殺の記録』日朝協会豊島支部、1973年）

小西喜兵衛

〔2日夕方、丸ノ内大川田中事務所で〕そうするうちにあたりが昏くなって来た。そこ

へ警官が来て、宮城前へ移っていただきたい、警戒上諸々方々に散らばっていることは不便でもあり、かつ流言が横行して人心不安の折でもあるからとの注意である。一同は先刻までの畳の上で寝られる期待を捨てて、追い立てられるように宮城前の楠公銅像下へ露宿するに決めた。

宮城前は昨夕よりもずっと多くの避難の人が詰めかけて、芝生の上は一杯だった。心労とこれから先の不安とに動揺しているこれらの避難者のどこからともなく流言が盛に伝えられて来た。詳細を記すことは事更に避けるが、その一つは「この大地震を期に或る不逞の輩が暴動を起し、今既に品川辺りで警官軍隊と衝突を起して目下格闘中である」と。「だからこの丸ノ内も遅かれ早かれ襲撃を受けるだろうから、その時は男は総て何かステッキか棒でも持って立向っていただきたい。吾々は不逞人が見えたら直ちにお知らせするから、その時はこの丸ノ内にいる人達はまず一斉に鯨波の声をあげて下さい。そしていかに多くの人数がいるかを知らせて、不逞の輩の気勢を挫くようにして下さい」と避難の人達の間を説き回っている人々もいた。

午後8時頃かと覚えているが、凱旋道路の方面に当って物凄い鬨の声が起った。戦々兢々たる罹災者達は「ソレ来たッ！」とばかりにこれに和して出来る限りの声を張り上げて「ワアーッ」とどなった。全くその時の鯨波の声は物凄いものであった。津波が押し寄せて来る時はかくもあろうかと思われる程で、寄せては退き、退いては寄せ、次第に高調する悲壮な人間の叫び声は大火災を映す赤黒い夜の空にこだました。

これが静まってしばらくすると、日比谷署の警部らしい正服の警官が属僚2、3人を連れて、罹災者の間を縫ってやって来た。「今、大きな声を出したのは誰ですか、愚にもつかぬ流言蜚語にだまされて鬨の声を挙げたのは誰方ですか、不逞の徒が襲うなどということは全く根もない嘘言です。安心して我々を信用して下さい。ここをどこと心得ていますか、宮城前ですぞ。場所柄もわきまえず大声を挙げたりすると、今度からその人を真先に検挙します！」と慰撫ともつかず、警告ともつかぬ注意があった。一同は先刻のが流言蜚語に属する無責任な噂だった事に気が付いて、それからは大分静かになった。こうして9月2日の夜は楠公銅像下に我々一家は露宿の夢を結んだ。

（小西喜兵衛『関東大震災の思ひ出』私家版、1939年）

佐々木

1日には何ともなかったのが、2日目の夜になって不逞鮮人が放火し、井戸に毒を入れる由が盛である、各自警戒しろという貼紙が各警察署長の名前で出ている。警視庁が始めたなという事を思った。日比谷公園では警察署長が触れているのに出会った。3日目に戒厳令が布かれてからは、そんな触れや掲示はなくなった。一旦大衆を煽動しておいて後から戒厳令を布くとのけてしまった。何故こんな根も葉もない事を警察がやるかというと、手前共がいつも鮮人をひどく圧迫して来たために、こういう動乱期には鮮人が何をやるか恐ろしいのだ。

（「震災当時を語る（座談会）」『大衆の友』1932年9月号→朝鮮大学校編『関東大震災

における朝鮮人虐殺の真相と実態』朝鮮大学校、1963年）

沢田武彦〔**当時23歳**〕

〔1日、宮城前広場で〕夜中に4、5人が一列に並び、例の朝鮮人のことを連呼して通り過ぎるのを見、あのような人々が流言を流す人種かと思ったものですが、後日、市内の親戚や知人を訪ねましたところ、日頃尊敬する知識人や、年配で道理の分かった人々まで、一様にこの流言に震え上がっていました。

（「大地震から二十四時間」関東大震災を記録する会編、清水幾太郎監修『手記・関東大震災』新評論、1975年）

志賀直哉〔**作家**〕

大手町で積まれた電車のレールに腰かけ休んでいる時だった。丁度自分の前で自転車で来た若者と刺子を着た若者とが落ち合った。2人は友達らしく立話を始めた。〔略〕「鮮人が裏へ回ったんで、直ぐ日本刀を持って追いかけると、それが鮮人でねえんだ。しかしこういう時でもなけりゃあ、人間は斬れねぇと思ったから、とうとうやっちゃったよ」2人は笑っている。ひどい奴だとは思ったが、ふだんそう思うよりは自分も気楽な気持ちでいた。

（「震災見舞（日記）」『志賀直哉全集』改造社、1931年）

清水一雄〔**京橋区南小田原町で被災**〕

〔地震後すぐに「津波だ！」との流言。日比谷交差点で夜を過ごし、2日午後5時丸ノ内広場で〕多くの巡査が一団となって何事か協議している。そのうちに一人の巡査が我等の所へ来て、「今夜は灯をつけてはなりませんよ。今夜8時、○○○○○○○○○。お互いに気をつけて下さい」と言った。言は簡単だが、その顔色、その言葉のもの凄さよ。さながら死を決して戦陣に臨むかの趣があった。僕等はすっかり怯え上った。そしてどこと目的地はないながら、大急ぎにここを立った。三宅坂に来ると、交番の前に黒山のように人が集まって、口々にただ一人の巡査に問うていた。「○○は今何処まで来ていますか？」「青山方面は安全ですか？」「四谷は焼けませんか？」「火事は今どこですか？」「どこが一番安全ですか？」大勢の勝手の質問に巡査は面食らって、ただ「何事もハッキリ分りません」と答えるのみだった。〔略〕仕方なく僕等は三宅坂を上って行った。丁度上り切った所で、幾百人の兵士が騎馬で突進する、砲車が走る、喇叭（らっぱ）が鳴る、さながら戦地の光景なるを見た。○○の来襲！いよいよ真実なのかしら？

〔略。2日夜〕僕等は女子学院跡の御料地内に入って一夜を明すことにした。〔略〕「ソレッ！一人そっちへ行ったぞ！袴の男だ！」と叫ぶ声がする。「ピリピリッ」と合図の警笛が鳴る。多くの監視はドッと走って行く。間もなく一人の書生らしい男がつかまえられて来た。しかしそれは果して○○であったかどうかは解らなかった。やがて夜は明けた。

（中央商業学校校友会編『九月一日　罹災者手記』三光社、1924年）

志村勇作〔**宮城守衛の衛兵所詰めで記録係の任務にあたる**〕

〔2日〕午後9、30　皇軍警察より、不逞鮮人約200名青山御所に向って、襲来す

るとの報告があり。直に歩兵教導連隊長に、右の旨砲兵伝騎を以てす。

午後11、55　賢所衛兵司令に、実弾使用の件通報す。

午後12、05　連隊より軽機関銃到着す。

午前0時45分より1時5分まで池田守衛隊司令官の巡察をする。往々、日比谷公園及び二重橋広場方面の、避難民の喧騒甚(はなは)だし。

（「近衛歩兵の現役中、関東戒厳勤務に服務した」震災記念日に集まる会編『関東大震災体験記』震災記念日に集まる会、1972年）

正力松太郎〔政治家、実業家。当時警視庁官房主事〕

次に朝鮮人来襲騒ぎについて申し上げます。朝鮮人来襲の虚報には警視庁も失敗しました。

大地震の大災害で人心が非常な不安に陥り、いわゆる疑心暗鬼を生じまして1日夜ごろから朝鮮人が不穏の計画をしておるとの風評が伝えられ淀橋、中野、寺島などの各警察署から朝鮮人の爆弾計画せるものまたは井戸に毒薬を投入せるものを検挙せりと報告し2、3時間後には何(いず)れも確証なしと報告しましたが、2日午後2時ごろ富坂警察署からまたもや不穏鮮人検挙の報告がありましたから念のため私自身が直接取調べたいと考え直(ただ)ちに同署に赴きました。当時の署長は吉永時次君（後に警視総監）でありました。私は署長と共に取調べましたが犯罪事実はだんだん疑わしくなりました。

折から警視庁より不逞鮮人の一団が神奈川県川崎方面より来襲しつつあるから至急帰庁せよとの伝令が来まして急ぎ帰りますれば警視庁前は物々しく警戒線を張っておりましたので、私はさては朝鮮人騒ぎは事実であるかと信ずるに至りました。私は直(ただ)ちに警戒打合せのために司令部に赴き参謀長寺内大佐（戦時中南方方面陸軍最高指揮官）に会いましたところ、軍は万全の策を講じておるから安心せられたしとのことで軍も鮮人の来襲を信じ警戒しておりました。

その後、不逞鮮人は六郷川〔六郷橋付近の多摩川下流部〕を越えあるいは蒲田付近にまで来襲せりなどの報告が大森警察署や品川警察署から頻々と来まして東京市内は警戒に大騒ぎで人心恟々(きょうきょう)としておりました。しかるに鮮人がその後なかなか東京へ来襲しないので不思議に思うておるうちようやく夜の10時ごろに至ってその来襲は虚報なることが判明いたしました。

（正力松太郎『正力松太郎――悪戦苦闘』日本図書センター、1999年）

白水サトシ

〔1日、時刻不明〕隣の奥さんが見えて「大変です。朝鮮人が暴動を起こして各井戸に爆弾を投げ、家には火を付けるそうです。家には寝られないとの事です」「どうしましょう」「三菱ヶ原で野宿する他ないでしょう」

（白水サトシ『勿忘草――自分史』私家版、1991年）

鈴木喜四郎〔当時京橋区京橋高等小学校1年生〕

〔2日〕日は西に傾いた。今晩は○○○人の夜襲があると言ううわさがぱっとたつと巡査が「今晩は○○○人の夜襲がありますから気を付けて下さい」と叫びながらまわってあるいた。

いよいよ晩になった。提灯(ちょうちん)の火は皆けされた。

血気にはやる若者が白八巻をして手には金棒や焼けた刀を握って5、6人通った。後は人々は言い合わした様に話声一つしない。座蒲団を敷いて少しうとうとしたかと思うと、

「わーいわーい」

とただ事ならぬ人の叫びに夢は破られた。あのすごい氷の様なぴかぴか光る刀――あの恐ろしいぎょっとした眼――等の事を考えると全身の毛も、さかだつ様である。弟や隣の子供はこの恐ろしい事も知らずに前後の正体も無くすやすやと軽いいびきをして寝ている。

夜は次第にふけ渡る。時々巡査の帯剣の音がする。それからは夜の明ける迄何も知らなかった。

（「思ひ出」東京市役所『東京市立小学校児童震災記念文集・高等科の巻』培風館、1924年）

染川藍泉〔当時十五銀行本店庶務課長〕

〔3日、十五銀行丸の内支店で〕鮮人問題と、不穏な団体が焼残った所を襲うというような噂とはいよいよ盛んに伝わった。初の程はこの機会にありそうな事だと思って、疲れ切った頭にてっきりそうと思い込んだのであった。〔略〕どこでは鮮人が井戸に毒薬を投ぜんとした所を見つけられて叩き殺された、ここでは鮮人の潜伏してある所を見つけて叩き切った、などという話は頻々として伝わって来た。それは相当知識階級の人が信じて話しておった。甚(はなは)だしいのになると、鮮人は9月2日を期して事を挙るの計画があった。それが9月1日たまたま震災が起こったので、東西相呼応して立ったのだそうな、などと見て来たようなことを言う人さえあった。或は又道路の石塀や門柱などに白墨で印がつけてある。井桁を記したのは井戸に毒物を入れよという印で、丸いのは爆弾を投ぜよという印だなどとも言い伝えられた。（1924年記）

（染川藍泉『震災日誌』日本評論社、1981年）

寺田壽榮子〔当時成蹊小学校4年生〕

私は日比谷へにげた時、朝鮮人が2千人ばかり来るから、皆さんてんでんにお気をつけなさいと、へんな方が大声でおっしゃったので、私はおどろきました。お家のいとこがそんなら女の人はくさの中にしゃがんでいらっしゃいといったので、皆草の中へしゃがんでいました。〔略〕晩の8時頃だったので、ちょうちんをつけといたのを皆けさなければいけないと、又大きな声でいったので、日比谷中まっくらになってしまいました。なんだかうしろにいるような気持がしてこまりました。お兄様たちが、日本人と同じふうをしてきて、すぐ前にきてふところからでもきれものをだされて、殺されるかもしれないと私たちをおどかしになりました。私はこわくて、こわくて泣きたくなってしまいました。〔略〕私は9月1日の晩はわすれられません。

（成蹊小学校編『大震大火おもひでの記』成蹊小学校、1924年）

中島孝之〔当時東京市立京橋高等小学校2年生〕

〔2日〕やっと衆議院に入れてもらった。むしろをひいて休んだ〔略〕盛んに御飯を食て勢をつけているそれを見て僕は咽喉か

ら手が出る程で、たまらなくなって水を飲んで我慢した。時しも不逞鮮人来襲するから静かにしろといいふれに来たので、院内上を下への大騒動中には車を引いて逃げ出すのもあり、女子は泣だす所へ、大丈夫ですここは宮城に近いから急ぐ軍隊が来るといいに来た。一時は大変だった。

（「大震火災遭難記」東京市立京橋高等小学校『大震災遭難記』東京都復興記念館所蔵）

中村翫右衛門（かんえもん）〔歌舞伎俳優〕

〔1日夜、日比谷公園で〕しいんとしている空気を破って、ガチャッ！　ガチャッ！と音がして、靴音とともに、兵隊が剣つき鉄砲を持ってまわってくるのだ。しばらく静かになると、突如、バタバタと足音がしたかと思うと、「そっちへ逃げたぞ、鮮人はそっちだぞ！　逃がすな！」

帯剣のぶつかりあう音、靴音の乱れる音。それが静寂を破って、なんともいえない無気味な雰囲気が漂うのだ。

私は、なにがなんだかわからなかった。いったい、何を追いかけ、なにが逃げてるか、見当がつかない。警備の兵隊が、どなってくる。「いま、不逞鮮人が暴動を起し、井戸に毒を入れ、公園内に逃げこんだ、注意されたし」というのだ。それでもなんだかわからない。なぜそんなことをするのか見当がつかないのだが、なにしろ、不安はますますつのるばかりなのだ。

「ここは危ない、すぐだから丸の内の電信隊のところへ逃げよう」という岩沼〔亮三〕氏の提案で、日比谷を抜け出て、電信隊がいるところへのがれた。岩沼氏は、ブルジョア社会の顔ききなので、とがめられてもすぐ通過するのだった。

自動車から降りて、私たちは草の上にすわった。そこには天幕を張って電信隊の兵士たちがたむろしていた。その前に、2、3人縛られた男の姿があった。「言わんか……」と兵隊がどなっている意味は、そうだろうと察しるが、ガワンかーときこえて、ただどなりつけ、おどかしているとしか感じられないのだ。

つかまっている人たちは、舌がもつれ加減の日本語だが、朝鮮人とも見えるし、日本人がオドオドして舌がもつれているとも見えるのだった。ひっきりなしに、おどかし、

震災直後の帝国ホテル前。銃剣を持った軍人が立ち、自警団の姿も見られる

追求するので、私もなにか気持がわるくなってきた。ここもただなんとなく不安に感じてきた。

「丸の内の宮城のほうはどうでしょう……」と私は言った。みんなも気味がわるくなっていたとみえて、宮城のほうへ行くことに賛成した。3度、私たちは移動して、堀端に近い宮城の広場の一隅にすわった。

（中村翫右衛門『人生の半分――中村翫右衛門自伝』筑摩書房、1959年）

野木松治

〔2日夜、日比谷公園で〕木の枝にもぐって何時間か眠ったようですが、急に辺り（あた）が騒がしくなりました。何が始まったのかと起き上り周囲を見回わすと、頭に鉢巻をした4、5人の人が大声で呼び掛けているのです。「男子は皆中央広場へ集まれ、女子と子供は1個所へ集まって動くな。男子は頭へ白い布で鉢巻をして何か武器になるような物を持て、今朝鮮人が3千人程品川沖へ上陸したという情報が入ったから、我々はこれを迎え戦うのだ」

時間はもう夜中の12時頃であったと思います。大人の人達は既に400～500人位は集まったようです。手に手に棒切れや、中には日本刀など持っている人もいたようでした。どの顔にも血走った目が光り異様な雰囲気でした。

私は白い布切れなど持っておりませんし、なおの事子供でもあり、とても大人の中へ入って朝鮮人などと戦う勇気はありません。小さくなって遠くの方から眺めているだけでした。集まっている人達は別にどこかへ移動する様子もなく、ただ中央広場に集まってお互いに何かガヤガヤと騒いでいました。

果して朝鮮人が事実来襲するのかどうか、私には何も判りませんでした。ただ恐ろしくて他のどこか安全な所へ逃げようと決心しました。それで、公園の南側の暗い所を選んで、柵を乗り越えて電車道を御成門の方へ歩きました。逃げ出したのです。

ところが、公園から200メートル程も歩いた四つ角の所へ来たときです。物陰からいきなり3人の鉢巻をして、竹槍を持った男達が現れて、「山」といって私の両脇へその竹槍を突き付けました。

私は驚いて、何と言ってよいのか、ただふるえていると、一人の男が私に向って、「お前は日本人か、朝鮮人か」と強い句調で言いました。「日本人です」私は恐しさに声がふるえてうまくしゃべれませんでした。「本当にお前は日本人か！」「10円50銭と言ってみろ！」男達は私を取り囲み詰問してきました。脇腹にはピタリの竹槍がついていました。「10円50銭、日本人です。私は日本人です」。私はやっとのことでそれを言い終えましたが、両足はガタガタとふるえてどうすることもできませんでした。「どこへ行くのか」。男達はやっと竹槍をもどして言いました。「今まで日比谷公園にいたが、品川に親類がいるからそこを頼って行くところです」。これだけ答えるのもしどろもどろの有様でした。

〔略〕御成門を通って芝公園へ着くまでに、四つ角へ来るたびに必ず暗がりから同じような風体の男達が現われて「山」といって威かされました。それぞれの角には「川」と答えなかった何人かの人が詰問されていました。ある所では両手をしばられた朝鮮人らしい人もいました。

（野木松治『体験』私家版、1975年）

野村秀雄

〔当時『朝日新聞』政治部記者。二重橋前に避難して「天幕編集局」を設置〕

2日の夜に荒木社会部員が飛んできて、「いま各所を鮮人が襲撃しているから、朝日新聞で触れ回ってくれと警視庁が言っている」と急報した。一同はこれを聞いて、「よしッ」とばかり小高運動部長ら5、6人と自動車に乗って全市の要所へ「鮮人が襲撃するから用心せよ」と触れ回ったものだ。この朝鮮人騒ぎというものは、実は、通信が途絶えたため警視庁にも正確な情報が集らず、あわてたものだ。流言の因は当時六郷の郊外電車の架橋工事に多数の朝鮮人工夫が働いていたが、震災にあって飯がないので付近の民家へ入って飯を食ったということが誤り伝えられたものらしい。また朝鮮人が井戸へ毒薬を入れたという風説もあったが、これはその2、3日前に牛乳配達だか新聞配達だかが、月末にお得意先の家に白ボクで○印を付けて歩いたのを地震になってからこれを見た人々が勘違いして朝鮮人の毒薬投入説をふり撒いたものらしかった。

（有竹修二『野村秀雄』野村秀雄伝記刊行会、1967年）

原亀夫〔**京橋木挽町3丁目12で被災**〕

〔2日、日比谷公園で〕夜には在郷軍人が来て「教育勅語を申してみよ」と詰問し、言えない者を連行していきました。

（「浜離宮へ逃げる」品川区環境開発部防災課『大地震に生きる――関東大震災体験記録集』品川区、1978年）

平島敏夫〔**政治家、満鉄副総裁**〕

面白い例がある。「時は9月2日の朝、場所は丸ビル正面、前日から餓に苦しんでいた避難民は丸ビル地階の明治屋を襲撃して窓ガラスを破壊して食料品を略奪せんとした。警備の憲兵が来てこれを制したが群集は聞かぬ。憲兵は剣を抜いて群衆を切りつけた」

これは直(すぐ)向うの東京駅ホテルの窓から見ていた人の実見談である。由々しき大問題としてかなり宣伝されかけていた。明治屋襲撃の群衆の一人であった人の実話はこうである。

「2日の朝、明治屋は表の避難民に同情してビスケットの数箱を提供した。群衆は先を争って集ったが箱が大きいのでなかなか開けられぬ。憲兵が剣を抜いて箱を開いてくれた。群集は明治屋の好意に感激し又憲兵の臨機の処置を賞賛した」

この2人の実見者は僅かに1町しか隔てていなかった。しかも事実の相違は百里や千里の問題ではない。怖ろしい事だ！

（「帝都震災遭難記（16）」『満州日日新聞』1923年10月4日）

堀内〔**技師**〕

「不逞鮮人の裏に主義者がいるらしい」

ある者は地震発火後間もなく主義者らしい者がこれ等鮮人を率いて宮城方面に押しかけたが近衛騎兵のために撃退されたのを見たというし、ある者は不逞鮮人が近衛兵のために斬られて倒れているのを見たといっている。

（『河北新報』1923年9月5日夕刊）

松浦幾蔵〔**当時正則英語学校学生**〕

「竹槍を振って鮮人2名を刺殺　鮮人の暴動鎮圧に参加した学生の帰来談」

〔宮城前広場で〕警備団の組織された2日から僕もその団員の一人に加入し竹槍を握って鮮人2名を突き殺した。此奴は獰猛な奴で市中を暴回って来たものらしい。鮮人の暴動がないなどというのは全然嘘だ。現に僕の如きは竹槍党の一人として奮戦したのであるから決して間違いはない。

（『山形民報』1923年9月6日）

三宅騏一

私が9月2日午後丸内を通った時、某新聞社は盛んに鮮人襲来を宣伝していたが、これは警視庁から頼まれてやったものとのことである。

（『東亜之光』19巻1号〔1924年1月新年特大号〕、東亜協会）

村田きみ〔当時尋常小学校2年生。神田で被災、二重橋前へ避難〕

〔1日夜〕「あかりを消せぇー」「朝鮮人が来るぞう」という声、それが波のように何度もきこえてくる。母の膝に顔をうずめて聞いたあの夜の声は、50年経った今も耳の底に残っている。

（村田きみ『私の人生街道』ふだん記全国グループ、1974年）

本山志津江〔当時東京市立京橋高等小学校普通科1年生〕

〔丸の内で〕2日の日から鮮人騒ぎがあったので男だけ外に女子供は皆仮小屋にとじこもっていた、さわぎのすごさときの声をあげて男と鮮人と戦った。

（「大震災遭難記」東京市立京橋高等小学校『大震災遭難記』東京都復興記念館所蔵）

渡辺富久子〔当時尋常小学校5年生。京橋区木挽町で被災、宮城前広場へ避難〕

〔2日夜明〕そのうち、いろいろ不安な噂が飛び交いました。朝鮮人が井戸へ毒を入れたとか、朝鮮人と社会主義者が暴動を起こしたとか、捕まった朝鮮人が数珠つなぎにされて自警団の人たちに連れて行かれたとか……。

（渡辺富久子『大空にかける希望の虹――付・人生の指針――後進の皆さんに』私家版、1988年）

麹町日比谷警察署

9月2日の夕、鮮人暴行の流言始めて管内に伝わるや、人心の動揺甚（はなはだ）しく、遂（つい）に自警団の組織となり、戎（じゅう）・兇器を携えて鮮人を迫害するもの挙げて数う可（べ）からず、本署は未だその真相を詳（つまびら）かにせざるが故に、敢（あえ）て警戒と偵察とを怠らざりしといえども、しかも種々なる現象より観察して真なりとの肯定を与うる能（あた）わざるの状況なるを以て、不取敢（とりあえず）民衆の軽挙妄動を戒むると共に、将（まさ）に迫害を受けんとする鮮人60名を本署及び仮事務所に収容して保護を加えたり。

（『大正大震火災誌』警視庁、1925年）

震災当日、二重橋前は30万人もの被災民で埋め尽くされた。被災民はその後、水、食糧を求めて、避難場所を絶えず移動したといわれる

東京鉄道局

〔2日〕午後7時50分抜刀鮮人千名が品川方面へ来襲したとの飛報があったので、右防備打合せの為め参謀本部へ貨物自動車1輌を急派すると共に自動車全部を挙げて兵員輸送の手配をした。〔略〕不逞鮮人暴行に対する流言蜚語が伝わり各所共人心恟々として不安に脅かされている折柄、恰も新宿駅には陸軍兵器支廠より関西線津田駅宛の火薬が一部積込まれてあったので右出貨主に交渉し兵員護衛の下にこれを引取らせた。

〔略。4日〕不逞鮮人妄動の噂で人心頗る穏で無かったが、本日近衛第二連隊第二大隊第六中隊が東京駅に来着し、ここに大隊司令部が置かれることになったので、一同愁眉を開いて執務することが出来るようになった。

（鉄道省・老川慶喜編『関東大震災・国有鉄道震災日誌』日本経済評論社、２０１１年）

『東京日日新聞』（１９２３年9月3日）

「鬼気全市に漲ぎる」

もしウサンな男に出会った際は、まず生国を問い、答えのにごるものは追究しソレと窮する時は直ちにこぶしの雨を降らす有様で、殺気は次第に宮城前広場・日比谷公園より丸の内一帯に〔略〕。

『北海タイムス』（１９２３年9月3日）

「不逞鮮人等宮城付近を徘徊す」

青森逓信区より無線電話にて着せる所に依れば、宮城石垣崩壊しこれに不逞鮮人の徘徊するありてこれが警戒に困難しおれり。

『北海タイムス』（１９２３年9月5日）

「鮮人十数名を銃殺　いずれも爆弾の携帯者」

2日夜東京駅付近にて朝鮮人十数名警備隊の為銃殺せらる。鮮人は爆弾携帯者ならん。

（『北海タイムス』１９２３年9月5日）

『佐賀新聞』（１９２３年9月13日）

「重軽傷を受けた４００の被告人　婦人子供も混じっている」

東京地方裁判所各監房には４００名の〇〇を拘留してあるが中には婦人子供も混じっているが、ほとんど重軽傷を負わざる者なき有様で、同裁判所当局は、果してこれ等が暴行団なるや否やは取調べの結果に依らなければ明瞭にならぬ。

神田・秋葉原

榎並寛司〔当時神田区佐久間尋常小学校5年生〕

私は人ごみの柳原電車通りをぬけて行った。美倉橋のかり橋を渡ろうとする時、黒山の様に人がたかってこちらへやって来る。何事かと思ってのび上がってみると、こん棒で頭を破られ顔からえり口にかけて血を流した一人の〇〇が竹やりを持った大勢の人々に囲まれて行った。私はただぼうぜんとして見送った。

（東京市学務課「東京市立尋常小学校児童震災記念文集」１９２４年→『新版・千代田区史・通史資料編』千代田区、１９９８年）

小畑惟清〔医学者〕

〔3日夜〕豪壮な福島邸は固く門を閉ざして、これを借りる由もなかった。駿河台にも朝鮮人が徘徊しているとの噂が、どこか

らとなく拡がって来た。この家も襲撃、爆裂弾を投ぜられるとの噂が拡がった。この家の留守居が極度の恐怖を抱き、遂に門を開いてその玄関を吾々の宿に貸し、その代りに夜警を頼むとの交換条件を申し出でられ、実に憤慨せざるを得なかったが、空は雨模様になったし、堪忍の緒をしめて約諾し、看護婦や家族達をその中に入れ、吾々男子は野宿と決めた。夜警は隣家の前田家の人々と協同し、一方は鈴木町を見張り、一方は袋町入口の道をかため、絶えず巡察した。

（小畑惟清『一生の回顧——喜寿』私家版、1959年）

小林勇〔**編集者、随筆家。当時20歳**〕

翌日〔2日〕は、その頃大久保に住んでいた兄の安否をたずねた。兄は無事だった。帰途「牛込へ来た時、武装した青年団や在郷軍人たちがひどく騒いでいるので、何事かと思い、きいて見ると、朝鮮人が放火したというのである。それから帰途は全部朝鮮人騒ぎで大変であった」とあり、ノートには〔略〕「もし仮にそんな朝鮮人が少しくらい現れても当然ではないか。日本人が日頃この人達を迫害圧迫している罪悪に較べれば彼らのお返しの方が小さい」と記した。

〔略〕

「朝鮮人騒ぎ」のために「自警団」が組織され、2日の夜から交代で夜警に当たった。私は朝その仕事から解放された時、岩波茂雄が下町の方へ行ってみようといった。〔略〕佐久間町の狭い一郭が残っていた。川岸に近い所に電車が一輌残っている。2人は中へ入って一休みした。「中には一人の男がいて」私達は問答をした。

「えらいことでしたね」

「まったくえらいことですね」

「ここらも大分朝鮮人騒ぎをしていいますね」

「ええもうひどいですよ。ようやく焼け残った所を放火されたのではやり切れませんからね」

「実際朝鮮人は放火したのでしょうか」

「ええもうひどい奴らですよ。どしどし殺してしまうのですね」

「殺したりするのですか」

「昨夜もこの河岸で十人ほどの朝鮮人をしばって並べて槌でなぐり殺したんですよ」

「その屍体は？」

「川の中や、焼けている中へ捨てました」

その後道端に、蜂の巣のようにつつかれた屍体を見た。そして私はノートに書いている。「こんどの惨害の中で一等不幸の目に会ったのは朝鮮の人々にちがいない。彼

写真は震災当日の神田今川橋通り。猛火に襲われ、家財道具を持って避難する人々で通りは混乱、騒然としている

らも同じ人間で同じ地震にあい、同じ恐怖にさらされた。そのうえ生き残った人間に殺されるかもわからないとは何ということだ」

（小林勇『一本の道』岩波書店、1975年。「」内は当時のノートからの引用）

白鳥省吾〔詩人〕

神田河岸に駐屯していた兵士のうち5人ほどが靴音高く神田橋の交番の方へかけ出した。何事かと見ると、間もなく、その兵士と巡査に囲まれた○○が○○ひき立てられて来た。一人は白い洋服で脚絆（きゃはん）、一人は白絣（しろがすり）の日本服であった。○○○が不評判になった2日から今日までよく匿れていたとも、その苦心のほども思われた。○○○○○○○○○○○日に焼けた浅黒い顔に溢れる悲哀と郷愁とを私はまざまざと見た。

（「自然の魔力と人間の夢」『中央公論』1923年10月号、中央公論社）

清計太郎〔交通博物館館長〕

大震災の時、私は秋葉原駅にいた。東京の中心地だから駅の周囲はほとんど焼けてしまった。その後で、○○○騒ぎがあった。秋葉原では、○○○を2、3人使っていたから、私は非常に心配した。彼らに、よくいい含め、危ないからと駅長室――といってもバラックで屋根の下という感じしかしなかったが、そこへ入れて、「外に出るとあぶない、ここにいろ」と、私の身辺から離さないようにしていた。

用をいいつける時も私がいいつける。ほかの人の用は足さなくてもよろしいとよく注意しておったが、その中の一人が水汲みに行き、帰りに若い者につかまって、ひっぱたかれ半殺しの目にあい大怪我をした。私が駆けつけ、とにかく、その男をとり返して付近の田代外科病院に連れて行こうとしたが、この病院も焼けている。幸い停車場にある焼残りの貨車の中に、病院の人がいたのでそこへ連れ込み、療治してもらった。どうやら生命だけは取止めたが、こうなっては危なくて仕様がない。どうにも困って、やっと警察に頼んで保護して貰うことにした。あの時ぐらい私は絶望的な気持になったことはない。

その後秋葉原駅で仲仕のようなことをして労働していた連中が、火事の後になって、壮士のような者に変ってしまった。その中の一人が、紋付きの羽織を着て、抜身をひっさげて、私の所へやってきた。「課長さん、ここに社会主義者がいるから出してくれ」という。赤心団とか、熱血団とか、そうしたものが流行って、みな壮士を気取っているのである。場合が場合だ。どうにも始末がつかない、日常運送屋や荷物をかついでいた人達だ、停車場で毎日働いていたのである。「社会主義者を出してくれといったって、今、私の所には、そんな者は一人もおらん。君達は知っているのなら捜して来い。だが、抜身は僕に預けて行け」

相手は私のいう通りになり、そこら中を捜していたが、「いませんようです」と、いって引上げていった。

（清計太郎『鉄路』輝文堂書房、1943年）

中田稔〔京橋港町2―12で被災〕

〔避難先の神田佐久間町でも〕毎日のように暴動騒ぎがあり、夜になると父は警備のために日本刀を持って巡回していたのを思い出す。

（品川区環境開発部防災課『大地震に生きる——関東大震災体験記録集』品川区、1978年）

羅祥允〔画家。当時女子美術学校に留学中〕

〔本郷区弓町の〕下宿の窓から外をうかがったとき、前の道を鉄の金剛杖のようなものをもって通る青年たちの話が聞こえた。神田で朝鮮人妊婦の腹を刺したら「アボジ（お父さん）、アボジ」と叫んだ、「アボジって何のことだろう」と笑いながら話していた。

（関東大震災時に虐殺された朝鮮人の遺骨を発掘し追悼する会『韓国での聞き書き』1983年）

神田外神田警察署

9月1日、流言蜚語の始めて管内に伝播せらるるや、署員を要所に派遣して警戒に従事すると共に、民衆に対して、軽挙妄動を戒めたり。而して、同日薄暮、自ら本署に来りて保護を求め、或は、署員に依りて検束せる者等を合せて、支那人11名、鮮人4名、内地人5名を収容せり。然れども、流言の宣伝益々急にして遂に、民衆は自衛の為に、戎・兇器を携えて起ちしが、その行動往々にして看過す可からざるものあり。

（『大正大震火災誌』警視庁、1925年）

神田西神田警察署

9月2日午後7時頃より、鮮人暴挙の流言行わるるや、民衆は自警団を組織して警戒の任に当ると共に、戎・兇器を携えて鮮人を迫害するに及び、本署は鮮人保護の必要を感じ、爾来検束を行えるもの数十名の多きに上れり。〔略〕収容の鮮人は衣食その他を給与して厚く保護を加え、9月8日に至りて習志野収容所に引渡したり。

（『大正大震火災誌』警視庁、1925年）

麹町・番町

泉鏡花〔作家。麹町六番町で被災〕

地震から、水道が断水したので、この辺、幸いに4、5カ所残った、むかしの所謂、番町の井戸へ、家毎から水を貰いに群をなして行く。……忽ち女には汲ませないと言う邸が出来た。毒をどうとかと言触らしたがためである。その時の事で。……近所の或邸へ……この界隈を大分離れた遠方から水を貰いに来たものがある。来たものの顔を知らない。不安の折だし、御不自由まことにお気の毒で申し兼ねるが、近所へ分けるだけでも水が足りない。外町の方へは、と言ってその某邸で断った。——あくる朝、命の水を汲もうとすると、釣瓶に一杯、汚い獣の毛が浮いて上る……三毛猫の死骸が投込んであった。その断られたものの口惜まぎれの悪戯だろうと言うのである。——朝の事で。……

すぐその晩、辻の夜番で、私にこう言って、みぶるいをした若い人がある。本所から辛うじて火を免れて避難をしている人だった。

「この近所では、3人死にましたそうですね、毒の入った井戸水を飲んで……大変な事になりましたなあ」

いやどうして、生れかかった嬰児はあるかも知らんが、死んだらしいのは一人もない。

「とんでもない——誰にお聞きになりま

した」

「じき、横町の……何の、車夫に――」

もうその翌日、本郷から見舞いに来てくれた友だちが知っていた。

「やられたそうだね、井戸の水で。……どうも私たちの方も大警戒だ」

実の所は、単にその猫の死体と云うのさえ、自分で見たものはなかったのである。

（〔間引菜〕『鏡花全集・巻二十七』岩波書店、1942年）

金鍾在（キムジョンジェ）〔麹町で被災、四谷駅わき外濠土手に避難〕

9月2日から3日にかけて、散発的に新聞の号外が出された。これらの中には、「本所深川方面に住む朝鮮人が放火して捕まった」とか、「上野松坂屋は、朝鮮人の投げた爆弾で爆破された」「横浜に住む朝鮮人集団が帝都襲撃に向かって行進中」、あるいは「どこそこの地方に住む朝鮮人が住民の井戸水に毒薬を入れて歩き警察に摘発された」「社会主義者の一団が某警察署を襲撃した」など、ありもしないデマを、でかでかと報道するものがあった。私の記憶ではとくに、時事新報や国民新聞などの号外にひどいものがあったように思う。

（金鍾在述・玉城素編『渡日韓国人一代』図書出版社、1978年）

氏名不詳〔芝愛宕（あたご）住人。英国大使館のある電車道路の電車内で避難生活〕

翌朝〔2日〕自宅の方か家人の避難した芝へ行くつもりで出かけますと、途中で巡査さんが、危険だから4、5日動くなといって下さいましたので、又もとの電車内にもどり、2、3人の婦人連れといっしょに6日まで車内におりました。のんきだとおっしゃるのですか。そうではありませんが、外へうかうか出ると○○に暴行されるとか殺されるとか云う噂ですから、お連れのあるのを幸に静かになるまで待っていたのです。

（定村青萍（せいひょう）『大正の大地震大火災遭難百話』多田屋書店、1923年）

麹町警察署

9月3日、管内自衛警戒中の一青年は、不逞鮮人と誤認して連行の同胞を殺害せして、犯人は直にこれを逮捕せり。この後自警団に対する取締は、特に厳重を加え、かつ流言蜚語の信ずるに足らざる所以（ゆえん）を力説して、その誤解を一掃せん事を期せしも、民衆は容易に耳を傾けず、依然戎（じゅう）・兇器を携えて横行せる。〔略〕時に、鮮人の、管内所在の朝鮮督学部に避難せる者百余名に達せしが、これが警戒保護の為、特に当署より制私服員数名を派遣したり。

（『大正大震火災誌』警視庁、1925年）

神田麹町錦町警察署

9月2日午後6時、警視庁に応援の為、本署員の日比谷公園に出動するや、鮮人暴動の流言熾（しきり）に行われ、避難者はいずれもこれに惑いて危惧の念を生ずるに至れり、即（すなわ）ち依命鮮人の収容と検束とに努力せしが、3日管内に於ても、鮮人が井水に毒物を撒布するの疑ありとて動揺甚（はなはだ）しく、遂（つい）に4日に至りて佐柄木町21番地先なる撒水用井水を飲みたる同町金子榮次郎等5名はこれが為に吐瀉せしかば、大学病院に送りて救護するとともに井水を検査したれども異状を見ず、けだしその心理作用に因りしならん、この日一ツ橋付近を徘徊せる鮮人申衡（シンヒョン）

鐘（ジョン）なる者の挙動不審なるを認めて取調ぶるに、「結義序文」と記載せる物を携帯せるを以て、不取敢（とりあえず）これを警視庁に送致せり。かくて流言の伝播漸く広く、民衆は自警団を組織し、兇器を取りて警戒するに至りし。

（『大正大震火災誌』警視庁、1925年）

永田町

伊波（いは）南哲〔詩人、作家。当時赤坂の近衛第三連隊第一中隊所属〕

〔日時不明、永田町の閑院宮邸で〕「一中隊集合——」小越中尉は、軍刀をぎらりと引き抜いて、右肩に構えた。各将校は実戦ながらに軍刀を帯びていた。

「中隊命令を伝達する。今宵10時を期して戦闘を開始する。情報——本日午後10時を期して朝鮮人大挙して閑院宮邸を襲撃するとのことである。依ってわが中隊はそれが防戦につとめる。発砲せずに突撃を敢行するやも知れず。諸君は未だ実戦の体験はないが、戒厳令が施行されたら実戦と同様である。実弾を装填して安全装置をしておく。命令のあるまでみだりに発砲することを禁ずる。おわり」

秋霜烈々たる命令であった。

〔略〕「敵襲——」伝令が叫んだ。急に門前が騒がしくなって、自警団員が頓狂な声で、何かを罵っていた。

「一中隊集合、着剣、戦闘準備——」小越中尉は軍刀を引き抜いて緊張した。

そのとき、がやがやと騒ぎながら、一人の怪しい男を縛って、自警団員の白鉢巻が多勢で、私たちのところにやってきた。赤坂憲兵隊の友利軍曹が付き添っていた。

「憲兵さん。この男は私たちが捕えたんですから、自警団に渡してください。こちらで処分します」

「それはいかん。一応憲兵隊へ同行して取調べる」怪しい男を縛った捕縄の縄尻は、憲兵の友利軍曹が、しっかり握っていた。

「憲兵！　おれたちの捕えた朝鮮人だ。おれたちの手で成敗してつかわす。その男を渡せ」

自警団員は気が立っているので食ってかかった。

「黙れッ。憲兵に向って何をいうか。戒厳令下では一切の権限は軍隊が握っている」

友利軍曹は、憲兵隊の弓張の提灯（ちょうちん）を振りまわしながら、朝鮮人らしい容疑者を曳いて行った。

（伊波南哲『天皇兵物語』日本週報社、1959年）

豊島区

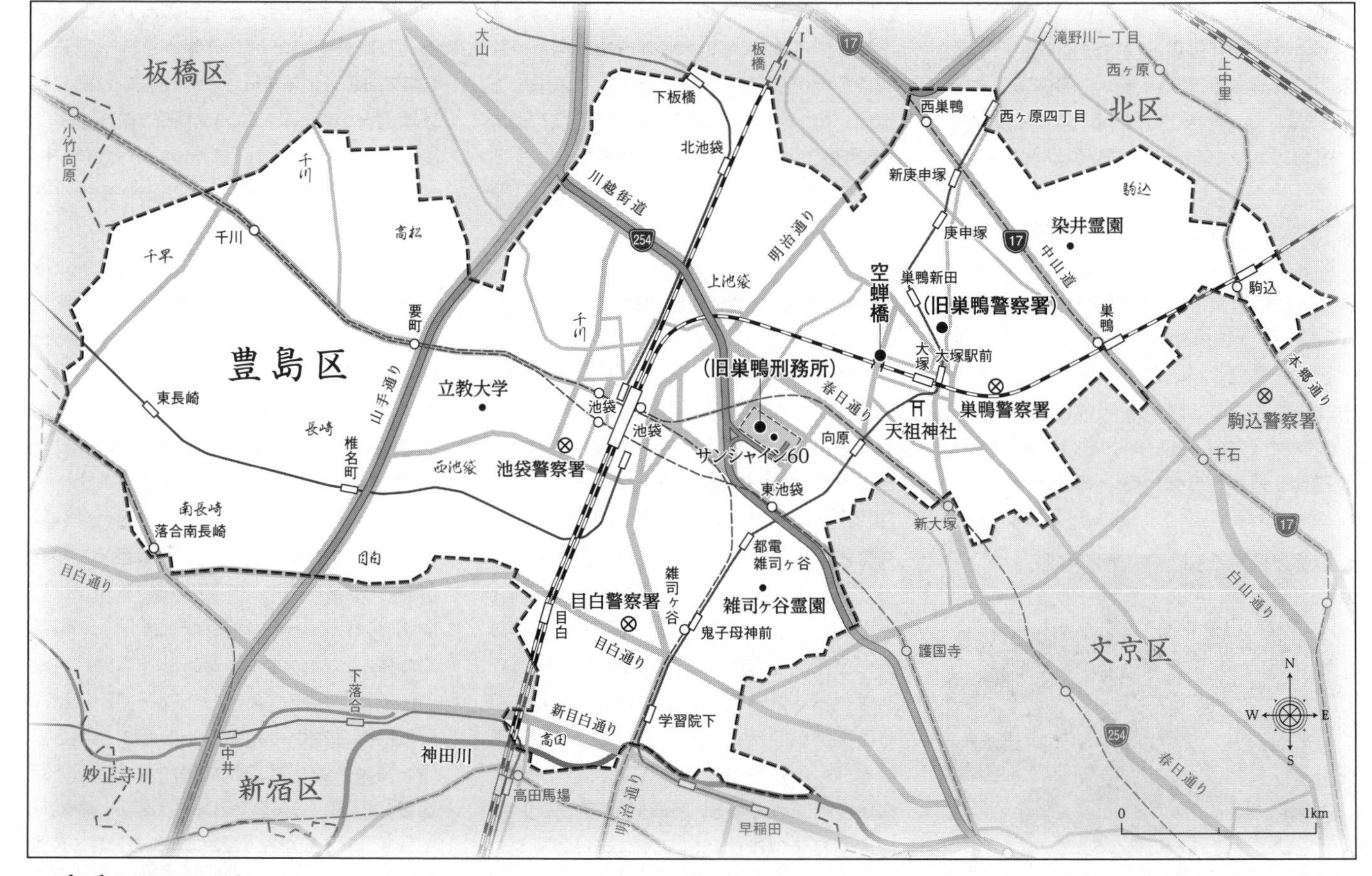

板橋区
北区
豊島区
文京区
新宿区
大山
板橋
滝野川一丁目
西ヶ原
上中里
小竹向原
下板橋
西巣鴨
西ヶ原四丁目
北池袋
新庚申塚
駒込
千川
高松
川越街道
明治通り
庚申塚
染井霊園
中山道
千早
巣鴨新田
上池袋
空蝉橋
(旧巣鴨警察署)
駒込
要町
千川
巣鴨
本郷通り
(旧巣鴨刑務所)
大塚
大塚駅前
春日通り
立教大学
池袋
東長崎
長崎
山手通り
池袋
巣鴨警察署
天祖神社
駒込警察署
椎名町
西池袋
池袋警察署
サンシャイン60
向原
千石
南長崎
落合南長崎
東池袋
新大塚
目白
都電雑司ヶ谷
目白通り
雑司ヶ谷
目白警察署
雑司ヶ谷霊園
白山通り
目白
鬼子母神前
目白通り
護国寺
下落合
新目白通り
学習院下
高田
中井
神田川
妙正寺川
高田馬場
明治通り
早稲田
春日通り
0
1km

M〔当時『東京日日新聞』記者〕

〔1日、下宿先の大塚への途中〕巣鴨監獄の塀が倒れて、丈夫な石塀だから大丈夫と監獄の高い石塀の下に避難をした付近住民がたくさん死んだ。こんな話を聞いたあとですぐ、朝鮮人がムホンを起した。司法省行政課長、山岡万之助が2千人の囚人を解き放したとはあとで聞いたが、その時点では、朝鮮人と刑務所囚人との暴動が起ったの伝聞ばかしであった。

下宿は無事で、その夜から自警団が作られて、日本刀を腰に、竹ヤリを一本ずつ配られて、町内の血気な男子は、それぞれ囲碁友だちとか、つり仲間とか、話の合う連中で組を作って、家主の家を溜り場にして動き回った。情報は、警察官と在郷軍人が持ち込んできて、「井戸の水を呑むな」が始まりであった。夜は自警団で日中は災害地歩きという毎日で、死人を見るのは馴れっこになってしまった。

〔略。大塚の空蟬橋(うつせみばし)では〕夜になると朝鮮人が口笛で合図をしあって神社〔大塚天祖神社〕の縁の下にかくれていると言う密告に、憲兵が出てきて縁の下の人間を発砲して殺したが1人であった。こうしたことに刺激されて、小島屋〔下宿先〕の家主の引率する自警団も、17名殺(や)ったが、そのうち3名は普段左翼がかったことを言っている地区内の住民で、主義者だから混ぜて殺(や)ってしまえということになった。あとで小島屋の家主からふるまえ酒が出されて、みんな知らんと言うことにしよう、どうだ……。これで全員が了承して、誰も以後こんな話をしないことにした。今とはまったく違った時代だよ。ほとんどの人が朝鮮人殺しは知っていたが、記事としての興味がなくて扱われなかった。今、こんな問題をほじくり出して取り上げることは、世の流れとしか思えない。

（三原令『聞き書き』→在日韓人歴史資料館所蔵）

李鍾応(イジョンウン)

〔雑司ケ谷(ぞうしがや)の螢雪寮で〕翌日〔2日〕の1時前、食堂に昼飯を食べに行こうとすると、朝鮮人を手当たりしだいに殺しているというわさが聞こえてきました。それで私達は一歩も外に出ることもできず部屋の中にとじこもっていました。

かつて近くにあった稲荷神社境内の「空蟬の松」に名の由来を持つ空蟬橋

夜になりあまりむし暑いので家の前にゴザをしきそこでみな寝ることにしました。真夜中になって20〜30名の自警団が手に手にトビや日本刀等を持って「朝鮮人やっちまえ！」といって飛びかかってきました。丁度そこには隣組の青年団長である佐々木某がいて、「この人達は学生でみな真面目な人だから殺してはいけない」といって私達をかばってくれました。

こうして押問答をしているうちに武装した兵隊がトラックでやってきて、自警団を押しのけ私達をトラックにのせ巣鴨の刑務所に送り込みました。私達は全部で21、2名いました。私達全員は一列にならばされ、剣付鉄砲をもった兵隊が一人一人厳重にとりしらべました。銃殺するための点検のように思われ気が遠くなりました。しかしどうしたわけか翌3日またトラックに乗せられて螢雪寮に送り返されました。

何日かたって朝鮮人虐殺のニュースが続々と伝わってきました。本所の深川、亀戸で大量に虐殺され、月島等でもむごたらしく殺されました。

（朝鮮大学校編『関東大震災における朝鮮人虐殺の真相と実態』朝鮮大学校、1963年）

上田貞次郎〔**経営学者。目白で被災**〕

〔2日〕上り屋敷の交番から不逞鮮人が放火をするからとの注意が来て夜は上り屋敷会員総出で警戒することになり、余は若林氏と共に門前に番をすることになった。夜半以後は川合に代らせることにしたが、この夜警は6日まで続けた。

（上田正一『上田貞次郎伝』泰文館、1980年）

内田良平〔**政治活動家**〕

2日夜9時半頃本所方面よりの避難者と称する鮮人1名〔略〕青年団追跡して池袋駅側に於てこれを捕え群衆のために殴殺されたり。

（内田良平『震災善後の経綸に就て』1923年→姜徳相・琴秉洞編『現代史資料6・関東大震災と朝鮮人』みすず書房、1963年）

風見章〔**政治家。当時『信濃毎日新聞』主筆**〕

〔3日夜、西巣鴨梨本徳之助宅で〕一同無事ではあったが、もはや外へ出るわけにも行かないのでそこに一泊した。朝鮮人が井戸に毒を投げこんであるいているらしい、そしてそれを投げ込もうとする井戸の近所には、白墨で符牒を書いて置くそうだとの流言がさかんに行われていることを梨本宅で聞いた。

〔略〕その頃社会主義者として名を知られていた石黒某?なるものが9月末に私をたずねての話に、彼は巣鴨警察署かに拘留されたが、そこに拘置された人達の面前で1日に1、2度ずつ地響きたてて警官から投げ倒され、見せしめだといって苦しめられたそうだ。また彼の家庭では自警団の連中が来て、妻子を国賊の片われだと公然罵詈讒謗し、その上竹槍で縁の下まで突き回し、生きている心地もなきほどの目にあわされたそうである。

（河北賢三・望月雅士・鬼嶋淳編『風見章日記・関係資料』みすず書房、2008年）

加藤一夫〔**詩人。自宅で被災**〕

〔巣鴨宮仲で〕9月2日　この調子では市民の暴動が起らないとも限らない。

起ればもう主義者は片っぱしから殺される。だから今のうち姿をかくしたらいいと告げに来てくれる。〔略〕鮮人が放火をするとか、井戸に毒薬を入れると云う噂が立つ。市民は殺気立つ。今夜から市民の夜警が初められる。朝鮮人が放火しようとしていたので、たたき殺した。と云っている。乱暴者は殺してもいいと、直ぐ青年団の人らしいのがふれて来る。夜警に出ている人達が時々ワーッと騒ぎたてる。

〔略〕9月3日　自分は小石川原町の島中〔雄三〕君のところを見に行く。自警団の物々しい警戒に驚く。〝不逞鮮人の放火〟〝火事は鮮人と社会主義者との放火〟等の貼出しがある。島中君の番地がわからなかったので抜刀の男がついて来る。〔略〕夜寝ているとドヤドヤと人がやって来た。〝誰だ〟ときくと、〝警察だ〟と答える。あけてやると、検束だと云う。十名ばかり来ている。〝何で検束だ。鮮人の事でか〟〝まあそうだ〟雪がとび出して来て、女や子供や病人ばかりで困ると云うと、誰かいるだろうと云う。〝いない〟〝では見せろ〟見せてやる。誰もいないのに安心して、検束しないで帰る。

〔略〕9月5日　多分大家のした事らしい、竹槍その他の兇器を持った青年団が20人ばかり事務所を襲って来たそうだ。〔石黒鋭一郎に面会に午後巣鴨警察へ行くと〕〝君も戒厳令撤廃まで検束だ〟と森という高等主任が云う。冗談だと思って〝冗談云っちゃ困るよ〟と云う。だがどうしても聞かない。そのうち盗棒(ママ)刑事がひっぱたくぞと云う。仕方なく来いというところに行く。警察の中庭だ。鮮人その他が一ぱいになっている。〔略。刑事が〕拳骨の雨。じぶんはそこへたおれ打たれ蹴られて止む時を知らない。勝手にしろと大の字になってやる。やっとで起き上がったとき、あまりに悔しくて、つい〝覚えていやがれ〟と云う。再びまた打たれ初め、倒され、蹴らる。〝殺してしまえ〟〝戒厳令の功(き)き目を知れ〟そのうち主任が盗棒刑事をとめたがきかない。主任が怒ってやっとのことでやめます。〔略〕留置場に行くと、官房がぎっしりいっぱいにつまっている。怪我してウンウンうなっているものがある。〝さあ銃殺だ〟と呼び出しをうけているものがある。さすがに寂として声がない。戒厳令が長びくだろう。その間に食糧が行き渡ればいいが、それがもし不可能だったら。水は途だえている。電燈がつかないとすれば、掠奪が初(ママ)まるかもしれない。暴動が起るかもしれない。そしてその時は？その時こそ、我らはただ無法の制裁を受けて、人知れず殺される事だろう。〔略〕自分のそばにいた男が（彼は何でも電柱の工夫だという事だった）〝私達はやられるでしょうか。社会主義者は皆殺されるんでしょうね〟と云う。顔だけ知っている男が〝随分やられましたね。よく殺されなかったものです〟と云う。〔その後、東京を去ることを条件に6日昼頃釈放される〕

〔略〕散髪に出かけたが、やってくれない。すぐ後で、〝社会主義者が〟と青年団のものらしいのがつけて来る。

（『自由人叢書②』「自由人」別巻「震災日記」、緑蔭書房、1994年）

小生夢坊(こいけむぼう)**〔社会評論家。池袋で被災〕**

〔1日〕余震が続くし、朝鮮人が暴行するという噂が流れて、特高が、外出しない方がいい、ことに下町一帯は危険だと注意する。私は長髪だったし、おまけに細い銀のタガをはめていた異相は、朝鮮人に間違えられるかもしれないとおもった。

そこで、その日は、家の整理をして出かけなかったが、この辺でも、自警団が竹槍やら猟銃やらを片手にうろうろしていた。

（『関東大震災恐怖記』『文化評論』新日本出版社、1977年9月）

夏衍(シアイエン)〔かえん。**中国の作家、劇作家。日本留学中であったが震災時はたまたま中国にいて、罹災留学生調査に加わり9月12日に神戸に着く**〕

私が東京時代に、いっしょに日本語を補習した冀東(きとう)出身の郝東才(ハオドンツァイ)夫婦など、大火のなかを巣鴨まで逃げてきたとき、無惨にも暴徒の手で撲(なぐ)り殺されたのです。

（夏衍『日本回憶・夏衍自伝』阿部幸夫訳、東

方書店、1987年）

志賀義雄〔**政治家。池袋で被災**〕

2日の夕方になって、一人のかすりを着た男がやってきて、京浜の方では朝鮮人が井戸に毒を入れ、放火略奪をやっているので、大騒ぎになっている、やがて池袋方面にもそれがくるであろう、とふれ歩いた。それでたちまち自警団が組織されることになった。

（ドキュメント志賀義雄編集委員会編『ドキュメント志賀義雄』五月書房、1988年）

妹尾義郎〔**仏教運動家**〕

若人社に帰ると、雑司ヶ谷（ぞうしがや）の墓地で鮮人がりをしていて殺気立っていた。まるで戦争のような有様だった。

（妹尾義郎著・妹尾鉄太郎・稲垣真美編『妹尾義郎日記・第2巻』国書刊行会、1974年）

泉津雅枝〔**当時本郷区富士前尋常小学校5年生**〕

それから1日たってからの事であった。おじさんが夜警から帰って来てからの話である。朝早く○人が池袋へはどっちへ行くのですかと聞いたから、そんな所でまごまごしていると殺されますよ、その電車線路の所を行けばいいんですといってやったらずいぶん頭を下げて礼を云った。無事に行き着いたろうか、殺されたかしら、と心配そうにおっしゃった。私はそんなおじさんは情深い人だと思った。くりーむ屋のおじさんだったら殺したかもしれないと思った。

あくる日も又○人のさわぎだ、井戸の中に毒を入れるとか石油を入れるとか云って大さわぎであった。お母さんは、井戸にふたをしておけとか、垣戸をしめて置けとかこわがっていらっしゃった。1人や2人の○人がそんな悪い事をしても○人みんながそんな悪い事はしまいと思った。

（「大地震の思出」『東京市立小学校児童震災記念文集・尋常五年の巻』培風館、1924年）

田辺尚雄〔**音楽学者**〕

〔目白の自宅へ帰った1日夜〕その頃警察から通知が来た。「朝鮮人や不良徒が各戸の井戸に毒を入れて歩くから要心して井戸を護れ」とのことである。私は止むを得ず、その頃から折柄（おりから）手伝いに来ていた吉田義雄と交代で、宅の井戸を警護することにした。私は日本刀を腰にさし、軽装で井戸の側に立つ。吉田氏は竹槍を持って、私と交代して井戸を護った。

ところが翌日になると、巡査が自転車に乗って街中を触れ歩いた。「朝鮮人が焼けていない家に一いち火をつけて歩くから注意せよ」というのである。そのために善良な在日朝鮮人が多数惨殺された。

〔略〕隣組の方から伝令が来て、「今、奥の長崎村の方から60人ばかりの朝鮮人が襲撃して来るから要心せよ」という。私はそんな馬鹿なことがあるものかと平気でいると、30分ばかりして再び伝令が来て、「先程のことは誤りで、実は一人の60歳ぐらいの朝鮮人らしい男がうろついているから気をつけよ、ということの誤りだ」というのである。人心の混乱というものは不思議なものである。それればかりでなく、一部の人の噂では「今3千人の朝鮮の部隊が箱根山を越えて小田原に侵入し、日本の陸軍と交戦中である」というのである。何という馬鹿なことを信じる人間があるものだろうか。

（田辺尚雄『田辺尚雄自叙伝（続大正・昭和編）』

邦楽社、１９８２年）

時岡輝〔**長崎村で被災**〕

朝鮮人の反乱事件のはなしがもちあがりまして、とにかく外で2晩ねました。〔略〕朝鮮人のうわさはたしか「反乱」っていってました。そのころは内地に大勢おりまして非常に低賃金でつかわれたわけですね。そういうものがでたんじゃぁないかと思われますね。朝鮮では食べられないから、今の出稼ぎみたいにきてたわけですよ。日本へきてこきつかわれて、怨恨をもっていますよね。だからそういうことで発生したんではないですか。日本人は差別待遇してました。

みんな、朝鮮人に襲撃された時にも、つぶてをつくったり布の中に灰を入れて、それで目つぶしにするのだと用意しました。誰が指導したってわけではないですけど、みんなつくりましたね。あの辺は山の手だから朝鮮人はいませんでした。自警団はつくらなかったですね。そのころの長崎村は密集してなかったですよ。救援は軍隊がしました。水はでました、不思議と。だから私のところは水道だから、井戸に毒をまいたなんてデマはなかった。

（「山の手での震災のありさま」日朝協会豊島支部編『民族の棘――関東大震災と朝鮮人虐殺の記録』日朝協会豊島支部、１９７３年）

富塚清〔**機械工学者。航空研究所で被災、3時間かけて大塚駅近くの巣鴨宮仲の自宅へ**〕

〔2日〕その夕方、大塚あたりにも、鮮人暴挙のうわさが流れてきた。妻が、これで、おろおろしている。私などはこれでも、いくらか批判力があるから、「それは恐らくうそだぞ、鮮人が何人いるか、そんなことを手びろくやれる筈があるものか。おちつけおちつけ」というが、妻は中々承知しない。奥さん方は大抵似たもの。寄り集まっておろおろ。しかし、さすがに山ノ手の私の住むあたりでは、日本刀をふりまわして、通りがかりの人をおどす様な光景には、一つもぶつからなかったのである。

4日。朝鮮人さわぎが、嘘ということ、次第に知れてくる。

〔略〕6日。夜の鮮人警戒は大塚あたりでは停止となる。

〔略〕8日。郷里〔九十九里沿岸〕から、兄が、米五升をひっさげて、遥々やってきた。実家では、全然被害なし。先日も、東京周辺まで一度きたが、その時は鮮人さわぎで、とうとう市内に足をふみ入れられず戻ったという。そのとき日本刀で首を切る実景を見、その残虐に一驚した由。

（富塚清『明治生れのわが生い立ち――明治・大正時代の見聞録』私家版、１９７７年）

野川芳子

〔2日、巣鴨で〕誰か井戸に毒物を入れるといううわさが起り、暗くなってから、又誰か一件毎の門柱に白墨で○をつけて行くのです。何の為か一向に分らず、当分無気味な事でした。たちまち戒厳令が敷かれ、自警団が組織されてアチコチのテントに各家の男子は出なければなりません。女子供は夜は一切外出も出来ず、男でもうっかり歩けばいきなり竹槍をつきつけて〝誰何〟され、ひどい目に会うということでした。今日のように情報豊かな時代とちがい、真暗な中で、又真暗な気持ちにさせられました。

（「わたしの体験記」山田積重編『関東大震災

体験記集』世田谷区、1978年）

比奈地忠平〔当時府立第三中学校生徒〕

〔3日、巣鴨宮下町の〕伯父の家におちついてからの騒ぎは「不逞鮮人」問題であった。どこから出たかはわからないが、朝鮮人が不穏な行動に出たとの流言が立って世の中を不安にした。水道が使用できないので井戸に毒を入れられる恐れがあるからと井戸の蓋を丈夫な物にして急に鍵を付けたり、夜を守るための自警団が作られたりの大騒ぎであった。中には間違えられて不幸な目に遭った人もいたと聞かされた。

（『関東大震災記――東京府立第三中学校第24回卒業生の思い出』府立三中「虹会」、1993年）

宮川岸雄〔元郵政省電波監理局長。北豊島郡西巣鴨宮仲で被災〕

〔大声で触れ回る者がいる〕「今夜、12時頃やや大きい地震があるやも知れずとの報でありますので各位ご注意下さい」「井戸に毒を入れて廻る不逞の者がいるとの報ですから厳重に警戒して下さい」えーっ？　と浮き足立ったところへ、「朝鮮人が押し寄せて来るそうですから、どの家も戸締りをして、中に入っていて下さい」と来る。そしていつか、「朝鮮人」、「朝鮮人」という騒ぎになり、自警団は竹槍などをつくって持ち出して、街角に屯し、縄を張ったりして通る人を糾問した。朝鮮人は「ガ」の発音が消音となるのでカ（KA）と言ったら刺すのだ、と真面目に言っていたものもある。

（宮川岸雄『東京っ子半生記・上巻』通信評論社、1989年）

三宅正一〔政治家。池袋の建設者同盟2階で被災〕

〔2日〕人心恟々としていたそのころ、朝鮮人が井戸へ毒を入れるとか、朝鮮人の暴徒が横浜方面から進撃しつつあるとか、社会主義者が暴動を計画しているとかの流言飛語がどこからともなく飛び出し、池袋でも毎夜各戸から自警団が出て、道筋を警戒することになり、建設者同盟の仲間もこれに加わった。建設者同盟の連中は、のんきにかまえて自警団に加わっていたが、われわれ自体が社会主義者の団体として自警団から狙われていたり、問題にされていたらしい。

〔略。3日か4日〕目白から早稲田へ下った辺で朝鮮人が群衆に追われて逃げて来たのをかばったところ、逆に棍棒でなぐられてしまった。幸い、交番が近くにあったため大事に到らずにすんだが、このころすでに市中では朝鮮人に対する謀略宣伝が浸透し

写真は昭和４年ごろの池袋駅西口の様子

て、到る所で朝鮮人が迫害されていたことがわかった。

（三宅正一『幾山河を越えて――伝記・三宅正一』恒文社、1966年）

米山正夫〔当時成蹊小学校5年生〕

〔1日、学習院近くで〕今度は○人さわぎで警戒警戒と言うと思うと呼子の音がする。でも家の中に寝たら又地震ですぐ外に行った。

（成蹊小学校編『大震大火おもひでの記』成蹊小学校、1924年）

渡辺順三〔歌人〕

〔池袋で〕2日の夕刻頃から例の「不逞鮮人」のデマがとびはじめて、いよいよ不安を深くした。「鮮人数百名が浦和の監獄を破って逃走し、途中次第に人数を増して、武器をもって東京に襲撃してくる」とふれまわっている男があった。

「各自武装して防衛して下さい」と巡査が知らせて歩いた。

「今夜豊島師範に鮮人が放火する計画がある」「井戸に毒薬を入れるかも知れぬから注意しろ」ともふれまわっていた。どこから出るとも知れぬこれらの流言蜚語が、私達をおびえさせた。町ではそれぞれ自警団が組織された。私の家の近くに上田という東大教授がいて、その人は、日本刀の抜身をさげて自分の家のまわりを歩いていた。ある医者の家の看護婦がうしろ鉢巻で薙刀をもって立っていた。近所の床屋のおやじは猟銃をかついで「敵はいま――」などと怒鳴って歩いた。私の家の隣は大工さんで、そこの若衆たちは、竹の先に商売道具のノミをゆわいつけてかついでいた。

　夜になると町の角々に立って警戒線を作って通行人を監視した。私も棍棒をもって町角に立った。呼子の笛をもっているもの、提灯をもっているものがあって、怪しいことがあると笛を吹いて近くの警戒線に知らせ、怪しい者が通り過ぎると、提灯を振って次の警戒線に合図するのである。通行人があると「もしもしどこに行きますか」「どこから来ましたか」などと聞き、その発音が少しおかしいと、朝鮮人ではないかと、濁音をいわせてみる。こうしてそれが朝鮮人らしいとわかると、たちまち寄ってたかって撲るがはじまる。何の罪もない朝鮮人が、こうして震災後の数日間に、東京だけでも何千人か虐殺されたのである。

〔略〕私は何人かの朝鮮人の死体をみたが、私の生涯のなかで、最も不快な印象として、いまもなお記憶に残っているのである。

（渡辺順三『烈風のなかを――私の短歌自叙伝』新読書社出版部、1959年）

巣鴨警察署

9月1日「鮮人は東京市の全滅を期して爆弾を投ぜるのみならず、更に毒薬を使用して殺害を企つ」との風説始めて伝わりしが、民心これが為に動揺して遂に自警団の勃興となり、鮮人に対する迫害頻りに起る。

　かくて翌2日に至りては、放火の現行犯なりとて鮮人を同行するものあり、毒薬を井戸に投じたる者なりとて逮捕する者あり、或は鮮人と誤認せられて迫害を受け、又は本署に同行せらるるものあり、更に「社会主義者が帝都の混乱に乗じ、電車の車庫を焼毀せんとするの計画あり」との報告にさえ接しければ、本署は非番員の全部を6小隊に分ち、巣鴨・西巣鴨・高田の各町役場、池袋警備派出所・高田水久保三榮活動写真館その他一箇所に配置して警戒の任に当らしめ、かつ高等係に命じて社会主義者及要注意鮮人を監視せり。

　而して自警団の暴行は漸く甚しく、同3日良民にして重・軽傷を負えるもの8名を出し、或は公務の執行を妨害し、或は商店に赴きて暴行するもの等少なからず、これに於て陸軍当局の提議に従い、軍隊・警察互に協力して管内の警戒に当りしが、同4日以来更に要視察人の取締を厳にし、流言を放てるものを検挙すると共に、同5日には管内の要所に検問所を開き、かつ自警団の設立はあらかじめ警察の許可を受くる事となし、又その戎・兇器の携帯を厳禁せり。

　しかれども自警団の多くはなお態度を改めず、制服の警官・軍人を誰何するの狂態なりしかば、巡察隊を1組10名ないし20名に増員して取締を励行せしが、その功少なきて以て、更に大部隊の巡察隊を編成してこれを鎮圧せんとし、福島県応援警察官40名と本署予備員とを合してこれを2隊と為し、管内警戒の任に就かしめたり。

（『大正大震火災誌』警視庁、１９２５年）


『豊島区史』


　豊島区地域でも、朝鮮人に関するデマの流布は例外ではなく、巣鴨署管内で45（1組員数25～５００人、10月20日調）の自警団が組織されている。巣鴨署の場合は東京府下で朝鮮人に関する流言が発生した最も早い（1日）場所の一つなのである。そして少なくとも巣鴨および池袋で各1名ずつが殺されたという資料が残っている（二つの異なる調査で各1名ずつ）。巣鴨警察署も「自警団の暴行は漸く甚しく、同3日良民にして重・軽傷を負えるもの8名を出し（『大正大震火災誌』）と暴行の事実は認めており、豊島区地域にいた多くの朝鮮人を生命の危機が襲ったことは疑いなかろう。

（『豊島区史・通史編2』豊島区、１９８３年）

『北海タイムス』（１９２３年9月5日）

「不逞鮮人兇暴を極め　飲食物に毒薬や石油を注ぐ」

　巣鴨刑務所横道方面には従来多数の鮮人居住しおる関係上もっとも危険区域と見做されているが、俄然2日夜に至り右警備隊によって６００以上の鮮人を始め数十名の不逞鮮人を逮捕した。また日本婦人らしきもの松田と書ける商標の商品を用い朝鮮婦人を装い多数の不逞鮮人に通じあるを直に発見し、数百名の在郷軍人及び青年団員これを追撃したるも午後10時過ぎに至るも逮捕するに至らず。因みに警備隊は日本刀、棍棒、鉄棒等の各武器を携え不逞鮮人を見たる場合は呼子を鳴らして警備隊を召集する事になっているが、宇都宮師団の六六連隊、高崎一五連隊もこれに参加している。

『国民新聞』（１９２３年10月21日）

　9月4日午前1時頃府下巣鴨宮下１５２居住鮮人学生閔麟植（25）の屋外の騒々しさに格子戸から首を出した所を待ち構えていた府下巣鴨町１５７０小松原鋼二（21）のために二連発銃で銃殺された。犯人は直に取押えられ収監さる。

中野区

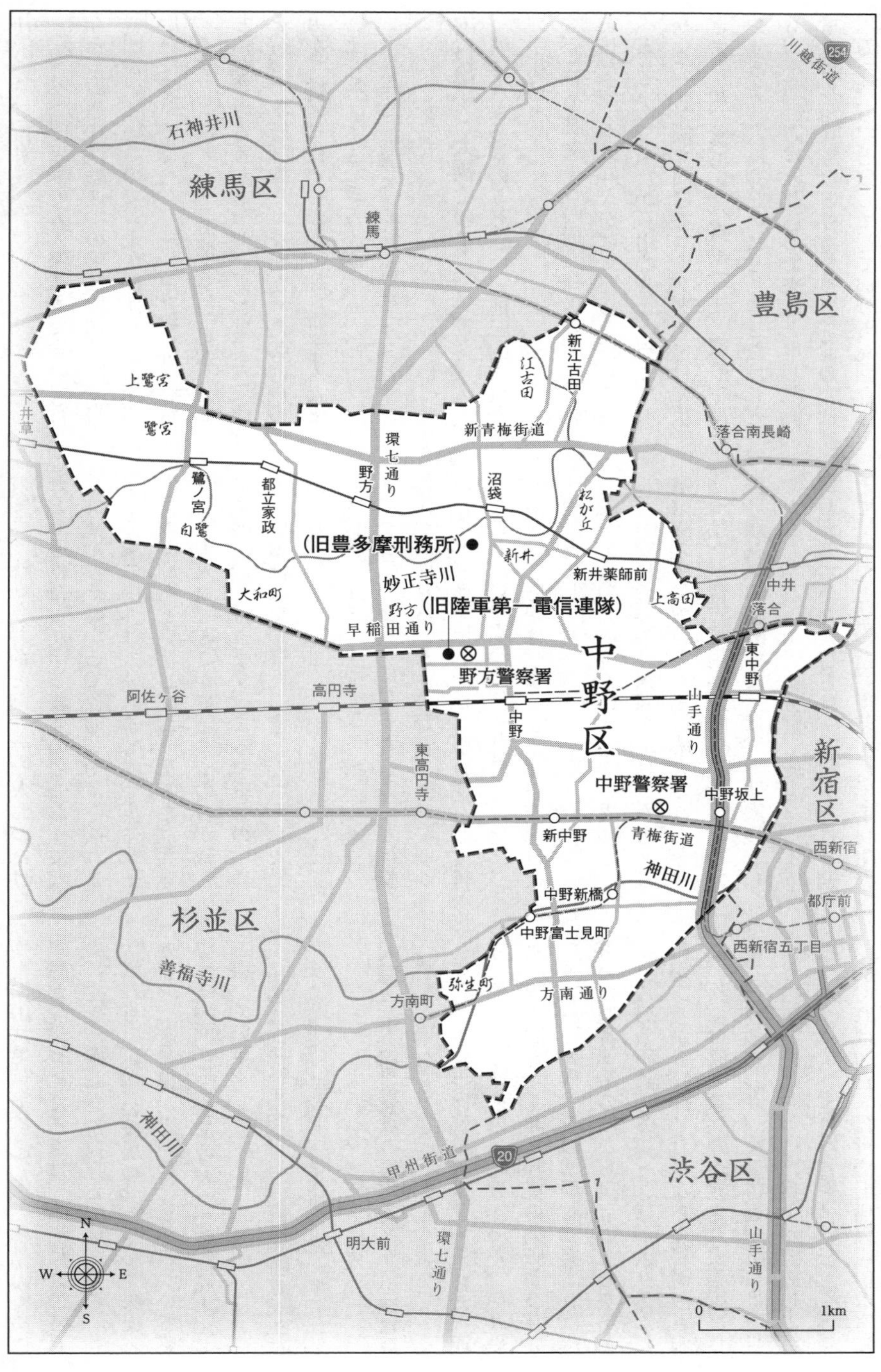
石神井川
練馬区
練馬
川越街道
254
豊島区
上鷺宮
鷺宮
下井草
新江古田
江古田
新青梅街道
環七通り
野方
沼袋
鷺ノ宮
都立家政
白鷺
松が丘
(旧豊多摩刑務所)
新井
新井薬師前
妙正寺川
大和町
野方
(旧陸軍第一電信連隊)
上高田
早稲田通り
中井
落合
落合南長崎
中野区
野方警察署
東中野
阿佐ヶ谷
高円寺
山手通り
中野
東高円寺
中野警察署
中野坂上
新宿区
新中野
青梅街道
西新宿
神田川
中野新橋
都庁前
杉並区
中野富士見町
西新宿五丁目
善福寺川
弥生町
方南町
方南通り
神田川
甲州街道
20
渋谷区
明大前
環七通り
山手通り
N
W
E
S
0
1km

井伏鱒二〔**作家**〕

〔7日夕〕中央線の大久保駅まで歩いて行くと、街道に暴動連中の警戒で消防団や自警団が出ているので、大久保から先は線路伝いに歩いて行った。〔略。中野駅付近で野宿しようとしていると〕「お前さん、日本人か」と私を咎める者があった。見れば、六尺棒を持って草履脚絆に身をかためた40前後の男が、枕元に立っていた。私は日本人だと答え〔略。その人の家に泊めてもらった〕。

（井伏鱒二『荻窪風土記』新潮社、1982年）

内村亀子・大橋その子

朝鮮人さわぎのうわさは、前記内村亀子の手紙にも、

「2日の晩も1日の通り往来の所へ皆寝ましたが、不逞鮮人がばくだんを持ちここへ入りこんで来たから用心せよと申して参ります。夕飯も門にてローソクを付けて頂きました。真のやみ真黒です。家の中にやすみます人は御座いませんでしたけれども、不逞鮮人は入り込んで来たと申し在郷軍人青年団兵隊などけんをつけ、他の人は木刀を持ちなど致しましていつも見回りに来ます。時々今おさえた、今一人おったけれども逃げたとか申しますのでこわくてなりません。それかとて夜通しやはり揺れますので家の中へは入いれませず、実に女子供は戦々恟々といたしておりました。兵隊や夜警の人などどこかで、つつの音が致します度に走り行きます。まるで戦争の中にでもいる様な気がいたしました」としたためられている。

大橋その子もこう話している。

「次の日（2日）になると、こんどは朝鮮人があばれるとか、今警官につれてゆかれたとか、血を流しながら引きずられて行ったとか、いやなことばかり耳にするので、何か悪いことがはじまるような不安の日夜がつづきました」

〔略〕軍は、大震災という天変地異にさいし、不安におののく民衆の前に、たとえば電信隊の活動のごとくその威力のほどをみせつけた。習志野騎兵連隊の現役兵だった矢島銀蔵（昭和57年没）は、補助憲兵としてかりだされ、上野に分駐したとき、不安におびえていた人びとは、歓声をあげて迎えてくれたと語った。当時、大学予科生だった向山武男（沼袋3）は、「警備のために軍隊が配備されたときは、本当にたのもしく、また、嬉しかった」と書いている。井伏鱒二も、「板橋に乗馬の兵がやって来たときなど、避難民が馬の脚にしがみついて感泣する場面があったそうだ」（『荻窪風土記』）と書いている。

（中野区民生活史編纂委員会編『中野区民生活史・第2巻』中野区、1984年）

大澤三平〔**新宿郊外の連隊で被災（中野電信隊か？）**〕

〔2日、東京市内で電線架設作業を終え〕連隊に帰ったのは夜の8時近かった。やれやれと思う間もなく非常呼集の喇叭がひびいた。スハ一大事とその準備して集まれば落着いた週番司令の口から東京焔上の次第と目下戒厳令下にある事と○○が入り込んだ報があるから警戒せねばならぬ事が漏された。兵には直ちに実弾が渡され火薬庫はじめ、連隊のまわり、及び付近の町には夜目にも物凄い銃剣をつけた兵士が警戒していた。人々はすべて軍隊を頼りにしている。

明くれば3日、飛行機と無線電信は盛に

活動している。警戒の兵卒の報告によれば付近に○○等はおらぬ。所々の電柱等には「○△」だの「○下ノ」だのの記号あり、それにより或は放火を意味し或は毒薬を井戸に混入するを意味すると人々は称しおるとの事だった。

〔略〕5日夜8時突如、非常呼集の喇叭と共に「武装!!」の命令が達せられた。緊張し切った兵士は各自武装をととのえて我先にと集合する。実弾は渡された。命令は次のように落付いた週番司令から下された。それは「今じき近くの丁所に○○が起って○○の援助の下に○名からの○○が脱走しているとの報が来ている。直ちに出動して沈静せねばならぬ。第一大隊は……第二大隊は……」明確な部署に勇み立つ兵士は駆足で○○所へと突進した。しかし自分が伝令として行った時は僅少の○○によって全く沈静していた。報告ほどの○○でもなくほんの波紋に過ぎぬ事が後でわかった。

（『大阪工業倶楽部』1923年10月号、大阪工業倶楽部）

片山進

〔2日夜〕中野の坂上から先に来て様子が少し変ってきた。要所に在郷軍人が警備しているのが凄いのだ。中に抜刀している者、竹やりを持つ者等物々しい。聞けば朝鮮人が長野県の工事場から大挙襲来するのだとか。

（「私の罹災記」震災記念日に集まる会編『関東大震災体験記』震災記念日に集まる会、1972年）

後藤喜美子

〔中野神明町で〕2日目の夜、お寺〔聖光寺〕の住職の永見さんと父は刀を持ち、他の人々は竹槍を持っては家々に立ち、寝ずに番をしているので、どうしたのかと思っていると、誰ともなく「朝鮮人が代々木原の方面から日本を攻めにこちらにやって来る」といって、男は皆、竹槍で突く練習をした。それで今来るか来るかと布団の中にもぐっていてとても恐くて子供ながらに寝られなかった。うわさで聞くと、あの時戒厳令が敷かれて町を歩く時、「山」といわれたら「川」と答えないと日本人とみなされないで朝鮮人とみなされて、捕まってしまうという。今考えるとひどい目にあった日本人もあり、朝鮮人を逆にやったとのこと。気の毒な事だったと思う。

（「東京の関東大震災に関すること」『世田谷区老人大学修了記念論文集・第1期修了生』世田谷老人大学事務局、1979年）

崎田五平

〔6日、東中野の一力亭で〕炊事は一力亭の前にある広い空地で、各世帯が釜で煮炊きをした。井戸は手押しポンプである。ここでも相変わらずのデマが飛び、簪の中に毒を入れ井戸を覗いて落とす、などと、まことしやかに伝わってきます。

（東京老爺児『九死一生九〇年——私の奇妙な前半生物語』文芸社、2003年）

永田万壽雄〔当時山形県知事官房属〕

「白昼白刃を提げ鮮人を追跡して斬殺」

〔日時不明〕市民はさながら狂気の如く手に手に棍棒鉄棒を携え白昼歩いているが、夜は余炎残る全市街は暗黒となり、中野町で目撃したところでは白刃を提げた者が鮮

写真は大正期の中野駅。中野界隈は比較的震災の被害が少なく、震災後、下町からの移住者が急増した

人2名を追っかけている様は宛で戦争のような状態でした。

（『山形民報』1923年9月5日）

中浜東一郎〔**医学者。当時中野在住**〕

9月4日〔略〕去る2日より居住民毎夜出て警戒す。就中不逞鮮人が各地を徘徊して放火し、又は爆弾を投ずるものありとてその噂専らなり。軍隊力を貸らんとて予は去る2日、安藤家の家扶青木、外1名と共に鳩研究所に少佐岩田厳氏を訪う。遂に承諾して連隊に相談して実行することとせんとて出て行きぬ。2日夜より6、7名兵を出して警戒しくれたり。〔略〕今夜も篝火を各所に焚き中々警戒厳重なり。

（中浜明編『中浜東一郎日記・4』冨山房、1994年）

長谷川周治

〔2日夜、中野で〕その夜から朝鮮人襲来の噂頻々、今にも押しよせるかの如き勢に、人心恟々、或いは日本刀などを抜いて、立向うような形勢をしている家もあった。向側の竹内という主人は、鉢巻抜刀の姿で立ち構えてなどいた。焼け出された私達は、そんなことをきいてもちっとも恐くなく、どこ吹く風ときき流した。

（長谷川周治著・武藤陽一編『偽らざるの手記——或るクリスチャンの一生』私家版、1957年）

人見東明〔**詩人、教育者。中野で被災**〕

〔2日〕日本刀、鳶口、竹槍、銃、ピストル、鉄棒、村の青年達は手に手に得物を持って畑道を右往左往しています。そして今鮮人団がせめて来た、彼等は皆恐ろしい爆弾を持っている、東京、横浜の大火は彼等の爆弾投下によるのである。

横浜を焼き払った鮮人団が大挙して六合川〔六郷川〕にさしかかったとき軍隊と衝突した。その一隊が今淀橋に押しよせて、騎兵二個小隊と衝突して騎馬隊が全滅した、だから今にも本村に押し寄せるから、男という男は得物に身をかためて警護の任に当るのだといっています。

その物々しさといったら、千軍を前に控えた勇士のいでたちのように——だが、底知れぬ恐ろしさに胴震いをしています。顔は土よりも青いのです。こうした風ですから村はあげて亢奮しきってその真偽さえ考えるゆとりもない風であります。

気の毒なのは朝鮮人です。多数の中にはこの機に憤懣の情を多少満足させた者があるかも知れないが、徒党を組んで運動をするなどとは到底常識では是認出来ない事であります。

〔略〕夜が更けるに従って流言は益々甚だ

しい。半鐘を乱打する、太鼓を叩く、けたたましい喊声が起る、ピストルが鳴り響く。まるで狂気の沙汰です。

可愛相に私の子供は急造テントの下で、乱打する半鐘の音に小さな体をわなわなふるわせています。小さい者の霊は狂気じみた情勢に圧倒されつくしています。いや、それにも増して当の朝鮮人はどうであったろう。是非善悪の区別もなく一様に辱められ、苦しめられた事であろう。きけば命を奪れた者も少くないということであります。まあ何と云う残忍なことでありましょうか。

東京の空の赤みは夜明近くなって薄らいだが警鐘の乱打は依然として物凄い音を立てて騒然としています。まあ馬鹿な人達の狂態を想像して下さい。大正の十二年。しかも文化の進んでいるべきはずの帝都に近い所に於てすらこうであります。往昔の天変地異に対して様々な迷信や流言非語(ママ)が真実とされたのも当然であります。こうなりますと文明、知識という者も案外たよりにならないものであります。

私は丁度はじめて衆愚という者の存在を明らかに見ました、そして、その力の恐ろしさをも知りました。そして人間が馬鹿らしくなりました。

（「一瞬間の前後」『噫東京――散文詩集』交蘭社、1923年）

細井稔

〔1日、上高田で〕ところが夕刻すぎると、大変物凄なニュースが入って来た。一つは、朝鮮人が暴動を起こしたらしい。井戸には毒薬を投げ入れられる危険があるので、各井戸は確りと蓋をした上で、沢庵石のような重石をのせ、よく注意せよとの指令。二つ目は、豊多摩刑務所から極悪の罪人が多数逃げ出した。近所の民家に押入り、衣類、金銭、食物を強奪する危険があるので、各戸とも戸締りを厳重にし用心すること、との触れが回った。

そうなると、自警団員も、日本刀や、鉄棒、火消しのとび口、手頃な真竹で竹槍を丹念に作り、ゴマ油を竹の先に塗ったり、大変な異様さと殺伐さを漲らせて来た。夜に入ると半鐘が乱打され、囚人が刑務所から逃げ出したというので、村中、恐怖に包まれた。そのうち各方面の畑の方で、怪しいものがいるぞと叫声が上がり、あちこち一晩中ざわめき、生きた心地はしなかった。しかし不審な者は殆んどつかまらなかったようだ。

翌日2日は、自警団の所はいっそう物々しくなり、前記のように武器を持った人が増し、上高田へ入る人々は、怪しいと見ると皆引止められ、色々訊問された。日本人らしからぬ者は、知人でもいて証明すればパスできたが、そうでない人達は、「イロハ四十八文字」「おいうえお」をいえるかいえぬかで識別された。いえぬ者は、トコトンしらべられた。

上高田では、朝鮮の人達や、危険視された人々の殺傷は、ほとんど私達は聞いていなかったのでよかったと思う。

（細井稔他編『ふる里上高田の昔語り』いなほ書房、1982年）

堀野良之助〔地域研究家〕

当日の夕方には東の空は入道雲のように一面にもくもくと浮き上がり、何かと思っていると、暗くなるにしたがって赤くなり、夜になると真赤になったので、はじめて火事が各所に起っている事がわかったので騒ぎ出した。

その中にデマが各所から飛び出して、朝鮮人が井戸に毒を入れて歩くから、井戸に蓋をしろとか、朝鮮人が多数組んで押しかけて来るとか、又小松川では朝鮮人が大勢銃殺されたとか、いろいろ次から次へとデマがとんだ。

夜は皆出て夜警をした。昼も夜も休みなく一軒一軒家の周りをまわり、電灯はつかず真暗の中を3、4人続いて回り、鉄棒を持って歩く者や、日本刀を持っている者、皆ものものしい警戒で、うす気味の悪いような、恐しいようであった。

翌日になると焼け出された人が入って来る。その話では、焼跡には死体がゴロゴロしているとか、本所の被服廠は何万人かの焼死人の山になっているとか、重なり合って死んでいるとか、隅田川には死体が浮いて流れているのを引き上げているとか、水脹れになっているとか、噂は噂を生んで大騒ぎ、わずか1里か2里離れている日本橋麹町辺の事実がわからない有様であった。3日目位からは様子が知れて来た。朝鮮人のデマ以外は本当であり、鳶職などは焼跡に人夫として死体の片付けに出て行った。

（堀野良之助『回想』私家版、1961年。中野区中央図書館所蔵）

丸山眞男〔**思想家、政治学者。当時9歳。四谷区愛住町48在住。火災をのがれて東中野の長谷川如是閑宅に避難**〕

それから又朝せん人が、ばくだんを投げたり、するそうで、市の方で、けいかいが、げんじゅうになったから、こっちの東中野の方へ来たと言う話だ。ここまで逃げてきて、ばくだんで、やられたら、こなみじんになるだろう。と思うと、思わず、身ぶるいする。昼頃になって、火はまったくやんだ。

（当時の作文）

（「みすず」編集部編『丸山眞男の世界』みすず書房、1997年）

中野警察署

9月2日午前10時頃に流言あり曰く、「鮮人等は市内各所に於て放火せるのみならず、今や郡部に来りてまたその挙に出でたり」と、これに於て管内に自警団の生ずるに至れり、しかるに午後7時頃に至り「鮮人300名は高井戸・和泉村の各方面に襲来して暴動を為せり」との流言行われしが未だ真偽を詳にせざるを以て、署員十余名を同方面に派遣し、その情勢を探らしめたれども遂に鮮人を見ず、即ちその訛伝・蜚語に過ぎざる事を民衆に宣伝し、人心の安定を図るに努めたるにも拘らず、容易にこれを信ぜずかえって悪化の傾向ありしかば、始めて自警団取締の必要を認め、即日署員を各村落に遣りてその軽挙妄動を戒むると共に、各自警団対し、兇器の携帯と通行人の誰何審問とを厳禁し、更に同5日某白米店雇人等が不良青年と気脈を通じ、種々の流言を放てるを発見し、これを検挙せる等により漸次穏健に趨き、民心また次第に安定するを得たり。

（『大正大震火災誌』警視庁、1925年）

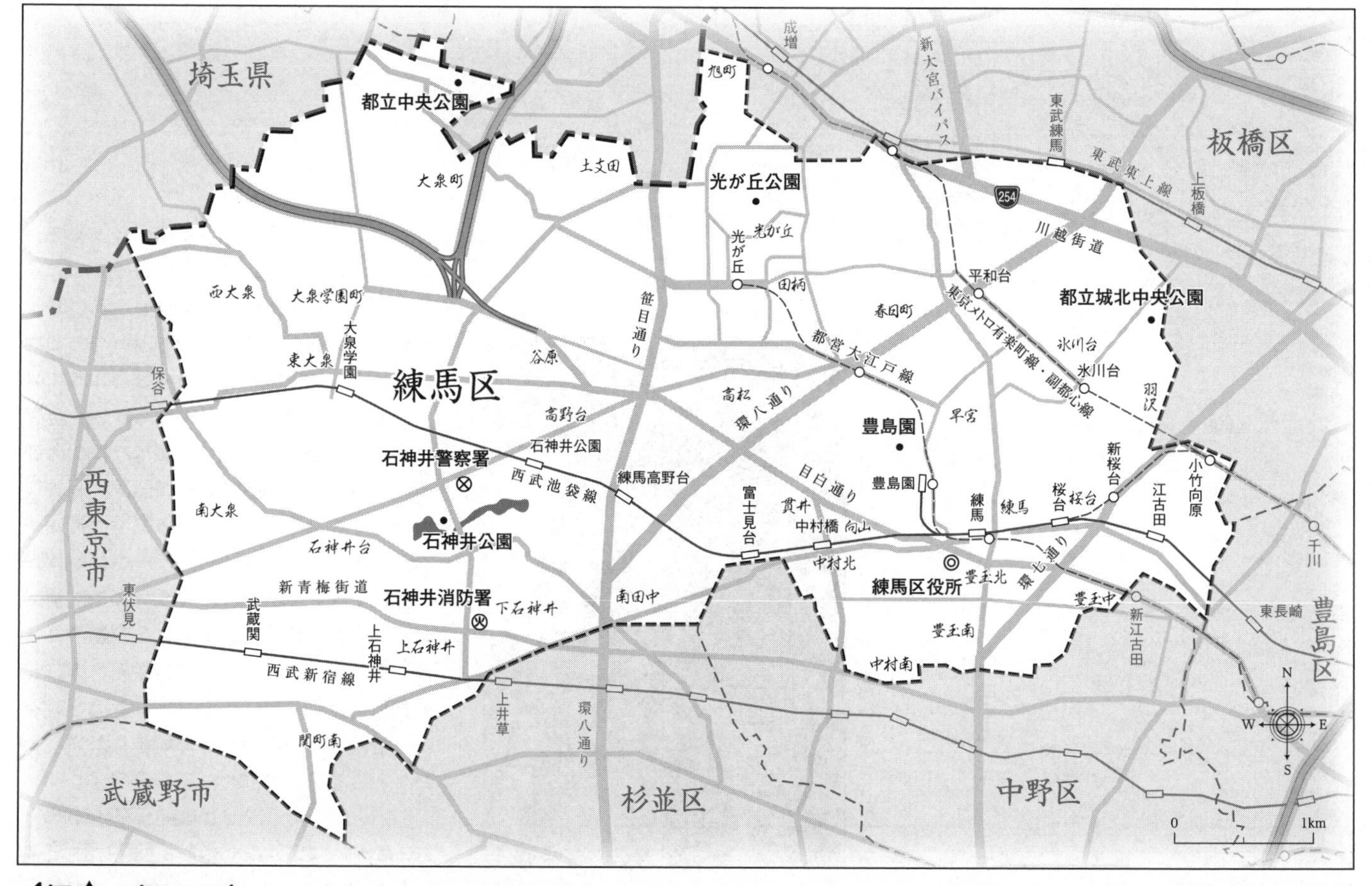

埼玉県
都立中央公園
大泉町
土支田
光が丘公園
光が丘
光が丘
成増
旭町
新大宮バイパス
東武練馬
東武東上線
上板橋
板橋区
254
川越街道
平和台
都立城北中央公園
田柄
春日町
東京メトロ有楽町線・副都心線
氷川台
氷川台
羽沢
都営大江戸線
西大泉
大泉学園町
大泉学園
東大泉
谷原
笹目通り
保谷
練馬区
高松
環八通り
豊島園
早宮
高野台
石神井公園
石神井警察署
西武池袋線
練馬高野台
目白通り
豊島園
新桜台
小竹向原
西東京市
南大泉
貫井
富士見台
中村橋
向山
練馬
練馬
桜台
桜台
江古田
千川
石神井公園
石神井台
中村北
練馬区役所
豊玉北
環七通り
新青梅街道
石神井消防署
下石神井
南田中
豊玉中
新江古田
東長崎
豊島区
東伏見
武蔵関
上石神井
上石神井
豊玉南
西武新宿線
中村南
上井草
環八通り
関町南
武蔵野市
杉並区
中野区
N
W
E
S
0
1km

練馬区

芹沢西左衛門〔野菜を売りに行った大塚市場から帰る途中で被災〕

〔1日〕途中の様子を見ても家がつぶれたり、火災がおきたところはなかったが、ガラスの割れた家は多かった。また、武蔵大学付近の道路に亀裂ができていた。練馬駅の所の鐘紡のレンガ塀が倒れ、女子工員8人が死んだ。〔略〕夜になると、井戸に毒を入れられるというデマが広まり、どの家でも夜通し井戸を守るのに懸命だった。さらに本所・両国方面の死体処理に出ることを命ぜられた。悪臭の漂う中で多くの死体を処理するのはとてもつらかったので、2、3日で行くのをやめてしまった。その後も井戸を守る夜番などが続き、私も一時健康を害してしまうほどだった。

（練馬区教育委員会編『古老聞書』練馬区教育委員会、1979年）

現在の練馬駅界隈。震災当時は武蔵野鉄道武蔵野線の駅として開業していた

文京区

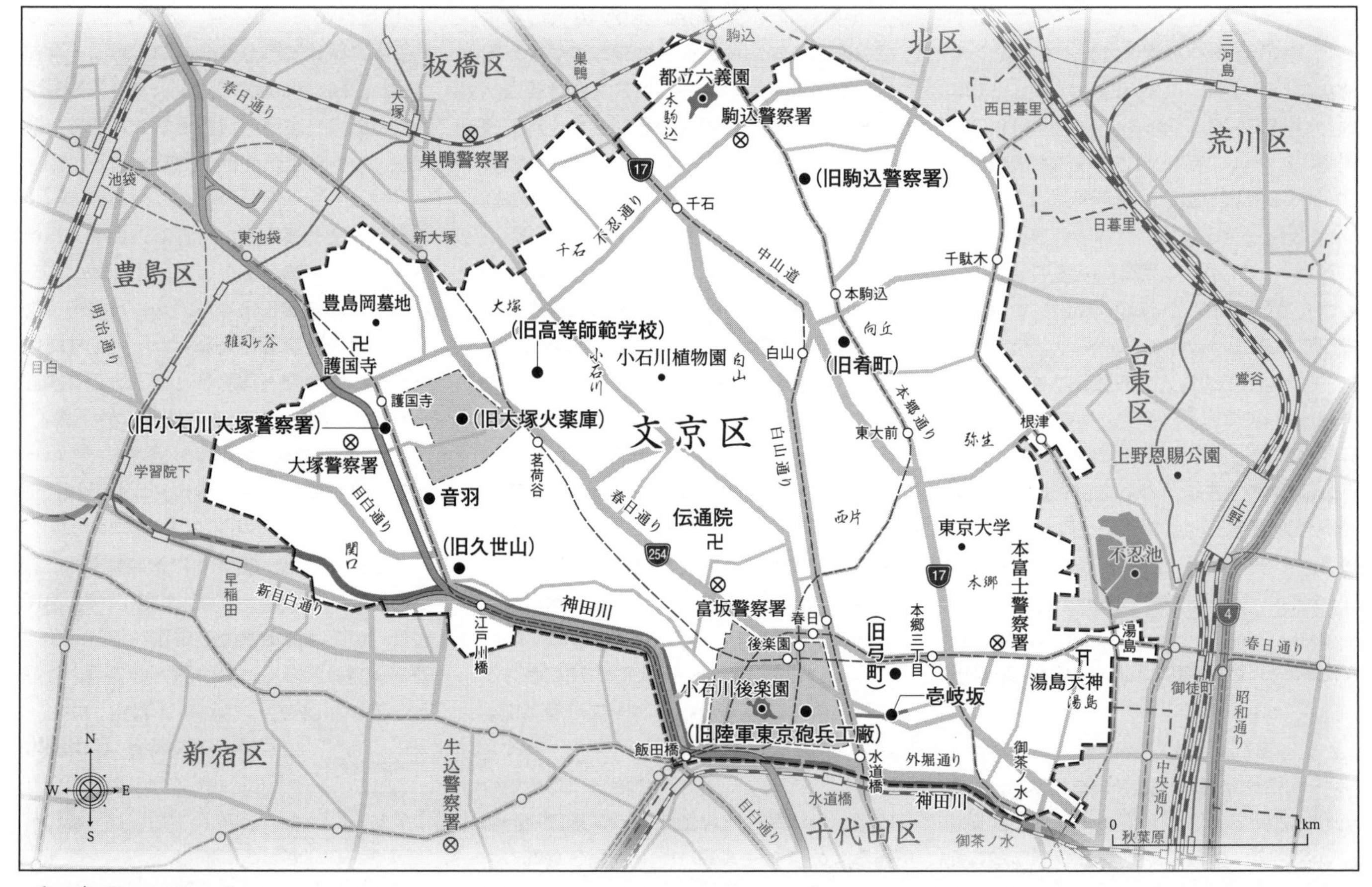

豊島区
新宿区
板橋区
北区
荒川区
台東区
千代田区
文京区
大塚警察署
(旧小石川大塚警察署)
護国寺
豊島岡墓地
音羽
(旧久世山)
(旧大塚火薬庫)
(旧高等師範学校)
小石川植物園
伝通院
富坂警察署
小石川後楽園
(旧陸軍東京砲兵工廠)
(旧弓町)
壱岐坂
東京大学
本富士警察署
湯島天神
都立六義園
駒込警察署
(旧駒込警察署)
(旧西片町)
巣鴨警察署
牛込警察署
不忍池
上野恩賜公園
神田川
春日通り
不忍通り
白山通り
目白通り
外堀通り
本郷通り
中山道
新目白通り
飯田橋
水道橋
御茶ノ水
湯島
根津
千駄木
本駒込
東大前
白山
千石
茗荷谷
江戸川橋
新大塚
後楽園
春日
本郷三丁目
池袋
東池袋
巣鴨
駒込
西日暮里
日暮里
上野
御徒町
秋葉原

大塚

会田有仲〔大塚宮仲で被災〕

〔2日〕朝鮮人及(および)支那人の内不良性の奴等が、昨夜数人隊を組んで兇器を携え市内外各所に於て露宿の避難者を脅迫し、財物を強奪して巡査、憲兵、在郷軍人などと格闘の末斬殺されたる者数人ありたる由。

〔略。3日〕夕方に至り不逞の朝鮮人が井戸に毒を入れ或は放火するに付気をつけて下さいと青年団より注意して来た。

〔略。4日、見舞に来た完助と禄蔵が〕「途中福島以南の汽車での話は不逞鮮人と社会主義者が一団となり東京市内外に於て兵隊と戦争中にて、大宮より先の停車場は陸軍で占領し官庁の証明ある者の外入京を許さぬとて、各駅に停車する毎に車掌が来て下車を勧告する」

〔略〕今朝来風説なるか飛語なるか、不逞鮮人は昨夜も各所に於て爆弾、兇器を携え大挙襲来、放火、井戸投薬等をなす。巡査、憲兵、自警団員と闘争の結果双方に死傷者多数ありたる由。逢人毎に専(もっぱ)らこの噂で、殊に警察の調なりとて隣家より知らせの朝鮮人が白墨にて門や塀などに記しある符合なるもの左の如し。

ヤヤ：殺人、㋳：爆弾、ヘ一：放火、△(ヤ)：井戸投薬。以上の如く震火両災に怯えている人心は更に数段の不安を加えられたり。

〔略〕日没に至り相談があるから出て下さいと子供の使が来た。〔略〕主催者いわく、不逞の鮮人と支那人が放火或は殺人或は井戸に毒薬投入等をする、又社会主義者はこの機会に乗じて大陰謀を挙行せんとし甚(はなは)だ危険なるも警察も憲兵も取締行届かざるを以て、御互生命財産を保護のため各町村は適宜の区域により、自警団を組織し、その任に当り居る趣故、この同番地十軒も何とか自衛策を講ぜねばならぬという。〔その結果自警団が結成された〕

〔略。6日〕帝都に於てなお不逞鮮人、社会主義者が爆弾、兇器携帯にて、毎夜各地に襲来したる噂あり。又大震大火により、横浜は全滅のため糧食なく、鮮人の大集団と同地の監獄にて、大震の時に開放したる囚人300人は食を求めて入京の結果、兇賊隊をなして各地に襲来し、焼け跡の金庫、或は焼け残りの倉庫を破壊して金銭並びに貴重品を掠奪する趣。

（会田有仲『東京大地震日記』私家版、1926年）

李性求(イソング)〔教育者。当時行商等をしながら東京物理学校に留学中〕

2日の朝、下宿先〔池袋長崎村〕を出ると、近所の人から「李くん、井戸に毒を入れるとか火をつけるとか言って、朝鮮人をみな殺しているから行くな」と止められた。「そんな人なら殺されてもしかたがない。私はそんなことはしないから」と言って忠告を聞かなかったのがまちがいだった。

雑司(ぞうし)が谷(や)をすぎたあたりで避難民に道を尋ねたら、「朝鮮人だ！」と殴るのだ。ちょうど地下足袋(たび)を『東亜日報』にくるんでいたが、そのなかにノロ狩りの記事があって、「銃」という漢字を見とがめられたのである。大塚警察署に青年たちに連行された。警察に行っても話にならない。「今日殺す」「明日殺す」という話ばかり。半分死んだような人が新しく入れられてくるのを見て、信じないわけにはいかなかった。これは私も殺されると思った。あんまり殴られて、いまは腰がいたくて階段も登れない。
　1週間から9日して「君の家はそのままあるから、帰りたければ帰れ」と言われた。不安だったが、安全だからと晩の6時ごろ出された。池袋あたりまできて道に迷ったが、普通の人に聞いたら大変な目にあう。わざわざ娘さんに聞いたが、教えてくれてから、「あそこに朝鮮人がいく！」と叫んだ。青年たちが追いかけてきたが、早足で行くしかない。「朝鮮人がいく！」その声が大きく聞こえる。当時はその青年たちに捕まったらその場で殺される。このときの恐怖といったらない。のちに朝鮮に帰ってから学校に勤めたが、うしろから生徒の走る音が聞こえると、身体がいつも硬直したほどだ。
　目についた交番に飛びこんで巡査にしがみついた。青年たちは交番のなかでもこづき、蹴飛ばした。警察官にも殴られた。大塚警察署でもらった風邪薬が発見されると、今度は毒薬だということになった。飲んでみせるとやっと信用され、帰された。自分の村に着くと、近所の娘さんたちが「よく無事で」と、フロを沸かしたり夕食を作ってくれた。

（関東大震災時に虐殺された朝鮮人の遺骨を発掘し追悼する会『韓国での聞き書き』1983年）

伊藤重義〔当時府立第三中学校生徒〕

〔2日〕やっと大塚坂下町の祖父の家へ辿り着いた。〔略〕夜になると町の方で何か騒がしくなった。何が起きたのかと心配していたら、近所の人4、5人が家へ来た。何でも「朝鮮人が暴動を起して日本人の家を襲い、井戸に毒薬を投げ込んだ。彼等は何時我々の町へ入って来るかも知れない。我々は自警団を作って警戒する事にした。お宅でも一人出て貰いたい。そして何か武器を持って来るように」との事だった。祖父の家は隣組8軒で共同の井戸を使っていたので、その防備をしなければならないが、我が家では大人達は疲れ果てているので私が夜警に出ることにした。私は背が高い方なので、見かけは大人の仲間入りが出来たのだろう。我が家には武器らしい物は、私が背負って来た日本刀しかない。仕方がないから父の許しを得て、私は日本刀を持つ事にした。〔略〕私達は井戸の警備と交替で巡回もした。時々町の方で大騒ぎがあった。日本人の避難者が朝鮮人と間違えられてひどい目に遭ったとの事だった。
　〔略〕しかし間もなく戒厳令が出されて、地方から続々と軍隊が出動し、街角には銃剣の兵士が立つようになり、新聞の号外等で状況が判るようになったので、民衆の不安もやっと落付いて来たようだった。自警団も多分に行き過ぎがあり被害も多かったようで、解散命令が出たそうだ。私も毎日戦々恐々として参加していたので、これでホッと一安心したのだった。

（『関東大震災記——東京府立第三中学校第24回卒業生の思い出』府立三中「虹会」、1993年）

木下順二〔劇作家。大塚窪町で被災〕

場所はどこであったかということも、前後の脈絡も思い出せない。顔を血で真赤に染めて後手に縛られた一人の男が、林檎箱の上に引き据えるように腰かけさせられていた。大勢で取り囲んでいたにきまっているが、その人々の印象はぼやけてしまっている。縛られていた男の、一点を見据えていた眼が忘れられない。非常な力を持った人間が、絶対に身動きならぬまでに縛りあげられた、という思いを破裂しそうに籠めたまさに眼であった。怒り、悔しさ、屈辱感、そういうものの極限が悲痛に凝りかたまってしまって動くことのできなくなった凝視であった。

動かない眼の中にあれだけの力が籠ってこちらを刺してくる、という事実を、あり得ないことを見てしまったような感覚でいま思い返す。

その男が朝鮮人であることは、少年の私にも自然に分っていた。爆裂弾を投げつけたとか井戸に毒を入れて回っているとかいう〝不逞鮮人〟の噂は、もう9月2日には私も聞かされていたのではないかと思う。兵器廠の爆弾一件もむろん朝鮮人と結びつけて騒がれた。縛られていたその男を取り囲む人々の口からも、そういうことばは散々吐かれていたに違いない。

（木下順二『本郷』講談社、1983年）

幸野岩雄〔当時師範学校教諭〕

「帝都から免れ帰った幸野岩雄師範教諭の実見談」

〔1日〕護国寺の前を大塚の仲町へ出たが、ここでは兵器支廠の塀が倒れ兵士は剣を付けて護っている中に多数の避難者を収容していた。漸くにして高等師範学校へ着いたのは午後6時半頃であったが、学校の広大な庭園には既に避難者が満たされていた。その夜半である。1日の真夜中の頃だ。誰言うともなしに火事は不逞鮮人が爆弾を投じ又は火を放つからだ、鮮人には気をつけねばならぬと噂は噂を生んで人心は恟々としていた。

〔略〕翌2日になると朝鮮人の暴行は各方面より伝わり、在郷軍人青年団はみな棍棒

写真上は明治、大正期の大塚の町並み。証言に出てくる「大塚火薬庫」（下）は当時、都心部最大の火薬庫として、現在の跡見学園および閉鎖中の大塚車庫周辺にあった

を携帯して鵜の目鷹の目で鮮人を探しまわり見付かり次第警察へ突き出している。

〔略〕池袋へ行く途中鮮人が捕まっているのを見た。〔略〕又目白台の付近でも鮮人の警察へ引きずられて行くのを2、3人も見たが、その顔には生血がタラタラ流れていた。

〔略〕2日頃からは一般の人心は寧ろ地震の恐怖よりも不逞鮮人の暴行に対し全く夜も寝むれぬ有様で、恟々とし只その噂にのみ胸を騒がせていた。この夜である。2日の夜の午後8時半頃突然警備中の在郷軍人青年団が「諸君鮮人等は焼け残った小石川方面を襲うべく屢々侵入しつつある。今夜は高等師範及小石川小学校を中心として焼き払えといっているから充分に警戒して下さい」という事であった。

一同は実に意外の警告に呆然としてしまったが、間もなく11時頃と思うが一大強震が来たのと殆ど同時位に18、9の夜警青年は大きな声で「只今鮮人の女が30名程と男も交って春日町の方から高師の庭内に入って来た。彼等の男は印袢纏を着て、山に十の字の付いた提灯又は昔のガンドウ提灯を持っているから大いに警戒して下さい」と振れて回った。と間もなく同心町の魚屋の裏へ今鮮人が放火して焼け出した。その鮮人はつかまったと交々来る警報に、一同はその夜はマンジリともする事が出来なかった。

（『愛媛新聞』1923年9月7日）

小石川大塚警察署

9月2日の正午頃「不逞鮮人等暴行を為し、或は将に兵器廠を襲撃せんとするの計画あり」との流言始めて起るや、民心これが為に動揺して自警団の発生を促し、更に鮮人に対する迫害行われたれば、本署は鮮人を検束するの必要を感じ、即日管内を物色して、85名を署内に収容せり。しかるに民衆はかえってこれを憤りて妨害を試み、一巡査の如きは、頭部に殴打傷を負うに至れり。

（『大正大震火災誌』警視庁、1925年）

『河北新報』（1923年9月4日）

「爆弾と毒薬を有持する不逞鮮人の大集団　2日夜暗にまぎれて市内に侵入　警備隊を組織して掃蕩中」

折柄不逞鮮人多数入り込み井戸に毒薬を投じ石油を屋上に注ぎ放火をなすの恐れあれば、住民は直に警備団を組織すべしとの計画がありたるより人心一層不安の情に陥りたるも協力して直ちに多数の警備隊を組織し、久堅町大塚仲町養育院前等において約数十名の鮮人を引捕え、一々厳重なる身体検査をなし官憲の手にこれを引渡し、或は昂憤したる警備隊自ら適当の応懲を加え専ら放火の厄を免れんと努力しつつあるを発見したり。

『下野新聞』（1923年9月4日）

「大塚火薬庫付近で不逞鮮人と青年団格闘」

本所区を根城とする不逞鮮人約300名は2日の夜丸の内方面に向い、一方約30名の同団は大塚火薬庫を爆破の陰謀があるなどの風評が伝わったので、万一を慮り宮城付近は近衛騎兵隊が警衛の任に当り、各地から上京した青年在郷軍人団等不逞者に一歩も足を踏ませまいとの意気を揚げ、丸の内方面には何等変事を生じなかったが、火薬庫付近では不逞鮮人と青年団との格闘を起し数名の重軽傷者を出したと噂専らである。

小石川

Q〔当時21歳〕

小石川で地震にあった。井戸に毒を入れたとか……。5、6日間地震の揺れがあったから、表で寝ていた。で、家が空き屋になる。とにかく、その空き屋に鼠が入ってゴソゴソ音がしたのを、「武装した朝鮮人が襲ってくる」って騒いだんだね。荒川の鉄橋から500～600人来たとかね。

（関東大震災時に虐殺された朝鮮人の遺骨を発掘し追悼する会『会報』第27号、1985年）

石川泰三〔青梅で被災〕

〔2日、肉親・知人を探しに東京市内へ。地蔵横町で小西氏が〕「潰れ家を見かけ、鮮人が火をつけするので、危険ですから見つけ次第打殺すのです」と、少しく興奮して語る。

〔略。護国寺境内で〕境内は避難者で満ちている。時々、火事と共に鮮人を捕えたのでもあるか、「わあ……わあ……」と、云うトキの声が聞えるのみだ。〔略〕護国寺裏の水窪は、鮮人の巣窟である。〔略〕遠く近く、境内をめぐって拍子木の音が聞える。夜は既に三更〔深夜0時頃〕を過ぎたであろう。夜露は、一同の衣類を透して、いやに湿っぽい。一同は、眠るともなく夢幻の境に入るのであった。拍子木は、護国寺の寺男であった。「別に変ったことはありませんか？鮮人が来ますから油断しないで下さい」言いながら行く。又、少し経つと、在郷軍人・青年会員が、手に手に棍棒などを持って夜警に来る。

〔略。3日青梅をめざす〕午前5時、護国寺門前を勢良く乗出した一同は、ホッとした。〔略〕2、3丁行くと、なんとなく騒がしい。在郷軍人や青年会員が、商店の小僧・番頭或は学生など、共に武装しているのだ。即ち、銃剣、棍棒、竹槍、洋傘、日本刀など携帯して、町の両側を固めて蟻の這い出る隙もないような厳重な警戒ぶりであった。ははあ……鮮人騒ぎで俄かに自警団の組織かなと思った。自動車は勢いよく通り抜けようとする。「止れッ！……」在郷軍人が、まず銃剣を閃かせて呼びとめた。「どこへ通るか？……」血走った顔の軍人や、青年会員が、返答によれば、直ちに芋刺しにしようとするのだ。僕は、洋服のポケットより1枚の名刺を渡して言った。「避難者です。昨夜護国寺境内へ露営しました。今日は、これから田舎へ帰るのです」彼等は、しきりに疑いの目で自動車を見ていたが、ようやく正真正銘の日本人と思ったらしい。「よろしい！……」「通れッ！」軍隊式だ。僕らは心密かに苦笑せざるを得なかった。

自動車が2、3丁進むと、また在郷軍人青年会員などが堅めて、誰何する。〔略〕郡部へ脱出するまで、7、8回の襲来を受けた。こんな厳重な警戒線は、市内にのみ限って、郡部は無論そんな警戒はあるまいと思ったところが、どうして、市内に劣らぬ、否、より以上の猛烈さである。（1923年記）

（『大正大震災血涙記』石川いさむ編『先人遺稿』松琴草舎、1983年）

岩川友太郎〔教育者、動物学者。神田で被災、小石川竹早町の修養社へ避難〕

9月2日〔略〕その晩より小石川区は各

家にて警戒して、朝鮮不逞の徒の放火を防ぐこととなり、ほとんど徹夜の状となれり。

（「大正の大震災の記」船永清『岩川友太郎伝――日本貝類学の開拓者』岩川友太郎伝刊行会、1983年）

宇佐見憲治〔**当時府立第三中学校生徒**〕
私の住んでいた文京区弥生1丁目の辺(あた)りは寺が多く、水道は断水しても、井戸があって助かった。ところが、例の朝鮮人騒動で井戸に毒が入れられるというので、自警団をつくって徹夜で番をする始末であった。中国人や鮮人に顔の似た日本人にも被害は及んだ。近くにあった中国人学生の寮では世話していた日本婦人の厳命で学生達を一歩も外出させず一人の被害者も出さなかったことで、この婦人は中華民国政府から表彰されている。
（『関東大震災記――東京府立第三中学校第24回卒業生の思い出』府立三中「虹会」、1993年）

生方(うぶかた)敏郎〔**随筆家**〕

〔2日午後3時、音羽3丁目で〕「あれ。泥棒が捕まえられて来た」と老人が囁いた。〔略〕阿久津はすぐに席から駆け下りて、様子を見に警察の中へ入って行った。しばらくして出て来て、「放火です。朝鮮人が放火したんです」

放火と聞いて、私たちはゾッとした。〔略〕あれあれと言う中に、また一人連れられて来た。今度のは、腰に縄をつけて縄の端をお巡りさんが持っていた。その後から子供や群衆がゾロゾロついて来た。落人たちも足を止め、皆振り向いてその方を見ていた。「太い野郎だ。火つけ道具を持ってやがる」と誰かが言う。なるほど彼の手には、5月のお節句にたべる熊笹で三角に長く包んであるちまきのような格好のものを持っていた。「ハハア。あれに火をつけて、ポンと投げるんだな」「何でしょうね」「大方、綿に石油を浸した物か何かがあの中に入っているんでしょう。恐ろしいことをする奴があるなあ」

それからは後から後から捕えられて来た。〔略〕私の知っている少年が、「僕、彼奴の捕まる始めから見ていたんだよ。彼奴8丁目の材木屋の倒れ掛っている材木の中にもぐり込んで火を点けているところを、近所の子供に見つけられたんだ。なかなか捕まらないのをやっとのことで捕まえたんだよ」と語った。

〔略〕5、6人目に来た者は小倉の詰襟の服を着ていたが、私はたしかに学生だと思った。その中に誰かが「社会主義者の火付けだ」と叫んだ。先刻の少年はじっとその学生を見ていたが、「おや。あれは早稲田中学の生徒だよ。3年級にいる人だ」と言った。私はまさかと思ったから、「間違いじゃないかね」と疑って言った（けれどもそれは少年の目の間違いではなかった。ただし彼は人々が放火犯人を殴るのを見て、「君らが殴るには及ばない、警官に渡すがいいじゃないか」と言ったのを、聞きとがめられて、共犯者の嫌疑を受けて連れて来られたのだ。取調べの結果たちまち釈放された）。中には高手小手に縛(いまし)められて来た者もあった。巡査がついているだけで何の拘束も受けずに来た者もあった。3人5人ずつ一かたまりに連れて来られたのもあれば、10人一度に自動車にのせて運ばれたものもあった。私は24人までは数えたが、それから先は数えつくされなかった。

〔略〕向う横丁、即ち私の家へ入る小路へと人がバラバラと駆け込んだ。朝鮮人が逃げ込んだというのだ。私は思わず立ち上った。家には赤ン坊と産婦と看護婦ばかりを残してあるのだ。追い詰められた朝鮮人がもしやそこへ逃げこんだら、家人の驚きはどんなだろう。裏には物置もある。そこへ忍ばれ放火でもされたらそれこそ一大事だ。こう思った瞬間に、私は子供を傍にいた近所の人々に托しておいて、自分だけ帰宅した。家の中は静かだった。

〔略〕お向うの家では、奥さんとお嬢さんとで雑巾を持って板塀を拭いていた。私はちょっとそれが不思議に思われたので、失礼とは思ったが立止って見ていた。奥さんたちは私に会釈して、「まあ。恐ろしいじゃございませんか。これが放火のしるしなんですと。そんな真似をされちゃたまらないから、今一生懸命消しているところなんですよ」私はその印を見せてもらった。英語のKという字を左向きに書いたような、得体の知れぬ符牒だった。朝鮮の文字かも知れぬ、と後になって皆が言っていた。

私はまず自分の家の塀をよく見たが、何も書いてなかった。お隣りの塀を見ると、明らかに2個所までも書いてあった。私たちの声をききつけてお隣りの小母さんが家から出て来た。「小母さん。やられてますぜ」と私が言ったので、小母さんもびっくりしてその印を見ていた。

〔略。2日夕方〕阿久津が外から駆け込んで来た。「先生。大変です。もうどうしても一刻も早くどこかへお逃げなさい。前の山へ朝鮮人が30人入って、爆弾を持って警察の巡査とここで戦争するのだそうです」と息せきあえず言った。そして庭へ回って子供の蟬取りのもち竿を取り出し、「私にも手伝って防げ、といいますから、これで竹槍をこしらえてもいいですか」と訊いた。私は、「馬鹿馬鹿。それは兵隊と巡査の仕事だ。我々足手まといを多く抱えている弱者の手を下すべきことじゃない。明哲身を保つ、という言葉を知らないか」と大声で叱った。〔略〕更に、「馬鹿なこと言うなよ。先刻から捕まえられて来た朝鮮人を見ると、一人だって刀も槍も持っていやしない。棍棒すら持っていないじゃないか」「今は先生。そんな議論をしている時じゃありません。〔略〕前の家でもお隣りでも皆立ち退いてしまいました」「何、みんな立ち退いた」と私はそれには驚いた。〔略〕私はうろたえて表通りの方へ出ようとすると、郵便局の裏の細い路からお隣りの小母さんが出て来るのと出逢った。「皆な立ち退くのですって」「はい、もう子供たちは立ち退かせました。前の山へ朝鮮人が沢山入ったそうで、ここで何か恐ろしいことが始まるかも知れないそうです」と早口に小母さんは答えた。手には大きな風呂敷包を抱えていた。

（生方敏郎『明治大正見聞史』中央公論社、1978年）

江口渙〔作家〕

小石川の駕籠町までかえってきたときだった。曲がり角の板ベイにはってある、たたみ一畳敷きほどの、それも黒々と毛筆で書かれたポスターを見た。〔略〕いちばん最後に「一部の朝鮮人ならびに社会主義者の中に不穏不逞の企てをなす者あり、彼らに乗ずるスキを与えざらんがために、市民諸君は軍隊警察と協力し、十二分に警戒されんことを願う。婦女子にして井戸に毒を投ずる者あり。井戸水に注意せよ。東京日日新聞」と書いてある。

（『潮』1971年6月号、潮出版社）

江口渙〔作家〕

〔2日〕夜、7時ごろ、やっと丸山町の弟の家につくと、街頭には、早くも自警団がこん棒や竹やりをもって警備していた。そして、多勢の朝鮮人が暴動を起し放火略奪して歩き、それを背後から社会主義者がせんどうしている、という噂で街は殺気立っていた。私も弟といっしょに、自警団の中にまじって警備についた。実はこれらの流言がはたしてどこまで真実であるかをたしかめようとするためであった。

最初の夜の流言は大たい次のようなものであった。「本所深川では朝鮮人の親分達がすっぱだかで馬にのり、日本刀をふりかざして指揮をしては、部下の何百何千という朝鮮人に放火略奪をさせている」とか、「朝鮮人はみんなピストル日本刀爆弾をもち、缶詰のあき缶にぼろをつめたのを投げては放火をして歩いているから気をつけろ」とか、「朝鮮人の女が爆弾を入れた小箪笥を背中にしょって行くと、男がその後からついて歩いて、箪笥の引き出しから爆弾をとり出しては、ポンポンと両側の家になげ込む。現に、上野広小路の伊東松坂屋は、そういう爆弾のひとつで一瞬に爆破された」とか、「日本人の女社会主義者が軒から軒を飛びわたっては、火をかけて歩くから屋上をも警戒しろ」とか、「女の社会主義者が井戸に毒を入れて歩いているから井戸水をのむな」とか、こういう伝達を、竹やりを持ったり日本刀をさげた伝令が、向うの街角の自警団からこちらの街角の自警団まで、夜どおし引っきりなしにつたえて来るのだ。夜中の3時頃には、次のような伝達さえ来た。

「先刻、大塚の火薬庫を襲撃した朝鮮人の一隊が2千人ばかり、軍隊に追われて約20分後にはこの方面へ逃げて来ますから、みなさん警備について下さい」

すると約10分もたつかたたないうちに、また別の方面から伝令が来る。「先刻、赤羽の火薬庫を襲撃した朝鮮人の一隊2千人が、軍隊に追われて約10分の後にはこの方面へ退却して来ますから、みなさん警備について下さい」

それを聞いた私はそばにいる弟に「これは全然でたらめだよ。今、大塚の火薬庫は何所（どこ）かへ移転してあとには何もないよ。引っ越したあとの空地なんか襲撃する馬鹿はいないはずだ。これはたしかにでたらめだ。また、何かの間違いで襲撃したとしても、赤羽と大塚とあんなに離れた場所から2組の朝鮮人がしかも同じ人数の2千人が同時に軍隊に追われて、たった10分か20分の差でこんな丸山町まで同時に退却して来るなんて、そんなことは断じてあり得ない。これは明らかに今夜のこの不安と動揺に乗じて、一そう人心を混乱させようとする者の陰謀だよ。朝鮮人の暴動よりもそういう陰謀の方を遥かに警戒する必要がある」と、いうと私の弟は見る見る顔色を変えた。そして「今、そんなことをいうと自警団に半殺しの目にあわされるから、どうかそれだけは止して下さい」とさえぎるので、止むなく口をつぐんだ。だがこのような人心混乱策が、たしかに右翼団体か、軍部の策動であると私は直感した。「社会主義者と朝鮮人とが一団になって、暴動を起し、放火、掠奪いたらざるなく、いつ革命が起こるかわからない」という流言は、このようにして一夜のうちに、全東京から京浜地区、横浜、神奈川までもひろがって行ったのである。

大地震に家を失い、食を失い、一夜にして流亡の民と化した市民達は、もうそれだけでも、平生の知性や良識をふり落して、すっかり殺気立っていた。そこへこのような流言の嵐が吹きまくったのだからたまらない。たちまち、狂暴きわまる暴民と化して、朝鮮人と見たらうむをいわせず叩き殺しにかかったのだ。ことに憲兵は、社会主義者を眼のかたきにしては、片っ端から留置場へ叩きこんだ。

（江口渙『わが文学半生記』青木書店、1953年）

江馬修〔作家〕

〔3日〕自分はいつものように本郷へ出るために〔水道橋の〕壱岐坂を登ろうとしたが、すぐにはその登り口が分らなかった。

〔略〕焼け跡に立って路を探している時、不意に自分は側近くで人々の罵り騒ぐ声をきいた。「朝鮮人だ、朝鮮人だ！」「そうだ、朝鮮人に違いない！」「やっつけろ！」「ぶっ殺してしまえ。」見ると、10人ばかりの群集が、3、4人の若い学生を取り囲むようにして、口々にそう罵り喚いているのであった。学生達はまさしく朝鮮人であった。

〔略〕職人体の男が太い棒でいきなり一人の頭をぽかりとやった。叫び声が起こった。「生意気な、抵抗しやがったな。」興奮した群衆は一層殺気立った、そして乱闘が始まった。

自分はさっきから息づまるような気持ちで、その成りゆきを見守っていた。何とかして彼等を助けてやりたい、しかし正気を失った群衆に対して無力な自分に何が出来よう。もし彼等を弁護しようとすれば、群衆の憤怒は自分におっ冠さってくるだけである……〔略〕自分は目をそらして、あわてて壱岐坂を登って行った。心で自分をこう罵りながら。「卑怯者！」

（江馬修『羊の怒る時』聚芳閣、1925年→影書房、1989年。実体験をもとにした小説）

遠藤慶輔

「鮮人の陰謀は全国に亘る　罹災の群衆は激昂して切捨御免の有様」

小石川砲兵工廠の爆発も彼等の行為であった。されば民衆は激昂し今は鮮人と見れば切捨御免の状態である。

（『北海タイムス』1923年9月7日）

喜田貞吉〔歴史学者〕

〔2日、小石川東青柳町で〕誰言うとはなく、この火事は震災の為ばかりではなく、不逞の徒の所為だとの噂が伝わる。道の辻々には火の元注意の掲示と共に、放火警戒の宣伝ビラが貼り出される。はては○○の名を以て、「放火せんとする無頼の徒ありとの風聞あり、各自警戒を厳にし、検挙の為に積極的後援を望む」というような注意書までが見え出した。市民の興奮はその極に達した。誰が指揮するともなく各自棍棒・竹槍等を携帯して警固に出かける。無論自分もその中の一人だ。中には短刀や抜身の槍などと物騒なものを持ち出す連中もある。道の辻々を警めて、一々通行人を誰何する。何所では爆弾携帯の壮漢が捕われたの、何所では揮発油入の瓶を持っていた婦人が縛られたの、現に放火の現行犯が押えられ

るのを見て来たのと、誠らしい噂に人々が目を丸うする。牛乳配達者に気をつけよ、牛乳缶の中へ揮発油を入れているかも知れぬ、在郷軍人の服を着ているからとて、避難者の風体をしているからとて、それで決して油断をするな、救護班の腕章をつけて誤魔化している不逞漢があるそうな、婦人小児だとて安心してはならぬ、と、およそ自分等の知人以外のものは、ひとまず以て放火犯人の連累と見て警戒せよというのだ。

　ことに自分等の東青柳町は、その背後に通称大塚の火薬庫なる兵器廠があるので、それを爆破すべく不逞の徒が念がけているという風説に、一層神経を鋭くさせられる。裏の空地を挟んだ火薬庫の崖の藪の中へ、怪しいものが入り込んだと誰かが言い出した。人々は手に手に獲物〔得物〕を提げて群集する。騎馬の憲兵が数騎右往左往に駆けまわる。その物騒な事ったらない。

　制服私服の巡査が2人、火事泥だか何の犯人だか知らぬが捕縛をかけた若者を引いて、裏通りを近所の大塚警察署に連れて行く。それと見た群集はすぐにそれを放火の犯人にきめてしまって、棍棒を振うて途中で襲撃しようとする。同じ通りを検束されて行く人が相踵ぐ。

　護国寺境内の杉林の中に、7、8人の一団を巡査が幾人かで保護している。どこからか玄米の握飯を持って来て、手づかみでそれを分配して、「僕等もそれを食べているのだから君等もそれで辛抱し給え」となかなか親切だ。彼等もそれを感謝して、パラパラする奴を手づかみで頬ばっている。やがて警察へ連れて行かれる。気の早い連中はそれ等をも直ちに不逞の徒としてしまって、用捨なく棍棒を振りまわそうとする。警察の門前はそれ等の連中で包囲されている。

〔略〕「喜田さんの宅へ○○が放火した」と大声に呼ぶものがある。折から麦湯を沸かしていた妻が戸を開けに行こうとするうちに、早くも20～30人の町内の衆が、それをも待たずに叩き破って闖入した。「ソレ灯を持って屋根へ上った」「ソチラへ逃げた」「コチラへ逃げた」と、はては屋上から床下まで捜索するが誰もいない。よくよく事情を聞いてみると、炊事場の煙突から火の粉が揚ったのを誰かが見て駆けつけてくれたのがもとであった。

〔略〕夜になると警戒がいよいよ厳重だ。空を焦す大火の炎は相変らず続いている。町内の人々は昨夜と同様電車線路や護国寺前の広場に露宿している。電灯もない暗闇の道を屢々騎兵の列が通る。道の辻々には銃剣を帯した兵士が固めている。午後に戒厳令が敷かれたのだ。昨夜から続々として絶える間のない避難者の列は、夜になっても一向に減らぬ。

　富士見坂上から護国寺前まで、宅の前の通り2町余りの間に5箇所の警固所ができた。○○が50人ばかり林町方面へ入り込んだから警戒せよといい継いで来る。〔略〕自転車上から赤筋の入った提灯を振りかざして、「ただ今松坂屋の火が本郷3丁目までやって来た、皆さん避難の用意をなさい」と触れながら駆けて来る人がある。〔略〕新聞の号外が続々電柱や板塀に張出される。いずれも恐ろしい記事の限りで、中には○○が200人抜刀で某所へ切り込んだなどと麗々しく書いたものもある。流言蜚語頻りにいたるで、人心恟々、何が何だか少しもわからぬ。

現在の後楽園のあたりには、かつて「東京砲兵工廠」と呼ばれる、小銃を主体とする兵器の製造所があった。写真は震災後の砲兵廠。仮橋やテントが見てとれる

（「震災日誌」『社会史研究』1923年11月→琴秉洞『朝鮮人虐殺に関する知識人の反応1』緑陰書房、1996年）

木村守江〔**政治家。当時慶応大学医学部学生**〕

〔3日〕小石川には、陸軍の砲兵工廠の火薬庫があった。気づいてみると、いつの間にかその近くに来ていた。リヤカーを探してうろうろしていたので挙動不審にうつったのだろう。大震災で朝鮮人暴動のデマが飛んでいた矢先だった。汚れた学生服のわたしは、警戒中の町内警防団員に怪しく映ったのもムリはない。

「朝鮮人だ、朝鮮人がいるぞう！」

突然そういう叫び声が起った。わたしは、故郷四倉の仁井田川で幼いころから泳ぎ回わり、それが後々まで続いて、まっ黒に日焼けし〝仁井田のカラス〟と言われていた。それに焼けだされて3日間も放浪していたのですっかりやつれ、目ばかりギョロギョロしていたので日本人ばなれした容ぼうに見られたらしい。

「おれは日本人だ。朝鮮人なんかでないぞ！」

と怒鳴りかえしたが、それを合図のようにドヤドヤと人がとり囲み、怪しい奴だ、と小突き、否応なしに交番につれてゆかれた。竹早町の交番で、巡査が尋問した。陳弁これつとめたが、周わりの警防団員が興奮し、なかには殺気立っているものもいるため、警官もそのふん囲気にまきこまれて、とうとう朝鮮人扱い。よってたかって小石川警察署へ連れて行かれてしまった。

ハラが立って仕方がなかったが、こうなった以上、ちゃんとした責任者に会い、日本人木村守江を証明してみせるほかなかった。

まず巡査部長が来て、ほんとうに日本人かと尋問した。交番でもいったように、本籍氏名を述べ、慶応大学医学部の学生だといったが、なかなか信じてくれない。そこで、

「ウソかホントか慶応大学に電話でたしかめてみたらいいじゃないか」と怒気をふくんでやりかえした。

するとしばらくして、今度は署長が出てきて、慶応大学の在学証明書を見て、

「いや、すまなかった。わかったからキミはこのまま引きとっていい」と、自分たちのゆき過ぎをタナにあげてイヤに尊大だ。

（木村守江『突進半生記』彩光社、1981年）

黒澤明〔**映画監督。当時中学2年生。小石川の大曲（おおまがり）付近在住**〕

その夜〔1日夜〕人々を脅かしたものは、砲兵工廠の物音である。〔略〕時々、砲弾に引火したのか、凄まじい轟音を発して、火

の柱を吹き上げた。その音に人々は脅えたのである。私の家の町内の人々の中には、その音は伊豆方面の火山の爆発で、それが連続的に火山活動を起しつつ、東京方面に近付いているのだ、とまことしやかに説く人もあった。

〔略〕下町の火事の火が消え、どの家にも手持ちの蠟燭がなくなり、夜が文字通りの闇の世界になると、その闇に脅えた人達は、恐ろしいデマゴーグの俘虜になり、まさに暗闇の鉄砲、向う見ずな行動に出る。〔略〕関東大震災の時に起こった、朝鮮人虐殺事件は、この闇に脅えた人間を巧みに利用したデマゴーグの仕業である。私は、髭を生やした男が、あっちだ、いやこっちだと指差して走る後を、大人の集団が血相を変えて、雪崩のように右往左往するのをこの目で見た。

焼け出された親類を捜しに上野へ行った時、父が、ただ長い髭を生やしているからというだけで、朝鮮人だろうと棒を持った人達に取り囲まれた。私はドキドキして一緒だった兄を見た。兄はニヤニヤしている。その時、「馬鹿者ッ!」と、父が大喝一声した。そして、取り巻いた連中は、コソコソ散っていった。

町内の家から一人ずつ、夜番が出ることになったが、兄は鼻の先で笑って、出ようとしない。仕方がないから、私が木刀を持って出ていったら、やっと猫が通れるほどの下水の鉄管の傍へ連れていかれて、立たされた。ここから朝鮮人が忍びこむかも知れない、というのである。

もっと馬鹿馬鹿しい話がある。町内の、ある家の井戸水を飲んではいけないというのだ。何故なら、その井戸の外の塀に、白墨で書いた変な記号があるが、あれは朝鮮人が井戸へ毒を入れた目印だというのである。私はあきれ返った。何をかくそう、その変な記号というのは、私が書いた落書だったからである。

私は、こういう大人達を見て、人間というものについて、首をひねらないわけにはいかなかった。

（黒澤明『蝦蟇の油――自伝のようなもの』岩波書店、1984年）

坂巻ふち〔江戸川音羽9丁目で被災〕

朝鮮人が井戸に毒を投げたとか、噂というかそんな話もありましたが、それはそうではないでしょうけれど、私が見たのではだれが吹聴したものか、朝鮮人が3人ばかり、江戸川の先の公園にあった大きな土管の中にはいったといって、在郷軍人の人たちが大騒ぎして、あっちへ飛んで行ったり、こっちへ飛んで行ったり、えらい騒ぎをしていましたよ。

（日朝協会豊島支部編『民族の棘――関東大震災と朝鮮人虐殺の記録』日朝協会豊島支部、1973年）

島中雄三〔社会運動家。小日向台町で被災〕

〔2日〕久世山の高見から、下町一帯の猛火を見おろしながら不思議にも無事であり得た自分たちの幸運を喜ぶ心と、想像だに及ばぬ幾十万の悲惨な死を傷む心とに、交々自分をひたらせた。ちょうどその頃である。下町の方からワーッワーッと喊の声が起り、ついで「朝鮮人が朝鮮人が」という声が人々の口から聞えた。夕方であった。18、19の青年が真青な顔をして死物狂いで

駈け抜けたと思うと、竹槍棍棒をもった若者十数人が、ドヤドヤとそれを追っかけた。久世山一帯の避難者は、何事とも分らず騒ぎ立った。

青年はやがて捕まった。と見るや3つ4つ続けざまに打たれて、その場に倒れた。群衆はその周囲に集まった。

が、多くの人々の期待に反して、獲物をもった若者たちは、すごすごと青年の周りを離れた。人々は物足らぬ顔を見合せた。

「朝鮮人じゃないんだって。日本人だって」

「馬鹿な奴だなァ。日本人なら日本人って言えばいいのに」

「震えてばかりいてまるで口がきけないのさ。かわいそうに」

口々に人々は言い合った。

私は、何故とも知れぬ恐れにふるえ上っている子供たちをすかしたり慰めたりしながら、遠くからそれを眺めていた。憤りが胸を突いてくる。けれども、どうしようもない。

「朝鮮人が何か悪いことをしたのでしょうか」

「さァ、何ですか。何でも頻りに火をつけてまわっている朝鮮人があるッて言いますが」

近所のK氏はそういって、解せぬ顔つきをしていた。

「朝鮮人ってトテモ悪い奴なんだね。あの火事は皆朝鮮人が火をつけたんだってね」

「朝鮮人って世界中で一番悪い奴なんだって」

「朝鮮人をみんな叩き殺してしまうといいんだね」

子供たちはかわいい顔をしてそんな恐ろしいことを口にしあった。

これは大変なことを言いふらすものだと私は思った。けれども思っただけでどうしようもなかった。

夜に入ると朝鮮人の噂はますます烈しくなってきた。朝鮮人を追いかける群衆の喊の声は、ものすごくあっちこっちで起った。

「皆さん、朝鮮人がいたるところに放火して歩いています。各自に警戒してください。男の方は一人ずつ自宅に帰っていてください。竹槍でも棍棒でも何でも用意して、朝鮮人と見たら叩きのめしてください」

こう言って大声にふれ回る若者の一隊があった。

「この上火をつけられちゃたまらないな」

私は苦笑した。

「ほんとでしょうか」妻はウロウロし出した。

「嘘だよ、嘘だよ。そんな馬鹿なことがあるものか」

「でも……」

そのうち石油の臭いがすると言い出すものがあった。

「臭い、臭い」

「石油だ、石油だ」

人々はいよいよ騒ぎ出した。

「まったくですわ。ほら、石油の臭いがしますわ」

「そうかね」

「ほら、するじゃありませんか」

そう言われてみればそんな臭いがせぬでもない。

「石油の臭いかしら」

「石油ですよ。石油の臭いですよ。あなたは鼻が悪いから」

私は言わるるままに自宅へ帰った。真暗な中から提灯を探し出して蠟燭を点じ手に手ごろの竹の棒をもって、ともかくお付合いに家の付近を見張りした。

この頃までは、まだ自警団というようなものはなかった。しかし金盥（かなだらい）を叩いたり拍子木を打ったりして、様々の流言を伝えて歩く若者の一群はあった。それは私たちの住む小日向台町付近の人ではなくして、皆他区の人のようであった。

〔略〕2日の夜、というよりも3日の明方である。20～30人のどこから来たともなき若者の一群が、手に手に武器をもって叫んだ。

「朝鮮人300人の一隊が、今この久世山を目がけて押し寄せて来ようとしています。女の人や子供は逃げてください。男は皆武器をもってここで防いでください」

これを聞いた避難者の群れは、にわかに上を下へと騒ぎ出した。女たちは顔色をかえて逃げ支度に取りかかった。寝ていた子供たちは泣き出した。「さァ大変だ」というので、男たちは手に手に竹槍棍棒をもって起ち上がった。

「敵はどこだ。どの方面だ」

ここに至って私の全身は怒りに震えた。何という不埒な、そして愚昧な民衆！

私はしかし静かに言った。「君たちは何かここで朝鮮人を相手に戦争をおッぱじめようというのか？」

若者の一人は私の顔を見て黙っていた。

「朝鮮人朝鮮人というが、何を証拠に朝鮮人が火をつけたと君はいうのか。朝鮮人のうちにも、悪い人間はあるかも知れない。しかし朝鮮人の悉（ことごと）くが放火犯人だとどうして断定するのだ。日本人のうちには朝鮮人よりももっと悪い人間が沢山あるだろう。君等、朝鮮人を悉（ことごと）く叩き殺してしまうつもりなのか」

私の声は次第に激した。なるべく落ち着いて物を言おうとはするが、その声は我ながら驚くばかりに高かった。

「朝鮮人であろうが九州人であろうが、同じ日本の同胞じゃないか。同じ震災に遭って身の置きどころもない気の毒な罹災民じゃないか。君たちはそれを助けようとしないで、叩き殺そうとするのは一体どういう積りなのだ。もしそういう事をした時に、将来日本にとってどういう禍を起るかということを考えてみたのか」

「何だ、何だ。馬鹿なことをいう奴があるな。どこの奴だ」

「日本の人民でありながら怪しからんことをいう奴だ」

「殴れ、殴れ」

「叩き殺せ」

群衆は私を取り巻いた。私は自分の危険を感じないではなかったが、しかし騎虎の勢いもう止むを得ない。手にした握り太の竹の棒をふり回しながら、私は一団の首脳者とも見える年嵩の男に肉薄した。

「300人の鮮人というが、果して悉（ことごと）く悪人だと君は認めますか」

「あなたは少しも下町方面の事情を知らないからそんな事をいっているのです。認めるも認めんもない。皆奴等が火をつけて回ってるのだ」

「よし。確かにそうであるなら僕もここで君等と一緒に戦おう。内地人であろうが朝鮮人であろうが、そういう不埒な奴に対して容赦はしない。だが、君、もしそうでなかったらどうするのだ。僕は警察へ行って聞いてくる。警察ではそれを何と認めているか確かめてくる。それまで待っていたまえ」

「警察なんかあてになるかい」

「警察のいうことが信用できないで君等のいうことが信用できると思うか」

そこへ一人の若者が口を出した。

「私は警察へも行ってきたんです。警察では避難民だろうというのですが、警察のいうことは全く信用ができません」

「警察で避難民だろうといっているものを君等が勝手に放火隊にきめてしまっているのだね。そうだね」

「勝手にきめているンじゃない。朝鮮人と見れば、片っ端から殺しちまえという命令が来ているんだ。いつまで訳の分らんことをいってると叩っ殺してしまうぞ」

少し離れて大声でそう怒鳴ったものがある。

「そうだ、そうだ。やれ、やれ。やッつけろ」

「諸君、馬鹿なことを言わないでも少し気を落ちつけたまえ。いいか。君等の心持は僕にも分る。僕等も同じ日本人だ。しかし、そういう乱暴なことをした結果がどんな重大なものだかを考えてみたまえ。もし君等が、朝鮮人であるが故に彼等を征伐しようというんなら、もっての外のことだ。僕はここで朝鮮人の味方して君等と戦う」

そう言って私は彼等を睥睨（へいげい）した。首脳者らしい年長の男は、周囲の者に何事か私語いた。私が二言三言いう間、彼等は黙っていた。私はもう言うべきことを言いつくしたので静かに彼等のそばを離れた。

夜がしらじらと明けはじめた。この時になっても、彼等のいわゆる300人の朝鮮人の一隊はどこにも見えなかった。避難者たちはやっと少し落ち着いた。すると、今までいきり立っていた若者たちは、ぞろぞろ、さわさわ、何かさざめき合っていたが、やがてそのうちの一人の最後に言った言葉は、私にとって永久に忘れない謎である。

「君この辺は駄目だ。あっちへ行こう、あっちへ」こうして彼等の一群は、音羽の方へ向って去った。

その翌日から、自警団というものが私の町内にも組織された。それが組織される前に、今いったような若者の一団が、各区各所に出没して盛んに活動したことは事実である。何者の命令によってであるかそれは知らぬ。とにもかくにもそれがいわゆる自警団なるものの正体であることは、大正震災史を編むものの逸すべからざる重要事であると思う。

（「自警団・震災当時の思い出」『文化運動』1924年9月号→琴秉洞『朝鮮人虐殺に関する知識人の反応1』緑蔭書房、1996年）

武末安治

〔2日、小石川植物園で〕皆の話によると不逞鮮人が焼け残った小石川に入り込んで焼打ちの陰謀を企てている。それで植物園にも侵入した形跡があるので区民は一斉に警戒を始めた。そして避難者も一家族に一人宛は張り番するように触れて来たとの事である。

私は漸（ようや）く眠りに入ろうとする時、提灯（ちょうちん）を振翳（ふりかざ）し片手に棒を持ち軽装した若い人達が「皆さんどうか男の方は集まって下さい。少しお話したい事がありますから」と無理矢理に召集した。私はいち早くかけつけた。そこには35、6の在郷軍人服に身固めした人を頭に4、5人の同じような扮装の人達が立っていた。「皆こちらに集まって下さい。そうして円（まる）く囲んで下さい」 若い連中はこう云い云いして避難民を狩集めて来た。狩出される人々はそう迅速には寄らなかった。それに業を煮やしたのであろう、その頭はもどかしそうに、力強く咽喉も裂けんばかりに怒鳴った。「諸君集まれーッ」その声が余りに大きいので、今まで愚図愚図していた人達も、何事が起ったのかと吃驚したかのように、急にドヤドヤと押寄せて来た。頃合を計ってその人は朴訥な口調で述べ立てた。

「諸君ッ、今回の震災で帝都の中心地である日本橋、京橋、芝、浅草を始め本所、深川は皆焼かれてしまった。如何に地震のためとはいえ常識で考えてこうまでも焼ける筈はないのである。それが何故こんなに焼けたか、それは実に憎い憎い不逞鮮人の決死隊が大挙して要所要所に爆弾を投じたからである」

その声には熱が籠っていた。眼は血走っているのが提灯の光で窺われた。避難者の群は固唾を呑んで聞いた、辺りはシーンとなった。彼は尚怒気を含んだ声で言葉を継いだ。

「それで今焼残っているのは我小石川を始め、牛込、四谷、赤坂、麻布及び芝と本郷の一部に過ぎないのである、狂暴な不逞鮮人団は先刻上野駅に爆弾を投じた、その火は同駅を焼き払って遂に上野公園の樹木に燃え広がった。それがため同公園に避難している数万の避難者は再び火に追われて我が植物園に向って殺到して来るようである、不逞団は今度は我が小石川を焼払うべく潜入したとの情報がある、我々はあくまでもこの完全に焼残った地域を死守しなければならない。不逞鮮人防禦のためには自警団を組織して厳重な警戒が必要である。それがために現在では人不足を生じている。この際諸君の中の有志者は警戒の任に当って貰いたい、それから炊き出しの加勢をして頂きたい。それでなければとても明日からは諸君への食糧の配給も覚束ないのである」と結ぶと、その言葉の下に「私もその任に当りたいです」「どうか使って下さい!」「私も希望します」と申し込んでいるものもあったが、大部分は散った。その人達は昨日からあまりに疲れていた。あまつさえ総てを焼かれた失望と落胆とに、そんな気力はなかったのであろう。

私は腹立たしさを感じた。或る大きな杞憂が胸を往来した。「なるほど焼け残った地域を死守する為の自警団」それは実によい事である、賛成である。私も進んで警戒の任に当ってもよい。しかし不逞鮮人云々の一句に対してはあくまでも反対である。何という無理解な人達であろう、この人達は朝鮮を知らないのだ。知らなければこそ不逞団の実力を過信しているのである。否々未曾有の大震火災にこの人達は血迷うているのだ。常識の判断を失っているのだ。

〔略。火災に対して〕消防に尽す勇敢な人々の努力も何等の甲斐がなかった。水道の鉄管は地震に破裂して用をなさない。人々は傍観するより外はなかった。かくして火は当然すぎる程の当然さでありとあらゆる可燃性物質を焼いて行った。家も何もかも。否! 現に今尚帝都は燃えているのである。不逞鮮人の1人や2人が仮にあったとしても、この大火災に対して、その一つや二つの爆弾に何等の権威があろう。冷静を欠いた人達はこの常識で推断される何でもない事実を考える余裕もなく、惨禍の結果を不逞鮮人の跳梁に因るものとした。

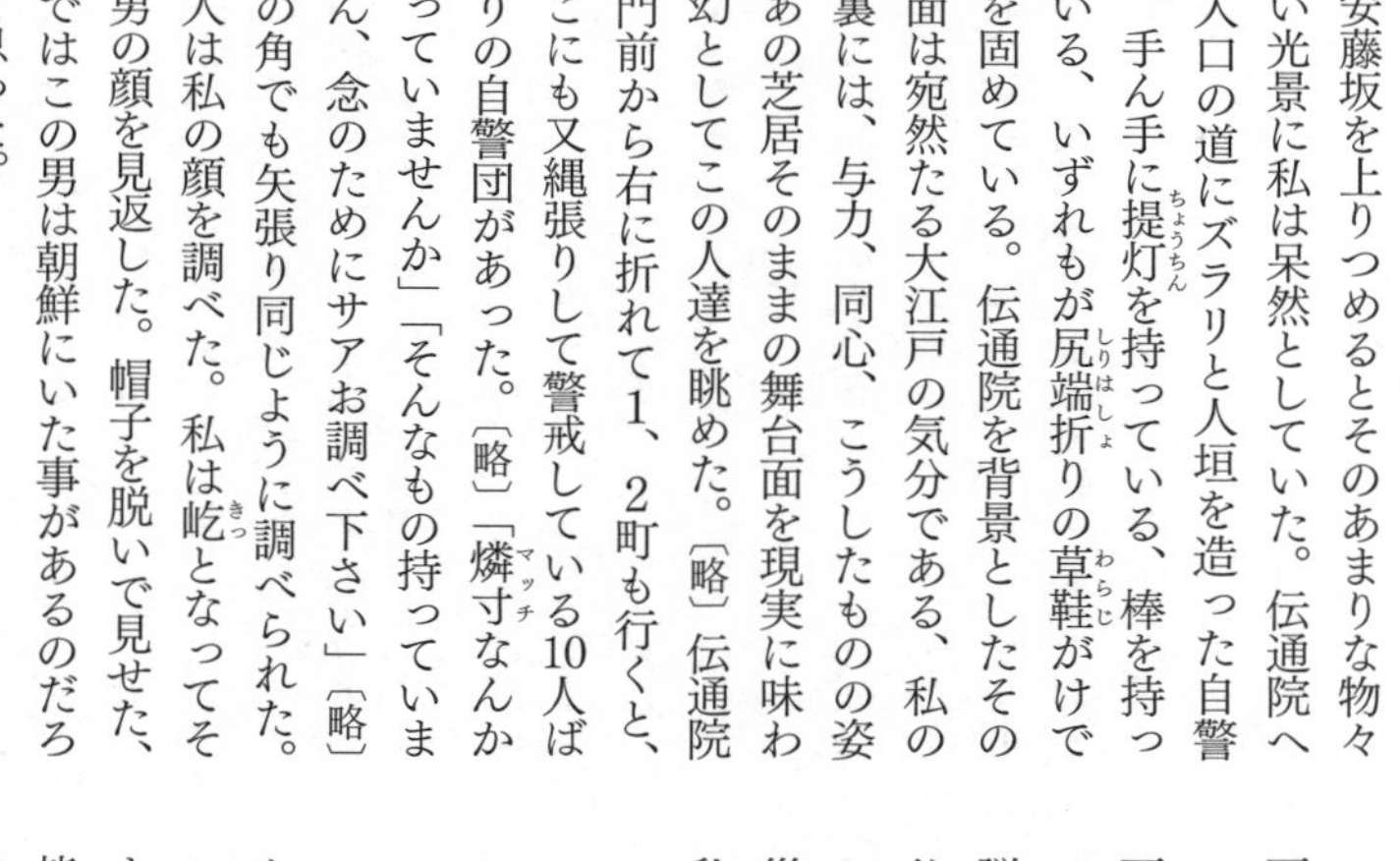

根岸方面のスケッチとして描かれた自警団の夜警の様子。証言にあるように、自警団の手には提灯と棍棒などの武器が握られた。物々しい光景が描写されている

〔略。3日〕私はいった「朝鮮人が爆弾を投じたのであんな大火になったなんて、そんな馬鹿な事はありませんよ、その原因は外にある筈です。そんな誤解から今朝鮮人に危害を加えたりすると朝鮮統治上悪結果を来す事になるんです」

古藤の主人は言下に、「だって皆んながマッチと揮発油を、懐にしているというから仕様がないではないか」ああッ！ この人も浮説に惑わされている、この人ばかりは話せると思ったのに〔略〕。

安藤坂を上りつめるとそのあまりな物々しい光景に私は呆然としていた。伝通院への入口の道にズラリと人垣を造った自警団、手ん手に提灯を持っている、棒を持っている、いずれもが尻端折りの草鞋がけで身を固めている。伝通院を背景としたその場面は宛然たる大江戸の気分である、私の脳裏には、与力、同心、こうしたものの姿をあの芝居そのままの舞台面を現実に味わう幻としてこの人達を眺めた。〔略〕伝通院の門前から右に折れて1、2町も行くと、そこにも又縄張りして警戒している10人ばかりの自警団があった。〔略〕「燐寸なんか持っていませんか」「そんなもの持っていません、念のためにサアお調べ下さい」〔略〕次の角でも矢張り同じように調べられた。一人は私の顔を調べた。私は屹となってその男の顔を見返した。帽子を脱いで見せた、心ではこの男は朝鮮にいた事があるのだろうと思った。

（武末安治『回顧の大震災私記――苦き生の恵み』就実社、1927年）

田中貢太郎〔作家〕

〔2日、茗荷谷で〕「不逞の徒が市中の要所要所へ爆弾を投じている。火事は不逞の徒の爆弾投下によって大きくなった。本所方面の不逞の徒と在郷軍人団とが激戦中である。被服廠跡の避難者の中へ不逞の徒が爆弾を投じたので無数の死者を生じた。世田谷方面に200名の不逞の徒があらわれたので包囲中である」。こうした噂が地震と火災に怯えている人々の間に広まって来た。私がそうした噂を最初に耳にしたのは2日の夜明け方であった。私達一家の者は1日の彼の大地震が突発すると共に、すぐ近くの奈良県の寄宿舎の庭へ避難していて、そこで不安な一夜を明かしていた。それは世の終極を思わするような市中の混乱を見てから来た若い友人の口からであった。

「警視庁も、帝劇も、内務省も、大蔵省も、また文部省も、三越、白木屋、朝日新聞社、皆焼けたそうですよ。不逞人が爆弾を投げているのだと云うのです」

その友人は私達の寝ている筵の端へ腰を

おろした。

「さっき、東五軒町へ、不逞人の一人が放火しているのを町内の者が見つけて、半殺しにしたそうです。怪しい奴は〇〇〇〇〇〇〇、皆が云っているのですよ」

〔略。2日朝〕隣家の人達が5、6人集まって、不逞の徒の噂をしながら憤激していた。私の家で乗っている俥宿の車夫が空車を曳いて藤坂の方から来たが、傍へ来ると足を止めて云った。「今大塚の車庫前で、7人補まえたが、爆弾を持っていたのだ。ひどい野郎だ」

　私はあぶれ者の労働者が火事場泥棒をやることは、あり得ることだと思ったが、たとえば神風連の暴動のような組織だった不逞の徒の暴動などはあり得べき筈のものでないと思った。しかし、流言は流言を産み、蜚語は蜚語を生んで、今や東京市民は、凶暴な不逞人の包囲の内にあるような騒ぎとなった。その日の正午時分には、安藤坂下に在郷軍人が服を着て木剣を手にした若い男の姿を見るようになった。私の隣家の人達も木剣や鉄棒を杖にして、私の家の前の街路の上に集って来た。

〔略〕下谷から三輪の方を焼いていているらしい火事の煙が空の一方をくすべていて、その焼けぼこりが風に乗って飛んで来た。不逞の徒が山の手の未焼の地を狙っているという噂が高まって来て、今にも私達の住んでいる茗荷谷も焼き払われそうに思われて来た。藤坂をあがって大塚行きの電車通りに出て見ると、その坂のあがり口の左角に店を持っている下駄屋の主人などが在郷軍人の服を着て、手に木剣を持ちながら坂の上を警戒していた。

〔略〕町内の者とも刑事とも判らないズボンにシャツを着た木剣を片手にした男が、私達の前を往来しはじめた。その人達の中には私達の前で足を止めてこんなことを云う者があった。

「御苦労さんですね。怪しい奴なら、〇〇〇〇〇〇〇〇〇〇、しっかりやってください。今晩はこのあたりが危険ですから。」

　牛込の方から来たある男は、牛込あたりでは至る所で自警団が通行人を誰何していると云った。その男は早稲田の方にも不逞人がいるから、今それを警戒しているそうだと云った。

　夕方になって新聞の号外のような物を持った若い男が走って来て、その刷物を1、2枚私達のいる前へ投げるように置いた。

「これを貼ってください」

　それは謄写版にしたもので、それには今晩小石川小学校を中心に、放火掠奪を恣にせんとする不逞の徒があるから、各自の警戒を望むというような恐るべき警告であった。私は鳴物が入りすぎるとは思ったが、謄写版にまですることであるからすこしは実証のあることを〇〇〇か〇〇〇〇〇あたりから出したものだろうと思った。飯島さんは大いに感激したように家から新聞紙大のザラ紙を持って来さして、それに警告文を大きく写し、赤インクで圏点まで入れて、向かいの藤寺の墓地の垣根に貼らせた。

　私は家に入って行って2階の押入れの中から手槍を取って来た。〔略〕茗荷谷の街路は切支丹坂の下から拓殖大学の前にかけて、もう歩哨線を張ったようにそこにもここにも警戒線が設けられていた。私達の線には隣家の者が20人あまりもいた。私達は飯島さんの御神燈と書いた提燈を借りて、それを街路の上に点けてその付近に立っていた。〔略〕伝令のような者が藤坂下の団体の方から時々やって来た。

「50名の不逞人が、白山の方から侵入して来たと云うから、大いに注意してください。次へ取り次いでください」

若い団員はそうした物珍しいことをするのが面白くてたまらないというように、そのつど争って我先にと走った。切支丹坂下の方へ行く路の曲がり角には、茗荷谷町のはずれの者と第六天町のはずれの者とが15、6人集まっていた。切支丹坂下の方の伝令を伝えてその方から人が来た。呼子を3度吹く時は第六天の方に不逞の徒が来た時であるから、応援に来てくれ。そっちに危険なことがあれば、呼子を2度鳴らしてもらいたいというようなことをいって来た。

もう通行人を誰何していた。小柄な面長な色の浅黒い洋服の若い男や、半纏着のふてぶてしい土方ふうの男などは、身体検査をした。すまして通り過ぎようとする者は、走って行って捕まえた。

「ちょっと、ちょっと。君はここに、我々が立っているのが見えないのですか」そうした人達はさんざん叱った上に、体中手の行かない所もないようにして持ち物を詮議した。

「そんな奴は構うことはない。やっつけろ」

団員の中には瀬川さんというような酒の勢いで面白半分に怒鳴る人もあった。長い日本刀を背負うようにして腕に衣片を巻いて符号とした者が往来した。私達も黄色な衣片を腕に巻いていた。私は藤坂の上が気がかりであったから、その方へ回って行って帰って来たところで呼子の音がした。それは切支丹坂の方でする呼子の音であった。続いて不逞人不逞人という声が聞えた。不逞人は私達の家の後ろの崖続きに潜入しているらしかった。私達は百軒長屋の後ろへ集まった。そこの竹垣の破れの所には提燈が吊るしてあった。私達は草の深いその崖へあがって、木や草を手に手に叩いた。

「どこだ。どこだ」「不逞人はどこへ行った」

崖の上には熊本県の寄宿舎があった。その学生が崖の上に出て来て私達に応援していた。崖の下には清水の出る井戸があった。この井戸の傍に私の家の裏木戸があった。私はその戸を開けて団員の3、4を内に入れ、それを2階の屋根にあげて、提燈の灯で崖の中腹を見さしたが、藪が深くて何も見えなかった。私は鞘をはずしていた槍の穂を急にしまって独り苦笑した。そうして私は門の前へと出て行った。

「いいかげんなことを云ってやがらあ」「こんなに張り番している所へ、これるもんかい。ばかばかしい」

こんなことを云って憤りながら出てくる者もあった。その中には笑い声も交って聞こえた。

〔略。3日〕不逞の徒の噂はますます伝わって来た。私達はさまざまな噂を聞きながらその前を通過する者を警戒していた。もう一筋の縄を張って詮議の終るまで勝手に前へ行けないようにしてあった。

〔略〕3時頃団員にことわっておいて出かけたところが、至る所で厳しく調べられた。そして、すぐ帰って来て藤坂をおりかけたところで、また不逞人不逞人と云って騒ぐ声を聞きつけた。私は走って坂をおりて行った。坂の正面になった一軒の家へ2、3人の者が走り込んで行くので、私もその内へ入って、そこの庭先の池を巡って崖の上へと行った。そこには5、6人の藤坂下に警備している人々があっちこっちしているばかりで、不逞人などの姿は見えなかった。私はそこで不逞人は自分の家の後ろの方にいるかも判らないと思って、家に帰り、玄関の内に立てかけてあった槍を持って、百軒長屋の方へ回ってそこから崖へとあがった。そこには仲間の団員が7、8人もいてやはり探していたが、とうとう不逞人らしい者は見つからなかった。

夕方になって友人の細君が雨に濡れてやって来た。私はその夜藤坂上を警備に行った。私達は坂のおり口に縄を張り、下駄屋から持ち出してきた牀几に腰をかけていた。電車通りへ両側から避難していた者はもう内へ入って、そこには竹早町と清水谷町の自警団が提燈を持って一間おきに立っていた。その人々は藤坂の右の方半町位の所と、左の半町位のところで往来の自動車を止めはじめた。警視庁、警察、陸軍省、内務省などと書いた提燈を点けた自動車が唯々として止まった。

「只今、小石川小学校の傍で、警察官の服を着た者が、放火しようとしているところを捕まえました。皆さんご用心を願います」

それから人々の自動車を止める権幕が暴くなった。その車の中には兵士や警官が溢れるように乗った荷物自動車もあった。晩くなってから30分の交通遮断という命令がどこからともなしに伝わって来て、そのつど往来の交通が遮断された。

〔略。4日〕「――さん。今聞きますと、この警戒線の内に、朝鮮人がいるそうですが、このままにしておいては、万一のことがあった場合、他の者に対して申し訳がないと思いますが、どうしたら好いでしょう。今、皆さんと相談しているところですが……」

私は百軒長屋の一軒の2階に3人、他の一軒の2階に2人、合わせて5人の朝鮮人の学生がいて、その学生達は長屋の後ろの崖下を警戒していたし、またその学生達が不逞の徒の中へ巻き込まれるのを恐れているということも知っていたので、それを問題にすることはその学生達に対して済まないような気がした。

「私は学生のことは知っていました。警備の手伝いもしてくれていたんですが……、そうですか、私はその学生がどういう経歴の者か、そんな事は知らないですから、責任を負うてどうと云うことは出来ないですが……」

私はその学生はそのままにそっとして置きたかった。傍にその学生の一人がいるのが眼についた。私は学生のことを問題にするのがますます気の毒になったが、しかしそうした流言蜚語の多い場合であるから、なまじっかかばいだてのこともいえないので、その学生達が巻き添えをくわない内に自発的に警察へ行って保護してもらったらどうだろうと云う意味の意見を出した。その私の意見は皆のいれるところとなった。

（田中貢太郎・高山辰三編『叙情日本大震災史』教文社、1924年）

田淵巌

2日午後3時、4時頃と覚しきころ、小石川は、爆発を起して区内の人々の心胆を寒からしめた砲兵工廠の隣、政界の惑星、彗星を以て呼ばれたる観樹将軍三浦梧楼子の上富坂観樹庵の広庭、驚愕と飢えと疲れとは、日ごろのみえも何のそのその、どうとその身を叢の上、土の上に臥し横え、昏々死せる如く眠るもの、呻くもの、叫ぶもの、あるものは失いし財貨の事を話して、かえらぬ事に執着し、あるものは離散せし肉親の甲乙の身の上を気遣う……今はもう上空を回旋せし午前の飛行機の事も夢幻の如く忘れ果てて、狂おしきばかりの焦心であり、暴燥であった。

しかしながら、五尺の身を起して積極進取、自ら食をあさり歩き、とり出して得ざりし財物を持ち来り、失いし人をもとめる気力とてはもちろんある筈（はず）はなかった。焦慮燥心はかえって飢えと疲れとを強めゆくばかり、やがて誰もぐったりと失望、絶望の淵に陥った如く、だんまり込んでしまう……。

そうしたその時！　広庭の小高い所に立った、武装甲斐甲斐しい一在郷軍人らしい中年の男があった。突如破れ鐘のような蛮声が、鮨づめの人の上にひびき渡った。そのにわか作りの馬糞紙のメガホーンはある事を語った。死せる如く横たわっていた人々は、たちまち別人の如くすっくと立ち上がった。その蒼白の顔面に凹ませて持つ瞳の輝きの、いかに異様なりしよ!!

極度の緊張！　その時、人々の口は死人の如くこわばり黙する。

おそろしく引きしまった広庭のその時の空気！

その空気をうちふるわして、メガホーンの蛮声はなおもつづけられた。

在郷軍人は、いい終わると飛鳥の如く彼方へと駆け出していった。その後姿を瞬きもせざる注意に見送った人々は、その姿の彼方に消えると共に、ようやく我にかえったように、ホッと太息をついた。

とたちまち怒涛の如きうなりが、どっと広庭一帯に起った。――呪いと恐怖と絶望とを一度に音に表したようなそのさざめきが……。

しばらくすると、その雑音のすべてをかき消す「生命がけなる魂の絶叫」が起った。またしてもざーっと魂のうなり――その雑音がひろがって来た。

町内ではたちまち、在郷軍人、青年団員、町内有志の連合になる自警団が組織せられる。避難民中の壮年の男も、今までの疲れと飢えとを打ち忘れたかの如く、進んでこれに参加する。殺気は暮近き敗残の町のすみずみにみなぎり、人々の神経は針の如く鋭く作用（はたら）きだした。この世を滅亡せしめる悪魔の劫火は、東の天をあかあかと彩ってゆく。余震なおやまざる裡に、恐怖の第二夜は近づいてくるのだ。

自警団の人々は、町名しるしたる白布を右肩より左脇へ、頭は後鉢巻甲斐甲斐しく、町の入口、町内の要所要所を、水ももらさぬ堅固さに固めていった。

〔略〕折から、下富坂の方向に当って突如として「ウワーッ！」という物々しいときの声が起った。かと思うと引きつづいて、けたたましい音が聞こえた。

「それッ！」というまもあらばこそ、ガヤガヤガヤと罵り騒ぐ声、玉ぎるような叫喚!!　一度に起ってはまたしても「ウワーッ!!」という喊声となる。一伝令はまろぶように何事かを告げ来っては彼方へ一目散にかけ出す。

〔略〕しばらくすると、今度は最前、けたたましい叫びの起ったあたりから、歓喜、諧調よりする鬨（とき）の声が「ウワーッ！」「万歳ーッ」と、死の沈黙を破って起った。つづいて息せき切った少年伝令が、宙を飛んでかけすぎる。

〔略。3日〕午前3時ごろであったろうか！眠るともなしに、うつらうつらしている人々の耳へ、夢の国よりの便りのような声が伝わって来た。

「皆さーん、ご安心ください。ただ今二ヶ師団の兵士がわが東京を護りに来てくれました。戒厳令が敷かれたのであります。ご安心なさーい。もう大丈夫ですぞッ……」

〔略〕と誰かがほんとうに嬉しそうに叫んだ。「有難う——ッ」その声におびき出されたかのように、つづいて、誰からとなく「万歳——ッ」という歓声が、真暗の中から起った。そして、しばしば鳴りが止まなかった。

（「第二夜の衝動！——○○と○○と」『大地は壊れたり——関東破壊大震災実記』神戸新聞社、1923年）

中馬馨〔政治家〕

〔2日夜明け、後楽園近くで〕途中から市電の線路の上を歩いてきた馨は、その停留所付近の人だかりの横を通り過ぎようとして、何か激しくものを打つ音を耳にした。そして、殺気立った声の飛び交うその中心に目をやって、その光景に思わず立ち止まった。

数十人の男たちに取り囲まれて、若い男が一人うずくまっていた。男たちはそれぞれ手頃な棒を持っていて、激しく罵っては力任せに若者の背中にそれを振り下ろしている。そのたびに彼は悲鳴を上げ、哀願するように何か言った。馨は、そのカタコトの日本語を耳にして、彼が朝鮮人だとわかった。先ほどからよほど痛め付けられていたのであろう、顔中血だらけで、それが炎の照り返しのなかで無惨にゆがんで見えた。

〝ひどいことをするっ〟馨は思わず口走った。こんなことは許されない。止めねばならないと思った。

〝おいっ、みんな、こいつチョーセンだ。朝鮮が紛れ込んでいるぞ〟馨のその声を聞きとがめた右隣の男が、木刀を持った馨の右手を摑んで大声を上げた。

〝此奴は「ひどいことをする」と言った。それにこんな木刀を持っていやがる。朝鮮にちがいない〟左隣の男がそう言うと、後ろにいた男がいきなり、《この野郎ー》とわめくと馨を羽交い絞めにした。《井戸の毒はこいつが指図したのに違いない》と誰かが叫んだ。それに《やっちまえ。叩き殺してしまえ》という殺気立った声が重なった。〔略〕年かさの男が一人、馨の正面に立った。

〝おにいさんは朝鮮かい？〟

〝いや、僕は日本人だ〟

〝日本人なら、どうして朝鮮の味方をするんだい。えっ、にいさん〟

〝僕は通りがかりの人間だから、事情はわからない。悪いことをしたのなら、朝鮮人でも警察に連れていけばいいのじゃないかと思ったので、そう言ったまでです〟〔略〕

〝あっちこっちで、朝鮮が火をつけたり井戸に毒を入れたり、集団で火事場泥棒をやってるってことは、警察からもお達しがあるんだよ。それで警察の手が回りかねるから怪しい者は自警団を組んで手助けをしろとのことで、わしらはやっているんだ。だから、にいさんが朝鮮や、朝鮮に肩入れする主義者なら見逃すわけにはいかないんだ。どうでえ、そうでない何か証拠はあるかい？〟〔略〕

〝それなら、警察へ連れていってほしい。私の名前は中馬馨、早稲田高等学院の1年

生です。警察で問い合わせてもらえばすぐにわかると思う〟〔略〕

〝わかったよ。それじゃ警察へ行くことにしよう〟〔略。朝鮮人と思われるその若者と一緒に下富坂警察署へ連行される〕警部は男の話を途中でさえぎると、ほかの人間は目に入らぬように真っすぐ馨に向ってきた。

〝何を企んでいたのか。貴様！〟その目がすわっていた。〔略〕〝諸君ご苦労ー。こういう平気で嘘をつくのが一番怖い奴なんだ。不審な連中は片っ端から警察に通報するか連れてきてくれ。お上もきびしく詮議せよとのことだ。抵抗する奴は叩っ殺しても罪には問わないから、思いっ切りやって結構だ〟

一気にそこまで言うと、警部は大きな声で警官を呼び、〝此奴はわしがやるから、このチョーセンを締め上げろ〟と命じた。そして、馨の襟首を摑んだまま引きずるように廊下を突き当たり、その右側にあるやや広い畳敷きの部屋に連れ込むと荒々しく引き戸を閉めた。

〔略〕警部はまさに狂ったように、背負い投げ・払い腰・足払いと次々と馨を畳に投げつけるなど、己の柔道の技に酔ったかのように責め続けた。〔略〕警部は自分で捕縛をかけた。〝これ以上痛い目に遭いたくなかったら、自分のしたことを正直に白状しろ。貴様が朝鮮であろうと主義者であろうとどうでもよい。手に余ったら殺してもお咎めはなしとのお達しだ。警察をなめるんじゃないぞ〟〔略〕目を血走らせた警部は、警官が手にした竹刀を引ったくると、馨の腹部といわず背中といわずめった打ちにした。〔略〕先程の若い男が鮮血に染まって哀願する顔が見えた。〔署長が帰ってきて、中馬馨は昼近くに解放された〕

（黒田隆幸『月の石・上巻――都市復権にかけた中馬馨　命の軌跡』同友館、2001年）

壺井繁治〔詩人〕

わたしは滝野川の岡本〔潤〕の安否が気になったのと、人目を惹き易いこの異様な身なり〔長髪とルパシカ〕をなんとかしなければならぬと思ったので、江戸川橋の袂で居出と別かれ、護国寺の方へ向かって急いだ。すると向こうからラッパ卒を先頭に騎兵隊が行進してきた。音羽通りをびっしりと埋め尽すほどの騎兵の大部隊は、暴動の鎮圧に出陣しているかのような殺気だった雰囲気をあたりに撒き散らした。左側の大塚警察署の前までくると、その掲示板に『暴徒あり放火略奪を逞しうす。市民各位当局に協力してこれが鎮圧に努められよ』という貼り紙がしてあった。

岡本の家は幸に地震には潰されていなか

写真は明治、大正期の音羽通り

ったが、別の危険がその家を取りまいていた。つまり日ごろから一風変わった人間が、絶えず出入りすることで近所から怪しまれていたので、このドサクサに乗じて何をされるかわからなかった。わたしは岡本から浴衣と袴と黒いソフト帽を借り、その帽子で長髪を出来得るかぎり隠してまた居出の下宿へひき返した。途中富坂辺で野次馬に取り囲まれ、背中から鳶口を打ち込まれている人夫風の男を見た。それは朝鮮人と見られて、そういう惨虐なテロに遭っていたのであろう。

（壺井繁治『激流の魚――壺井繁治自伝』光和堂、1966年）

永井叔〔詩人〕

〔2日〕真砂町で、あのおとなしい美少年野間の秀雄（ひでぼう）までが、朝鮮人来襲の流言にいきまいて、木剣を握って立っていたのが、いつまでもいつまでも心底に残っている。

（永井叔『大空詩人――自叙伝青年編』同成社、1970年）

長田幹彦〔作家〕

その翌日〔2日〕も一日火事の火の粉を浴びて、殆ど食事をとる勇気もないほど脅かされた。私は老母と乳児の体を気遣って、その日の午後皆を連れて、小石川の高田にある細川侯爵邸内の兄〔秀雄〕の家へ避難した。

〔略〕侯爵邸には4万坪に余る空地があるのでまず火事の心配だけはなかったが、しかしその夜から〇〇〇〇の襲来という物凄いパニックと、食糧皆無という警語が又避難した人達を脅かした。私は家族の方の居住が安泰になったので、ひとまず牛込の宅へとってかえし、背負えるだけの食糧を肩に担いで、小石川へ運んだ。〔略〕それから4昼夜の間は、着の身着のままで、顔さえ洗う暇もなく、食糧の聚集と、町の警備で夢のように過してしまった。夜になると男の数が少ないので、拳銃を携えた兄秀雄と2人で、真暗な侯爵邸の裏の坂を護った。私も軍刀を腰にして、午後の12時から午前5時まで夜露の冷たい戸外を歩き回った。逢う人達は誰も彼も恐ろしく殺気立っていて、危険この上もなかった。あの時の興奮状態なら私達にもたしかに人の2人や3人は斬れたと思う。すぐ下の早稲田の方からは夜半に人の悲鳴が起ったり、銃声が起ったりして、実に凄愴な晩が続いた。侯爵邸の中でも〇〇〇〇が9人も捕えられたりした。

〔略。3日〕「今実は下の橋の方から急報がありまして、その、怪しいものが10人程拳銃と兇器を持って潜入して来たそうですから、我々も至急に警備に就かなけりゃなりませんから……」〔略〕

私はそれを聞くと、俄かに胸が高鳴るのを覚えた。平常なら少なくとも無気味な心持ちがして、幾分なりとも恐怖の念に襲われる筈であるのに、もう私は大地震以来、連日の不眠と極度の興奮とで精神が異常な変調を呈しているので、かえって残忍な、野獣のような狂暴性ばかりが無上に突き上げて来る。斬らば斬れ、殺さば殺せというような絶望的な無謀さも手伝って、全くの所節制なぞというものは薬にしたくもなかった。で、私は逸りに逸る胸を抑えつける為にわざと大股にどっしどっしと歩いていったが、坂の上へ出てみると、そこには提灯の火が二つ三つものものしく入乱れて、もう7、8人の人数がその灯影に黒々と犇めき合っている。自体その近回りは男の数の少ない所なので、広漠としたそこいらの大邸宅を護るには至極手不足で、そのうえ戒厳令は敷かれても、軍隊の配備が意の如くならないので、皆はもう持て余していたのであった。

〔略〕私はその足で天幕の周囲を一巡してみたが、別に何の異常も認めなかったのでやがて天幕の入口に置捨ててある小さな籐椅子の上へそっと腰を下ろした。そして腰にした軍刀をするりと抜き放って鼻の先へ近づけてみると、それは雲間の月光を映して、蒼みがかった何ともいえない凄壮な光をぎらりと暗闇の中へ閃めかせる。私は昔の武士が鞘走るといった心持ちが分かるようで何だか人が斬ってみたくさえなって来た。〔略〕ふと聞くと、その時、天幕の裏の方で、何とも知れない怪しい物音ががさごそと聞えた。私の聴覚は猫のように鋭くなっているので、虫が草葉のうえを這う音さえ聞き逃さなかった。で、私はそれ来たッと思って、体中がかッと熱くなるような勇躍を覚えながら突如音のする方へ飛んでいってみた。

闇を透かしてみると、そこの小川の縁の草叢では、白い浴衣を着た人影が何をするのかもそりもそり蠢いている。私は刀の柄をしっかりと汗が出るほど握り緊めて、息をつめながら足音を偸みぬすみそっちへ近寄っていったが、よくみると、それは一人の老婆で、飯櫃を傍へ置いて、音をたてないように頻りに草叢を掻き起こしているのであった。向うでも白刃の閃きが眼についたか、「あッ」と、小声で息をひくように叫んで、顔を振り上げたが、瞳を据えてよくみると、それは小網町から逃げて来たとかいう避難者の一人で、身装なぞも相当な70近い隠居なのであった。彼女は昼間炊き出しの配給をやった時に、玄米の大握飯を欲張ってひとりで9個も取った女で、係員がそれを咎めると、私は老人で又頂きに行くにしても足腰が自由でないからと臆面もなくいってのけた女なのであった。あとで食べる段になるとぼろぼろした生煮えのような玄米のこととてさすがに持て余して、私は平常関取米の極上ばかり食べつけているからこんなものはとても口へは入らないと贅沢な不足をいって皆に白い歯を見せられていたがその老婆はよくよく者とみえ、この食糧不足の際に、夜陰に乗じて貰ったその握飯を草叢へ穴を掘って埋けているのであった。

私はあまりのことに言葉も出なかった。避難者の中の若い母親達は恐怖と栄養不充分のために乳があがってしまって、抱いている乳児達は空腹のあまりもう断絶なしにひいひい火のつくように泣きしきっている。そこへ不逞の徒の襲来騒ぎが降って湧いたので、どうかして泣く児を黙らせようと焦って、彼等はもう自分達までが泣きながら途方に暮れている今である。私達は見るに見兼ねて、自分達は徹宵夜警に出る体でいながら、それでも僅か一人頭5勺か6勺の芋粥を啜るだけで我慢し、少しでも余計に彼等に米の分け前が行きわたるようにと努めている今である。私はもう耐らなく腹が立って、激越してくる憤怒のあまりに有無もいわさずその老婆を刀の峯で殴ろうとした。

その時、向うの樹林の中で突如に物凄い銃声が6発ほど続けざまに夜陰を劈いて響き渡った。それと同時に、坂の下の方でもわあッと鬨の声が聞えて、四辺は俄かに騒然とした殺気を帯びて来た。私はもうそれどころではなくなって、一斉にどよめき立つ天幕の中の女達を制しながら、自分も白刃を提げて銃声の聞えた真暗な樹林の方へ走っていった。樹林の底では怪しい者を追跡するのか、たった一つ提灯の火が人魂のようにちろちろ動いていた。

（長田幹彦『大地は震ふ』春陽堂、1923年）

野上彌生子〔作家〕

〔2日〕小石川林町の高田さんの家に落着く。ここは避難者が通行しないからものさわがしくなくて気がおちついた。しかし鮮人が放火する懼れがあるので、町民が終夜警戒しているのだといって一夜じゅう人々の叫び声や誰何の声がきこえた。植物園の避難民にまぎれ込んでいるのだという。

（野上彌生子『野上彌生子日記――震災前後』岩波書店、1984年）

橋浦泰雄〔**社会運動家、民俗学者**〕

〔9月2日〕藤森成吉宅の見舞からの帰り、護国寺下を通りかかった時、橋浦は「凶器を携えたる5、6人の人々僕を取り囲み、のっけに《朝鮮人だろう!》とて打ち兼ねまじき気配」で詰め寄られた。とって返して藤森夫人に素性を明かしてもらい、事なきを得た。

9月4日は渋谷にある坂田家に病臥中のかつての義父を見舞い、5日は布施辰治、堺利彦の家を訪ねて無事を確認した。同じ日、橋浦の町内〔東京市外野方村〕でも火災防御のため警護団が組織され、橋浦も加入を要請された。「発起人へ若し鮮人目的の警衛なればその必要を認めざる故加入せぬと云い置きし所、それ等の故もありしが単なる火災盗難防禦との趣旨になりし故それとて不用とは思えど近所つき合いに出る事にす」と不承不承ながら引き受けることにした。（「日記的メモ」）

（鶴見太郎『橋浦泰雄伝――柳田学の大いなる伴走者』晶文社、2000年）

土方梅子〔**土方与志夫人、舞台衣装デザイナー。小石川で被災**〕

〔日時不明〕地震や火災が一応、収まったと思う間もなく、こんどは暴動が起るとの噂がたちました。社会主義者や労働者、朝鮮人が火を放つとか、井戸に毒を投げ入れるとか言われ、軍隊が出たり、町の人たちが組織した自警団や、右翼団体が鉄砲や刀物、竹槍などを持って警戒にあたり、ものものしい状態になりました。大きい家に住んでいる者はうらまれて暴徒に襲撃されるとの噂も立ちました。私どもの家は爆弾をしかけられるかもしれないと注意され、緊張しました。

（土方梅子『土方梅子自伝』早川書房、1976年）

福沢嘉章〔**小石川小日向水道町で被災**〕

〔1日夜〕この周辺の隣近所の人達は、平素は顔が合っても挨拶もしないのに、この地震の起きた日には、夜になるのを待たずに、いち早く自衛組合を組織して、街の治安維持にあたることにした。龍路もその一員に駆り出されたのであった。夕方、1メートル程の丸棒を持った龍路は、近所の若者数人と、襲ってくる何者もいないのに、自衛の名により、狭い私道に通ずる石段の

あたりをうろうろ歩いた。しかし、常識では到底考えられない流言飛語が流れた。平素は互に口をきいたこともない人の口から口へと、まことしやかに語り伝えられていったのである。

「横浜市と川崎市には〇〇人の反乱が起きて、今、市民は全滅の状態だ」とか、「〇〇人の反乱軍とわが軍隊は、多摩川を挟んで現在戦争中だ」とか、「東京市内も〇〇人反乱で、既に略奪が始まっている」などと、まことしやかに語り伝えられたのである。龍路はまさかと思いながらも、あるいは大震災に乗じて平素虐げられていた民族が蜂起したのかと、群集心理も手伝って疑心暗鬼の有様であった。なお、公道のわきの石段のところにいた龍路達自衛組合の側を通りかかった勤め人らしい34、5歳年輩の男が、わざわざ足を停めて

「〇〇人反乱軍は、今にも多摩川を越えて東京へ攻め込んでくる状況だ。わが軍は多摩川を挟んで、これを迎え打つ策戦だ。そこでくい止めねば東京は大変だ」と、まるで参謀本部の伝令でもあるかのように語るのであった。後になって、〃なんと馬鹿馬鹿しいことだったか〃と思うが、その時の群衆は否定もせず、殺気立ったのである。龍路は半信半疑ではあったが、こうした話を聞くたび毎に、何となしおびえて、持っていた棒を握りしめた。

それからしばらくして近所に住んでいた42、3歳の薄い口髭をはやした紳士風の男が、今、勤め先の丸の内から歩いて逃げ帰ったところだと言って、ふだんは顔が合ってもそしらぬ振りをしているのにわざわざ、石段の上に陣取っている龍路達の自衛組へやってきて「これは今見てきた人の話であるが」と前置きして、ながながと多摩川の戦況を語り、次にこの坂下や近所の屋敷で起きたことだと、立て続けにべらべらと話し続けた。

「日本刀や竹槍を携えたり、天びん棒や丸棒を持った若者達が大勢で、〇〇人を追いかけ、みんなで殴り殺したそうだ」と、また、ある追われていた〇〇人は大きな屋敷へ逃げ込んだが、追い詰められ、その屋敷の柿の木へよじ登った。若者達はそれに石を投げたり、竹槍や天びん棒で突つき落し、その〇〇人をその家の主人のもとへ突き出した。すると70歳を越えているかと思われる白髪の主人は、若者達から〇〇人反乱の話を聞いて逆上し、奥座敷に飾ってあった刀掛けから日本刀を取り、廊下を伝って庭へおりると、そこに合掌していた〇〇人の首を一刀のもとにはねた。その美事なことといったら驚くほかない。その主人は明治維新の戦争に父と一緒にでたことのある武士だったとか、実にすばらしい腕前である。また上野では〇〇人の反乱が起きて戦っているとか、その男の話すことはすべて龍路には耳を疑うようなことばかりであった。

幸か不幸か龍路はもう23歳にもなっているのに、軍隊生活の経験も戦争に行った経験もない。人と殴り合いの喧嘩をしたこともない彼には、その話は身の毛のよだつ思いであった。残虐な人殺し。何と恐ろしいことだろうか。平素差別され、虐げられ、抑圧され、貧困と飢えにあえいでいた〇〇人を、たとえ略奪行為があったにせよ、虐殺までせねばならないだろうか。逆上した群衆は〇〇人を捕えるそばから殺害したという。ことに上野では維新戦争のような戦が起きて、多数の〇〇人が虐殺されたとい

う流言である。

関東大震災は、東京市民の一部の人達を逆上せしめたようである。分別ある筈（はず）の大家の老人が、是非の分別もなく、人を殺害したというのである。もしも殺害された遺族に老人や幼児が残されていたなら遺族はどうして生きていくのか。当時哀れな人を助ける社会施設はなかった。殺された人の怨恨は、どこで裁かれたのだろうかと、龍路は彼自身責められる思いであった。

（福沢嘉章『関東大震災』近代文芸社、1986年。実体験をもとにした小説）

堀田八二朗

〔3日夜、小石川植物園で〕さて夜になって、今夜はここで寝ようとしたときである。「朝鮮人がきたぞ、気をつけろ」と叫び声があがった。驚いて私たちはひとかたまりになっていたが、事実朝鮮人が捕えられたり、訊問されたりするのを目のあたりに見て慄（ふる）えた。井戸へ毒を放りこんだからというので、水一滴も口にできず、不安ないち夜であった。

（堀田八二朗『風流時圭男——堀田八二朗自伝』堀田時計店、1979年）

松岡虎王磨（とらおうまろ）〔「南天堂」店主。小石川指ヶ谷で被災〕

朝鮮人がね井戸へ毒を流した、だから井戸を気をつけろってわけ。〔略〕水道も止まっちゃってありゃしないしさ。それから、裏に風呂屋（まき町湯・現サウナ白山）の井戸があるんだ。そこを皆で厳重に見張らしてね。〔略〕朝鮮人らしき奴がね、らしきやつがね、通るとふん捕まえるんだ。ふん捕まえて後ろ手に縛っちゃって、それで言葉、濁音が変だとね、殴っちまって、殺すまでしなくてね。〔略〕酷いことをしたもんだ。そんなかに無論、日本人もまじっていたしね。とにかく、朝鮮人が毒を入れるということを全部が信じきっていたんだから。〔略〕なかには日本刀を横に抱えて飛んで歩いていた奴もいたしさ……（1961年談）。

（寺島珠雄『南天堂——松岡虎王磨の大正・昭和』皓星社、1999年）

宮本百合子〔作家。震災当日は福井におり、4日に上京〕

〔8日に聞いた話として〕林町の方で三十七八の女が白粉瓶に毒薬を入れて持って居るのを捕ったと云う話、深川の石井が現に在郷軍人の帽子をかぶって指揮して居るのを見たと云い、恐しいものだ。

（宮本百合子「大正十二年九月一日よりの東京・横浜間大震火災についての記録」『宮本百合子全集第二十巻』新日本出版社、2002年）

和田信賢（のぶかた）〔アナウンサー〕

〔2日〕家の前を、蒲団や家財道具を満載した荷車や自転車がひっきりなしに通っていった。「午後2時頃にもっと大きい地震が来ますからお気をつけなさい」誰かが外で怒鳴っている声が聞こえて浮き足立つこともあった。

〔略〕2日の昼近くになって、近所の青年団と称する数人の男たちが和田の家へ入って来た。「朝鮮人が暴動を起こして、井戸に毒を投げ込んでいるという話です。各町内では一応自警団を作って警戒しているようですから御協力を頂きたいんです。おんな

日本最古の植物園として知られる「小石川植物園」。震災時、約4万9000坪の広大な園内に約3万人の人々が避難したといわれる

子供は今夜はとりあえず植物園へ避難して下さい」そう伝えると、みんな戦争でもはじまるようなこわい顔をして帰っていった。

信賢は、腸チフスの病みあがりでどこかにつかまらなければ歩けない弟の義信の手をひき、木村家の方も同じように泰之が勲の身体を支えて、母親たちに連れられ、すぐ隣りの帝大附属小石川植物園に向った。

普段は鉄条網がめぐらされていて入れない植物園だが、青年団が切ったのか鉄条網はズタズタになっていた。和田家と木村家の人々は二夜を植物園で野宿した。朝鮮人などは襲いに来なかった。竹槍や家宝の刀剣まで持ち出して武装していた自警団は拍子抜けのていだった。

（山川静夫『そうそう　そうなんだよ——小説和田信賢』日本放送出版協会、1983年）

小石川富坂警察署

2日午前7、8時頃に至りて、鮮人放火の説漸く管内に喧伝せられ、大塚火薬庫襲撃の計画を為すものありとさえ称するに至る。これに於て火薬庫衛兵司令及び大塚署に注意せしが、午後1時頃、「地震の原因は富士山の爆発にあり」「東京湾沿岸に大海嘯ありて被害甚し」「大本教にては今回の地震を予知し、既にその教書中に記せるのみならず、信者等は政府の圧迫を憤り、数千名相携えて上京の途にあり」等の流言起り、更に「放火人あり注意すべし」「大震は終息せず、何時及び何時に何回あり。気象台警報」など記せる貼紙を電柱その他に為すものあり。午後3時頃に至りては、「不逞鮮人等毒薬を水源地に撒布せるが為、断水を為すの已むなきに至りしが、今やこれを井戸にも投入し、或は飲食物に混入しつつあり、注意警戒を要す」との流言あり。民衆等の飲食物を携えて本署に来り検査を請うもの少なからず、而して放火準現行犯人なりとて、鮮人を拉致して同行し来るものまた多し、依りて即日その取調を開始したれども、皆事実にあらざりき、かくて自警団はここに生じ、春日町・指ケ谷町・掃除町方面の如き狂暴特に甚し、會々午後5時30分、近衛歩兵第四連隊の兵士60名本署に到着したれば、その後協力して警戒取締の衝に当り〔略〕。

（『大正大震火災誌』警視庁、1925年）

『下野新聞』（1923年9月4日）

「不逞鮮人等は麦酒瓶に石油を詰め家屋に撒布して放火する　目的は大官と財産家」

伝通院より音羽辻町街道約一里に渡る電車道路には避難民芋虫の如く横わり、その両側は警備隊を以て非常線を張りいちいち通行人を誰何するのも見えた。又電車道路を中心とし左右の町々の路地横町等には、在郷軍人で組織された警備隊員が□□杖を持ち不審の挙動ある男は一々誰何し、もし明答が出来んと立所に十数名の同隊員が集り来りて袋打にするというすさまじい光景を現わしている。

記者が美濃部博士邸の付近を歩行中、暗にするどき呼子の笛を聴きたりと思うと忽ち30名ばかりの警備隊が馳せ来たり、不逞鮮人1名がこの区間に於て姿を没したり、多分この家の内に忍び込んだのであろうと口々に叫びながら猿の如く十数名の壮漢が柵を乗り越え不逞鮮人何処にありと猛烈な勢いで飛び込んだが、結局逮捕し得なかったので隊員等は忽ち伝令を発して注意せよ鮮人が行ったと付近一帯に蜘蛛の巣の如く非常線を張った。

更に大塚仲町付近に於て5名の鮮人を引っ捕え、巡査4名これに警備隊員十数名が加わり厳重なる服装検査を行い所持品を取り調べその使用目的を尋ねておったが、気早の青年等は「やっつけろ」と口々に絶叫しておった。

根津・千駄木

相澤凞〔**当時『国民新聞』記者。白山で被災**〕

〔2日〕家へ帰ると町内の交親会から触れが回ってきた。不逞の徒が出没して危険だから、各戸一人ずつ、相違なく町内の警衛に出てこいというのであった。人の話に、この町内の外3町内が連合で自警本部を組織し、要所要所に張り番をして朝鮮人や社会主義者の放火する者を警戒するのだという。彼は昨年厳島神社に詣でた時そこで買った太いステッキを手にさげてM町の曲り角に詰めることとなった。

「そのステッキで誰か打つつもりですか」

妻にこう問われて彼は少々困った。いまだかつて人を打った経験のない彼に、たとえ火つけが来ても、打ちのめす力があろうとも思われなかった。詰所ではもう大勢来ていた。かねて懇意にしている文部省のH君、貴族院のI君、及びその他会社の人、鉄道省の人、植木屋の親方、大工、職工、雑誌記者、在郷軍人等の面々20余人、思い思いの武器を携えて町内に入る者出てゆく者を一々誰何していた。

「鮮人が火をつけたというのは、真実の事ですか」とたずねる者があった。すると一人の人が

「真実ですとも、下町の方では彼地でも、此方でも鮮人を縛り上げて大騒ぎです」と答えて、眼を見張って大変だという顔色をして見せた。間もなく日が暮れた。どこの家でも、一切屋内では火を起さず外で炊いて提灯の光りで食事をすますと、早々戸外へ出てしまう。

警衛本部から伝令が来た。鮮人が井戸の中に硫酸を入れてあるいているから、井戸を警戒するように、又当座の飲み水は今のうちに汲んで置くようにというのであった。飲料水に毒を入れられては大変だから、まず第一に井戸を警戒しなければなるまいというので、彼は路次を入って突き当りの自分の家の門の前に、粗末な籐椅子を持ち出して、それに腰をかけてそこからお隣りの家の前にある堀井戸を見張る役を仰せつかった。路次を入ったその両側に6、7軒家が並んでいる。そこの妻君達が、毒を入れられぬうちに汲んで置こうというの

で手に手に手桶やバケツをさげて、彼の前を馳せ違う。提灯をつけた者、荷物を背負った者が一層頻繁に路次を出たり入ったりする。次第に暗くなるに従って、下町方面の空が、昨夜のように真赤になる。この狭い路地内にも一種言うべからざる世の不安と、火事に対する恐怖の色が人間の面にありありと現われて見えた。

〔略〕「あの火は何時ここへ来るでしょう」

「白山を上ってここまで来るまでには、まだ大分あります。多分こないでしょう」

「でも朝鮮人が火をつけると言いますから、何時焼けて来ないとも限りません」

「それはそうです。白山辺へつけられたら、それこそ騒動ですが、多分そんなことはないでしょう」

〔略。3日〕午後から非常に蒸し暑く、夕立が来そうで来なかった。3時頃本部から伝令が来た。鮮人が300人抜刀で押し寄せて来るから皆出て来いというのであった。彼は例のステッキを持って出て行った。大粒の雨が降り出したが、すぐやんだ。

やがて日が暮れた。彼は夕飯をたべに宅へ帰って、縁側から東の空を見ると、赤い色が全くとれて、火事とおぼしき怪しげな雲は跡形もなく消えていた。これで火事は全くおさまった。しかし警戒は一層厳重にするようにとの伝令が又来た。町内の曲がり角、四辻等は、それぞれ何かの武器を持って出張っている外に、3人5人隊を組んで、ここの路次そこの抜け裏等犬の這い入る穴までも探し出して絶えず巡回してあるいている。

〔略〕間もなく又呼び出しが来た。詰所へ行ってみると、既に文部省のH君や貴族院のI君なども見えてうしろの方に小さくなっていた。すると今度は向うの四辻の詰所の方から提灯を持った若い青年が駈けて来た。「鮮人が巡査の服装をして西丸町へ入り込んだそうですから気をつけてください」と言って又もと来た路を引返した。

（「大地震のあと（ある記者の日記から）」『教育時論』1923年12月5日号、開発社）

那須喜子〔**当時府立第一高等女学校生徒**〕

〔2日夜〕夕方松坂屋が焼けた時に、前の根津の権現に一夜野宿しました。そのうちに又人を驚かしたのは鮮人さわぎでした。その境内に鮮人が入ったというので皆がさわぎました。2、3日は鮮人さわぎで人々が抜刀で歩くので、夕方はうっかりしてあるけませんでした。

（『校友・震災記念』府立第一高等女学校内校友会、1924年）

野口福治〔**1898年生まれ。千駄木で被災**〕

この焼け野原の中にポツンと高く残っていた上野の松坂屋が続く余震に揺られ、風にあおられて再度燃え上がったが、手の付けようもなく、そのままに放置したため、人々の不安をいっそう募らせた。これをだれ言うとなく、松坂屋のあの火は朝鮮人が付けたのだ。井戸に毒薬を入れた者がある。大地震のあとには必ず大津波が来るから高い所に逃げろ、などの流言が、それからそれと風のように伝わり、不安は募るばかりであった。

一方、これに輪をかけたように、午後5時頃渋谷署から「今凶器を持った200人ぐらいの朝鮮人が二子玉川の鉄橋を渡り、東京市内に進入しつつあり」との通知が駒込署にあり、またその後、世田谷署から同様の通知が重ねてあったため、署でも捨ておけず、署内に待機していた警察官はもちろん、制服の在郷軍人等が各方面に手分けして、町の中をメガホンで怒鳴って歩いた。「今不逞の鮮人が暴動を起こし、市内を襲い、焼け残った家屋に火を付けている。不審な者には監視を続けて、至急警察へ知らせろ」と大声で怒鳴って来たため、さあ大変、町の中はテンヤワンヤの大騒ぎになった。町会では急遽役員を動員して、自警団を組織し、町会の事務所を本部にして4、5人が1組になり、木刀や棒切れを、中には本物の日本刀や手槍を持ち出してきて、町の要所要所に張り番して、見知らぬ通行人を見ると不審尋問をした。このため、朝鮮人はもちろん、日本人でも、言葉のはずみで被害を受ける者が続出して、市内は無警察の状態になってしまった。〔略〕

4日の午後3時頃、天井裏に震えていた朝鮮人を家主と巡査で「心配するな、食物は有る、危害は加えないから」と納得させ、駒込署に保護するため、前の横丁から店の横丁まで連行してきた時、追い駆けてきた町の若い者が5、6人で、この小川巡査と朝鮮人を取り囲み「その鮮人を渡せ」「渡さぬ」で言葉も荒くなり、意地になって、引くにも引けず、今にも血を見るありさまだった。私はお店の脇でもあり、相手は顔見知りの町の者でもあったので中に割って入った。丁度汐時というか、町の者は私の顔を見てブツブツ言いながら手を引き、巡査の連行して行く後ろ姿を見送っていた。私はこの時、殺気だった大勢の若者を相手に、体を張って職務の遂行を果たした小川巡査の勇気と態度に非常に感激した。

（『谷中・根津・千駄木』24号、谷根千工房、1990年）

前田慶次

〔3日〕はなはだ遺憾なるは、〇人騒〇の事にて、事実全く明ならねど、惨害に乗じて不穏の行動ありとの風評にて、焼け残りたる各所には自治的の夜警堅固を極め、無灯の夜の町を在郷軍人及青年団等協力して、互に交代不眠警戒、厳に残存家屋をさながら宝物のごとくにこれを守護し、避難民をして再び惨禍に陥らしめざるよう自他を兼ねての正当防衛策おさおさ怠りなく夜間通行の禁令を守ってわずかに提灯（ちょうちん）の光りを頼りて、しばしば起る弱震に心臓を寒からしめつつあるのである。吾等の一行も屋内に入るや同時に弱震起り来りて入る事もかなわず、またまた意を決して根津権現神社境内に入りて野営をなすに決した。

境内には人気なく、昨夜に引き替え頗（すこぶ）る閑静なるを以て喜び、一同集落を作って野宿第三夜に移る。この時通行禁止の声は青年団より発せらるる。暫時にして、警戒警戒と在郷軍人団より伝令来る。ほどなく提灯（ちょうちん）の火を消すべしとの報を得て不安の中に消火した。たちまちにして一声高く、銃声6、7発暗を破って打ち放つ。誰彼となく、地に頭を下げ付けおるべし。喧騒を極むべからずとの言い聞かせあり。わずかに死を免れて存在する者もほとんど半死半生の痛苦を顕出し遺孤2名は極度に驚き予にしがみ付きて離れず生きた心地せずして何事の起れるやを聞けば、〇〇の副首領株が神社拝殿に逃込みし形跡あればなりと言うに、一同一層不安の輝に命を天に任せて野宿第三夜の夢を結び、戦々恐々として一同の無事を祈りて、夜を徹す。

(『歯界時報』1923年10月号、歯界時報社)

山口鉊三〔当時小石川区指ヶ谷尋常小学校6年生〕

夕方頃になって火は消えましたが今度は火よりも地震よりも恐い○人さわぎです。その知らせを受けたので、僕達が洋食屋の前にいると白山下の植木屋さんが在郷軍人の服を着て「今晩から明朝の間に○人の抜刀隊が来るそうですから御注意を願います」と言ったので僕達は驚いてめいめい家へ行って話すと早速自警団は組織され兄もその一員として家重代の銘刀だといっておし入の奥にあった刀を出して自警に出ました。僕も負けてはならじとこの前兵隊ごっこに使った竹槍を持って榮ちゃん達と電車道に出て「左側通行願います」とメガホンで叫びました。もし右側を通っていると竹槍を突きつけて「左へ行って下さい」と言うとその人達は驚いて左へ行ってしまうので僕ら茶目連は皆面白がっていました。

(「大震大火災について」東京市役所『東京市立小学校児童震災記念文集・尋常六年の巻』培風館、1924年)

本郷・駒込

飯田長之助

私ァ、本郷に住んでいましたがね、朝鮮人が井戸のなかに毒を入れるッて、フレがでまわり、それにごていねいにうちの古井戸のフタに(井)なんて印を白墨で書いてくヤツまであって、近所の若い衆はみな、竹を鋭くそいで油をひき、作ったヤリをしごきながら、近所でちょいと見かけねェ衆が通ると、おっかねェ顔して「おいこら、イロハ……しまいまでいってみろ」なんて脅かした。(談)

(『潮』1971年6月号、潮出版社)

井沢禮治〔当時本郷区富士前尋常小学校6年生〕

〔2日〕3時頃には、それ○人だ、打殺せ、というあのさわぎが持ち上がつた。うすぐらいちょうちんの光が家々にともされた頃には、天上の星がきらきらと光を放つ夜であった。

ぼっちゃんは服を着て、井戸端へ出た。主人や下男は皆自警に出る等、家は上を下への大混雑である。

9月2日の夜これほどおそろしい事はない。

「○人200名某地に向かう各位警戒をせよ」

等という流言に皆はきもをひやして驚いていた。僕も一人位は捕えてやろうと苦心したが、それも出来なかった。

(「ポチ手記」東京市役所『東京市立小学校児童震災記念文集・尋常六年の巻』培風館、1924年)

江口渙〔作家〕

〔3日〕本郷3丁目まできたときだった。竹鎗を持った15、6人の一団が菊坂の方から出てきて燕楽軒の角をまがった。まっ先には、はんてんに半ズボン地下足袋の男が巡査に腕をとられて歩いてくる。頭にまいた白い布には大きく血がにじみ、それが赤黒く顔半面を流れている。顔つきは疑いもなく朝鮮人だ。「やられたな」と、私はすぐ感じて後の竹鎗を見た。

〔略〕大きな漬物屋の前だった。竹鎗を持

ったひとりが大声で叫んで、後ろから朝鮮人の尻をけった。朝鮮人が前にのめった。いっしょに巡査までがよろけたが、すぐに振り返って手を上げた。「よせ。よせ」といったらしい。するとどうだろう。「巡査のくせに鮮人の味方をするのか。この野郎」という声がして、たちまちバットが巡査の顔に打ちおろされた。手を顔にあてて巡査が倒れた。と、いっしょに朝鮮人が膝をついた。あとはもうムチャクチャだった。みんなで朝鮮人をとりかこんで打つ、ける、なぐる、竹鎗でつく。だが相手は声も立てず、逃げもせず、抵抗もしない。ただ頭を抱えてうずくまって、されるままにまかせていた。

そのうちに、手からも足からも力がぐったりぬけていくのが見えた。私はもうそれ以上見てはいられなかったので、逃げるように春日町のほうへ急いだ。

（「関東大震災回想記」『群像』１９５４年９月→琴秉洞『朝鮮人虐殺に関する知識人の反応２』緑陰書房、１９９６年）

大崎省吾

〔1日夜、本郷で〕午後の10時頃であったか。関声（ときのこえ）があがった。わあわあわあっとあがった。〔略〕お隣の方でも庭に飛び出て、何か、がやがやと騒いでいる。はて、何事かなこれは。

静かに、声をたずねてみると、それは、巣鴨監獄の囚人だ。囚人に間違いなしと、思うとそこに一つの恐怖心が起って来た。あの獰猛な奴らに脱獄されては堪らない。どんなにあらされるか知らん。これは、地震以上だ。と、ここにまた一苦労が増して来た。よりより、お隣の工藤さんや山下さん、それから高野さん等と相談をして、いよいよ自警団を組織して警戒の任に当ろうということになった。世は、ますます物騒である。

〔略。2日〕夜の8時過である。伝令々々と声をかけて、向こうの千歳（ちとせ）湯の方からやって来る一人。驚破、何事と耳をそばだてると、「大塚終点へ鮮人30名来襲。終り」

おのおの打物を確かと握り締めてはみたものの、朧夜の月に映る顔は、誰も彼も蒼ざめて見える。びりびりとふるえている。あのどさっと来た地震よりもふるえているようだ。

しばらく、顔見合わせて沈思、黙念の体である。監獄の方で、今夜もまた、大きな関声（ときのこえ）である。あの高い2丈もある赤煉瓦（れんが）の塀。今、乗り越えたのではなかろうか。あの、黒金の門を押し破ったのではなかろうか。――溜息をほっと吐く。手の先、足の先が痺れてくるのが覚えられる。

誰々は、どの往還を。誰は何小路を。と、それぞれ部署を定めて警戒につく。誰彼の

写真は9月2日午前10時、群衆と家財道具を積んだ荷車などでごった返す本郷切通し

別なく、一々誰何するという訳で、鼠一匹も無断では通過させぬという厳重さである。

　家族の者どもは、囚人とか鮮人とかいう声で、一歩も外に出ない。ただ、時々襲い来る地震を警戒し、万一の場合をと、それぞれ手筈をしている。

（大崎省吾『あらし』修省書院、1941年）

太田慎一〔**本郷の一高寄宿舎で被災**〕
「朝鮮人放火」の流言蜚語が高まって、寮務室前に掲示が出た。余等は武装して、我が寄宿寮を護衛した。火はしばしばこの校舎を焼かんとして、幸に免れた。闇を縫うて進む提灯の火がものものしい。疲労と餓で眠くなる。給仕が、握飯を持って来てくれた。水の欠乏の苦しさによって、全く、元気を失った寮生が、夜警に苦しみ互に顔を見合せる。かかる場合には一段と親愛の情を濃くし、相互扶助の念が強く動く。我等は飽くまでこの学校を守ろう。
〔略〕一方には火事場泥棒があった。自警団の暴行があった。更に、大いに悲しむべき事は朝鮮人に対して、全く慙愧にたえぬ行為があった。
（「一人残る」第一高等学校国語漢文科編『大震の日』六合館、1925年）

岡本文弥〔**新内岡本流家元**〕
〔駒込神明町で〕やがて流言飛語、朝鮮人が井戸という井戸に毒を流した、朝鮮人を見逃すな、町の角々に見張り所を設け町内の顔役たちがそれらしきを捕えては詰問する。怪しいと見れば寄ってたかって撲り殺す。私のそばの見張り所へ近所の芸者屋の主人が、日本刀らしきを杖にして「もう3人やっつけた」と自慢するのをこの目で見た。
（「非常時の中に笑いあり」毎日新聞社編『決定版昭和史・第4巻——昭和前史・関東大震災』毎日新聞社、1984年）

小畑惟清〔**医学者**〕

〔2日夜、大学病院に入るため竜岡町の鉄門を乗り越える〕その最中に闇から男が現われ、今、朝鮮人が押しかけて来るから、急げ、急げと言い捨てて再び闇の中へ消えて行った。皆あわてて土塀を乗り越してしまった。

愈　大学病院構内に入り、私が先達で婦人科教室の前まで来た。遂に朝鮮人は現れなかった。

〔略。また火に追われて〕一行は最後の勇を鼓して大学赤門に来た。門を出でんとする時、傍から馳せて来た男が、タッタ今、朝鮮人が爆弾を投げて行った。急ぎ通れ、と呼ぶ。一行は吾を忘れて駈け出した。後振り返っても爆裂せず、本郷3丁目の角にかからんとする時、又もや同じ様なことで脅やかされた。後振り返っても爆裂の様子もない。本郷1丁目に来た。

（小畑惟清『一生の回顧——喜寿』私家版、1959年）

上条秀介〔**医師、昭和医科大学創立者。当時東京帝大病院医局に勤務**〕
〔帝大広場で〕あの時の狂踏、混乱、騒擾ぶりは凄愴なものがあった。火焔と絶望に追いたてられる人々の不安に乗じて、朝鮮人が集団的に蜂起したというデマは、市中至る所に乱れとんだ。
　学校の小使が朝鮮人と間違われて、危く殺気だった学生たちに袋叩きにあうところだった。災害をうけない町も、焼野原の罹災者部落でも、それぞれ屈強な若者たちが手に手に竹槍を握った自警団が生れた。

「君ヶ代は、千代に、八千代に、さざれ……」

土色の顔に深い疲労を刻んだ男女や、汚れた身装りの痩せた男は、警戒線でむごい検問をうけた。誰彼の容赦なく、国家を歌わされて、濁音の巧拙如何で鮮人と内地人とを区別され、無法な暴行に曝された。ラジオも新聞もないとき、血なまぐさいニュースがヤミの奥から、真実らしく伝わってくる。

「約30分のち、大森方面より20～30人の鮮人が来襲す。厳戒せよ！」

町という町、辻という辻から、海嘯(つなみ)のような恐怖がにじり寄って、眼に「見えない敵」となった。この騒ぎは、全市に戒厳令が布かれて、軍隊が出動するまで続いた。

当時の警察官はほとんど、無力に近かった。むしろ、在郷軍人の帽子を冠った男の方が、脅えた女子供から頼もしがられた。

（吾妻俊夫『上条秀介――昭和医大の創立』昭和医科大学新聞部、1952年）

川添武男

その時、私は本郷区丸山福山町のある素人下宿にいた。忘れもしない、9月1日の夜の12時頃であった。下宿の婆さんが蒼い顔をして私の部屋へやって来て、変な臭いがするが、もし〇〇人がやって来たのではないかと、ふるえ声で云った、（今から思うと滑稽な事だが、）そう云われてみると成る程変な臭いが漂って来る、息を殺していると胸苦しさが感じられる。その日は盛んに流言を聞いていたので、そしてそれを伝えてくれるのは、丁度上の家に住んでいた学校教師であったので、私はいよいよ〇〇人がやって来て、毒ガスを放ったのではないかと思った。が、そんな事があるはずがない気もしたので、ともかくも探検に出かけてみることにした。

（震災共同基金会編『十一時五十八分――懸賞震災実話集』東京朝日新聞社、1930年）

金城芳子〔社会事業家、沖縄協会評議員。銀座で被災、不忍池(しのばずのいけ)を通り東大グラウンドへ〕

〔日時不明〕私達が東大構内にいるころから、例の朝鮮人が襲撃するというデマが飛んだ。朝鮮人がパンをくれるだろうが毒が入っているから食べてはいけないだの、井戸水も毒を流し込んだから危ないなどと注意を受け、自警団が竹槍を持って夜警した。

（金城芳子『なはをんな一代記』沖縄タイムス社、1977年）

近藤栄一〔1903年生まれ。白山で被災〕

2日目になると朝鮮人が井戸に毒を入れたという騒ぎがおき、梯子で通りをふさぎ、刀をたてて検問みたいにしてました。本郷には東大に通う朝鮮の学生たちがいっぱいいたんですよ。

（『谷中・根津・千駄木』24号、谷根千工房、1990年）

近藤憲二〔社会運動家〕

〔2日〕駒込〔の労働運動社〕へ帰ったのは夜であった。そのときすでに「鮮人来襲」の流言が飛んでいた。

〔略。3日〕その日から町に自警団ができ、私の尾行の私服が朝鮮人とまちがえられて、幾本かの抜身を突きつけられ、警察署へ引っぱって行かれるのを見た。自警団は署でお目玉を食ったことであろう。

（近藤憲二『一無政府主義者の回想』平凡社、1965年）

斎藤寅次郎〔**映画監督**〕

〔1日夜、本郷で〕夜になると各方面から火の手が上り、東京の空一面真っ赤、焼け出された人波が次第に多くなり、荷物を背負った避難民で一杯になった。我家のあるお寺の境内も避難民で満員、朝鮮人の放火、井戸へ毒薬投入等流言蜚語が乱れ飛んだ。

（斎藤寅次郎『日本の喜劇王――斎藤寅次郎自伝』清流出版、2005年）

坂田勝子〔**当時誠之尋常小学校4年生**〕

〔3日、避難先の本郷学校で〕ばんになると、○○○人のさわぎで、大変おそろしく、戦争のようなさわぎで、人々の驚きはなお一層でした、男の人は少しもねないで、夜警をして、時々「やあ○○○人だ」「やっつけろ」という声で皆なさわいで、中々落ちつきません。けれどもからだがつかれ、ろくに御飯も食べないので、そんなさわぎを聞きながら、ねむりにつきました。夜中におこる銃声、又○○○人があらわれたのでしょう。地震や火事の恐しかったこと、○○人のさわぎのこわかったことを、思い浮べながら、学校の教室で、いつの間にかねむってしまいました。

（「地震と火事」東京市役所『東京市立小学校児童震災記念文集・尋常四年の巻』培風館、1924年）

志賀義雄〔**政治家。池袋で被災**〕

〔3日〕本郷に引き返して黒田のために、青木堂で食糧品を求めているとき、店員は青竹の杖がばらばらにさけるほど朝鮮人をなぐった、といって得々と語っていた。私は平生善良そうなその店員がそんなにも乱暴なことをしたのに驚き、彼にたいして朝鮮人は決して火をつけたり井戸に毒をなげこむことはしないと説いたが、彼は頑として聞かなかった。

（ドキュメント志賀義雄編集委員会編『ドキュメント志賀義雄』五月書房、1988年）

鈴木雷三〔**当時24歳。駒込吉祥寺裏の自宅で被災**〕

〔2日〕本郷3丁目近い友人の所へ行った。ここは幸い火は無事だったが、流言や飛語が飛び交い、今にも東京は全滅するような話だった。共産党が武器を取って東京を占領するとか、朝鮮人が全部反乱を起こしたとか物騒な噂が、まことしやかに囁かれて人々を恐怖させた。

〔略。3日？〕千住の石炭置き場なぞは1週間も燃え続けていた。本所・深川は全滅、焼け残った地区に今度は物凄い飛語が飛び、朝鮮人は片っ端から捕えられたり殺されたりした。

人心がこうなると常識を失い、お先走りの町内の者達が自警団を組織し、武器を持って往来する人々をいちいち調べた。九州弁の者達は言葉が変っているので、朝鮮人と誤られ、散々調べられた上、都々逸（どどいつ）なぞを唄わされ解放されたりした。メガホンを持った町内会の者が、「朝鮮人が井戸に毒薬を投げ込んだらしい、井戸水を飲まないように」などと町内を怒鳴って歩く。どこから出たデマか知らないが、混乱時の人心というものは恐ろしいものである。逃れた朝鮮人が子どもを連れて青田の中に潜んでいると、町内会の者達がそれを引き出して殺してしまったりと、随分残酷なことをした。この震災で罪もない朝鮮人が数千人殺された。

（鈴木鱸生著・竹之内響介編『向島墨堤夜話——ヨミガエル明治大正ノ下町』栞文庫、2009年）

高沖陽造〔文芸評論家〕

本郷でも自警団を組織したんだ。〔略〕朝鮮人が井戸に毒を入れるとか火をつけるとか、社会主義者が何かするとか、そういう噂がバーッと立った。地震の2、3日後に。朝鮮人とそれに付随する社会主義者——大杉〔栄〕はそれでやられたんですからね——が井戸に毒を入れるとか火をつけたとか、そういうデマが、それは大変なもんでしたよ。で、自警団を組織したわけです。朝鮮人と見ればリンチを加えるということも少なからずあったらしい。

〔略〕ある東北人がずうずう弁のため江戸っ子的な標準語で答えられなかったので、朝鮮人と疑われ、あわや竹槍の犠牲になるところだったが、市民の一人が中に入り、警察署に連れて行くという光景を、忘れずに今も記憶している。

〔略〕その明くる日か、本郷の本富士署の近所を歩いていたら、群衆が竹槍を持って追いかけて、朝鮮人が「助けてくれ！」って警察の中に逃げ込んだ、そういう情景も見ましたよ。

（太田哲男他編『治安維持法下に生きて——高沖陽造の証言』影書房、2003年）

田上稲次郎〔日本橋で被災〕

「九死に一生を得　鈴生りの列車で帝都を遁(のが)れた田上稲次郎氏談」

第二夜も野宿を余儀なくされ一高運動場に避難したが○○○○が放火して歩くとの噂が立っていたので寄宿生は銃剣やピストルを携え校舎と民衆の保護に任じた。

（『佐賀新聞』1923年9月8日）

高山辰三〔文筆家〕

〔2日夕、駒込東片町で〕「朝鮮人が東京の片ッ端から放火して歩く。この大火の大半は彼等の放火だ」という噂が何所(どこ)からともなく伝わって来た。

私にはそれがどうも、抛り所のない流言蜚語のように直感的に思われたが、何分にも場合が場合なので、一層、私達を不安の底に引きずり落とした。

町会から、早速、自警団に各戸一人ずつ出てくれと伝えて来た。各自皆、思い思いに棍棒やら竹竿やらステッキやらを持ち出してそここの要所要所に立たなければならなかった。

〔略。3日〕私は更に、私の関係する日本橋本銀町の飲料商報社即(すなわ)ち高木商店の焼跡を見舞うために、大曲(おおまがり)へ出て飯田橋の方へ歩いて行った。大曲(おおまがり)の角の交番の壁に東京日日新聞の号外が貼ってあった。人だかりを別けて近よって見ると、3段抜きの大見出しで

「不逞鮮人各所に放火し、帝都に戒厳令を布く」という記事がある。それによると、不逞の鮮人200名が抜刀して目黒の競馬場に集合せんとして警官隊と衝突し双方数十名の負傷者を出したとか、横浜方面から引きあげて来た鮮人がその途中で十数名の日本男女を殺したとかいう大袈裟(おおげさ)なヨタがとばしてある。私はそれを苦々しく思いながら救護自動車や、罹災者の右往左往する

河岸通りを飯田橋へ出た。

（「修羅の巷に立つ」田中貢太郎・高山辰三編『叙情日本大震災史』教文社、1924年）

都築輝雄〔**本郷の一高の寮で被災**〕

〔3日〕私等はこの間避難民の救助に努むると共に、○○○○襲来の警報に接し、残寮生数十名のものは徹宵、寮の警護に努力した。可憐な鮮人5名を救い出したのもこの時だった。

（「銃剣で警戒」第一高等学校国語漢文科編『大震の日』六合館、1924年）

寺田寅彦〔**物理学者**〕

〔9月2日〕巡査が来て、朝鮮人の放火者が徘徊するから用心しろと言って注意して回る。井戸に毒を投入するとか、爆弾を投げるとかさまざまな浮説がはやって人心が落ち着かない。

〔略。9月3日〕曙町会から招集があって東一を代理にやる。家々より夜警を出すことになったらしい。〔略〕鮮人らしいものがいろいろの姿で入り込んだというような伝令が来るが、事実としてもこれらの警戒はつまり形式的なものである。しかし、警戒の目的だけはこれでも達せられるだろう。ただ捕える事はできそうもない。

（『寺田寅彦全集・第14巻（日記等2）』岩波書店、1961年）

中川愛水〔**音楽教育家**〕

〔湯島天神女坂で〕2日目の夜私どもの夜警している所へ飯沼という人が来て、この町内も警察の命令で自警団を組織することになり、山口氏が団長になった、という話があった。

（『芸術』1923年11月号、芸術通信社）

中谷宇吉郎〔**物理学者。当時上野在住**〕

流言蜚語の培養層を、無智（むち）な百姓女や労働者のような人々の間だけに求めるのは、大変な間違いである。関東大震災の時にも、今度と同じような経験をしたことがある。あの時にも不逞鮮人事件という不幸な流言があった。上野で焼け出された私たちの一家は、本郷の友人の家へ逃げた。大火が漸（ようや）くおさまっても流言は絶えない。3日目かの朝、駒込の肴町の坂上へ出て見ると、道路は不安気な顔付をした人で一杯である。その間を警視庁の騎馬巡査が一人、人々を左右に散らしながら、遠くの坂下から駆（か）け上って来た。そして坂上でちょっと馬を止めて「唯今（ただいま）六郷川〔六郷橋付近の多摩川下流部〕を挟んで彼我交戦中であるが、何時（いつ）あの線が破れるかもしれないから、皆さんその準備を願います」と大声で怒鳴ってまた駆（か）けて行った。もう20年以上も前のことであるが、あの時の状景は今でもありありと思い浮うかべることが出来る。勿論全く根も葉もない流言であった。

そんな馬鹿なはずはないと思われることは、どんな確からしい筋からの話でも、流言蜚語と思って先（ま）ず間違いはない。そういう場合に「そんな馬鹿なことがあるものか」と言い切る人がないことが、一番情ないことなのである。

（「流言蜚語」『読売報知』1945年→『中谷宇吉郎随筆集』岩波文庫、1988年）

羅祥允（ナサンユン）〔**画家。当時女子美術学校に留学中**〕

婚約中の夫〔都相鳳（トサンボン）画伯〕を追って日本にきた。本郷区弓町の榮楽館という高級下宿にいた。下宿の主人がいちばん奥の部室に隠してくれ、宿泊人名簿を見せろと青年団がきても、追いかえしてくれた。つきあいもなかったが、近所の日本人の奥さんも「外に出ると危険だから」と、缶詰などを買ってきてくれた。日本に来てすぐに下宿の主人に頼んで和服を作った。3年前から留学していた夫は差別をよく知っており、朝鮮人でも行商人や労働者の妻にまちがわれないようにという工夫だった。震災のときもこれに着替えて生きのびた。

（関東大震災時に虐殺された朝鮮人の遺骨を発掘し追悼する会『韓国での聞き書き』1983年）

咸錫憲（ハムソッコン）**〔牧師、思想家、独立運動家。当時高等師範受験準備で渡日。本郷の白山上の肴町に下宿。湯島の親戚の家で被災〕**

〔2日、本郷の下宿に戻り〕米屋へ行くと米はすでになく、玄米しかないのでそれを買った。帰ろうとすると、竹槍・日本刀・棒を持った大勢がたかってきて「これが本物だ」と言いながらやってくる。その朝青年会の人達が「支那人が泥棒をしますから気をつけてください」と言いながら触れ回っていたので、直感的に「私の顔を支那人と見違えたのかもしれない。本物って何だ」と言いながら帰ろうとした。その横丁に出る所に交番があり、顔を知られていたと見えて、そこの巡査が「いや、かまわない、安心だから」と皆を止めてしまった。帰ろうとしたが連れが理屈をこねて「これが本物だ、と言ってきたのにうやむやのうちに帰してしまうなんてことがありますか」と言ったので、「そんなに知りたきゃ行こう」と駒込警察に入れられた。多数の韓国人、誤って入れられた日本人1、2人、支那人1人がいた。そこで初めて真相がわかった。韓国人が何か暴動を起こすという口実で連れてこられていたのだった。そこで一晩を過した。

翌朝〔3日〕になると、自分の受け持ちの刑事（当時韓国の学生は皆、受け持ちの刑事があった）が見回りに来て「あっ君も来たのか」と言った。「これはいったいどうしたのですか」と言うと「いや間違っていたから、かまわないで出て来い」と自分と親戚の2人を引き出し、2階でパンを食べさせて、家に帰れと言った。連れが「僕達出るとすぐ殴り殺されるから行きません」といったが、かまわないから行けとなだめられて帰った。

その翌日〔4日〕の朝早く、下宿のむこうにある小さな教会の富永牧師が来て「君らのことはこの周りの人によく話していくから心配ない。ただ外出は一切するな」と必死で言うので、1週間じっと中にいて、それで無事に過した。

震災後1カ月かかなり過ぎた後、韓国の学生達の虐殺真相調査団ができ、講演会などがあって、やっと真相がわかった。東京市街ではそれほどひどくなかったが、ふちの部分に労働者がたくさんいた。亀戸でたくさん殺されたという話だ。

神田が焼けてしまったので早稲田の高等学校へ移った。そこの先生は公然と「私は朝鮮人狩りやりましたよ」と、別に不思議とも思わずに言っていた。

（関東大震災時に虐殺された朝鮮人の遺骨を発掘し追悼する会『韓国での聞き書き』1983年）

林精一〔**当時日本橋区久松尋常小学校4年生**〕

〔3日、避難先の本郷曙町で〕お店の人たちがおもてへござを引いてすわっていると、巡査が来て○○がつけ火をしますから用心をして下さい、と言ったので皆棒を持って用心をしていた。その晩からはお店の人たちが2人ずつばんをすることになった。

（「大震火災」東京市役所『東京市立小学校児童震災記念文集・尋常四年の巻』培風館、1924年）

速水滉〔**心理学者。当時本郷駒込在住。震災時は東北旅行中**〕

2日の晩には鮮人の数百名が今にも押寄せて来るというので市中も郊外も大騒をした。後から家族のものから聴いたことであるが、警察官の中にも鮮人が襲撃するから警戒しろといって戸毎に触れ回ったものもあった。自分の会った近所の某女教師は早く支度して避難せよと警官に注意されて高輪御殿の方面に向ったところ、御殿はすでに鮮人の占領する所となったと聞いて、途中から引返して他の方面に逃げた、ということである。かような騒ぎは独り東京に止まらず、鎌倉でも横浜でも同様であったそうである。市中到る所、自警団とか自衛団とか名づくるものが組織され、竹槍とか、刀剣銃器の類が持出され、中には抜刀で行人を誰何（すいか）した。後には放火窃盗に対する警戒の意味にもなったが、最初の間は専ら（もっぱら）鮮人に対する防衛であった。否防衛というような消極的のものであるよりも、進んで積極的の手段を取るものが少なくなかったことは、この頃に至って暴挙を働いた自警団員や、青年団員の続々検挙されているのを見ても、明白な事実である。〔略〕（1923年10月7日）

（「流言蜚語の心理」『思想』1923年10月号、岩波書店）

深尾七郎〔**当時陸軍勅任技師**〕

〔4日、本郷上富士前で〕朝鮮人が赤羽の火薬庫を爆発するから来てくれと引返しの使だ。そんな事はないからといっても関知しない。仕方なく火薬庫まで行って来た。

（「阿部譲回顧録」→阿部邦夫『教育学者阿部重孝余話』私家版、1999年）

松田徳一〔**駒込で被災**〕

かくて、1日の夜は、神明社の空地に、露営する事になった。予は20年来練った事なれど、家族や多くの婦女子などは、はじめて体験するらしいので、夜もすがらろくろく眠ることさえ叶わぬ。しかも、激震は絶えず連続的に、またやや強震のそれは2時間乃至（ないし）3時間おきに、間歇的に見舞うのであった。日が暮れて間もない時に、ある若者が「ソラ、朝鮮人が来た、火を放った、ソラソラ、そこにそこに。」と。老若男児は更なり、幼き小児までが、手に鉄棒を提（さ）げ、追い回る様は、あたかも兎狩りや豚駆りのようで、人々の神経は極度に昂奮して、町の辻々やその入口には、関所が至る所に二重や三重にも重複して設けられ、さながら蟻の這出る穴もないという有様であって、いちいち通行人を誰何（すいか）し始めたのは、今から思っても滑稽の様でもある。

〔略〕人々の扮装は、赤毛布ならぬ上衣を左手に携え、右手には棍棒や鉄棒や、金剛杖など、手に手に持ちピストルや短刀を懐中するものなどもあり。

〔略。2日〕なお火焰は一向にやまず。

益々盛となり、サア神楽坂が焼けかけた、柳町が！若松町が火事！と、朝鮮人が３０人ばかり、横浜方面より押寄せて来た。サア大変だ大変だと噂は噂を生じ、それからそれへと、根もなき虚伝が拡がりて、混乱不安の状は真に名状すべき辞がない。在郷軍人青年会有志会とて、公私の団体は各同区町の警備に任じ、各竹刀棍棒ピストル鉄棒などを持って護身の武器となし、真実に物騒千万戦国状態であった。

午後4時、東京府及びその近県にわたり、戒厳令が下った。兵隊がいよいよ乗り込んだ。しかも将校は軍刀を、下士以下は戦時武装をなし、各所の哨所にはいち早く着剣した兵卒が立つ事になった。

（松田徳一『涙の泉』二酉社、１９２３年）

三輪俊明〔**当時8歳。浅草田島町で被災、本郷西片町へ避難**〕

〔1日夜遅く〕ここで朝鮮人騒ぎが始まった。朝鮮人が戸毎の井戸に毒薬を入れて回っているというデマが、ここ本郷にも広がり始めた。従って本郷辺りも住民による自警団が組織され、各自は、日本刀とか、ピストルを携行して警戒するという物騒なことに発展して行った。

（三輪俊明『生い立ちの記』表現社、１９８７年）

山之口貘〔**詩人。当時駒込在住**〕

そこへ、関東の大地震なのであった。波里さんはすっかり絶望してしまって、もう東京にいても仕方がないから郷里へ帰るんだと云い出したのである。汽車が駄目でしょうと云うと、波里さんは一応、従兄の家に引揚げていて、汽車の復旧次第郷里へ帰るのだと云ってぼくの顔を探るみたいに、

「君はどうする？」と来たのである。

こう云われてみれば、これまでのように、波里さんのあとにくっついて行くわけにもいかず、とにかく、ぼくは、九段まで行ってみることにしますと答えた。九段には、同郷の某侯爵邸があって、そこには、友人の胡城君というのが書生をしていたからである。ぼくは、三脚椅子を肩に、ズックの鞄をぶら提げて、駒込中里のお化けの家を出たのである。街は、大変な騒ぎなのであった。江の島が海底に沈んでしまったとか、鎌倉が津浪にさらわれてしまったとか、社会主義者は片っ端から警察に引っ張られたとか、または荒川方面から朝鮮人の大群が東京をめざして攻めて来つつあるとか、井戸という井戸には、毒が投じられているので、井戸水を呑んではいけないとかと、そのようなことが次から次へと、途々、ぼくの耳に這入って来た。人々は、みんな右往左往の状態で、棒片のようなものを手にしていたり、日本刀など片手にしているものもあったりして、またたく間に、巷は殺気立っていたのである。

（「野宿」『群像』１９５０年9月号、講談社→『山之口貘全集第二巻』思潮社、１９７５年）

山本早苗〔**映画監督**〕

次の日〔4日〕、奇跡的に焼け残った赤門と本郷3丁目から一高までの町内会の人たちが避難民である我々の所にやって来て、東京全体が不穏な状況にあるので、1家族で1名の警戒員を募る事になったと言って来た。相談するまでもなく私が徴発される事になった。〔略〕その夜から私は町内会の人と一緒に警備の役目についた。強盗や朝鮮人の警戒である。赤門を事務所にしてテ

炎上する東京帝国大学医学部校舎

ーブルを据え、常時交代で7、8人の男が並んで座って大通りを見張っていた。前を通る人を男女の別なく止めては「どこから来て、どこまで何しに行くのか?」と訊いた。官庁や新聞社のオートバイは、町内警備員の制止も無視してすごいスピードで飛ばして来て走り去って行く。

色々なデマが飛び交い、どことどこの井戸に毒を入れられたから水を飲まないように見張れとか、向島・深川方面から大挙して朝鮮人が押しかけて来るから用心にも用心をするようにとか、まことしやかに伝わって来る。新しい情報が来る度に町内の役員たちが会議を開く仕末であった。

竹竿の先端に刃物を付けて持ち歩く者、先祖代々伝わる家宝の刀を腰にさす者等、皆それぞれ用意していたが、私はつづらの中にあった、昔の商人が旅先で用いた道中差しの小刀を取り出して腰に差し、何かしら自分にも勇気が湧き出してくるような気がしていた。

（山本早苗『漫画映画と共に——故山本早苗氏自筆自伝より』私家版、1982年）

吉野作造〔**政治学者。本郷神明町で被災**〕

9月3日火曜　3日、この日より朝鮮人に対する迫害始まる。不逞鮮人のこの機に乗じて放火、投毒等を試むるものあり大いに警戒を要すとなり。予の信ずる所に依れば宣伝のもとは警察官憲らし。無辜(むこ)の鮮人の難に斃(たお)るる者少らずという。日本人にして鮮人と誤られて死傷せるもありと云う。

昼前学校に行くとき上富士前にて巡査数十名の左往右返この辺に鮮人紛れ込めりとて狼狽し切っているを見る。やがてさる一壮夫を捉うるや昂奮し切れる民衆は手に手に棒などを持って殺してしまえと怒鳴る。苦々しき事限りなし。

（『吉野作造選集14・日記2』岩波書店、1996年）

渡辺初吉〔**宇都宮市扇町新聞販売業宇陽舎主**〕

「焦土の東京を一巡り　日本橋区内は大平原の様　竹槍鉄棒で青年団の警護」

本郷の焼残りの地で〔2日〕午後4時頃〔略〕鮮人1名青年団に発見され柱へ縛り付けられ「放火人」と札を立てて置かれたが間もなく群衆のために叩き殺されるのを見た。

〔略〕2日夜に入ると不逞鮮人が押しかけるというので、もしも狼藉するなら青年団も正当防衛で臨機の処置を執ってもよいとまで警官に言われたが、2日夜までには鮮人の徒党らしきものは出現しなかった。数名の鮮人が捕えられたのは事実であった。薩摩原では1名の鮮人が電車線路内に竹槍で突き殺されているのも見た。

（『いはらき新聞』１９２３年9月4日）

本郷駒込警察署

9月2日午後2時頃に至りて流言あり、曰く「今回の大火災は概ね不逞鮮人の放火に原因せるものにして、赤坂青山・深川の諸方面に於てはその現行を取押えたる者多し」と。人心これが為に稍々動ける折しも、幾もなく「鮮人は毒薬を井戸に投じたり」との風説さえ伝わりて、鮮人に対する迫害漸く行われ、早くもこれを捕えて本署に同行するものあり、就きてこれを検するに爆弾なりとせるものはパイナップルの缶詰にして、毒薬なりとせるものは砂糖の袋なりき。然るに夜に入るに及び、「下谷池之端七軒町は既に猛火の襲う所となり、今や将に根津八重垣町に於てその威を揮えり、管内は到底全焼を免れざるべし」との流言起り万一を慮りて避難の用意に着手するもの少なからず、混乱の状益々甚し、然れども延焼の流言は下谷方面の鎮火に依りて自ら消滅したれども、鮮人に関するものに至りては漸次拡大せられ「鮮人等は左袖裏に赤布を纏い、或は赤線を描けり。警察官は軍人に変装せり。鮮人の婦人は妊婦を装い、腹部に爆弾を隠匿せり」など言える蜚語漫に行わるると共に、自警団の粗暴なる行動相亜いで演出せられ、同3日午後2時頃駒込追分町に於て通行人4名に重傷を負わしめ、5日には公務を帯びたる輜重兵中尉を嫌疑者として本署に拉致せるなどの事ありしのみならず、戒厳令を誤解して、警察権はすべて軍隊に移れりと為し、眼中また警察なきに至る。

（『大正大震火災誌』警視庁、１９２５年）

本郷本富士警察署

9月2日午後2時頃、鮮人暴挙の流言伝わりて、人心漸く険悪となるや、戎・凶器を執りて鮮人を迫害するもの多し、これに於て本署は鮮人等を保護検束すると共に、自警団に警告する所ありしが、彼等は容易に耳を傾けず、3日以後に至りては狂暴特に甚しく、同胞にしてその危害を受くるもの亦頻々たり。

（『大正大震火災誌』警視庁、１９２５年）

司法省「支那人を殺傷したる事犯」

9月4日午後1時、本郷区駒込肴町二街路で、鈴木熊蔵・森一・本多友治・谷澤忠・藤田清二郎・原海次・島田礎・佐藤平次郎・矢崎萩太郎が、中国人韓湖（翔）初〔外交文書などによれば正式氏名は韓潮初〕外3名に棍棒・銃剣・竹槍・金剛杖・金槌等で重傷を負わせた。（一部補足）

（姜徳相・琴秉洞編『現代史資料6・関東大震災と朝鮮人』みすず書房、１９６３年）

『北海タイムス』（１９２３年9月5日）

「咄人道の敵　放火掠奪凌辱　嗚呼果して然るか」

罹災民の憤怒極度に達し彼〔朝鮮人〕と見れば、餓に泣きつつある老幼もそれと計り協力して叩き付け半殺しとなし官憲に引渡し居れり。官憲も戒厳令を布かれて以来抵抗する者は止むなくこれが銃殺をなし、現に駒込に鮮人を磔刑に為せるを発見せるがこれ等は官憲の為したる者か又は罹災民憤怒の余り為したる者か未だ判明せず。

『福岡日日新聞』（1923年9月6日）

「暴徒の大脅威」

3日の如きは帝大正門前に罹災残余の「各区に亘って放火全滅す」とビラを貼ったるものあり。これ等がそれからそれへと伝えられ在京○○の徒は市民一般の食料の欠乏と住むに家なき有様なれば、彼等はより以上の悲惨なる状態にあり、これ等の蜚語が伝えられた結果その影を見れば直にこれを防止せんとする情勢に陥り、殊に2日夜の如きは巣鴨に於て海軍火薬庫を○○の徒が襲いたりとの蜚語に依り在郷軍人及青年団有志の決起あり、警戒中種々の間違いあり。

『山形民報』（1923年9月6日）

「鮮人死体　道路に30個」

本郷区元富士通りに鮮人30余名が斬殺されていた。全市にわたる死体は貨物自動車を以て運び整理しつつある。

『報知新聞』（1923年10月15日）

「13の少年まで検挙された　○○に暴行を加えて押収された兇器に村田銃」

本郷駒込署管内でも去月2日夜の混乱の際多数の○○に暴行を加えた悪自警団があるので、警視庁及検事局等から係官出張し昨14日までに同地自警団員山崎政七（13）、青木源治（41）外14名を駒込署に引致し、証拠品として押収した着剣の村田銃を突きつけ厳重取調べ中である。

『報知新聞』（1923年10月29日）

「警官の非を挙げて本郷自警団が決起　煽動、宣伝の事実を一々指摘して内相、総監に検挙団員の釈放を迫る」

まず曙町村田代表から、9月1日夕方曙町交番巡査が自警団に来て「各町で不平鮮人が殺人放火をしているから気をつけろ」と2度まで通知に来た外、翌2日には警視庁の自動車が「不平鮮人が各所に於て暴威を逞しうしつつあるから各自注意せよ」との宣伝ビラを散布し、即ち鮮人に対し自警団その他が暴行を行うべき原因を作ったのだと報告すれば、

次に森川町の小野代表が立って、丁度9月4日肴交番の巡査は折柄通行中の支那人を捕え鮮人と間違えて、この鮮人をヤッツケロと自警団員を使嗾したので団員の多勢はこれを殴打負傷させた。支那人は付近の医師の手で一命はとり止めたが、9月14日になって自警団員が殴った事が知れて14名の団員は重大犯罪者の如く取扱われ目下東京刑務所に収監されている。その責任は果して誰にあるか、尚本件については証人も多数あると卓を叩いて悲憤の涙を流し、

続いて千駄木町その他各町代表はいずれも警官の非行を報告し、この際本郷区はこれを一部の区会議員や自警団のみに止めず本郷全区民の声として一般の世論を喚起し、目下収監されている団員救助の方法を講ずる為め佐藤氏〔弁護士佐藤有泰〕を委員長とし数名の委員をしてこれが貫徹を期するため、警官の非行を一括して警視総監、内務大臣に陳情することを悲憤慷慨の裡に可決したというが、早くもこの事を探知した上野憲兵隊では事件のより以上悪化せんことを恐れ特に私服を増派して警戒中である。

港区

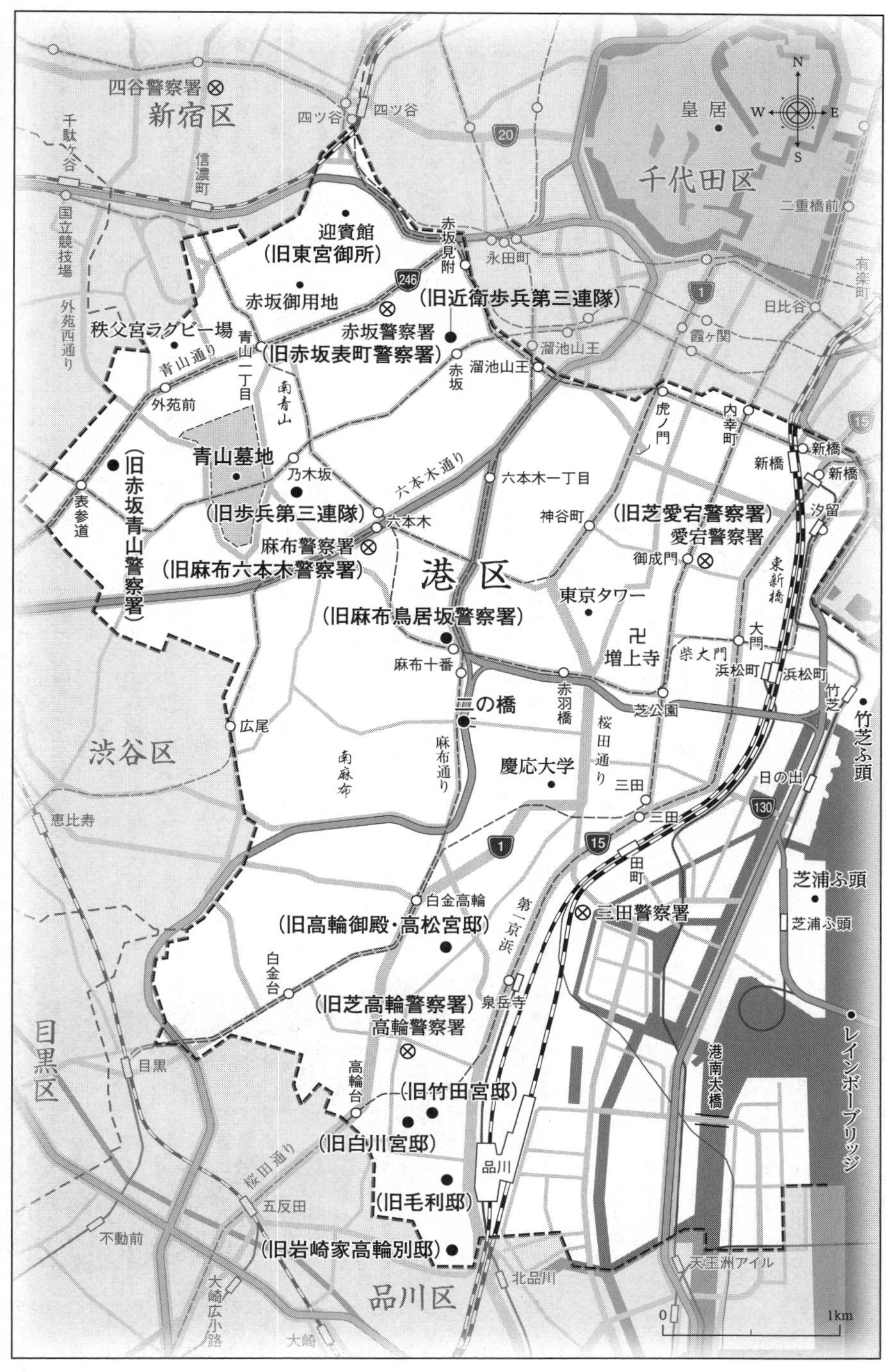

四谷警察署
新宿区
四ツ谷
四ツ谷
千駄ヶ谷
信濃町
皇居
千代田区
二重橋前
国立競技場
外苑西通り
迎賓館
(旧東宮御所)
赤坂見附
永田町
赤坂御用地
(旧近衛歩兵第三連隊)
有楽町
日比谷
秩父宮ラグビー場
赤坂警察署
青山通り
青山一丁目
(旧赤坂表町警察署)
溜池山王
霞ケ関
赤坂
溜池山王
外苑前
南青山
虎ノ門
内幸町
(旧赤坂青山警察署)
青山墓地
乃木坂
六本木通り
六本木一丁目
新橋
新橋
新橋
表参道
(旧歩兵第三連隊)
六本木
神谷町
(旧芝愛宕警察署)
汐留
愛宕警察署
麻布警察署
(旧麻布六本木警察署)
港区
御成門
東新橋
東京タワー
(旧麻布鳥居坂警察署)
増上寺
大門
芝大門
麻布十番
浜松町
浜松町
赤羽橋
竹芝
竹芝ふ頭
二の橋
芝公園
広尾
桜田通り
渋谷区
南麻布
麻布通り
慶応大学
三田
日の出
三田
恵比寿
田町
芝浦ふ頭
白金高輪
第一京浜
三田警察署
(旧高輪御殿・高松宮邸)
芝浦ふ頭
白金台
(旧芝高輪警察署)
泉岳寺
レインボーブリッジ
高輪警察署
目黒区
目黒
港南大橋
高輪台
(旧竹田宮邸)
(旧白川宮邸)
品川
桜田通り
(旧毛利邸)
五反田
不動前
(旧岩崎家高輪別邸)
天王洲アイル
北品川
大崎広小路
品川区
大崎
1km

赤坂・青山・六本木・霞町

奥富茂

〔3日朝〕六本木の連隊に着いたときに夜が明けた。戒厳令がすでに布かれていた。部隊は続々と警備に出動して行った。警察権はすでに軍に移され治安は軍政下にあった。私もただちに出動を命ぜられ、麻布十番にある支那大使館とチェコ大使館の警備に派遣された。

朝鮮人の不穏行動の流言はますます波紋を拡げていった。まだときどき小さな余震が思い出したように襲ってくる。通りに面した商店の戸は堅く閉ざされ、要所要所に白鉢巻に武装した自警団の人たちが立っていて、通行人を一人ひとり尋問していた。今にも何か突発しそうな不穏な空気が町々にみなぎっていた。情報はすべて伝令以外に頼るものはなかった。電話網は全く破壊されていた。

〔略〕公館警備から帰ると、私の分隊は米をトラックに満載して、麻布から浅草の伝法院まで輸送するように命ぜられた。途中で暴徒に略奪されるおそれがあるので、みんな緊張して銃に装填して安全装置をかけた。

（関東大震災を記録する会編『手記・関東大震災』新評論、1975年）

倉富勇三郎〔枢密院議長〕

〔2日夜、赤坂丹後坂の自宅で、近隣に住む安藤則光から不穏な噂を聞く〕

朝鮮人千人ばかり、横浜の方より東京に侵入せんとし、大森区にて警察官がこれを禦（ふせ）ぎたるも、人少く力及ばず、遂（つい）に朝鮮人500人ばかり、東京に侵入せる趣につき、これを防ぐ為、丹後町にても自警団を組織する企てありという。少時の後、数十人団を為し、夜警に当たりたり。

〔略〕夜半頃、報あり。「朝鮮人200人ばかり、青山御所に侵入せる旨、赤坂見付上の警察官より通知あり。婦人には朝鮮人が暴行を為すにつき、男子と婦人とを識別すべからざるように為すため、婦人は手巾を以て頭を包みいるようにすべし」と。下婢等はこれを聞き大に恐れたり。流言の人を惑わすまた甚（はなは）だし。

（倉富勇三郎日記研究会編『倉富勇三郎日記・第三巻』国書刊行会、2015年）

地震という自然災害にもかかわらず、東京に戒厳令が布告されたのは9月2日午後6時。異例の布告は当時の警視総監・赤池濃の建言によるものといわれる。写真は赤坂見附に作られた戒厳尋問所と兵士の姿

斎藤輝子〔斎藤茂吉夫人〕

東京市内の大震災の被害は大きく、夜半になると下町で起きた火災は激しく燃え広がり、町中は真昼間のように赤々と照らされた。そのうち、「朝鮮人暴動」の流言が乱

れ飛ぶ。すぐ隣の青山墓地には目の血走った男たち数百人が集まり、「攻撃準備！」だの「井戸に毒をまかれた！」などという噂が流れて住民はパニックに陥った。

　青山脳病院の職員の中には抜き身の日本刀に向こうハチマキの勇ましい者もいたが、多くは戦々恐々として地に足がつかず、病院内の巡回にも出かけられない有様だった。しかし誰かが病院を見回らなくてはいけない。

「暴徒が潜んでいる」「患者が暴れ出すのではないか」

　いろいろな噂が飛び交い、しーんと静まりかえった暗闇の病院を巡回するのは大の男である職員まで尻込みする。しかし輝子は「みんなだらしないわね！　では私が参ります」と、十文字にたすきをキリリとかけ、草履を紐で足に巻きつけ、着物の帯の間に短刀を挟むという勇ましい姿で、野外で燃え盛る火に照らされた病院内を一人で巡回した。

（斎藤由香『猛女と呼ばれた淑女――祖母斎藤輝子の生き方』新潮社、2008年）

島崎藤村〔作家〕

〔2日、飯倉片町で〕「放火をするものがあるから、気をつけるように」。その警告がこんな混乱した町の空気の中へ伝わって来た。

　私たちが集っていた場所は片町の電車通りからもよく見える位置にあったので、他からの避難者で疲れた足を休めに立寄るものも少なくなかった。〔略〕そこへ見慣れぬ35、6ばかりの洋服を着た男が来て立った。この町の人達が眼にも見えない恐ろしい敵の来襲を聞いたのは、その男からであった。〔略〕物ずきか、悪戯か、それとも親切か、いずれとも分らないようなその男の残して置いて行ったものが、かえって皆を不安にした。

〔略〕こんな時に耳の早いのは子供等だ。婦女子供はなるべく町の外へ避難せよ。夕方にはそんな声さえ私達の耳へ入った。大震、大火、旋風、海嘯――ありとあらゆる天変地異の襲いかかって来たようなこの非常時に、些細な風聞にも動かされ易くなっていたのは、子供等ばかりでもなかった。休まず眠らずにいた大人までが、みんな子供のようになっていた。

　兎も角も、私達は他からの人の入込み易いこんな門前の位置から、婦女子供を隠したかった。もっと安全な場所に一同を置きたかった。そこで私は竹沢さんと連立って、相良さんの邸内をこの町の人達のために開放するよう、その交渉に出掛けた。〔略〕「井戸に毒を入れる者があるそうですから気をつけて下さい」。こんな警告が、そこに集っていたものの不安を増させた。みんな提灯のあかりを消して沈まり返っていた。

〔略。相良邸で〕「敵が来る、敵が来る……」お伽噺でもない限りは信じられないような2千人もの敵が襲って来るという風聞はその翌日〔3日〕になっても続いた。敵は既に六郷川〔六郷橋付近の多摩川下流部〕の付近で撃退せられたから安心せよというものがあり、いや、その残党がもぐり込んで来ないとも限らないというものがあった。〔略〕「いずれ、こんなことを言い触らして歩く奴があるんでさ――こういう時には、馬鹿や狂人がよく飛出しますからね」といって憤慨するものがあった。こんなに多くの人が苦しみを重ねているのを見たら、敵でも私達を救う気になるだろう。この悲惨な震災に乗じて、一層人の心を混乱に導くようなった。同胞のあろうとは信じ得られないことであった。〔略〕そんな流言に刺激されて、敵でもないものが真実の敵となって顕れて来るのを恐れた。〔略〕この町の人達が各自に互いを護ろうとするようになったのは、それからであった。北隣の鈴木さん、小原さんなぞについてお前の弟達も思い思いに用心の棒を携え、日の暮れるころから町を護りに出るようになった。夜の12時には、また大きな地震が来るという流言の伝わったのも、その3日目の晩であった。

（「飯倉だより（子に送る手紙）」『編年体大正文学全集・第12巻——大正12（1923）年』ゆまに書房、2002年）

島屋政一〔印刷史研究者〕

〔赤坂溜池の自宅で〕3日になってから、不逞の徒が市中を徘徊している、という噂がパッと伝わった。所謂一犬虚に吠えて、万犬その実を伝えて、噂は噂を産み、いずれも戦々兢々の態である。どこでは不逞団の包囲を受け何十人鏖殺されたとか、或は爆弾を以て放火し回る徒があるとか、なかなかの騒ぎである。男子は夜毎に日本刀や、短銃又は竹槍を携えて戸毎を警戒するという有様である。

ちょうど3日の午後11時頃であった。親友の安危に就いて是非見舞いたいと思い、暗を衝いて六本木の方に出た。警察のつい側まで来ると、大変な人だかりである。やッつけろ、殺してしまえと罵っている。見ると一人の巡査が手を振り振り多くの人々を制止している。すると群衆の中の一人が懐中電灯を取り出して包囲されている者の顔を照らした。こやつこそ本物の不逞漢だ、やッつけろと叫んだ。巡査は必死に制している。

グサッと音がしたかと思うとたちまち不逞漢と称される者の臍の上と思う所に、竹槍の穂先が現われた。ばッたり倒れると群衆は散ってしまった。誰かが背後から突き刺したものと見える。思うに、こんなことが到るところに演じられたらしい。これ以来夜の歩行は危険千万と考え、一歩も出なかった。

（島屋政一『高台に登りて』大阪出版社、1923年）

関かねじ

〔青山南町4丁目で〕翌日の夕方から朝鮮人の暴動があるから外に出ないようにと大声でふれ歩いていた。何が何だか解らないので落ち着かない思いで家の中にこもった。〔略〕2日の午後3時頃流言蜚語が町を流れ出した。朝鮮人が青山辺にも放火して歩くから気をつけるようにとふれ歩いて走って回る。水は使えないし電気はつかないし、流言蜚語は恐ろしいし、一人住いの私はどうして良いか分らなかった。落ち着かない気持をハラハラさせながら、流言蜚語を聞きながら、下町はどんどん焼けているという話を聞きながら、3日3晩本当に生きた心地なく過した。

（世田谷区老人大学編『世田谷区老人大学修了記念論文集・第1期修了生』世田谷区老人大学事務局、1979年）

多賀義勝

〔2日〕朝鮮人暴動の噂が流れはじめた。なんとなく町が騒然としはじめた。井戸に毒が投げこまれるというので、町内のすべ

ての井戸に番人が見張りに立った。父は軍刀を持ち出した。私と弟は、従姉が日の丸の腕章を作ってくれたのを着けて、鉄棒を持って寺の門前に歩哨に立った。

そのうち暴徒の一隊が六本木で掠奪をはじめたと、見てきたようなことを言う人も出てきた。みんな流言だったのだが、うっかりすると信じかねないような情況だった。交替の合い間に谷町の通りに出ると、避難して来る人の群れが切れることなく続いていた。

（多賀義勝『大正の銀座赤坂』青蛙房、1977年）

林英夫

当時、渋谷常盤松にあった農大に籍があった私が被災したのは、霞町のほうによった高樹館という下宿の一部屋。

不安のうちに明けた翌2日、町内に住んでいた某予備役の陸軍少将が、早朝から仲間といた私たちのほうへやってきて、「きみら若い連中は、さあ、これをぶら下げてそのへんを警戒し、朝鮮人とみれば片っ端からたたき切ってしまえ！」と数本のドス、

日本刀を指すのでした。

〔略。2日夜〕暗くなりかかった霞町の角を、私が二ノ橋のほうに渡ろうとした途端、いきなり2、3メートル先の路地からふたつの黒い影が飛び出してきた。夜目にも、それとわかる労働者風の朝鮮人たちです。はっと身構えようとした私の目前で、〔略〕彼らの背後をつけてきた2名の兵士が、グサリ、背中から銃剣を突き刺したのでした。兵士たちは、なにひとつなかったような表情で私の立ち止まっているまえを通り過ぎて行きました。（談）

（「目の前の惨劇」『潮』1971年6月号、潮出版社）

本多静雄〔実業家、陶芸研究家〕

〔3日夜9時頃、赤坂の新坂町へ向かう〕途中、あちこちの町角に自警団が立っていて、そのたびに尋問された。朝鮮人が暴動を起こして方々で放火略奪をやり始めたからだという説明であった。

〔略。5日夜〕その夜は、赤坂の新坂町で自警団を押しつけられて夜半まで警戒に当った。夜中には何事もなかったが、ときどき伝令が来て、朝鮮人が平塚方面で大挙して日本人を襲ったとか、馬入川〔相模川河口付近〕辺りで朝鮮人が大勢殺されたとかいう、流言飛語がつぎつぎに流れてきた。深

関東大震災は「三度揺れた」といわれるように、本震のみならず、大きな余震で倒壊する家屋も多かった。写真は赤坂山王下で仮小屋、バラック小屋を建てて避難生活をする住民たち

夜に朝鮮人が襲って来たと、まことしやかに言って歩く者もいる始末であった。

（本多静雄『青隹自伝（上巻）』通信評論社、1984年）

和田洋一〔新聞学者。赤坂区青山6丁目で被災〕

夜は近くの原っぱにたてられた天幕の中で寝なければならなかった。寝ていると、だれかがメガフォンで「朝鮮人が毒薬を井戸に投げこもうとしているということですから気をつけて下さい」と呼びかけていた。〔略〕朝鮮人にかんする流言が断片的にわたしの耳に入ってきた。下町をあるいていると、殺された朝鮮人の屍体があちこちにころがっている。日本人が自警団をつくっていて、朝鮮人だと判ると日本刀で斬り殺すという話、これはどうやら本当らしかった。わたしは、そういう惨死体を自分の目で見て確かめるべきか否かについて考え、迷い、結局行かなかった。

（和田洋一『わたしの始末書――キリスト教・革命・戦争』日本基督教団出版局、1984年）

赤坂青山警察署

9月2日午後4時頃、「鮮人の放火団体は、青山方面に襲来すべし」或は、「再び強震あるべし」等の流言いずこよりともなく宣伝せられて、人心頓に不安に陥るや、所謂自警団の成立を促し、同日の夕刻、帝大教授某理学博士を鮮人と誤認し、明治神宮表参道入口付近に於て、まさに危害を加えんとせるを、署員の救護により辛うじてこれを免れしめたるが如き、或は、北町5丁目なる某家の押入中に放火せる鮮人ありとの急告によりて、これを調査せしに、羅紗洋服地布片の焼け残りを発見せり、けだし同人が火災時に外出せる折、火気を防がんが為に拾得し来れるものにして、その臭気を嗅ぎたる付近の民衆は、これを出火と速断し、やがて又鮮人の放火なりと誤りたるが如き、その事例に乏しからず。

然るに翌3日午後6時半頃に至りては、更に、「大本教信者は爆弾を携帯し、数台の自動車に分乗して、まさに帝都を襲わんとす」との流言すら起り、倍々、民心の動揺を来せしが、同4日午後11時30分、青山南町5丁目裏通方面に方り、数カ所より警笛の起ると共に、銃声、また頻りに聞ゆるに至りて、鮮人の襲来と誤認し、一時騒擾を生じたりしが、その真相を究むれば、付近邸内なる、月下の樹影を鮮人と誤認して警戒者の空砲を放てるものなりき。

爾来本署は、流言に就きて厳重なる偵察を遂げたる結果、その誤伝に過ぎざるを確めたるを以て、自警団の取締に着手すると共に、流言に惑うべからざるを説きて、民衆の反省を促せしも、容易にこれを信ぜざりしが、やがて警視庁の命令によりて戎・兇器の携帯を禁じその押収に着手するや、民衆はこれに反対し、氷川神社方面には、鮮人等暴行を逞くせる事実あり、いわんや、三軒茶屋付近に於ては、鮮人との闘争既に開始せられたるに於てをや。この時に方り、身を衛り、衆を護らんものは、唯武器あるのみ、もし、万一の変起らば、警察署は、能くこれを撃退して生命財産の安全を保障するを得るかとて、本署に来りて署長に肉薄するもの少なからず、即ちその事理を戒諭し、更に各団体の幹部と懇談するに及び、漸次、その意を得るに至りしが、疑心、未だ全く解けず、「青山墓地には、夜間密に鮮人等の潜伏して、陰謀を企つるものあり」との説行われたれば、誤解を一掃せんが為に、同5日午後8時、鷺・大森両警部補に命じ署員数10名を率い、歩兵第二連隊の一個大隊と協力して、一斉に厳密なる検索を実施せしが、遂にその隻影だに見ず。

（『大正大震火災誌』警視庁、1925年）

赤坂表町警察署

9月2日午後7時頃「不逞鮮人等大挙して管内に襲来せんとす」と云える流言の行わるるや、さなきだに疑懼の念を抱ける民衆は、更に不安の念を生じ、戎・兇器を携えて所在に横行する自警団の発生を促し、鮮人等の身辺危きを察し、管内在住の鮮人数十名を保護検束したりしが、翌3日に至りては、流言益々甚しく、更に「強震再襲すべし」との説を為すものあるに至る、この時に方り、鮮人に関する流言の信ずべからざる事既に明白となりしを以て、その意を宣伝して誤解を除くに努め、かつ青年団員の取締を励行すると共に、流言を流布するものの内偵に従い、同4日の夜半強震に関する流言の犯人を検挙せり。しかれども鮮人に対する反感は容易に一掃する能わず、暴行また衰えざるを以て、遂に自警団員等の携帯せる戎・兇器の押収を断行し、検束せる鮮人は習志野に護送して陸軍の手に交付せり。

（『大正大震火災誌』警視庁、1925年）

「赤坂区震災誌」

2日となりたるに誰人がいい触らしたりとはなく、朝鮮人に対するあられもなき取沙汰、それよりそれへと伝えられ、疑惧の間に自警団の出現を見るに至りたれば、人心次第に緊張し来りたる時も時3日の午後4時頃、何者か自動車2台、自転車1台を連ねて、朝鮮人2千名三田方面より暴行しつつ押寄せ来れりと、宣伝しつつ乃木坂付近を疾走せり、これと相前後して1名の身装卑からざる婦人、3名の女中に扶けられつつ乃木坂派出所に来り、唯今2千名の朝鮮人六本木方面に押寄せ来りたりと、訴え出でしかば居合せたる警官大に驚き、直に六本木方面に赴き偵察したるに、右は全く虚報にして1名の朝鮮人を認めたる歩哨が、これを呼止め取調をなさんとせしに、朝鮮人はいち早くその姿を隠したるより、2、3名の歩哨が荐にその行衛を捜索し居たる折柄、その事実が早くも2千名襲来と、誇張申告せられたるものと明瞭したり。

（港区編『新修・港区史』港区、1979年）

麻布六本木警察署

9月2日午後5時に至りて、始めて不逞鮮人暴挙を企つとの流言あり、けだし管内に来れる品川以西の罹災者によりて伝えられしものの如し、これに於て人心の動揺甚しく、老・幼・婦女子の如きは麻布連隊に投じてその保護を受くるに至る。かくて自警団の成立を促し、これが為に1名の通行人は鮮人と誤解せられ、霞町に於て群集の殺害する所となれり。されば翌3日以来、或は戒厳令の本旨を宣伝し、或は一般民衆の戎・兇器携帯を禁止するなど、極力その取締を厳にせり。

しかれども隣接署との境界線付近に於ては、なお自警団体跋扈して通行人を誰何・審問し、鮮人なりとてこれを本署に同行し来るもの多し、これを取調ぶるに、概ね皆同胞にして鮮人にあらず。即ちその軽挙を戒むるも容易に耳を傾けざりしが、會〻同日午後11時過、民衆の多くが寝に就きたる頃「只今大震あり早く屋外に出でよ」と叫びて各町を疾走するものあり、恐怖に充ちたる民衆はその声に驚き、枕を蹴って難を屋外に避けんとし、一時混乱の状を呈したるども、署員の制止によりて事無きを得たり。しかも鮮人に関する流言に至りてはなお止まず、自警団の専横また依然たりし。

（『大正大震火災誌』警視庁、1925年）

麻布

青柳杢太郎

〔2日、麻布で〕その夕べだった、例の○○○○○が持ち上がったのは。頼りない提灯の火が暗黒の街をわずかに照らしている中を、町内の青年団が声をからして、婦女子は麻布一連隊へ逃げよ、男子は○○○○○○○と呼わりまわった。例の考察力に乏しい連中や、小心の婦女子は尼港の惨虐を連想して、今にも銃剣が横腹へ来るものと震え上がり、算を乱して或は一連隊の方向へ、或は倒れかけた屋内に逃げこみ、電車道には日本民衆独特の武器たる竹槍をひっさげた男子がいずれも極度の興奮を見せて仁王立ちに突っ立っているのみだった。目黒方面から一連隊の方へ絶えず避難民が走り来り走り去る。○○の数或は2千といい、或は200というも、誰も目撃したという者は一人もなく、徒におびえ、徒に逃げまどうて来るに過ぎなかった。

その夜の半ば頃から○○の噂は○○と変り、井戸へ○○○○と変じ、○○に対抗するために立った竹槍組は、放火その他の変事を予防するために町内警戒の任に当った。

下町一帯にわたる大火は3日頃からようやく下火となり、余震の度数もようやく減じたが、流言蜚語は日を追って猛烈となり、夜毎夜毎に自警団に当る職人や仕事師の類は公然兇器を提げて往来の公衆を誰何し、自動車を止め、日頃下げつめている頭をいやが上にももたげて溜飲をグイグイ下げた。震災のために精神に異常を呈した待合の主人が川に投身したのを、○○が追いつめられて川中に逃げこんだものと早合点して、伝来の名刀を振りかざして矢鱈に切りつけた勇敢なあわてものもこの自警団から出た。

（『石油時報』1923年10月号、石油時報社）

秋山清〔詩人〕

〔麻布区龍土町で〕9月3日の夜には、剣付鉄砲で兵タイが人を突いたのを見た、といって麻布の六本木あたりにもうわさが流れた。前後して朝鮮人の襲撃ということが言われてきた。

〔略〕震災の時の朝鮮人虐殺は二つの方向からなされた。一つは、震災の火のまだ燃えつきぬ中に、軍と警察によって拉致され、集められた朝鮮人が江東の一地点で、何ものの理由もないままに、銃剣をもって、勝手に撃ち殺され、突き殺された、という事実である。その数は3千といい、5千といい、もっと多いともいう。詳細はいまに至ってますます判明せぬというのが正しかろう。〔略〕

「目黒の柿ノ木坂に鮮人が大勢集合して、いま渋谷に向かっている」「もう宮益坂を上って、青山6丁目から六本木に向かっている」「今青山墓地まで来ている。その数はわからない」〔略〕「青山6丁目から霞町まで来ている。皆用心しろ。戸を立てて家から外に出ないように。鮮人は六本木に向かっている」

だが六本木には何者もやって来ない。〔略〕たまりかねて私は町内の顔役や自警団の幹部たちが提灯（ちょうちん）をつけて屯（たむろ）しているそのテントの中に入っていった。〔略〕まくしたてるようにぶちまけた。〔略〕「朝鮮人が、地震と火事の最中に、あっちこっちから集まって来て、日本人を襲撃するなんてことができるものだろうか」〔略〕そこにいた皆が私の意見に同意した。〔略〕

それから2、3日たってその反動がやって来た。私の借りていた家の家主〔略〕が、少し気色ばんだ顔つきで、夫婦で私らの2階に上って来た。〔略〕「ともかく、1日も早く引越して貰いたい」

（秋山清『わが大正』第三文明社、1977年）

李方子（イバンジャ）〔**李垠（イウン）妃**〕

〔避難先から鳥居坂の自宅に戻った2日〕大東京の大半が灰じんに帰し、騒然たる世情を安定させるために戒厳令が布かれましたが、よりどころを失った人心は極度に動揺して、名状しがたい大きな危険をはらんでいるようだと、安否を気づかって尋ねてくれた人々や職員から聞かされ、いやな予感におののくうちにも、「どさくさに乗じて朝鮮人が独立運動をおこし、方々で暴動がはじまっている」「朝鮮人が井戸の中に毒をまいたり放火してまわっている」「火事場泥棒や掠奪が行なわれている」といった流言が飛び交い、朝鮮人への呪詛はたちまち野火のように燃えひろがってゆき、「朝鮮人はみな殺しにせよ！」と、怒り狂う人々によってむごたらしい虐殺が始まったとのこと。私たちにも危険が及ぶおそれがあるというので、宮内省第二控室の前に張られたテントのなかで、1週間過ごしました。

「何かにつけて朝鮮人は悪いと決められてしまうのはじつになさけない。たまたま労務者として渡ってきたごく一部の人々の非常識なことだけがめだって、それが朝鮮人だという固定観念をつくりあげてしまう……」。殿下はいいようのない悲しみと憤りに声をふるわせておられました。私たちふたりは、民族の血を超越した愛情と理解によって固く結ばれていても、日本と朝鮮の間には、とうてい埋めることのできない深い溝が横たわっていることを、この虐殺事件によってまざまざとみせつけられた思いでした。

1週間ぶりで家に帰ると、ただちに罹災者のために慰問袋をつくり、また家の職員で罹災したものもいるので、古着類を分配したりのいそがしさに追われましたが、心は一点に釘づけられて、悲しく、重く、とざされていました。多くの人が死に、むざんな焼野ガ原となった目の前の東京の姿にも、前途暗たんたる思いでしたが、朝鮮人ということだけで、理由もなく殺された同胞のむざんさには、救いもなく、やり場もないのです。「しょせん、私たちの力ではどうなるものでもないのだ……」

日朝間の人柱にすることを意図した上での結婚であったことを思えば、殿下も、私も、はかないような、寂しいような、いいようのない気持ちにおちいらずにはいられませんでした。

（李方子『流れのままに』啓佑社、1984年
→小田部雄次『李方子――韓国人として悔い

なく』ミネルヴァ書房、2007年）

荻原井泉水〔俳人。宮村町（現・元麻布）で被災〕

〔2日〕その夕方の事であった。「この辺に○○人があばれて来る」という飛報が伝った。その噂によると、この地震を機会として○○人の反逆が起った、彼等は平生用意して置いた○○を以て要所の家々に放火した、地震と共に随所に火を生じたのは全く彼等の仕業なのだ、而して彼等の仲間の近県にいる者は、大挙して東京へ急行しつつある、火に残された山手地方を焼尽そうというのが、彼等に残された目的だというのであった。今の場合、警察力は全く用をなしていない。各自を護るものは各自の外にない。日本刀を提げて来る者もあった。小人数ではいけない。手分けをしなければならない。義勇軍というようなものが、しぜんと作られた。この時も在郷軍人である清潔屋さんと人造石屋さんとが、しぜんに指揮者の形となった。

「皆さん、番号をつけてください」「1、2、3、4、5、6、なな、8……」などと不慣れな声が受けつがれた。それらの多くは鉄の細い棒をもっていた。それは町の裏手の井上侯爵の邸境にもと植えてあった鉄柵をどこからか取出して来たのだった。竹槍をこしらえて持っている者もいた。合言葉が定められた。「ミといったらムラというのだ」それは宮村町という町の名を分けたものだった。「それでは10人位ずつ一手になって、櫻田町の口に1組、三軒家の坂に1組、狸坂の下に1組、それから裏の山に1組、あとは遊軍として随時に応援に出ることができるように……」。あたかも、戦争の騒ぎであった。血気にはやる者は、後ろ鉢巻をして、細い鉄棒をしごくようにして勇み立っていたが、露営をしている家族の女たちは戦慄していた。而してこの夜もまた暗い夜になった。

「朝鮮人が300人押し寄せて来た、今、櫻田町通りで交戦中だ」という声が立った。女達は悲鳴を挙げた。「ここにいちゃ危ない、逃げろ」「いや、散り散りになっては危ない、ここにかたまっている方がいい」「提灯は消せ、而してひっそりしていなくちゃいけない」「提灯はなるべく多くつけて大勢いるように見せた方がいい」。指揮する者の説もまちまちだった。その説の違うたびに人々は動揺した。

上の坂の方から30〜40人の避難者が、それぞれに包みを持って、ぞろぞろと逃げて来た。「それ」と又立騒いだが、その避難者は、雨が降って来たために、どこか雨覆いのある所を求めて、移るものだと解った。私達の露営は日除などで、不完全ながらも覆ってあったので、そこへ割り込んで来る者もあった。初めからぎっしりな所が錐を立てる隙もない程になった。

「狸坂の下で一人刺された」という報があった。それは朝鮮人と誤られた八百屋さんだという事だ。警戒している者が誰何した時、八百屋さんは答えずに逃げようとしたので（恐らくはこちらで対者を鮮人と思って逃げようとしたのであろう）、気早にも刺されたのだという。そんな話も人々の気をとげとげしく悪く尖らした。早く夜が明ければいい、と人々は念じた。東の空は夜明前の朝焼のように赤らんでいたが、それは遠く本所深川の辺に、まだ燃えている火が映っているので、黎明が来るには時間があった。

〔略。3日〕朝鮮人襲来の噂は、やはり人の心を騒がした。前夜は日比谷公園に露営していた人が、朝鮮人のために斬られたという説がある。今しがた、裏の山の草叢の中に懐中電灯をつけて潜んでいる奴があるという者がある。義勇軍の人達は前夜と同じく、鉄棒を引きならして、警戒に当っていた。蒼い稲妻がすさまじく閃く夜であった。

（「大震雑記」『層雲』1923年11月～12月号、層雲社）

海江田準一郎〔**実業家、政治家**〕

〔2日夜、麻布台の榎坂で〕俄然坂下の往来にあたりて、時ならぬ喊声起り、群集の騒ぐ音にまたもや驚かされて、皆々何事ならんと立ち騒ぎしが、馳せ来りたる番頭の注進によれば、不逞鮮人が田中銀行に放火せんとしたるを発見してこれを逮捕せしものなりと。咄何たる怪事、果して鮮人が放火したるや如何はこれを知らざるも、地震と出火に人心恟々たる折柄また一同を狼狽せしめ、遂に俊夫君と秀夫君は日本刀を翳して番頭などと門前において自衛的警護の任に当れり。〔略。夜12時過ぎに「大地震襲来」の声を聞いた後〕大地震は来らず、後にて聞けば大地震の襲来は朝鮮人が2千～3千人襲来するとの間違いなりしと。しかしその鮮人の襲来もまたこれ虚報にして、遂に戦々恟々の間に2日目の夜を明かしたるなり。

（海江田準一郎『大震災遭難記』私家版、1923年）

上土井初榮〔**当時麻布区東町尋常小学校5年生**〕

〔2日〕往来する人の顔は青ざめてはあはあとせきこんで、小走に走って行くと、間もなくえび色のオートバイが、風をきって走って来て、我が家の前で止った。皆人々はそれに乗って来た。オートバイに乗って来た人は、「諸君今玉川にあやしい船が入りました。それはたしか〇〇人と思われます。女子供は早く逃げて下さい」とそう言う声も切れ切れに、又オートバイをどんどんと走らせて行ってしまった。集った人々はどっと声を上げて、竹やりを作り始める人、刀を持って来る人、逃る人、で大さわぎをすると、又一台の自転車が走って来て、「もう防ぐ事は出来ません」と言った。私達はそれ逃げろと言うので原へどんどん逃げたが、生きている気はしなかった。ああ恐ろしい事があればある物だと、私は深いため息をついた。

（「思い出す9月2日」東京市役所『東京市立小学校児童震災記念文集・尋常五年の巻』培風館、1924年）

神谷量平〔**劇作家。麻布善福寺裏で被災**〕

忘れられないのですが、2日目の夕刻のことでした。隣家、種田海軍中将宅の広い庭が接する辺りに、書生や女中たちが、ひそひそと集まって来て申しますには、ただ今ご主人様からの注意がありまして、横浜方面から不逞鮮人たちが暴動を開始しましたので、遊撃せよとのことです、というので一辺で天変地異から内乱の恐怖に変りました。緊張は3日3晩にわたりました……。私はこの地震によってはじめて朝鮮人という異国の人々の存在を知り、何の罪科もないのに日本軍隊乃至警察、憲兵の取締りを受け、ついには報復の恐怖による無残な犠牲者を大量に産んだ事実を知りました。

翌年の春だったかと思いますが、文部省さし回しの2名の朝鮮人の弁士が市内の各学校を訪れました。日鮮、当時は日朝とは言いませんでした。鮮人という蔑称でしたから日鮮でした。その日鮮友好のための、そして先の災害の禍を福に転ずるための祈りにも似た願いでした。そんなことがどうして出来たのか。今では到底考えも浮かばない、しかしはっきりとした朝鮮人側の謝罪（?）の旅であったと思います。「人という字は左の斜線を日本人とすれば、朝鮮人は右の斜線として成り立っています。日鮮が手を取り合い、軀を支えあってこそ平和が保って行けるのです。仲良くしましょう」という趣旨が、2人の掛け合い万歳のようなやりとりで、非常にわかりやすく語られたことを思い出します。

これって、反対じゃないでしょうか。仮に一歩を譲っても、日本人側の同趣旨が同時に述べられなければならないのではないでしょうか。どういう経緯であったかは記憶しませんが、滑稽な結末が待っていて、最後は校長、職員、生徒が全員爆笑したことを覚えています。ですからこの行動は大成功だったと思いますけれど、考えれば考える程、どうしても笑えなかったので、私はいつまでもこの終結を忘れることが出来ないのです。

（「麻布山善福寺裏（一～三）関東大震災の思い出」『京浜文学』2005年5月号、京浜文学会事務局）

桜井由蔵〔**当時東京市立京橋高等小学校1年生**〕

古川橋まできた時である。自働車や自転車で今朝鮮人が2千人で刃物を持って目黒の方面から来た。と行って（ママ）通った。僕は此方でニーコ〔尼港事件〕の惨害みたいにころされると思うと心中は大浪をうっていた。（抜粋）

（「震災遭難記」東京市立京橋高等小学校『大震災遭難記』東京都復興記念館所蔵）

島崎藤村〔**作家。当時麻布飯倉町在住**〕

〔4日夕、友人・吉村藤舟に語った話〕鮮人騒ぎが大変ですね、ここらでも竹槍だの日本刀など持ち出して騒いでいますよ。これは一つは大本教の煽動と、一つは過激な主義者の画策だろうということです。一方鮮人を煽動し、一方又日本人の間に流言蜚語して、鮮人に危害を加わさせて、鮮人の独立思想を極度に挑発せしめようとしているのだということです。うかうかして煽動者と見誤まられても下らないことですから用心なさいよ。〔略〕この火事の大部分の原因は瓦斯（ガス）でしょう。従って鮮人の爆弾から何んぞいう事は信じられないですね、ことに下町は薬品商も多いし、瓦斯（ガソ）リンもあったでしょうから、自然この火に逢って爆発したのもあったでしょう。その音を聞いて、浮き心の人はやれ鮮人の主義者のと騒ぎ立てたのでしょう。もう皆な極度な神経過敏になっているから、こんな突然の場合、秩序だった統一のある暴徒のあろう筈（はず）はありませんね。それにどこで200人、そこで300人などいって騒ぎ立てているのは流言に惑われた群衆ですね……。

（吉村藤舟『幻滅――関東震災記』泰山書房仮事務所、1923年）

鈴木東民〔**労働運動家、ジャーナリスト、政治家。当時麻布で下宿生活**〕

9月1日が来る。関東大震災は40年前の

昔ばなしとなったが、東京の真中でそれを経験したわたしの印象は、今でもなまなましい。そのときわたしは地獄絵を目のあたりに見たのです。数々の惨劇の中でも、朝鮮人虐殺にわたしは戦慄と憤りとを感じました。

「朝鮮人反乱」のデマを発案した張本人が誰であるかをわたしは知らないが、それを流布するのに官憲も手伝ったことは事実です。「朝鮮人300人の一隊が機関銃を携えて代々木の原を進撃中」とか「朝鮮人の婦女子が毒物を井戸に投入しつつあり」とかいった類のビラが麗々(れいれい)しく、いたる所の交番に張られているのをわたしは見ました。

朝鮮人を殺せというので、「自警団」が組織されました。八百屋や魚屋のあんちゃんたちまで、竹ヤリや日本刀をふりまわして、朝鮮人を追いまわし、われわれ市民を監視したり、どなりつけたりしました。わたしの下宿の主人は、錆びついた仕込み杖をひっぱり出して砥石にかけました。

それを笑ったというので、その下宿の主人と下宿人である若い検事とが、わたしに食ってかかりました。朝鮮人の反乱を信じない態度が、非国民だというのです。その検事はどなりました。「警察が認めていることを、君は否定するというのですか」と。東京市民の99%までが、この調子でした。

(「衆愚」鎌田慧『反骨——鈴木東民の生涯』講談社、1989年)

田鹿〔**当時仙台逓信局書記**〕

「不逞鮮人跳梁」

麻布に至って見れば、約2千名の不逞鮮人が目黒火薬庫を包囲し少数の軍人がこれを追払う為に出向ったが、撃退することが出来ず却(かえ)って鮮人等の為に追われ、鮮人等はその余勢を以て麻布に進撃するという噂で、麻布区民は年老たるもの又は婦女子等を後方に避難させ血気さかんな男子のみを残して諸種の武器を用意し不逞鮮人の進撃を待っていた。その有様は実に物凄い程でした。

(『東奥日報』1923年9月6日)

高見順〔**作家。麻布で被災**〕

〔2日〕噂話というだけでは済まされない流言蜚語がやがて次々に乱れ飛んだ。その中で最も私の忘れ難いものは朝鮮人が暴動をおこしたというデマであった。

「ゆんべ、火事の最中に、どどーんどどーんという音が、遠くから響いてきたでしょう。あれは朝鮮人が火薬庫に火をつけて爆発させていたんだそうですよ」

そう言う者があるかと思うと、天を焦がさんばかりのあの恐ろしい火事は、倒壊した家から火が出たのがだんだんひろがったというだけでなく、朝鮮人が市内の各所に火をつけて回ったためだと言う者もある。なるほどと、聞き手の中にはすぐ相槌を打つ者が出てきて、「そうでしょう。でなかったら、あんな大火になる訳がない。変だとは思ったですよ」

そんなことを言っているうちはよかったが、

「大変だ、大変だ! 朝鮮人が攻めて来た!」

銃器弾薬を持った朝鮮人の大群が、いや大軍が、目黒方面に現われたという。東京の中心に向って大挙進撃中で、日本人を見かけると男女の別なく赤ん坊でも何でも片端から虐殺している!

すは大事だと、大の男も真蒼になった。襲撃者たちはどこをどう通って、都心へ出るのか、それが全く見当がつかないから、逃げようがない。津波でも来たというのなら高台の方へ逃げるという手もあるが、どこへひょっこり出てこられるか分らない。これはもう、押入の中にでも隠れて、じッと息を殺しているより仕方ない。そうして、人の一人もいないがら空きの家みたいに見せかけて、襲撃者をやりすごすより他はない。

それまでは昨日と同じくみんな戸外に出ていた近所の人々が、たちまち家の中に姿を消した。そうして、町全体もまたたちましーんとなった。それから何十分かの間、町そのものが息を殺しているかのようなその沈黙の不気味さをいまだに私は忘れない。その沈黙は、朝鮮人来襲などという有り得べからざるデマに対して、誰一人反駁の発言をするものがなかったという事実を物語っているのである。

部屋の片隅にちぢこまりながら私は私の知っている限りの朝鮮人の姿を思い浮かべて、あんな人の良さそうな人たちもこの暴動に加わっているのだろうかと訝しく考えるのだったが、もしもこの暴動をその人たちの鬱積した怒りの爆発だとするならば、いかにもそれはありそうなことだと思えてくるのだった。

〔略〕朝鮮人と見ると有無を言わせず寄ってたかって嬲り殺しにするという非道の残虐が東京全市にわたって行われたらしいが、私の家の近所ではそうした暴民の私設検問所といったものが三の橋の裾に、誰が言い出したともなく作られて、こいつ臭いぞと見られた通行人は片ッ端から腕をとられて、

「おい、ガギグゲゴと言ってみろ」

あるいは、十月十五日というのを早口に言ってみろと迫られる。濁音がすらすら言えないと、そら、朝鮮人だとみなされたらしい。らしいと言うのは、私はその場に立ち合わなかったからだが、一度はその私も仲間入りをすすめられた。

「──ぶった切ってやる。おい角間君。来い」

と私を誘ったのは、裏の長屋の住人の、しかし普段はおとなしく家で製図板に向っている男だった。おッとり刀のその姿は、高田の馬場へ駆けつける安兵衛みたいで、毛脛もあらわの尻ばしょりは勇ましかったが、浴衣の腕をたくしあげたその腕が変に生白いのはいけなかった。彼はそうして誰彼の区別なく誘っていたのか、それとも特に私だけに、私を乾分（こぶん）にでもする腹か何かでそう呼びかけたのか。いずれにせよ、中学生の私は急に大人扱いされた感じでどぎまぎした。まるで私自身がぶった切ってやると言われたかのようにどぎまぎした。

〔略〕夜警が行なわれ出したのは何日頃からだったろうか。在郷軍人団、青年団、それに町内有志などが加わっての自警団（──鮮人狩りを、主としてやったのは、これである。）の夜警は1日のすぐ夜から行われたのだが、それを、1軒の家から必ず一人宛大人の男を出して公平にやることになったのだ。2人宛組んで竹棒を持って徹夜の巡回に当るのだが、男は私だけのわが家では私が出た。私はここでも、否ここではっきり一人前扱いされた訳である。男手のない大家の当番も私が引き受けた。

〔略〕「戒厳令と言えば軍隊の力はなんと

言っても大したものですな。軍隊の出動がなかったら、東京の秩序は到底保てなかったでしょう」

「警察だけでは駄目だったでしょうな。わたしは軍縮論者、いや軍隊無用論者だったが、今度は軍隊を見直した」

私は大人たちの間に一人前の顔を突き込んで、その会話に耳を傾けていた。大人たちの軍隊讃美に同感だった私は、いや、恐らくその大人たちも、この関東大震災の際の軍隊の威力なるものが、のちの軍閥台頭の因を成し、やがてそれが無謀な戦争へと導かれて行ったことに、その時は少しも気がつかなかったのである。

（「わが胸の底のここには」『人間』1950年9月号、目黒書店）

内藤久寛

〔2日、自動車で〕白金三光町の通りを走らせたところ、路上諸所に鉄棒、棍棒を携えた者が群がっていて、口々に今○○○が押寄せて来る、先へ行っては危険だから帰れ帰れと叫喚している。私は何の事だか分らぬので構わず進行したところ、向うから走って来る者が皆異口同音に逃げよ逃げよという。中に一人洋服を着た相当の人物が、私の自動車の前に来て、何でも逃げよ逃げよといって聞かぬ。少しく車を止めたところ、その人は運転手の脇に飛び乗って、今○○○が五反田の方から抜刀で襲って来る、進んで行っては殺されるという。お前はその○○○○を見たのかと聞くと、見はしないが、先から段々伝わって来るのだと答える。ひそかに虚報であるとは思ったが、あまりしばしば言われるので、やむを得ず引返すことにした。

帰途魚籃坂下の広い通を過ぎようとすると、石油箱の類を積み重ねたり、あるいは柵を結んだりして通行を止め、そこに鉄棒、日本刀を携えた人が群がっていて、自動車どこへ行く、通されないとて今にも打ち掛かるような勢いである。はなはだ迷惑を感じたが、幸いその場に巡査が2人ほどいて、私の容貌を熟視したかと思うと、直(ただ)ちに自動車の脇に乗って、差支えないから通せ通せといったので、ようやくその障壁を切抜けることができた。それより通路の両側には多数の人々が群がって、いずれも思い思いの得物を携え、どこまで来たかとか、すぐに来るかとかいうようなことを大声で叫んでいる。六本木に来ると十数名の兵士が剣付鉄砲を手にして、怪しと見れば直(ただ)ちに○○○○○○○○勢いで構えている。その脇には日本刀を携えた者もおり、巡査も十数名いて、光景ははなはだものすごい。〔麻布に〕帰宅してみればこの辺一帯○○○○

麻布でも写真のように自警団が次々と組織された。軍服を着ているのが在郷軍人。竹槍や棍棒などの武器が見える

の噂に脅かされ、幼老婦女子のごときは三連隊内に避難せしむるなど、いずれも非常の恐怖に閉ざされていた。

（「大震火災の記」『石油時報』1923年10月号、帝国石油）

西村喜代子〔**当時麻布区本村尋常小学校1年生**〕

〔2日、本村で〕ユウガタニナッタラ、〇〇〇〇〇〇〇ガセメテクルカラトオマワリサンガイイニキマシタ。ソノトキワタクシハコワクテコワクテ、ハカバノトコロデネラレマセンデシタ。ソノバン〇〇〇〇〇〇〇ガイマ、井上ゲンスイノウチヘハイッタトイイマシタ。井上ゲンスイノウチヘハイッタノハイイケレドモ、バクダンヲナゲルトイウノデ、コワクナッテミナサンガネテイタトコロヘイッテモグッテイマシタ。

（「大ジシンノオハナシ」東京市役所『東京市立小学校児童震災記念文集・尋常二年の巻』培風館、1924年）

萩原つう〔**当時15歳。恵比寿で被災**〕

火事よりも、朝鮮人騒ぎのほうがひどかったね。その晩に「朝鮮人がくる」っていうんで、急いでおふろの中に隠れたんだ。でもそれじゃダメだというので麻布の第三連隊まで避難したよ。

翌朝帰宅してから、兄が鎌倉の親類に荷物を送ることになった。ちゃんと区役所の証明書をもらって、こっちの住所と行き先を書いた旗を立ててね。そしたら多摩川のところで、「朝鮮人が待ち構えているから帰れ」というんで追い返されてきた。

それから数日後かねェ、麻布の山下の交番前で、朝鮮人をトラックに詰めて、先をノミのように削った竹で外からブスブスと突き刺しているのを見たよ。どうなったか知らないけど、あれじゃ死んじまうよ。ほんとうに戦争みたいだった。

（『週刊読売』1975年9月6日号、読売新聞社）

萩原悠子〔**当時数えで5歳。麻布市兵衛町で被災。父親が「特高」**〕

〔1日〕午後かなり経った頃、急に横丁が騒がしくなった。男達の慌しい行き交い、走り回る音、飛び交う短い緊迫した言葉……さっきまでとははっきり異うものものしい気配である。いよいよ大余震がくるのか、と私は怯えていると、数人の——5、6人か、もっとだったか人数は覚えていないが——昂奮した様子の男達が父を訪ねてきた。取次ぎに出たお姉さんの後ろから見ると、顔見知りの近所の会社員や職人らしいおじさん達で、ゲートルやハッピ、地下足袋に身を固め、お姉さんに取次ぎを頼むのも息せきこんで、険しい顔つき、殺気だった雰囲気である。私は彼らが父と喧嘩をしにきたのかと思った。

ふだん朝夕、父の役所の往き帰り、近所の人達は父に遭うと丁寧に挨拶をし、父もきちんと敬礼を返している。けれど何か私には分らない男同士のことがあるのか、それとも今、町内では男達が総出で何かしているらしいのに一度も出て行かない父に文句を言いにきたのか。もしかして父の病気〔2、3日、腹をこわしていた〕も知っていて、弱っているところを大勢でやっつけようとするのではないか。父がどんなに強くても（私は父の腕力を見たことはないが、強いものと思いこんでいた。32歳くらい。体格もよかった）病気で多勢を相手では。

父は浴衣を着替え、裾をぴちっと押えながら玄関の敷居に近く正座すると、静かに、用件の切り出されるのを待っている。

男達は父を見ると丁寧に挨拶をした。でも私は、まだ油断はできない、と思う。私は父の右肩のすぐ後ろに立っていた。代表格らしいゴマ塩頭のハッピの人が進み出て、一所懸命昂奮を抑え、思いきった様子で「お宅にある武器を全部貸していただけませんでしょうか」

私は思った。彼らは丁寧さを装い、父から先ず武器を取上げておいて襲いかかる魂胆にちがいない。でもうちにサーベル以外の武器があることをどうしてこの人達は知っているのだろう。でも「全部」なんて、そんなに沢山あるのかしら。私の頭に浮かんだのは、いつか母が押入れの行李を整理していた時にちらと見た（気がする）大小の刀と、座敷の長押にかかっている槍らしい、鞘のついたもの（何なのかよくは知らなかったが）くらいだったが、貸さないで！ 貸さないで！ と心に叫んでいた。

父は「武器」への返事はせず、まず理由を訊いた。おじさんは、朝鮮人の暴動が起こって下町は大騒ぎである。大挙してこちらへも攻めてくるだろう、と、今は抑制の堰も切れて、こうしている間ももどかしそうな息づかいである。（右の棒線のような言葉はこの通りそのままであったかどうかは分らない。そういう言葉があったとしても幼い私には分らなかったかもしれない。「朝鮮人」という言葉は知っていたと思うが、どういう人達かは知らなかっただろう。ただ、おじさんの話し方や皆の様子から、乱暴で恐しい人達が多勢で攻めてくる、と理解したのだと思う。それをいま要約して、後年知った言葉を使うと右のようになる。）

父との喧嘩ではない、とほっと私はしたものの、恐ろしい人達が沢山で攻めてくる、という新しい恐怖に捉われた。父は黙って聞き終わると「そういうことはあり得ません」と静かにきっぱりと言った。即答だった。身じろぎもしなかった。（この「得」という言葉も私に解ったのかどうか、と今は思うのだが、どうしても耳に刻みついている。）とにかく、父が一言ではっきりと、無い、と言ったことで、やっと私は緊張が解けたのだった。

ただ、その確信のある言い方が頼もしいと同時に不思議だった。父は2、3日外に出ていないし、外からは往診のお医者さん以外来ていない。どうして分かるのだろう。もしほんとうだったら？ と。男達も一瞬気を呑まれたふうで、けれどもまだ半分は後ろの気懸りに引かれる様子で、時々質問をしては聞き入っている。父は一言一言穏やかな口調で答え、諄諄と話をしてゆく。理由をいろいろ説明したのだと思うが、私がはっきり憶えているのは、朝鮮人はそんなに沢山はいない、ということだけである。

父の落ちついた確信のある説明につれて男達は次第に鎮まり、納得し安堵した様子で肯き、丁寧に挨拶をし、格子を静かに引いて帰って行った。それきり横丁の騒ぎはぴたっと止んだ。

〔略。20歳頃〕あの午後武器を借りに来た男達が父の言葉にだんだん鎮まっていったこと、私も父の最初の一言で安心したこと、でも朝鮮人の数は少い、ということのほかはよく解らなかった、と言うと、よく憶えているな、と父はちょっと思いがけなかったようで、このとき、あの当時東京や京浜間に住んでいた朝鮮人の数を、数字をあげて話してくれた。そして、震災で彼ら自身どんな被害を受けているかしれない。余震はまだ続いているのだし、これからどうなるかもわからない時なのだ。……「暴動なんか、あり得ないのだよ」と。（傍線は原文のママ）

（萩原悠子『関東大震災の記憶』私家版、1998年）

藤村謙〔当時陸軍技術本部重砲班。麻布富士見町で被災〕

〔2日か〕あまつさえ流言蜚語は飛び、朝鮮人は井戸に毒薬を撒布したとか或は多摩川方面から隊を組んで襲来するとか人心兢々たるものがあった。これが為め町では各々自衛隊を作り日本刀や猟銃を携行して集った。要所要所には番兵を立てて怪しいものはこれを殺害した。誠に物騒な世の中となった。

（『変転せる我が人生──明治・大正・昭和・戦記と随想』日本文化連合会、1973年）

藤原道子〔政治家。麻布高台で被災〕

〔1日〕暗くなって不安はますばかりである。そのうち、朝鮮人が焼き打ちをはじめたとか、井戸に毒を投げ入れたとか不穏な噂が流れはじめた。

（藤原道子『ひとすじの道に生きる──藤原道子自伝』集団形星、1972年）

牧原榮次郎〔当時成蹊小学校5年生〕

僕が丸ノ内から麻布へ来るとその日のばんの中に○○人が来ると言うさわぎ、もう皆鉄の棒など持った日本人が、皆そうして四ノ橋の所でまっている。すると僕等はもうびくびくしながら皆靴をはいてろうかの所ですわって12時ころまで、まっていると日本人はもう100人位いるし、兵隊はもう20～30人いるというので、やっと安心してねた。

それから3日ばかりたってから又○人が来てわらに火をつけて四ノ橋の反物屋になげこんだので、ぼやになったと言うので僕はびっくりしてしまった。そのあとで僕はきいたのであるが、なんでも10月31日にやるなどと言った。それがちょうどいいので、地震の時にやったそうだ。

（「○○人さわぎ」成蹊小学校編『大震大火おもひでの記』成蹊小学校、1924年）

村上満利子〔当時8歳、芝区南久保桜川町で被災〕

ある日、女の人が外国人だといってかけてくるあとから、白い絣をきた男がかけてくる。院外団の人が仕込杖でその男を斬った。顔を斬られた男の人は日本人で女の人が逃げたので自分も逃げたのだという事があとでわかった。膝の下に竹の棒を通され、手と一緒に縛られた男と女の人がいた。君が代を歌わされ外国人だという。公園〔金毘羅様裏の三角公園〕の中に丸太で組んだ牢屋の様なものが作られたが、外国人を入れる為のものだったらしい。

夜になって麻布へゆく途中、大勢の人がたかっているのにあった。その中に白いシャツの人が血だらけになって倒れている。みんな恐い顔をして手に薪だの棒だのをもっている。母が気の毒にどうしたのですか、と声をかけた所、あんたもやられるよ、こいつが火をつけたんだと男の人がいった。

倒れていた人はその後どうなったのだろう。

提灯（ちょうちん）をたよりに福吉町へ出た。この辺は焼けていないが、ここでも町内の人が皆警戒していた。

（「デマによる悲劇」墨田区総務部防災課『関東大震災体験記録集』墨田区、1977年）

湯村信一〔**当時麻布区南山尋常小学校1年生**〕

〔2日〕夕方 ニ ナリマシタカラ、オトウサンガ カイシャ カラ カエッテキマシタ。ソノトキ ミツバン ガ ナリマシタ。ボク ハ ビックリ シテ ブルブルシテ イマシタ。ソウシタラ 青年団 ノ人ガ キテ

「イマ ○○人 ガ 桜田町 ノ コウバン ノ トコロ ヘ 火ヲ ツケタ ノデ ミツバン ガ ナッタ ノデス」。ト イイニ キマシタ。

（「ヂシンノコト」東京市役所『東京市立小学校児童震災記念文集・尋常一年の巻』培風館、1924年）

瑠璃川巨〔**当時麻布区本村尋常小学校5年生**〕

〔麻布で〕僕の恐ろしかった事は○人騒ぎであった。丁度、2日の夕方、青年団の人達が「今不逞○人が200人ばかり渋谷まで来ましたから、女や子供は早く光林寺へ逃げて下さい」と、知らせてくれたので、皆びっくりしてしまった。父は「それは何かの宣伝だろうから家にいた方がよい」といったが、あまり近所がそうぞうしいので、母は僕と弟を連れてお寺へ逃げた。その時はもうお寺には大ぜい人が来ていた。なんでも山の奥が安全だと言うので、近所の人と一しょにあぶない道を夢中で登り、大きな木があったのでそこへ行き、ほっと一いきしたら、ぐらぐらっとかなり大きな地震が始まった。おばさん達は「南無阿彌陀佛、南無阿彌陀佛」と言いだした。小さい子は泣くし、やぶかはえんりょ無く手足をぶんぶんさすし、こわいやら、いたいやらであった。しばらくすると、自警団の人が、「もう下りても大丈夫だから」と言うので、下りた。そして、今度はお寺の庭にござをしき、ふとんの上へ横になっていた。もうすっかり暮れたので、あっちでも、こっちでも、提灯（ちょうちん）をもっている。その時「報告」と軍人団員の声がする。「不逞○人は大分少なくなりましたから安心して下さい。もし近くへくる事がわかりましたら、知らせますからさわがないで下さい」と言った。皆少しは安心したものの、もし来たらどうしようかと、やっぱり心配でたまらない。一時間位したらもう「あかりを消して静かに」と言われたので、皆いよいよ来たのかしらんと、火を消した。あたりはしんとしてしまった。その時の心持ちと言ったら、今考えてもぞっとする。12時頃父が「もう来ないだろうから、それに夜露も落ちて、毒だから家でねる方がよい」と言われたので、一時引上げる事にした。近所の人も大分帰ったが、まだまだ残っている人も多かった。

（「□人騒ぎ」東京市役所『東京市立小学校児童震災記念文集・尋常五年の巻』培風館、1924年）

「赤坂区震災誌」

9月1日の夜10時30分頃、表町署の稲垣巡査は、1名の朝鮮人麻布方面にて襲撃せられ、重傷を負いて逃げ来るを発見し、取

敢えず氷川小学校に連行き、救護班に就きて応急手当を受けしめそれよりこれを本署に保護収容したり、これ実に赤坂区に於て朝鮮人に注意する第一着の出来事なりき。

（港区編『新修・港区史』港区、1979年）

麻布鳥居坂署

9月3日の夕、鮮人に対する流言始めて喧伝せらる、即ち「大森・品川又は横浜方面より襲来せるもの2千人に達す」「300人乃至500人の鮮人管内に襲来せんとして今やまさにその途上にあり」「管内各所には既に鮮人等潜入して強姦・殺人又は毒薬を井戸に投ずる等の暴行中なり」など言えるものこれなり、これに於て自警団の粗暴なる行動を促し、鮮人の民衆によりて本署に伴わるるもの50名に上り、而して通行人5名は広尾町に於て青年団員に誰何せられ、かつ長さ7寸の鉄棒を所持せるを詰問せられて俄に脱走を企てしを以て、団員の追撃する所となり、乱闘の結果重傷を負えるが如き事実に乏しからず。

（『大正大震火災誌』警視庁、1925年）

芝・赤羽橋・一之橋

荒井虎之〔当時警視庁警戒本部員〕

筆者は2日夜課長の命を受けて、芝公園増上寺内、愛宕警察仮本部に署長弘田警視を訪ね、「仙台坂の鮮人が攻め込まぬよう管内の関門を固めるよう」本部命令を伝達した。〔略。弘田警視は〕「そんな馬鹿なことがあるものか」と一笑に付した。

（「恐ろしき流言飛語と群集心理の体験」『捜査研究』1962年3月号、東京法令出版）

井口廣二〔当時芝区櫻川尋常小学校3年生〕

〔芝で〕3日目の晩に○○人のさわぎでみんな外へ出ましたらまっくらでじつにすごかった。ぼくはきょろきょろしているうちに兵隊さんがきて「○○人がくるからしずかにしろ」といわれました。○○人が来たらぼくはどうしようとかんがえているうちに皆は門の中へかけこんでじっとしているからぼくもはいってこえをだしませんでした。そのうちに人は一人ずつかえってゆきます。そのうちに妹がねむくなったのでぼくも安心してねてしまいました。

（「震災から今日まで」東京市役所『東京市立小学校児童震災記念文集・尋常三年の巻』培風館、1924年）

井上

「避難民を虐ぐ暴漢を拘束す　生と死の現状を見、死線を越えて帰洛した井上氏の実見談」

戒厳令が布かれたのはこの夜〔2日〕からで、芝四国町即ち東海道筋では既に青年団、在郷軍人などと暴徒の間に争闘が演ぜられ、警備はいよいよ厳重になって来ました。日本人は闇の夜にも敵味方を知るために白鉢巻に腕章をつけ誰でも一々誰何して行く先を詰問し、何等の返事がない時は相当な処置をとったのです。

（『京都日出新聞』1923年9月6日）

上羽正秋〔当時四谷第五尋常小学校5年〕

やっと目黒の知人のところへ行って部屋を一間借りることになった。「ジャン、ジャン、ジャン」時ならぬ鐘の音にとび出して見ると、火事でも何でもない。「朝鮮人だ、朝鮮人だ」人々は騒ぎ初めた。「お母さん逃げましょう」「どこへ」「芝公園へ」手に手をとりあい、東宮御所のそばへきた。その時「突貫、突貫」荷物自動車へのった兵隊さんが五反田の方へ進んで行く。「たのむぞ」「しっかりやってくれ」人々はわけわからず叫んだ。その夜は東宮御所のお庭へひなんした。

（東京市四谷第五尋常小学校編『震災記念、児童の実感』1924年9月1日→奈良和夫『歴史地理教育』1973年9月号、歴史教育者協議会）

小川平吉〔**政治家。城山町（現・虎の門）に避難**〕

〔2日、城山町東久邇宮邸で〕時に米糧すでに尽きんとす。人心恟々（きょうきょう）たり。守矢氏をして自動車を駆り大森に至り必需品を購わしむ。品川に至れば鮮人襲来の警備厳重にして南行を許さず、空しく帰市せりという。

〔略〕2日使者帰京す。横浜市の惨状は言語に絶し、灰烟空を覆い死屍路に横わる。異臭鼻を衝く。行人皆鼻を蔽いて往来す。この混雑中朝鮮人の暴行を為すものあり。警官、民衆と共にこれを追跡し逮捕す。使者目あたりこれを見たりという。品川における鮮人襲来の説はけだしこれより伝わり、更に渋谷、目黒等に転じて鮮人2千名襲来の説となり、又市外各所における鮮人及社会主義者の暴行は、警官の宣伝と民衆の流言と相俟ちてたちまち全市に伝播して自警団の奮起となり、更に地方に流布せられて恐慌を惹起し、遂（つい）に市県を通じて鮮人の虐殺となる。3日以後市内各地の街角竹槍、刀剣の閃くを見ざるなし。戒厳令また昨夜発布せられ、市中夜間行人絶ゆ。

（「地震人震記」小川平吉文書研究会編『小川平吉関係文書1』みすず書房、1973年→琴秉洞『朝鮮人虐殺に関する知識人の反応2』緑蔭書房、1996年）

折口信夫（しのぶ）〔**歌人、民俗学者、日本文学者**〕

増上寺山門

国びとの　心さぶる世に値（あ）ひしより、顔よき子らも、頼まずなりぬ

大正12年の地震の時、9月4日の夕方こ〔増上寺山門〕を通って、私は下谷・根津の方へむかった。自警団と称する団体の人々が、刀を抜きそばめて私をとり囲んだ。その表情を忘れない。戦争の時にも思い出した。戦争の後にも思い出した。平らかな生を楽しむ国びとだと思っていたが、一旦事があると、あんなにすさみ切ってしまう。あの時代に値（あ）って以来というものは、此国の、わが心ひく優れた顔の女子達を見ても、心をゆるして思うような事が出来なくなってしまった。

（「東京詠物集」『折口信夫全集・第22巻』中央公論社、1948年）

小金義照〔**政治家**〕

〔1日夕方、芝公園近くの岩崎勲邸で〕「あなたは剣道の達人だそうだが、いま朝鮮人が押しかけて来るというので、みんなこわがっている。ここに日本刀があるから、これで防いでくれ」と言う。「朝鮮人が来るなんて……どうしたんです」「いや、横浜から朝鮮人が大挙して来るから、気を付けろという伝言があったんだ」と、いかにも不安そうだった。そんなことで、義照はとうとう帰されずに泊められた。そして、その晩は日本刀を抱いて寝たのだった。

ところが翌日もその次の日もそんな気配

はない。そこで、「もう大丈夫のようですね」と言って帰ろうとすると、そこの小学校か中学校ぐらいの子が、義照に抱きついて放さない。こわがっているのだ。「大丈夫だよ。朝鮮人はもう来ないよ」となだめても、なかなか放そうとしないので、その晩も泊めてもらって、義照は3日目か4日目に本郷の下宿へ帰ったのだった。

（西山又二『小金義照伝』逓信研究会、1977年）

後藤順一郎

当時14歳の少年工にすぎなかった私は、いやおうに拘らず竹やりを持って古川沿岸地帯の警備を命ぜられたのを覚えています。「9月2日」の昼すぎ頃からどこともなく伝わってきた不逞鮮人の暴動のデマであったり、あるいは井戸に毒薬を投げ込んだので飲むな！　といったことが広くつたわってきました。町の自警団組織を強化するため仕組んだものか？　自警団自体が警察と共同作戦を指揮していたようでした。自警団があらゆる武器を持っていたし、警官があご紐をかけ、抜剣し、異常きわまる興奮状態をひそかに眺め、いささかびっくりしたのを覚えています。

古川沿岸地帯は震災による火災をまぬがれたのが反って朝鮮人暴動のデマにまんまとのせられる感情興奮ばかりでなく、ふだんの軽蔑感を煽ることになった感じでした。故に、そうした軽蔑感情に呼応するが如く、9月2日の夕刻近く、当時はめずらしいオートバイ（ハーレー）3台ぐらいに分乗した屈強な若者たちが、「目黒方面から、あるいは五反田方面から手に手に爆弾を持って朝鮮人が押しかけてくる」。その数は千人2千人とも、怒号しながら駆けぬけてゆく光景を私は目撃した。しかし朝鮮人は一人もあらわれなかった。むしろ、自警団や警察官の方が手に手に武器を持って朝鮮人狩りを始めたのである。

そのとき、どんな行動を私はしただろうか？　まず、自警団の幹部から朝鮮人か、日本人かを見分ける判別を教えられた。それが発音の語尾のアクセントによって確かめ「アイウエオ」を正しく発音しない者を朝鮮人と見なせ？　というきわめて乱暴なやり方だった。

故に、ふだん顔見知りの朝鮮人といえど有無をいわさずら致していく方針を自警団は決めていた。当時、古川沿岸地帯にはたくさんの荷馬車業者があった。その荷馬車屋に住み込み夫婦で働いていた若い朝鮮人がいた。当然のことながら荷馬車屋の主人も自分の家で働いている朝鮮人が不逞鮮人と思っていなかっただろうが、黙して語らずで自警団に参加していたことだろうと思います。ところが、朝鮮人騒ぎで恐怖に怯えたのは荷馬車屋で働いていた朝鮮人労働者だったのでしょう。身の危険を感じ、いち早く姿をくらまし、ほとぼりのさめる頃まで、どこかへ逃亡したのでしょうが、留守を守る妻君はそうはいかなかったにちがいありません。たけりたち、気狂いじみた自警団幹部は、この若い妻君を見のがさなかったのです。どこへ逃がした！　かくしたところを言え！……といって彼女をら致してゆくのを私は目撃したのです。そして、ただあ然と眺めるだけでした。哀号！　哀号と泣きさけぶ声が少年の私に強烈な印象感覚を与えました。古川沿岸に沿う雑木林に連れて行ってしまったのです。少年といえども、なぜ勇気を揮って若い妻君をかばってやれなかったのか？　その痛恨ざんきは朝鮮人虐殺に私は加担したことになるのです。階級的な思想や政治感で日本民衆大衆の犯罪を朝鮮人民に謝罪することはたやすいことだと思いますが、一方、人間感情の通路としては深くて底なしの感じがします。その感情通路の亀裂させ溝をつくる感情媒体の根深い遺恨をつくり出した日本人民大衆の「どしがたい」感情閉塞を作り出している根本を掘り下げ、震災問題を通じて問い返されるときであろうと思います。

〔略〕2日の夜、10時過ぎ、馬車屋に夫婦で雇われていた私の知りあいの朝鮮人の奥さんの方が、近くの雑木林の中で凌辱を加えられ虐殺されたということを聞いて知っています。私といっしょに警備していた人間に、おまえの知っているかみさんがあそこでやられているから見てこいと言われ、とても行く気になれなかったのが当時の私の実感でした。

（九・一関東大震災虐殺事件を考える会編『抗はぬ朝鮮人に打ち落ろす鳶口の血に夕陽照りにき――九・一関東大震災朝鮮人虐殺事件六〇周年に際して』九・一関東大震災虐殺事件を考える会、1983年）

崎田五平

〔2日夕刻、芝増上寺で〕デマが飛び交い、増上寺の暗い門前では、2名の巡査が朝鮮人が攻めて来るから灯りを消すようにと叫んでいる。急ぎ門内へ入り、暗闇の人混みの中を押し分けて入る。大きな建物の中で座れる場所を探り、段の付いているような所で横になり寝る。

（東京老爺児『九死一生九〇年――私の奇妙な前半生物語』文芸社、2003年）

田中清〔当時芝区芝浦尋常小学校5年生〕

〔2日〕その夜も芝公園でねた。真夜中になると気味が悪いのと、うすら寒いので眠られなかった。うとうとしている中に人々が〇〇人が来た来たとののしる声がした。中には「〇〇人が来たならばぶち殺してやる」などと力んでいる人もあった。どんどんという音につづいて、どぶんと水の中へとびこんだような音が聞こえた。同時に「わあーっ」と時のこえがあがった。僕は驚いてお父さんをよび起こした。お父さんも驚いて起きた。芝園橋へ行って見ると大勢の人が棒や剣などをもって、川の中をさがしている。中には石を投げる者もあった。お父さんが「何ですか」とそばの人にきいたら、〇〇人がピストルを放って川の中へ飛びこんだということであった。こうして2日は過ぎて行った。

写真は現在の赤羽橋（港区・東麻布）

（「大震災の思出と災後の学校」東京市役所『東京市立小学校児童震災記念文集・尋常五年の巻』培風館、1924年）

土岐善麿〔**歌人、国語学者**〕

赤羽橋心光院に避難、流言頻りに来たる

ひそひそとをしへられたるあひことば暁闇におり立つわれは

ひたと、さわぎ静まる橋のかなた、かの追はれしは殺されにけむ

両岸よりひた投げに投ぐる礫のした沈みし男遂に浮び来ず

（「地上百首（抄）」『改造』改造社、1924年3月号↓『編年体大正文学全集・第13巻——大正13（1924）年』ゆまに書房、2000年）

内藤豊次〔**実業家、エーザイ創業者。愛宕で被災、芝公園から赤羽橋下に出て泊る**〕

震災に乗じて朝鮮の人たちが騒動を起こしたという噂は、たま〔妻〕ばかりでなく多くの人たちに大きな不安を与えた。つぎつぎに放火をしているとか、爆弾を携えて市内を密行しているといった話が断片的に伝わってくるたびに、人々は恐怖心をいっそうつのらせた。

（ドラッグマガジン編『第四人生の讃歌——内藤豊次伝』ドラッグマガジン、1976年）

野口茂〔**芝古川橋付近で被災**〕

〔1日〕夕方近くなって一人の自転車に乗った若い男が、ただ今朝鮮人が暴動を起し、300~400人ばかり、こちら方面にやって来ると言って通り過ぎた。あとで考えると、こちらは非常に沢山の人間がいるので朝鮮人など恐れる事はないのであるが、心が動揺しているので私は30キロの小男なので小さい赤ん坊を、妻は上の子を背負い、麻布十番の漬物と塩を商っている家に嫁いでいる姉の家へ急いだ。途中には竹やりを持った人々が、何処へ行くと聞くので、親戚の家へ行く所だと答えて姉の家へ行った。

（震災記念日に集まる会編『関東大震災体験記』震災記念日に集まる会、1972年）

坂東啓三〔**実業家。当時19歳。赤坂で被災、京橋区霊岸島の坂田商店に戻り、宮城前へ避難**〕

〔品川をめざして2日夕〕ところが赤羽橋の所までくると、警官や自警団やらが大勢立ち騒いでいて、それより先、品川方面には通してくれません。というのは、そっちの方面で、朝鮮人が暴動を起こしているらしいということです。仕方がないから迂回して麻布一の橋にある主人の親戚の家に立ち寄り、そこで様子を見ようということになりました。ようやくその親戚の家まで来た時は、すでに辺りは真っ暗で、物騒なデマが飛び交う中を品川まで行くには危険すぎました。

〔略〕その家の裏手に古川という川が流れていましたが、その中を朝鮮人と思われる人たちが、自警団らしい男たちに追われて逃げまどっていたのを私は覚えています。それ以外は静かなものでした。

（坂東啓三『私の歩いた道——負けず　挫けず　諦めず』日刊工業新聞社、1980年）

藤井稚子〔**当時成蹊小学校6年生**〕

私のしんるいの方に聞いた話だ。それはあの鮮人騒ぎの晩の芝公園である。ちょうど公園のそばに橋があって、そこに自動車

が来かかると大きな声で憲兵が、「ちょうちん出せーッ」と言う。やがて橋まで自動車が来ると憲兵が又大声に、「とまれーッ」と言ってしらべる。その間に皆は火を消して小さくなっていたそうだ。2番目に来た時は中の○人が一人河の中へとび込んでもぐって逃げたそうだ。皆はびくびくもので、いきをころしていたそうだ。ちょうちんの

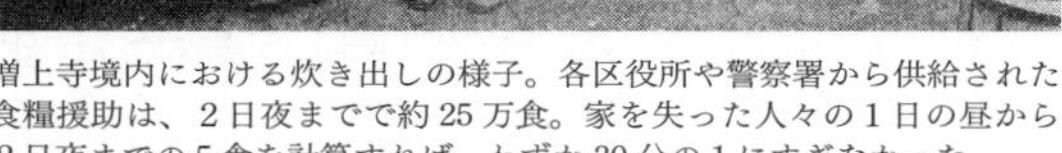

増上寺境内における炊き出しの様子。各区役所や警察署から供給された食糧援助は、2日夜までで約25万食。家を失った人々の1日の昼から2日夜までの5食を計算すれば、わずか30分の1にすぎなかった

つけられぬ間はまっ暗でほんとにさびしいそうだ。

（「芝公園の一夜」成蹊小学校編『大震大火おもひでの記』成蹊小学校、1924年）

光永保〔当時墨田区でメリヤス工場経営〕

〔2日夜か?〕暗い廃墟の町を通りぬけて、芝山内にさしかかる。すると暗がりからいきなり、棍棒や竹槍を持った若者たちがばらばらと現われて保を取りかこんだ。「おいこら、お前は日本人か?」なかの一人が、のっそりと保の前に立ちはだかっていう。「見ればわかるだろう」保もむっとなっていい返した。「なにい……それじゃイロハ48文字を大きな声でいってみろ」　ばかばかしいのでだまっていると「手に持っている瓶は何だ。毒水が入っているんだろう。飲んでみろ」いいたいことをいう。さすがに保も腹に据えかねて、思わず大きな声を出した。「おれは溜池の衆議院内に立ち退いて来た罹災者だ。今日は知人の家に見舞いに行っての帰りだが、おまえたちがそんなに心配なら、おれといっしょに衆議院までついて来い。身もとをはっきりしてやる」

連中、しばらくがやがやとやっていたが、やがて中の一人が声をかけた。「よし、通れ。……しかし、生意気な奴だ。今度つかまえたら、ただではおかんぞ」おどし文句と共に、かこみは解かれた。

（高橋辰雄『莫大小（メリヤス）の生涯――光永保伝』私家版、1975年）

宮内静枝〔当時第二岩淵尋常小学校児童〕

〔芝増上寺で〕ばんになるときゅうにつなみがくるといってみんながさわぎました。又少したつとじてんしゃにのっていた人がちょうせん人がくるから、五じゅうのとうの方へいってくれといいましたから、いいぐら学校へいって3ばんとまりました。

（「第二岩淵小学校児童作文集・震災号」1924年2月〔冨田駿策氏所蔵〕→北区史編纂調査会編『北区史〈資料編〉現代Ⅰ』北区、1995年）

芝愛宕（あたご）警察署

9月1日、午後6時頃鮮人襲来の流言初めて管内に伝わりしが、同時に警視庁の命により、制・私服の警戒隊員を挙げて、芝

園橋・芝公園その他の要所を警戒せしが、遂に事無きを以て、同7時これを解除せり。しかるに、翌日に及びては、蜚語益々盛にして、放火・爆弾・毒薬等の説、紛々として起るや、芝公園の避難者を始め、戎・兇器を携えて自ら衛る者多く、遂に、乱れて暴行に渉るものあり、その夜、品川方面より管内に来れる某は、鮮人と誤解せられ、所謂自警団員の包囲する所となり、危急に陥りしかば、署員これを、保護せんとしたるに、却って団員の激怒を買い、重傷を負うに至り、遂に武器の使用によりて、漸くその目的を達せるが如き事変をも生ぜしかば、その取締を厳にするの必要を見たり。

（『大正大震火災誌』警視庁、1925年）

白金台・三田・田町・芝浦

市野かん

〔2日、駒沢から三田へ診察に行く途中で〕「日本語を話してみろ」と、警護の人々の指し付けたピストルの筒口が冷く自動車の運転台に乗った私の頬に触れました。その時私は黒のコートに手拭を冠った男のようないでたちをしておりましたので、てっきり当時流言の中心となっていた鮮人と間違えられたのでありましょう。

〔略〕またある晩などは、お産家のご主人が薙刀を小脇にかいこんで提灯を片手に迎えに来られ、当時の世の中は夜中人を見たら殺してもさしつかえなしとまで、真偽まちまちの流言があった物騒さなので、私も青年団の護衛付きで行くという、今から考えますれば実に滑稽極まる気狂い沙汰が平気で行われていたのであります。

（大日本看護婦協会編『産婆看護婦関東震災殉難記』関東震災殉難記刊行会、1930年）

今井諦〔当時芝浦で民間避難所を設立。約1万8千人を救援〕

〔芝浦避難事務所で〕2日夕刻突如として鮮人暴動問題が伝わり、刻々迫り来る流言蜚語は巳に収容せる罹災者の心に一入の恐怖を感ぜしめました。芝の通りや鉄道線路は暴徒主力の襲来すべき本街道で防禦団との衝突交戦地域であらねばならず、さりとて「舟で来る」旨を伝うるを聞きては、防禦手薄の我家に安閑としてもおられず、この所一寸去就に迷いましたが、事実来るとすれば人口の多い物資の豊かな場所が彼等の目的であろうから、人家の少いこの付近で、しかも屋外にかがまっていれば大てい彼等の注意からのがれるであろうと思い、柵内の石炭置場で石炭の堆積してある小山の間に莚を敷きて婦人小児を避難せしめ、男子はこれが防禦に当ろうと決心しました。かれこれする内芝の通から避難して来た人、大森辺へ帰りかけて去就に困った人々の内婦人小児をつれた者も加わって、合計婦人小児32人、15歳以上の男子12人となりました。血気盛んな独身者は大てい自分自分の途を求めて去り、力を合せて婦人小児の保護に任じようという篤志家は極く少人数でありました。

〔略〕西南に当る本街道では誰何の声響き渡り、続いて阿鼻叫喚の巷と化しました。北を望めば近く帝都一帯の火焔、南は遥かに横浜の天紅くして何となく世界破滅の感に触れざるを得ませんでした。夜は刻々と更け将に三更に近づいても、部隊をなした鮮人の襲来は実現しそうにもありませんので、私は大体に於て危険なきものと認め、婦人小児を屋内に入れて安心せしめ、唯男子をして交替万一に備えしめましたが幸に何事もなく夜を終りました。

3日夜からはいささか感ずる所があってことごとく警戒を徹しました。その後鮮人殺傷の風説を聞く毎に、その大部分に対していい知れぬ悲しみの感に打たれ、別しては朝鮮婦人の死屍を辱しめた不届者のあるを聞いては、唯々その訛伝ならんことを祈ると共に、誤解又は成行とはいえ不慮の禍に斃れたこれ等の人々の霊を弔う外はありませんでした。

（今井諦『大震火災——罹災者収容記録』1923年）

賀川豊彦〔社会運動家〕

〔4日、明治学院に寄った際に〕友人でダンテの研究者である中山昌樹君の家を叩いてみた。そして同君の一家族が避難もしないでそこにいることを発見した。しかし何故蠟燭の火もつけないで戸を締め切っているかという理由は翌日になって彼が物語った。それは日本語の十分出来ない××の留学生を預っている為であった。

（「灰燼の中に坐して」『週刊朝日』朝日新聞社、1923年9月23日→琴秉洞『朝鮮人虐殺に関する知識人の反応1』緑蔭書房、1996年）

金鍾在〔麹町で被災、四谷駅わき外濠土手に避難〕

〔5日朝、帰国するために田町駅へ行くと〕彼ら〔まわりの5、6人〕の会話の内容は、おそるべきものだった。「朝鮮人を何十人も、自警団員がクシ刺しにして殺す現場を見て痛快だった」とか、「東京や横浜の火災の原因は朝鮮人のしわざだ」とか、「朝鮮人が井戸に毒薬を投げこんでまわるというふれが出たから、大勢で警戒した」「朝鮮人ほど恐ろしい人間はいない。いつもはアメ売りや行商をして、おとなしそうに見えるけれども、内心で何を考えているのか信用がおけない」といった話でもちきりであった。

（金鍾在述・玉城素編『渡日韓国人一代』図書出版社、1978年）

内藤仙造〔当時東京市立京橋高等小学校2年生〕

〔2日、芝浦日の出橋で〕その夜も8時頃橋上に声あって朝鮮人の切り込みときき、近所の舟も皆蒸気に引かれ逃げ出した。僕らの舟も〔略〕逃げた。舟の人々は丸太又はピストルを持ち、いざ来い来れと身がまえていたが、別に来る様子もなく、その夜も過ぎて翌朝さわぎも静まったので、元の所へ帰り、ペコペコの腹を元のように元気を付け、そうして時間の過ぎる事も早く、早や11時半頃舟の中で話をしていると橋上に声あって、朝鮮人が来たから用意をしろ、女子供は中に男は用意をして戦えと言って来た。

（「大震災遭難記」東京市立京橋高等小学校『大震災遭難記』東京都復興記念館所蔵）

芝三田警察署

管内は市内焼残地として避難者の輻輳せるが上に、横浜方面の罹災者の管内を通過して、他に流動する者また少なからず、これに於て流言の伝播自ら繁く、9月2日午後5時頃に至りては「鮮人3千余名、横浜方面に於て、放火・掠奪を行える後、蒲田・大森を騒がし、今や将に帝都に入らんとす」など言える蜚語各所に流布せられ、遂に自警団の粗暴なる行動を見るに至れり。本署は未だ事の真相を詳にせず、一時警戒を厳にしたれども、幾もなく流言に過ぎざるを知るに及び、その信ずべからざる所以を宣伝して民衆の疑惑を解かんとしたりしが、容易に耳を傾けざるのみならず、狂暴更に甚しきものあるを以て、遂にその取締を励行せんとし、3、4日の交、署長自ら署員60名を率い、夜半俄に3台の自動車に分乗し、自警団員の集合地を歴訪して多数の戎・兇器を押収せし。

（『大正大震火災誌』警視庁、1925年）

高輪・泉岳寺

飯島正〔**映画評論家、詩人**〕

〔1日、高輪で〕ぼくは家に飛んで帰った。家でも、興奮が高まっていた。それに輪をかけて、ぼくたちを恐怖におとしいれたのは、川崎方面から朝鮮人の暴徒が隊をなして押しよせて来るという、口づたえの噂だった。ずっとあとになって、それが根も葉もないデマだと分かったが、当日は正式に町会からも通達があって、品川駅前山手寄りの竹田宮（だったか）の邸内に避難しろということだった。近所の人たちに、坂家、吉田家、みんな一緒になって、かなり遠い竹田宮邸へ、一同いそいで出かけた。だだっぴろい竹田宮前庭も、たちまち大群衆で一杯になった。流言蜚語のおそろしさを、ぼくは生まれてはじめて経験したわけである。

（飯島正『ぼくの明治・大正・昭和』青蛙房、1991年）

岡田益吉〔**ジャーナリスト**〕

〔10日〕高輪の友人の家へ寄ってみたら、その友人は、自警団の団長にされていた。〔略〕不逞鮮人の一団が、「いま二子多摩川から五反田へ押し寄せてくる」と大まじめにいっていた。

（『経済往来』1965年9月号、経済往来社）

国房二三一〔**法医学者。当時第一高等学校生徒**〕

〔芝高輪で〕門前に人の雑閙するを見てこれを聞けば、鮮人数百名兇器を携えて、掠奪をほしいままにするので、難を市外に避けるのだと言うのであった。市の西端に位する私の家には何時鮮人の襲来を蒙るかもしれぬというので、各自竹槍や刀を持ち出して、万一を用意した。夜12時頃、安心して寝に就くようにとの巡査の声を聞いてから、〔略〕朱鞘の大小を枕元に置いて眠に落ちた。

（第一高等学校国語漢文科編『大震の日』六合館、1924年）

後藤武夫〔**実業家、帝国興信所（現・帝国データバンク）創業者**〕

〔1日夜、泉岳寺山門前忠臣亭で〕朝鮮人騒ぎはその晩12時頃からであったが、泉岳寺境内は一面の避難民で填められ、不逞鮮人が今にも襲来するというので、境内はさながら鼎の沸き立つようであった。恐怖の上に恐怖を重ねて、皆極度の神経過敏となっていた。避難民の騒ぎはさることながら、青年団員であり在郷軍人たるものが、恐怖の念に駆られて右往左往するさまは、余りに無訓練にも不甲斐ないように感ぜられてならなかった。門前門内数百の避難者はいずれも恐怖して墓地の奥深く逃げ込んだ者もあったが、私の家族は依然として門前忠臣亭の前に落着いていたのであった。

〔略〕流言蜚語は東西南北に伝わって鮮人騒ぎはいやが上にも波紋が大きくなった。やれ彼等が火をつけたの、井戸に毒を投じたのというような根もない事が本気に伝えられては、善良な鮮人こそよい迷惑である。〔略〕私はあらん限りの大声を発して、鮮人襲来の全然無根なる事を怒鳴り回って、みだりに流言虚説に惑わされ、軽挙妄動すべきでないことを戒めたのであった。果然朝鮮人暴動事件は全然虚報であった。しかも没常識な粗忽連中がこの渦中に投じて、軽挙妄動した朝鮮人虐殺事件が、ややもすれば国際問題化せんとしたことは、真に日本国民の一大汚辱であり、一大不名誉であった。

（後藤武夫『後藤武夫伝』日本魂社、1928年）

伴敏子〔**画家。当時15歳。北品川で被災**〕

〔3日〕泉岳寺近くで朝鮮の人が一人殺されて筵（むしろ）を掛けられていた。〔略〕数珠繋ぎの朝鮮の人達がどこに連れてゆかれるのか巡査に引っ張られてゆく。

（『断層――自立への脱皮を繰り返した画家の自伝』かど創房、1988年）

伏見康治〔**物理学者、政治家。当時14歳。高輪二本榎で被災**〕

9月3日か4日だったか、そろそろ暮れるという時刻に、「朝鮮人が攻めてくる」という噂が、本当に物理的な風でもあるかのような勢いで通過していった。ついで、自衛団のよびかけがあって、二本榎の連中は伊皿子（いさらご）の近くの高松宮の庭園に逃げ込めという布令が伝わってきた。父は、なげしに置いてあった先祖伝来の槍や刀をおろして、塵を払って武装したりした。僕は姉妹と母を連れて自転車を押しながら高松宮家へ逃げこんだ。

「足が地につかない」という言葉があるが、母はこの時本当に足が地につかない様子であった。そのうちに「12歳以上の者は防衛隊を組織しろ」という声がかかってきて、姉が、貴方はまだ12になっていないのだから出なくてもいいのよ、などと引きとめる。僕は悲痛な顔をして防衛隊に加わろうとした丁度その時に、朝鮮人暴動はデマだという声が伝わってきて一件落着。しかしそれは高輪近辺だけの話で、品川あたりでは流血の事件があったという。

（伏見康治『生い立ちの記』伏見康治先生の白寿を祝う会、2007年）

芝高輪警察署

管内に行われたる流言は、鮮人に関するものと、大本教に関するものとの2種あり。鮮人に関するものは、9月2日午後4時30分頃始めて伝わりしものにして、「不逞鮮人等大挙して大崎方面より襲来せんとす」と称し、民心これが為に動揺せり。即（すなわ）ちその真相を究めんが為に、各方面の警戒と偵察とに当りしが、同5時頃小林某は、鮮人と誤解せられ、白金台町に於て群集の為まさに危害を加えられんとするを知り、その鮮人にあらざるを戒諭してこれを救護せり。

なお6時30分頃、大崎署管内戸越巡査派出所付近の空家内に群集の迫害を受けたる47名の鮮人が蟄伏せるを発見し、直にこれを検束して保護を加えしが、會ゝ（いよいよ）品川駅長の警告なりとて「社会主義者と不逞鮮人とは相共謀して井戸に毒薬を投入せり」と伝うるものあり、依りて更に警戒を厳にすると共に鮮人の動静を監視せし。

〔略〕又大本教に関する流言は、9月7日に至りて起りしが、這(ママ)は牛乳配達掃除夫等が心覚えの符号を各所の板塀、家屋等に記し置きたるを見て、同志に示さんが為の暗号なりと誤解し、遂(つい)に大本教に陰謀ありとの流言を生ぜしものにして、けだし数年前に於ける同教の疑獄に対する記憶が、非常時に際して復活すると共に、動揺せる民心の反影としてかかる錯覚を来せるものなるべし。しかれどもただ一時の現象に留り、鮮人暴動説の如く多大の刺戟を民衆に及ぼす事なかりき。

(『大正大震火災誌』警視庁、1925年)

目黒区

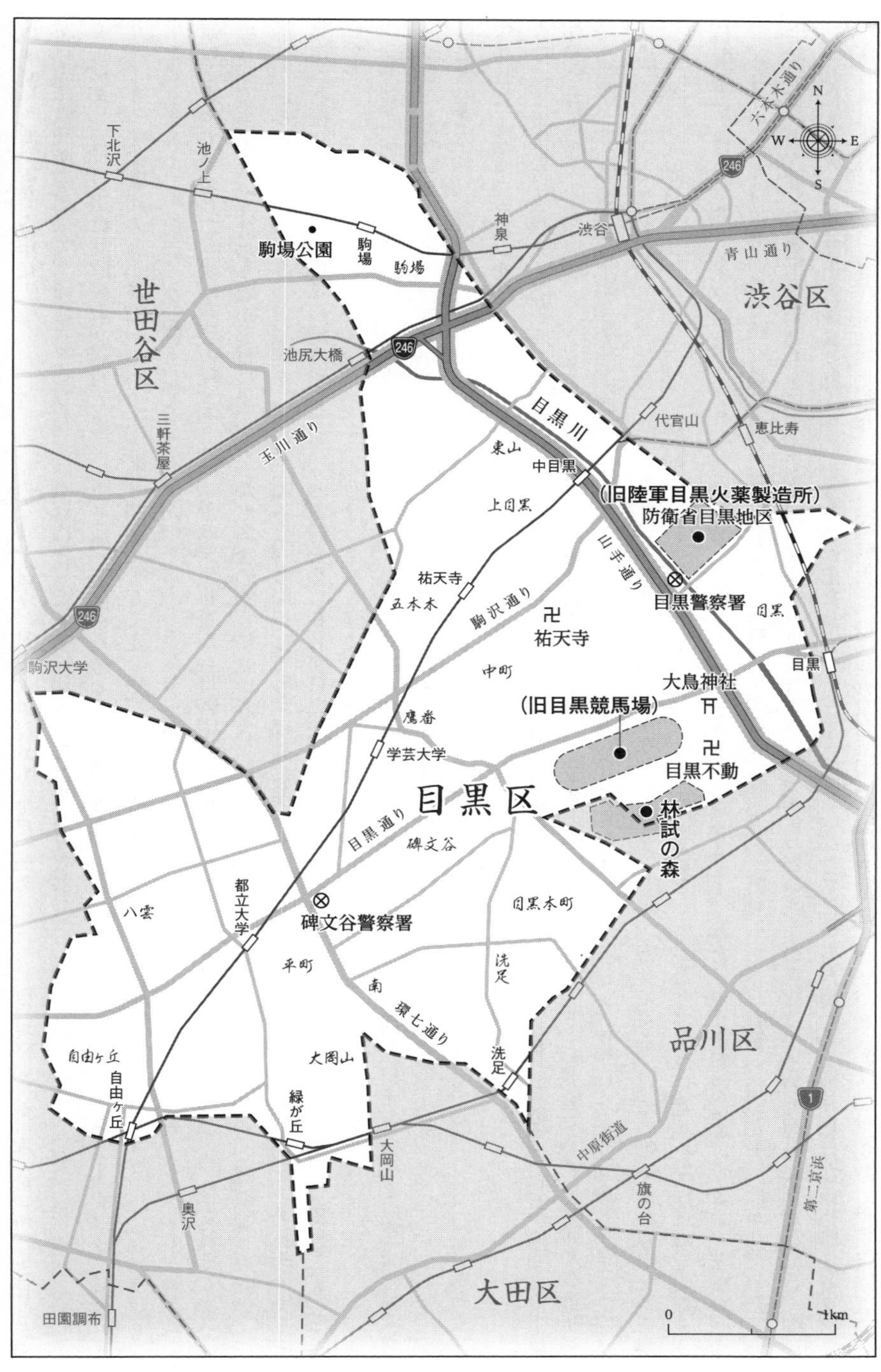

六本木通り
下北沢
池ノ上
駒場公園
駒場
駒場
神泉
渋谷
青山通り
渋谷区
世田谷区
池尻大橋
246
三軒茶屋
玉川通り
目黒川
代官山
恵比寿
東山
中目黒
(旧陸軍目黒火薬製造所)
防衛省目黒地区
上目黒
山手通り
目黒警察署
祐天寺
五本木
駒沢通り
祐天寺
目黒
目黒
駒沢大学
中町
大鳥神社
(旧目黒競馬場)
鷹番
学芸大学
目黒不動
目黒区
林試の森
目黒通り
碑文谷
都立大学
碑文谷警察署
八雲
目黒本町
平町
南
洗足
環七通り
品川区
自由ヶ丘
自由ヶ丘
大岡山
緑が丘
洗足
大岡山
中原街道
旗の台
第二京浜
奥沢
大田区
田園調布
0
1km

N・M〔**当時戸板女学校生徒**〕

目黒に検問所が出来て、通行人をきびしく調べました。目黒は兵隊の方が通行人より多くなって、騎兵の馬が目黒川ぞいの土手を走りまわって、住民はみな頼もしく有難いと思っていました。夜は朝鮮人騒ぎで恐ろしく、用のない人は歩かなかった。日中、憲兵が通ると、通行人はみなおじぎをして見送る羽振りの良さで、軍隊の国の感じでした。

〔略〕家におりますと、お隣からお隣へ言いつぎがきて、「ヒモン谷に朝鮮人がくるから相当の覚悟をして待機せよ」とか、「大杉栄が社会主義者とムホンをする」というようなことでした。大杉栄の名前がとても流れていました。

（三原令『聞き書き』→在日韓人歴史資料館所蔵）

石坂修一〔**判事**〕

〔2日〕午後4時頃宅前の道路を多数の老幼婦女目黒方面より遁走し来れるを以て訪ぬるに或一人は、多摩川方面より鮮人200名爆弾兇器を持ちて東京に攻寄するものなりと答う。又一人は自分もまさに捕えられんとしたるも振切りて逃げ来れりと答う。〔略〕近隣の勇敢なるは目黒方面に鮮人と闘わんとして走り怯懦なるは驚きかくれ周囲の家に人あるなし危険これに過ぎず。

余は無気味ながら11時頃まで警戒、あたかも知合の警官に会い鮮人来襲の真否を尋ぬるに、多摩川にて砂利採取に使用せられおる鮮人200名が目黒渋谷方面に向って進行したるも直に差止められたる事実あるも、最早（もはや）来襲の恐なしとのことなれば、警官と協力して工場裏手に集まりたる人々に説き退散せしむるにつとむ。これより以後は居内にて眠ることとなる。

同夜徹宵警戒、警戒中将校の服装したる男、自動自転車を駆り鮮人2千名来襲せりと報し歩きたりと聞く。諸種の事実を総合して考うるにこれは真実なり。

〔略。3日、横浜に向かい、藤棚の従弟夫婦を訪ねる〕夫は竹槍を杖いで警戒に当れり。〔略〕1日以来の鮮人の暴状を語ること詳なり。又曰（いわ）く、鮮人と見れば直に殺してよしという布令が出たりと。

（「遭難手記」横浜地方裁判所編『横浜地方裁判所震災略記』横浜地方裁判所、1935年）

エカテリーナ・スラーヴィナ〔**俳優**〕

地震の発生時に、キティー〔エカテリーナ・スラーヴィナ〕はロケーションのため築地の3階建ての旅館にいた。彼女はそこから徒歩で下目黒へ向かい、「雅叙園」の向いに住む川崎男爵なる人物のところへ行った。その途中朝鮮人虐殺の現場に行き合わせて、思わず物陰に身を潜めた。

（沢田和彦『白系ロシア人と日本文化』成文社、2007年）

及川保子

〔2日か3日、戸越で〕〔白石〕隆一の自宅に「城南地区で不逞（ママ）朝鮮人が暴動を起こし、数百人の集団が爆薬を持って押し寄せてくる。日頃の腹いせから婦女子を襲ったり、井戸に毒薬を投げ込んでいるそうだ。早く避難所に逃げなさい」と触れ回ってきた者がいた。女子供ばかりだった隆一の家族は、このお触れに気が動転し、脚が不自由で一人では歩けない祖母に留守をまかせ、とるものもとりあえず、避難所に指

定された駒沢の陸軍野砲隊の施設に向かって逃げた。

同じ触れがあたり一帯に回されたため、駒沢に向かう避難民の群は徐々にふくらんで大集団になっていったが、途中、隆一は「震災のスケッチをしてくる。先に行っててくれ」と、なをみらに言うと、すぐに集団から離れ、どこかに消えてしまった。〔略〕そのときのことを、妹の保子は後年、次のように書いている。

「ちょうどその時、朝鮮の人たちがあばれたから、女、子供は1カ所に集め男の人達が守る、との触れがあり、何日かを近所の人達と過しました。兄は、市内の様子をスケッチすると言って、その頃画家仲間が良く着用した流行のロシア服の〝ルパシカ〟を着用し、ベレー帽をかぶってわが家の家宝の日本刀を腰に差して、焼け跡に出かけました。田舎から出てきたばかりで東北ナマリまる出しのズウズウ弁です。変てこな姿も暴徒にまちがえられる原因だったと思います。

〔略〕父親が目黒の林業試験所の前を通って家に帰ろうと歩いていたら、道のかたわらにたくさんの人が集まり何やら大騒ぎしているのに出会ったそうです。いつもはそんなことに無頓着な父親なのですが、何となく人垣を分けてのぞいたら、なんと吾が子隆一が真中に座って両手を合わせているではありませんか。まわりには〝タケヤリ〟を持った若者数人が殺気立って取り巻き〝やっちまえ、やっちまえ〟と怒鳴っていたところだったそうです。父親は驚いてやにわに人をかき分け〝これは私の子です〟と大声を張り上げ息子に抱きつきました。劇的なシーンだったようです。

〝お前の息子だと証明するものがあるのか〟とか、みんなでがやがやと問いつめたそうですが、幸いにも父親はタバコ専売局勤めの証明を持っていて、どうやら許され命びろいをしたのです。帰宅してその様子を泣きながら話してくれました。涙など見せたことのない頑固な父親でしたので、そのときの2人の姿を見て私も貰い泣きしたのを記憶しています」。

〔弟の良平によれば兄隆一が救出された場所は「山手線の目黒駅から西方目黒川を越えたところにあたる大鳥神社の交差点近く」〕

（小池平和『美は脊椎にあり——画家・白石隆一の生涯』本の森、1997年）

小川森太郎〔当時下目黒422番地在住。品川町立東海小学校に勤務〕

翌日〔2日〕の晩早く床について何時間か過したのであろうが表の通りが騒々しくて目が覚めた。あわただしい足音が聞える。誰かが早く逃げましょう、ぐずぐずしていると攻めて来るよ、などと口々に叫びながら走り来たり、走り去る様子なので戸外に出て見ると、後から後からと暗い闇の中を大鳥神社の方に走る人波である。

呼びとめて訪ねると「横浜刑務所を破って脱獄した朝鮮人が東京の方へ数千人隊を組んで攻めて来るので大切な物を持って逃げよ」との事です。先生も早くというのだ、「大鳥神社の境内へ行きましょうと消防の人達が言うています。白い着物は目につきやすいからなるべく黒いものを着なさいと云っています」と親切に知らせて下さった。

家族に知らせて当座必要な財布やら、タオルなど持って言わるる様に神社に行った。

しばらくすると又しても消防団の人達が来て「ご注意を申し上げます。ここは道路わきで人目につきやすいから下目黒小学校へ集って下さい。引込んだ広場だから都合がよいから急いでください。落し物忘れ物のない様注意して下さい」と細心の注意をして下さった。

場内には既に多数の人が集っていた、「好い時をねらったものだ。人心の落着のない時を見込んでよくもやられたものだ」と感心している者もあり、それどころではない、皆どうすれば防げるか何か工夫をしなくては、むざむざやられてしまうではないか、など思い思いの泣ごとやら真剣になって小首を傾けている者もある。

〔略〕9月2日よりは昼夜を分かたず刑務所破りの不法者を警戒するので各町会は要所要所に詰所を作り自警団を組織して警備に当った。人相のよくない者は呼び止められて尋問された。どこから来たか、どこに行くか、名前は、何の用事かなどと質問し、発音の下手な者で、「ラリルレロ」「タチツテト」の言えない者は三国人と疑われた。危く切られた者もあった。又しばられて困った人もあった。戒厳令が敷かれて戦時状態であった。

（小川森太郎『清水東町会誌考』私家版、1973年）

櫻川喜代子〔**当時京橋区築地尋常小学校5年生**〕

私はおむすびをいただいていると、はるか向こうの方から沢山人がかけてくる「あらどうしたのかしら」と思っていると若い女が赤ちゃんを負ってこちらへかけて来た、話をきけば「今〇〇人がすぐ隣村まで2千人おしよせて来たから早くにげなければいけない」といった。私はびっくりしてしまった。しかたがないから皆のにげて行く方へついていった、火事でにげて行く時よりもこわかった、そして目黒火薬庫跡へにげていった。いきなりにげたから提灯（ちょうちん）も懐中電燈ももたないから、一寸先もわからなかった。火薬庫跡へ入った間もなく表の方で「萬歳々々」という声をきいた「ああ〇〇人が萬歳をいってるのではないか」と思って心配していたら入って来た人が「あの声は日本人の声です」とおしえてくれた。

（抜粋）

（「目黒火薬庫跡の一夜」東京市役所『東京市立小学校児童震災記念文集・尋常五年の巻』培風館、1924年）

関根〔**当時14歳。男性**〕

当時はテレビもラジオもなかったし、電話も五本木に一軒もなかったので、正しい情報も入らず不安だった。ところがどこからともなく、朝鮮人があばれ出したとのうわさが広がった。玉川の方にもう5万人がきたとか、井戸に毒をいれられたから井戸水は飲むなとか騒ぎ出した。水道も止まっていたので水のかわりにすいかを食べたりした。（1988年5月28日談）

（つぼみの会・きさらぎ会編『わたしたちが学んだ目黒の庶民の歴史』つぼみの会・きさらぎ会、1995年）

田山花袋（かたい）〔**作家**〕

〔友人のKの話。2日、横浜沖から東京に帰る〕

「何しろ、朝、早く出て、目黒の方までやって来るのに、1日かかってしまったからね。それに閉口したことは、鶴見あたりから何しろあの騒ぎが大変でね。まごまごすれば、どんな眼に逢うかわからないんだからな……。

そうさな、あれは目黒近くだったと思うな、平生では随分見ていられないような光景が到る処にあったよ。何しろ、皆なのぼせ切っているんだからな。何が何だかわからなくなっているんだから……。まごまごすれば、引つかまえられてえらい眼に逢うんだからな。でもその中を通らないわけには行かないから、びくびくしながら、いろいろな申訳を言っては、やっとそこを通してもらって来ましたよ。それにしても、人間と言うものは、心の安定を失うと、ああなってしまうんですかな。恐ろしいものですな……」

（田山花袋『東京震災記』博文館、1924年）

辻村直（なおし）〔**松秀寺住職、歌人。目黒で被災**〕

震災後、私の家の石塀を修繕するのに土工の手伝いとして鮮人が3人きておる。私は昼休みに一人の鮮人に色々話しかけた。四方山の話の末に「私の所へも昨日母からこの手紙着き次第帰って来いといって来たが、門司までは汽車がないし、船で行けば途中で殺されるかも知れない」と鮮人がいった。子を思う親心、人情は総て同じである。「国を出る時には300人して来たが、生き残ったのは19人です」と涙ぐましい声で言った。

（「震災雑記」『アララギ・震災号』1923年10月23日号、アララギ発行所）

古川富美枝〔**当時芝区愛宕**（あたご）**高等小学校1年生**〕

〔2日、避難先の目黒で〕ようやく火事がおさまって夕方帰ろうとすると○○人の騒

目黒競馬場は明治40年から昭和8年まで存続した1周1マイルの競馬場。下の写真は目黒競馬場に収容された朝鮮人

ぎ。

裏の竹藪で人の流言とは知らず息をこらすその心地。度々起こる数多の人声に生きている心もなく今にも地獄の鬼に見えるかと。それから「逃げてください逃げてください」と叫ぶ巡査の声に逃れた先は世田谷の練兵場。後で聞けば一里半ばかりだとよくもそんなに歩けたものだと今更感心する。幸に焼け残った家に落ついたのは3日の日。

（「震火災の記」東京市役所『東京市立小学校児童震災記念文集・高等科の巻』培風館、1924年）

堀貞之助〔当時18歳。目黒区本町3―6―9（現・小山台高校付近）で被災〕

〔1日〕夕方になって、横浜の刑務所の囚人が脱走し朝鮮人と合流して暴動を起こし、多摩川の六郷橋を渡って東京方面に向かって来るから、早く安全地帯に避難しろ、と誰かがオートバイで宣伝して回りました。そして、星薬科大学前の旧中原街道の火の見やぐらで早鐘をうち、その付近の人に知らせたのです。近所の人たちは日暮れまでには世田谷の軍隊の兵営に避難しました。

（「小山台で震災に会う」品川区環境開発部防災課『大地震に生きる――関東大震災体験記録集』品川区、1978年）

『東京日日新聞』（1923年9月3日）

「鮮人いたる所めったぎりを働く　200名抜刀して集合　警官隊と衝突す」

政府当局でも急に2日午後6時を以て戒厳令をくだし、同時に200名の鮮人抜刀して目黒競馬場に集合せんとして警官隊と衝突し双方数十名の負傷者を出したとの飛報警視庁に達し〔略〕。

その他の地域

秋川

菅生での証言

3日目に、朝鮮人が騒ぎだしたという噂と〝福生（ふっさ）の戸船場を渡った〟というデマが流れて、村中で竹の先を火であぶり竹槍を作ったのだった。

（秋川市教育委員会『秋川の昔の話』秋川市、1992年）

引田での証言

3日の夕方、半鐘が鳴って、〝朝鮮人がせめてきた〟という噂が流れ、自警団が組織された。竹槍、日本刀、鉄砲など持った男衆が、消防小屋に集まった。女、子どもは山に逃げこんだ。

（秋川市教育委員会『秋川の昔の話』秋川市、1992年）

五日市

青梅警察署五日市分署

9月2日午後5時頃、多数鮮人は社会主義者と相提携して八王子市を襲い、更に大挙して管内に侵入せんとすとの流言あり、これが為に自警団の発生を促し、漸く（ようや）直接行動に出でんとするの傾向ありしが、当署はその流言に過ぎざる事を知るに及び、町・村当局者並に小学校長等と協力して、これを一般民衆に宣伝し、かつ青年団・在郷軍人団・消防組等の幹部を招きて懇諭する所ありし。

（『大正大震火災誌』警視庁、1925年）

青梅

石川泰三〔青梅で被災〕

〔2日、和田で〕自転車をせわしく降りた人が訪れた。中分のマッサージ業の源さんであった。それは、「今、朝鮮人が200人青梅へ来襲して火をつけるという騒ぎですから、油断が出来ません。一寸お知らせ致します」〔略〕源さんは言うだけ言って、そのまま自転車を夕闇に走らした。〔略〕俄（にわ）かにじゃんじゃん警鐘が鳴る。そら！ 火事だッ！――ところが火の気は、さらに見えない。が、方向は正に青梅であった。しかたがない。その防備をせなければならぬ。父は、下男万吉に言い付け、諸道具を土蔵に入れ、観音開きまでも鎮させて、重要書類を一まとめに腰になし立退きの用意をす

る。妻や妹は、裾をからげ、襷十文字に、これまたその手伝いをするのである。

「まあ、お母さんは何をしているのだろう！　この騒ぎを知らないのだろうか！　実に呑気だわネえ。鮮人にでも捕まったらどうするだろう……。ほんとうにし方がない！」

　素六や千代子、篤子は恐いよ！　恐いよ！　とただ泣くのみである。

　ところへ母が帰った。〔略〕母はしばらくして語る。「〔略〕夕刻になった。すると、俄かにヂャンヂャン警鐘が鳴り出した。〔略〕〈火事はどの辺でしょうねえ〉〈なあに、火事じゃないそうです。今鮮人が300人ほど青梅へ入込んで、斬合いが始まったそうです。それで警鐘が鳴るのでしょう〉近所の人が物知り顔に言う。私は実に驚いた。〔略〕畑中駐在所前へ来ると〔略〕近所の青年が2、3人訪れた。〈なんでも、君等も直ぐ準備しなければならぬ！　なかなか油断が出来ない！〉〔略〕と（母は）語る。

　そのうち白玉橋方面に当って、右往左往、人の騒ぐ声が、銃の音、警鐘の音の間にまじって聞こえる。陰惨な気分は、今にも阿鼻叫喚の生地獄が現出されるかのようであった。

　〔略〕恐ろしい2日の夜は明けた。幸い、鮮人は来ない。また人まちがいの怪我もできなかった。〔略〕午後3時過ぎになった。役員の一人が来て、青梅から伝令があって、今夜もなかなか油断が出来ない。なんでも八王子方面から峠を越して鮮人が来たそうであるから、今夜も各村では警戒しなければなるまい、というのである。〔略〕一面に於ては、東京より避難するについて、どのくらい自警団連中に脅かされたりしたかわからぬ。こうした騒ぎも、不逞鮮人がこの地震につけ込み、社会主義者と気脈を通じて好機逸すべからずと、爆弾を投げ、婦女を凌辱し、金銭を強奪し、放火し、良民を殺戮し、あらゆる惨虐を重ねたによって、自警団の組織となったではあるまいか！　換言せば吾人の生命財産を保護するについては、警察署の威厳をのみ頼みとするには余りに突発した騒ぎが大きかった。この意味において出来た民衆の警戒が多少の物議を惹起しても無理からぬことと思われるのである。かくの如き社会の安寧秩序を乱す鮮人や社会主義者は、実に国賊である。乱臣である。震災で居るべき家もなく、飢餓に泣いて、恐怖に戦いて居る良民に対して、極力警戒し、撲滅して以て安定をはからなければなるまい。こう考えると、一脈の義憤は自ら胸中に漲る。僕は決然として第二部自警団長として起った。

〔略。3日夜〕暗闇からのっそり人が現われる。「第二部では高張をつけて置くのですか……、提灯は消した方が良いです……」

〔略〕

「誰だ！……提灯を消せというのは？」語気を荒く言いつつその人を見た。○○駐在所の巡査であった。

「僕ですよ。提灯は消して、暗黒にして置いて、いきなり通行の者をなぐりつけ、それから訊問するがいいです。なかなか鮮人はすばやいです。こちらで調べようと思う間に、すぐむかってくるですからね……」

「しかし、それでは無辜の良民に怪我をさせたり、または、同士討がでます。僕の考えでは、通行人の挙動、言語等よく見きわめて、怪しいと思ったら最後の手段を採るつもりです。この意味に於いて、提灯は消すことは出来ません。……」断固として言った。自警団が人間違いで、無辜な良民を殺したことは、実に無数である。人民保護の役人がこんな軽率な監督命令をするから……。

〔略。4日〕夕方になると、青梅方面よりまた伝令があった。今夜もどうも油断が出来ぬ、と言うのだ。東京から鮮人や社会主義者が、みな郡部へ逃げてくるという評判である。それで、詮方ない、その夜も刀、竹槍、棍棒の姿で出かけた。（1923年記）

（「大正大震災血涙記」石川いさむ編『先人遺稿』松琴草舎、1983年）

森田宗一〔**当時尋常小学校2年生。青梅市三田村二俣尾で被災**〕

〔1日〕その日の夕方から夜にかけ、いろんなことが伝えられてきました。更に翌2日になると、不穏な情報と余震の不安が人々を包みました。〔略〕不穏な情報により自警団がつくられ、竹やりを持った青年が村の入口や橋のたもとにかまえる光景が、女子供には気味悪く感じられました。「横浜の朝鮮人が大挙して東京へのぼって来たそうだ。朝鮮人が東京市内で爆弾を投げ石油で放火している」。そんな噂が流れたのです。「朝鮮人と見たら呼びとめ、名をなのらないようなら、竹やりで刺し殺してよい」。そういうことも、言いふらされました。

〔略〕私どもの村の多摩川ぞいの滝振畑という小字（通称下通り）の人々は、〝朝鮮人云々〟ということには、みんな疑問を持ち、流言は信じ難いと思いました。それは日頃から温厚善良な人柄で近隣の人々に親しまれていたAさんは朝鮮人だったからです。日雇い労働をして真面目に働いていました。おかみさんは日本人で、夫婦とも近隣の子供たちからも親しまれる「いいおじさんおばさん」でした。

「Aさんのような人たちが、そんなことする筈がなかろ」。「Aさんが万一疑われるようなことがあったら、五人組の者みんなで守るんだ。そうしてやるべえ」。そう言い交し、Aさんが出歩かないでいいように心をくばり協力しました。Aさん家族はその近隣の人々の善意と保護を感謝し、のちのちまで「あの時は、ほんとに嬉しかったです」。そう語っていました。

（森田宗一『多摩の山河と人間教育』匠文社、1983年）

青梅警察署

9月2日午後5時頃、強震再襲すべしとの流言ありて、一時人心の動揺を見しが、幾もなく鎮静したるに、午後6時頃に至りて「鮮人数十名拝島村に襲来せり」「鮮人の団体は八王子方面より福生村方面に向えり」「鮮人等爆弾を投じて各所を焼けり」等云える蜚語これに代るに及びて始めて混乱の状を呈したるを以て、直に署員を拝島・福生両村に派遣して偵察せしむると共に、本署に於ては青梅町を中心として霞・調布・小會木・成木・吉野・三田の諸村を警戒するの一方には更に氷川村巡査部長派出所詰の巡査部長をして、各駐在所巡査及び消防組を指揮して古里村以西を警戒せしめ、更に在郷軍人団と交渉して警備の応援と伝令の任務とを託して、厳に自警団員の直接行動を戒め、管内の警備はことごとく警察の指揮命令に従わしむ、しかれども暴行の流言は何等事実の徴すべきものなく、ただ数名の鮮人の福生村渡船場付近を徘徊せるを認めてこれを保護検束し同村居住の飴売鮮人19名に厳密なる監視を付せるのみ。

　かくて翌3日警視庁の命に依り、警部補1名・巡査15名を応援として本庁に派遣し、警察力の減殺せらるるや、在郷軍人消防夫等を督励して警戒の任に就かしめしが、流言はなお衰えず、「鮮人等埼玉方面より箱根ヶ崎村に襲来せり」「東京・横浜・埼玉方面に於ては鮮人の暴行甚しきを極む」など称し、疑懼の念を助長せるが為、次第に自警団悪化の傾向を示したれども、本署の努力幸に宜しきを得て、遂に直接行動等の挙なかりき。

（『大正大震火災誌』警視庁、1925年）

小平

神山金作

　地震の後には必ず火事が付き物。当然、関東大震災のときも東京は火災が発生して東京中が火の海と化して、9月1日の夜は小平からも東の空が真赤に見え炎がメラメラ燃え上がるのも見えるほどだった。当時の東京は殆んど木造平屋の燃えやすい建物であった為、忽ち東京中が火の海になったのである。次の日9月2日になってもまだ東の空が夕焼けのように真赤に見えたほどだった。

　この時、誰が何処で言い出したのか大変なデマが飛んで「外国人が川の中へ毒を投げ入れたから水が飲めなくなった」とか、東京に火を点けたのは○○外国人だとか、とんでもないデマが飛び大騒ぎとなった。もうすぐその連中が小平に押し寄せて来るという騒ぎになり大変なパニックになってしまった。何とか食い止めなければということで回田新田の大人はみんな集まれということになり、各自竹槍、鎌、鍬等を手に西屋橋に集まったという。山野、野中の人達は喜平橋に、上鈴木の人達は久衛門橋にということで、今日も明日も明後日も毎日待機をしていたそうである。

　その後この件でどんな犠牲が出たのか出なかったのか分らない。

（『ふるさと昔ばなし第1号』→加藤直樹『九月、東京の路上で』ころから、2014年）

狛江

冨永佳一・荒井信治

　狛江でも自警団が組織され、朝鮮人来襲に備えたということが前述の冨永佳一の日記に見られる。9月2日「夕刻より鮮人襲来の報あり、軍人会、青年会、消防組出勤警戒す」、また当市の荒井信治の次のような思い出の中にもそのときの様子が出てくる。

　「［4日、おばを新宿に迎えに行った］帰り道は又大変でした。成城付近に朝鮮人が現われたという話しがあちこちでささやかれていました。そのせいでしょうか砧道で早速自警団に会い、尋問を受けました。事情が分かると自警団の人たちは岩戸まで帰る道々大変だろうからと、各所の自警団に申し送りをしてくれたので、狛江まで無事にたどり着くことができたのです（荒井信治よりの聞き書き）」

（『狛江市史』狛江市、1985年）

高尾山

〔高尾山で〕3日目の夕方ごろに朝鮮人騒ぎがあり、大勢の人が甲州街道を山梨から、長野の方へ逃げて行きました。私が街道で供物を配っていますと、八王子の先まで、朝鮮人が来ていると言う人もいました。若い人ばかり6人で蔵から刀を出し、ふもとへ行き、一晩中警備をしました。5日目にさがみはらに帰ってきました。この辺りでも朝鮮人騒ぎがあり、このときには、町田の先に来ているという話でした。

（相模原市消防本部防災課編『関東大震災40人の体験談――そのときさがみはらは』相模原市消防本部防災課、１９８１年）

立川

石川泰三〔**青梅で被災、2日、肉親・知人を探しに東京市内へ。3日、青梅をめざす**〕

〔3日〕午前7時頃、自動車は無事立川停車場前に安着した。一同、まずこれまで来れば安心と、心からホッとした。実に警戒線にかかったことは20何回、おかげで、名刺の50枚も、用意したのが余すところ14、5枚ばかりであった。立川駅の板壁には、いろいろの震災記事やら、内閣の組織、顔触れが大きい洋紙に肉筆で特報してあった。〔略〕「ははあ……、内閣組織が出来たかな……」次の記事は、東京の火災区域「ずいぶん焼けたな……」次の記事は、……「ややッ！……これは大変！……」愕然とした。「朝鮮人目下８００名八王子に襲来、盛んに放火しつつあり云々」

一行これを見て、こりゃ、青梅付近も気づかわれる。とんだことが出来たわい！　一刻も早く帰らなければならぬ。気はあせるが、汽車はなかなか発車しない。約1時間を経た頃、発車した。車中は、火事や鮮人騒ぎで話が持ちきりだ。（１９２３年記）

（「大正大震災血涙記」石川いさむ編『先人遺稿』松琴草舎、１９８３年）

弘中〔**当時各務ヶ原飛行第二大隊中尉**〕

「流言蜚語頗るさかん　婦女子は飛行場へ避難」

不逞団襲来すべしとの流言飛語すこぶるさかんにして、避難民の語る所によれば、警察は男子に対して帯剣を許し不逞団襲来の時は斬り棄つるも苦しからずとの命を発したとの事である。又婦女子は戦々恟々として立川飛行場付近に避難しつつあり。

（『北陸タイムス』１９２３年9月5日）

田無

浦野善次郎・下田富三郎・小峰順誉・佐々登志・賀陽賢司

大正時代の記憶がまだ鮮明な１９５７年に、町の古老たちが関東大震災について語った貴重な資料（『古老の語る田無町近世史』）の中で浦野善次郎は、「夜になると朝鮮人が来るというので〝竹ヤブ〟に逃げた」と語っている。

〔略〕下田富三郎の日記には、早くも9月2日に「流言蜚語等にて人心不安にかられ」という記述が登場する（『史料編』Ⅱ３３６）。

〔略〕田無における流言については、小峰順誉も次のように述べている。「田無でも朝鮮人が井戸の中へ毒を入れるから気を付けろというデマがとんだから、井戸を中心に自警団が警戒した」（1988年10月31日聞き取り）。自警団は消防団員だったという。

管内における「人心の動揺」は3日以降も激しく、「或は警鐘を乱打して非常を報じ、或は戎・凶器を携えて通行人を誰何審問」して「鮮人の一群が吉祥寺巡査駐在所を襲えり」「八王子方面より300人鮮人団体将に管内に襲来せんとす」などの流言が盛んに飛び交った。田無分署は調査の結果、流言のような事実はないとして朝鮮人を保護したが、騒擾をきわめた民衆は警察に反抗し、警察署長を暗殺すべしというものすらいたという。田無分署はその誤解を説き、自警団に対する取締りを「励行」した。これが震災から1カ月後にまとめられた田無分署の報告である。

しかし、田無分署の報告書と田無の人びとの記憶は大きく食い違う。先に引用した『古老の語る田無町近世史』によれば浦野善次郎は、「警察署長は、男は棒とか刀を持って、朝鮮人が来たときは殺せという命令を出したほどであった」といい、佐々登志は、「署長が私の家に来て、朝鮮人を見つけ次第殺せということを云ったので、主人が『それより一時朝鮮人を収容した方がよい』と話していたのを覚えている」と語っている。

警察が自警団を取締まることは、当時あったであろうが、まだ記憶の鮮明な時期に古老たちが語っている内容が一致していることを考えれば、警察が最初から自警団を取締まったとは考えにくい。〔略〕田無分署の報告には事後の合理化を含んでいるとみられるのであり、震災直後の田無では、朝鮮人をめぐる流言が警察も含めて交わされていた、と考えるのが妥当であろう。

〔略〕震災後、外地から帰国した賀陽賢司によれば、9月20日に中央線の吉祥寺駅で下車して以降、各所で消防組の自警団による検問に合って朝鮮人と疑われ、ようやく田無まで帰郷したという（『古老の語る田無町近世史』）。田無とその周辺で流言飛語がおさまるまでには、相当の時間がかかったように思われる。

（田無市企画部市史編さん委員会編『田無市史・第3巻通史編』田無市企画部市史編さん室、1995年）

府中警察署田無分署

9月2日午後7時頃鮮人襲来の流言伝わるに及び、民衆の憤激漸く甚しく、鮮人に対する迫害は至る所に演ぜられしかば、当署は鮮人をして任意その外出を中止せしむると共に、流言に就きて調査せしもその事実を認めず、しかも翌3日以来人心の動揺益々甚しく、或は警鐘を乱打して非常を報じ、或は戎・兇器を携えて通行人を誰何審問するのみならず「鮮人の一群が吉祥寺巡査駐在所を襲えり」「八王子方面より300人の鮮人団体将に管内に襲来せんとす」等言える蜚語盛にして騒擾を極め、本署が鮮人を保護するを見ては暴徒に与する者なりとて警察に反抗し、甚しきは署長を暗殺すべしと称するものあるに至れり。

（『大正大震火災誌』警視庁、1925年）

八王子

岩谷〔各務ヶ原曹長〕

「巡査は殆ど公務に就けず　軍隊が辛うじて秩序維持　八王子に根拠を構えた不逞団機上から偵察した帝都の状況」

東京市内の巡査は家族遭難のためほとんど公務に就くこと能わず軍隊の出動により辛うじて秩序の維持に努めている。不逞団は八王子に根拠地を構えているようである。

（『九州日日新聞』1923年9月6日）

小倉英敬〔ペルー現代史研究者〕

八王子の薫心会は1923年11月18日に府立織染学校で鮮人慰安会を開催していることからも、なんらかの事件が発生したことが推測される。この鮮人慰安会の催しは、11月9日に行なわれた会合で協議を行なった上で、関東大震災がもたらした混乱の最中に意識的に流されたと思われる根拠なき流言の犠牲者となった朝鮮半島出身者を慰安する目的で実施された。市内在住の朝鮮人37名も出席したと言われる。

（小倉英敬『八王子デモクラシーの精神史——橋本義夫の半生』日本経済評論社、2002年より要約）

沢田鶴吉

2日の午後より朝鮮人の暴動の騒ぎであった。女子供は声を立てるでねえぞと皆消防の法被で刀竹槍等を持って部落の道を固めて物々しい日が何日も続いた。

なかには堆肥用のホークを持った者もいた。5日頃か朝鮮人一人が逃げて来て山に入ったと皆山狩りを始めた。ついに中寺田の山の樅の木に登っているのを見つけて猟銃は射つ、木の下では多勢殺気だっている。木の上では朝鮮人は震えて泣いていたと。警察官が皆を止め説得して朝鮮人を木より下して連行した。

（沢田鶴吉『寺田の百姓』ふだん記全国グループ、1975年）

橋本義夫〔社会運動家。川口村楢原で被災〕

〔2日〕午後2時頃だった。「鮮人襲来」という報がどこからともなく伝わった。片づけに来ていた村人等はみんな引きあげ各家に帰った。八王子の市民達が、知人親類をたよって村人たちの家に集まる模様、我が家にも数軒の親類縁者達が眼を血走らせて避難してきた。〝八王子警察では運搬自動車（トラック）に警官が乗って御殿峠に向ったよ〟父母は普段とすこしも変わらず、顔色もふだんのままで別段驚いた様子もみせずそんなことを話した。

〔略〕夕方から村の半鐘がジャンジャン鳴る、村人たちは養蚕中でむし暑いにも拘わらずみんな戸を閉じ、燈火を消し、山林へ逃げ込み、火を消してつぐんでいた。燈を消し蚊にくわれながらもぐっていたこと当時の人々がよく語る。

父は〝朝鮮人の3人や5人におどろくことはない〟といいどこも行かずこの夜は庭に床机を出させここにおり炊事をさせていた。

〔略〕横川の方で猟銃の音がきこえる、村人の中には日本刀をたばさんでいる者もあった。ときどき〝そらきた〟といいながら家の近いところにある半鐘に村人が登り鐘を鳴らす。父は〝半鐘など鳴らすでない、騒ぐでない〟と村人をたしなめた、殺気のみなぎった夜だった。

（橋本義夫『村の母』ふだん記全国グループ、1966年）

山田耕筰〔作曲家〕

〔ハルピンから急遽帰国し14日にやっと新宿へ。その途上八王子駅で〕これから発車という間際に、一人の青年が車窓からフォームに引きずり出されたのだ。凶器を携帯している鮮人という嫌疑で、その青年の後方についた2人の兵士がわれわれの目の前で実弾をこめたのには、息を奪われる思いだった。車内は総立ちとなり「凶器をもったやつらがまだいる——早くつまみだせ——凶器を調べろ……」そうした怒号が煮えたぎるのだった。〔山田自身もピストル2挺で武装していた〕

（「関東大震災前後」『山田耕筰全集3』岩波書店、2001年）

『旭町史』

2日頃から、朝鮮人襲来の流言飛語が発生し、停電で電灯がつかぬ夜を送っている市民は不安を募らせていた。「震災速報」に八王子駅で起きた次のような記事が載っている。

「朝鮮人5名が来る」5日上溝方面より5名の鮮人が警官に送られて来たが、八王子駅に達するや数千の殺気満々たる群衆は「ソレ鮮人来た」とばかり、その乗れる貨物自動車を囲み、不穏の挙に出まじき様子なので八王子署に引渡し、更に山梨県下工事場に送ったが、子安青年団は握飯及び水等を与えたので、彼らは蘇生の思いで喜んでいた。

（「関東大震災のこと」旭町史編集委員会『旭町史』旭町町会、1988年）

八王子警察署

9月2日午後4時頃に至り、鮮人暴行の流言始めて管内に伝わりて「多数の鮮人原町田方面に襲来し、同地の青年団及び在郷軍人等と闘争中なり」「原町田方面より来る鮮人約250名は相原町を侵したる後、更に片倉村に入り婦女を殺害せり」「鮮人200余名原町田方面より由木村方面に進撃せんとす」「鮮人約40名七生村より大和田橋附近に来り青年団と闘争を開き、銃声頻に聞ゆ」等言える風説を為す者あり。

而して片倉村の住民30名は恐怖して本署に避難せるを始めとし、各地民衆の来りて援助を請うもの少なからず、これに於て本署は署員を数隊に分ち、寺町・八幡町・由木村・片倉村・子安村等に派遣し、更に相原・原町田方面を偵察せしめたるも徒らに民衆の騒擾するを見るのみにして遂にその事実を認めざりしかば、これを民衆に宣伝し、又巡査派出所・出張所及び市町村役場等に掲示して誤解の一掃に努めたり。

會々午後11時頃、八王子市役所の吏員来り、人心鎮撫の為に軍隊の出動を求むる事に就きて本署の同意を促したれども、本署はその必要を見ざるのみならず、むしろ流言の信ずべからざる事を周知せしむるにしかざる旨を答えてこれを斥けたり。

この日五日市分署管内に居住せる鮮人10名は、横浜よりの帰途八王子市萬町に於て自警団員数100名の包囲する所となりて死地に陥れるを救助し、保護・検束を加えしが民衆の流言を信ずるの念は容易に除去する能わず、戎・兇器を携えて各所に横行するに至れる。

（『大正大震火災誌』警視庁、1925年）

『弘前新聞』（1923年9月5日）

「鮮人の一隊　八王子に向う」

一説に依れば鮮人暴徒一隊は横浜、神奈川方面を荒し尽し八王子に向って進行中であると。

日野

宇津木繁子〔日野町長〕

南多摩郡日野町の宇津木繁子は「カントウ大地震日記」なるものをつけていた（『日野市史史料集』近代2）。「鮮人暴動のさわぎ初まる」という記事は、やはりこの日記でも9月2日の夕方であった。

「町民驚きて、一同手に手に竹槍等携えて夜番をなす。〔略〕、鮮人の入込し時は半鐘をつきて合図すると云事になっていた折から2時頃盛に半鐘をつく、一同の驚きは一方ではなかったが、しばらくして鮮人ではなかったと聞き、一先安心したが、恐る恐る又一夜明す

9月3日

〔略〕前の理髪店を借りて仮事務所を開き、青年、在郷軍人、消防隊総出して夜を徹し、鮮人の番をなす。〔略〕」

日野市でも同じように、青年や在郷軍人、消防隊が自警団のような組織をつくって、寝ずの番の態勢をとっている。また町長〔当時の日野町長・斉藤文太郎〕が、9月3日に各消防支部長にあてて「不穏鮮人警備に関する件」という一通の文書を出している（前同史料集）。それによれば、「今後なお引き続き警戒の必要があると思われるので、青年団、在郷軍人分会などと協議の上、警備には万全を期し、一般町民を一日も早く安心させるよう尽力願いたい」という趣旨である。そのためには「軍隊の派遣を申請」している。つまり、行政が先頭をきって、流言蜚語を信じ、その対応は拡大の一途をたどっていたことがわかる。

（福生市史編さん委員会編『福生市史・下巻』福生市、1994年）

日野町

日野市では午後4時ごろ八王子市に「暴徒起れり」の報が届き、続いて「不逞鮮人襲来」の報に接した。混乱のさ中の事件に、町では青年団・在郷軍人・消防夫などが、それぞれ武装して警備にあたった。

9月3日、日野町長は各消防支部に「不穏鮮人警備」に万全を期すようにと通達した。だが同日町長が立川の航空隊長に送った軍隊派遣の申請には「不穏鮮人」の文字は「不穏人」に変わり、襲来は流言に近いものである、と書いている。しかし町民の不安はこの時点では解けていなかった。

同じ3日に戒厳令が発布され、翌日立川から将校と兵卒が派遣されて人々を安堵させた。

（沼謙吉「関東大震災――日野の被害と混乱の中の流言」『広報ひの』日野市、1990年9月1日）

日の出

橋本広一

更にその夜〔1日夜〕は暴動が起きるといううわさ騒ぎで夕方から四方八方で半鐘が乱打され、父は竹槍を構え鉢巻きで家の警戒。老人と女、子供は近所揃って裏山へ避難し蚊帳（かや）を吊り、その中で一夜を明かしたのも忘れられません。

（「関東大震災を偲ぶ」日の出町史編さん委員会編『日の出町史・通史編下巻』日の出町、2006年）

浜中慎吉

〔略〕地震がやや治まりかけた2日の午後、朝鮮人騒動が起こった。これはいわゆるデマ情報によるものであった。自転車で夕方から朝鮮人が暴れて攻めてくるので逃げるようにという趣旨の知らせが入ったのである。そこで、大久野村の萱窪・新井の人々は、山の上の鎮守白山神社へ避難することになった。〔略〕何事も起こらず、翌日午後に山を降り、締め切った家々に戻ってみると、醤油・油の甖（びん）の中味がほとんど流れ出し、手の付けようもないあり様となっていた。いっぽう、青年団や消防組の人たちは、竹籔に入って竹槍を作り、広場に集まり道路の要所警戒にあたったが、何事も起こらず夜が明けた。〔略〕新井の浜中慎吉氏は〔略〕管内の被災状況を警視庁へ報告するため、署長と2人で自転車に乗って出掛けたところ、途中の村々で自警団の人たちから、いろいろと詰問され顔色なしであったという。（浜中忠男による「聞き書き」）

（日の出町史編さん委員会編『日の出町史・通史編下巻』日の出町、2006年）

府中

石川泰三〔青梅で被災、2日、肉親・知人を探しに東京市内へ。3日、青梅をめざす〕

〔3日〕府中付近であったろう、鮮人らしいのが、頭を包帯で巻き立ててはいるが、鮮血がにじみ出て、尻からも生血が滴るのである。それを巡査が護衛して行く。凄惨の気、人を襲うかのようであった。（1923年記）

（「大正大震災血涙記」石川いさむ編『先人遺稿』松琴草舎、1983年）

多磨村・西府村

多磨村が震災から2日後の9月3日付で郡に被害状況を報告しているが、その追記として「追て鮮人暴徒襲来の報有之、是（これ）が警戒中にて人心恟々（きょうきょう）の有様に付申添候也」と述べている。多磨村では朝鮮人暴徒の流言に、人びとが不安のまっただ中にあることがわかる。

朝鮮人暴徒襲来について資料的に確認できるのは、郡が村に対して震災誌編集のための資料照会をしたのに対して、村がそれに回答した文書の中に記述がある。多磨村と西府村では次のように答えている。

「9月1日、震災火災の翌2日、鮮人の暴徒襲来の報有之、是（これ）が警戒の為、同日村会議員、青年会長、在郷軍人分会長、消防組頭小頭等を招集、協議会を開催し、是等名誉職を以て各部落の警戒に努め、その状況は時々役場へ通報せしむる事と為し、以て人心の安定を計る（多磨村・大正14年1月6日付）

ことに鮮人暴行風伝ありしを以て、之の防禦方法として青年団員に於て自警、消防組防火用意をなさしめたり（西府村・大正13年4月21日付）」

鎌内の証言や多磨村・西府村の記録からも、朝鮮人暴徒襲来の流言は今の府中市内全域に及んでいたことになる。それらの流言は震災の翌日には届いており、村中をあげて警戒を行っていたことがうかがわれる。

〔略〕西府村の報告では、各方面の被害状況を述べた中に養蚕にかかわる記述がある。その影響として「鮮人暴行の風評を感念し、飼育上注意を欠きたる者多き為、秋蚕中晩秋蚕は殆んど失敗に帰したり」としている。

（府中市教育委員会生涯学習部生涯学習課文化財担当編『新版府中市の歴史――武蔵国府のまち』府中市教育委員会、２００６年）

府中警察署

9月2日午後2時頃「東京・横浜方面の火災は主として不逞鮮人の放火に因れり」との流言行われしが、その5時頃に至りて「東京に於て暴行せる鮮人数百名は更に郡部を焼払う目的を以て各所に放火し、将に管内に来らんとす」と称し、民衆の恐怖と憤激とは高潮に達し、老・幼・婦女子は難を山林に避け、青年団・在郷軍人団・消防組員等は各自戎・兇器を携えて警戒の任に当り、通行人の検問極めて峻烈なり。かくてその夜に及び西府村中河原土工請負業者が、京王電鉄笹塚車庫修理の為め鮮人土工18名と共に自動車を駆りて甲州街道より東京方面に向うの途上、千歳村大字烏山字中宿に於て自警団の包囲する所となり、いずれも重・軽傷を負うに至れり。

これに於て本署は鮮人を保護収容するの傍、署員を是政・関戸・日野等の各渡船場に派遣して形勢を探らしめしが、事実無根なるを知りたれば、直にこれを民衆に伝えたれども、疑惑は容易に去らず、3日に及びては鮮人に対する迫害一層猛烈を加え、これを使用せる工場、又は土木請負業者等を襲撃するに至れるを以て、陸軍と交渉して憲兵10名の派遣を求め、協力してこれを鎮撫し、以てこれ等の危難を救いたりが、騒擾は依然として熄まず6日には、「鮮人数十名立川村を侵し、自警団と闘争を開けり」と云い、更に、「長沼・多摩の両村に於ても暴行を逞うせり」等の流言あり。

（『大正大震火災誌』警視庁、１９２５年）

福生

長谷川宇三郎

〔福生で〕あけて2日になって、朝鮮人の暴動が東京に起り、すでに先発は拝島九ヶ村水門まで押寄せて来たというデマが乱れとんで、村でも屈強な男衆は警戒にあたることになり、自警団が組織され、合言葉も〈熊〉〈川〉ときめられ、おのおの思い思いの身仕度で、竹槍やりょう銃をもつ人、父もみのを着て、麺棒をもって出かけた。父は棒術の心得があったのだろうか……。今でも、その時の麺棒がある。それを見るたびに当時のことが強い印象となっているのか、はっきりと思い出される。

（「私の住んだ熊川今昔」『福生第二小学校創立九〇周年記念誌』１９６４年）

氷川村・神代村

福生からさらに西の氷川村（奥多摩町）でも、奥氷川神社の秋祭りの最中であったが、地震がおさまったあとのデマの恐怖が「祭りどころではない」という状況を生みだしている。（『奥多摩町史』）。「大勢の朝鮮人が暴動を起して押寄せてくる。もう青梅では戦っているというのだ。みんな青くなった。川井の大正橋へやぐらを組み、ここで攻勢を食止めるという。大丹波からは、猟銃をもった鉄砲隊がくり出した。猟銃を持っている人は全員出動ということなのだ」と。〔略〕

また、北多摩郡の神代村（調布市）の消

防組の日誌には次のように記録されていた（調布市市史編集委員会『調布市史研究資料V——行政史料に見る調布の近代』調布市、1986年）。

「9月2日　午后5時頃不逞鮮人襲来すとの流言ありて、直に夜警の準備をなし、村内総出にて字内の各要所要所に配備をなし徹夜す　9月3日　日夜警戒す、村内総出にて（帝都近県に戒厳令を施行せらる）午后8時頃、入間より入間明照院付近に怪物現われ、武器を以て抗して負傷との報あり、直に警鐘を乱打し、全員を集めて応援準備をなし、現場に役員馳せ行く〔略〕9月4日　この朝、金子避病院付近に鮮人有、応援頼むの報、金子より来り、直に全員出動す、虚伝にて帰る、出場員不平満々たり〔略〕」

（福生市史編さん委員会編『福生市史・下巻』福生市、1994年）

町田

青木保三

大地震の当時は、私も父のもとで、南多摩郡鶴川村真光寺の、東京府の道路の改修工事を〝青木組〟名義で施工中だった。ちょうど朝鮮人の飯場に、約百名ぐらいの人夫がおって、仕事をしている時で、震災直後と同時に起こった、あの朝鮮人の大騒動に出合い、下請の槌田徳太郎以下数名をつれ、大型貨物自動車に乗り、原町田の警察により、巡査5名を署長の了解を得て借り、計10名で、鶴川村の工事現場に直行したのであった。そのとき自分はピストルを懐中に忍ばせていた。

しかしその現場では、世間から噂された、朝鮮人の各地に起こった〈蜂起反乱状態〉とはおよそ反対で、彼らはあべこべに、自分たちの命が危険状態にさらされていることを知って、「是非食糧だけは、与えてくれ、そうすれば飯場に篭城して、決して外に出ないから、命だけは助けて貰いたい」と、いうのであった。

直ちに、この真相を町田と、八王子の警察に伝えようと思い、町田に行って署長に報告し、引き続いて八王子に帰るつもりで、御殿峠まで来たところ、武器を持った、ものものしい一団と出会った。これは、鶴川方面から八王子に来襲する朝鮮人の一団と、決戦をしようと出動した、警察官ならびに、八王子の民間の一部有志連中であった。

そこで、さきの真相を話して、引きあげて貰ったが、一時は戦争でも、始まるばかりのような騒ぎで、自分たちも真光寺の現場に乗り込む節は、ともに死を覚悟して、体当りでやったら、案に相違の有様で、各地の状況とは全く違っていた。八南地区では、平穏そのものであり、多くの人々から非常に感謝され、私もかなり面目をほどこした。

（「震災と朝鮮人暴動説」青木保三著・朝倉雄二編『七十年を顧りみて』私家版、1970年）

中島司〔当時朝鮮総督府出張調査員〕

9月2日の午後3時頃横浜線原町田駅附近では3千人の朝鮮人が横浜刑務所を脱走して、その一部が八王子方面指して殺到するとのとんでもない噂が伝わったので、すは一大事と付近では女子供は山林へ避難し、男子は非常警戒のため総動員という大変な騒ぎになった。

（中島司『震災美談』私家版、1924年）

吉川泰長〔町田市広袴町464で被災〕

〔2日朝食後〝流言さわぎ〟〕隣のおじさんがはあはあしながら駆けてきて、「今朝鮮人が暴動を起こし、隊を組んで押しかけて来るから、村の人に早く知らせなければならないから、半鐘をたたきに行くんだ」という。やがて半鐘がヂャンヂャンと鳴りだした。そうこうしているうちに駐在所の巡査が自転車でとんで来る。「村人をみんな一ヵ所に集め、避難させねばならぬ」という。私はこの時、当時隣村の真光寺村より井の花村へぬける新道の工事をしていた朝鮮人がたくさんいたので、それかと思ったがそうではなかった。

村の人はひとまず村の妙全院に避難させ、村中の者は緊急相談の上、若い者は手分けして各組をつくり、組ごとに村境まで出張して警備にあたった。その時各自は昔から家に伝わる日本刀を持ち出し錆を落して白昼堂々とこれを腰にさして出かけたのであった。〔つるみ川・熊ヶ谷の岡上村を警備したが全くこなかった〕（1983年4月記）

（吉川泰長『関東大震災体験記』自筆稿本。国会図書館所蔵）

前田敏一・中村義高・小野輝治・大沢博政・井上敬三・津田安二郎・中島得寿

市域でも不逞朝鮮人襲来のデマが伝わり、それなりの対策がとられた。当時の模様を数名の市民に語ってもらおう。

「2日の10時ごろだったと思うが三丁目の勝楽寺（原町田）入口脇で米屋を営んでいた田原の秀ちゃんという45、6の人が在郷軍人の外被を着て、ゲートル巻きの足袋(たび)はだしで鉢巻き姿も凛々しく日本刀をたばさんできた。曰(いわ)く『京浜方面で朝鮮人が地震の混乱に乗じ、井戸に毒を投げ入れつつ大挙して町田へ押しよせてくる。16歳以上の者で日本刀のあるものはそれを持ち、無い者は竹槍を持って天神様へ集合してくれ、こまかい作戦はその時にする』と伝え次へ回られた。私共は14歳だったので残り、父や近所の人はさっそく竹槍作りをはじめたが誰の顔面も蒼白だった。誰かが鋭利にそいだ槍の部分を油で焼くと先がささくれないなどと真剣だ。

5日ごろになると余震も遠のき朝鮮人騒ぎもそれほどでないと伝わった。また、横浜方面からの避難者から保土ヶ谷あたりの自警団の検問方法を聞いたのも父と伯父を勇気づけたようであった。それによると自警団の検問所の前に来ると『止まれっ！』と一喝され、まず行き先を聞かれた。そして1から10まで数を読まされるのである。なぜ数を読ませるのかと聞くと、朝鮮人は5と10の濁音が出ないのでわかるということであった」（原町田・前田敏一）

「2日の午後1時ごろ騒ぎがあった。東京の巣鴨の刑務所にいた服役者と朝鮮人が一緒になって焼打ちを始め、今、大野村を焼いているという噂であった。神奈川県の方の人が馬に乗ってやってきて『武器になるものは皆持って出ろ』と伝えていった。相原は地理的に情報を入手しにくい地区であったが、神奈川県の人が馬に乗ってきたので皆本気にしてしまった。夜になり襲撃に備えスパイクをはきボキ棒を腰にさして山に登った。大野村はちっとも焼けていない。帰って来て朝鮮人の焼打ちは嘘だといったら在郷軍人に怒られてしまった。馬上に仙台袴をはいて日本刀をさして指揮した人もいた。3日の昼ごろ朝鮮人ではないかということで私のところへ連れてこられた人がいた。私が調べを頼まれて話しを聞いてみると、どうしても山梨県人でなければでない言葉が二言・三言あった。朝鮮人と間違えられた人は中屋の旅館に泊っていた人で甲府の南の方の人に違いないことがわかって許された。その人に私のところの名入れのちょうちんを貸して帰した。それから20日ばかりたって、その人は『お陰で助かりました』とちょうちんを持ってお礼にきました。考えてみると騒がなくてよいことを騒いだと思う」（相原・中村義高）

「鶴川街道の切り通しで作業をしていた40～60人くらいの朝鮮人の飯場があったが、大震災の起こる1、2日前に、それらの朝鮮人は突如として姿を消してしまった。それが鶴川地区では朝鮮人騒ぎに拍車をかけてしまった。鶴川村は全域歩哨体制をとり伝令も置き実戦体制でした。村民には『家にある日本刀・槍など武器になるものはすべて持って出よ』という命令がきたが、この命令はどこから出たかわからない。在郷軍人、消防団員、青年団員らは竹槍をめいめいこしらえ、日本刀、猟銃、ピストルを携えた。村の年寄・子供は山へ避難させ、それらの人々におむすびを用意し、水はめいめいがバケツをさげ塩気を持たせて籠城させた。青年団は夜を徹して警戒に当たった。2日の夜、『原町田方面に朝鮮人の一部隊がきていよいよ決戦に入るから準備を強固にしろ』という伝達がきた。そのうち『拳銃の音も猟銃の音も聞える』『小野路にきた』というニュースが入る。ところが3、4発の銃声が聞えた。このときはさすがにやっぱりきたかと思った。子供の泣き声によって山に避難していた人々が発見されるのを極度におそれた。このさわぎの時、『社会主義者の煽動によって起こり、朝鮮人は日本人を恨み、社会主義者と朝鮮人が国家災難のときに当って蜂起した』と伝令を受けた」（真光寺・小野輝治）

「このさわぎの命令を出したのは役場ではなくて警察だと思います。横浜の刑務所に収容されていた囚人が2日ほどして、全部この甲州に向かってくるという情報が入った。金森の鉄道橋に在郷軍人や消防団が全部集結して警察分署長が陣頭に立って指揮をしていました」（本町田・大沢博政）

「3日、4日のあたりまでは、ほとんど民衆自体の自発的な働きで民衆が動いたと思います」（鶴間・井上敬三）

「市域にいた朝鮮人は屋台をかついでいた飴売り一人であった。横浜から朝鮮人や囚人が来るというわさが流れると自警団は半鐘を鳴らして警報し、私も警戒に当た

写真は現在の原町田３丁目の風景

った。当時駐在所の電話は正常に働いたが警視庁からの連絡はなかった。消防団は警察分署長が指揮監督し、自警団は各部落で組織して警官は連絡だけをしていた。朝鮮人暴動について警察は本当だと信じていた。警察には市域以外の人で幾人か連行されて来たが問題はなく保護して八王子警察署に送っていった」（町田分署町田町本町田駐在所巡査・津田安二郎）

「真光寺の伊藤さんが道路建設工事で大蔵に飯場をもっていた。そこには30名ぐらいの朝鮮人がおり消防団や村の青年団が竹槍を持って殺気立っていた。交通・通信機関もとざされていたので自転車で連絡をとった。消防団・青年団は府道に縄を張り数十人が要所要所を固めていた。大蔵の朝鮮人飯場は小野路駐在所の管轄であったが、私は飯場へゆき『外へ出るならば命は保証しない』と話し、朝鮮人の殺気立つのを押えた。駐在所には電話がなく町田分署から朝鮮人暴動の伝令が来たがデマだとは思わなかった。

この飯場は小野路の駐在と私と請負師の三谷と3人で保護した。一時、憲兵が乗馬でやって来て発砲したといううわさもありました。大蔵の飯場の朝鮮人は無傷であり、管内の朝鮮人は全部無事でした」（鶴川村能ヶ谷駐在所・中島得寿）

朝鮮人暴動のデマは2日の午前中、町田町に伝えられ午後には堺村に達した。〔略〕とくに横浜線沿線の南村・町田町・忠生（ただお）村・堺村は横浜から中央本線へ向かう人たちがひきもきらず通り、デマが横浜からの朝鮮人・囚人の暴動であっただけに、その緊張と混乱は激しかったようである。

（町田市史編纂委員会編『町田市史・下巻』町田市、1976年）

場所不明

M〔**当時『東京日日新聞』記者**〕

〔取材自動車で〕東京から高崎へ通う途中で、東京市内では、水道管・ガス管の破裂音に住民がおびえて、今朝鮮人と日本人が打ち合い（市街戦）を始めているとか、工兵隊が工場の大煙突を爆破して片付けているなど、ふだん聞きなれない音は全部、朝鮮人の仕業に結びつけて、戦争が起ったと噂が流れていた。

また地方では、20名位の朝鮮人を村の青年団が囲んで連れて行って、荒川べりで殺したのを見た。熊谷在住の朝鮮人を殺して大八車に積んで、熊谷農学校裏の桑畑で焼いていたのを見たのも、高崎通信部からの帰途の夕暮れであった。中仙道では、警察官と在郷軍人で通行人を囲んでは、東北線の駅名を順に言えとか、信越線の駅名を順に言えとか言っていた。

（三原令『聞き書き』→在日韓人歴史資料館所蔵）

青柿善一郎〔**労働運動家**〕

〔6日、東京からの汽車の屋根で〕私の周囲には、群馬県から災害のあと始末に来ていたという消防たち、鳶口（とびぐち）をかついだ連中が20～30名も乗っていた。汽車は時々鮮人がおるなどといって止めさせられ、泣き叫ぶ朝鮮人を引きずり出してひどいめにあわせたりした。〔略。たまりかねて抗議すると〕「おのれも社会主義者じゃな、そんなことをいうやつは主義者にきまってる。わしらはもう1週間も東京で防火と救援の仕事をやってきたが、どの町でも自警団によって鮮人の襲撃が伝えられていた。だから自警団と警察と消防団によって東京の秩序が維持されているのじゃ。おのれは主義者か鮮人か……」

（「大震災と抗議運動」『労働運動史研究』1963年7月「震災40周年号」、労働旬報社）

李性徳（イソンドク）

李性徳さんは22、3歳で東京に行った。〔震災時は〕目黒の収容所に入れられたが、半月後に家族に手紙を出し、数カ月後に同じ村の人と帰ってきた。すると刑事が家や近所をまわっては、どんな話をしたか、なにか不穏な話をしていないか聞くのである。日本に対する批判や虐殺の話でもしていれば、次から日本への渡航証明書は出なかったし、捕まることもあったと弟さんは言う。警察の署長や高等警察は日本人で、下っぱは朝鮮人、日本人警察官も朝鮮語を研修していた。そうやって口を封じても、ひたひたと虐殺があったことは伝わっていったという。

（関東大震災時に虐殺された朝鮮人の遺骨を発掘し追悼する会『風よ鳳仙花の歌をはこべ——関東大震災・朝鮮人虐殺から70年』教育史料出版会、1992年）

色部義明〔当時本郷区誠之尋常小学校6年生〕

確か、2日の昼過ぎからだ。〇〇人が放火をする。井戸に石油を注ぐ。爆弾を投げつける、なんて騒ぎ出した。皆てんでに棒か木刀を持って警戒している。〇〇人を見たら誰でも引ぱって行くのだそうだ。ずい分物騒な世の中である。僕も焼け跡を見に行った時2人ばかり高手小手にしばられて、見物人が棒でびしびしなぐりながら連れて行ったのを見た。

（「大正大震災大火災」東京市役所『東京市立小学校児童震災記念文集・尋常六年の巻』培風館、1924年）

上原三郎〔実業家〕

震災のあと「朝鮮人暴動」のデマが飛び、これを恐れた日本人が各地で朝鮮人虐殺事件を引き起こしていた。朝鮮人の股間を石でたたき、リンチを加えている場面に出くわしたこともある。鹿児島県人は、よく朝鮮人と間違われる。間違われて県人が虐殺された例もあった。事態を重視した三州倶楽部は、県出身者にマークを配り、リンチに巻き込まれぬよう気を配っていたのである。三郎は県民のマークを胸に、汽車に乗った。

（岡本まもる『怪物　上原三郎』OK企画CRT、2005年）

大谷なみ〔当時東京市立京橋高等小学校1年生〕

3日のばんは親子そろって舟にのった。しばらくすると朝鮮人さわぎ。朝鮮人が300人もくるという。私はああこわい、火事でのがれて又朝鮮人でばく発玉をほうりこまれるのかと思うと、じゅみょうがちぢんでしまう。せんどさん私の父さんはほうちょうをもって舟のまはりでねずにばんをしていただけど、2、3人ころしたといった。

（「震災遭難記」東京市立京橋高等小学校『大震災遭難記』東京都復興記念館所蔵）

岡田全〔当時成蹊小学校5年生〕

9月1日の大地震にひきつづいて、あの〇人さわぎ、大人の人はむろんの事、まだなにもしらない子供までいっしょになってわいわいさわいでいる。僕等の方でも夜警と言って代りばんつに(ママ)、夜ねむらずに番をしました。そして人が来るといたずらに「誰だ」等といっていました。

〔略〕3日頃に2人〇〇人がつかまりました。せいけつやが書いた目じるしでは〇人が井戸にどくをいれるのだ。ようじんせよなんてかきつけなどが来た事もありました。又子供等がけしてしまって後から僕等はここですかなどと言われた事もありました。

（「〇〇人さわぎ」成蹊小学校編『大震大火おもひでの記』成蹊小学校、1924年）

加藤曾野〔当時四谷区四谷高等小学校1年生〕

〔3日〕いつものようにうらの空地へ近所の人々と一所にやすんだ。夜のまくは刻々せまる。木の枝には提灯(ちょうちん)が3つさげてあるばかりでやみ夜も同然である。夜警の人々は絶ずまわっている。はるか向こうで時々

ワアーと鬨の声のようにあげる。私たちの心は○○人襲来の話でひどくおびえていた。今ならばさほどでもないが、その時はほんとうにおそってくるものと思って少しの音にも気をくばった。

ワア……ワア……来た!!　来た!!　ドンッドンッドンッドンッ!!　警告のひびき!!　銃声の音?　あたりの静寂を破って起こった。おう!!　あの声は暗夜にひびくするどい銃声?　さては○○人がおそって来たのか大へんなことになった。今に修羅の巻が開かれはしないであろうか。

そうなったら、どうしたらいいだろう。がばとはね起きた私は唖然として恐しさに身をふるわすばかりであった。胸はどきどきと波うっている。何というものすごい晩であろう。戦地へ行ったような気がした。あまりに早くかわり果てたこの世の様をおどろかずにはいられなかった。

しばらくしてまたもとの静けさに帰った。

（「暗夜銃声?の思出」東京市役所『東京市立小学校児童震災記念文集・高等科の巻』培風館、1924年）

鴨川勉

「鴨川（勉）氏の実地目撃談」

朝鮮人と見れば銃殺刺殺火刑で、僕自身も労働服のままで飛出した故か危くも殺され様としたのを僅に助かったが、東京に於ける流言蜚語は実に甚だしいものがあり、鮮人は放火した、井戸に毒を流したというので江戸川の湯水は愚な事、見ぬ場合ならば川上で小便垂れたのさえも飲んでいる場合でもその井戸水を警戒して飲まない。しかし実際は然程不逞な処置をしているとは思われぬ。

（『弘前新聞』1923年9月6日）

北沢初江

〔4日、田端から福島への車中で〕途中の駅で罹災者にイモの差し入れがあったのですが、車中で一人の男がイモをもらったままにしていたのです。すると誰かが「イモを食わないのは、朝鮮人だ」と叫び始めた。屈強の男たちが4、5人、この〝朝鮮人〟を追いかけ回し、隣の客車まで逃げた男を連れ戻してきておいて、頭といわず、からだといわず、ところかまわず、なぐる、けるの乱暴を加えたので、男は口から血を吐いてとうとう死んでしまいました。

車内のかなりの人がそれを見て「バンザイ」などといって大喜びしているのです。私はなんと無残なことをするのかと腹立たしく思いましたが、まわりの人がこわくて黙っているしかありません。

そのほか、白河の少し手前でも、同じような朝鮮人を見い出し、列車の中でなぐり殺してしまいました。

（『潮』1971年9月号、潮出版社）

金

3歳のとき、父が長男を日本に留学させるのに様子を見に来たときのことです。親戚の者も一緒だったのですが、父が一人はぐれてしまい、その後いくら探しても見付からなかった、と聞いている。犠牲になったとしか考えられない。それからは、9月1日に法事をしている。

（関東大震災時に虐殺された朝鮮人の遺骨を発掘し追悼する会『会報』74号、1995年）

木村富美子〔当時成蹊小学校6年生〕

或晩の事でした。地震の騒は止んで○人さわぎでもちきっていました。お父様はぼっけんを以てお出掛けになったきりまだお帰りになりません。暗くなれば暗くなる程、騒は大きくなって来ます。私達はねていたけれども、おきてにげるばかりの支度をしました。そして足袋(たび)はだしになって、自分自分の荷物を持っていました。

私は学校のお道具を持ってにげるつもりでした。その中に「わーわー」というときの声が上りました。するとそこへ植木屋さんが槍を持って入って来ました。そして色々の有様をおしえてくれました。井戸の中へ毒薬を入れるとか、ガスタンクを目がけて爆弾をなげるとか、それを聞くとじっとしてはいられませんでした。その中に又車屋さんが来て、どこできり合いが始まったとか、山内さんへ火が上ったとか、色々の事を聞くとお父様が心配になって来ました。

(「地震騒のその次は」成蹊小学校編『大震大火おもひでの記』成蹊小学校、1924年)

河野義克〔国立国会図書館長。当時成蹊小学校児童〕

9月2日の昼頃、朝鮮人がつけ火をしに来るといううわさが人々の口からつたわりつたわって僕もしった。夜までには朝鮮人が16人つかまった。〔略〕近所の男連中はかしのぼうを持ったりくわのはの無いのなど持って自分々々の家の間に立っていたり見まわったりしている。中にはせいより高い日本刀を持ち出して門に立てる人もある。表通の方に出て見るとちょっとあやしい者はすぐ持物をみんなしらべられた。それで朝鮮人と分った時はすぐまわりを人でかこんでにげられないようにして本部につれて行くというありさまであった。

(『関東大震災の記：ほか三題』私家版、2004年。国会図書館所蔵)

小長谷透〔当時第一高等学校生徒〕

〔1日夜、乃木神社で〕一団の避難民が通る〔略〕本所深川全滅、神田全滅、銀座全滅〔略〕。不逞の徒の暴行が伝えられたのもこの時である。社会主義者の陰謀を事実として伝えられたのもこの時である。流言は流言を生み、蜚語は針小棒大に伝わった。あるいは不逞の徒宮城を攻撃せりといい、あの砲声はその音なりと談(かた)り、あるいは不平の一団玉川方面より青山渋谷に侵入せりといい、あるいは市の大部分は暴徒により占領せられたりという。

(第一高等学校国語漢文科編『大震の日』六合館、1925年)

佐伯陽介

私はその時5才であった。そしてこの眼でしかと見た。天を焦がす紅蓮の地獄と、つづいて人々の何とも恐ろしい形相を！大人たちは1日で人が変っていた。ふだんはやさしい小父さんたちが平気で人を殺し始めた。

(九・一関東大震災虐殺事件を考える会編『抗はぬ朝鮮人に打ち落ろす鳶口の血に夕陽照りにき――九・一関東大震災朝鮮人虐殺事件六〇周年に際して』九・一関東大震災虐殺事件を考える会、1983年)

佐治秀太〔当時第一高等学校生徒。新宿で被災〕

2日の夕であった、「放火の恐れあり」「井

場所不明

戸に毒薬を投入す各自注意されたし」等、鮮人に対する警戒のビラが各巡査派出所に張り出された。人々は武器を取った。「鮮人が捕まった」「昨夜鮮人が2台の自動車に分乗して中野を襲わんとし軍隊によって射殺された」等あらゆる鮮人に対する流言が行われた。そして人々は極度の恐怖に戦(おのの)いたのである。ああ呪われたる日よ。地震は天譴である。火事は天災である。しかし鮮人暴動の流言に血迷いあらゆる残虐を敢(あえ)てするに至ったとは何たる呪われた日であろう〔略〕。大国民の恥であり絶代の痛恨事であらねばならない。

（「痛恨事」第一高等学校国語漢文科編『大震の日』六合館、1924年）

杉山まき〔当時京橋高等小学普通科1年生〕

〔荒川から〕5日の日にだいじょうぶだから帰ってこいと船でむかえにきたから帰ってきた。その途中、船で朝鮮人の殺したのを2人おきの方に流しに行くのだとひっぱっていった。

（「大震災遭難記」東京市立京橋高等小学校『大震災遭難記』東京都復興記念館所蔵）

芹沢光治良〔作家〕

「戒厳令や朝鮮人のことを、どうして知りました」「警官が知らせに来ましたよ。交番には、警視庁の自動車が来て、指令して行ったそうです。疑う者は、坂の上の交番へ行って、たしかめて下さい」そう、町会長が素気なく答えるそばで、在郷軍人の服装の男が加えた。「朝鮮人はゆうべ、葛飾や千住の先など、数カ所襲撃したそうですよ。今日は多摩川方面が心配だと、言っていました」

（芹沢光治良『人間の運命第1部第5巻――失われた人』新潮社、1964年）

高橋定五郎〔当時法典村（現・船橋市）警防団長〕

〔3日〕東京にいっても、大久保第一六連隊の騎兵は、鮮人を馬で追いながら追い撃ちですよ。それはみんな田の中にたおれてしまって流しっきりだから、証拠不十分ですけどね。こっち〔法典村自警団裁判〕は切って殺してそのまま置いたですから、そういうひっかかりはあったですね。

（千葉県における関東大震災と朝鮮人犠牲者追悼・調査実行委員会編『いわれなく殺された人びと――関東大震災と朝鮮人』青木書店、1983年）

田邊秀雄〔当時成蹊小学校5年生〕

2日3日から各所で流言浮説が唱えられました。震火におびえた市民は又一つおそれる物が出来ました。それは○○人や、社会主義者です。はなはだしいのは○○人が200名、手に手に武器をたずさえて大塚あたりに来た。○○人2千名大阪に行く途中、小田原で陸軍としょうとつして今は戦争中だとかいうのです。所々に夜警詰所ができ、かわりばんこに夜警に出、通る人を傷つけ又は殺しなどして殺気立ったのもこの事からである。実際はそんなことは一つもなく、かえってあたりまえの人が火付等をして○○人がしたした等といっているのであった。

（「流言浮説」成蹊小学校編『大震大火おもひでの記』成蹊小学校、1924年）

田邊禮子〔当時成蹊小学校4年生〕

3日の5時ごろから朝鮮人さわぎになり

ました。〔略〕四つかどではなわばりをしてしらべています。8時ごろ車にのった人がきました。その人はごくまずしい風をして八百屋のようにざるにお大根を入れてもっていました。車屋の車夫は学生のみなりをしていました。へんだへんだとおもっていたらよつかどでとめさせられました。しかも朝鮮人によくにてます。朝鮮人と思ったのか言葉もなんだかすこしへんでした。ちょうちんをもっていない人はとおさないことにしてあるのでした。その人はちょうちんをもっていなかったのです。あやしいなと思ったら、その人はゆるしてくださいとすこしこえがふるえているようでした。私はそんなあやしいものではありません、あとで3人いっしょにちょうちんをもってきますからおゆるし下さいといっていましたのでゆるしました。その人はいつまでたっても3人できませんでした。

1時かんぐらいたつと、わあわあというこえのなかにまじって、つかまったつかまったというこえがしました。するとじ転車にのった人が、つかまりました、つかまりました、といってめがほんを口にあてていました。私はこわいながらもみようとおもいました。それからすこししたったら人がぞろぞろかえってきたので、なんだとおもったら、朝鮮人とまちがえたのは犬でした。

（成蹊小学校編『大震大火おもひでの記』成蹊小学校、1924年）

田藤ふみ子〔当時成蹊小学校6年生〕

2日目あたりから、〇〇人〇〇人という声はここにもそこにも聞えていた。つかまったとか、逃げたとか、ずい分たいへんだった。私共も大工小屋の中で度々そんな話をきいた。ちょっと門の外に出ても、そこいらにいる人が〇〇人に見えて仕様がなかった。

（成蹊小学校編『大震大火おもひでの記』成蹊小学校、1924年）

崔承萬（チェスンマン）〔独立運動家、教育家、済州島知事（1951～53）。当時東京朝鮮基督教青年会館総務〕

〔4日から板橋署で数日過ごした後、警視総監に呼び出されて相愛会に寄る途上車中で見たのは〕2回ほどは肩に鉄棒や竹槍を持った、数十名の日本人の青年が何人かのわが同胞の青年をどこかへ連れていく光景であり、もう1回は、道のど真ん中で数十名の日本人が2人の朝鮮青年を囲んで殴ったり、蹴飛ばす光景であった。

（『コリア評論』1970年4月～7月号、コリア評論社）

中村正〔当時成蹊小学校3年生〕

〔日時不明〕よるになるとうちのまえに二つてんとをはってその中にねた。そらを見れば一めんの火だ。そのときある人にきくと、大つかはまるやけだ、いまのこっているところがもえているということだ。ねようとしてあたまをつけると「朝鮮人が40人もおしかけてきて、いどにどくをいれる、うちをやく」といううわさがはじまった。まかないやのおやじさんはてっぽうをもって、ちょうちんをつけててんとのぐるりをまわってくれました。むこうのほうで「せんじんがここにいる！」「ここにいる！」というこえが、そこここにきこえます。

（成蹊小学校編『大震大火おもひでの記』成蹊小学校、1924年）

宮本百合子〔**作家。震災当日は福井におり、4日に上京**〕

〔6日に聞いた話として〕不逞鮮人に対する警戒はきびしく思いちがいで殺された人間（鮮人、邦人）が多い。2日3日の夜には、皆気が立ち、町内の有志が抜刀で、ピストルを持ち、歩いた。4日頃からそのような武器を持つことはとめられ、みな樫の棍棒を持つことになった。

やりをかつぎ、闇からぬきみをつき出されたりした。

（宮本百合子「大正十二年九月一日よりの東京・横浜間大震火災についての記録」『宮本百合子全集第二十巻』新日本出版社、2002年）

柳川昇〔**経営学者。当時第一高等学校生徒**〕

流言蜚語の伝わることの早いのには一驚した。深川の兄が水戸から帰っての話に、1日の午後にはもう朝鮮人という語が伝わっていたという。

（第一高等学校国語漢文科編『大震の日』六合館、1924年）

柳瀬正夢〔**画家**〕

私の頭を3日目の昼間、市内で目撃した情景が走った。〔略〕×に塗（まみ）れて引づられて行く××。お濠の土手の背の低い樹木の中に、戦（おのの）きちぢかんでいる××を、四方から××が囲んで××で×××いている。橋下から数珠繋ぎに引出されてくる半死の××達の間には女さえ混っている。針金で後手に結えられた菜っ葉服の××の十数個の××體の真中におったっている焼残りの交番。焼跡の街の街角に放り出された××人の死体。四谷見附、本所相生（あいおい）橋付近、車坂下その他。

上野広小路の十字路、松坂屋の前の今雑貨店のある所には、ズボンと片足の靴だけを残した裸体の労働者が、×××××出されて放り出されていた。××で×かれたと覚しき、幾箇所からも皮を破いて流れた脱腸、流出した血は黒く乾上がって焼土にこびりつき、頭髪は所々剝ぎ取られている。焼跡の掘り返しに往来する人の列が、その大きな死体を土足と鉄棒にかけて×み×って行く。側にはこんな立札がたててあった。「いやしくも日本人たるものは必ずこの憎むべき×××に一撃を加えて下さい」

（「狂犬に噛まれる」『戦旗』1928年10月号、戦旗社）

山口博〔**当時成蹊小学校5年生**〕

9月3日の夜の事である。僕等が夜の9時頃いると、近所の自警団が、「あなたの家に今〇人が入りました」と言って、どんどん中に入って行った。なにをするかと見ていると、石のつんである所に行って、ちょうちんでそこいらを、てらして出て来ました。そうしたらそこにいたもう一人の自警団が「いたか」と言いました。すると今の人が「いたぞ」と言いながら出て行ってしまいました。あとで叔父様が、懐中電灯を持って家のすみからすみまでさがしました。そして「なあになんにも居はしません」とおっしゃいました。それから竹さんがさがしに行きました。そして又「なんにもいません」と言いました。〔略〕

「さっきの自警団はなにを〇人と言ったのだろう。たぶんおどろいているから、石でも〇人に見えたのだろう」とおっしゃってお笑いになりました。

（「〇〇人さわぎ」成蹊小学校編『大震大火おもひでの記』成蹊小学校、1924年）

吉田はる〔当時赤坂区赤坂高等小学校2年生〕

〔1日夜〕突然バタバタという人の足音が聞こえたと思うと、又すぐ闇の中へ消えてしまった、と同時に「体操場を気をつけ」という兵隊さんの悲痛な叫声が聞こえる「ああ皆さん、それ玉がくるかもしれませんから早く中へ入って下さい」という早口に驚かされて我先にと室内にかけ入った、同時にズドンという銃の音が聞こえたかと思うと何者かバタリと倒れた様であった。室内の人はあちらに5人、こちらに3人という様に固まって息をこらしている「ああいよいよ〇〇人が攻めて来たのだ」そう考えた時、私共は闇の中に青ざめてた顔を見合わせてただため息をつくより仕方がなかった。

（「露宿の一夜」東京市役所『東京市立小学校児童震災記念文集・高等科の巻』培風館、1924年）

吉野正彦〔当時成蹊小学校5年生〕

9月2日の夜はほんとうにこわうございました。〇〇人が追い回されて組を作って口ぶえを吹くと、見はり人がぴりぴりとよびこをふくとすぐうをうをといって刀を持ったりピストルを持ったりして、おいまわします。僕等は庭に戸いたを敷いてかやをつり床をとってねていましたが、どうしてもねむれませんでした。12時頃は僕等もかい中電気を持って、すてっきを持っておいまわせといわれた事もありました。僕はすてっきを持っていました。八百屋さんのえんの下に〇人が一人はいったので、八百屋の男の人が、おったらかきねをこしてにげました。

（成蹊小学校編『大震大火おもひでの記』成蹊小学校、1924年）

吉村藤舟〔郷土史家〕

「時に大いへんだね、ずいぶんだろう。どうだえ、郡部の方でも警戒しとるけえ」

主人が真顔になった。「やっとるとも、とてもじゃねえ。歩けやァせないから……、それに今朝座板橋では大変な騒ぎよ。奴等で……」

これには皆が一時に視線をこの男に集めた。〔略〕

「奴等が……。あばれたけえ」

「何ァに、あばれることが出来るかい。皆ずたずたさ。芋刺しよ。」

「ウム、どうして」

「今朝のこと、座板橋では橋がこわれてたから、青年会が総出で橋普請をしとった。その時向うから1台の荷物自動車が走って来たそうだよ。上では制服の巡査がハンカチを振っとるじゃァないか。それで青年会員が手を休めて、その自動車を皆で助けて渡してやったそうだ。橋は少しすけてせえやれば車も通れる程だから、その時見ると荷物車には前の方に米俵を積んで、上を筵（むしろ）でおおっていたっけ。

でもどうしたはずみか、青年会員の一人が下に何にがあるかとひょいと竹槍の先でその筵（むしろ）をめくって見て驚いちゃったそうだ。下には奴等が塩鮭の様に長く折りかさなって寝とるのだよ、それといって青年会員が集まって、ずたずたに芋刺しにした。巡査も運転手も矢張り奴等だったそうだ。

場所不明

奴等は浜であばれて、兵糧を徴発し、本道からへえれねえから八王子を回ってやって来たのだ。

その騒ぎたらねえぜ。一里二里付近の者は女も子供も皆な集まって来た。でも天罰だよ。橋せえこわれてなかったら、奴等もやすやす入れたのに……」

その時はあたりの皆が気をはずませていた。私はそれを事実だとは思わないが聞いたままを報告します。

（吉村藤舟『幻滅――関東震災記』泰山書房仮事務所、1923年）

増補百年版　追加証言集

足立区

井之口政雄〔政治運動家・ジャーナリスト。亀戸で被災。小松川から荒川放水路沿いに川口へ向かう〕

夜明け頃、北千住の河原についたが、ここは惨また惨、朝鮮人労働者がリンチにあい、ここかしこにうらみをのんで倒れている。倒れているだけではない。鼻の穴には煙管がさしこまれ、腰ははだかにされ、突起物は無惨にも切り取られている。私は朝鮮民族のために、ほんとに手を合せておがんだ。無神論者のこの私がだ。

（井之口政雄『共産主義のこころ』三一書房、1956年）

柳原自警団員の証言

●A「3日の朝6時頃、四ツ木土手にて鮮人が多く殺されたという事を聞きまして見分傍々参りました、すると土手には鮮人が多く殺されておりその付近には綿や石油の入った壜が転がりおりましたので、成程鮮人が放火をするという噂が事実らしく思い、このように殺されているなら自分もやっつけて見たいというような気を起しました」（A第2回検事局聴取書）

●予審においてもAは、「四ツ木の土手で大勢の朝鮮人が殺されておりたのを見、鮮人は実際火を放ったり何か悪い事をするに違いない、もし我々の村に来て悪い事でもしそーであったならばやっつけてやろう」と考えたと供述している。（被告人A予審調書）

●B「〔3日午後9時半頃〕今まで点いていた朝鮮人の家の蠟燭が消え急に2人飛び出しました。最初の1人は3人か4人の人に滅多切りにされ、私は2番目にビール瓶か何かを投げながら出て来た朝鮮人の前から腹の辺りをめがけて槍を突きました。この時火の見櫓の方面から一度にわーっと4、50名の人が手に手に日本刀等を振り回して押しかけて来、その朝鮮人を滅茶苦茶にやっつけ当り構わず刀を振り回すので、私は二度目の槍をつける事も出来ずかえって自分の身が危険になりまし

たので〔後略〕」（被告人B予審調書）

●Cは朝鮮人の頭部を樫の木刀で殴りつけ、倒れたところを大勢の人とともに「寄ってたかって」「滅茶苦茶に」殴ったという。（被告人C予審調書）

●D「そうこうするうちに大部兵隊がやって来、朝鮮人が爆裂弾を投げたり綿に油をつけたものを家へ投げ込んで火災を起したり、日本人を殺したり悪い事ばかりするので、四ツ木橋方面で大分軍隊のために殺されたというような話があり、私はそれを真実と思い、今も鮮人が飛び込んで来るかも判らない、もし来たならば鮮人と格闘してもこれを取押え村の人や避難民のために害を除こう、手向ったならば殺してしまうと固く心に期しておりました」（被告人D第1回予審調書）

●E・D〔3日午後9時半頃〕屋外で殺害が起こるのと同時に、DやEらは長屋の中に踏み込んだ。室内には2人の朝鮮人がただあぐらをかいて座っていた。Eはいきなり日本刀で1人の後頭部を斬りつけた。「鮮人はそのまま後の方に倒れてぴちぴちしておりましたから、足の処を又3つばかり切りつけますと死んでしまいました」とEはいう。（E警察聴取書）Dはもう1人を棒で「2つ3つ続けざまに何処という事なく殴りつけ」、屋外に引きずり出した。その場に朝鮮人が座り込んだところを、居合わせた「40才許りの男」が日本刀で斬りつけた。（被告人D第2回予審調書）

●Jが長屋のほうに駆け寄ると、すでに家の前の道路に朝鮮人4名が血だらけで倒れていた。Jは周囲の者に「鮮人は何をしたのか」と聞くと、「鮮人が綿に石油とか揮発油とかを含ましたものを茶筒に入れていた外、爆裂弾を投げつけた」との答えが返ってきた。これを聞いたJは「ひどいことをする奴だ、それで今まで猫を冠っていたのだなと非常に腹立たしく」感じた。（J検事局聴取書）

倒れていた4名のうちの1名がうめき声をあげると、日本刀で首筋を斬りつけ、堀や池に沈みかけている朝鮮人の遺体を発見しては、そこをめがけて執拗に刀を振り下ろした。（J検事局聴取書および被告人J予審調書）

（藤野裕子『都市と暴動の民衆史 東京・1905―1923年』有志舎、2015年）

荒川区

氏名不詳〔当時8歳で尾久に住む。転居した岐阜での証言〕

見てるまえで何というんですか、関所があったわけですね……向こう行く人と、こっち行く人とね。それで『君が代』を歌わせたわけです。東北の人なんか案外ねズーズー弁でしょう。ですからね疑われてひどい目に会ったんですよ。日本人でも。殺気立ってましたからねえ！「荒川」辺りはあまり焼けませんでしたけど、ちょっと離れた三ノ輪の向こうなんか大火事ですから。隅田川なんか、死人の上を渡って向こうへ行けたんですから。……場所は家のすぐそばです。それで覚えてたんです。私も子供ですから（当時8歳、現在の尾久近辺にて、父親が土木建築の請負師をやっていた。近くに千軒長屋「ハーモニカ長屋」等があり多くの朝鮮人土工が生活していたそうだ。）

電車の線路は丈夫だっていうんで、家のすぐ前の線路（三の輪～早稲田間路面電車）にテントを張って野宿してたんです。…縄張ってね、何か棒みたいなものもってましたよ。今思うと竹槍かなあ？ とにかくそういう物もって殴ったところね、殺しちゃったんですよ、見てる前で、…私見たので4～5人いましたね。近所の人は知ってますわ、みんな張る人は近所の人が張るから。小さい時の記憶ってのは、大人と違ってあれやこれやとせんさくしないし、わからないですわね。見たまんまの物だけでね、恐いなあと思ったですけど。……すごかったですよ。おしっこひっかける人はいるしね、自転車でね、もう丸裸になっちゃってるでしょう。そこに乗ったり、けとばしたりね、すごかったですよ。おがむ人もいるしね、助けてくれって。よそから向こうの方に居る人が引っ張って行って、向こうで又縄張って、こっちの人はこっちでやってるしね。竹槍で刺したんです。血の海でした。

（1983年9月2日岐阜にて収録）
（麦の会編『隠された爪跡』1984年）

江戸川区

椎名竜徳〔当時特殊尋常小学校のひとつ霊岸小学校（現江東区白河）に勤務〕

人心の不安に乗じて、鮮人暴動の流言が放たれたのである。自警と称する血気の若者達が、竹槍、木刀、錆刀を持って、往来の罹災者を苦しめた。鮮人と誤られて半殺しにされた者が幾人もあった。血にまみれて警察で保護された鮮人学生、逃げそこねて撲殺された鮮人労働者、血なまぐさい痛々しい話が、口々に噂された。――私は大正10年から夜学校へ、鮮人の少年労働者30名ばかり収容して、教育していたので――常軌を逸した自警団の暴動に心を痛めていた。

「先生、金さんが小松川の橋の上で、殺されたそうですよ――」

「鄭さんも負傷して、警察へ行っているそうです」

等と、色々の噂が見てきたように伝えられた。

（椎名竜徳『生きる悲哀』1925年）

本多喜久夫〔作家〕

朝鮮人暴動下の流言におどらされ、恐怖した市民たちの行為は、とめどなく大きなパニックへと発展し、小松川橋の両端に私設の検問所が設けられ、目を吊りあげた在郷軍人や青年団、町内の若い衆が竹槍をもって立ち、朝鮮人とみれば突き刺し、死体を河中に投じるといった狂気の行為が小松川橋だけでなく、どの区の町内でもつづけられていて、ついに政府は五日、鮮人迫害防止の布告を出したが、狂った市民には何ら効き目はなく、まさに無政府状態そのものだった。

（本多喜久夫『大地震の恐怖・そのときのために』双葉社、1971年）

大田区

村松昌三

大森海岸へ10日頃まで、早朝に朝鮮人の惨殺死体が十数人位裸体で両手を銅線で結ばれたまま首を斬られ、その首が付いたまま波打際にふわふわ浮かんで残暑で腐敗して悪臭を放ち正視に堪えぬ日々が続いた。

（村松昌三「関東大震災記」、雑誌『伊那』1985年6月号、伊那史学会）

葛飾区

氏名不詳〔元・奥戸中学教師〕

奥戸中教師であった州浜昌弘は、演劇鑑賞教室に生徒を連れて行くため、旧奥戸橋を渡ったとき、1人の男子に「先生、関東大震災のとき、この橋に朝鮮人を並べて、首を斬ったんだって、うちのお婆ちゃんが言っていたよ」と話しかけられる。

そこで、同中の教師であった地元のS寺の住職にこの件を尋ねると、以下の話をしてくれた。

当時は、河川改修や新小岩＝金町貨物線工事で働く朝鮮人たちの飯場やスラムが地域に点在していた。そこから引き立てられた朝鮮人たちが、奥戸橋に引き据えられ、首を斬られた。

男の傷口から噴きだす血を抑えようと、ぼろ布を押しあてる女性ともども、中川に蹴落とされた。近くの蓮田に逃げ、泥にもぐりこんだ男を引きずり出して殺し、中川に放りこんだ。現場の写真もあるとのことだったので、州浜が、見たいと言うと、どこかに持ち出して問題にするのではと警戒され、そのままになってしまった。

（石川逸子『オサヒト覚え書き・関東大震災篇』一葉社、2023年）

北区

久留島武彦〔児童文学者〕

これは私が現に1週間程前に、澤村宗十郎の子の田之助から聞いた話であるが、田之助と云えば女形の役者であるから綺麗な姿をしているが、震災後3日程というものは、彼方此方を駈回った為に顔も手足も汚れきって、これが舞台へ出るお姫様とはどうしても見えない。上には只法被を1枚着ている。そうして親の宗十郎と助高屋高助とが一団となって逃げて行く。

田之助は少し遅れながら赤羽根まで来ると、歩哨が突然剣を突き付けたから驚いた。そうして歩哨はいきなり田之助に向って『パピプペポをを云って見よ』という。歩哨の方ではその音が出なければ朝鮮人であるというのであるが。しかし何の為にパピプペポを云わされるのか田之助には分らないからウロウロしている。すると歩哨はそれッ怪しいぞという。田之助は『イヤ決して怪しいものではございません』という。それではなぜパピプペポを言わぬかといって目の前へ血だらけの剣を突きつけられるから、田之助は狼狽ながらに『パ……ピ……プ……』とやった。

そのうちに先に関所を通った親の宗十郎が、どうも田之助が遅いと思って後方を振返る。こちらは田之助が一生懸命に『お父さん……』と呼ぶ。宗十郎は『田之助か……』と云いつつこれも一生懸命で引返す。田之助は『お父さん助けて下さい』という。それから宗十郎は歩哨に向って『これは決して怪しいものではございません。この澤村宗十郎の3男田之助でございます』と言って、ようやくその場を助かった。

そのうちに日が暮れたからそこの茶店に休んでいると、そこへ縛られて来た朝鮮人7人、それを一人一人見せしめの為だというので突殺された。それらの朝鮮人は黙って目を瞑いだまま胸を突かせた。

（久留島武彦述、通俗教育叢書・第23輯『今日の焦土明日の楽園・震災講演』島根県教育会、1923年）

須藤五郎による国会での質問〔音楽家・政治家〕

〔1952年6月4日・参議院・法務委員会〕

関東大震災のときに朝鮮人がたくさん虐殺されました。私もその首のない死体が荒川に浮いておるのをこの目でたくさん見ました。なぜかというと朝鮮人が暴動を起すからやつつけろということで、罪もない朝鮮人を引張つて来て、荒川のほとりに引張つて行つて首を斬つて死体をほうり込んだ。あとで新聞で大きな問題として書かれるようになつたのです。ところがこの朝鮮人蜂起というデマをふりまいたのは誰か。それはその当時の警視庁だつたということを聞いております。

〔1964年3月17日・参議院・法務委員会〕

関東大震災に際してなした朝鮮人に対する大虐殺、9月だけで6千人の朝鮮人を殺しております。朝になると赤羽川に首のない朝鮮人の死体がたくさん浮きました。私は事実自分で行って見てきました。こういう大虐殺をあえてやった、こういうことをあなたは知っておりますか。

（国会議事録から引用）

広瀬宇平〔当時22歳、1921年12月から習志野騎兵第十六連隊に所属〕

〔2日昼食後武装して東京へ出発〕滝の川の方より降りてくる坂の中腹辺に一さわぎ起った。人が寄る。確かどろぼうと騒いだと思っていたら、橋を渡って田端の方へ降りてくる一団、その中に頭部より服全体血に染みれて人に押されて走って来た者がある。不逞鮮人だという。彼等はこの大地震を好期とし、ビールびんの如きものに石油などの燃焼しやすい液体を入れ、これを火に投じて火勢をあおっているのだという。今度の大火は不逞の徒の及ぼすところ大なりという者がある。人々の心が不逞鮮人の出没とかにて戦々怯々としている。ある通路の如きは縄を張りて通交を禁止している。人々の手には棒などの得物がある。

〔略。小石川・巣鴨・大塚を経て〕戸山射撃場の所にて大休止、水与をやり、麵麭を食す。この辺の者、井戸を大事に番している。水道は地震と同時に壊れてしまったのだという。井戸には不逞の輩に毒を投ぜられるのを惧れているのだという。一部の者は弾丸を受取りに行った。それより青山北町一丁目の陸軍大学校の運動場に入った。こゝにて実包60発ずつ渡さる。いざという場合にはこれを使用してもよいのだという。何だか戦地へ乗り込んだような気がする。〔略〕我等は営庭を出るときから、東京へ行って何をやるのだか分らなかった。皆は東京の焼跡を片付けるのであろうか、それには銃が不要な訳だ。東京へ入るまでは何に出てきたのだか分らなかった。けれど、こうして不逞鮮人や自警団とかを見、実包60発ずつも渡された様子より察するに、我等は不逞鮮人の警戒即ち暴徒の起らんように警戒するのが任務らしい。

（鳥塚義和「ある騎兵の見た関東大震災」中の「在営日記」、『千葉県歴史教育研究集会報告書』2022年2月23日）

和田三千代

私の母は小伝馬町の足袋問屋の娘だったので、女学校1年の時に関東大震災にあったと良く聞かされました。地震のすごさも。

兄弟が9人、職人さん達が15人位いたそうで、二手に分かれて上野の公園に逃げて落ち合ったそう。

そこから埼玉県の行田（足袋の町なので、知り合いがいた）に逃げる時、荒川を船で渡ることに。2台の船を都合したそうです。

その時、朝鮮の人たちが10人あまり、「お宅は大きな集団だから、中に入れてくれないか？自分達は悪いことはするつもりはないのに、捕まれば殺される」と。

母の父親が、「よしわかった！」と言って一緒に乗せて埼玉県に入ったそうです。

母は、「大きな地震なんかが起こると、人間って何を言い出すかわからないけど、三千代、この話は良く覚えておきなさい」と、何度も聞かされました。（2019年、西崎聞き取り）

（関東大震災時に虐殺された朝鮮人の遺骨を発掘し追悼する会『会報』172号、2020年）

江東区

藤森正俊〔当時小学3年生、深川区平井町124で被災〕

木場も平井町からの飛び火で焼け、最終的には木場から平久町を抜け、藤倉電線の飛行場へ避難し、父のかついでいたつづらの側にちぢまったまま、周囲の大火災を眺めながら一夜を明かした。

2日の午後、泥棒だ、外国人だと騒いでいた。大人達の誰かが見つけて日本刀で切ったと大騒ぎだった。ドブの溝にたたきこまれた男は、背中と頭からどす黒い血が吹き出していて虫の息であった。なぜこんな大怪我をさせられたか判らなかった。また深川砂村小学校付近に自動車で保護された外国人はほとんど怪我をしていた。「やっつけろ」とどなる者がいて、兵隊が「今どなった奴は出てこい」「銃殺にする」と何度も大声を上げていた。

（藤森正俊「深川の飛行場へ避難」、墨田区役所総務部防災課『関東大震災体験記録集』墨田区、１９７７年）

『東京肥料史』

〔1日〕午後8時頃これらの猛火は日頃繁栄を誇った佐賀町の商店街倉庫地帯に飛火して延焼し、一夜にしてことごとく灰塵に帰し一物も留めざる焼野ヶ原とした。為めに翌朝に至れば永代橋の鉄骨は飴の如く曲って渡ることが出来ず、不逞鮮人と誤られて殺された生首が五ツも六ツも路上に転がり、河岸には溺死人が浮流して上げ汐に塵埃と共に打ち寄せられ、ことに甚だしいのは油堀の焼死者溺死人の惨状で、焼死者は手足をマラソン選手のように伸ばしたまま黒焦げとなり、溺死人は算を乱して男女の別もつかず鮪のように河岸に斃れ、その惨状目を蔽わしめた。

（東京肥料史刊行会『東京肥料史』１９４５年）

氏名不詳〔１９０４年生まれ、当時は永代橋たもとの飯場で沖仲士〕

その時、飯場には30人ほどいましたが、外へ出れば殺されるというので飯場の中に閉じこもっておりました。食べものはすでに無く飢と暑さと闘いながら、がまん強く平穏に戻る日を待ち侘びておりました。それでも飯場まで襲いかかって来たら殺される前に何人か殺してやろうと有り合せの材料で竹槍や棒槍を用意しておきました。ところが地震発生後6日か7日経った朝6時ごろ、消防団と青年団、一般民衆も加ってトラック1台で襲いかかって来たときには、鳶口と日本刀の前には恐くて誰一人飛びかかる者もなく、後ずさりしながら殺されていきました。阿鼻叫喚とはこういう場面をさす言葉でしょうか?。まさにそこに地獄を見たのです。悲鳴が飯場の中をつんざき、血しぶきは四方に散り、そしてばったばったと倒れて行きました。私は目がくらみ、髪の毛は逆立ちして生きた心地もしなかったのです。幸い私は一番奥にいたので押される中に川に面した壁が崩れて隅田川の中に友人2人と共に落ちてしまったので命だけは助かりました。私たちは泳ぎができたので永代橋の橋脚まで泳ぎつき体は水につかったまま鴨のように顔だけ水面に出して橋脚につかまっていました。〔その後通りかかった漁船に助けられた〕〈文責・李原坡記者〉

（「ショッキング・レポート〝震災残り〟と罵られ、足蹴にされた悔しさ、今も……──「関東大震災」在日韓国人一体験者の証言──」、『フリーライフ』１９７９年9月号、フリーライフ社）

品川区

鈴木文治〔労働運動家・政治家。友愛会創設者。上大崎の自宅で被災〕

〔2日午後4時頃、総同盟の三田芝園橋事務所から帰宅途中〕三田聖坂を上って高輪御所前へ出で、それより白金猿町より大崎方面へ下ろうとして、品川駅の北白川宮様の御邸の前へ来ると、御門の前に数十名の人だかりがある。何事かと聞いて見ると、何でも御門内に30名程の朝鮮人が入って暴れ回っているというのである。私はそんなら一つ中へ飛び込んで取り鎮めてやろうと思って門内に入り込もうとすると、20数名の兵士がゾロゾロと出て来て門の内側に整列した。私は何の事だ、兵隊が

いるのかと呆気に取られて見ていると、曹長はやがて一同に1包ずつの実弾を渡した。スワ何かあるぞと片唾を呑んでいると、品川駅の方面よりオウトバイに乗った伝令の兵士が矢のように走り込む。すると隊長と見ゆる歩兵少尉の前に立っていうよう、

「本日午後横浜神奈川方面に蜂起したる約300名より成る鮮人の暴徒一隊は、途中民家を劫掠しつつ只今六郷川の鉄橋にさしかかりつつあり、在郷軍人団並に青年団はこれを迎えて交戦しつつあるも、勢猛烈にして支うること能わず、数時間後には東京市内にまで侵入し来るものの如し、終り」

というのである、すると少尉は直ちに命じて曰く

「よし分った、華頂宮邸と内大臣官舎へは当方より報知する、汝は直ちに陸軍省と憲兵隊本部へ急報せい」

兵士は挙手の礼もそこそこ大急速力を以て直ちにその方へ疾走し去った。少尉は直ちに顎紐をかけ帯剣を軍服の上に締め替えたが、顔色を変えて緊張している兵士等に向って「装填はまだ早いぞ、却って危いから弾抜いておけ」と命じ、門を閉めさせ、自分は左右1名ずつ兵士を従えて門前に出で、剣把を握りキット身構えしている。

この様子を見て驚かされたのは我々である、いよいよ事だなと思った。「300名の暴徒」はおかしいとも考えたが、しかし現役の伝令兵の上官に向って報告するところである。一点疑いの余地はない。〔略〕

2～3丁先の小学校へ避難した。ここにはもう既に100名あまりの人々が、17～8人の男子に護られて避難している。どこから集まったか平素見知り越しもしない人々であるが、不言不語の団結心が出来、一見一家のような親しさを持つ。私は体格の一得で、誰言うとなく団長格に推された。

〔略〕かかる所へ4～5人の人の駆け足の音がして来た。すわとばかり身構えすれば、我等の味方、先刻斥候に出した人々であった。その報告によれば、敵は目黒の馬場付近まで襲来したが、在郷軍人団、青年団の一隊に喰い止められ、猛烈な交戦中、麻布一連隊より1個小隊の兵士トラックで駆けつけこれを掃討中である。なお機関銃を携えた兵士が続々自動車で現場に集中しているから、大丈夫安心だとのことである。

（鈴木文治『労働運動二十年』一元社、1931年）

『品川区史』

〔2日〕夕刻には各町の町民は日本刀や鳶口・木刀などの兇器をもって各所に屯集、自警団を組織するにいたった。かくして品川区域の各所で惨劇がおこることになったのである。

2日夕刻大井町の八ッ山下では、爆弾所持者であるとして1人の朝鮮人をとらえて重傷を負わせた。しかし調査してみると、爆弾であると信じこまれたものは、大和煮の缶詰と2瓶のビールであった。しかし平静さを失い、恐怖におののく人びとは、流言がまったく根拠のないものであることを確かめるだけの余裕を失ってしまっていた。

同日4時半、大崎町桐ヶ谷では星製薬会社の人夫であった金容宅ほか4名の朝鮮人が、鳶口などで乱打されて重傷を負い、平塚村下蛇窪でも1人の朝鮮人が竹槍・天秤棒などで重傷、翌3日同じ地域でもう1人の朝鮮人が重傷を負わされた。

品川町では朝鮮人と見誤られた町民の明治大学生の1人が、竹槍・鳶口などで乱打され、日本刀で斬付けられて瀕死の重傷を負い、品海病院に送られたが結局亡くなった。大井町・平塚村でも同様の事件がそれぞれ1件ずつあ

り、1人は死亡し、1人は重傷を負わされた。

これらの事件は、東京江東方面と横浜方面の両方から罹災者が流れこみ、それらの人びとが「朝鮮人暴動」の流言をもたらすことで、あたかも流言にはさみうちされた形となり、恐怖におとしいれられ、それをかきたてるかのように警鐘が乱打され、大井町などでは警官さえ抜剣して指揮する（『東京朝日新聞』大正12年10月14日）というまったく異常な状態のなかで起こった事件であった。

しかし、事件はなお歴史的にみて反省しなければならない多くの点を含んでいる。

震災後の政府その他の機関の調査によって明らかにされたように、朝鮮人の放火・暴行などの事実はまったくなかった。震災直後の混乱のなかにおいてさえ、少し冷静になって事実を直視すれば、流言の無根拠は確かめられたはずである。〔略〕流言をそのまうのみにし、自ら兇器によって武装して無防備のまま逃げまどう朝鮮人を死にいたらしめた根源には、被抑圧民族としての朝鮮人にたいする蔑視観、人命軽視の考え方が存在したことであった。そこにはまたふだん蔑視し、虐待してきた朝鮮人が、この機会に「復讐」するのではないかとする怖れが存在したともいえる。

（東京都品川区編『品川区史・通史編―下巻』東京都品川区、1974年）

渋谷区

津野田是重〔当時陸軍少将、代議士〕

私の宅の付近でもあまり騒々しいので私は門の外へ出て見たら武装した軍隊がいた。そして隊長らしいのが『敵は今幡ヶ谷方めんに現われた』云々と号令しているので、私はその将校を捉えて『敵とは何か』と質問したら『朝セン人だ』と答えたので私は更に『朝セン人が何故敵か』と問うたら『上官の命令だから知らぬ』と答えた。

（「敵は朝鮮人だと上官が命令した」、『読売新聞』1923年10月22日）

新宿区

岡野鑑記〔財政学者。避暑中の信州浅間山麓の追分村で被災。2日に四谷見付の自宅に辿り着く〕

四谷見付駅横の土手の上には、数台の乗用車とトラックとが1列に並んで、ヘッドライトで下方の暗い濠端の中央線の線路の上を照らしていた。そのわけを聞くと、「不逞鮮人」が、この谷間に逃げ込んだので射殺するのだということであった。〔略〕

なるほどヘッドライトの車と車との間には、数名の自警団員の若者たちが、機関銃や猟銃を構えて立ち、線路上に何か黒い影が動くと一斉射撃をやっているのを目撃して驚いたのであった。〔略〕

すると野次馬たちが遠巻きにして眺めていた群衆のなかから、突然1人の若者が飛び出してきた。それにつづいて2人の自警団員が追跡してきて彼を捕えた。何か1〜2分間問答していたが、腰に日本刀を差していた大男の方が、矢庭に抜刀して、その若者をけさがけに斬り倒したのであった。私はびっくりして、近くにいた人にその事情を聞いてみると、その若者は人相が悪くてそわそわしているというので、自警団員が職務質問したのだという。ところがその若者の日本語がおかしいので、「お前は不逞鮮人だろう」と怒鳴りつけたところ、彼が突然逃げだしたので追跡したのだとのことであった。傍らにいた人の意見では、あの若者は、標準語のよく話せない鹿児島人ではなかったかというのであった。

（岡野鑑記『ある経済学者の一生―自伝と随想―』白桃書房、1976年）

杉並区

片桐大一〔詩人片桐ユズルの父。当時18歳、杉並区天沼で被災。祖母はクリスチャンだった〕

もっともらしく歪められた拡大された恐ろしい噂が、またたくまに、広く走り、朝鮮人たちが反乱を企んでいる、あちこちの井戸に毒を投げこんだ、そして何人かはその場で捕えられ殺されたというのだ。家にむかいつつあった私は、近所の大地主の一人飯田さんの畑で一人を斬首刑にすると、通りがかりの人たちが話しているのを耳にした。好奇心で私はその私刑の場へと急いだ。

数分で私はそこにいた。たくさんの人が集まっている。異常に張りつめた空気を感じとることができる。たぶん何も悪いことをしていない一人の朝鮮人に行われようとしている非法な斬首刑をはっきり見ようと、私は厚い人垣をかきわけて、最前列にまで無理やり進んだ。この男が捕われたのは、ただ彼が朝鮮人だったからだ。

この白昼、これほど多くの目撃者のまえで一人の人間が殺されるのを見る。なんという衝撃か。どうして、これほど多くの者がこの光景を傍観できるのか。法治社会でこんな刑罰が許されるのか。

犠牲者は地面にはだしで坐らされている。若く見える。が、私には、その背中しか見えない。彼は動かず、じっと静かにしている。逃げることは不可能だ。逃げようとはしていない。運命をあきらめているのか。取りかこんで立つ男たちの手にする、にぶく光る刀が触れる瞬間、血がほとばしるのを知っているのか。やがて永遠の瞬間がきて、刀がひらめき、無抵抗の肉と骨に落ちていくのを知っているのか。私の心臓は、のどにまで上がり、息がつまる。回りのだれも動かなかった。この逃れがたい死の場面はいつ終わるのか。何という瞬間だ！

反対がわに立っている群集のなかにざわめきがあがった。何だろう。厚い人垣をかきわけて一人の女が出てきて、自警団の輪のまんなかに身を投げだした。大地に自分をたたきつけるようにして、その朝鮮人のまぢかに、その背中によりかからんばかりに坐った。

何と！　なぜ！　どうして！　この新たな闖入者は私自身の祖母に他ならなかった。私のおばあちゃん、年老いてひ弱な。おばあちゃんは、何をしようというのか。

「さあ、まず私を殺しなさい。先にこの老いぼれた私を殺しなさい。この罪もない若者を殺すまえに、私を殺しなさい。」わめいたのではなかったがその声はみんなに聞こえた。だれも喋らず、だれも動かなかった。おばあちゃんは同じ言葉を数回くりかえし、くりかえすごとに、ますます毅然と決意が見えてきた。あの威厳はどこからくるのか。

ほっとしたことに、この危機的な瞬間は長くはつづかなかった。引き抜かれた刀は、血を流すことなく元の鞘に収められた。死刑執行者たちは、この二人の坐ったままの老人と若者に背をむけると、一人また一人と去っていった。〔略〕

その若い朝鮮人は後で大工だということがわかった。私たちの近所を回り修理仕事をしていたのだ。彼の名前はダル・ホヨンで、日本名をサカイといった。

（石川逸子『風のたより』第16号、2019年1月1日）

秦録蔵

〔杉並久我山で〕その夜は何事もなかったのですが、翌2日の午後になると朝鮮人騒ぎが起り、若い男は何か武器を持って倶楽部の前に集るようにと言伝えが村中に出されました。

流言とは恐ろしいものです。その日の3時頃、老人や女子供は皆避難するようにと、誰から出た命令ともなく、皆思い思いに避難したようです。夕方になると、どこの村でも半鐘をならし、若い者の集合を呼びかけていました。若い者は皆竹槍、木刀、中には伝家の日本刀を持って来た者もありました。集って見ると実に誠しやかな流言が伝わってくるのです。朝鮮人の一団が直ぐそこまで押し寄せて来たなどと言ったり、朝鮮人の女が井戸に毒を入れて歩いたとか、関東一円に伝わっていたのです。そのうち12時になると烏山の方面で、鉄砲の音が2、3発聞えました。その内伝令で、ただ今烏山本宿で朝鮮人の一団が、トラックで検問所を通り抜けようとしたので、一団を鉄砲でおどし、逃げる奴は切り捨てたとの事でした。私達は朝になって見に行きました。3人位切られて、こもが掛けてあったのです。実にむごい事をしたものです。あとで分った事ですが、この朝鮮人は東京に友人がいるので、食糧を持って見舞いに行く途中で、何も知らず検問所に来ての出来事だったのです。

（秦録蔵「私の思い出」、森泰樹『杉並歴史探訪（杉並郷土史叢書2）』杉並郷土史会、1975年）

墨田区

伴淳三郎〔**喜劇役者。当時15歳、蔵前の下宿で被災**〕

〔稲荷町で〕逃げに逃げたつもりだったけど、とうとう真っ赤な火の海に囲まれてしまった。もうダメだ、と観念しかけていたところへ、ガラガラガラーッと一台の荷馬車が煙とほこりの中から現われて、ぎょしゃ台に坐った男が「ボウズ、乗れェ」とわめいたので、渡りに船と飛び乗った。とたんに男は「しっかりつかまってろよ」と叫ぶやいなや、ガラガラガラーッと一気に火の海を駆け抜けた。あのときの熱かったこと、熱かったこと。〔略〕

荷馬車でガラゴロとやって来たところが荒川の四ツ木橋。今は鉄橋だけど、そのころは木の橋だった。ここで俺は馬方と別れた。そのうちに夜が来て、俺はずいき畑に坐っていた。畑の中は避難民でいっぱいだった。そんなところへ、どこから流れてきたのか、「朝鮮の人が暴動を起こした」というウワサが広がりはじめたんだ。大人は朝鮮の人を押えるんだって、ほとんどの人がずいき畑から〝出動〟しちまった。〔略〕

ずいき畑から見えるのは、ポコンと黒く立っている浅草の観音さまだけで、あとは火の海ばかり。俺は、もう東京はなくなっちゃう、そのとき、そう思ったねぇ。そうして、熊谷にいるおふくろと妹のことばかりが思い出されてくるんだ。一刻も早くなんとかして、なんとかして熊谷に帰りたい――。だけど、その翌朝、見せられたものは、なつかしい故郷じゃなくて、阿鼻叫喚の地獄図絵だった。

朝鮮の人と思われる死体が地面にずらーっと転がっている。その死体の頭へ、コノヤロー、コノヤローと石をぶっつけて、めちゃめちゃにこわしている。生きた朝鮮の人を捕えると、背中から白刃を切りつける。男はどさりと倒れる。最初、白身のように見えた切り口から、しばらくして、ピャーッと血が吹くんだ。俺はそれを目撃して震え上がっちゃった。

そうこうしているうちに、映画館へ朝鮮の人が逃げ込んだといって騒いでいる。それってんで皆で追っかける。朝鮮の人はたまらず屋根へ逃げのびる。それを下から猟銃で、バババーンと打ち落とす。その死体をめがけて群集が殺到する。手に手に持った石を、死体めがけて投げつける。死体はたちまちハチの巣のようにメチャメチャになってしまう。

まあ、ひでぇもんだった。日本人は、こう

した昔の残虐行為を忘れちゃったのかね。朝鮮の人たちの怨みというのか、排日感情っていうのかな、そのころのことに根ざしているんじゃないかと、俺は思うんだ。

俺が白鬚橋まで落ちのびたのは、その翌日のことだったな。橋を渡ろうとしたとき、

「オイ、どこへ行く」

と背後から呼びとめられて、ハッと振り返ると、鼻っ先に、ズバズバ切れそうな刀を三本もつきつけられた。朝鮮の人を捜すのに血眼になっている男たちだった。

「原籍は?」

「シ、シ、シ、シタヤ、ニ、ニ、ニ、ニ、ニチョウメ、ニ、ニ、ニバンチイ」

俺はつっかえつっかえしながら、ようやく

「下谷二丁目二番地」と答えた。ギラギラしたやつを目の前につきつけられては、よく覚えているはずの本籍地だってスラスラいえるものじゃない。名前でさえ、ス、ス、スズキ、ヒ、ヒ、ヒ、ヒロサダとどもった。相手はどうやら、俺のことを日本人かどうかあやしんだらしい。

「オイ、いろはをいってみろ」

と、きた。

俺はまだ子供だ。刀をつきつけられてウロがきている。ズーズー弁を出しちゃあいけないな、と思いながら、どうしても直せない。

「エロハニホヘド、ツルヌルオワカ……」

あやうく朝鮮の人とまちがわれるところだった。大声で軍歌を歌ったり、母と妹が熊谷にいることを話したり、俺がまぎれもない日本人であることを必死に証明して命拾いしたが、あのときまちがわれてたら、いまごろ伴淳はいないはずだ。

九死に一生?を得て、汗と油と涙でぐしょぬれになりながら、目的の田端へ着いた。

（伴淳三郎『伴淳のアジャパー人生　芸道・色道50年』徳間書店、1975年）

■以下6篇は、横川尋常小学校生徒作文（すべて原文のまま）

（東京都立横網町公園復興記念館所蔵）

①「大震火災ニ就テ」

第四学年男二組　遠藤盡

〔略〕向の方からおじさんが来て、おとうさんに小村井の佐野に行ったらよいだろうとおじさんがいったから、おとうさんが佐野にたのみに行と、よろしいといったからすぐ車をおじさんがしっぱって、佐野行って二日のばん朝鮮人がつなみだろう大水などといって驚かしていました。三日の朝軍隊が来て、朝鮮人とたたかってはんぶんぐらいかたづけて帰ってきました。それからやけいというものが出来て、まいばん火の用心みたいなしょうしぎをならして、まわっていました。或日朝鮮人がぞろぞろ六百人ぐらいならんできて、中にはかっけの人がおぶさっている人もあれば女の人があかんぼうをおぶっている人もありました。僕は佐野さんの所に九月一日から十一月十日までやっかいになって、こんどは請地に行って十一月十日から十二月二十五日までやっかいになって、今はこんなきたないバラックにはいっています。

②「鮮人さわぎ」

栗山長太郎

九月一日の日に鮮人が家の中へばくだんを入れて火事にしたのが三日頃からわかりはじめた。四日目の夜四ツ木の方からかすかにわーというこえがよく聞えるので私はなんだろうと思って聞くと、鮮人をつかまえてなぐりころすのだいって、どこかへいってしまった。私はそれを聞いて其の夜はねられなかった。よく朝、おきて用をしていると、通をぞろぞ

ろと人の足音がするとでいって見ると鮮人がよその人達につれられていくのが五六回も通る、そして其の夜は若い人達がまもっていて来れたからよくねられた。六日の朝四ツ木へいって見ると、鮮人がごろごろところがって死んでいる又其の死に方がみなちがって死んでいる又水ので死んでいる又女もまじっていて死んでいる中にはすわっていて、きせるをくわえて死んでいるそして一番こわったのは昔の刀をといしでごしごしと音をたてていたのが一番こわかった。　おわり

③「大震火災に就て」
四男二　二木正男

〔略〕内の人はそろって向島のどてをむちゅうでにげた、めめぐり神社の前までくると鳥居がしびがよってたおれそうになっていた。そこで水をもらってみんなでのんだ。弟は足がくたびれたのでそこへすわってしまった。弟をお父さんおぶってにげていった、ふと向をみると長い長い橋があった橋のそばへくると四ツ木橋と書いてあった。橋を度って一町ほどゆくとたばこ屋の家をかりていた、その時、朝鮮人が日本人にてっぽうでうたれたのもたくさんみた。又どてでくびをきられたのもみた。よるになるとつなみだとおどかしたのは朝鮮人であったちょうと九月十六日の日にこっちへうつった。

④「大震火災ニ就テ」
四男二組　水野正信

〔略〕四つ木のほへにげようと言てあるいて行くと、うしろから正ちんとよんだ、ふりかえって見るとそれはお父さんと一人のこぞうだた。にいさんはときくと、お父さんは方面ちがいの方へいったと、言た。それはあぶないではありませんか向島の方へ行てしまいますよといいますと、ああそうだとはなしをしている間に四つ木についた。ついた時には夜の七時頃、どてから向うを見るとまで火が海のようであた。その夜はその場で野畜をしました。その明日の夜明頃、にいさにが尋にきたのでせんべいを五十銭ばがりかてきて見ると大きいおせんべ家顔中そろてそのせんべいを皆でむしゃむしゃ。朝のごはんは九月一日の赤のごはんを出し買て来たおかずでそのごはんを食べた。もうだんだんそやて行く中に九月三日となた雨がぽつりぽつりと降りだした。それからまらなくなて、しんせきの玉の井の、のこされたやけない家にいて、ごはんを食べさひてもい。その中汽車が出るようになた。そうするとその夜朝鮮人さわぎてでてっぽうの音が、「どどんどどん。」となりひびくのでその夜はそうよくねむれなかった。明日いてみようとどきょうきめていって見ると朝鮮人が十人ころされてた。〔略〕

⑤「大震災ニツイテ」
五女一　宮崎ツネ子

〔略〕父は又も兄をさがしにいった、大角さんのおばさんたちとみなで五人で寺島のほうへむかっていったそこには大角さんのしんるいのうちのしとが四五人のでその日すぐ四ツ木のほうへいったすこしたつとあめがふってきたのでよそののきしたにしなんしておったしばらくたつとあめはやんでしまった。そこをでてよつ木のどてのほうへいった。つなみだーとみんながどなったのでそこここのよいところをさがしながらいくと電車かとうている高い上へあがった。するとよその人が朝鮮人がくるから女子供は石をもってくださいといったのですけれど、子供が大ぜいいるのですからそこにいてはたまらなくなってそこをどいてあちらこちらいくときたならしい家があったのでそこへいれさせていただきまし

た、その中へはいるとまっくらでした、その中へはいるとまもなくざいごうぐんじんがきてさわいではいけませんといったそれからすこしたったそとへでてむしろをしいてつっぷしているうちによがあけたそこを出て四ツ木橋を度ろうとすると朝鮮人の死をいくたりもいくたりもみたどの人もどの人もみなちだらけになっていたそれから寺島のおばさんの家へ二三日おせわになった。

⑥「大震火災ニ就テ」

四学年男二組　芳住運雄

〔略。2日〕夕方頃かねがふちの、しんるいで、おむすびをもらって食べた時のうまさって何んともいいようがない程であった。夜中頃に朝鮮人があっちでも、こっちでもわいわいとさわぐので、づいぶんこわかった。三日の朝兄さんと、おばあさんを大七中學へつれて行って養ってもらうようにして、かねがふちのていしゃばへ行って汽車へのって其の夜は明して四日朝四木の土てから、かめやりまでづいぶん朝鮮人の死んだのを見た、四木橋のりょがわに兵隊が劍つきでっぽうを持ってならんでいた。かめやりから汽車にのって田舎へ行って九月一日から田舎へ行くまでの話をしたら皆がなみだを出した。

小林純一〔当時小6、本所柳島で被災〕

〔亀戸天神で〕父にあったわたしたち一家は、まえのばんににげた小村井に住む父の知りあいのところで、3日ほどやっかいになりました。そのある日の夕方、店のわかいしゅうの喜どんがいきおいこんで、

「朝鮮人がつかまったそうだよ。いってみようや。」

と、わたしをさそいました。〔略〕

喜どんにさそわれたわたしは、こわいもの見たさというのか、こうき心にかられて、いっしょに出かけていってみました。ちょっとした空地に、人がおおぜい集まって人がきをつくっていました。もううす暗くなっていて、中でなにをしているのかよくわかりません。わたしは、人がきのあいだをくぐりぬけてのぞいてみました。そしてそこにおこっている、世にもおそろしいありさまを見てしまったのです。なん人かの人が、ふといまるたんぼうで、そこにころがっている3、4人の人をなぐっていました。暗くてよく見えませんでしたが、なぐられている人には女の人もまじっていました。からだのどこにあたるのか、まるたをふりおろすたびに、にぶいおも苦しい音がひびきます。そのたびに力のなくような細いうなり声がしました。わたしは、頭がくらくらっとして、思わず目をつむり、人がきをかきわけて外へにげだしました。すると、そのとたんに、

「ぎゃあっ。」

という、人間の声とは思えないさけび声がしました。

「やっと、くたばったぞ。」

と、いう話し声を聞きながら、わたしは父のいるところへかけて帰りました。

（小林純一「おそろしい思い出―関東大震災物語―」、菅忠道等編『おもしろい歴史ものがたり・6年生』大日本図書、1957年）

清水喜一〔現在の墨田五丁目で被災。1987年インタビュー。――はインタビュアーの発言〕

――荒川土手で朝鮮人が殺されたとかいうでしょう。

「あれは震災の副産物だよ。まさかりなんか持っていって、朝鮮人を真っ正面から殺しちゃったんだからね。」

――どういう人が殺したの。

「一般の日本人だよ。殺気立っていてね。」

——流言蜚語で、井戸へ毒物を投げ込むとか。

「それを朝鮮人がやったっていうんだ。」

——結局、自分たちが虐待していたから、逆に被害妄想を持ってやった。何もないのに。

「まあそうだな。この土手の上なんか、随分そういう事件があった。その場で目の前で殺しちゃうんだもの。つまり虐殺だよ。あの時分には16、7だったから、よく覚えているんだ。」

（長澤仁一『隅田町古老の話』2010年より抜粋）

森田吉右衛門〔「判決理由」より第1回予審調書の供述から〕

〔3日〕夜の明け方夜警も引上ると云うにより、自分も帰ると云いて自分の家の前まで来りたる時、荒川放水路の方より2、30人位の人が喊声を上げて、鮮人が来りたる故捕えろと云いて追駆けて来たり。鮮人は自分方の前を水野と云う床屋の方へ外れて行き、大勢の者がその後を追駈けて来たり。自分もその後に一緒について行きたるに、鮮人は先に追駈けて行きし者に殴られし様子にて、水野の西約9間か10間離れた角の電柱の所に坐り居りたり。その時左の目と左の頬と砕かれ居りたるが、自分は井戸へ毒を入れたり火を付けたりするので日本人民が騒がされたるは鮮人の為めだと思い、急にかっとなり兼て前から夜警をするときに持ち居たほうの木の直径1寸4、5分位、長さ2尺5、6寸の丸い鍬の柄にて3、4回同人の頭の左の耳の上の所を殴りたり。すると同人は後へ倒れて唸り居たるにより、もう死んだと思い自分は家へ帰り来りたり。

自分が鮮人を殴りたるは同人を殺す心算にて殴りたるものにて、それは3日の朝の3時半頃なりと思う。

（「鮮人殺事件の判決」、『法律新聞』1924年1月13日）

吉野翠幹〔「関東大震災」。当時中学2年生。台東区千束で被災〕

〔3日、寺島町にある張物工場の分工場で〕張物工場の隣りに染物工場があり、そこの雇人に若い朝鮮人がいた。彼は性質もよく評判がよかったが、その時は終日天井裏に潜んでいた。もしここに朝鮮人がいるとわかれば、彼は恐らく殺されていたかも知れなかった。

（吉野翠幹「関東大震災」、『浄土』1962年9月号、法然上人鑽仰会）

世田谷区

石光眞清〔陸軍軍人・諜報活動家。当時54歳、震災時は中国にいて、10日ほどかけて世田谷村大字三宿に帰宅した〕

9月2日に始まった朝鮮人狩の不祥事件はすでにおさまっていた。家族たちの話によると、庭続きの近衛野砲兵連隊では営庭に砲列を布いて一斉に空砲を撃ち放った。何事であろうかと街路に飛び出て来た町民たちに、オートバイに乗って来た週番士官が演説口調で呼びかけた。「多摩川河畔にそって襲来した不逞朝鮮人と目下わが軍が交戦中であるが、諸君は安んじてもらいたい。しかし万一の場合のために外出を控えて朝鮮人の侵入を警戒してもらいたい」とふれまわった。非常招集された消防団が各方面から朝鮮人を逮捕して来て連隊の営巣にぶちこんだ。血塗れになって曳かれていった者も多かったそうである。

（石光眞清『誰のために』龍星閣、1959年）

田健治郎〔官僚・政治家。世田谷玉川邸で被災〕

〔9月3日〕昨2日以来、流言蜚語、東京横浜間に伝播し、不逞鮮人放火、姦淫、流毒、

爆発、兇暴、至らざる無し云々と云う。一犬虚を吠えれば、万犬実を伝う。都鄙を論ぜず、在郷軍人及び青年団を召集、各帯剣携銃等、急ぎ武装を為し、自衛団を組織、後に朝鮮人と衝突し殺傷、捕縛を行う。玉川邸に警報頻りに至り、夜を通し警戒に労禄すと云う。その実、夢幻に属するもの丶如し。

〔略。9月5日〕正午、法相邸官邸へ赴く。昨指命する所の、債務延期等に関する緊急勅令案、及び暴利取締りに関する緊急勅令案成れば、即ち閣議に提出せしむ。更に山内次官及び山岡行刑局長に命じ、保安維持の緊急勅令案を立案せしむ。けだし震災激甚、人心危惧の結果、流言蜚語盛んに起り、就中、朝鮮人に対し、虚構的反感、大に人心を動揺、鮮人を殺戮するの在る所、既に数百人に上り、その勢の赴く所、無辜の鮮人将に挙げて俎上の肉と為さんとす。秋霜烈日の大斧を振るうに非ざれば、この惨禍を根絶し難し。是予の提議する所は、以て止む可からざる也。

　更に大審院へ赴き、先ず鈴木検事総長を訪ね、台湾高等法院長候補人選斡旋の労を謝す。又午前来報する所の、朝鮮人虐殺事件に対し、処分方、閣議に来報の事を促す。〔略〕

　更に鈴木検事総長を招き、大川端に於て鮮人60名、亀井戸に於て鮮人約200名、熊谷駅に於て同160名、訛伝の為め、故無く虐殺を蒙るの顛末を報告せしむ。検挙正法止む可からずこれを行うに及びては、専ら兵力の援護を俟つ事を痛論す。山本首相以下、皆同意を表し、即ち慎重従事す可きの旨を指示す。

（『田健治郎日記5』尚友叢書14—5、尚友俱楽部、2015年）

宮良當壯（みやながまさもり）**〔国語学者。当時29歳、下渋谷の国学院大学で被災し1日夕方6時頃世田谷野沢村の自宅に帰る〕**

〔2日夜〕渋谷へ来るともう7時を過ぎていた。物の文目も定かでない薄暗闇の中に剣突鉄砲で往来に胡坐をかいている兵士が数多くいた。道玄坂上まで来ると「三軒茶屋から彼方は横浜から押寄せて来た鮮軍500と銃剣を交えて戦争状態である。迚も行かれない。宜しく今夜は砲兵隊に一泊して明朝帰宅すべし」と白鉢巻をした青年団員がいった。見ると手に銃剣竹槍棒など色々の武器を携帯している。女までが武装している。「変だな」と思ひながら2、30間歩いて来ると、「オイオイ」と呼び止める者があった。「何だ」と答えると、「君等は何処から来て何処へ行くか」と聞くのである。非常に横柄であったが、この際おとなしく答えるに限ると、問に対して明細に答えてやった。すると「よろしい、しかし手拭で鉢巻をして行け、これはわが青年団のしるしである」と教えた。それで持合せたハンカチで鉢巻をして帽子は手に持って行った。ここで一緒になった若者は闇路を手探りして、泥塗れた布片を得、これを以て鉢巻をして一緒に大坂を下った。〔略〕

　この野沢村でも朝鮮人が玉川を乗り越えてこちらに攻め来り、既に隣村まで来ているというので一時は皆手に持てるだけのものを提げ、親族郎党を引連れて砲兵隊へ逃げたという、これは兵隊の伝達に基いたのであるという。

（『八重山新報』1924年1月11日）

台東区

以下2篇は、横川尋常小学校生徒作文（すべて原文のまま）

（東京都立横網町公園復興記念館所蔵）

①「大震火災」

六男一　内村軍一

二日の夜は次第次第にふけて来る。上野のステンションの方はまだまだ天をもこがすばかりにもえているらしい。時々ドドンドドンとなにかがばくはつする音、家がもえぐずれでたおれる音など、手に取るように聞えて来る。まだまだひなんをする人など、いきをきって来る様を見たときに、悲さが一度に胸にこみあげ思わず涙が出てくる、突然ん「朝鮮人が来ますからようじんをして下さい」と、在郷軍人がどなってきた。五分ぐらい立つとあにはからんや「朝鮮人ぞい」「やっちまえ」と口々にののしりながら、此ちらへ来る様子、僕はどんなやつだろうと行って見ると、あたまや口から血がながれていた、こわいさわがしい夜もやがて時はくれ、たのしい、いなかのおばさんの家へと、又も固歎をおかし、ながら向った。

おわり

②「九月一日　ぢしんとやけたこと」

二学年　坂巻市太郎

〔略〕おやこ四人はいちもくさに上野へむかていきましたおまわりさんも上野だといっていましたそれから上野の山がみえるごろちょうせんじんだといってあとから大ぜいついてきましたようようちょうせんじんがつかまっててへいたいさんがけんでちょうせんじんのくびお、きりおとしてしまいました。〔略〕

新居あい〔**当時12歳**〕

〔日時不明、神田和泉町の自宅から上野の山へ避難〕非常時というのは、人心を極度に不安にするもので、1人の人が想像で言ったことでも口から口へ伝えられると、本当の事として伝播してゆくもので、これを流言蜚語という。震災以前から芽をふき始めていた、朝鮮の人に対する流言が、人の不安を助長して、遂に上野の山では警官が剣をふるって朝鮮の人を斬殺するさわぎを起こしたし、また井戸水に毒物を入れたから「飲むな」ということばがあちこちに聞かれるようになった。そしてお互い同士疑惑の目で見るという悲しい挿話がある。

焼け残った町内では、自主的に警防団を組織して町内への出入口を警戒していたが、我が家へ帰ってから4、5日目と思うが、以前から家の修繕などしてくれる男の人が、心配して見舞いに来てくれたが、その人は関西の出身である上、ことばつきもたどたどしかったし、容貌も一寸見にこわそうに見えたのがわざわいして、名をたずねられてもはっきり答えられなかった。

警戒の人は余程怪しいものと思ったらしく、うしろから竹槍をつきつけて、家の玄関まで引き立てて来て、知り合いかどうか確認しに来たのであった。勿論居合せた父の証言で直ぐに疑いは晴れたが、もしその場に証言する者がいなかったら、どうなったかと、後々まで肌さむく感じた事だった。

（新居あい「大正ロマンのつづら折⑤関東大震災体験記」、『「赤い鳥」通信・34』１９９６年冬号）

伊藤痴遊〔**講釈師・政治家・ジャーナリスト。当時47歳、上野桜木町の事務所で被災**〕

2日の夕方から、鮮人の問題が起って来た。谷中警察署から、巡査がやって来て、

「不逞鮮人が、放火暴動して、頗る危険の状態に在るから、大に警戒をして貰いたい」

というのであった。

「鮮人がどういう事を、やっている、というのですか」

「それは、よく判らないのですが、上司の命令で、来たのですから」

「しかし、いずれの方面で、どういう事があったか、その事實を示してくれなければ、僕には、それを信ずる事は出来ないのです。又、それに対する警戒というのは、どういう事をしてくれというのであるか、それもはっ

きり聞いて置かぬと困るが、その点に就ては、どうでありますか」

「イヤ、そういうむずかしい事は、よく判らないが、とにかく、この場合に、鮮人のあばれ回る事は、危険なのであるから、それを警戒してくれというのです」〔略〕

今度は巡査部長がやって来て、

「先生、この忙しい最中に、困るじゃありませんか」

「何が困るのか」

「最前、巡査が参ったでしょう」

「それは来た」

「何か先生が、理屈をいって応じて下さらぬ、というので、私がまたやって来たのだが、どうか御承知を願いたい」〔略〕

僕の家へ出入している、俥宿に1人の鮮人がいて、よく僕を載せて歩いた。その鮮人は田守榮というのであるが、鮮人云々の噂が起ってから、慄え上って、泣いている、という事を聞いたから、俥宿の主人を呼んで、その日から、田さんを、僕の定雇いにしてしまって、その腕章には

「東京府市救護委員、伊藤仁太郎」

と書いた布を付けさせ、俥にも同様の布を、縫付けて置いた。それが為に、田さんは、何事もなく、生命拾いをしたと云って、非常に喜び、今でも、時候の見舞なぞを云って来る事がある。

（伊藤痴遊『伊藤痴遊全集・続・第7巻』平凡社、1931年）

河合辰太郎〔**実業家。凸版印刷初代社長**〕

〔留守を守った根岸の家人の話〕

「なお一の椿事としては、鮮人騒動の余沫を吾家に被ったことで、何んでも鮮人の1人が、上野公園より吾庭内に追詰められ、別宅の屋上に逃登って瓦を剝がして擲下して防御しているのを、兵士の1人が銃声1発これを狙撃して命中し、屋根から墜落したのを多勢で遂に撲殺したという惨事さえ惹起したこと。」

（河井辰太郎『閑窓余滴・隨流集・喜寿記念』枕山樓谷楼、1938年）

坂戸未來〔**仏教を学ぶために来日し、本所の新聞店に勤め、療養のため川口の寺に寄宿していた仏教徒の崔について**〕

「僕はあの焔の渦巻く都の空を眺めた時、どうして黙っていられたろう。住職の止めるのもきかずにやっと許しを請うて川口町へ出て来た時は1日の夜半だった。墜落した赤羽の鉄橋を匍(は)いながら渡ってやっと浅草まで辿りついた時は、所々に濛々たる火の手が上って阿鼻叫喚といっていいか、地獄といっていいか、逃げ惑う人々の叫び、異様な物音。渦巻く黒煙と猛火、その中でS——何という奇蹟だろう。僕は新聞店夫妻が手の中の玉のように愛していた七つになるたった1人の女児——たしかにそれが半死半生のようになって右往左往しているのを発見したのだ。僕は矢庭に飛びついて

『静ちゃん——ほら僕だ。崔だ。さあ早く逃げよう』

抱き上げて、再び来た路を上野の方へかけ出した。

『父ちゃんは——母ちゃんは——』

ときいたが死人のようになった静ちゃんはもう何とも答えそうもしなかった。僕は静ちゃんをしっかり抱いたまま、身動きもならない上野の山へやっと逃げ込んだ。1日中、そこで彼女を介抱して火の鎮まるのを待っていたが、火は鎮まらないのみか、上野の山さえ刻々と危険が迫っていた。再び僕は正気づいた彼女を抱いて、丸の内の方へ逃げたという夫妻を見つけける為に本郷の切通しを上っていった。

2日の晩だ。丁度その時、広公路の松坂屋の高楼に火がついた時だ。ふと僕の後の方でガヤガヤと喧しい叫びがあったと思った時、僕の肩先へ冷たい物が触れた。僕はつまずいてどうと倒れた。

『鮮人だ。やっちまえ』

という声が聞えた。もうどんな弁解も無駄だった。僕は片手で血の流れ出る肩の疵をおさえ片手で静ちゃんをしっかりと抱いてよろよろと立上った。その時群衆の中から現れた2人の人があった。これから先は言わないでも分るだろう。君は僕のことをT——大学の学友であると弁解し静ちゃんの父は僕のことを自分の大切な子供だと説明して、無智な惨虐手から僕を救ってくれたのだ。僕は日本人の無智を嗤うことは出来るが、信仰というものだけは嗤いきることが出来ない」

彼はここで話を切って昂奮した瞳を再び私の方に投げた。どう尋ねても理由は言わずに翌日彼は故国へ帰ってしまった。

（坂戸未來「崔さんと九月一日」、『中央仏教』1924年9月号）

西川いく

〔2日上野の山に避難〕ここであの朝鮮人虐殺を目撃したのです。誰いうともなく朝鮮人が井戸に毒薬を投げ込んだといううわさが流れ、やがて、私たちのテントの近くで夜となく、昼となく、憲兵隊によって朝鮮人が銃剣で刺し殺され、その絶叫と銃声で夜もほとんど眠れませんでした。そして小松宮銅像の前には血だらけになって泣き叫ぶ朝鮮人が何十人も縛られていました。恐ろしく痛ましい光景でした。

（西川いく「朝鮮人虐殺を目撃」、市民ネットワーク情報センター編『生活ジャーナル』1981年10月号、生活ジャーナル）

和田頴〔和田憲一の弟。当時小2〕

上野公園の竹の台近くに避難した時〔2日〕の夜、山裾の三方から火の手が揚って、紅蓮の炎は天をも焦がす勢いで、夜が更ければ余計間近に見えて、不謹慎な申し様ながらその色は夕焼空や御来迎よりも火の粉の盛んに揚る分だけ余計に美しかった。

避難者の誰もが追い詰められる様な心細い状態の時、制帽のアゴ紐を掛けて、未だ白い夏服姿の巡査がサーベルをガチャツカせて、走りながらメガホンで

「爆弾を投げられて騒いでいるから灯を消して下さい」

と触れ回って来た。何処の天幕も不安のざわめきを起しながら次々と提灯の灯が消され、たちまち人の顔も分らない恐怖の暗闇が広がっていったが、山の下の大火災は増々広がった気配で、うっ蒼と茂った公園の樹木の上部が赤く反射して恐ろしさも倍増した感じであった。〔略〕

国家非常の時に流言飛語は付き物とされているが、謀略の為に流すデマも非常に多いことを、青年時代の中国生活で、いやという程経験したものである。

この時も青年団や在郷軍人等、民間の日本人の方が暴発状態となり、多数の鮮系人（当時は日本人）が犠牲となったのは痛ましいことであった。何とそのデマを積極的に広めて回ったのは皮肉にも取締に当らなければならない警察官であった訳である。

（和田憲一『随筆・関東大震災体験記・下』私家本、1993年）

中央区

氏名不詳〔小学6年生〕

はじめ、近所の日本人も一緒になって逃げました。逃げ路を失ってから、みんなは、〔箱

崎の」東神倉庫の庭に集りました。ちょうどその晩暗くなってから、なんだか、ざわざわして来たと思ったら、巡査と青年団の男がまわって来ていきなり父の肩を捉え、殺気を含んだ顔で、怒鳴りました。

「サシスセソ、といってみろ」

3〜4年もの間、日本にいたのだが、父はそのむつかしい発音を、多分忘れてた故でもあろうが、うまくいってのけることが出来ないで、

「シャ、シュ、ショ……」という風に吃ったものです。

すると、らんらんと光っていた眼が、いきなりとびつき、やにわにそこにたたきふせました。母が悲鳴を上げると、群衆がわっと叫んで来ました。何が何だかわからないのに、乱暴にも、私の見ている前で針金を巻きつけました。私はその様子を今でもまざまざと思い浮かべることが出来ます。狂ったような群衆は巡×と青年団を先頭にして、「この子供もだッ…」と、だみ声を上げて私につかみかかろうとしました。恐ろしさのあまり私は息がつまったように思います。

するとそこにいた頑丈そうな裸の男が飛び出して、大きな腕で私を抱きすくめ、「子供に罪はねえッ…」と怒鳴りかばってくれました。これが今のお父っつぁんです。隅田川の伝馬船に泥を運搬している船頭なのです。

眼の前で親を殺されるのを平気で見ていられる人間がありますか…。私は不幸にしてその頃六つの子供でした。だが六つの子供の頭に浮んだ日本人の×虐は心の底からの憎悪となっています。棹を押しながら、東神倉庫の前を漕ぐ時、呪いの言葉を上げるのです。

（「震災記念日に、尋常6年の子供は話しました」、『少年戦旗』1931年9月号）

千代田区

阿部しづ

「どなたか江を御存じありませんか。朝鮮人の江を？」と私は人群に向って叫び問うた時、頭から血を垂れながらも、一人の重傷者を背負って息をきらして来た男があった。

「あれ！」と私は叫ぶと江に縋りついた。嬉しいのか悲しいのか私の顔は変に歪んで眼が熱く熱くなった。私は彼の腕に抱きしめられたまま消え入ってしまいたかった。重傷者を自動車まで送り届けると彼は私の許に帰って来た。夫婦はお互いの姿を貪り見ながら何にも云うことが出来なかった。

〔略。宮城前に避難して〕呼吸のかすかな義敬が私達の心配になった。未だ白煙の上っているうそ寒い空の明に、熱の高い子を単衣の腕に抱いて乳を含ませたが、顔をしかめてちっとも吸いつかない。乏しい乳は今朝はもう絞っても一滴も出ないのである。私もにわかにみぞおちのいたい空腹に襲われた。松の露でも吸おうかと見れば火の子が黒く消え残っている。水を飲ませる、パンをくれるというので行けば、待ちくたびれた上にもう配給済であった。最後に江が出かけていった。そしてその帰りの遅いのを案じていた時あたりが急にものものしくざわめいて来た………。

病院の庭にはコスモスが凛として今日も咲いている。夫も子も失った独りの心のうつろに秋風がさむざむと沁みる。

（『女性改造』1923年11月号）

四竃孝輔〔**海軍軍人。当時侍従武官。麹町土手三番町で被災**〕

〔2日〕この日不逞鮮人襲来放火すとか、または午後1時再び激震あるべしとか、種々の風評ありて世俗戦々兢々たり。

〔3日〕午前9時鮮人4名我等の避難場付近

に来り、共に語るを聞きしと言う避難婦人の言によるに、彼等はよほど疲労せる体にて、ここに来り、「我等如何に逃げたればとて、見つけられれば生命なきものを、困ったなあ」と長嘆息し、傍にありし避難民の水桶より水を呑み、ややありて山口邸塀倒壊の場所より邸内に飛び入りたる由にて、前記彼等の会話を立ち聞きせし婦人は、鮮人の姿を見るにいたり、急いで他の避難者にこの事を告げたれば、ただでさえ恐怖の人々俄かに騒ぎ立て、この鮮人を狩り出さんと手に手に得物を携え山口邸へ闖入、百方これを捜索したるも遂に鮮人を発見し得ず。果して何れに消失せしや明かならず。抑も彼等は、世人の恐るる不逞鮮人なりしや否や、大に疑なき能わず。〔略〕

〔3日〕午後11時頃、四谷側濠縁にて盛に非常喇叭を吹奏し、提灯は右往また左往呼子を吹いて喊声を発し、通る自動車を呼び止めては水面を照射せしむ。土手三番丁側また多く濠縁に降り、騒々しきこと言語に絶す。そのうち銃声を聞くこと数回なり。而して遂に何等獲物なく、11時半頃皆失望の姿にて旧位に復す。これは遂に何事か明かに知る由なかりしも、実は翌朝独り土堤上を巡視せしに、濠内に3羽の鵜あり。頻りに餌を探しつつ水面に出没するを見たり。この夜不逞鮮人御濠の内を泳ぎ回り、水面波紋を見たる鮮人とは恐らくこの事なるべし。疑心暗鬼とはこのことなるべし。

（四竃孝輔『侍従武官日記』芙蓉書房、1980年）

竹内甲子二〔当時警視庁衛生検査所技手〕

震災の2日目でしたが、私は府立一中の校舎（今裁判所のあるところ）で、傷病者の救護をやっていたのです。ところが校庭には神楽坂署の要員が警備しており、警部が全員に「今、朝鮮人が暴動を起そうとする状況にあるので、すぐ本署に帰れ」と訓示している。私はビックリしたのですが、家へ帰る途中も、空家のようなところへ朝鮮人が逃げ込んだというので、竹槍をもって群集は興奮し、要所々々は証明書を見せて通った程です。

その3日目だか、4日目に、錦町警察から、朝鮮人が管内の井戸に毒を投げ込んだから是非来てくれという、自動車で出かけたのですが、すごいスピードで、人をハネ飛ばしたりする。聞いてみるとタダで徴発した自動車なんです。

錦町警察へつくと、その井戸は佐柄木町だという。行ってみると、大勢、人がいて、井戸の回りには縄を張り、毒が入っているから飲むべからずと書いてある。

私はリトマス試験紙を持っていったのですが、井戸水だから、反応をみればわかる、と思って入れてみたが、反応はない。口へ含んでもなんともない。大震災のあと炎天続きで雨が降らず、水に飢えていますから、私は、一瞬、躊躇したけれども、断固として、「飲ませてよろしい、俺も飲むから」といって飲んでみせたのです。皆大喜びで、飲み始めた、というような事がありました。そこで、私は、井戸には全然異常なし、と報告したのです。

ところが、警視庁刑事部に理化学試験室があり、室長は乙葉という人でしたが、ここから報告が回ってきた。野副所長が、それをみて、「井戸水の中から青酸カリを発見したとか、饅頭の中からは昇汞を発見したというデータが載っているが、われわれの方では、一つもそういうデータが出ていない。これは後に重大な歴史に残ることだから、理化学試験室へ行って聞いて来給え」という。私はイヤだナ、と思いながら行ってみた。井戸水にフェロシアン化カリを入れると、時々、水中に三価の鉄イオンがあるので、ベルリン青の色を呈することがある。これを青酸反応なりとしているのです。

それはちがうと云ったところが、イヤ似ている、こういう時には、似ていたら、青酸反応だとしなければ仕様がないという。では饅頭から昇汞〔塩化第二水銀〕が出たというのは、どういう試験でと聞いたら、饅頭を焼いたという。水銀は出ましたかと聞いたら、クロール〔塩素〕が出たという。饅頭には塩を入れるから、クロールが出るのは当り前だといったところが、この場合、そんな事を云っていられるかと云う、とんでもない事だと思ったがガンコなので、所長に報告し、こういう間違ったことが、事実として記録に残っては大変だから訂正していただきたいと云ったのです。野副所長も、そうして置こうと云ったので、訂正されたものと思っていました。

ところが、当時、出た警視庁の「大震災記録」を後でみると、刑事部記録として、やはり昇汞、青酸カリを検出したことになっている。（笑）（1958年9月13日対談）

（竹内甲子二「デマだった朝鮮人の暴動」、伊沢凡人編『自伝対談・薬学の創成者たち』出版科学総合研究所発行、研数広文館発売、1977年）

中野区

四王天延孝〔陸軍軍人・政治家。陸軍省で被災、1日は中野の自宅へ徒歩で帰る〕

初旬の某夜中野の私宅に帰り付近が騒がしく、鮮人が井戸へ投毒するなど言い触らすものがあるので、念のため軍刀を携え、自分等の住宅集団内を巡視してその南端に出て見ると、某博士が指導する学生を主とする青年団が警戒に出ておったが、青梅街道の方から暗にまぎれこちらへ侵入中で、今その前の小川の崖の中へ身を潜めたようだと騒いでおったから、それなら自分に委せてくれ、1人で充分だ、諸君は後ろの垣根の線から顔を出さず静にしていてくれ、潜伏斥候と言うものは静かにせなければ相手を見出し得ないからと諭し、自分は1人でごく低い姿勢を取り息をこらしてその小川の方を監視して見た。スルト果してポカンポカンと水音が聞えた。ハテナこれは学生達が姿を見たと言うのは本当であったかと思い、なおも耳を澄ませて見ると水音は依然同じ所で起って人の移動する気配はない。そこで大声を挙げて青年達を呼び、昔平家の人達は水鳥の音に騒いだが、今は諸君は蛙の音に誤られたので、断じて鮮人が小川の中から出て来ないから安心し給え。また物の観察は今自分がやって見せたように冷静にやり給え。吾々は戦場で体験を重ねて来たのだから諸君に参考までにと教えて帰ったのである。

（四王天延孝「陸軍省時代」、四王天延孝『四王天延孝回顧録』みすず書房、1964年）

『千代田区史』

人々が余震の恐怖におののくなか、極度の情報不足の状況にあって、さまざまな根拠のないデマ（流言蜚語）が広まった。〔略〕

そうしたなか、最も重大でかつ惨酷な事態を引き起こしたのが「朝鮮人が襲撃してくる」「火を放った」「井戸に毒を入れた」などといった朝鮮人に関する根も葉もないデマであった。東京では1日の3時ごろには「社会主義者及鮮人の放火多し」という流言が広がり始めたというが、外神田署管内でも夕方には、流言蜚語が広まり、保護を求めて駆け込んだ中国人や朝鮮人などが警察に収容された。〔略〕流言が急速に広まった背景には、軍や警察の関与があったとみて間違いない。

例えば麴町区のある児童は、2日の朝に巡査が一軒一軒を訪ねて、朝鮮人が天災に乗じて「放火」しているから、「昼間でも戸締りを厳重」にするように説いて回ったこと、また近所の人が手に竹槍やバットを持って集まっていたことを作文に記している（通史編史料参照）。この時点では警察はデマを打ち消すのではなく、むしろそれを広めるのにかかわっていた。そして警察が「公認」したデマを信じた人々のなかから、竹槍やバットで武装するものが現れたのであった。

　このような武装した人々の多くは在郷軍人や青年団員、消防団員などで、彼らを中心にして自警団が組織された。自警団は被災者の救護や物資の配給、夜警などに活躍した。しかしその一方で自警団は、街路で通行人を検問して、「君が代」を歌わせたり歴代天皇の名をいわせて、朝鮮人か否かを問いただし、朝鮮人だと分かると検束し危害を加えるなどの迫害を行うばかりでなく、なかには竹槍や鳶口で殺害した場合もあった。金承学の調査によれば関東地方全域で少なくとも6400人以上の朝鮮人が虐殺されたとされている。また中国人も迫害や虐殺に遭った。

　麹町区・神田区内での朝鮮人虐殺の記録は、いくつかの目撃証言があるだけだが、闇に葬り去られた犠牲者が少なからず存在したと思われる。麹町区・神田区では2日午後から自警団の活動が活発化し、「自警団武器を携えて鮮人を迫害する者挙げて数うべからず」（日比谷署管内）、「民衆は自警団を組織して……戎・凶器を携えて鮮人を迫害するに及び」（西神田署管内）というように、自警団による朝鮮人迫害が多発していた。

　神田区のある小学生は、こん棒で殴られ血を流した1人の朝鮮人が、竹槍を持った大勢の人々に囲まれている様子を美倉橋付近で目撃して、「私はただぼうぜんとして見送った」と作文に書いている（通史資料編参照）。また永田町のある自警団員は、町内に朝鮮人が入り込んだら「これを殺害せんと決意」して待ちかまえていたところ、9月3日午後2時頃に2人の日本人男性の「言動動作がすこぶる曖昧」であるとして朝鮮人と誤認し、彼らを日本刀を用いてその場で殺害した。

　こうした悲劇は、情報が途絶し人々がパニックに陥っている状況で、差別意識に裏打ちされた流言がいかに恐ろしいかということを示すものである。都市災害の恐怖のもう一つの側面である。

（東京都千代田区編『新編・千代田区史―通史編』東京都千代田区、1998年より抜粋）

文京区

浅井誠一〔当時京橋区越前堀小学校教員〕

〔2日、本郷で〕鮮人襲来の語が口から口へと伝わった。先程御布施の食飯に、悠然と仏陀の冥加を説いた和尚さんの口から警告は発せられた。「力丈夫な男の方は竹なり棒なり獲物を持って表門を固めて下さい」「女、子ども、年寄は、まさかの時は、裏庭づたいに巣鴨の方向へ逃げなさい」納所さん達も鉢巻きした。寝た人ははね起き、起きた人は荷を背負い、大人は子供を助け、男は女の手を曳いて行く方も知らずに逃げ出した。〔略〕

　飛鳥山を指して行く人と逆行して、私達は神田の焼跡に向って進んだ。それには幾分の理由はあった。焼けた所は二度と焼けない。ただそれだけの理由であった。何にせよ火が無闇にこわかった。夜の10時か11時か。水道橋のガードをくぐり焼けくすぶる煙の中を過ぎ、一橋から宮城前に出ようとした。通る人は極めて稀だった。闇の中を話して行く声、「丸の内では鮮人と衛兵と戦の真最中……」と。幻か銃声が幾つか響いた。肝は冷えた。雉子橋辺に来た時、警官4、5名我等を囲んで誰何（すいか）した。「本籍は何所だ」「愛知県……」「これ等の者はどういうものか」「……な人……隣人……妻……」「何所へ行く」「別にあて所も……」折よく宮城衛門の役目の人であろう。近寄って私達の顛末を聞いてくれた。「宮城内へ入りなさい。ここは何所よりも安全な所です。心配はありません。案内して上げましょう。」と先に立った。地獄で仏とは正にこれである。「こんな時に宮城門をくぐろうとは」と互にささやきながら後にしたがった。幾つかの石垣を巡り、幾つもの門をくぐって、二の丸主馬寮の広場に出た。私はその人の手を経て救護所からの握飯をいただいた。その方の途しるべで思う存分井の水を飲んだ。

〔略。3日〕永代橋際までに鮮血にまみれて横たわれる身体を見た。生臭い風は、焼けくすぶる熱気と混って何とも云えぬ胸苦しさを覚えた。〔略〕

再び二の丸にひき返して来た時は、場内は汽車の話でもち切っていた。「日暮里へ出て信越線で行こうと思ったら、上野のさわぎを聞いて戻って来た」と2、3人の男連れが代り代りに話した。上野では女鮮人が髪を切り、男装して、懐に短剣を忍ばせていて、行き当り次第に刺し殺してしまうという。聞く人の顔は青くなった。この話を聞いて帰郷を見合わせた人が何百人あったことであろう。〔略〕

7、8名の軍人が井戸を囲んだ。今誰かが毒を投げ込んで逃げたからもう水は呑ませないと云う。かくて、場内数百人の人々の唯一の糧であった水は断たれた。〔略〕

新宿のあたりも焼け跡であった。その外れに来て一行は食い止められてしまった。自警団の猛者連は口を尖らしてこの先方の危険を告げた。数十の鮮人が潜伏していると云う。彼等鮮人は、今夜新宿の焼け残った部分を焼き払う計画だという。全く途方に暮れた。自警団の人が5、6人で府立六中の収容所に連れて行ってくれた。屋内体操場には2、300の人が避難していた。

（浅井誠一「震火に追われて」、帝国教育会『震災と教育』文化書房、1924年）

小宮山もり子〔本郷の先輩の家で被災〕

火がまだくすぶる通りには、避難する人々があふれていた。町の辻々に、自警団の検問所があった。殺気だった男たちが、日本刀や竹槍、鎌や鍬、梶棒などを手にして、通る人を調べていた。朝鮮人が暴動を起す、放火する、井戸に毒を流した、などの流言が伝わり、緊張、興奮していたのである。警察も同様に大声で注意を呼びかけていた。

道路に朝鮮人らしい男が、頭をざくろの実のように開き、血だらけでころがっていた。鍬で頭を割られたのだ。虐殺が始まっていた。少しでもあやし気な風体だと見られると、言葉を言わせる。オハヨウゴザイマス。イラッシャイ。バンザイ。微妙な発音のなまりはすぐ分るものだ。

漢洙〔地震から助けてくれた朝鮮人留学生、林漢洙〕の番がきた。もり子は思わず叫んでいた。

「こちらは私の兄です。口の利けない兄です。私の兄で唖なんです」〔略〕

もり子は漢洙の手を摑んで、幾つかの検問所をやっと通過した。

「私の兄です。唖の兄です」

と叫びながら。幾つものむごたらしい死体を見た。あやしまれたために、弁解もできず、手を合わせて命乞いをする人を見た。涙と叫び声を聞いた。もり子は漢洙と別れるわけにはいかなくなった。

陸の交通は全く途絶えていた。〔勤務先の〕鎌倉は津波で全滅したという。品川から避難民を運ぶ船が出ているという。

品川にたどりつき、避難する人の列に並び、どうにか大きな巡洋艦に乗ることができた。船に乗っても安心できない。疲れきった漢洙は横になってうとうとと寝こむ。すると叫ぶような声で何か言う。聞きなれない、意味不明の言葉、朝鮮語らしい。同じように横になっていたもり子は飛び起きた。あわてて寝言を言う漢洙の口を押えた。まわりの人に悟られないよう、それからは一睡もできなかった。

静岡に着いても不安だった。朝鮮人と見破られると何が漢洙の身に起きるか分らない。静岡から西下する汽車に乗れた。結局下関まで同行することとなった。下関駅で珍しく弁当を売っていた。ありったけの弁当を買い、駅近くの地べたに座る身なりの貧しい避難民の群、朝鮮人らしい人たちに無言でそれを配る漢洙の姿に、この人はいい人だと感じた。

朝鮮の自分の家まで一緒に来てほしい、と誘われて、ここまででも大旅行だったが、ついでに朝鮮まで足をのばしても面白そうだ、ともり子は考えた。〔その後2人は結婚する〕

（中森涼子『小宮山家の人びと』私家版、2013年）

徳永直〔作家。小石川博文館印刷所のポイント科工場で被災、植物園の池の近くに避難〕

〔1日夜〕池のむこうの丘になっている木だちのなかで、一散に築山の方へかけてゆく人群れがあったが、なにか短かい叫び声がしたと思うと、女だか男だか、白いものがころがるように落ちてきて池のなかへとびこんだ。私のところからよくみえる蚊帳もひッちぎられた。そのあとへ子供を2人、両方にかかえた黒いチマの朝鮮人の内儀さんが真っすぐにつったっていた。――怖い――と川島タマが叫びごえあげたほどだ。だれが蚊帳をちぎったかわからぬが、子供を脇にかかえこんでいる内儀さんの顔にあらわれている恐怖の表情――口を半分あけて眼をみひらいている――は、藪の入口の荷車の方をみつめていた。荷車のかげで何があったか私のところからはみえなかったが、すぐ顔から血を流している半裸体の男がこっちへとびだしてくると、何か叫びながら子供ごと内儀さんをひっさらうようにして、塀のやぶけめから逃げていった。

「止せ、止せ――」

「いや、やっつけとかなきぁ（ママ）――ちきしょ」

「――どこへ行った？」

ひっちぎれた蚊帳や、ひっくりかえった飯びつのちらかっているあたりで、ざわめきがしばらくつづいたが、いくらか落ちついたじぶん――こんな声もきこえた。

「だってエ、知ってる顔じゃねえか、可哀想よ――」

だんだんあたりが白みそめて、灰ほこりをあびた人々の顔がしらちゃけてみえるじぶんに――朝鮮人が隊をつくって東京じゅう火を放けてあるいている――というようなうわさも私たちのところまで流れてきた。

2日の朝、私はおきて工場へ行った。ゆきがけに植物園の正門をはいってすぐのところに人だかりがしていた。ちょッとのぞいたがみえなかったので、そのまま工場の方へ行った――と記憶する。

「夫婦じゃないね、きょうだいだよ」

人だかりはそんな噂をしていた。――学生服を着た兄の方が桜の樹に背を凭せるようにして、洋装をした妹の方がうつむけになったまま両手を前につきだしている死体――そんな印象ものこっているが、これは或いはほかで見たものがダブっているのかも知れない。

（徳永直『あぶら照り』新潮社、1948年）

馬場孤蝶〔英文学者・評論家・翻訳家・詩人〕

野人の言によれば、東京及び近郊では、鮮人の暴行若しくは襲来の虚報が、官服のものによってつたえられたというのであるが、そういうことは全くの訛伝なのであろうか。9月2日の夜半、筆者の居住地、小石川の江戸川べり近傍では、町内のものが、「警察からの注意ですが、神田をおわれた鮮人がこちらへはいってくるということですから、男の方は起きてください」といって来た。

そういう流言蜚語の手つだいをしたものは、警官でも、軍隊でもないのかどうか。それとも、甘粕某のいわゆる個人としてやったものであるのか。

心あるものはそういう点に深い疑惑を持っておる。事実は事実、過失は過失とこの際明確に公表して、思いの種を他日に残さぬようにすべきである。

（馬場孤蝶「傷みを忘れよ」、『東京日日新聞』1923年11月8日夕刊）

古川原〔当時中学3年生、大塚坂下町で被災〕

〔2日夜、自警団に狩り出されて〕顔がそろったところで、おじさんたちに、「何を警戒するのですか」ときいたら、「日頃日本人に不満を持っている朝鮮人が、未曽有の大震災を機に、全国から静岡へ集合し、そこから大部隊となって帝都襲撃をはかり、きょうは玉川縁まで進出した。陸軍は玉川東岸に防衛線を張り、迎撃体勢を作っているが、上流の方は手薄だから、いくらでも、ひとりひとり、川を徒歩渉りで潜入してくる。その警戒なのだ」という。「おかしいですね。きのうの午ちょっと前に地震があって、電報も電話もめちゃくちゃだというのに、どうして全国の朝鮮人が静岡に集合できるのですか。静岡の朝鮮人だけが集ったとしても、どうしてきょうまでに玉川線まで出てこられたのですか」ときくと、「子どもの癖になまいきを言うな」と怒鳴りつけられた。

そうして、もと朝鮮総督府と、満州のどこかの領事館で警察官をしていたというおじさんが、「あんた方子どもにはわからないだろうが、朝鮮人やシナ人には電報よりはずっと速い通信法があるのだ、それはノロシといって山の上で火を焚いて煙をあげる。私は何ども見たが、あっという間に、何十里、何百里の向うまで、ノロシのリレーで、通信がとどくのだ。また奴等のパルチザン（パルチザン、今流にいえばゲリラ）の足の速いことと言ったら騎兵ではとても追いつかない。私はトラックで追いかけたことがあるが、たちまち逃げられてしまった」と説明した。ちょうど、その時、ワーワーという喚声があがり、パンパンと数発銃声がきこえて静かになった。「それ見なさい。もう鮮人部隊は近所まで来たのだ」という。

あとで聞くと、この喚声は、近くに煉瓦建ての巣鴨刑務所があるので、余震の度に、囚人たちが身の危険を感じて、解放を要求し、看守がこれをとりしずめるために空砲を撃つのであった。その事情はもちろんわからなかったので、生意気な中学3年坊主は、黙って鍬の柄を握りしめるほかはなかった。

（古川原『人間選書31 自伝的教育論』農山漁村文化協会、1979年）

港区

大迫元繁〔政治家。当時東京市社会教育課長〕

今回の大震災に於ける、実に世界に対して、顔向けのならぬ国辱は、朝鮮人問題であろうと思う。何のために我が日本人があのように恐れ戦いたのか。大地震の後、大火災の後の流言蜚語はつきものとはいえ、あれは又あまりに常識を逸した慌て方であった。

 2日の夕方私が東京市役所から徒歩で芝公園を抜け、三田を通り、品川に通ずる高輪の電車通をやって来ると、前方品川方面から何千何百という日本人が急ぎ足で列を組み、流れるが如く東京指して逃げ込んで来る。そして道端には、3人5人と大の男が、手に手に棍棒又は仕込杖などを携えて立っている。如何にもそれはあわただしい、そして又何かしら異変の兆候を現わしているものであった。

 何事かときいて見ると、千人、2千人の朝鮮人が、横浜から東京指して来る。それが今や大森に於いて、暴行、掠奪等いたらざるなき行為を敢てしているのだというのが、我が日本男子諸君が列をなして市内に逃げ込んで来た理由であって、紳士まで同様なことをいっているのであった。そこで私はそれは断じてウソだ。何故なれば東京には警官も沢山いるし、軍隊も厳然として存在している。その帝都に如何に無謀といえども朝鮮人が攻め寄せて来る訳はない。これは流言である。為にするものの言であろうといい残し、鉄路を通り大森に向けて進んだ。

 道々到るところに於いて朝鮮人来るの声をきいたが、行けども行けども朝鮮人の影も姿も見なかった。けれども無数の日本人は、木刀、仕込杖、日本刀などを携えて、手に手に提灯を振りながら呼びあっている。かくて我町に着いて見れば、同じく朝鮮人来るの声に脅かされて皆逃げ支度をなし、年寄、女、子供はまだしも、堂々たる男子までが色を失って、あわてふためいている。私は極力その然らざるを説いたけれども耳を傾けるものもなく、何れも竹槍、木刀を携えて防禦に出で、一晩中半鐘を鳴らし通しという言語に絶えた大騒ぎを演じた。

(『実業の日本』1924年1月号)

清元寿兵衛〔「関東大震災の思い出」。築地で被災、八ッ山の毛利邸に避難〕

 そのうちに、横浜から朝鮮人が大挙しておしかけてくるという噂がありましたので、毛利邸の表玄関に高張提灯をつけ、男はみんな武器を持ち、古くから居る女中は長刀を抱えて警護に当りました。私も刀を差し、弟子の梅松は竹槍を持って出掛けましたが、まことに物々しい限りでした。

 その後、品川の駅前に軍隊が出動し、横浜の方から来た人は、一人一人『君が代』をうたわせられ、「君が――」が云えない者はつかまり、留置されるという仕末でした。

(清元寿兵衛『清元寿兵衛』邦楽と舞踊社、1967年)

時事新報社「鮮人襲来騒ぎ」

〔2日夕、三田で〕午後5時半頃に及んだ時付近町内俄に騒然たる情景を呈した。何事かと聞く暇もなく老若男女の逃げ惑うものタイプライター会社の裏門辺より続いて時事新報仮工場辺を通過して口々に朝鮮人2千余名武器を以て恵比寿辺まで襲来し、今まさに豊岡町辺へ殺到し来るという。さすが職責に忠なる我が工場員もスワ一大事と群集に連れて浮足立った。熊崎部長は突嗟その訛伝なるを信じ『鮮人襲来は虚説だ、騒ぐな、逃ぐるに及ばぬ』と大声連呼漸く制止した。群集の騒ぎに連れて一部は散り散りになったが残れるものは大胆にも尚号外の印刷を継続する。午後7時四辺暗黒となるに至って漸く仕事を止め熊崎部長自ら残存号外1500枚を持って慶応義塾内の仮本部へ赴いた。

 三田山上の光景は物々しとも何とも形容のできない有様であった。数百の学生は兵式教練用の銃剣を揃えて警戒に任じ、数千の避難民は手に手に竹槍棍棒その他の得物を携えて非常に備えている。蜚語頻りに伝わり警報踵をつぐ状態は、あたかも敵前に面したる戦陣の有様であった。

（時事新報社『工場大震災復興録』1924年）

調布市

板橋茂［「**調布の実況記録（上石原板橋茂の記録による）**」］

2日目の午後4時ころ、突如として川（多摩川）南で半鐘が鳴り出した。矢ノ口の火事だという人もあったが、火は見えなかった。数十分過ぎても半鐘は鳴りやまず、さらに寺の釣鐘も鳴り出した。

やがて、「不逞の徒」の襲来という飛報。いま稲城村役場に300人、ぶちこわしの最中だという。底知れぬ恐怖を感じ、そうそうに戸をしめ、財物のしまつをした。不安の中に日はとっぷりと暮れた。

人々はおのおの得物を手に自警のために要所に集まった。川向こうの暴徒が渡河してくるから注意せよ、との伝令がくるなどで、生きた心地もない。外では通行人を誰何（すいか）するきびしい声が闇夜にひときわ高く響きわたる。

うわさはうわさを生み、東京では「不逞の徒」が井戸に毒を投げこんでいるとか、横浜へ上陸寸前に海軍が出動、大砲で追い払ったとか、あとで思えばくだらぬことでも、そのときは半信半疑のなにか不安な気分に追いまくられたものであった。

4日目の晩に自警のことで、各戸から、100人ほど集まって寄り合いを開いた。毎晩一村こぞって警戒に出るのではやりきれないので、なんとか方法を講じたい、という話であった。

心ある人は、いうところの不逞人来襲などは一種の浮説であると否定したが、ともかく警戒は必要であるとして、上宿・中宿・下宿の3組、上石原中央部の保坂平八宅を本部とし各班で分担出動、5〜6名ずつで通行者点検などを含めて、村内巡回と決まった。

だがその後、なんらの事故もなく、9日をもって警戒を解いた。

（調布市百年史編さん委員会『調布市百年史』調布市、1968年）

日野市

高木昂［**当時14歳、日野町大字日野2697番地で被災**］

［2日］細かい詳しい事はもう忘れて覚えきれないが、確かお昼に近くなった頃、これは又何と恐ろしい別の大事件が起ってしまったのです。八王子の郡役所に勤めていた中村某と云う人がやって来て、自動車の中から次々に「朝鮮人の暴徒が来るぞーッ、横浜方面からだーッ」と呶鳴って走った。

さあ大変!!　それーッ!!　とみんな用心した。しかし流言卑語は容赦なく飛んできて、続いてまちまちな噂が流れて甚しくなった。

「今、町田を一軒残らず焼きつぶしているそうだ」とか、「小野路で3人殺された」とか、「別の一隊がもう八王子に潜入したぞ」とか、「今度は立川の二中から鉄砲を盗んで発砲している」とか、誰が云うのか続々として鉢巻きをした伝令（?）が自転車で飛んでくるのだ。しかも誰云うとなく「日本人は女も子供も所かまわず殺してしまうそうだ」と云うふうに伝えられていった。

もう既に午後になって卑語が高まり、あたかも戦場のごとき町中の騒ぎになってしまった。

私達や子供等は、戦々兢々の中に右往左往し、行く処も知らずに慄えていた。何が何だか解らずに、ただ人々の動く有様を気にしていたのだ。家の中から大切な物をかき集めて、背負い篭の中にいれて担ぎ出した。私は大切な学校のものを入れて貰った。

急に部落の青年団長さんがやってきて、「みんな14歳以上の者は集まってくれーッ。女と子供はどこか見えない処へ隠れろーッ。男は全部竹鎗か樫の棒を持って来いーッ」と云い渡した。

さあ!! 正に大変だった。地震どころの騒ぎじゃないッ。女と子供達が「ワアーッキャーッ」と阿鼻叫喚の地獄図が又来てしまったような大騒動である。悲鳴がきこえて泣いて走る子供。女の大人がソワソワ、シクシク、全く途方図もない有様と云うものだろうか。

私も父と一緒に木剣を持たされて、お地蔵様の小屋の脇に立っていた。夕日も暮れかかってきて薄気味が悪い。父の横顔を見ていたら、父は立派な武骨な体格で、ただひたすらに笑って目を光らせていた。

「大丈夫だようお前……」と、ぽつり一言云って平気でいる。全く平気でキセルを吹かしていた。

私は父を信頼していた。とても丈夫で強い人だと思いつめていた。

隣のお父さんや、裏の小父さん達はびくびくしているのが解るような様子をしていた。

又青年団長がやってきて、「びくびくするんじゃないぞーッ。俺等がついているから平気だーッ。何でも俺等の号令のようにすれば、それでいいんだぞー」と、呶鳴っていった。

父はこの時又云った「もう平気だからお前は母の方へ行っていろー」と云ってくれた。

私は恐々母を探して裏の畑の桑林の中に入っていった。そこには母や他の子供等が篭を置いて集まっていた。

「坊やーもういいんかよう」ときかれたので、「ウーム、俺は子供だからいいんだろ」と答えて座ってしまった。この時急に腹が減ってしまって、おむすびを食べた。母はにこにこしながら見ていたっけ。

「お父さんに俺がもってってやるんだ」と云って大きなお握りを2つ包んだ。私は又お地蔵様の処に来て、そのお握りを父にやった。父も喜んで食べて笑ってくれた。

流言蜚語はまだ続いていきて、伝令!! 伝令!!と云いながら嘘みたいな事を云うのだ。

「今、由木と多摩に朝鮮人が500人来ている。土地の若い者等と戦っているぞッ」とか「仙川から調布にかけて500人が押し寄せて来て、怪我人が相当出ているそうだ」等とも云ってきた。私はずーッと父のそばについていた。父はいつまでも笑っていた。〔略〕

可哀そうだと思ったのは、全く真面目なほんとうの朝鮮人で、今まで出稼ぎで労働していて、自分達の小屋がつぶれ、そこに居られず親方の処へ行こうと道々に、通りがかりで屹問されて、あやうく死にそうに責め立てられたと泣き出していた。又その次も警戒人につかまって、いくらあやまっても散々な痛い目に合わされて、警察官に救われてようやくここまで辿りついたと云う人もいた。涙を流して物語る有様は、きくも涙の哀れさでありました。

（高木昂「関東大震災大火災（大正十二年九月一日）」、『身近に感じる「武蔵・多摩・風塵録」自叙伝』高木昂著・発行、1980年）

三鷹市

高橋良子

〔1日〕余震が不安でその夜は竹薮に寝る事になり、布団や蚊帳を運んだ（近所3世帯）。この頃はやぶ蚊の最も多い時である。折しも東隣から回覧（至急）がきた。うすあかりでそれを読んで驚いた。朝鮮人が溝の口を3千人?…越えたと言う。三鷹村へ侵入したら半鐘をならすから、すぐ灯を消して避難するよ

うとの内容であった。その回覧を裏の家（磯嘉さん宅）に渡して帰って来た途端、ヂャンヂャンとザラバン緊急を告げる半鐘が無気味にきこえてきた。――半鐘――すぐあかりを消した。あたりはまっくら、女子供は道路から離れた南の桑畑に逃げこんでしゃがんだ。不思議におんぶされていた幼児までが声をのんで緊張した不安の一時が続き、時々蚊をたたく音のみが静寂の中にきこえた。男達は竹槍を作って、あっちこっちの縁台で待機し夜警していた。畑に避難していた者も、夜中にそっと戻って竹薮で一夜を過した。余震は続いた。翌日又、朝鮮人が井戸の中に毒を入れるから気をつけろとの事であった。

余震と朝鮮人のさわぎのひどいデマが幾日か続いた。後日、朝鮮人の件については全くのデマであったが、どこかで朝鮮人が殺されたと聞いた。

（高橋良子「関東大震災」、西三鷹むかしむかし編集委員会『西三鷹むかしむかし』井口地区住民協議会、1983年）

『マンチェスター・ガーヂヤン』紙

地震中に虐殺、掠奪、強姦等が行われたというような怖ろしい話もある。中でも最も甚しいのは東京にいる日本の過激主義者等が今秋の摂政の宮の御成婚式の当日に備えるために爆弾を集めていたのが、こんどの震災で火を発したのであるという噂である。そうした噂が当局官憲を驚かしたことは勿論である。それは、勉めて、全ての不祥事は皆不逞鮮人と逃亡した鮮人の囚人との所為であると云いふらした事を以ても分明である。東京を焼き払ったのも鮮人である。虐殺をしたり略奪をやったのも鮮人である。そして鮮人は見つけ次第殺すべしと命令が出た。こうした流言蜚語が至る所に拡がった。けれども官憲は直ちにかかる観念を盛行させつつあることの誤りを知った。実にこうした噂は地方にも行われた。鮮人が井戸の中へ毒薬を投じたと云われた。それは神戸にまでも伝わって来た。後に、当局はかかる噂は禁止したけれども、反ってあべこべの結果であった。

かかる流言の当然の影響として朝鮮人、支那人、あやしい服装をしている日本人までが虐殺された。虐殺者はあたかも獣群のような低級な本能に従って乱暴をはたらいた。「自警団」は東京、横浜地方に所在に蜂起した。そして鮮人を出会す毎に殺した。鮮人労働者は数千人も日本に来ていた。それは彼等は日本人よりも賃金が安いから連れて来られたのであった。しかしこの多数鮮人労働者のいたことは余りに一般的には知れていなかった。今では東京横浜には彼等の影もみえないというのは嘘でもなさそうだ。当時日本人の鮮人を憎む情は実に烈しかった。そして戦争や惨忍の嫌うべきことを知っている人達さえも彼等を憎んだ。その狼藉、真に4ヶ年の戦争を1日に縮めたようなものであった。以上のような方面の事は、今次の震災記録にはほとんど削除せられるかも知れない。しかしそれは朝鮮にては決して忘れられないであろう。〔後略〕（「英人の目に映じたる鮮人問題」10月9日号から）

（世界思潮研究会調査部訳纂『世界は日本の震災を如何に見たか・第2輯（世界パンフレット通信）』世界思潮研究会、1924年1月）

関東大震災朝鮮人関連証言の改ざん例——『子供の震災記』をめぐって

経過

関東大震災における朝鮮人虐殺事件に関連する証言史料を、主に都内の公立図書館で収集する過程で、初等教育研究会編『子供の震災記』（目黒書店、１９２４年）を読んだことがあったが、とくに朝鮮人関連の記載がないので、参考にしなかった。

『子供の震災記』は深川・千代田・京橋など都内の古い公立図書館や国会図書館に所蔵されている。私がこれまで読んだのは、深川などの区立図書館のものだった。

ある日、たまたま国会図書館所蔵の同書（デジタル資料化されている）を閲覧した。同じタイトルで2冊あったので気になってそれぞれを閲覧すると、内容が異なっていることに気づき驚いた。朝鮮人に関する流言・虐殺が記載されているものと、それが改ざんまたは削除されているものの2種類だった。前者は実際には刊行されていないようだ。奥付をみると検印がない（次頁上の写真）。それに対して後者には検印がある（次頁下の写真）。検印のあるものは区立図書館にも所蔵されているが、検印のないものは国会図書館にある１部のみである。

『子供の震災記』について

同書は東京高等師範学校附属小学校初等教育研究会修身研究部が「初等教育研究会」の名で出版したものだ。その出版経過を初等教育研究会長の佐々木秀一が語っている。「真実味を最も多く持って居る点からいえば、世に子供の作品に勝るものはない。〔略〕今回本会の発表を企てた『子供の震災記』は、あの未曾有の大事件に直接した子供の精神を写したものであるが、我等は、これを読んで、その感激の純な点、捕えられない点、その表現の純真な点から、到底世の常のこの種の作品の比ではないことに驚かされた。これをそのまま、埋れさせることは教師の情としても忍びないと思った。幾度か、これを世の同好の人に頒(わか)とうとする工夫を考えた末、ついにこんな形にして発表することにした」(『子供の震災記』序文より)

また題旨にさらに詳しい制作過程が述べられている。いくつか要点を挙げると、

①この学校の生徒は学区域がなく東京全域に生徒が散在しており、全校生徒800余名中107名が震災で焼け出されたが、幸い一人の死傷者も出なかった。

②10月2日から授業を再開し、綴方で子どもたちは繰り返し地震の話を書いた。かつてない深刻な体験に教師たちは驚いた。

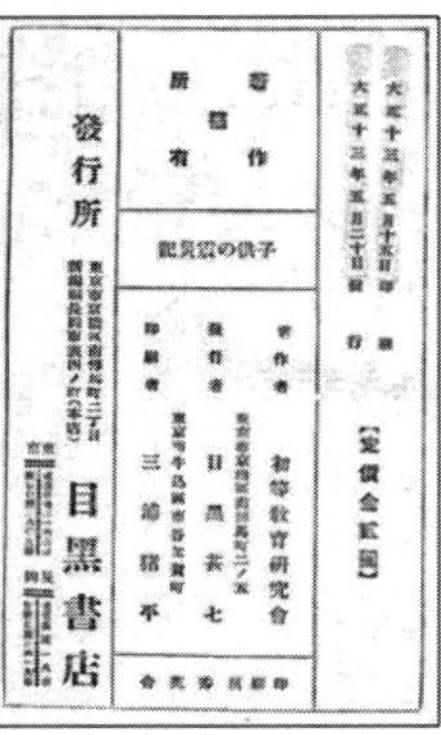

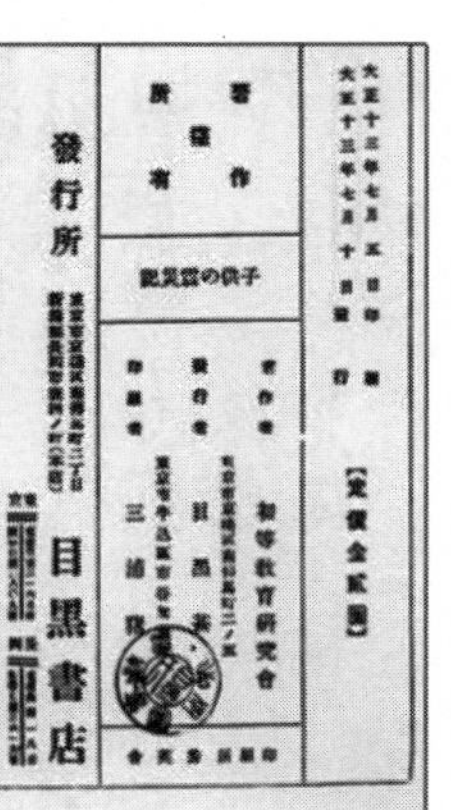

『子供の震災記』の奥付。下部に見えるのが検印

③それを読んだ教師たちは、作品が生涯の記念であり、歴史の記録であり、教育そのものの大事な資料
である得難いものだと気づいた。
④当研究部は全校児童の半数の作品を集めたが、印刷できたのは１００人（３００枚）分にとどまった。
これは実費印刷であること、震災後の出版事情が厳しかったことによる。
⑤文には決して手を加えず、子どもの作そのままとした。

などである。

最後の⑤に注目してほしい。私も教師をしていたのでよくわかるが、子どもの作文は独特の味わいがある。それは手を加えるとたちまち消えてしまう。この学校の教師たちもそのことは十分理解している。にもかかわらず、実際には多くの改ざんが行われた。以下で検証する。

改ざん内容

ここでは改ざんされる前の本を「原本」、改ざん後に刊行された本を「刊行本」と呼ぶ。この稿の最後に上下対照で資料化したが、ここでは主な改ざん点を指摘する。具体例は●で示し、矢印（↓）の前が原本、後が刊行本の表記である。当時の検閲のありようがよくわかる。

①原本にある「朝鮮人」「鮮人」という表現が、刊行本からは消えて他の表現に置き換えられている。
●不逞鮮人・鮮人・朝鮮人　↓　変な人・泥棒・盗人・悪人・悪い奴・脱獄人・掻っさらい・不良少年
●鮮人襲来・朝鮮人さわぎ　↓　大さわぎ・夜警のさわぎ・色々の事
②朝鮮人関連の流言内容も、刊行本ではわかりにくくなっている。
●爆弾を家々に投げ込んだ　↓　着物やお金や食物をとった

●爆弾を持って攻めて来る　↓　わいわいさわいでいる
●放火　↓　失火・わるさ・おそろしいこと
●井戸に毒　↓　井戸にいたずら
③原本にある朝鮮人虐殺・虐待関連証言のほとんどは、刊行本では削除され、空白が目立つ場合は写真でスペースを埋めている。
●鮮人がひなんしたのを殺されたりした　↓　知らない人が来たのをぶったりした
●今も一人なぐり殺された　↓　削除
●足でふまれ木でたたかれて泣き声を挙げている　↓　削除
●半殺しにされ警視庁の自動車に乗せられて行った　↓　削除
●「不逞鮮人を殺せ」「不逞鮮人を皆殺しにしてしまえ」　↓　削除
●目隠しして射殺し、死に切れないでうめいていると「私にも打たして下さい」「私にも少し殴らせて下さい」と来て、皆でぶつなり叩いたりするので遂（つい）に死ぬ　↓　削除
④自警団が持つ武器も殺傷力の弱いものに置き換えられている。
●カマ・ピストル等　↓　鍬の柄など
●薙刀（なぎなた）・刀　↓　木刀・竹刀
●「ずどん」とピストルの音　↓　「どしん」と何か崩れる音
⑤社会主義者などに関する証言も変えられている。
●大本教・社会主義　↓　悪者共

まとめ

私はこれまで刊行本しか読んでいなかったので、『子供の震災記』原本に朝鮮人関連流言・虐殺証言がこれほど多く記載されていたことに驚いている。だが原本は実際には刊行されなかったので、人の目に触れることはなかった。それほどこの事件は隠ぺいされてきた。

同様の書に東京市内の子どもが書いた『震災記念文集』（東京市学務課編、1924年）があるが、そちらでは「〇〇人」という伏字の形で朝鮮人とわからないように記載されている。当時の他の史料でも朝鮮人関連の流言・虐殺に関する検閲は伏字の形で行われている。『子供の震災記』の検閲がなぜ伏字ではなく文言の置換・削除という形で行われたのか、その理由は不明である。おそらく「実費出版」であることが関係しているのではないか。実費出版の場合、通常の商業ベースに乗らないので検閲の方法も異なっていたのかもしれない。いずれにしても、朝鮮人虐殺事件を歴史から消し去ろうという権力側の強烈な意志がうかがえる。

では、なぜ国会図書館に原本が所蔵されているのだろうか。これは私の推測だが、この本の制作にかかわった誰かが後世に伝えるべく国会図書館に保存したのではないか。決して忘れてはいけないと戒めるために。それほど人間は忘れやすい。私自身は、この本の作成に関わった教師の一人が、改ざんを子どもたちに詫びる意味で国会図書館に保存したと思っている。

最後に資料として原本と刊行本の表記の違いを次頁以下に示す。わかりやすくするために上下対照の形で記載した。現代仮名遣いに直したり、置換部分・削除部分を明示するために傍線を加えている。

《未刊の原本の表現》

●尋四・林慶：　夜になってやっとねようとするとざいごう軍人が来て「ちょうせん人がたくさんはいって来ましたから気をつけて下さい」と言ったので（後略）

●尋五・富田冬子：　やがて火事もやみました。今度はせんじんさわぎとなりました。

●尋六・増田清三：　指ヶ谷町まで来た。ここから方々の電信柱に、今朝出かける時にはなかった新しいはり紙がしてあった。それは「各自宅に放火するものあり注意せよ」と書いてあった。不思議に思いながら歩いて行くと、向うの方から2人の巡査に、両方からつかまえられながら、1人の朝鮮人が、血だらけになって、つれられて行くのにあった。〔略〕今度は又火事より、鮮人の事でこわくなり、もし火をつけられたらという用心に、にげじたくをすっかりした。〔略〕そのうちに家の巡査の鹽原さんが警視庁から来た。話によると、「不逞鮮人はどしどし検束していますから御安心下さい。〔略〕又こんどは鮮人より火事の方がこわくなって来た。〔略〕僕はもう火事の事はすっかり安心した。後気にのこるのは不逞鮮人のつかまえそこなったやつである。〔略〕又しばらくすると青年団員が1人「深川方面の鮮人が約70名一団となって小石川方面に向けて来たから、17歳以上のものはその警戒

《実際に刊行された表現》

●尋四・林慶：　夜になってやっとねようとするとざいごう軍人が来て「へんな人がたくさんはいって来ましたから気をつけて下さい」と言ったので（後略）

●尋五・富田冬子：　やがて火事もやみました。今度はどろぼうさわぎとなりました。

●尋六・増田清三：　指ヶ谷町まで来た。ここから方々の電信柱に、今朝出かける時にはなかった新しいはり紙がしてあった。それは「めいめい自分の家を第一に注意せよ」と書いてあった。不思議に思いながら歩いて行くと、向うの方から2人の巡査に、両方からつかまえられながら、1人の男の人が、大層よっぱらって、つれられて行くのにあった。〔略〕今度は又火事より、泥棒の事でこわくなり、もし泥棒につけられたらという用心に、にげじたくをすっかりした。〔略〕そのうちに家の巡査の鹽原さんが警視庁から来た。話によると、「署でも気をつけて秩序を立てていますから御安心下さい。〔略〕又こんどは盗人より火事の方がこわくなって来た。〔略〕僕はもう火事の事はすっかり安心した。後気にのこるのは不良少年のつかまえそこなったやつである。〔略〕又しばらくすると青年団員が1人「深川の在郷軍人も約70名ほどそろって自分の区を警戒しているから、17歳以上のものはそ

の義務に当ること、これは警視庁からの命令です」とどなって歩いた。又何んだか鮮人の事がこわくなって来た。〔略〕今日はもう火事もすっかりやみ地震ももうそう大したのはこなくなった。しかし不逞鮮人のうわさは益々ひどくなり、白山神社の井戸に女の鮮人が毒をいれたから各自宅の井戸を注意せよなぞと方々はり紙がしてある。昨日の鮮人襲来や、巣鴨監獄をやぶってあれまわるという一団も何所へも来た様子がない。

●尋五・吉田三郎：　だんだんくらくなって来た。朝鮮人さわぎがはじまった。〔略〕外では「今、朝鮮人が3人つかまった」とか「むこうの森へおいこめた」とか「けいかいたのむぞ」とか大きなこえでいっている。

●尋五・出科姃：　その日はあんまり地震はありませんでしたけれど、今度は朝鮮人でずい分さわぎました。「ほら、朝鮮人がにげたからおっかけろ」なんていって、朝から晩まで、棒を持って、あっちへおっかけたり、こっちへおっかけたりしています。〔略〕この日も朝鮮人さわぎで、ずい分大へんでした。〔略〕「女の朝鮮人がにげた」といって棒を持っておおぜいかけ出て行きました。〔略〕その日の昼頃、ひで子さんのお母さんが「朝鮮人が子供をころすんだッ」と言いました。もう私の胸はどきどきしてしまいました。火事はとまったというので安心しましたが、まだ朝鮮人が恐うござい

の警戒の義務に当ること、これは警視庁からの命令です」とどなって歩いた。又何んだか逃た人の事がこわくなって来た。〔略〕今日はもう火事もすっかりやみ地震ももうそう大したのはこなくなった。しかしいろいろのうわさは益々ひどくなり、白山神社の境内に女の乞食が白ぼくでなにかかいていたから注意せよなぞと方々はり紙がしてある。昨日のおおさわぎや、巣鴨監獄をやぶってあれまわるという一団も何所へも来た様子がない。

●尋五・吉田三郎：　だんだんくらくなって来た。夜警のさわぎがはじまった。〔略〕外では「今、不良少年が3人つかまった」とか「むこうの森へおいこめた」とか「けいかいたのむぞ」とか大きなこえでいっている。

●尋五・出科姃：　その日はあんまり地震はありませんでした。　〔削除〕　「ほら、掻さらいがにげたからおっかけろ」なんていって、朝から晩まで、棒を持って、あっちへおっかけたり、こっちへおっかけたりしています。〔略〕この日も朝来大さわぎで、ずい分大へんでした。〔略〕「女のぬす人がにげた」といって棒を持っておおぜいかけ出て行きました。〔略〕その日の昼頃、ひで子さんのお母さんが「変な男が子供をだますんだって」と言いました。もう私の胸はどきどきしてしまいました。火事はとまったというので安心しました〔削除〕。

ました。

●**尋五・吉田信邦**：　とんとんと戸をたたく音、戸を開けば青年の服に身をつつんだ一青年。彼は言うた「今夜は鮮人が爆だんを家々になげこんだり、つけ火をしたりすると云う風説がございますから、どうぞそのつもりでいて下さい」と。僕の胸先はわき立った。僕は思った。

「不てい鮮人等はこの辺に摂政の宮殿下のまします赤坂り宮斎藤朝鮮総とくのいる家等があるのでねらっているのであろう」と。〔略〕鮮人がつかまったと云うこえに目がさめた。

●**尋三・稲毛徹**：『鮮人騒』夜は明けた。〔略〕その午後から大変な事になった。それは鮮人が石油と綿やぼろ布などを持って放火をしたり爆弾を持ったりしていると言う事で、今も1人なぐり殺されたなどと言う事もかなりあった。2日の午後3時頃も大勢の鮮人がしばられて家の前を通った。

●**尋四・小金井喜美子**：　2日目になりますと、ちょうせん人がつけ火をするというのでなおなおびっくりしました。〔略〕近所の人に、女のちょうせん人が、ひ川でどくのおまんじゅを食べさせてころしてしまったというお話をきいてびっくりしました。

●**尋六・権田次良**：　その日の昼も過ぎて夕方4時頃俄かに

●**尋五・吉田信邦**：　とんとんと戸をたたく音、戸を開けば青年の服に身をつつんだ一青年。彼は言うた「今夜は罪人が着物やお金や食物をとったり、金庫をあけたりすると云う風説がございますから、どうぞそのつもりでいて下さい」と。僕の胸先はわき立った。僕は思った。

「かんごくを逃げた罪人等はこの辺のお家がそろって立ぱなのでなにかうまく盗めると思ってねらっているのではないか」と。〔略〕泥棒がつかまったと云うこえに目がさめた。

●**尋三・稲毛徹**：『さわぎ』夜は明けた。〔略〕その午後から大変な事になった。

〔削除〕

午後3時頃も大勢の人がさわいでいた。

●**尋四・小金井喜美子**：　2日目になりますと、いろいろなおそろしいうわさ等がありましたのでびっくりしました。〔略〕近所の人に、「女の怪しげな乞食が、ひ川で人に気の付かれない様にして、あやしげな事をしていた」というお話をきいてびっくりしました。

●**尋六・権田次良**：

大人の人がかけ込んで来て「不逞鮮人が手に爆弾、鉄砲、拳銃を持って2千名大崎方面から迫ってくる」と言った。火薬庫の中にはいっていた人は驚いて皆どんどん逃げた。ちょうどその時僕と兄と2人だけ原へ残って後は皆家に居た。僕等もその人達と夢中で逃げた。今にも敵が背後に迫るかと心も心ならずやっと麻布三連隊へ逃げ込んだのが6時半だった。隣の人4人と僕と兄とで不安の夜を過したのだった。夜中兵隊さんから牛缶とパンとをもらって元気をつけた。その間も銃声がポンポンと聞えていた。かくして不安の一夜は明けた。とうとう朝鮮人を撃退してつかまったものが30人あったという話だ。朝家へ帰ると大心配して探していた皆がよろこんだ。それから十有余日、何んだか無我夢中で暮してしまった。今も朝鮮人さわぎの事が目にちらついて仕方がない。

［削除］

●尋六・渡邉厚：『朝鮮人さわぎ』2日2時頃、朝鮮人がつけ火をしてまわるから気をつけろと言いまわった在郷軍人が居た。3時15分頃市ヶ谷の方で人がたかってさわいでいるので見に行くと1人の朝鮮人が、足でふまれ、木でたたかれて泣き声を挙げて居る時、走って来た軍人がいた。何をするかと見ていると人々をおしのけて朝鮮人を救い出し、人々に向って、この人も日本国民の1人でありますから、そうひどくいじめるのはかわいそうですと、はっきり言をのべてから朝鮮人をつれてどこかへ立ち去ってしまった。後で或る人に

●尋六・渡邉厚：

［削除・代わりに焼失した国技館の写真］

尋ねると、あの朝鮮人は、煙草とマッチを持っていたので、マッチで放火するのではないかと疑われたのであった、と。その日は5~6名つかまえられた。その中には友達の家へ行こうと思って家を出たのがつかまって居たものもあった。5~6人の内、1人顔のにくいようなのが半殺しにされ、警視庁の自動車に乗せられて行ったものもある。さっきの軍人は僕はよく物事が分っている軍人だと思った。

朝鮮人さわぎが始ってから自警団が出来て、皆安心して眠る事が出来るようになった。殺された朝鮮人は約3百名いるとの事だ。

●尋六・鈴木重通：　火は消えたと町からの報に人々はほっといきをついた。「朝鮮人を警戒しなければならない」と言う通知が又くる。一つすめば又一つ。本当にわるい時にはわるい事ばかり重なる。その間に面白い事があった。夕飯を食べていると「朝鮮人朝鮮人」とどなって来たので、皆が鉄砲や木刀や刀や竹槍を持ってかけつけた。とても何十人出たかと思う位だった。その中に「鈴木さんの家にはいった」と言うので裏口と門に人が集った。皆は小屋に入ってどうなることかとふるえていた。所がそれは隣にいらっしゃったお客様で、一寸見ると朝鮮人のような上に、ビールの瓶に飲水を持っていたので、それを揮発油とまちがいて、それで大騒をしたのだ。その方はもう3度もまちがえられて、本郷でまちが

●尋六・鈴木重通：　火は消えたと町からの報に人々はほっといきをついた。「ぬす人を警戒しなければならない」と言う通知が又くる。一つすめば又一つ。本当にわるい時にはわるい事ばかり重なる。その間に面白い事があった。夕飯を食べていると「泥棒、泥棒」とどなって来たので、皆が鉄砲や木刀や刀や竹槍を持ってかけつけた。とても何十人出たかと思う位だった。その中に「鈴木さんの家にはいった」と言うので裏口と門に人が集った。皆は小屋に入ってどうなることかとふるえていた。所がそれは隣にいらっしゃったお客様で、一寸見ると人相がわるいうえに、ビールの瓶に飲水を持っていたので、それを揮発油とまちがいて、それで大騒をしたのだ。その方はもう3度もまちがえられて、本郷でまちが

えられた時はめちゃめちゃになぐられたそうだ。

●尋四・松島正視：　そうして皆横になって眠った。僕は眠れないから、ふじ曲さんと電車通へ出た。電車通では大ぜいの人が「朝鮮人の暴徒が爆弾をもってせめて来るから用心しろ」と言っていた。又朝鮮人が来るというしるしにがーんがーんと半鐘をたたいていた。〔略〕井村先生の二男のこうすけさんが錦糸堀の工場から帰っていらっしゃった。途中で朝鮮人とまちがえられてつかまえられたそうだ。しかし名刺を持っているからそれを出して許してもらったのだそうだ。

●尋六・山内貞子：　夕方5時頃になると鮮人が火をつけるから皆でよく用心してくれとか、井戸の中へ毒薬を投ずるから井戸にも番人をつけておけとか、どしどし方々から言いつたえる。私はびっくりしてやっと火事で安心したかと思ったら又鮮人で心配させられるのかと、つくづくいやになってしまった。夜になった。空は昨夜のように真赤だ。今夜は火事と鮮人におびやかされるのだと思うと、ああ、どうしてこんなことになったのかと天をうらみたくなる。

●尋四・山路愛子：『朝鮮人騒ぎ』　2日の朝、勝子さんたちは家へお帰りになりました。私が起きたじぶんは、とおくの方のもえているのが見えました。9時10時頃たびたびゆりかえしの小さなものがあるので外にいました。2日の日の夕方ごろになったら、今度は朝鮮人さわぎが始りました。「ひさ

えられた時はめちゃめちゃになぐられたそうだ。

●尋四・松島正視：　そうして皆横になって眠った。僕は眠れないから、ふじ曲さんと電車通へ出た。電車通では大ぜいの人が「わいわいさわいでいる声が聞えて来る誰も心配でねむれないのであろう。その上にいろいろなうわさでも聞いて話合っているのであろう。〔略〕井村先生の二男のこうすけさんが錦糸堀の工場から帰っていらっしゃった。途中で怪い人とまちがえられてつかまえられたそうだ。しかし名刺を持っているからそれを出して許してもらったのだそうだ。

●尋六・山内貞子：　夕方5時頃になると悪い奴がよく通るから皆でよく用心してくれとか、井戸の中へ毒薬を投ずるから井戸にも番人をつけておけとか、どしどし方々から言いつたえる。私はびっくりしてやっと火事で安心したかと思ったら又悪人で心配させられるのかと、つくづくいやになってしまった。夜になった。空は昨夜のように真赤だ。今夜は火事と盗人におびやかされるのだと思うと、ああ、どうしてこんなことになったのかと天をうらみたくなる。

●尋四・山路愛子：

〔削除。代わりに避難民の写真〕

かた町の方で朝鮮人が2人つかまった」という話が出るかと思うと、下のおうちの方で「ちょうせん人がつかまった」「朝せん人はむこうへ行った」など大さわぎをしているらしく聞えるので、2日の日も大へんこわいでした。

夜になると、まわって来る人が「とく川さまに朝せん人が入りましたから御用心下さい」などと言って来るのです。時々とく川さまへ朝せん人が入ったなぞと言うので、とく川さまへ兵隊さんが番をしていました。濱さんへも兵隊さんが来ていました。まき野さんの広い原などはかくれば所もあるから、朝せん人がはいってもちょっと分らないから、兵隊さんにいてもらった方がよいだろうと言うので、兵隊さんが来て番をしていたこともありました。本とうに朝鮮人さわぎはいやでした。

●尋四・松本達郎：或日のことだった。鮮人のうわさがあった。それは青年団や色んな人が、中学位の人に「もしも鮮人が来たらめちゃくちゃになぐってしまえ」といっていた。そんなに言わなくっても鮮人にも善い人がいるかも知れない。

〔略〕横浜のあき本さんのそばに鮮人がひなんしたのを、悪いこともしないのにころされたりした。これも実によくないことである。鮮人がつけ火をしたり、井戸に毒を入れたりするのもよくない。

●尋四・松本達郎：或日のことだった。わるいうわさがあった。それは青年団や色んな人が、中学位の人に「もしも盗人でも来たらめちゃくちゃに追出してしまえ」といっていた。そんなに言わなくってもいいのに。

〔略〕横浜のあき本さんのそばに知らない人が来たのを、悪いこともしないのにぶったりした。これも実によくないことである。誰かがうそをいったり、井戸にいたずらなどしたのもよくない。

●尋六・真鍋洋三：『こうふくがり』夜に入った。度々の地震で不安な我々は、親類の家の庭に一夜をあかすこととなった。鮮人が来たから鉄棒でももっていろというので、一尺ほどの鉄棒をたずさえた。夜は更けてもうまっくらになってしまった。今は、あれ程の市街も全くの焼の原となって、提灯一つついていない。「ドンドンドンドン」銃声は暗を破って恐しく聞える。「きっと鮮人のピストルだろう。して見るともうじきそこだ。もしここへ来……いや僕は日本男子だ。鮮人の100や200……」と思いかえして鉄棒を握った。「ふてい鮮人をたたきころせい」「ふてい鮮人を皆ころしにしてしまえ」こう言いながら通っていくものもある。昨日からのつかれで眠くはあるが、何となく不安だ。日本橋方面の空はまだ真赤である。さあ僕らはどうなるのであろうか。幸福な道に行くのか、不幸な道に行くのか、今や我々は運命のわかれ道に立ったのだ。（2日終り）

『又鮮人か』「鮮人が土手へのぼったぞう」「鮮人が土手へのぼったけいせきがあるぞう」飯田町のガード方面から声がきこえる。「ええどこまで……」「ああそうですか」をやっていた連中、皆とんで行ってしまった。しかしこれはうそであった。しばらくすると又見附の外で、「鮮人がお堀にとびこんだぞう」という。間もなく「ドーン」銃声が一発きこえた。自動車はカーバイトを堀の方にこらしている。「わあい

●尋六・真鍋洋三：［削除。代わりに摂政の写真］

わあいわあい」まるで戦争のようだ。しかし僕は見たことはない。見附の方から来た者にきくと、「神楽坂の下は提灯をもった人が左右に立っていて、その後に兵隊が、さあこいといわぬばかりに銃けんを持っている。あれじゃ何かものいいでもしたら一つきにされてしまうだろう」と言っている。さあこのような不安の日はいつまでつづくだろうか。

●尋三・大友恒夫：3丁目からこまごめの方へまがり王子のていしゃばのわきを通って、ずっといくと、所々にへいたいが、けんづきてっぽうを持って居て、せん人をしらべて居た。荒川の渡しへくると自動車は渡さないというので持って来た荷物をめいめいにしょった。

●尋五・並木富美：それからすぐと、朝せん人のうわさが高くなりました。私はどうしてそんなことを、するのだ思いました。2日の夜もでんきがきませんでした。〔略〕私は、はやくから外に出ていました。朝せん人がうちの前でつかまったものですから、私はそれを見て居ますと…〔略〕4日の晩から朝せん人がさびしいところに火つけすると言うので、青年団が、かどかどになわをはって、あやしい人が通ると、とりしらべました。〔略〕5日の朝早くから、外で大さわぎをやっていますから、私はごはんも食べないでとび出しました。すると今、朝せん人が逃げたからといって、前のさか屋の、おじさんは、じてん車で追いかけるところでした。

●尋三・大友恒夫：3丁目からこまごめの方へまがり王子のていしゃばのわきを通って、ずっといくと、所々にへいたいが、けんづきてっぽうを持ってあちらこちらを見はって居た。荒川の渡しへくると自動車は渡さないというので持って来た荷物をめいめいにしょった。

●尋五・並木富美：それからすぐと、脱ごく人のうわさが高くなりました。私はどうしてそんなことを、するのだ思いました。2日の夜もでんきがきませんでした。〔略〕私は、はやくから外に出ていました。わるい人がうちの前でつかまったものですから、私はそれを見て居ますと…〔略〕4日の晩からわるい人がさびしいところにいてわるさをすると言うので、青年団が、かどかどになわをはって、あやしい人が通ると、とりしらべました。〔略〕5日の朝早くから、外で大さわぎをやっていますから、私はごはんも食べないでとび出しました。すると今、脱ごく人が逃げたからといって、前のさか屋の、おじさんは、じてん車で追いかけるところでした。

●尋五・甲斐誠：（夜警が始ったのは）近ごろ朝鮮人がつけ火をしたり、井戸の中にどくやくを入れたり、ひなんしている人にどくまんじゅうをくわせたり、さまざまのわるいことをするからです。それから朝鮮人が火をつけるばかりでなく、でんきがついていないため、ちょうちんをつけっぱなしにして、ねたりするからもおこるからであります。〔略〕皆はおだわらちょうちんに、ほうちょうのような、なぎなたをうちから引っぱりだしたり、かたなをもって来たり、はなはだしいのは、たねが島の火なわのてっぽうなどを、もっているのもある。

●尋五・越村喜美：　2日の夕方の事である。私が伯父さんの家の前にいすがあるので、こしかけて見ると、青年団の人が、紙に「つけ火あり御用心」とかいたのをはりつけた。お父様が「つけ火があったのですか」とおっしゃったら、その人は「ええあったのです。なんでも鮮人がつけたのだそうです」といって、つかつか馬屋の方にいった。それから少したって、「今鮮人がつかまったんだよ。いって見よう」と、近所の子供が交番の方にはしった。〔略〕私達は東京日日新聞の支社のところに、地震の事なんかや、やけているところなどをかいているので見にいった。鮮人はどこにもいなかった。けれども、この夜は鮮人が出るというので、夜警をすることになった。この日も家にはいれず野宿をした。9時頃で

●尋五・甲斐誠：（夜警が始ったのは）近ごろ悪い人がつけ火をしたり、井戸の中にどくやくを入れたり、ひなんしている人のものをかっぱらったり、さまざまのわるいことをするからです。それから悪い男は火をつけるばかりでなく、でんきがついていないため、かっさらいをやったりするからやけいがはじまったのであります。〔略〕皆はおだわらちょうちんを、持ち出したり、木刀をかつぎ出したりしていました。しなへをもって出たり、はなはだしいのは、古ぼけたたねが島の火なわのてっぽうなどを、もっているのもある。

●尋五・越村喜美：　2日の夕方の事である。私が伯父さんの家の前にいすがあるので、こしかけて見ると、青年団の人が、紙に「おのおの御用心あれ」とかいたのをはりつけた。お父様が「みんな用心するのですか」とおっしゃったら、その人は「ええたのみまです。なかなか油断が出来ませんよ……」といって、つかつか馬屋の方にいった。それから少したって、「今あやしいどろぼうが1人つかまったよ」と、近所の子供が交番の方にはしった。〔略〕私達は東京日日新聞の支社のところに、地震の事なんかや、やけているところなどをかいているので見にいった。どこをよんで見ても恐しい事ばかりである。本当に大へんなことになったと思った。その夜から夜警をすることになった。この日も家にはいれず野

あった、伯父さんの方でなんだかさわがしい。その時に「いまはいった、いまはいった」という声がする。「そら鮮人がいる」というのでみんな伯父さんの家の方へいった。何にもいなかった。この日の夜警は、いつもよりにぎやかであった。たれでも、手には、棒、ステッキ、カマ、ピストル等をもっていた。「鮮人がどうかしないかしらん」と思った。〔略〕いとこが「鮮人がいるから役場にいってみてこよう」といったので、私は見にいった。いって見ると7人もつかまっていた。〔略〕2時頃目をあけて外などを見ていると、「火事だ大へん大へん」というので、みんな「それ鮮人がつけた」といってはね起きた。お父様もいかれるつもりで、下駄をはきかけた。ところへ行本さんがきて、「ちょうちんがもえただけですよ」といわれたのでやめにした。

●尋五・大谷鐵彌：　翌日の朝もやっぱりけむりは、むくむく出て居た。つづいて朝鮮人さわぎがはじまった。若い男の人は、ぼくとうや、2~3尺の木などをもって居た。そのうちに、「ほら朝鮮人がきた」と、いうのでみんな追っかけていった。内の兄さんなども、それにまじって居った。兄さんが、かえって来たので、「つかまった」と僕が聞いたら、朝鮮人ではなかったそうだ。〔略〕青年団が「朝鮮人に、ほう火されるといけないから、荷物をみな出して下さい」と言ってまわった。

宿をした。9時頃であった、伯父さんの方でなんだかさわがしい。その時に「いまはいった、いまはいった」という声がする。「そら人がいる」というのでみんな伯父さんの家の方へいった。何にもいなかった。この日の夜警は、いつもよりにぎやかであった。たれでも、手には、棒、ステッキ、くわのえなどをもっていた。「其人がどうかしないかしらん」と思った。〔略〕いとこが「おしがいるから役場にいってみてこよう」といったので、私は見にいった。いって見るとなるほど1人の男がいた。〔略〕2時頃目をあけて外などを見ていると、「火事だ大へん大へん」というので、みんな「それかじだー」といってはね起きた。お父様もいかれるつもりで、下駄をはきかけた。ところへ行本さんがきて、「ちょうちんがもえただけですよ」といわれたのでやめにした。

●尋五・大谷鐵彌：　翌日の朝もやっぱりけむりは、むくむく出て居た。〔削除〕若い男の人は、ぼくとうや、2~3尺の木などをもって居た。

道を通る人は皆不安そうな顔をしていた。

僕も不安でたまらなかった。

〔略〕青年団が「方々にしっ火があるということですから、荷物をみな出して下さい」と言ってまわった。

●高一・石上清：一度大きな地震があったため皆の心はビクビクしている。少し地震があるとはだしのままで飛び出す。「ガタガタ」「それきた」「大きいらしい」と先ず第一におば様が出る僕も続いて飛び出る。おじ様は「何この様な地震が」とひざをくんで悠然として居られる。止んだので家の中に入るとおじ様「お前達は急ぐので困る、今少し落ちつきがなくては困る」、とおっしゃった。僕等は「ハイハイ」と答える。又御飯を食べて居ると裏の道路で「ガヤガヤ」人声がする。何んだろうとよく聞いて見ると朝鮮人を引張って来た様子塀の上から見ると近所の人々が3～4人の朝鮮人を捕えて連れて行く。朝鮮人「僕何にも悪い事しない何処へ連れて行きます。」と変な言葉でたずねて居る。「どこでもよいから歩け」と鉄や、木の棒を手に持って引張って行く。家へ入ると今度は表が、さわがしい。出て見ると朝鮮人が1人逃げたというので裏山へ行くと皆が一生けんめいに追いかけて行く。後には何処かへかくれて見えなくなった。中々よく走るそうである。それから朝鮮人を捕える様になって、その夜は方々で鮮人を捕えて居た。1日2日の夜は庭で寝た。けれ共火事が心配で眠られない。まだ神保町が燃えて居るのに「伝通院が今燃えて居るのだ」と云って心配して居る。後はお庭で寝たのでせっかく、なおって居た風を、又引いた。又3日位たって夜警に居眠りをしたのも、この時だ。毎日よる

●高一・石上清：一度大きな地震があったため皆の心はビクビクしている。少し地震があるとはだしのままで飛び出す。［削除］先ず第一におば様が出る僕も続いて飛び出る。

［削除。代わりに皇后の写真］

とさわるといって居た。「こんなに毎晩眠られなくちゃ、病気にかかるよ」という一方でも「全くだよ」と云って居る。

〔略〕

土屋家から来たカソリと云う方「私から先ず第一に話しますが、この度朝鮮人が家に火つけをするというので御苦労ながら皆様に警戒の相談をしていただきたいので集っていただきました」。とそろそろカソリ様が評議をはじめた。

●高二・安藤多加：もう今日は2日となった。朝より鮮人さわぎで驚かされた。角角には在郷軍人だの有志等等が、手に手にこん棒杖を結びつけ、張っている。「それ4つ目の路に入った」「それ此方だ」と夕方迄「あっちだこっちだ」「お寺の墓場だ」「いやこっちで姿を見た」とどったんばったん人々は大そうなさわぎだ。「鮮人がつけ火をするそうですから裏口を用心して下さい」「井戸に女が毒を入れるそうですから張番を置いて下さい」その度に何んだか胸がつまる様な感がした。東北にはあやしい綿をちぎった様な物が、もくもくとして空に浮んでいる。見つむれば見つむるほど凄い。鮮人鮮人とおびやかす人のさわぎは4～5日も続いた。今度は又「今どこそこで鮮人が殺されていましたわ」「今30人位音羽町でつかまったそうですよ」鮮人のころされたのを見て来た人の話によると鮮人を目かくしにして置いて123で2間ばかりはなれた所より、射さつするのだそうで、まだ死に切

土屋家から来たカソリと云う方「私から先ず第一に話しますが、この頃はあちらこちらに失火があるというので御苦労ながら皆様に警戒の相談をしていただきたいので集っていただきました」。とそろそろカソリ様が評議をはじめた。

●高二・安藤多加：もう今日は2日となった。朝より色々のことで驚かされた。角角には在郷軍人だの有志等等が、手に手にこん棒杖を結びつけ、張っている。「それ4つ目の路に入った」「それ此方だ」と夕方迄「あっちだこっちだ」「お寺の墓場だ」「いやこっちで姿を見た」とどったんばったん人々は大そうなさわぎだ。「どろぼうが多いそうですから裏口を用心して下さい」「井戸にいたずらをする人が、あるそうですから張番を置いて下さい」その度に何んだか胸がつまる様な感がした。東北にはあやしい綿をちぎった様な物が、もくもくとして空に浮んでいる。見つむれば見つむるほど凄い。余震々々とおびやかす人のさわぎは4～5日も続いた。今度は又「今どこそこで罪人がつかまっていましたわ」「今30人位音羽町でつかまったそうですよ」

れないでうめいていると方々からぞろぞろと大勢の人が来て「私にも打たして下さい」「私にも少しなぐらせて下さい」とよって来るのだそうだ。そして皆でぶつなり、たたいたりするので遂に死ぬそうである。こう云うと話に又流言に、夢の様な1ヶ月が過ぎた。けれどずいぶん今考えると馬鹿げた事をしたと思う、今でも色々と人の作り言葉が時々来る。

●尋五・山内恒芳： やっと火事がおさまったと、思うと、朝鮮人さわぎでいやになってしまう。朝鮮人のさわぎが始ったのは2日の夕方頃で、内の近所で鮮人が炭俵を山のようにつんで、その上へ石油をまいて、火をもうちょっとで、つけようとした、危機一髪のさい、1人の人が朝鮮人を引っつかんだので、よかったが其朝鮮人は3人組になっていたので、1人はつかまったが、2人は逃げた。そうなると大変、人々がわいわいさわぎ出した。内のしょせいは、かすりの着物をきながら「見に行く」といって出て行きましたが、朝鮮人と見ちがえられたそうです。それはあるいていると、たれかが「おいこら待て」とどなったので、しょせいは、おどろいて見ると、不良少年見たいな、きちがいみたいな、鮮人みたいな人なので、交番へ走って行くと、その怪しい人もじゅんさであったそうです。だんだん夜がふけるにしたがって、恐ろしくなっていく。姉さんは青くなってふるえている。暗い中からとつぜん「にがすなおーい」「向へいったぞ」と耳に聞

［削除］

こんな話に日が暮て、夢の様な1ヶ月が過ぎた。けれどずいぶん今考えると馬鹿げた事をしたと思う、今でも色々と人の作り言葉が時々来る。

●尋五・山内恒芳：

［削除。代わりに西郷隆盛像］

える。まるで戦争のようだ。お父さんはちょうちんを持って警かいしていた。僕も一度起されて見たがこわい。向うの方には火のもえる音が、ごうごうとものすごい。砲兵工廠の火薬のばく音がヅドーンヅドーンと聞える。又ねて起きると太陽が上っていたが下谷の方が火事と見えて太陽が月の面の様になっていた。こあいこあい夕べもやっとの事で、すんだのでよかった。今ばんもこんなだったらと思うと昼でも恐ろしい。

●**尋五・安藤猛**：『世の中のうわさ』第一に放火さわぎである。1人の人がこのようなけいじをはった。「不逞鮮人の放火各自けいかいせよ」「南部青年団大和町へ集まれ」僕等手に手に竹の棒をもってけいかいした。第二には大本教が隊をくんでせめて来たとか、社会主義がたけやりをもってせめて来るとか学校（高師）のなかで外国人がみつ議しているとかである。ずいぶんひどい事を言う人があったものだ。

●**尋五・乙部譲彌**：　3日に伯母さんから「朝鮮人が火をつけて歩く」というお話をきいて僕は驚いた。するとその夜「わあっ」というさわぎがあちこちから起り、同時に「ぢゃんぢゃん」と半鐘がなり出した。間もなく「ずどん」とピストルの音がした。僕と俊ちゃんとお父さんは洋服を着てちょうちんを持った。時々ピストルの音がする。さわぎ声がますます強くなる。お父さんはちょうちんを持って門外にでてい

●**尋五・安藤猛**：『世の中のうわさ』第一に火元さわぎである。1人の人がこのようなけいじをはった。「諸君、各自けいかいせよ」「南部青年団大和町へ集まれ」僕等手に手に竹の棒をもってけいかいした。第二には悪者共が隊をくんでせめて来たとか、ひなん民がおおぜいでおいかけて行ったとか学校（高師）のなかでも、おおさわぎをしているとかである。ずいぶんひどい事を言う人があったものだ。

●**尋五・乙部譲彌**：　3日に伯母さんから「しっ火がある」というお話をきいて僕は驚いた。するとその夜「わあっ」というさわぎがあちこちから起り、同時に「ぢゃんぢゃん」と半鐘がなり出した。間もなく「どしん」となにか崩るる音がした。僕と俊ちゃんとお父さんは洋服を着てちょうちんを持った。時々くつれる大音がする。さわぎ声がますます強くなる。お父さんはちょうちんを持って門外にでていらっしゃっ

らっしゃったが、間もなく帰って来て「今朝鮮人が悌ちゃんの家のえんの下にはいったので、皆がさわいでいるのだ」とおっしゃった。その中に朝鮮人は逃げてしまったらしい。さわぎはしずまってしまった。又朝鮮人がやって来て火をつけるかもしれないとの心配から、門へかぎをかけてねた。僕も安心してねた。その夜は一番こわかった。

たが、間もなく帰って来て「今朝誰かが悌ちゃんの家のえんの下にはいったので、皆がさわいでいるのだ」とおっしゃった。その中にその人は逃げてしまったらしい。さわぎはしずまってしまった。又悪い奴がやって来て泥棒をするかもしれないとの心配から、門へかぎをかけてねた。僕も安心してねた。その夜は一番こわかった。

関東大震災朝鮮人虐殺事件関連年表

1909年 10月26日 安重根（アンジュングン）、ハルビンで伊藤博文を射殺。
1910年 8月29日 「韓国併合条約」締結。朝鮮総督府設置。
9月30日 土地調査事業開始。自作農の離農現象、渡日始まる。
1913年 10月28日 内務省「朝鮮人識別資料に関する件」を各府県に送付。在日朝鮮人の監視強化。
1919年 2月8日 2・8独立宣言（在日朝鮮人留学生が東京・神田で独立宣言書を発表。宣言文を本国に伝える）。
3月1日 3・1独立運動（～1920年）民族あげての独立運動となる。
1920年 朝鮮産米増殖計画開始。水利税、土地の兼併などにより自小作農の没落、移民続出。
1921年 7月28日 警視庁特別高等課に「内鮮高等係」設置（後に全国に設置、在日朝鮮人が治安対象になる）。
11月7日 内務省「朝鮮人の視察取締に関する件」を各府県に送付。
この年、東京の朝鮮人数は8500人（出典：山田昭次『関東大震災時の朝鮮人虐殺』創史社、2003年）
1923年 5月1日 東京でメーデー、多数の朝鮮人が検挙される。
9月1日 11時58分。大地震発生。最大震度6、マグニチュード7・9と推定される。東京では地震発生後30分以内に市内136カ所、郡部40カ所で出火（3日午前に鎮火）。市内は43％、下町は90％以上が焼失。警視庁・内務省など治安維持の中枢機関も焼失した。東京の死者は6万人以上。

9月2日

13時10分。軍当局、非常警戒令を発動（近衛師団、第一師団が中心となって出動）。

14時頃。赤池濃警視総監、後藤文夫内務省警保局長と水野錬太郎内務大臣に戒厳令施行を提案。

15時頃。記録上、朝鮮人・社会主義者に関する最初の流言「社会主義者及び鮮人の放火多し」。

16時頃。赤池警視総監、衛戍司令官に出兵要請。

夜半。水野内務大臣、戒厳令施行を決断か。

夜半。墨田区旧四ツ木橋など一部で朝鮮人虐殺始まる。

東京市及び隣接五郡に戒厳令施行。

午後。内務省、千葉県船橋の海軍無線電信所から朝鮮人への警戒を呼びかける電報を流すよう指示（実際に打電されたのは翌朝）。

17時。内務省が伝えた朝鮮人に対する警戒指令が埼玉県内務部長に伝えられる（その後各町村に周知される）。

市川国府台野戦重砲第一連隊（岩波隊）、小松川で朝鮮人を多数虐殺。

旧四ツ木橋付近で習志野騎兵連隊が機関銃で朝鮮人を虐殺（2日か3日に始まり、数日続く）。

自警団結成のピーク（東京での自警団は最終的に１５９３団体）。

9月3日

東京府全域と神奈川県に戒厳令を拡大。当局、朝鮮人検束を指示。

8時頃〜。江東区大島で軍隊・警察・自警団が数度にわたり中国人数百名を虐殺。

16時頃。永代橋で軍隊・自警団が朝鮮人32名を虐殺。

9月4日

千葉県と埼玉県に戒厳令を拡大。

江東区亀戸警察署内で朝鮮人を虐殺。
※各地で習志野騎兵連隊などの軍隊による虐殺続く（6日頃まで）。

9月5日　3時頃。亀戸警察署内で平沢計七はじめ社会主義者10名を軍隊が虐殺。

9月12日　中川にかかる逆井橋付近で僑日共済会会長の王希天（ワンシィティエン）を軍人が虐殺。

9月16日　東京憲兵隊本部で大杉栄・妻伊藤野枝・甥橘宗一を甘粕正彦憲兵大尉等が虐殺。

10月20日　朝鮮人虐殺事件に関する新聞記事解禁。

10月～　朝鮮人虐殺事件に関わった自警団員の一部が逮捕され、その後裁判が行われたが、ほとんどは実刑を免れ、執行猶予となる（第一審の実刑率は、日本人を殺したケースが59・3％、警察署を襲って朝鮮人を殺したケースが47・1％、朝鮮人を殺したケースが16・5％だった〔前掲、山田昭次の著書より〕）。

11月16日　戒厳令撤廃。

12月14日　第47回帝国議会衆議院で無所属の田渕豊吉は「千人以上の人が殺された大事件を不問に付して宜しいのであるか、朝鮮人であるから宜しいという考えを持っているのであるか。我々は悪いことをした場合には、謝罪するということは、人間の礼儀でなければならぬと思う」と訴えた。山本権兵衛総理大臣は「熟考の上他日」に返答を、とのみ答えた。

12月15日　憲政会の永井柳太郎は「政府自らが出した流言蜚語に対して、政府は責任を感じないか」「遺憾の意を表する意志があるのかないのか」と答弁を迫った。山本総理大臣は「政府は起こりました事柄について目下取り調べ進行中」とのみ答え、その後も調査結果報告などは一切行わなかった。

図版出典一覧（本のタイトルの 50 音順）

木村松夫『絵はがきが語る関東大震災』柘植書房、1990 年 (P.298)
堀充宏・萩原ちとせ『葛飾区の昭和史』千秋社、1992 年 (P.65)
『関東大震災誌：写真と地図と記録で見る　東京編』千秋社、1987 年 (P.74, 120, 275, 311)
中央気象台編『関東大震災調査報告（気象編）』中央気象台、1924 年 (P.236)
北原糸子・及部克人『関東大震災を描く－絵巻・漫画・子どもの絵－』神奈川大学非文字資料研究センター、2010 年 (P.247)
北区役所『北区史・資料編・現代Ⅰ』北区、1995 年 (P.77)
姜徳相・琴秉洞『現代史資料 6 ・関東大震災と朝鮮人』みすず書房、1963 年 (P.186, 324, 433)
小石川区『小石川区史』小石川区、1935 年 (P.376, 382)
江東区『古老が語る江東区の災害』江東区総務部広報課、1987 年 (P.102)
『実写・実録関東大震災：震災後六十五年にあたって』講談社、1988 年 (P.319, 329)
森田峰子『写真記録・関東大震災』国書刊行会、1980 年 (P.85)
北原糸子『写真集・関東大震災』吉川弘文館、2010 年 (P.79, 129, 137, 170, 184, 193, 278, 327, 364)
地域文化研究学会『写真集・墨田区の昭和史』千秋社、1992 年 (P.62)
学習院大学史料館『写真集・大正の記憶・学習院大学所蔵写真』吉川弘文館、2011 年 (P.21, 85)
野沢寛『写真・東京の今昔』再建社、1955 年 (P.161, 164)
『写真と地図で読む！知られざる軍都東京』洋泉社、2006 年 (P.155)
裵昭『写真報告・関東大震災朝鮮人虐殺』影書房、1988 年 (P.253)
『週刊朝日』朝日新聞出版、1963 年 9 月 6 日号 (P.294)
太平洋戦争研究会『図説・関東大震災』河出書房新社、2003 年 (P.403, 413)
『千住で一番・江戸で一番・千住大橋展』荒川区教育委員会、2008 年 (P.13)
絵巻研究会『大正震災画集』絵巻研究会、1926 年 (P.370)
内務省社会局『大正震災志写真帖』内務省社会局、1925 年 (P.52, 396, 423)
警視庁『大正大震火災誌』警視庁、1925 年 (P.17, 174, 178, 183, 219, 287, 303, 387)
博文館編纂部『大東京写真案内』博文館、1933 年 (P.47, 205, 433)
松島栄一・影山光洋・喜多川周之『東京・昔と今：思い出の写真集』ベストセラーズ、1971 年 (P.266, 341)
『中野区立歴史民俗資料館常設展示図録』中野区教育委員会、1989 年 (P.348)
志賀義雄『日本革命運動の群像』合同出版者、1956 年 (P.111)
『毎日グラフ別冊・関東大震災 69 年』毎日新聞社、1992 年 (P.400)
『明治東京名所図会上・下』東京堂出版、1992 年　(P.57, 134, 283, 356)
野尻かおる・山野健一『目で見る足立・荒川の 100 年』郷土出版社、2005 年 (P.15)
『目で見る江戸川区の 100 年』郷土出版社、2004 年 (P.37)
『目で見る葛飾区の 100 年』郷土出版社、2005 年 (P.243)
小島惟孝『目で見る墨田区の 100 年』郷土出版社、2007 年 (P.61, 214, 259)
林英夫『目で見る練馬・板橋の 100 年』郷土出版社、2004 年 (P.33)

ら

わ

証言者・人名索引【増補】

ま

や

は

な

た

さ

か

証言者・人名索引

＊太字は証言者の見出し
＊報道資料の不正確な点及び証言数が被害・加害の実態とかけ離れていることを考慮し、被害者・加害者は除外した
＊一部の人名については通行の読み方に従った

あ

相澤凞　383
会沢泰　36
会田有仲　354
相原栄吉　262
青柿善一郎　450
青木正美　165
青木保三　446
青木要之助　117
青砥昌之　226
青柳杢太郎　406
青山士　68
赤池濃　400, 481
秋田忠義　194
秋谷勝三　136
秋葉一郎　130
秋山清　406
秋山吉五郎　118
悪麗之介　179
浅岡重蔵　60, 243
阿坂卯一郎　197, 202
蘆原英了　170
吾妻俊夫　389
阿部　47
阿部邦夫　394
安倍小治郎　317
阿部幸夫　338
甘粕正彦　482
荒井聡博　279
荒井淳吉　308
荒井信治　438
荒井虎之　418
荒井なつ　20
荒井満之助　247
荒井力雄　54
新居力雄　244
荒木進　262
荒野耕平　29
有島武郎　206
有馬秀子　47
安重根　480
安藤嘉一　131
安藤多加　476
安藤猛　478
安藤則光　400
飯島正　426
飯田長之助　42, 118, 386
飯室きく　131
李垠　407
李教振　109, 226, 245
生田花世　171
井口廣二　418
井口龍蔵　202
池内たけし　317
池上君子　245
池部良　47
井沢禮治　386
石井朝吉　54
石井市三郎　279
石井英子　279
石井光次郎　48, 318
石井貞子　279
石井進太郎　122
石井敏夫　279
石垣綾子　171
石上清　475
石川いさむ　172, 189, 358, 437, 439, 444
石川勝久　198
石川泰三　171, 189, 358, 435, 439, 444
石黒鋭一郎　338
石黒定吉　227
石黒貞蔵　78
石毛助次郎　101, 235, 286
石毛留吉　101, 110
石坂修一　430
石中（特務中尉）　76
石本寅三　42
石屋愛　48
李鐘応　235, 308, 336
出科延　465
泉鏡花　331
李性求　354
李性徳　450
市川三吉　198
市川正一　157
市川団右衛門　296
市島春城　184
市野かん　424
市村光雄　53
伊藤一良　272
伊藤乙吉　286
伊藤義一　118
伊藤国太郎　119
伊藤重義　286, 355
伊藤証信　204, 205
伊東住江　308
伊藤政一　152
伊藤野枝　482
伊藤博文　480
稲垣武　268
稲垣真美　317, 339
稲毛徹　466
稲葉繁　88
犬養孝　286
井上　418
井上敬三　447, 448
猪鼻虎雄　152
伊波南哲　333
李方子　407
伊福部隆輝　301
伊福部敬子　301
井伏鱒二　184, 202, 346
李憲　189, 190
今井諦　424

謝辞と証言収集へのご協力のお願い

膨大なページ数の本になってしまった。でもそれだけ多くの証言者がいることの証なのだから、ありがたいことだと思う。おかげで関東大震災時の虐殺事件の一端を私たちは知ることができるのだから。

この本を作る最初のきっかけを作ってくれたのは、友人の斎藤真理子氏だった。編集者・翻訳家であり大学時代の同窓生でもある彼女が強く勧めてくれたからこそ、この企画が動き出した。斎藤氏は全体構成・文字校正・索引作成等、ほぼすべての過程に関わってくれた。また同じく大学時代からの友人のイム・スウン氏は主にビジュアル面でのサポートをしてくれた。お二人の熱心な協力がなかったら、とてもこれだけの本はできなかった。2人には感謝しきれない。

また編集者の原島康晴氏にも感謝したい。90年以上も前の事件を語る古い証言をまとめる作業は、いざ始めると戸惑うことばかりだったと思う。それになにしろ量が多いからたいへんだったはずだ。それを膨大な時間をかけて地道に形にしてくれた。本当にありがたいと思っている。

現代書館の菊地泰博社長にも感謝したい。今の時世にこのような本を出版するのは冒険であろうことは想像に難くない。それでも本書を実現してくれたその心意気に敬意を表する。

本書を終えるにあたって、読者の皆様にお願いしたいことがある。関東大震災時の朝鮮人虐殺事件については、まだわからないことだらけだというのが現状だ。だから今後も丹念に証言を収集し続ける必要がある。本書に収録されていない東京での目撃・体験証言をご存知の方はいないだろうか。もしご存知であれば、掲載されている書名などをご教示いただけるとありがたい。「一般社団法人ほうせんか」のホームページ（http://housenka.jimdo.com）上にある「お問い合わせ」よりご連絡いただければ幸いである。

最後に、もう30年以上ともに活動している「関東大震災時に虐殺された朝鮮人の遺骨を発掘し追悼する会」「一般社団法人ほうせんか」の仲間たちに一言。最近の会議では「メンバーの中で誰が一番先に死ぬか？」という話が冗談で出てくるほど長い付き合いになった。会の危機も何度かあった。それでも「共に生きる」社会を目指して歩み続ける仲間がいたからこそ、私自身も考え続け、関わり続け、このような本を作ることもできた。これはそんな皆さんとの共著である。

2016年8月　西崎雅夫

普及版へのあとがき

まもなく1923年に起きた関東大震災から97年が経過する。この本を出版した2016年からも4年経った。この間重大な出来事が起きている。それまで東京都知事は毎年9月1日に墨田区横網町公園で行なわれている朝鮮人犠牲者追悼式に追悼文を送っていたのだが、2017年に小池百合子都知事が初めて追悼文送付をやめたのだ。その2017年9月には朝鮮人犠牲者追悼式を行なっているすぐ隣で同時刻に、右翼団体〈日本女性の会 そよ風〉らが「六千人虐殺の歴史捏造は許さない」と大書した看板を掲げながら大音量で妨害のための独自の慰霊祭を始めた。そのため例年であれば静かに粛々と行われるはずの朝鮮人犠牲者追悼式が、警官隊に囲まれた大騒音の中でやらざるを得なくなった。その後毎年、その妨害慰霊祭は続けられている。昨年はそこで以下のようなヘイトスピーチが行なわれた。スピーカーを朝鮮人犠牲者追悼式の方向に向けて。


「朝鮮人たちは……暴徒と化して日本人を襲い、食糧を奪い、暴行を働き、あるいは人を殺し、婦女を強姦したのです」

「日本人が虐殺されたのが真相です。犯人は不逞朝鮮人」

「放火などの卑劣な犯罪によって10万人以上の尊い命が非情にも奪われました」

（2019年9月3日付〈そよ風〉ブログ掲載の動画より）

こうした事実無根の言説が大音量で流され、都知事はその言説を肯定するかのように追悼文送付をかたくなに拒否している。これが私たちの社会の現状だ。

今、アメリカを中心に世界中で"Black Lives Matter"(ブラック・ライヴス・マター=黒人に対する暴力、人種差別の廃止を訴える運動。BLMとも)が叫ばれている。人の命の重さに差があろうはずがない。だが過去には圧倒的に命の重さに差があったのだ。日本の自警団や軍隊が集団で一方的に街中のいたるところで何の罪もない朝鮮人を何千人も虐殺した時代が。そのことは本書を読んでいただければ一目瞭然だろう。

こうした歴史を私たちの社会はまた繰り返そうとしている。それゆえ、ひとりでも多くの読者に本書が届いてきちんと歴史的事実が伝わるようにと、現代書館が安い普及版を作ってくれた。深く感謝したい。

西崎雅夫

2020年7月5日、小池百合子が都知事選で圧勝し再選された夜に

百年目に思うこと——増補百年版へのあとがき

今年（２０２３年）の荒川河川敷での追悼式には６００人を超える多くの参列者が集まった。そして式は今年から追悼式の運営を担うことになった若者たちの朗読劇で始まった。その最後の方にこんな言葉があった。

証言は生き残った人たちの言葉です。生き残った人も全員が語ったわけではなく、語ったとしても、きっと全てを語れたわけではないでしょう。ですが、殺された人たちは語ることができません。そして私たちは、殺されたあなたの名前すら知りません。

「あなた」は誰ですか。

関東大震災時に虐殺された朝鮮人の名前は、百年経った今でもほとんどわかっていない。虐殺を記録した公的史料が徹底的に隠蔽されてしまったままだからだ。そして今年、虐殺事件の解明を求めた国会議員の問いに、日本政府はひたすら「政府内に記録が見当たらないことから、お答えすることは困難である」との答えを延々と繰り返し、「さらなる調査は考えていない」と言ってのけた。

日本政府が朝鮮人虐殺の真相究明を拒否し続け、東京都知事が朝鮮人犠牲者追悼式典に追悼文を送ることを拒否し続ける中での百周年の状況は、犠牲者とその遺族にとっては無惨でしかない。脅迫状を送られ、街を放火される日々を送っている在日コリアンにとっては恐怖でしかない。それは同時に、日本社会に生きるすべての人にとって、次の百年もまた「人権軽視」の社会が続くという暗い予感しかもたらさない。

私たちの会は、２００９年に墨田区八広の荒川の土手下に追悼碑を建立した。その隣の解説板に次のように刻んだ。

韓国・朝鮮人であることを理由に殺害され、遺骨も墓もなく、真相も究明されず、公的責任も取られずに八六年が過ぎた。この犠牲者を悼み、歴史を省み、民族の違いで排斥する心を戒めたい。多民族が共に幸せに生きていける日本社会の創造を願う、民間の多くの人々によってこの碑は建立された。

碑に刻んだ言葉が空疎なものにならぬよう、血肉を持った実体になるよう、次の百年を見すえながら、これからも若者たちとともにゆっくりかもしれないが確実な歩みを続けていきたいと思う。

西崎雅夫

【増補】百一年目から悼むために

本稿は、二〇二三年九月二日、荒川河川敷にて開催された「関東大震災 韓国・朝鮮人犠牲者追悼式」にて、実行委員会「百年（ペンニョン）」によって行われた「証言朗読」の一部を抜粋・再録したものです。

一〇〇年前の朝鮮人虐殺。これを隠蔽しようという動きに抗い、光を当て、犠牲者を悼み、過ちを繰り返さない、繰り返させないようにと向き合う人たちがいました。一〇〇年を迎えた今日、私たちがここに集まっているのも、そうした努力をしてきた人たちがいたおかげです。

一九七〇年代、足立区の小学校の先生だった絹田幸恵（きぬたゆきえ）さんは、授業の題材として荒川放水路の開削工事について調べているとき、偶然朝鮮人虐殺のことを聞きました。「大変なことを聞いてしまった」と感じた絹田さんは、埋められたままの遺骨をなんとかしたい、事実を明らかにしたいと、お寺や新聞社に相談をするなど行動していくうちに、遺骨を発掘するための会ができました。

一九八二年、証言を基に、市民有志がこの場所、荒川・旧四ツ木橋近くの河川敷にスコップを入れました。この時、遺骨は見つかりませんでしたが、多くの人が証言を寄せてくれるきっかけとなりました。そしてのちに過去の新聞から、震災直後、警察が事実を隠蔽するために遺骨を掘り起こし持ち去っていたことが分かりました。

その試掘が行われた年からこの場所では追悼式が続けられています。

［証言］一般社団法人ほうせんか理事／西崎雅夫

ここで殺されたのは一〇〇人ぐらいって新聞には出てるんだけど、でもその人たちの名前もわかんないですし、未だに遺骨の行方すらわかってない。だから、私たちは追悼式をやりながら、誰を追悼しているかわかんないんですよ。

最初の頃は、掘れば遺骨は出てくるだろうと思いながら運動してたんですよね。でも出てこなかった。もう持っていかれてしまっていた。もっと調べれば名前もわかるかもしれないと思いながら運動をやっていたんだけど、結局殺された人の名前のほとんどは未だにわかんないまま。だから、誰を追悼していいかわかんないままの追悼式なんですよ。それ自体が一番辛いことだろうなと。少なくとも遺族とか同じ在日コリアンにとっては辛いことだろうなって思っているんです。だから、それを忘れないことが私にとっての追悼式だろうと思っています。

この場所で初めて追悼式が行われた次の年から、一九八九年にかけて四回、日本での証言の聞き書きと並行して、韓国にいる震災・虐殺事件の体験者や遺族からの聞き取りが行われました。

［証言］一般社団法人ほうせんか理事／矢野恭子

日本での聞き書きと韓国での聞き書きは質的に違ってて。たとえば、日本に行ったことがない息子さんに聞いていると、亀戸だか亀有だかわからない。間違ってるかもしれない。

だけど、そんなディテールに証言の核心があるのではなくて、お父さんとすれ違いながらも、お父さんがどんな傷を負っておられたとか、いっしょに暮らせなかったとすれば、暮らせないほどの生活の大変さ。それを残したいと思ったり。

事件のディテールというよりも、どういう人たちがどういう生活をしていて日本に来て事件にあったのか。そして事件のあとも生き延びて帰られた人たちが、話を伝えられたのか、伝えられなかったのか。こういう方たちが日本に来てたという話は、無事に帰れた方からしか聞けてないけれど、犠牲者になった人たちも同じ経験をして日本に来られてたんだな、って想像するよすがにできたらなと。

追悼式が行われるようになってから一〇年経った一九九一年、プンムル〔編集部注：朝鮮半島に伝わる伝統芸能〕が始まりました。今では追悼式の恒例となっています。

［証言］一般社団法人ほうせんか理事／愼民子

プンムルをやりたいと言って最初にやらせてもらったとき、本当に笑えなくて、辛かったですね。朝鮮学校の子どもとか若い人たちが、何でプンムルなんてやっているんだって思ったっていうのを後から漏れ聞いたんですね。追悼式の中で楽しげなプンムルをやることを、誰もが不思議に思った。でもやってるうちにみんなが受け入れてくれるようになった。

朝鮮でティプリっていうのがあってね。後に解くという意味なんだけど。追悼式で恨みつらみ、歴史を感じて息苦しくなった思いを発散して、次の時代にもっていくっていうティプリが、わたしはプンムルだと思ってるんです。

どうしたって殺した側と殺された側みたいな確執が生まれるわけじゃないですか。恐怖って被害者としてのもあるけど、色んな人と話していくうちに気がついたのは、加害してしまうかもしれない恐怖。繰り返さないためにっていうけど、繰り返すっていうことは、殺してしまうかもしれないってことです。恐怖としては同じものを持っていると思っていいと考えているのね。殺されるのも殺すのも、これは恐怖ですよ。この恐怖を無くさなければいけないと思うわけです。

墨田区八広。このすぐ近くに、関東大震災朝鮮人虐殺の犠牲者のための追悼碑が立っています。この追悼碑の建立には提案から実現までに、紆余曲折を経て一九年の月日を要しました。地域の方々の生活のすぐ近くにあるこの追悼碑は、いまではこの事件を知るきっかけを作り、新たな拠点となっています。

［証言］一般社団法人ほうせんか理事／落合博男（おちあいひろお）

碑があれば、そこが拠り所になって人が来てくれる。たとえば「雨宮が原」っていう、私たちが明らかにした虐殺場所があるんだけど、そこには何もないから……。やっぱり何もないところを案内しても、そこでこういうことがあったんだぞっていうことは少人数でじっくり話さないと伝わらない。けど、碑があれば、ある程度、いきなり来た人にも納得してもらえる。確かになる。

ここの追悼碑を作る時に、漢字の「悼む」という字を刻むことにした。あれが一番ピタッとくると感じて。自分の心が痛んでいる、痛みがあるというのが原点。それでしかないと思っている。

その後、二〇一五年には追悼碑のすぐ隣に「ほうせんかの家」がオープンし、この虐殺事件について知りたい人々が集う場所となりました。

そしてこの場所から、これからの追悼式を受け継ぐための集まり「百年（ペンニョン）」も始まりました。

［証言］百年（ペンニョン）／浅野百衣（あさのもえ）

自分が育ってきた中で、ヘイトする側になるかもしれない瞬間とか、ヘイトを受け入れてた瞬間はすごくたくさんあって。事実を知らないという事はある意味で、自分が、隠蔽しようとしてきた歴史の中にいることのひとつの証。自分がそういう存在だからこそ知ることがすごい大事だと思っている。けど、ただ生きているだけでも自分の生活でいっぱいいっぱいになって、考えることを簡単に忘れちゃう。だからここに来るきっかけがあるっていうことが大切だと思っている。

本当に一〇〇年目のためだけにここに来るんじゃなくて、殺す側にならないためにっていうこともそうだし、最近のトランスジェンダーに対するヘイトの話もそう。差別をする言論ってほんとに身近だから、そういうものに対してちゃんと向き合っていくことを学びたいし、ここに来ることで確かなものにしたい。近くにいる人たちと差別に抗う社会を作っていきたいと思っています。

［証言］百年（ペンニョン）／池允学（ちゆんは）

自分の曽祖父がその当時、荒川区周辺で人夫出しをしてまして。数奇な運命でお巡りさんと仲が良かったから、かくまわれて殺されずに済んだっていう話があるんです。自分としてみれば、殺されてしまった人たちの方が多くて、自分は、偶然というか運がよかっただけなんです。あなたたちが殺されて、自分がのほほんと生きていることに、惨めさを感じるというか。ある意味での申し訳なさというのを持っていて。

もともとほうせんかの追悼碑ができた翌年にここのことを知って、行ってみようかなと思っていて、ずっと行けていなくて。だけど小池都知事の問題が出たとき、何か大切なモノが失われるんじゃないか、追悼式が無くなっちゃうんじゃないかとすごく心配で。自分としては殺された人たちが報われないから、死んだ人たちから許してもらうために頑張らなくてはいけないと思っている。まさに今に問われていることだと思う。

証言は生き残った人たちの言葉です。
生き残った人も全員が語ったわけではなく、
語ったとしても、きっと全てを語れたわけではないでしょう。
ですが、殺された人たちは語ることができません。
そして私たちは、殺されたあなたの名前すら知りません。

「あなた」は誰ですか
あなたはどんな生活をして、何が好きで、どんな人と一緒にいますか？
あなたのことを私たちは何も知りません

「あなた」は誰ですか
一〇〇年前のあなたをこの場所から想像したい
生活の延長線上で、隣の人が殺されたり、殺したりしたこと
もしかしたらあなたが隣にいたかもしれないということ
もしかしたら隣にいるあなたがいなかったかもしれないということ

私たちは今ここにいる
あなたも確かにこの場所にいた
名前を知らないあなたへ

「あなた」は誰ですか
来年もまたここであなたに会いたい

＊再録にあたり、編集部にて一部表記等に手を加えました。

西崎雅夫（にしざき・まさお）

一九五九年、東京都足立区生まれ。明治大学在学中、「関東大震災時に虐殺された朝鮮人の遺骨を発掘し慰霊する会」（のちに「追悼する会」と改称）発足に参加（事務局・文献史料班・発掘準備班に所属）。一九八四年より、足立区・江東区・江戸川区で中学校教諭として勤務のかたわら、一九九三年、社会教育団体「グループほうせんか」設立時、代表世話人となる。二〇一〇年、「一般社団法人ほうせんか」設立。現在理事。

著書に『証言集 関東大震災の直後 朝鮮人と日本人』（ちくま文庫、二〇一八年）。

〈増補百年版〉関東大震災朝鮮人虐殺の記録
——東京地区別1100の証言

二〇二三年十一月三十日　第一版第一刷発行

編著者 西崎雅夫
発行者 菊地泰博
発行所 株式会社現代書館
東京都千代田区飯田橋三—二—五
郵便番号102-0072
電　話03（3221）1321
FAX03（3262）5906
振　替00120-3-83725

編　集 イム・スウン＋斎藤真理子＋原島康晴
編集協力 齋藤　晶
地図制作 曽根田栄夫
組　版 エディマン
印刷所 平河工業社（本文）
東光印刷所（カバー）
製本所 鶴亀製本
装　丁 箕浦　卓
写　真 松井康一郎（カバー・帯・表紙・扉）

Printed in Japan ISBN978-4-7684-5954-6

http://www.gendaishokan.co.jp/

本書は『関東大震災朝鮮人虐殺の記録』と題していますが、
関東大震災では、朝鮮人ばかりではなく多くの中国人や労働運動家も虐殺の対象となりました。
本書ではその事例も掲載しています。